Portails

Séverine Champeny

VISTA®
HIGHER LEARNING
Boston, Massachusetts

INTERMEDIATE
French

2

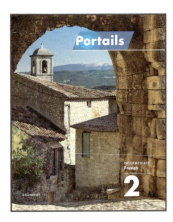

On the cover: Lacoste, Provence, France

Creative Director: José A. Blanco
Publisher: Sharla Zwirek
Editorial Development: Armando Brito, Deborah Coffey, Joanna Duffy,
Megan Moran, Catalina Pire-Schmidt, Carol Shanahan
Project Management: Rosemary Jaffe, Faith Ryan
Rights Management: Annie Pickert Fuller, Ashley Poreda
Technology Production: Sergio Arias, Jamie Kostecki, Paola Ríos Schaaf
Design: Radoslav Mateev, Gabriel Noreña, Andrés Vanegas
Production: Oscar Díez, Sebastián Díez, Andrés Escobar Hernández

Student Text ISBN: 978-1-54330-345-2
Instructor's Manual ISBN: 978-1-54330-346-9

Library of Congress Control Number: 2018946847

1 2 3 4 5 6 7 8 9 LW 24 23 22 21 20 19

The Vista Higher Learning Story

Your Specialized Foreign Language Publisher

Independent, specialized, and privately owned, Vista Higher Learning was founded in 2000 with one mission: to raise the teaching and learning of world languages to a higher level. This mission is based on the following beliefs:

- It is essential to prepare students for a world in which learning another language is a necessity, not a luxury.
- Language learning should be fun and rewarding, and all students should have the tools they need to achieve success.
- Students who experience success learning a language will be more likely to continue their language studies both inside and outside the classroom.

With this in mind, we decided to take a fresh look at all aspects of language instructional materials. Because we are specialized, we dedicate 100 percent of our resources to this goal and base every decision on how well it supports language learning.

That is where you come in. Since our founding, we have relied on the invaluable feedback of language teachers and students nationwide. This partnership has proved to be the cornerstone of our success, allowing us to constantly improve our programs to meet your instructional needs.

The result? Programs that make language learning exciting, relevant, and effective through:
- unprecedented access to resources
- a wide variety of contemporary, authentic materials
- the integration of text, technology, and media
- a bold and engaging textbook design

By focusing on our singular passion, we let you focus on yours.

The Vista Higher Learning Team

VISTA®
HIGHER LEARNING

Table of Contents

	Pour commencer	Court métrage	Imaginez

Leçon 1 Ressentir et vivre

Les relations personnelles 4
- l'état civil
- la personnalité
- les relations
- les sentiments

Tout le monde dit je t'aime (6 min.) 6
France, 2010
Réalisatrice: Cécile Ducrocq

Les États-Unis 12
LE ZAPPING:
Qu'en pensent les jeunes Belges? 15

Leçon 2 Habiter en ville

En ville 40
- les activités
- les gens
- les indications
- les lieux
- pour décrire

J'attendrai le suivant (4.5 min.) 42
France, 2002
Réalisateur: Philippe Orreindy

La France 48
GALERIE DE CRÉATEURS:
Yann Arthus-Bertrand 51

Leçon 3 L'influence des médias

L'univers médiatique 78
- le cinéma et la télévision
- les gens des médias
- les médias
- la presse

Le Technicien (8 min.) 80
Canada, 2009
Réalisateur: Simon-Olivier Fecteau

Le Québec 86
LE ZAPPING:
Vendredi, un journal pas comme les autres 89

Leçon 4 La valeur des idées

La justice et la politique 114
- les gens
- les lois et les droits
- la politique
- la sécurité et le danger

L'Hiver est proche (13 min.) 116
France, 2015
Réalisateur: Hugo Chesnard

Les Antilles 122
GALERIE DE CRÉATEURS:
Léna Blou 125

Structures	Fiches de grammaire **Optional Sequence**	Culture	Littérature
1.1 Spelling-change verbs .... 16 **1.2** The irregular verbs **être**, **avoir**, **faire**, and **aller** .... 20 **1.3** Forming questions 24	**1.4** Present tense of regular **-er**, **-ir**, and **-re** verbs .... 374 **1.5** The imperative 376	*Les francophones d'Amérique* 29	*Il pleure dans mon cœur* .... 33 Paul Verlaine, France poème
2.1 Reflexive and reciprocal verbs .... 52 **2.2** Descriptive adjectives and adjective agreement .... 56 **2.3** Adverbs 60	**2.4** Nouns and articles . 378 **2.5** **Il est** and **c'est** 380	*Rythme dans la rue: La fête de la Musique* 65	*Tout bouge autour de moi* .... 69 Dany Laferrière, Haïti témoignage
3.1 The **passé composé** with **avoir** ...... 90 **3.2** The **passé composé** with **être** .... 94 **3.3** The **passé composé** vs. the **imparfait** 98	**3.4** Possessive adjectives .... 382 **3.5** The **imparfait:** formation and uses 384	*Guy Laliberté: Un homme hors du commun* .. 103	*99 francs* .... 107 Frédéric Beigbeder, France extrait de roman
4.1 The **plus-que-parfait** 126 **4.2** Negation and indefinite adjectives and pronouns .... 130 **4.3** Irregular **-ir** verbs ... 134	**4.4** Demonstrative adjectives .... 386 **4.5** The **passé simple** 388	*Haïti, soif de liberté* 139	*Détruire la misère* .... 143 Victor Hugo, France discours

Table of Contents

	Pour commencer	**Court métrage**	**Imaginez**

Leçon 5 La société en évolution

Crises et horizons 150
en mouvement
les changements
les problèmes
et les solutions

Samb et le commissaire
(15 min.) 152
Suisse, 1997
Réalisateur: Olivier Sillig

L'Afrique de l'Ouest 158
LE ZAPPING:
Des initiatives pour un
monde plus
responsable 161

Leçon 6 Les générations qui bougent

En famille 188
la personnalité
la vie familiale
les étapes de la vie
la communauté
les membres de la
famille

De l'autre côté
(29 min.) 190
Algérie/France, 2004
Réalisateur: Nassim
Amaouche

L'Afrique du Nord
et le Liban 196
GALERIE DE CRÉATEURS:
Yves Saint Laurent 199

Leçon 7 À la recherche du progrès

**Le progrès
et la recherche** 226
la technologie
les gens dans les
sciences
les inventions et
la science
l'univers et l'astronomie

Le Manie-Tout
(16 min.) 228
France, 2005
Réalisateur: Georges Le
Piouffle

La Belgique, la Suisse
et le Luxembourg 234
LE ZAPPING:
La téléprésence 237

Leçon 8 S'évader et s'amuser

Les passe-temps 262
les arts et le théâtre
le sport
le temps libre

Le Ballon prisonnier
(13 min.) 264
France, 2003
Réalisateur: Cyril Gelblat

L'océan Indien 270
GALERIE DE CRÉATEURS:
Khaleel «Khal»
Torabully 273

Structures	Fiches de grammaire *Optional Sequence*	Culture	Littérature
5.1 Partitives .... 162 **5.2** The pronouns **y** and **en** .... 166 **5.3** Order of pronouns 170	**5.4** Object pronouns ... 390 **5.5** Past participle agreement 392	*Le numérique fait bouger les écoles africaines* 175	*Le marché de l'espoir* ... 179 Ghislaine Sathoud, Congo nouvelle
6.1 The subjunctive: impersonal expressions; will, opinion, and emotion .... 200 **6.2** Demonstrative pronouns .... 204 **6.3** Irregular **-re** verbs 208	**6.4** Disjunctive pronouns .... 394 **6.5** Possessive pronouns 396	*Jour de mariage* 213	*La logique des grands* .. 217 Olivier Charneux, France nouvelle
7.1 The comparative and superlative of adjectives and adverbs .... 238 **7.2** The **futur simple** .... 242 **7.3** The subjunctive with expressions of doubt and conjunctions; the past subjunctive 246	**7.4** Past participles used as adjectives 398 **7.5** Expressions of time 400	*CERN: À la découverte d'un univers particulier* 251	*Solitude numérique* ...... 255 Didier Daeninckx, France nouvelle
8.1 Infinitives .... 274 **8.2** Prepositions with geographical names .... 278 **8.3** The **conditionnel** 282	**8.4** Prepositions with infinitives ...... 402 **8.5** The subjunctive after indefinite antecedents and in superlative statements 404	*La Réunion, île intense* .. 287	*Le football - Le Petit Nicolas* .... 291 Sempé-Goscinny, France roman illustré

Table of Contents

	Pour commencer	**Court métrage**	**Imaginez**

Leçon 9 Perspectives de travail

Pour commencer
Le travail et les finances 300
    le monde du travail
    les finances
    les gens au travail

Court métrage
Bonne nuit Malik
    (15 min.) 302
France, 2006
Réalisateur: Bruno Danan

Imaginez
L'Afrique Centrale 308
LE ZAPPING:
Oui Marketing:
    La pensée
    inversée 311

Leçon 10 Les richesses naturelles

Pour commencer
Notre monde 336
    la nature
    les animaux
    les phénomènes
    naturels
    se servir de la nature
    ou la détruire

Court métrage
L'Homme qui plantait des arbres
    (30 min.) 338
Québec, 1987
Réalisateur: Frédéric Back

Imaginez
La Polynésie française,
    la Nouvelle-Calédonie,
    l'Asie 344
GALERIE DE CRÉATEURS:
Rithy Panh 347

Fiches de grammaire 371

Appendice A
    Dialogues des courts métrages 415

Appendice B
    Tables de conjugaison 440

Appendice C
    Vocabulary
    Français–Anglais 451
    Anglais–Français 477

Appendice D
    Grammar Index 500
    Maps 502
    Credits 509

Structures	Fiches de grammaire Optional Sequence	Culture	Littérature
9.1 Relative pronouns 312 **9.2** The present participle 316 **9.3** Irregular **-oir** verbs 320	**9.4 Savoir** vs. **connaître** 406 **9.5 Faire causatif** 408	Des Africaines entrepreneuses 325	Les tribulations d'une caissière 329 Anna Sam, France roman
10.1 The past conditional 348 **10.2** The future perfect 352 **10.3 Si** clauses 356	**10.4** Indirect discourse 410 **10.5** The passive voice 412	Les richesses du Pacifique 361	Baobab 365 Jean-Baptiste Tati-Loutard, République du Congo poème

Icons

Familiarize yourself with these icons that appear throughout **Portails 2.**

🔊 **Listening activity**

👥 **Pair activity**

👥 **Partner Chat or Video Virtual Chat**

👥 **Group activity**

Portails 2 Learning Progression

Portails 2 is unique in the organization and delivery of lesson content. Each color-coded strand features a learning progression that contextualizes the learning experience for students by breaking lesson content into comprehensible language segments.

Explore

Initial presentation of material

Credit for participation, not performance

Activation of receptive skills: listening and reading

Learn

Shift from purely receptive to interactive learning

Credit for participation, not performance

Requires students to be active participants and take ownership of their learning

Practice

Focus on application

Auto-graded activities (fill-in-the-blank, multiple-choice, true/false)

Instructional scaffolding: simple discrete activities progress to more challenging open-ended activities

Communicate

Scaffolded activities built on the three modes of communication: interpretive, interpersonal, and presentational

ovides students with portunities to develop their skills and build confidence, ing the affective filter

Self-check

Formative assessment following each vocabulary and grammar section

Provides students with explicit feedback on what they know and don't know

Lesson practice test with personalized study plan for remediation and practice

Assessment

Summative assessment

Test or quiz available for each Self-check section

Lesson tests, multi-lesson exams, and optional testing sections

Portails 2 provides you with the interactive tools and engaging content you need to stay motivated and on track throughout the semester.

Vocabulary Tutorials present information in interactive formats that put you in control of your progress. You can adjust the speed of the tutorials to suit your pace and use the automatic feedback from Speech Recognition to decide if you're ready to move on. Each vocabulary tutorial is followed by a matching activity that provides you with a cumulative review of the lesson vocabulary.

Speech Recognition—embedded in the Vocabulary Tutorials—automatically evaluates your spoken responses, so you know right away if you're on the right track.

Structures Explore features charts and diagrams that call out key grammatical structures and forms, as well as additional vocabulary. Audio and photos from the Vocabulary Tutorials provide additional context and reinforce previously learned material.

Vérifiez activities practice individual concepts from the grammar presentation in an interactive format to help you build confidence.

Animated Grammar Tutorials feature guided instruction with interactive quick checks to keep you on track and ensure comprehension. *La prof* provides a humorous, engaging, and relatable twist to grammar instruction.

Self-Directed Learning

Le Zapping video clips support your learning experience with authentic footage from commercials and newscasts. These clips are accompanied by activities and vocabulary lists to facilitate understanding. Take charge of your experience by pausing, rewinding, or replaying the video as many times as you need.

Reportage de l'AFP

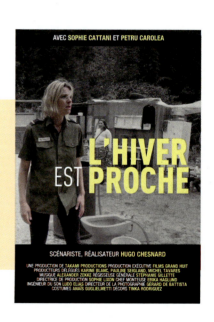

Elle arrive quand même à participer en cours et à s'y intéresser.

Video Virtual Chats provide you with opportunities to develop your listening and speaking skills and build confidence as you practice with video recordings of native speakers.

Court métrage supports your understanding of the lesson content in an entertaining and thought-provoking way. Use the short films to build your listening comprehension skills and your cultural knowledge of French speakers and the francophone world. Besides providing entertainment, the films serve as a useful learning tool. As you watch the films, you will observe characters interacting in various situations, using real-world language that reflects the lesson themes as well as the vocabulary and grammar you are studying.

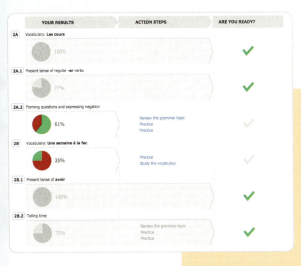

Diagnostic feedback tools provide you with frequent, informal opportunities to assess your comprehension and to help you plan your study time. Speech Recognition automatically evaluates your spoken responses, so you know right away if you're on the right track. Use auto-graded Self-checks to practice the same skills and concepts that will appear on quizzes and tests and to determine which areas you might need to review. Take advantage of the practice opportunities provided by extra activities in *Épreuve diagnostique* and Grammar Tutorials.

Review by revisiting explanations and tutorials when you need help or want to go over the material. Stay sharp by spending time with Vocabulary Tools, which offer customizable support for vocabulary practice. Printable word lists and interactive flashcards with audio let you optimize your study time by choosing which groups of words to focus on. You can even add your own words to the list. The more you engage with the content, the more comfortable and successful you will be at communicating in French.

Portails

Ressentir et vivre

Si tous les êtres humains ont la capacité d'éprouver des émotions, tous ne se sentent pas nécessairement libres de les exprimer. Pour diverses raisons personnelles, sociales ou autres, certains ont du mal à révéler aux autres leurs vrais sentiments. Ils pensent peut-être que c'est une faiblesse. La plupart des gens que vous connaissez sont-ils plutôt ouverts ou réservés? Et vous? De quelle façon votre personnalité affecte-t-elle vos relations avec les autres?

La joie, la gaieté et la bonne humeur sont un langage universel.

6 COURT MÉTRAGE

«Je t'aime,» qu'est-ce que ça veut dire? Deux amies en parlent. Regardons *Tout le monde dit je t'aime* de **Cécile Ducrocq** pour découvrir leurs avis.

12 IMAGINEZ

Basée sur des valeurs communes et une histoire partagée, l'amitié franco-américaine remonte loin dans le passé. Vous allez découvrir cette amitié et les multiples manières dont la francophonie a impregné la culture américaine au cours des siècles.

29 CULTURE

L'article *Les francophones d'Amérique* parle de l'histoire et de la culture cadiennes, ou cajuns.

33 LITTÉRATURE

Dans *Il pleure dans mon cœur*, **Paul Verlaine** est submergé par cette mélancolie inexpliquable qui nous envahit parfois quand tombe la pluie.

9

30

4 POUR COMMENCER

16 STRUCTURES

1.1 Spelling-change verbs

1.2 The irregular verbs **être, avoir, faire,** and **aller**

1.3 Forming questions

37 VOCABULAIRE

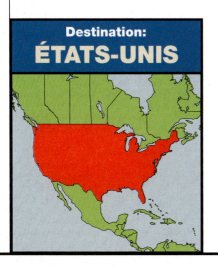

Destination:
ÉTATS-UNIS

Les relations personnelles

 vhlcentral

Les relations

une âme sœur *soul mate*
une amitié *friendship*

des commérages (*m.*) *gossip*
un esprit *spirit*
un mariage *marriage; wedding*
un rendez-vous *date*
une responsabilité *responsibility*

compter sur *to rely on*
draguer *to flirt*
s'engager (envers
    quelqu'un) *to commit
    (to someone)*
faire confiance
    (à quelqu'un)
    to trust (someone)
mentir *(conj. like **sentir**)
    to lie*
mériter *to deserve; to be worth*
partager *to share*
poser un lapin (à quelqu'un) *to stand
    (someone) up*
quitter quelqu'un *to leave someone*
rompre *(irreg.) to break up*

sortir avec *to go out with*
vivre *to live*

(in)fidèle *(dis)loyal*

Les sentiments

agacer/énerver *to annoy*
aimer *to love; to like*
avoir honte (de) *to be ashamed (of)/
    embarrassed*
en avoir marre (de) *to be fed up (with)*
s'entendre bien (avec) *to get along
    well (with)*
gêner *to bother; to embarrass*
se mettre en colère contre
    to get angry with
ressentir *(conj. like **sentir**) to feel*
rêver de *to dream about*
tomber amoureux/amoureuse (de) *to fall
    in love (with)*

accablé(e) *overwhelmed*
anxieux/anxieuse *anxious*
contrarié(e) *upset*
déprimé(e) *depressed*
enthousiaste *enthusiastic; excited*
fâché(e) *angry; mad*
inquiet/inquiète *worried*

jaloux/jalouse *jealous*
passager/passagère *fleeting*

L'état civil

divorcer *to get a divorce*
se fiancer *to get engaged*
se marier avec
    to marry
célibataire *single*
veuf/veuve *widowed;
    widower/widow*

La personnalité

avoir confiance en soi *to be confident*

affectueux/affectueuse *affectionate*
charmant(e) *charming*
économe *thrifty*
franc/franche *frank; honest*
génial(e) *great; terrific*
(mal)honnête *(dis)honest*
idéaliste *idealistic*
inoubliable *unforgettable*
(peu) mûr *(im)mature*
orgueilleux/orgueilleuse *proud*
prudent(e) *careful*
séduisant(e) *attractive*
sensible *sensitive*
timide *shy*

tranquille *calm; quiet*

*The verb **vivre** is irregular in the present tense: **je vis, tu vis, il/elle vit, nous vivons, vous vivez, ils/elles vivent.**

Mise en pratique

1 **L'intrus** Quel mot ne va pas avec les autres? Identifiez-le.

1. affectueux • contrarié • déprimé • accablé
2. inquiet • tranquille • anxieux • économe
3. fidèle • honnête • sincère • malhonnête
4. direct • franc • loyal • jaloux
5. beau • orgueilleux • séduisant • charmant
6. fiancés • commérages • âme sœur • mariage
7. agacer • en avoir marre • bien s'entendre • se mettre en colère
8. rompre • aimer • compter sur • faire confiance

2 **La description** Quel terme de la liste correspond le mieux à chaque phrase? Soyez logique!

avoir honte	draguer	poser un lapin	sensible
déprimé	inoubliable	responsabilité	veuf/veuve

1. Je rêve de sortir avec elle depuis longtemps. Chaque fois que je la vois, j'essaie de la convaincre d'aller au restaurant ou au cinéma.
2. Ma tante habite seule. Son mari est mort il y a quatre ans.
3. Je suis souvent triste et je n'ai pas envie de sortir ni de voir des gens.
4. J'ai vu un film dont je me souviendrai toujours.
5. Ma petite sœur pleure facilement si on lui fait une critique.
6. J'avais rendez-vous avec quelqu'un. Je l'ai attendu au restaurant jusqu'à dix heures et quart mais il n'est jamais venu.

3 **Votre personnalité** Répondez aux questions puis calculez vos points. Quel est le résultat de votre test? Comparez-le avec celui d'un(e) camarade de classe.

Oui	Quelquefois	Non		Barème (*Key*)
☐	☐	☐	1. Devenez-vous anxieux/anxieuse quand il y a beaucoup de monde?	**Oui** = 0 point
☐	☐	☐	2. Est-ce que ça vous gêne de montrer vos émotions?	**Quelquefois** = 1 point
☐	☐	☐	3. Avez-vous peur d'être le premier/la première à parler?	**Non** = 2 points
☐	☐	☐	4. L'idée d'avoir un rendez-vous avec quelqu'un que vous ne connaissez pas vous fait-elle peur?	**Résultats**
☐	☐	☐	5. Est-ce que ça vous intimide de flirter avec quelqu'un que vous ne connaissez pas?	**0 à 7** Vous avez tendance à être introverti(e). Sortez plus souvent!
☐	☐	☐	6. Avez-vous peur de parler en public?	**8 à 11** Vous n'êtes ni introverti(e) ni extraverti(e). Bon équilibre!
☐	☐	☐	7. Réfléchissez-vous longtemps avant de prendre une décision?	
☐	☐	☐	8. Est-il plus important d'être agréable que franc dans la vie?	**12 à 20** Vous avez tendance à être extraverti(e). Écoutez un peu les autres!
☐	☐	☐	9. Diriez-vous que vous êtes d'accord avec un(e) de vos ami(e)s juste pour éviter un conflit?	
☐	☐	☐	10. Vous sentez-vous facilement gêné(e) dans certaines situations?	

Préparation

Vocabulaire du court métrage

à part *apart from, except for*
balancer *to fling, throw (out) (slang)*
disparaître *to disappear*
filer *to give (fam.)*
gâcher *to spoil*
obliger *to oblige, require*
une pensée *a thought*

quand même *nevertheless, anyway*
rapporter *to bring back*
respectueux/-euse *respectful*
sinon *otherwise*
tandis que *while*

Vocabulaire utile

un avis *opinion*
la complicité *deep, intimate bond*
un conseil *(piece of) advice*
exprimer *to express*
faire une déclaration d'amour *to declare one's love*
une relation amicale *friendship*

EXPRESSIONS

Ça ne veut rien dire. *That doesn't mean anything.*

Ça m'a fait plaisir. *That made me happy.*

C'est n'importe quoi. *What nonsense.*

(Ne) Te fais pas d'illusion. *Don't be fooled.*

---

1 **Demande de conseils** Complétez cet e-mail à l'aide des mots ou des expressions que vous venez d'apprendre. Faites tous les changements nécessaires.

Cher M. Saitout,

J'ai un grand souci (*concern*) et j'ai besoin d'un (1) _____. Il y a trois mois, j'ai fait la connaissance d'un camarade de classe. Nous sommes vite devenus amis. Il est gentil, amusant et (2) _____. Nous nous entendons très bien et il existe une grande (3) _____ entre nous. (4) _____ ma meilleure amie, je ne me suis jamais sentie aussi proche de quelqu'un. Mais voilà le problème: de mon côté, ce n'est plus une (5) _____. Je suis amoureuse de lui, et j'ai peur de le lui dire. Comment est-ce que je peux (6) _____ mes sentiments sans (7) _____ notre amitié? Qu'est-ce que je ferai s'il ne m'aime pas? S'il ne veut pas sortir avec moi, tout mon bonheur va (8) _____ et je perdrai l'un de mes meilleurs compagnons. Cependant, mon cœur me/m' (9) _____ à faire quelque chose. Qu'est-ce que je dois faire à votre (10) _____ ?

En attendant de vous lire,

Amélie

2 **Synonymes** Faites correspondre chaque mot avec son synonyme.

_____ 1. balancer

_____ 2. donner

_____ 3. autrement

_____ 4. en tout cas

_____ 5. une idée

_____ 6. rendre

a. quand même

b. une pensée

c. filer

d. sinon

e. jeter

f. rapporter

3

À vous À deux, répondez aux questions à tour de rôle.

1. Qui est votre meilleur(e) ami(e)? Quelle sorte de conseils lui demandez-vous?

2. Parlez-vous d'amour avec vos ami(e)s? De quels aspects, en particulier?

3. Êtes-vous toujours honnête quand un ami vous demande votre avis? Expliquez.

4. Quel(s) moyen(s) de communication utilisez-vous pour parler à vos amis? À votre petit(e) ami(e)? Pourquoi utilisez-vous ce(s) moyen(s) de communication?

5. Préférez-vous parler des choses sérieuses en personne, par téléphone, ou autrement? Expliquez.

4

Je t'aime

A. Chacun a sa façon de déclarer son amour. Certains choisissent l'intimité, d'autres préfèrent la théâtralité. À l'aide d'un(e) partenaire, faites une liste de différentes manières de faire une déclaration d'amour, en vous inspirant si nécessaire de la littérature ou du cinéma.

- En haut de la tour Eiffel
- En chantant sous la fenêtre
- …

B. Maintenant, mettez en ordre ces différentes manières de faire une déclaration d'amour, de la plus romantique à la moins romantique. Partagez vos idées avec vos camarades de classe. Soyez prêt(e)s à justifier l'ordre de votre choix.

5

Votre avis Expliquez à votre partenaire pourquoi vous êtes d'accord ou pas avec les affirmations suivantes.

1. Il faut toujours être d'accord avec ses ami(e)s.

2. Il est important de dire «je t'aime» aux personnes qu'on aime.

3. On ne peut jamais trop dire «je t'aime».

4. L'amour n'est pas constant; il peut disparaître à chaque instant.

6

Imaginez Par petits groupes, décrivez ces deux personnes. Quel âge ont-elles? Ont-elles l'air d'avoir des personnalités très différentes? Ont-elles l'air de bien s'entendre? Décrivez leur relation.

INTRIGUE *Une jeune fille reçoit un message, mais comment l'interpréter? Elle demande l'avis d'une amie.*

MARION Regarde ce qu'il m'a envoyé. Qu'est-ce que je réponds?
JOSÉPHINE Ben, franchement, c'est n'importe quoi de dire ça.
MARION Ah bon?

JOSÉPHINE En plus, il ne te le dit même pas. Il l'écrit. Ce n'est pas le truc qu'on balance comme ça sur un texto.
MARION C'est beau de l'écrire. Ça a plus de force. En plus, le texto, je peux le garder. Je peux le relire. Après il pourra me le redire.

JOSÉPHINE «Je t'aime», c'est une pensée. Mais cette pensée, elle peut disparaître aussitôt.
MARION Si c'est comme tu dis, je vois pas pourquoi il m'aurait dit «je t'aime». Je ne lui ai rien demandé.

JOSÉPHINE Ben, vous venez juste de commencer. Il te dit déjà «je t'aime».
MARION On n'est pas obligé d'attendre des mois pour se le dire.
JOSÉPHINE Vous n'êtes pas obligés de vous le dire maintenant non plus. Ça fait combien de temps que vous êtes ensemble?
MARION Ça fait dix jours.

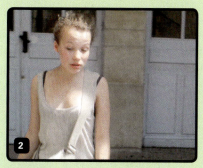

JOSÉPHINE Mais c'est ça le problème. Tout le monde dit «je t'aime», et ça ne veut rien dire.
MARION Ben, moi, c'était la première fois. On te l'a déjà dit?
JOSÉPHINE Non, on ne me l'a jamais dit, mais ce n'est pas ça le problème. Ce n'est pas parce qu'il te dit «je t'aime» qu'il t'aime.
MARION S'il me le dit, c'est qu'il le pense.

JOSÉPHINE Il te l'a dit pour que tu lui répondes «Moi aussi». Il n'y a pas d'autres réponses possibles. Tu ne vas pas lui dire «merci». Tu es obligée de lui dire «je t'aime».
MARION Alors, on ne dit jamais «je t'aime»?
JOSÉPHINE Non, on ne dit jamais «je t'aime». Ça ne veut rien dire. Ça n'existe pas.

Analyse

1 **Compréhension** Indiquez si chaque phrase est vraie ou fausse. Ensuite, corrigez les phrases fausses.

1. Le petit ami de Marion a envoyé un texto pour lui dire qu'il l'aime.
2. Marion et son petit ami sont ensemble depuis un mois.
3. Marion trouve le message de son petit ami problématique.
4. Joséphine pense qu'on doit toujours dire «je t'aime» face-à-face.
5. Marion est d'accord avec Joséphine par rapport à la manière de dire «je t'aime».
6. Joséphine pense qu'on peut dire «je t'aime» à quelqu'un sans aimer la personne.
7. D'après Joséphine, dire «je t'aime» implique une obligation réciproque.
8. Marion a l'habitude qu'on lui dise «je t'aime».
9. Quant à Joséphine, personne ne lui a jamais dit «je t'aime».
10. D'après Marion, la phrase «je t'aime» ne veut rien dire.

2 **Interprétation** À deux, répondez aux questions et justifiez vos réponses.

1. Quelle sorte d'amitié Marion et Joséphine ont-elles?
2. Croyez-vous qu'elles se connaissent depuis très longtemps?
3. À votre avis, se voient-elles très souvent?
4. Ont-elles le même caractère ou sont-elles très différentes?
5. Qui semble avoir le plus d'expérience dans les affaires de l'amour?
6. Croyez-vous que Marion est amoureuse?

3 **Entre elles** Par petits groupes, comparez ces moments du film. Quel est l'avis de Joséphine par rapport à la phrase «je t'aime» au début du film? A-t-elle le même avis à la fin? Le personnage de Joséphine évolue-t-il? Justifiez vos réponses.

Moment A:

Moment B:

4 **Citation** Lisez la citation suivante qui comprend le titre du film. Comment l'interprétez-vous? Êtes-vous d'accord? En petits groupes, discutez-en. N'oubliez pas de justifier vos idées.

C'est qu'on le dit une fois. Puis une autre. Puis encore une autre. On le dit un milliard de fois. Tout le monde dit «je t'aime», et ça ne veut plus rien dire.

5 **Un mois plus tard** Imaginez qu'un mois a passé depuis cette conversation entre Marion et Joséphine. Avec un(e) partenaire, écrivez la suite de l'histoire. Répondez aux questions suivantes: Marion continue-t-elle à voir son petit ami? Sont-ils amoureux? L'amitié entre Marion et Joséphine a-t-elle changé? Comment cette amitié a-t-elle influencé les relations entre Marion et son petit ami? Et comment ces relations ont-elles influencé l'amitié entre les deux filles?

6 **L'amour**

A. Par petits groupes, lisez les citations suivantes sur l'amour et l'amitié, puis commentez-les. Donnez des exemples personnels, historiques ou artistiques pour les illustrer.

> *«Aimer ce n'est pas se regarder l'un l'autre, c'est regarder ensemble dans la même direction.»*
> —Antoine de Saint-Exupéry
>
> *«Car, vois-tu, chaque jour je t'aime davantage, aujourd'hui plus qu'hier et bien moins que demain.»*
> —Rosemonde Gérard
>
> *«Votre véritable ami est celui qui ne vous passe rien et qui vous pardonne tout.»*
> —Diane de Beausacq
>
> *«L'amitié se nourrit de communication.»*
> —Michel de Montaigne

B. Toujours en groupes, faites un sondage pour déterminer la citation préférée de chacun. Justifiez votre choix à tour de rôle. Laquelle aimez-vous le plus? Laquelle comprenez-vous le moins? Soyez prêt(e)s à discuter des résultats de votre enquête avec la classe.

7 **L'amitié et l'amour** Quelles sont les similarités et les différences entre l'amitié et l'amour? Peut-on être à la fois ami(e) et petit(e) ami(e)? À deux, faites un diagramme de Venn pour comparer l'amitié et l'amour. Ensuite, écrivez une rédaction pour expliquer les similarités et différences entre les deux types de relations et vos idées à propos de la possibilité d'être à la fois l'ami(e) et le/le petit(e) ami(e) de quelqu'un.

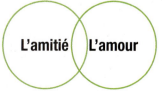

L'amitié   L'amour

vhlcentral | *Galerie de créateurs*

IMAGINEZ

LES ÉTATS

Une amitié historique

Les liens° qui unissent la **France** et les **États-Unis** sont solides, fondés sur une histoire commune. À l'époque° coloniale, plusieurs Français ont participé à l'exploration de l'Amérique du Nord. Ainsi°, l'explorateur **Cavelier de La Salle** a été le premier Européen à descendre le **fleuve du Mississippi** et c'est **Antoine Cadillac**, un aventurier acadien°, qui a fondé la ville de **Détroit** en 1701. La **Louisiane française** était alors° un immense territoire avec, en son centre, le Mississipi. Elle s'étendait° des **Grands Lacs** au **golfe du Mexique**. Cet espace représente aujourd'hui dix États américains, et c'est pour cette raison que beaucoup de lieux dans cette région, comme **Belleville, Illinois** ou **Des Moines, Iowa**, portent° des noms français.

L'alliance franco-américaine s'est surtout renforcée° pendant la **guerre° d'Indépendance**. Avec le **marquis de Lafayette** et le **comte de Rochambeau**, l'armée française a offert une aide cruciale aux révolutionnaires américains, comme pendant la bataille° de la **baie de Chesapeake**, à la fin de la guerre. Ensuite, la France a été la première nation à reconnaître officiellement les nouveaux **États-Unis d'Amérique**. Des personnalités de cette période révolutionnaire comme **Benjamin Franklin**, **John Adams** et **Thomas Jefferson** étaient très francophiles et ont tous fait des séjours en France. De plus, les deux pays ont créé leur

constitution en même temps et ont partagé la philosophie des **Lumières**°. Au cours des années, d'étroites° relations économiques et culturelles se sont développées entre eux, et en 1886, pour symboliser cette amitié, la France a offert aux États-Unis la **statue de la Liberté**, qu'on voit à l'entrée du port de **New York**.

Aujourd'hui, la France est le douzième partenaire commercial des États-Unis, et hors de° l'Union Européenne, les États-Unis constituent le

Romain Duris

La statue de la Liberté à New York

premier marché d'exportation de la France. Au niveau de la culture, les films français figurent parmi les films étrangers les plus vus aux États-Unis et les plus appréciés du public américain. Quel Américain ne connaît pas **Gérard Depardieu**, **Vincent Cassel**, **Audrey Tautou** ou **Marion Cotillard**? De même, les grands artistes sont toujours appréciés, et dans les musées américains, les expositions sur **Monet**, **Gauguin** ou **Cézanne** sont très populaires. Enfin, les liens touristiques sont forts: pour les Américains, la France est le pays de la bonne cuisine, des petits cafés, de la mode et du romantisme; et l'Amérique reste l'une des destinations préférées des touristes français. En somme, l'amitié entre ces deux pays semble faite pour durer°!

D'ailleurs…

Avec environ 1.300.000 étudiants, le français est la deuxième langue la plus étudiée aux USA, après l'espagnol. Plus de 100 programmes d'échanges scolaires existent entre la France et les États-Unis, et il y a plus de 100 Alliances françaises sur le territoire américain, qui organisent plus de 1.000 manifestations culturelles par an.

liens *ties* **À l'époque** *At the time* **Ainsi** *In this way* **acadien** *from the Canadian region of Acadia* **alors** *at that time* **s'étendait** *stretched* **portent** *have* **s'est renforcée** *strengthened* **guerre** *war* **bataille** *battle* **Lumières** *Enlightenment* **étroites** *tight* **hors de** *outside* **durer** *last*

-UNIS

Le français dans l'anglais

Mots et expressions venus du français

à la carte	en route
art déco	hors-d'œuvre
avant-garde	je ne sais quoi
camouflage	protégé
cliché	raison d'être
crème de la crème	rendez-vous
déjà vu	résumé
encore	touché

Mots anglais empruntés au français au Moyen Âge

armée	:	*army*
bœuf	:	*beef*
espion	:	*spy*
honneur	:	*honor*
joie	:	*joy*
liberté	:	*liberty*
loisir	:	*leisure*
mariage	:	*marriage*
mouton	:	*mutton*
oncle	:	*uncle*
salaire	:	*salary*
vallée	:	*valley*

La francophonie aux USA

Chevrolet C'est un Suisse francophone, **Louis Chevrolet** (1878–1941), qui a fondé cette compagnie maintenant américaine. Après avoir été mécanicien en France et au Canada, Chevrolet déménage à New York en 1901. Là, il travaille pour **Fiat** et, en 1905, commence sa carrière de pilote de course°. Plus tard, Chevrolet dessine des voitures de course et bat° le record du monde de vitesse! La **Chevrolet Motor Car Company** est devenue une division de **General Motors** en 1918.

Les contes de Perrault Les contes du Français **Charles Perrault** (1628–1703) divertissent° les petits et les grands depuis des siècles, dans le monde occidental. Ses histoires, comme *Cendrillon, Le petit chaperon° rouge, La belle au bois dormant°*, et *Le chat botté°* ont inspiré des films, des ballets et des opéras. La compagnie Walt Disney en a même fait des films d'animation.

Tony Parker Malgré° son nom anglophone, **Tony Parker**, joueur professionnel de basket, est en fait° d'origine belge et française. Il est né à **Bruges**, en Belgique, et a été élevé en France. On le connaît bien aux États-Unis, parce qu'il joue dans l'équipe des **Spurs** à **San Antonio, Texas**. Avant de rejoindre° cette équipe de la **NBA** en 2001, Tony jouait en France dans la **LNB** (**Ligue Nationale de Basket-ball**).

Céline Dion Dernière-née d'une famille québécoise de 14 enfants, **Céline Dion** enregistre sa première chanson à 12 ans. Sa carrière commence en français, mais à l'âge de 18 ans elle apprend l'anglais et part à la conquête du monde anglophone. Son succès aux États-Unis est considérable; elle a vendu des millions d'albums, chanté pour la bande originale° de plusieurs films américains, et gagné de nombreux **Grammys**. Aujourd'hui, après plus de 30 ans de carrière, Céline est considérée comme une légende internationale de la musique populaire.

pilote de course *race car driver* **bat** *breaks* **divertissent** *entertain* **chaperon** *hood* **dormant** *sleeping* **Le chat botté** *Puss in Boots* **Malgré** *Despite* **en fait** *in fact* **rejoindre** *join* **bande originale** *sound track* **en tournée** *on tour*

Qu'avez-vous appris?

1 **Vrai ou faux?** Indiquez si ces affirmations sont vraies ou fausses et corrigez celles qui sont fausses.

1. C'est Cavelier de La Salle qui a fondé Détroit en 1701.

2. La Louisiane française s'étendait des Grands Lacs au golfe du Mexique.

3. Les films français ne sont pas appréciés des Américains.

4. Tony Parker est un joueur de basket d'origine belge et française.

5. Charles Perrault a écrit des contes connus dans le monde occidental.

6 Les films de Céline Dion connaissent un énorme succès aux États-Unis.

2 **Que sais-je?** Répondez aux questions.

1. Qui a été le premier Européen à descendre le fleuve du Mississippi?

2. Quelles personnalités américaines de la période révolutionnaire étaient très francophiles?

3. Qu'est-ce que la France et les États-Unis ont créé en même temps?

4. Que symbolise la statue de la Liberté?

5. Qui a fondé la compagnie Chevrolet et de quelle nationalité était-il?

6. De quoi les films d'animation de Walt Disney s'inspirent-ils beaucoup?

Projet

Aux États-Unis

Où trouve-t-on la culture francophone aux États-Unis? Faites des recherches pour créer une page de présentation au sujet d'un événement ou d'un lieu francophone.

• Notez les détails les plus intéressants.

• Choisissez des photos.

• Présentez votre page à la classe.

• Expliquez pourquoi vous avez choisi ce sujet.

ÉPREUVE

Trouvez la bonne réponse.

1. À l'époque coloniale, la Louisiane avait la taille _____.
   a. de la région des Grands Lacs   b. de dix États américains
   c. du golfe du Mexique   d. d'un État américain

2. L'alliance franco-américaine s'est renforcée _____.
   a. vers 1886   b. à l'époque coloniale
   c. vers 1701   d. pendant la guerre d'Indépendance

3. La France a été la première nation à _____ les États-Unis.
   a. reconnaître   b. aider
   c. explorer   d. nommer

4. À l'époque révolutionnaire, la France et les États-Unis partageaient _____.
   a. la même constitution   b. le même espace
   c. la philosophie des Lumières   d. la même économie

5. La France a offert la statue de la Liberté aux États-Unis, en _____.
   a. 1701   b. 1846
   c. 1886   d. 1776

6. Vincent Cassel, Gérard Depardieu, Audrey Tautou et Marion Cotillard sont connus pour leur carrière _____.
   a. dans le cinéma   b. d'écrivain
   c. de musicien   d. sportive

7. Il y a _____ Alliances françaises sur le territoire américain.
   a. 1.000   b. plus de 100
   c. plus de 250   d. 50

8. Le joueur de basket Tony Parker a été élevé _____.
   a. au Québec   b. en Belgique
   c. en France   d. à San Antonio

9. Céline Dion a enregistré sa première chanson à l'âge de _____ ans.
   a. 12   b. 18
   c. 24   d. 35

10. Charles Perrault n'a pas écrit _____.
    a. Le Chat botté   b. Cendrillon
    c. La Princesse au petit pois   d. La Belle au bois dormant

---

vhl central

Préparation Répondez aux questions.

1. À quel âge est-ce qu'on peut voter dans votre pays?
2. Êtes-vous intéressé(e) par la politique? Pourquoi ou pourquoi pas?

Entretien du parti CDH

—C'est la première fois que je vote.

Qu'en pensent les jeunes Belges?

Aux élections européennes de 2009 en Belgique, les primo-votants représentaient environ 8% des électeurs°. Les primo-votants sont les personnes qui votent pour la première fois, c'est-à-dire une majorité de jeunes. Un sondage° réalisé en mai 2009 par l'Université de Liège et Dedicated Research a résumé les opinions des jeunes électeurs belges francophones. Même si deux jeunes sur trois° déclarent s'intéresser peu à la politique, 86% d'entre eux estiment que voter est «utile» ou «très utile». 51% des jeunes ne pensent pas que «la plupart des hommes politiques soient corrompus» et 55% veulent croire que les politiciens essaient en général «d'améliorer la société».

électeurs *voters* sondage *survey* deux jeunes sur trois *two out of three* corvée *chore*

Vocabulaire utile

la convocation	*registration notice*
un acquis	*a benefit; something earned*
apporter sa voix	*to cast one's vote; literally: to bring one's voice*
sauter sur l'occasion	*to seize the opportunity*

Compréhension Répondez aux questions.

1. Qu'est-ce que ça fait aux jeunes du vidéo, de voter?
2. Pourquoi le parti CDH attire-t-il les deux jeunes de la fin de l'interview?

Discussion Avec un(e) partenaire, décidez si vous êtes d'accord ou non avec ces affirmations; puis expliquez votre décision à la classe.

1. Voter est un acquis de la démocratie, pas un droit.
2. Les jeunes doivent absolument voter; ainsi ils peuvent changer l'avenir d'un pays.

Application Préparez, avec votre classe, un sondage pour découvrir si les élèves de votre école s'intéressent à la politique et pour connaître leur opinion sur le rôle du vote dans la vie des jeunes. Comparez les résultats avec les opinions des jeunes du vidéo.

vhlcentral

1.1

Spelling-change verbs

J'envoie un texto à une amie.

- Several **-er** verbs require spelling changes in certain forms of the present tense. These changes usually reflect variations in pronunciation or are made to avoid a change in pronunciation.

- For verbs that end in **-ger**, add an **e** before the **-ons** ending of the **nous** form.

voyager (*to travel*)	
je voyage	nous voyag**e**ons
tu voyages	vous voyagez
il/elle/on voyage	ils/elles voyagent

Nous **mangeons** ensemble.

- Other verbs like **voyager** are **déménager** (*to move*), **déranger** (*to bother*), **manger** (*to eat*), **partager** (*to share*), **plonger** (*to dive*), and **ranger** (*to tidy up*).

- In verbs that end in **-cer**, the **c** becomes **ç** before the **-ons** ending of the **nous** form.

commencer (*to begin*)	
je commence	nous commen**ç**ons
tu commences	vous commencez
il/elle/on commence	ils/elles commencent

Nous **commençons** à 8h30.

- Other verbs like **commencer** are **avancer** (*to advance, to move forward*), **effacer** (*to erase*), **forcer** (*to force*), **lancer** (*to throw*), **menacer** (*to threaten*), **placer** (*to place*), and **remplacer** (*to replace*).

- The **y** in verbs that end in **-yer** changes to **i** in all forms *except* for the **nous** and **vous** forms.

envoyer (*to send*)	
j'envo**i**e	nous envoyons
tu envo**i**es	vous envoyez
il/elle/on envo**i**e	ils/elles envo**i**ent

Il **balaie** la terrasse.

- Other verbs like **envoyer** are **balayer** (*to sweep*), **ennuyer** (*to annoy; to bore*), **essayer** (*to try*), **nettoyer** (*to clean*), and **payer** (*to pay*).

- Often the spelling change is simply the addition of an accent. Notice that the **nous** and **vous** forms of verbs like **acheter** have no accent added.

acheter (*to buy*)	
j'ach**è**te	nous achetons
tu ach**è**tes	vous achetez
il/elle/on ach**è**te	ils/elles ach**è**tent

Elle **achète** un pantalon.

- Other verbs like **acheter** are **amener** (*to bring someone*), **élever** (*to raise*), **emmener** (*to take someone*), **lever** (*to lift*), **mener** (*to lead*), and **peser** (*to weigh*).

- In verbs like **préférer**, the **é** in the last syllable of the verb stem changes to **è** in all forms *except* for the **nous** and **vous** forms.

préférer (*to prefer*)	
je préf**è**re	nous préférons
tu préf**è**res	vous préférez
il/elle/on préf**è**re	ils/elles préf**è**rent

Je **préfère** cette robe rouge.

ATTENTION!

The **é** in the first syllable of verbs like **élever** and **préférer** never changes. Spelling changes occur only in the last syllable of the verb stem.

- Other verbs like **préférer** are **considérer** (*to consider*), **espérer** (*to hope*), **posséder** (*to possess*), and **répéter** (*to repeat; to rehearse*).

- In certain verbs that end in -**eler** or -**eter**, the last consonant in the stem is doubled in all forms *except* for the **nous** and **vous** forms.

appeler (*to call*)		jeter (*to throw*)	
j'appe**ll**e	nous appelons	je je**tt**e	nous jetons
tu appe**ll**es	vous appelez	tu je**tt**es	vous jetez
il/elle/on appe**ll**e	ils/elles appe**ll**ent	il/elle/on je**tt**e	ils/elles je**tt**ent

Seydou **appelle** son ami.

BLOC-NOTES

To review the present tense of -**er** verbs and the forms of regular -**ir** and -**re** verbs, see **Fiche de grammaire 1.4**, p. 374.

- Other verbs like **appeler** and **jeter** are **épeler** (*to spell*), **projeter** (*to plan*), **rappeler** (*to recall; to call back*), **rejeter** (*to reject*), and **renouveler** (*to renew*).

Mise en pratique

1 **Les fiancés** Jérôme et Mathilde vont bientôt se marier. Jérôme a fait une liste de toutes les tâches à accomplir. Dites ce que fait chaque personne mentionnée.

> **Modèle** appeler le fleuriste: Mathilde et moi
>
> Nous appelons le fleuriste.

1. payer le pâtissier: moi

2. remplacer les invitations: Mathilde

3. amener les grands-parents: maman et papa

4. ranger l'appartement: ma mère et moi

5. nettoyer la salle de bains: mon frère

6. répéter demain soir: les musiciens

7. jeter les vieux journaux: moi

8. acheter de nouvelles chaussures: mon frère et moi

2 **En famille** M. Kadir est déprimé et il en donne les raisons aux membres de sa famille. Formez des phrases complètes.

1. mes enfants / préférer / leur mère

2. nous / ne… aucune / payer / dette

3. je / s'ennuyer / souvent / le dimanche

4. personne / ne… jamais / balayer dehors

5. Martine et Sonya / effacer / messages / sur / répondeur

6. mon frère / élever / mal / mes neveux

7. nous / ne… pas / remplacer / les fleurs fanées (*withered*)

8. vous / me / déranger / quand / je / amener / clients / à la maison

3 **Les amis** Avec un(e) camarade, faites des phrases complètes avec les éléments de chaque colonne.

> **Modèle** Les vrais amis appellent souvent.

A	B	
je	acheter	menacer
tu	amener	nettoyer
un(e) bon(ne) ami(e)	appeler	partager
nous	commencer	payer
vous	considérer	préférer
les faux/fausses ami(e)s	emmener	rejeter
?	ennuyer	voyager
	envoyer	?

Communication

4 **Les jeunes mariés** Jacqueline et Thierry viennent de se marier. Avec un(e) camarade, décrivez leur vie ensemble à l'aide des mots de la liste.

commencer	espérer	préférer
considérer	essayer	projeter
déménager	mener	renouveler

Modèle —Thierry projette de chercher un nouveau travail.
—Jacqueline préfère vivre près de Marseille.

5 **Conversation** Avec un(e) camarade, décrivez chaque personne à l'aide du verbe qui lui correspond.

Modèle préférer: mon frère

—Mon frère préfère travailler très tard le soir.

—Ma sœur aussi. Elle préfère commencer ses devoirs après dix heures.

1. acheter: mon père

2. posséder: le prof de français

3. rejeter: nos camarades de classe

4. ennuyer: je

5. avancer: nous

6. déranger: mes amis

6 **J'en ai besoin.** Par groupes de trois, dites pourquoi vous avez besoin des éléments de la liste ou pourquoi vous n'en avez pas besoin. Employez des verbes comme **voyager**, **commencer**, **envoyer**, **acheter**, **préférer** ou **appeler**. Chaque phrase doit avoir un verbe différent.

Modèle des écouteurs

J'ai besoin des écouteurs parce que j'achète beaucoup de musique sur Internet.

- de l'argent
- une voiture
- un portable
- une valise
- un ordinateur
- un aspirateur
- de bonnes notes
- ?

vhl**central**

1.2

The irregular verbs *être*, *avoir*, *faire*, and *aller*

—Bon, je vais chercher mes affaires.

- The four most common irregular verbs in French are **être**, **avoir**, **faire**, and **aller**. These verbs are considered irregular because they do not follow the predictable patterns of regular -**er**, -**ir**, or -**re** verbs.

- The verb **être** means *to be*. It is often followed by an adjective.

être (*to be*)	
je suis	nous sommes
tu es	vous êtes
il/elle/on est	ils/elles sont

Je **suis** américain.
I am American.

Ils **sont** timides.
They are shy.

C'**est** un bon film.
It is a good movie.

Nous **sommes** fiancés.
We are engaged.

- The verb **avoir** means *to have*.

avoir (*to have*)	
j'ai	nous avons
tu as	vous avez
il/elle/on a	ils/elles ont

Ils **ont** froid.

- The verb **avoir** is used in many idiomatic expressions.

avoir… ans *to be … years old*	**avoir envie de** *to feel like*	**avoir de la patience** *to be patient*
avoir besoin de *to need*	**avoir faim** *to be hungry*	**avoir peur (de)** *to be afraid*
avoir de la chance *to be lucky*	**avoir froid** *to be cold*	**avoir raison** *to be right*
avoir chaud *to be hot*	**avoir honte de** *to be ashamed*	**avoir soif** *to be thirsty*
avoir du courage *to be brave*	**avoir l'air** *to look like, to seem*	**avoir sommeil** *to be sleepy*
	avoir mal à *to ache, to hurt*	**avoir tort** *to be wrong*

ATTENTION!

An idiomatic expression is one that cannot be translated or interpreted literally. Notice that many expressions with **avoir** correspond to English expressions with the verb *to be*.

J'ai dix-neuf ans.

I am nineteen years old.

Mireille a sommeil.

Mireille is sleepy.

⟨⟩ Vérifiez

- The verb **faire** means *to do* or *to make*.

faire (*to do*; *to make*)	
je fais	nous faisons
tu fais	vous faites
il/elle/on fait	ils/elles font

Elle **fait** de l'exercice.

- **Faire** is also used in numerous idiomatic expressions. Many of these expressions are related to weather, sports and leisure activities, or household tasks.

les sports et les loisirs

faire de l'aérobic
to do aerobics

faire du camping
to go camping

faire du cheval
to ride a horse

faire de l'exercice
to exercise

faire la fête *to celebrate, have a good time*

faire de la gym *to work out*

faire du jogging *to go jogging*

faire de la planche à voile
to go windsurfing

faire une promenade
to go for a walk

faire une randonnée
to go for a hike

faire un séjour *to spend time (somewhere)*

faire du shopping
to go shopping

faire du ski *to go skiing*

faire du sport *to play sports*

faire un tour (en voiture)
to go for a walk (for a drive)

faire les valises *to pack one's bags*

faire du vélo *to go cycling*

le temps

Il fait beau.
The weather's nice.

Il fait chaud. *It's hot.*

Il fait froid. *It's cold.*

Il fait mauvais.
The weather's bad.

Il fait (du) soleil. *It's sunny.*

Il fait du vent. *It's windy.*

les tâches ménagères

faire la cuisine *to cook*

faire la lessive *to do laundry*

faire le lit *to make the bed*

faire le ménage
to do the cleaning

faire la poussière *to dust*

faire la vaisselle
to do the dishes

d'autres expressions

faire attention (à) *to pay attention (to)*

faire la connaissance de
to meet (someone)

faire mal *to hurt*

faire peur *to scare*

faire des projets
to make plans

faire la queue *to wait in line*

BLOC-NOTES

The verb **faire** followed by an infinitive means *to have something done* or *to cause something to happen*. To learn more about **faire causatif**, see **Fiche de grammaire 9.5**, p. 408.

Vérifiez

- The verb **aller** means *to go*.

aller (*to go*)	
je vais	nous allons
tu vas	vous allez
il/elle/on va	ils/elles vont

Vont-ils au théâtre?

ATTENTION!

Remember, when you negate a sentence in the **futur proche**, place **ne... pas** around the form of **aller**.

Tu ne vas pas regarder le match?

Are you not going to watch the game?

- You can use **aller** with another verb to tell what is going to happen in the near future. The second verb is in the infinitive. This construction is called the **futur proche** (*immediate future*).

Je **vais** **tomber** amoureux.
I'm going to fall in love.

Vous **allez** vous **mettre** en colère?
Are you going to get angry?

Vérifiez

Mise en pratique

1 **Le mariage** Complétez toutes les phrases. Soyez logique!

1. Soraya et Georges sont _____
2. Alors, ils vont _____
3. La mère de Soraya a _____
4. Son père est _____
5. Le jour du mariage, il fait _____
6. Soraya et Georges ont _____
7. Nous, leurs amis, nous sommes _____
8. La semaine prochaine, les jeunes mariés font _____

a. du soleil.
b. se marier.
c. amoureux.
d. déprimé parce qu'il pense au coût (*cost*) du mariage!
e. avec eux.
f. de la chance.
g. un séjour à Tahiti.
h. peur de perdre sa fille.

2 **Au musée** Complétez cette histoire à l'aide d'une forme correcte des verbes **être**, **avoir**, **faire** ou **aller**. Employez le présent de l'indicatif.

Kristen Aucoin et son frère Matt habitent dans le Rhode Island, et ils (1) _____ des ancêtres franco-canadiens. Ils adorent le sport et ils (2) _____ du vélo presque tous les week-ends, mais cet après-midi, il (3) _____ mauvais et il pleut. Alors, ils (4) _____ visiter le musée du Travail et de la Culture. Ils (5) _____ curieux de connaître l'histoire de leur région, et ce musée (6) _____ le meilleur endroit pour ça. Au musée, on (7) _____ la possibilité de voir des expositions sur l'immigration québécoise en Nouvelle-Angleterre. Kristen (8) _____ envie d'acheter quelques livres. Matt (9) _____ parler en français aux employés du musée. Il (10) _____ des efforts pour ne pas perdre la langue de ses grands-parents.

Communication

3

Comparaisons Avec un(e) camarade, décrivez les personnes de la liste à l'aide de ces expressions. Expliquez vos choix. Ensuite, comparez vos réponses avec celles d'un autre groupe.

Modèle Madonna fait évidemment de la gym parce qu'elle est en forme.

avoir du courage	faire la cuisine
avoir honte	faire la fête
avoir de la patience	faire de la gym
avoir sommeil	faire le ménage
avoir tort	faire du shopping
?	?

- Beyoncé
- Dev Patel
- Céline Dion
- Will Smith
- Audrey Tautou
- Ryan Gosling

4

Conseils À deux, donnez des conseils à ces personnes. Employez à chaque fois le verbe **être** ou **avoir**, une expression avec **faire** et un verbe au futur proche.

Modèle Vous êtes fatiguée. Si vous faites une promenade, vous n'allez pas vous endormir.

5

Promesses Vous avez beaucoup agacé votre meilleur(e) ami(e). Vous promettez de ne plus faire ce qui l'énerve. Il/Elle vous pose des questions pour en être sûr(e). Jouez la scène pour la classe.

Modèle —Je ne vais plus faire de commérages!
—Bon, mais est-ce que tu vas être plus franc/franche?

1.3

vhlcentral

Forming questions

—*Qu'est-ce que je réponds?*

- Rising intonation is the simplest way to ask a question. Just say the same words as when making a statement and raise your pitch at the end.

Tu connais mon ami Pascal?
Do you know my friend Pascal?

- You can also ask a question using **est-ce que**. If the next word begins with a vowel sound, **est-ce que** becomes **est-ce qu'**.

Est-ce que vous prenez des risques?
Do you take risks?

Est-ce qu'il a cinq ans?
Is he five years old?

- You can place a tag question at the end of a statement.

Tu es canadien, **n'est-ce pas**?
You are Canadian, right?

On va partir à 8h00, **d'accord**?
We're going to leave at 8 o'clock, OK?

- You can invert the order of the subject pronoun and the verb. Remember to add a hyphen whenever you use inversion. If the verb ends in a vowel and the subject is **il**, **elle**, or **on**, add -**t**- between the verb and the pronoun.

Aimes-tu les maths?
Do you like math?

Préfère-t-il le bleu ou le vert?
Does he prefer blue or green?

Asking for information

- To ask for specific types of information, use the appropriate interrogative words.

Interrogative words	
combien (de)?	*how much/many?*
comment?	*how?*
où?	*where?*
pourquoi?	*why?*
quand?	*when?*
que/qu'?	*what?*
(à/avec/pour) qui?	*(to/with/for) who(m)?*
(avec/de) quoi?	*(with/about) what?*

👓 **Vérifiez**

- You can use various methods of question formation with interrogative words.

  Quand est-ce qu'ils mangent?   **Combien** d'élèves y a-t-il?
  When are they eating?   *How many students are there?*

Vérifiez

- The interrogative adjective **quel** means *which* or *what*. Like other adjectives, it agrees in gender and number with the noun it modifies.

The interrogative adjective quel		
	singular	**plural**
masculine	quel	quels
feminine	quelle	quelles

  —Je suis à l'hôtel.   —Carole aime cette chanson.
  —**Quel** hôtel?   —**Quelle** chanson?

- **Quel(le)(s)** can be used with a noun or with a form of the verb **être**.

  Quelle est ton adresse?   **Quelles sont** tes fleurs préférées?
  What is your address?   *What are your favorite flowers?*

Vérifiez

- To avoid repetition, use the interrogative pronoun **lequel**. It agrees in number and gender with the noun it replaces.

The interrogative pronoun lequel		
	singular	**plural**
masculine	lequel	lesquels
feminine	laquelle	lesquelles

  —Je vais prendre **cette jupe.**   —Laure adore **ces bonbons.**
  —*I'm going to take this skirt.*   —*Laure loves these candies.*

  —**Laquelle**?   —**Lesquels?**
  —*Which one?*   —*Which ones?*

- **Lequel** and its forms can be used with prepositions. When these are **à** and **de,** the usual contractions are made. In the singular, contractions are made only with the masculine forms.

  à + lequel = **auquel**   *but*   à + laquelle = **à laquelle**
  de + lequel = **duquel**   *but*   de + laquelle = **de laquelle**

  —Mon frère a peur du chien.   —Nous allons au cinéma.   —Je vais à l'université.
  —**Duquel** est-ce qu'il a peur?   —**Auquel** allez-vous?   —**À laquelle** vas-tu?

- In the plural, contractions are made with both the masculine and feminine forms: **auxquels, auxquelles; desquels, desquelles**.

  —Le prof parle aux lycéennes.   —Il a besoin de livres.
  —**Auxquelles** est-ce qu'il parle?   —**Desquels** a-t-il besoin?

Vérifiez

Mise en pratique

1 **Les copains** Posez des questions à Gisèle. Formulez chaque question deux fois, d'abord avec **est-ce que**, puis avec l'inversion.

>   **Modèle**   **nous / avoir rendez-vous / avec Karim / à la piscine**
>
>   Est-ce que nous avons rendez-vous avec Karim à la piscine? Avons-nous rendez-vous avec Karim à la piscine?

1. tu / avoir confiance / en Myriam

2. Lucie et Ahmed / aller / faire / du sport

3. vous / rêver / de / tomber / amoureux

4. Alain / draguer / filles / de / la classe

5. Stéphanie / se mettre / souvent / en colère

6. mes copines / espérer / faire / un séjour / Canada

2 **Des parents contrariés** Ces parents sont fâchés contre leurs deux enfants. La mère pose des questions et le père les réitère avec des mots interrogatifs. Posez les questions du père.

>   **Modèle**   **Tu rentres <u>à trois heures du matin</u>?**
>
>   À quelle heure est-ce que tu rentres?!

1. Vous mangez <u>cinq éclairs</u> par jour?

2. Tu travailles <u>avec Laurent</u>?

3. <u>Ce</u> garçon est ton meilleur ami?

4. Vous allez <u>au parc</u> pendant les cours?

5. Vos amis achètent des <u>jeux vidéo</u> avec leur argent?

3 **Chez le conseiller matrimonial** D'après (*According to*) les réponses, devinez les questions. Employez l'inversion.

CONSEILLER (1) _____

M. LEROUX Ah, oui! Ma femme travaille trop!

CONSEILLER (2) _____

M. LEROUX Elle est psychologue.

CONSEILLER (3) _____

MME LEROUX Non, malheureusement, nous ne sortons jamais ensemble.

CONSEILLER (4) _____

MME LEROUX Oui, mon mari me demande souvent de rentrer plus tôt.

CONSEILLER (5) _____

M. LEROUX Bien sûr que ses heures de travail me gênent!

CONSEILLER Bon, (6) _____

M. LEROUX Prenons le prochain rendez-vous pour onze heures.

Communication

4

À vous de décrire! Par groupes de trois, regardez chaque photo et posez-vous mutuellement des questions pour décrire ce qui se passe.

Modèle
—Combien de personnes y a-t-il?
—Il y a cinq personnes.
—Que font-elles?

5

Des curieux Dites à votre camarade ce que vous allez faire pendant les prochaines vacances, à l'aide des mots de la liste. Ensuite, votre camarade va formuler une question avec **lequel** pour avoir plus de détails.

Modèle
—Je vais lire un livre.
—Ah bon? Lequel?
—Je vais lire *De la démocratie en Amérique.*

bronzer sur une plage	sortir avec des copains/copines
descendre dans un hôtel	visiter des musées
manger dans un restaurant	visiter une ville
regarder des émissions à la télé	voir un film
?	?

6

Questions personnalisées Avec un(e) camarade, posez-vous mutuellement au moins trois questions sur ces thèmes. Présentez ensuite vos réponses à la classe.

Modèle   **le/la petit(e) ami(e)**
As-tu un(e) petit(e) ami(e)? Comment est-ce qu'il/elle s'appelle?
À quel lycée va-t-il/elle?

- les cours
- les parents
- les copains
- l'argent
- les passe-temps
- la nourriture

Note
CULTURELLE

En 1831, le gouvernement français envoie aux États-Unis un écrivain de science politique âgé de 25 ans, **Alexis de Tocqueville**, pour y étudier les prisons. Après un séjour de neuf mois, Tocqueville retourne en France, enthousiasmé par le système démocratique américain, et il écrit *De la démocratie en Amérique*. Cette analyse politique, qui décrit tout aussi bien la réalité d'aujourd'hui que celle du 19e siècle, est un classique de la littérature française.

Synthèse

vhlcentral

Où allons-nous habiter?

De:	Martin <martin.compeau@courriel.ca>
Pour:	Docteur Lesage <etienne24@courriel.qc>
Sujet:	Qu'est-ce que je vais faire?

J'ai 30 ans et je suis marié. Mon problème a commencé à cause d'une blague. Je fais des blagues tout le temps.

Ma femme Pauline et moi déménageons bientôt à New York, où nous faisons un tour chaque année. Elle considère que c'est la ville idéale. Nous avons deux enfants, et nous sommes tous très heureux d'aller habiter à New York. Un week-end, j'y vais pour chercher un appartement, pendant que Pauline essaie de vendre notre maison. Mais on s'envoie des messages instantanés pour être en contact. Elle m'appelle aussi chaque soir.

La semaine dernière, pour rire, j'ai l'idée d'envoyer un e-mail à Pauline pour lui dire que je n'ai plus envie de déménager. Et je réussis à la convaincre°! C'est incroyable, n'est-ce pas? Cette situation m'inquiète beaucoup, parce que ma femme s'est mise en colère. Elle ne veut plus me parler. Quelle solution me suggérez-vous? Comment vais-je lui dire que c'est une blague? Ne va-t-elle pas se mettre encore plus en colère? Êtes-vous capable de m'aider?

to convince

1 **L'e-mail** Lisez l'e-mail que Martin a écrit au Docteur Lesage et répondez aux questions.

1. Qu'est-ce que Martin fait tout le temps?

2. Que font Martin et Pauline à New York chaque année?

3. Comment Martin et Pauline sont-ils en contact quand ils ne sont pas ensemble?

4. Quelle idée Martin a-t-il un jour?

5. Qu'est-ce que Martin réussit à faire?

6. Quel est l'effet de cette situation sur Martin?

2 **Discussion** Par groupes de trois, parlez du problème de Martin et suggérez une solution. Utilisez les verbes **aller**, **avoir**, **être** et **faire** dans votre discussion. Ensuite, choisissez un membre du groupe pour la présenter à la classe.

3 **Solution** Écoutez les solutions suggérées par tous les groupes et parlez-en avec toute la classe. Travaillez ensemble pour suggérer la meilleure solution au problème de Martin. Gardez en tête les questions suivantes.

1. Quelles sont les différentes réactions de chaque groupe au problème de Martin?

2. Y a-t-il une solution commune? Laquelle?

3. Y a-t-il des solutions plus réalisables (*workable*) que d'autres? Lesquelles?

Préparation

Vocabulaire de la lecture	Vocabulaire utile
à partir de *from*	**un(e) ancêtre** *ancestor*
fuir (*irreg.*) *to flee*	**s'assimiler à** *to blend in*
grâce à *thanks to*	**bilingue** *bilingual*
un mélange *mix*	**un choc culturel** *culture shock*
une nouvelle vague *new wave*	**le dépaysement** *change of scenery; disorientation*
rejoindre (*irreg.*) *to join*	**émigrer** *to emigrate*
un soldat *soldier*	**immigrer** *to immigrate*
	s'intégrer (à un groupe) *to integrate (into a group)*

1 **Vocabulaire** Choisissez le bon mot de vocabulaire pour compléter chaque phrase.

1. _____ mes parents, je vais aller à l'université l'année prochaine.

2. Il est normal de rendre hommage à nos _____, plusieurs fois dans l'année.

3. Une personne qui parle couramment deux langues est _____.

4. Dans les films d'horreur, le héros ou l'héroïne _____ toujours le monstre ou le méchant (*bad guy*).

5. Cette _____ artistique mélange le moderne et le traditionnel.

6. Benjamin Franklin a peut-être ressenti _____ quand il est arrivé pour la première fois en France, comme représentant des États-Unis.

2 **Chez vous** Répondez individuellement aux questions par des phrases complètes. Ensuite, comparez vos réponses avec celles de votre camarade.

1. Votre famille a-t-elle conservé des éléments de sa culture ancestrale? Si oui, lesquels? Lesquels préférez-vous? Sinon, quels sont les éléments des autres cultures que vous appréciez le plus?

2. Voudriez-vous qu'un jour vos enfants et petits-enfants transmettent les traditions que vous avez maintenues dans votre famille?

3. Quelles communautés ethniques différentes de la vôtre existent près de chez vous? Ont-elles parfois des festivals ou des événements qui célèbrent leur culture? Si oui, y avez-vous déjà assisté? Décrivez votre expérience.

3 **Sujets de réflexion** Discutez de ces questions par groupes de trois.

1. Quelles sont les raisons pour lesquelles une personne immigre dans un autre pays?

2. Quand quelqu'un part vivre dans un pays étranger où on parle une autre langue, devrait-il/elle parler à ses futurs enfants dans sa langue, la langue du pays ou dans les deux langues? Expliquez votre réponse.

3. Comment peut-on préserver une culture? Quel rôle joue la langue dans cet effort de préservation?

4. Faut-il s'assimiler pour s'intégrer, ou peut-on arriver à l'intégration en gardant (*while keeping*) sa propre culture?

Les **francophones** d'Amérique

Chaque année, au mois d'octobre, les Festivals Acadiens et Créoles de Lafayette, en Louisiane, célèbrent les divers aspects de la culture cajun:
5 musique, gastronomie, art et artisanat. Cette tradition a commencé à l'époque de la «fièvre» cajun qui a fait redécouvrir une culture en voie de disparition.

C'est au 17e siècle qu'une communauté
10 francophone s'est installée en Acadie, à l'est du Canada, où on trouve aujourd'hui la Nouvelle-Écosse° et les régions voisines. La communauté a souffert de l'invasion des Britanniques pendant la guerre de Sept Ans
15 (1754–1763) et de la déportation en France, en Angleterre et dans les colonies britanniques. De nombreux Acadiens ont fui. Ils ont continué à migrer pour aboutir° en Louisiane, en 1765. C'est alors qu'est née la culture
20 cajun, ce terme étant° une altération anglaise du mot «acadien». Jusqu'au 20e siècle, d'autres francophones, du Canada, des Antilles et d'ailleurs, ont rejoint
25 les Cajuns.

En 1921, un grand obstacle se présente, quand le gouvernement de la Louisiane déclare
30 obligatoire l'éducation en anglais. À partir de ce moment, la culture cajun est en danger d'extinction. Heureusement, en 1968,
35 le gouvernement local crée le Conseil pour le Développement du Français en Louisiane (CODOFIL) et on appelle Acadiana le sud-ouest de l'État, où se trouve la majorité des Cajuns. Aujourd'hui, le
40 français est enseigné dans les écoles, parfois dans des programmes d'immersion.

Outre° le retour de l'enseignement du français, la culture cajun a connu une renaissance, dans les domaines de la
45 gastronomie et de la musique. Depuis ses origines, la musique est un mélange d'influences provenant d'Europe, d'Afrique, des Antilles ou du reste des États-Unis. Le musicien Dewey Balfa a contribué à la popularité de la musique acadienne depuis
50 les années 1960, et les nouvelles vagues de musiciens cajuns continuent de la faire évoluer. Celle-ci est devenue si populaire que des groupes se sont
55 formés dans d'autres villes américaines, comme les Femmes d'enfer à Seattle ou Bone Tones à Minneapolis.
60

La gastronomie est l'autre ambassadeur culturel des Cajuns. Elle s'inspire des cuisines françaises,
65 espagnoles, africaines et amérindiennes, et ses ingrédients de base sont le poivron, l'oignon et le céleri. Grâce à des chefs comme Paul Prudhomme et Emeril Lagasse, dont on voit les émissions télévisées,
70 cette gastronomie s'est répandue° dans beaucoup de villes et de cuisines américaines.

Les cultures acadienne et cajun ont su résister à tous les événements qui ont voulu les détruire. Le peuple cajun a réussi son
75 intégration: il s'est assimilé à la société américaine sans abandonner ses traditions ni son mode de vie. ■

Nova Scotia

end up

being

Besides

has spread

Les instruments de musique

Le violon° et l'accordéon, les principaux instruments de la musique cajun, sont accompagnés de la guitare, du triangle, de l'harmonica et de la planche à laver°, ou «frottoir» en cajun. Ce dernier instrument se joue à l'aide de dés à coudre° avec lesquels on frotte° la planche ou on tape° dessus.

fiddle

washboard

thimbles
rubs/hits

> **La culture cajun a connu une renaissance aux États-Unis, dans les domaines de la gastronomie et de la musique.**

Analyse

1 **Compréhension** Répondez aux questions par des phrases complètes.

1. D'où est venue la majorité des francophones qui se sont installés en Louisiane au 18ᵉ siècle?

2. Pour quelle raison ont-ils quitté leur colonie?

3. Pourquoi la langue et la culture cajuns ont-elles été en danger d'extinction au 20ᵉ siècle?

4. À part la langue, quels sont les deux éléments les plus visibles de la culture cajun sur le continent américain?

5. Quels sont les deux instruments principaux de la musique cajun?

6. Quelles cuisines ont influencé la gastronomie cajun?

2 **Opinion** Répondez à ces questions avec un(e) camarade.

1. Que ressentiriez-vous si le gouvernement vous interdisait de parler votre langue?

2. Pensez-vous que votre langue et votre culture fassent partie de votre personnalité? Expliquez votre réponse.

3. Pensez-vous que la coexistence de plusieurs cultures crée une société plus forte ou plus faible?

3 **Prédiction** Vous avez lu que d'autres cultures et des influences extérieures ont menacé l'existence de la culture cajun. Pourtant, cette culture existe encore et a de l'influence sur le continent nord-américain. Par groupes de trois ou quatre, imaginez la communauté cajun en 2100. Existera-t-elle encore, à votre avis? Le français cajun sera-t-il encore parlé?

4 **Allez plus loin** Pour aller plus loin, imaginez le continent nord-américain en 2100 et répondez aux questions par groupes de trois.

- À votre avis, quelles seront les cultures dominantes sur le territoire?
- Quelles seront les cultures en déclin?
- Quelles langues le peuple américain parlera-t-il?
- L'anglais persistera-t-il à dominer comme unique langue officielle?
- L'éducation bilingue ou plurilingue (*multilingual*) sera-t-elle une réalité?

Préparation

À propos de l'auteur

Paul-Marie Verlaine (1844–1896), est né à Metz d'une famille bourgeoise. Il obtient son baccalauréat en 1864 et étudie le droit, mais c'est la poésie qui l'attire. À l'âge de vingt-deux ans, Verlaine publie ses premiers recueils (*collections of poems*), les *Poèmes saturniens* (1866) et *Fêtes galantes* (1869). À l'âge de vingt-cinq ans, il épouse Mathilde Mauté, à qui il dédie *La bonne chanson* (1870). Le siège de Paris, les troubles de la Commune et la rencontre d'Arthur Rimbaud en 1871 bouleversent (*turn upside down*) la vie de Verlaine. Les deux poètes partent en Angleterre et en Belgique où leur relation se termine violemment, lorsque Verlaine, au cours d'une dispute, tire sur (*shoots*) Rimbaud. Condamné à la prison, Verlaine écrit *Romances sans paroles* (1874) dont fait partie le poème ci-dessous. Séparé de sa femme, il publie en 1884 un essai intitulé *Les poètes maudits*. À partir de 1887, Verlaine devient un des écrivains les plus admirés de sa génération et son influence sur les jeunes poètes symbolistes est considérable.

Vocabulaire de la lecture		**Vocabulaire utile**
un bruit *sound*	**la peine** *sorrow; grief*	**le chagrin** *sorrow; affliction*
le deuil *bereavement; grief following death*	**pleurer** *to cry*	**la douleur** *pain; suffering*
	le toit *roof*	**un état d'âme** *qualm; feeling*
s'écœurer *to sicken oneself / to become nauseated*	**la trahison** *betrayal*	**évoquer** *to evoke*
la langueur *listlessness*	**une raison** *reason, cause*	**une larme** *tear*
par terre *on the ground*		

1 **Définitions** Faites correspondre chaque mot avec sa définition.

_____ 1. L'infidelité ou l'abus de confiance

_____ 2. La douleur liée à la mort de quelqu'un d'autre

_____ 3. Tourment, souffrance

_____ 4. Couverture d'une maison

_____ 5. L'opposé du silence

_____ 6. La léthargie

a. un toit

b. le bruit

c. la trahison

d. le deuil

e. la peine

f. la langueur

2 **Préparation** Répondez individuellement à ces questions, puis discutez-en avec un(e) camarade de classe.

1. Dans la vie, quand ressent-on une tristesse profonde? Et une grande joie?

2. Connaissez-vous des poèmes, des livres ou des films dont le thème principal est la peine du cœur?

3. Avez-vous jamais ressenti une grande douleur, physique ou morale? Quand?

4. Dans l'art et la littérature, quels sentiments sont souvent illustrés par des conditions climatiques différentes (le soleil, le vent, la pluie, la neige)?

5. Est-ce qu'il vous est jamais arrivé d'être morose ou triste sans savoir pourquoi? Quand? Comment êtes-vous sorti(e) de cet état?

Il pleure dans mon cœur

Paul Verlaine

Il pleure dans mon cœur

Comme il pleut sur la ville;

Quelle est cette langueur

Qui pénètre mon cœur?

5 Ô bruit doux de la pluie

Par terre et sur les toits!

is weary Pour un cœur qui s'ennuie°,

song Ô le chant° de la pluie!

———

Quelle est cette langueur
Qui pénètre mon cœur?

———

Il pleure sans raison

10 Dans ce cœur qui s'écœure.

Quoi! Nulle trahison? ...

Ce deuil est sans raison.

C'est bien la pire peine

De ne savoir pourquoi

hatred 15 Sans amour et sans haine°

Mon cœur a tant de peine!

Analyse

1 **Compréhension** Complétez ces phrases logiquement.

1. Les mots *pleure* et *deuil* expriment _____.

   a. le bonheur b. la gaîté c. le chagrin

2. Presque tous les verbes du poème sont au _____.

   a. futur b. passé simple c. présent de l'indicatif

3. Les phrases interrogatives des première et troisième strophes sont adressées _____.

   a. au poète lui-même b. à un ami du poète c. à la pluie

4. Le sentiment qui domine ce poème est _____.

   a. la surprise b. la tristesse c. l'optimisme

2 **Interprétation** À deux, répondez aux questions par des phrases complètes.

1. À quoi est-ce que le poète compare la pluie dans la première strophe?

2. Citez cinq mots utilisés dans le poème qui illustrent son thème principal.

3. Est-ce que le poète réussit à identifier la cause de son ennui? D'après vous, quelle est la raison de sa peine?

4. Quel effet produit l'alternance des interrogations et des exclamations?

3 **Qu'en dites-vous?** Par groupes de trois, dites si vous êtes d'accord ou pas avec ces déclarations et expliquez pourquoi. Ensuite, présentez vos idées à la classe.

1. Le climat reflète (*reflects*) l'affliction du poète.

2. Ce poème est très lyrique.

3. L'intensité de la tristesse du poète augmente à la fin du poème.

4. Ce poème a un ton plus philosophique qu'émotionnel.

4 **Rédaction** Vous venez de tomber follement amoureux/amoureuse de quelqu'un. Décrivez vos sentiments dans une lettre adressée à votre meilleur(e) ami(e), ou même à la personne dont vous êtes amoureux/amoureuse. Suivez le plan de rédaction.

Plan

1 **Préparation** Pensez à la personne à laquelle vous adressez la lettre. Choisissez une salutation, comme: **Cher _____ / Chère _____, Mon amour, Mon cœur...**

2 **Développement** Organisez vos idées. Quels sont les sentiments que vous voulez exprimer (*express*)? Aidez-vous de ces questions pour écrire votre lettre:

1. Depuis quand êtes-vous amoureux/amoureuse?
2. Que ressentez-vous quand vous pensez à cette personne? Utilisez des métaphores pour décrire votre état d'âme.
3. Pourquoi aimez-vous cette personne?
4. Pensez-vous que vos sentiments soient réciproques?
5. Quels rapports espérez-vous avoir avec cette personne à l'avenir?

3 **Conclusion** Terminez votre lettre par la formule qui convient, telle que: **Bises / Bisous, Je t'embrasse, Je t'aime,** ou **Ton amour.** Ces exemples vont de la simple affection au grand amour.

Les relations personnelles **vhl**central

Les relations

une âme sœur *soul mate*
une amitié *friendship*
des commérages *(m.)* *gossip*
un esprit *spirit*
un mariage *marriage; wedding*
un rendez-vous *date*
une responsabilité *responsibility*

compter sur *to rely on*
draguer *to flirt*
s'engager (envers quelqu'un) *to commit (to someone)*
faire confiance (à quelqu'un) *to trust (someone)*
mentir *(conj. like **sentir**) to lie*
mériter *to deserve; to be worth*
partager *to share*
poser un lapin (à quelqu'un) *to stand (someone) up*
quitter quelqu'un *to leave someone*
rompre *(irreg.) to break up*
sortir avec *to go out with*
vivre *to live*

(in)fidèle *(dis)loyal*

Les sentiments

agacer/énerver *to annoy*
aimer *to love; to like*
avoir honte (de) *to be ashamed (of)/embarrassed*
en avoir marre (de) *to be fed up (with)*
s'entendre bien (avec) *to get along well (with)*
gêner *to bother; to embarrass*
se mettre en colère contre *to get angry with*
ressentir *(conj. like **sentir**) to feel*
rêver de *to dream about*
tomber amoureux/amoureuse (de) *to fall in love (with)*

accablé(e) *overwhelmed*
anxieux/anxieuse *anxious*
contrarié(e) *upset*
déprimé(e) *depressed*
enthousiaste *enthusiastic; excited*
fâché(e) *angry; mad*
inquiet/inquiète *worried*
jaloux/jalouse *jealous*
passager/passagère *fleeting*

L'état civil

divorcer *to get a divorce*
se fiancer *to get engaged*
se marier avec *to marry*

célibataire *single*
veuf/veuve *widowed; widower/widow*

La personnalité

avoir confiance en soi *to be confident*

affectueux/affectueuse *affectionate*
charmant(e) *charming*
économe *thrifty*
franc/franche *frank*
génial(e) *great; terrific*
(mal)honnête *(dis)honest*
idéaliste *idealistic*
inoubliable *unforgettable*
(peu) mûr *(im)mature*
orgueilleux/orgueilleuse *proud*
prudent(e) *careful*
séduisant(e) *attractive*
sensible *sensitive*
timide *shy*
tranquille *calm; quiet*

Court métrage

un avis *opinion*
la complicité *deep, intimate bond*
un conseil *(piece of) advice*
une pensée *a thought*
une relation amicale *friendship*

balancer *to fling, throw (out) (fam.)*
disparaître *to disappear*
exprimer *to express*
faire une déclaration d'amour *to declare one's love*
filer *to give (fam.)*
gâcher *to spoil*
obliger *to oblige, require*
rapporter *to bring back*

respectueux (-euse) *respectful*

à part *apart from, except for*
quand même *nevertheless, anyway*
sinon *otherwise*
tandis que *while*

Culture

un(e) ancêtre *ancestor*
un choc culturel *culture shock*
le dépaysement *change of scenery; disorientation*
un mélange *mix*
une nouvelle vague *new wave*
un soldat *soldier*

s'assimiler à *to blend in*
émigrer *to emigrate*
fuir *(irreg.) to flee*
immigrer *to immigrate*
s'intégrer (à un groupe) *to integrate (into a group)*
rejoindre *(irreg.) to join*

bilingue *bilingual*

à partir de *from*
grâce à *thanks to*

Littérature

un bruit *sound*
le chagrin *sorrow; affliction*
le deuil *bereavement; grief following death*
la douleur *pain; suffering*
un état d'âme *qualm; feeling*
la langueur *listlessness*
une larme *tear*
la peine *sorrow; grief*
une raison *reason*
le toit *roof*
la trahison *betrayal*

s'écœurer *to sicken oneself / become nauseated*
évoquer *to evoke*
pleurer *to cry*

par terre *on the ground*

Habiter en ville

Ah, l'attrait de la grande ville! Depuis des années, la campagne perd ses habitants. Qu'implique la vie urbaine, en fait? Est-il nécessairement plus facile de rencontrer des gens en ville qu'à la campagne? Oui, habiter en ville, c'est pratique... mais à quel prix?

Bruxelles de nuit

42 COURT MÉTRAGE

Un beau jour, à Lyon, une jeune femme pense trouver l'amour de sa vie dans le métro. Le réalisateur **Philippe Orreindy** nous fait participer à cette rencontre dans *J'attendrai le suivant...*

48 IMAGINEZ

Vous avez envie de visiter la France, mais vous ne savez pas où aller? Pas de problème! Destination: Marseille et Lyon, deux grandes cités qui se disputent le titre de deuxième ville de France. Toujours indécis? Le célèbre photographe **Yann Arthus-Bertrand** prend de l'altitude et nous expose sa vision singulière de la France et du monde.

65 CULTURE

L'article *Rythme dans la rue: La fête de la Musique* nous parle d'un phénomène culturel majeur qui a débuté en France et qui s'est développé dans d'autres pays.

69 LITTÉRATURE

La terre tremble un après-midi de janvier et Haïti ne sera plus le même pays. L'écrivain canadien d'origine haïtienne **Dany Laferrière** était à Port-au-Prince pendant la tragédie et il nous la raconte dans son article *Tout bouge autour de moi*.

Destination:
FRANCE

45

66

40 POUR COMMENCER

52 STRUCTURES

2.1 Reflexive and reciprocal verbs

2.2 Descriptive adjectives and adjective agreement

2.3 Adverbs

75 VOCABULAIRE

En ville

🔊 **vhl**central

Les lieux

un arrêt d'autobus *bus stop*
une banlieue *suburb; outskirts*
une caserne de pompiers *fire station*
le centre-ville *city/town center; downtown*
un cinéma *cinema; movie theater*

un commissariat de police
   police station
un édifice *building*
un gratte-ciel *skyscraper*
un hôtel de ville *city/town hall*
un jardin public *public garden*
un logement/une habitation *housing*
un musée *museum*
le palais de justice *courthouse*
une place *square; plaza*
la préfecture de police
   police headquarters
un quartier *neighborhood*
une station de métro *subway station*

Les indications

la circulation *traffic*
les clous *crosswalk*

un croisement *intersection*
un embouteillage *traffic jam*
un feu (tricolore) *traffic light*
un panneau *road sign*
un panneau d'affichage *billboard*
un pont *bridge*
un rond-point *rotary; roundabout*
une rue *street*
les transports en commun
   public transportation
un trottoir *sidewalk*
une voie *lane; road; track*

descendre *to go down; to get off*
donner des indications *to give directions*
être perdu(e) *to be lost*

monter (dans une voiture, dans un train)
   to get (in a car, on a train)
se trouver *to be located*

Les gens

un agent de police *police officer*
un(e) citadin(e) *city-/town-dweller*
un(e) citoyen(ne) *citizen*
un(e) conducteur/conductrice *driver*
un(e) étranger/étrangère *foreigner;
   stranger*
le maire *mayor*
un(e) passager/passagère *passenger*
un(e) piéton(ne) *pedestrian*

Les activités

les travaux *construction*
l'urbanisme *city/town planning*
la vie nocturne *nightlife*

améliorer *to improve*
s'amuser *to have fun*
construire *to build*
empêcher (de) *to stop; to keep from
   (doing something)*
s'ennuyer *to get bored*
s'entretenir (avec)
   to talk; to converse
passer (devant)
   to go past
peupler *to populate*
rouler (en voiture)
   to drive
vivre *to live*

(peu/très) peuplé(e)
   (sparsely/densely) populated

Pour décrire

animé(e) *lively*
bruyant(e) *noisy*

inattendu(e) *unexpected*
plein(e) *full*
privé(e) *private*
quotidien(ne) *daily*
sûr(e)/en sécurité *safe*
vide *empty*

Mise en pratique

1 **Correspondances** Trouvez le mot qui correspond à chaque définition.

_____ 1. Gens qui viennent d'un autre pays	a. gratte-ciel
_____ 2. De tous les jours	b. passager
_____ 3. Habitant d'une ville	c. hôtel de ville
_____ 4. Expliquer comment aller d'un endroit à un autre	d. améliorer
_____ 5. Région autour d'une ville	e. étrangers
_____ 6. Édifice aux nombreux étages	f. citadin
_____ 7. Bâtiment où se trouve l'administration municipale	g. donner des indications
_____ 8. Passage où les piétons traversent la rue	h. banlieue
_____ 9. Personne qui monte dans un bus	i. clous
_____ 10. Rendre ou devenir meilleur	j. quotidien

2 **À la une** Complétez chaque titre de journal à l'aide du terme le plus logique de la liste.

bruyant	embouteillage	musée	transports en commun
commissariat de police	hôtel de ville	peuplé	travaux

1. BORDEAUX—Suspect retenu au _____ pour interrogatoire
2. CAEN—_____ énorme sur l'autoroute 88 à cause d'un accident
3. CHARTRES—Les _____ du centre-ville, commencés il y a dix ans, sont enfin terminés!
4. LIMOGES—Exposition de masques africains au _____ des Beaux-arts jusqu'au 12 mai
5. LILLE—La ville aujourd'hui: deux fois plus _____ qu'en 1970
6. PARIS—Grève (*Strike*) des employés du métro: prenez d'autres _____ aujourd'hui

3 **Centre-ville ou banlieue?** Répondez au questionnaire. Ensuite, comparez vos réponses avec celles d'un(e) camarade de classe et expliquez-les en une phrase. Avez-vous les mêmes préférences?

Préférez-vous…	A	B
…(A) habiter au centre-ville ou (B) en banlieue?	☐	☐
…(A) danser ou (B) aller au cinéma?	☐	☐
…(A) habiter dans un appartement ou (B) dans une maison?	☐	☐
…(A) habiter dans une petite rue ou (B) sur une grande avenue?	☐	☐
…(A) parler aux étrangers dans la rue ou (B) les éviter?	☐	☐
…(A) préserver les parcs publics ou (B) construire plus d'édifices?	☐	☐
…(A) rouler en voiture ou (B) prendre les transports en commun?	☐	☐

4 **À la mairie** Imaginez que vous soyez le maire de la ville. Que pourriez-vous faire pour améliorer la vie des citoyens? Qu'aimeriez-vous changer dans votre ville? Faites une liste de quatre ou cinq idées. Comparez-la avec celles de vos camarades de classe.

Préparation

Vocabulaire du court métrage

débile *moronic*

un marché *deal*

se plaindre (*conj. like*
  éteindre) *to complain*

une rame de métro
  subway train

se rassurer
  to reassure oneself

réitérer *to reiterate*

rejoindre *to join*

un sketch *skit*

solliciter *to solicit*

une voie *means; channel*

Vocabulaire utile

duper *to trick*

gêné(e) *embarrassed*

insensible *insensitive*

un lien *connection*

se méfier de *to be distrustful/wary of*

un wagon *subway car*

EXPRESSIONS

avoir du mal *to have difficulty*

C'est ça. *That's right.*

Vous êtes mal barré(e). *You won't get far.*

Excusez-moi de vous déranger. *Sorry to bother you.*

se faire poser un lapin *to get stood up*

---

1 **Un marché de dupes?** Complétez cette conversation à l'aide des mots ou des expressions que vous venez d'apprendre. N'oubliez pas de faire les changements nécessaires.

HOMME Allô?

VENDEUR Bonjour, Monsieur, (1) _____. Je vends des aspirateurs à distance, et je ne (2) _____ que quelques minutes de votre temps.

HOMME Allez-y, je vous écoute.

VENDEUR Nos aspirateurs sont révolutionnaires! Non seulement ils sont puissants (*powerful*), mais en plus ils se vident automatiquement à l'aide d'un bouton! Et ils coûtent la moitié du prix des autres! C'est (3) _____ exceptionnel que je vous propose. Ça vous intéresse?

HOMME Écoutez, j'ai vraiment du mal à croire ce que vous me dites. Vous essayez de me (4) _____ et je ne suis pas (5) _____ de vous le dire.

VENDEUR Mais Monsieur, (6) _____! Nos aspirateurs sont garantis!

HOMME Si vous pensez vendre vos aspirateurs de cette façon, vous (7) _____ dans la vie! Je reste (8) _____ à votre offre. Et si vous insistez je vais (9) _____ à la police!

VENDEUR Eh bien, je vous laisse. Au revoir.

HOMME (10) _____! Au revoir.

2

Questions À deux, répondez aux questions par des phrases complètes.

1. Avez-vous l'habitude de faire confiance aux inconnus ou vous méfiez-vous toujours des autres?

2. Vous êtes-vous déjà trompé(e) sur le caractère de quelqu'un? En bien ou en mal? Sinon, connaissez-vous quelqu'un que les apparences ont trompé?

3. Quels traits de caractère ont de l'importance pour vous quand vous choisissez un copain ou une copine?

4. Avez-vous déjà ressenti un lien très fort avec quelqu'un que vous veniez juste de rencontrer ou avec qui vous n'aviez jamais parlé? Sinon, pensez-vous qu'un vrai rapport de ce type est possible?

3

Que se passe-t-il? À deux, observez ces images extraites du court métrage et imaginez, en deux ou trois phrases par photo, ce qui va se passer.

4

Petites annonces Remplissez les colonnes du tableau pour vous décrire et dire ce que vous recherchez chez une personne. Puis, à l'aide de ces idées, écrivez un paragraphe. Enfin, comparez-le à celui d'un(e) camarade de classe.

> **Modèle** Bonjour! Je suis un charmant jeune homme de vingt ans. Je cherche une femme intelligente et amusante entre dix-huit et trente ans. Je suis aussi…

	Vous	La personne recherchée
Âge		
Physique		
Personnalité		
Loisir(s) et intérêt(s)		

5

À votre avis Répondez aux questions à deux. Puis, donnez votre avis sur la question suivante: Vivre en ville ou vivre à la campagne, qu'est-ce qui est le plus agréable?

- Habitez-vous en ville ou à la campagne?
- Comment allez-vous au lycée?
- Quelles activités pratiquez-vous après les cours?
- Pensez-vous qu'il y a plus de choix d'activités en ville ou à la campagne?

INTRIGUE *Une jeune femme pense trouver l'amour de sa vie dans le métro.*

ANTOINE Bonsoir. Je m'appelle Antoine et j'ai 29 ans. Rassurez-vous, je ne vais pas vous demander d'argent. J'ai lu récemment qu'il y avait, en France, près de cinq millions de femmes célibataires. Où sont-elles?

ANTOINE Je crois au bonheur. Je cherche une jeune femme qui aurait du mal à rencontrer quelqu'un et qui voudrait partager quelque chose de sincère avec quelqu'un.

ANTOINE Voilà. Si l'une d'entre vous se sent intéressée, elle peut descendre discrètement à la station suivante. Je la rejoindrai sur le quai.

HOMME Mais arrêtez! Restez célibataire! Moi ça fait cinq ans que je suis marié avec une emmerdeuse°. Si vous voulez, je vous donne son numéro et vous voyez avec elle. Mais il ne faudrait pas venir vous plaindre après!

ANTOINE C'est très aimable, Monsieur, mais je ne cherche pas la femme d'un autre. Je cherche l'amour, Monsieur. Je ne cherche pas un marché. (*À tout le monde*) Excusez ce monsieur qui, je pense, ne connaîtra jamais l'amour.

emmerdeuse *pain in the neck*

ANTOINE Mesdemoiselles, je réitère ma proposition. S'il y en a une parmi vous qui est sensible à ma vision de l'amour, eh bien, qu'elle descende.

La femme descend.

Analyse

1 **Compréhension** Répondez aux questions par des phrases complètes.

1. Que demande Antoine aux passagers?
2. Comment se décrit-il?
3. Pourquoi dit-il qu'il cherche une femme célibataire de cette façon?
4. Pourquoi un homme dans la rame de métro l'interrompt-il?
5. Que propose cet homme?
6. Quelle est la vraie raison du discours d'Antoine?

2 **Opinion** À deux, répondez aux questions par des phrases complètes.

1. À quoi pense la jeune femme tout au début du film quand elle marche seule en ville?
2. À votre avis, que ressent Antoine quand la femme descend de la rame de métro?
3. Que ressent la jeune femme une fois sur le quai?
4. Pourquoi pensez-vous que le court métrage s'intitule *J'attendrai le suivant…*? Expliquez bien votre réponse.

3 **Jeu de rôles** Imaginez-vous dans une situation similaire à celle du film. Vous pensez trouver l'amour avec un(e) inconnu(e) que vous trouvez séduisant(e). Que feriez-vous à la fin et que diriez-vous à l'inconnu(e)? Devant la classe, jouez vos rôles ou lisez votre réponse.

4 **La fin** Par groupes de trois, imaginez en cinq ou six phrases deux autres fins à cette histoire. Ensuite, comparez vos idées à celles des autres groupes.

- une fin heureuse
- une fin triste

Comment faire? À deux, faites une liste de quatre ou cinq moyens qu'une personne a aujourd'hui de trouver l'âme sœur. Dites quels sont leurs avantages et leurs inconvénients. Ensuite, comparez votre liste à celles de vos camarades de classe et discutez-en.

Qui est-ce? Par groupes de trois, décrivez la vie des trois personnages du film. Pour chacun des personnages, écrivez au moins cinq phrases sur sa vie quotidienne, sa vie sentimentale et sa vie professionnelle.

- Où habite-t-il/elle?
- Quelle est sa profession?
- Comment est-il/elle physiquement?
- Qu'aime-t-il/elle faire le week-end?

À vous la parole! Répondez aux questions par des phrases complètes.

1. Avez-vous déjà joué un mauvais tour (*dirty trick*) à quelqu'un? Si oui, l'avez-vous regretté? Sinon, n'avez-vous jamais eu envie de le faire?

2. À votre avis, quel est le meilleur moyen de rencontrer quelqu'un quand on habite en ville?

3. Qu'aimeriez-vous trouver en ville?

4. Qu'y a-t-il en ville que vous n'aimeriez pas voir?

5. Est-ce mieux d'habiter en ville ou à la campagne? Pourquoi?

6. Pensez-vous qu'on se sente plus souvent seul(e) en ville ou à la campagne?

Réalisation À deux, imaginez que vous deviez faire un court métrage sur le thème de la ville. Quel sujet choisiriez-vous? Expliquez votre choix. Comparez-le à ceux de la classe.

IMAGINEZ
Marseille et Lyon

La France compte environ 36.000 villes et villages de toutes tailles. La ville la plus connue, c'est bien sûr Paris, mais d'autres villes ont aussi beaucoup d'intérêt. **Marseille** et **Lyon**, qui se disputent le titre de deuxième ville de France, ont toutes les deux leur charme propre et méritent le détour.

Appelée la «cité phocéenne» pour avoir été fondée par des **Grecs** de la ville de **Phocée**, en **Asie Mineure**, en 600 avant J.-C.°, Marseille, capitale européenne de la culture 2013, est aujourd'hui une ville très peuplée de la **côte méditerranéenne**. Elle est d'une grande diversité culturelle grâce à sa situation géographique. Parler de Marseille, c'est parler de la bouillabaisse (soupe de poissons), de la pétanque, des plages, d'un grand port commercial et surtout du **Vieux-Port**. Celui-ci est maintenant un site touristique très animé, avec une succession de restaurants et de magasins. Marseille est une ville très urbanisée, mais elle possède aussi des atouts° naturels. Ses calanques°, qui donnent sur la mer, sont appréciées pour leur caractère secret et leur beauté. Au large de° la côte, les **îles du Frioul** constituent un site exceptionnel pour les plongeurs° et les amoureux de la nature. Non loin de là se trouve le **château d'If**, une prison rendue célèbre par la légende de l'homme au masque de fer et par **Alexandre Dumas** avec son roman *Le Comte de Monte-Cristo*.

De son côté, Lyon, antique cité romaine fondée en 43 avant J.-C., est une ville attirante° pour de multiples raisons. Traversée par un fleuve, le **Rhône** et par une rivière, la **Saône**, et voisine des **Alpes** et de **Genève**, Lyon a été la capitale de la **Gaule** sous l'Antiquité, un grand centre de la **Renaissance** et la capitale de la **Résistance** pendant la

Seconde Guerre mondiale. La richesse de son histoire a été reconnue par l'**UNESCO**, qui a fait d'une grande partie de la ville le plus grand espace classé° au patrimoine° mondial. Lyon est aussi un grand carrefour° économique européen depuis longtemps et elle est le siège° de quelques organisations internationales comme **Interpol**. Son statut de capitale de la gastronomie et de la soie, et de lieu de naissance du cinéma renforce sa notoriété. Lyon connaît un grand succès en France et en Europe avec un événement annuel: la **fête des Lumières**. Pendant cette célébration, les Lyonnais mettent des lumières à leurs fenêtres et les bâtiments de la ville sont illuminés par des jeux de lumière.

Les villes françaises composent toutes le visage du pays. Il serait dommage de passer à côté.

Les berges° de la Saône, à Lyon

D'ailleurs...

Marseille et **Lyon** se disputent la place de deuxième ville de France en raison de l'ambiguïté du nombre d'habitants. Si on parle de la ville intra-muros°, Marseille est deuxième avec environ 855.000 habitants contre environ 500.000 pour Lyon. Par contre, si on considère l'agglomération, c'est Lyon qui est deuxième avec un peu plus de 2 million habitants contre environ 1,8 million pour Marseille. C'est une question qui n'est toujours pas réglée°.

Vue de Marseille

avant J.-C. *BC* atouts *assets* calanques *rocky coves* Au large de *Off* plongeurs *scuba divers* attirante *attractive* classé *listed* patrimoine *heritage* carrefour *hub* siège *headquarters* intra-muros *proper* réglée *settled* berges *river banks*

Découvrons la France

Rollers en ville On pratique la randonnée urbaine en rollers dans la France entière. Des associations organisent ces  randonnées dans les rues, de jour ou de nuit. Même les policiers sont en rollers pour en assurer la sécurité. C'est d'abord à Paris que les gens se sont enthousiasmés pour ce genre d'activité. Le but° de ces randonnées, qui peuvent compter jusqu'à 15.000 participants dans la capitale, est de partager le plaisir du sport et son sentiment de liberté.

Trompe-l'œil Une partie des murs en France sont nus, ce qui n'est pas  joli. L'idée est alors née de couvrir ces murs de **fresques murales°** en **trompe-l'œil**. Ce sont des peintures qui simulent, de manière très réaliste, des façades d'immeubles. Les plus belles façades, comme la **Fresque des Lyonnais** à **Lyon** ou le **Mur du cinéma** à **Cannes**, trompent° beaucoup de visiteurs.

Les péniches Mode de transport fluvial°, les péniches° sont aussi à l'origine d'un nouveau style de vie depuis la  fin des années 1960; elles ont été transformées en **bateaux-logements**. Les berges, principalement à **Paris**, sont donc devenues l'adresse d'un grand nombre de personnes. Petit à petit, ces maisons-péniches sont devenues presque conventionnelles et elles ont aujourd'hui tout le confort nécessaire.

La fête du Citron Inaugurée en 1934, cette fête a le même  esprit que les carnavals d'hiver. Chaque année en février, la ville de **Menton**, sur la **Côte d'Azur**, organise un ensemble de manifestations liées à un thème choisi. La décoration des chars° et des expositions est faite de citrons, d'oranges et d'autres agrumes°. Pour finir, il y a un grand feu d'artifice°.

but *purpose* **fresques murales** *murals* **trompent** *fool* **fluvial** *on rivers* **péniches** *barges* **chars** *parade floats* **agrumes** *citrus fruit* **feu d'artifice** *fireworks display*

Le français parlé en France

Paris

balayer devant sa porte	s'occuper de ses affaires d'abord
Ça ne mange pas de pain.	Ça ne demande pas un gros effort.
le macadam	le trottoir
le trottoir	la croûte (*crust*) autour d'une tarte

Lyon

un bouchon	restaurant typique de Lyon
le dégraissage	le pressing; *dry-cleaning*
la ficelle	le funiculaire
une gâche	une place (dans un bus, dans un avion, etc.)
un(e) gone	un(e) enfant
s'en voir	avoir du mal à faire quelque chose: **Je m'en vois pour faire la cuisine.** (*I can't cook.*)

Marseille

le bataclan	beaucoup de choses sans valeur
fada	fou/folle
un fan	un(e) enfant
Peuchère!	Le/La pauvre!
un(e) pitchoun(ette)	un(e) enfant
Zou!	Allez!

Qu'avez-vous appris?

1 Vrai ou faux? Indiquez si ces affirmations sont vraies ou fausses, et corrigez les fausses.

1. Il existe environ 26.000 villes et villages en France.

2. Lyon est connue pour sa bouillabaisse, ses plages et son grand port de commerce.

3. La ville de Lyon est traversée par la Seine.

4. L'agglomération de Lyon est plus grande que celle de Marseille.

5. Les policiers aussi participent aux randonnées en rollers, dans les villes.

6. Les péniches sur les fleuves de France sont utilisées uniquement dans un but commercial.

2 Questions Répondez aux questions.

1. Pourquoi appelle-t-on Marseille «la cité phocéenne»?

2. Comment le château d'If est-il devenu célèbre?

3. De quoi la ville de Lyon est-elle la capitale aujourd'hui?

4. Quel événement lyonnais rassemble chaque année un grand nombre de Français et d'Européens?

5. Comment certaines villes de France ont-elles décidé de s'embellir?

6. Quelle fête a lieu chaque année dans la ville de Menton?

Projet

Un voyage de Lyon à Marseille

Imaginez que vous alliez visiter Lyon et Marseille. Recherchez toutes les informations dont vous avez besoin pour créer votre itinéraire. Ensuite, préparez votre voyage.

- Choisissez le mois et la durée (*length*) de votre séjour dans chaque ville.

- Sélectionnez les endroits à visiter et les activités à pratiquer.

- Présentez votre itinéraire à la classe. Montrez-le avec le plan de chaque ville et expliquez pourquoi vous avez choisi ces endroits et ces activités. (Facultatif)

ÉPREUVE

Trouvez la bonne réponse.

1. Marseille est une ville _____.
   a. peu peuplée
   b. secrète
   c. cosmopolite
   d. heureuse

2. Les îles du Frioul et les calanques près de Marseille sont des endroits _____ d'exception.
   a. naturels
   b. chers
   c. urbains
   d. habités

3. Parce que Marseille et Lyon ont été fondées sous l'Antiquité, elles sont _____.
   a. anciennes
   b. modernes
   c. uniques
   d. nouvelles

4. Lyon est le siège d'Interpol et de plusieurs autres _____.
   a. ports touristiques
   b. organisations internationales
   c. centres historiques
   d. calanques

5. Par le passé, on envoyait les prisonniers _____.
   a. à la fête des Lumières
   b. à l'UNESCO
   c. sur les îles du Frioul
   d. au château d'If

6. Lyon est la capitale _____ de la France.
   a. industrielle
   b. gastronomique
   c. culturelle
   d. universelle

7. Lyon a été un grand centre de la/du _____.
   a. fête du Citron
   b. Réforme
   c. roller
   d. Renaissance

8. La fête du Citron date de _____.
   a. 1982
   b. 1968
   c. 1934
   d. 1908

9. On va à Marseille si on veut visiter _____.
   a. le Vieux-Port
   b. la Côte d'Azur
   c. le Rhône
   d. des péniches

10. Lyon est le lieu de naissance de la/du _____.
    a. médecine
    b. gastronomie
    c. cinéma
    d. soie

Galerie de créateurs

vhlcentral │ *Galerie de créateurs*

Photographie: Yann Arthus-Bertrand (1946–)

1 Préparation Répondez aux questions.

1. «Une image vaut mille mots.» Êtes-vous d'accord avec cette phrase? Expliquez pourquoi ou pourquoi pas.

2. Aimez-vous prendre des photos? Avez-vous des sujets de photos préférés? De quelle manière partagez-vous vos photos avec vos amis?

Une image vaut mille mots

Amoureux de la nature, Yann Arthus-Bertrand a dirigé une réserve naturelle dans le sud de la France puis il a étudié les lions au Kenya. Là, il a découvert que la photographie permettait de faire passer ses messages mieux que les mots. Il s'est alors engagé dans ce domaine et a publié un grand nombre de livres sur la nature. Un de ses grands projets a été, avec l'aide de l'UNESCO, la création d'une banque d'images sous forme de livre, *La Terre vue du Ciel*. Son premier long métrage, *Home*, est sorti en 2009. Depuis, il a réalisé d'autres films dont *Human*, avec des images aériennes prises partout dans le monde et des entretiens des gens habitant dans plus de 45 pays, qui a eu un succès international.

2 Compréhension Répondez aux questions.

1. De quoi Arthus-Bertrand a-t-il été directeur?

2. Qu'est-ce qu'il a étudié au Kenya?

3. Comment a-t-il décidé de faire passer ses messages aux autres?

4. Qu'est-ce que c'est, *La Terre vue du Ciel*?

3 Discussion Discutez de ces questions avec un(e) partenaire puis avec la classe. Comment la photographie peut-elle «faire passer les messages mieux que les mots»? Dans quelles situations est-ce que les mots sont plus forts que les images? Expliquez.

4 Application Ensemble en mission

D'après la lecture, l'UNESCO a aidé Arthus-Bertrand parce que l'organisation avait confiance en son message et en son moyen de l'exprimer. Préparez une présentation orale ou écrite dans laquelle (a) vous définissez un message que vous voudriez faire passer aux autres et (b) vous suggérez des personnes ou des groupes qui peuvent vous aider dans votre mission.

Vue aérienne d'oliviers en Tunisie

Yann Arthus-Bertrand

vhlcentral

2.1

Reflexive and reciprocal verbs

- Reflexive verbs typically describe an action that the subject does to or for himself, herself, or itself. Reflexive verbs are conjugated like their non-reflexive counterparts but always use reflexive pronouns.

Reflexive verb

Non-reflexive verb

Bruno se réveille.

Bruno réveille son fils.

Reflexive verbs	
se réveiller (*to wake up*)	
je	**me** réveille
tu	**te** réveilles
il/elle/on	**se** réveille
nous	**nous** réveillons
vous	**vous** réveillez
ils/elles	**se** réveillent

- Some reflexive verbs clearly express a reflexive action while others don't because they are idiomatic.

s'arrêter *to stop (oneself)*	**s'endormir** *to fall asleep*	**se laver** *to wash oneself*
se brosser *to brush*	**se fâcher (contre)** *to get angry (with)*	**se lever** *to get up*
se coucher *to go to bed*		**se maquiller** *to put on makeup*
se couper *to cut oneself*	**s'habiller** *to get dressed*	
se déshabiller *to undress*	**s'habituer à** *to get used to*	**se peigner** *to comb*
se dépêcher *to hurry*	**s'inquiéter** *to worry*	**se raser** *to shave*
se détendre *to relax*	**s'intéresser (à)** *to be interested (in)*	**se reposer** *to rest*

Vérifiez

- Some verbs can be used reflexively or non-reflexively. Use the non-reflexive form if the verb acts upon something other than the subject.

La passagère **se fâche**.
The passenger is getting angry.

Tu **fâches** la passagère.
You are angering the passenger.

Leçon 2

- Many non-reflexive verbs change meaning when they are used with a reflexive pronoun and might not literally express a reflexive action.

aller *to go*	**s'en aller** *to go away*
amuser *to amuse*	**s'amuser** *to have fun*
apercevoir *to catch sight of*	**s'apercevoir** *to realize*
attendre *to wait (for)*	**s'attendre à** *to expect*
demander *to ask*	**se demander** *to wonder*
douter *to doubt*	**se douter de** *to suspect*
ennuyer *to bother*	**s'ennuyer** *to get bored*
entendre *to hear*	**s'entendre bien avec** *to get along with*
mettre *to put*	**se mettre à** *to begin*
servir *to serve*	**se servir de** *to use*
tromper *to deceive*	**se tromper** *to be mistaken*

- A number of verbs are idiomatic and are used only in the reflexive form.

se méfier de *to distrust*	**se souvenir de** *to remember*
se moquer de *to make fun of*	**se taire** *to be quiet*
se rendre compte de *to realize*	

- Form the affirmative imperative of a reflexive verb by adding the reflexive pronoun to the end of the verb with a hyphen in between. For negative commands, place the reflexive pronoun immediately before the verb.

Habillons-nous. Il faut partir!
Let's get dressed. We have to leave!

Ne vous inquiétez pas.
Don't worry.

- Remember to change **te** to **toi** in affirmative commands.

Repose-toi bien ce week-end.
Rest up this weekend.

Tais-toi!
Be quiet!

- In reciprocal reflexives, only plural verb forms are used. The pronoun means (*to*) *each other* or (*to*) *one another*.

Nous **nous retrouvons** au stade.
We are meeting each other at the stadium.

Elles **s'écrivent** des e-mails.
They write one another e-mails.

- Use **l'un(e) l'autre** and **l'un(e) à l'autre**, or their plural forms **les un(e)s les autres** and **les un(e)s aux autres**, to clarify or emphasize that an action is reciprocal.

Béa et Yves se regardent.
Béa and Yves look at each other.
Béa and Yves look at themselves.

but

Béa et Yves se regardent **l'un l'autre**.
Béa and Yves look at each other.

Ils s'envoient des e-mails.
They send each other e-mails.
They send themselves e-mails.

but

Ils s'envoient des e-mails **les uns aux autres**.
They send each other e-mails.

⟳ Vérifiez

BLOC-NOTES

Commands with non-reflexive verbs are formed the same way as with reflexive verbs. See **Fiche de grammaire 1.5, p. 376** for a review of the imperative.

BLOC-NOTES

The pronoun **se** can also be used with verbs in the third person to express the passive voice. See **Fiche de grammaire 10.5, p. 412**.

⟳ Vérifiez

Mise en pratique

1 **Le lundi matin** Complétez le paragraphe sur ce que font Charles et Hélène le lundi matin. Utilisez la forme correcte des verbes réfléchis correspondants.

s'apercevoir	se dépêcher	se maquiller
se brosser	s'en aller	se quitter
se casser	s'habiller	se raser
se coucher	se laver	se réveiller
se couper	se lever	se sécher

Le dimanche soir, Charles et Hélène (1) _____ tard. Évidemment, ils mettent du temps à (2) _____ le lendemain matin. Charles est celui qui (3) _____ le premier. Il (4) _____ de prendre sa douche et de (5) _____ avec un rasoir électrique. Deux minutes plus tard, Hélène entre dans la salle de bain. Pendant qu'elle prend sa douche, (6) _____ les cheveux et (7) _____, Charles prépare le petit-déjeuner. Quand Hélène est prête, ils prennent leur petit-déjeuner. Puis, ils (8) _____ les dents et (9) _____ les mains. Ensuite, ils vont dans la chambre pour choisir leurs vêtements et (10) _____. Puis ils (11) _____ vite au travail. Charles (12) _____ alors qu'il a mis des chaussures de couleurs différentes!

2 **Tous les samedis**

A. À deux, décrivez ce que fait Sylvie tous les samedis, d'après (*according to*) les illustrations.

B. Quelles sont les habitudes de quatre amis ou membres de la famille de Sylvie le samedi matin? Décrivez ce qu'ils font en cinq ou six phrases. Utilisez des verbes réfléchis et soyez créatifs.

Communication

3 **Et toi?** À deux, posez-vous tour à tour ces questions. Répondez-y avec des phrases complètes et expliquez vos réponses.

1. À quelle heure te réveilles-tu généralement le samedi matin? Pourquoi?
2. T'endors-tu en cours?
3. En général, à quelle heure te couches-tu pendant le week-end?
4. Que fais-tu pour te détendre après une longue journée?
5. Te lèves-tu toujours juste après t'être réveillé(e)? Pourquoi?

6. Comment t'habilles-tu pour sortir le week-end? Et tes amis?
7. Quand t'habilles-tu de façon élégante?
8. T'amuses-tu quand tu vas à une fête? Et quand tu vas à une réunion de famille?
9. Mets-tu beaucoup de temps à te préparer avant de sortir?
10. T'inquiètes-tu de ton apparence?

11. Est-ce que tes amis et toi, vous vous téléphonez souvent? Combien de fois par semaine?
12. Connais-tu quelqu'un qui s'inquiète toujours de tout?
13. Vous et les autres élèves, vous vous entendez toujours bien?
14. Te fâches-tu parfois avec tes amis? Et avec ta famille?
15. T'est-il déjà arrivé de te tromper sur quelqu'un?

4 **Dans le bus** Vous rentrez du lycée en bus, et vous voyez un(e) ami(e) se faire voler de l'argent (*have his/her money stolen*). Que faites-vous? Travaillez par groupes de trois pour représenter la scène. Employez au moins cinq verbes de la liste.

s'arrêter	se fâcher	se servir de
s'attendre à	se mettre à	se taire
se douter	se moquer de	se tromper
s'en aller	se rendre compte de	s'inquiéter

vhlcentral

2.2

Descriptive adjectives and adjective agreement

—*J'ai lu qu'il y avait en France près de cinq millions de femmes **célibataires**.*

Gender

- Adjectives in French agree in gender and number with the nouns they modify. Masculine adjectives with these endings derive irregular feminine forms.

Ending		Examples					
-c	→ -che	blanc	→ blanche	franc	→ franche		
-eau	→ -elle	beau	→ belle	nouveau	→ nouvelle		
-el	→ -elle	cruel	→ cruelle	intellectuel	→ intellectuelle		
-en	→ -enne	ancien	→ ancienne	canadien	→ canadienne		
-er	→ -ère	cher	→ chère	fier	→ fière		
-et	→ -ète	complet	→ complète	inquiet	→ inquiète		
-et	→ -ette	muet	→ muette (*mute*)	net	→ nette		
-f	→ -ve	actif	→ active	naïf	→ naïve		
-on	→ -onne	bon	→ bonne	mignon	→ mignonne (*cute*)		
-s	→ -sse	bas	→ basse (*low*)	gros	→ grosse		
-x	→ -se	dangereux	→ dangereuse	heureux	→ heureuse		

Cette station de métro est-elle **dangereuse**?
Is this subway station dangerous?

Les **nouvelles** banlieues se trouvent loin d'ici.
The new suburbs are located far from here.

- Adjectives whose masculine singular form ends in -**eur** generally derive one of three feminine forms.

Condition	Ending	Examples	
the adjective is directly derived from a verb	-eur → -euse	(rêver) rêveur (travailler) travailleur	→ rêveuse → travailleuse
the adjective is not directly derived from a verb	-eur → -rice	(conserver) conservateur (protéger) protecteur	→ conservatrice → protectrice
the adjective expresses a comparative or superlative	-eur → -eure	inférieur meilleur	→ inférieure → meilleure

ATTENTION!

Remember that the first letter of adjectives of nationality is not capitalized.

Ahmed préfère le cinéma italien.
Ahmed prefers Italian cinema.

Laura Johnson est citoyenne américaine.
Laura Johnson is an American citizen.

ATTENTION!

Remember to use the masculine plural form of an adjective to describe a series of two or more nouns in which at least one is masculine.

La rue et le quartier sont animés.
The street and the neighborhood are lively.

- Some adjectives have feminine forms that differ considerably from their masculine singular counterparts, either in spelling, pronunciation, or both.

doux → douce	frais → fraîche	public → publique
faux → fausse	gentil → gentille	roux → rousse
favori → favorite	grec → grecque	vieux → vieille
fou → folle	long → longue	

Position

- French adjectives are usually placed after the noun they modify, but the following adjectives are usually placed *before* the noun: **autre**, **beau**, **bon**, **court**, **gentil**, **grand**, **gros**, **haut**, **jeune**, **joli**, **long**, **mauvais**, **meilleur**, **nouveau**, **petit**, **premier**, **vieux**, and **vrai**.

Je ne connais pas ce **jeune** homme.
I don't know that young man.

Vous aimez les **nouveaux** films?
Do you like the new movies?

- Before a masculine singular noun that begins with a vowel sound, use these alternate forms of **beau**, **fou**, **nouveau**, and **vieux**.

beau	bel	un **bel** édifice
fou	fol	un **fol** espoir (*hope*)
nouveau	nouvel	un **nouvel** appartement
vieux	vieil	un **vieil** immeuble

- These adjectives differ in meaning depending on their placement. Their meanings tend to be more figurative when placed before the noun and more literal when placed after it.

ancien	l'**ancien** château	the **former** castle
	un château **ancien**	an **ancient** castle
cher	**cher** ami	**dear** friend
	une voiture **chère**	an **expensive** car
dernier	la **dernière** semaine	the **final** week
	la semaine **dernière**	**last** week
grand	une **grande** femme	a **great** woman
	une femme **grande**	a **tall** woman
même	le **même** musée	the **same** museum
	le musée **même**	this **very** museum
pauvre	ces **pauvres** enfants	those **poor (unfortunate)** children
	ces enfants **pauvres**	those **poor (penniless)** children
prochain	le **prochain** cours	the **following** class
	mercredi **prochain**	**next** Wednesday
propre	ma **propre** chambre	my **own** room
	une chambre **propre**	a **clean** room
seul	la **seule** personne	the **only** person
	la personne **seule**	the person **who is alone**

Vérifiez

ATTENTION!

Color adjectives that are named after nouns include **argent** (*silver*), **citron** (*lemon*), **crème** (*cream*), **marron** (*chestnut*), **or** (*gold*), and **orange** (*orange*).

Remember that the adjective **châtain** is used to describe brown hair. You can use it in the plural, but it is very rarely used in the feminine.

Elle a les cheveux châtains.
She has brown hair.

ATTENTION!

Color adjectives that are named after nouns are invariable, as are color adjectives that are qualified by a second adjective.

Il conduit une voiture marron.
He's driving a brown car.

Elle porte une jupe bleu clair.
She's wearing a light blue skirt.

BLOC-NOTES

Adjectives can also be derived from verb forms like the present and past participles. See **Fiche de grammaire 7.4, p. 398** and **Structures 9.2, pp. 316–317**.

Vérifiez

Mise en pratique

1

Les Niçois Christophe habite à Nice. Lisez ses commentaires et accordez les adjectifs.

1. Le maire de Nice, Christian Estrosi, est vraiment _____ (fier) de sa ville.

2. Les citadins et les touristes apprécient l'action _____ (protecteur) des policières.

3. Ma copine et ses parents habitent un _____ (beau) appartement en banlieue.

4. Ses amies sont de _____ (bon) élèves.

5. Une conductrice ne doit pas être _____ (rêveur) sur la route!

6. Les piétons qui traversent l'avenue Jean Médecin en dehors (*outside*) des clous sont _____ (fou)!

Les plages de Nice, sur la Méditerranée

2

La vie de Marine Complétez chaque phrase et choisissez le bon adjectif.

1. Marine a une amie _____ (bon, bonne, franc, franche).

2. À seize ans, c'est une fille _____ (intellectuel, folles, naïve, jeunes).

3. Elle s'entend bien avec les gens _____ (bon, belles, sincères, travailleur).

4. Sa mère essaie d'acheter des légumes _____ (frais, fraîche, propre, chères).

5. Ses parents sont _____ (conservateurs, grec, protectrices, actives).

6. Ils habitent un _____ (complet, vieil, bruyant, élégant) appartement.

7. Elle préfère regarder de _____ (nouvelles, favorites, publiques, fausses) émissions de télévision.

8. Marine aime bien ses voisins, parce que ce sont des gens _____ (beaux, jeunes, mignonne, heureux).

3

Une petite annonce Gabrielle recherche quelqu'un avec qui elle pourrait voyager. Complétez sa petite annonce et accordez les adjectifs de la liste.

aventurier	châtain	dernier	nouveau	seul
bleu	cher	français	propre	violet foncé

petite ANNONCE

MERCREDI	20 septembre

Pendant mon séjour en France, je voudrais voyager dans autant de villes (1) _____ que possible! Je n'aime pas visiter de (2) _____ endroits toute (3) _____. Alors, je cherche une personne qui aime l'aventure parce que moi aussi, je suis (4) _____. Je n'ai pas beaucoup d'argent, donc je ne peux pas acheter de billets (5) _____. En plus, je suis indépendante, alors le week-end (6) _____, quand j'ai voyagé à Paris, j'ai fait mes (7) _____ projets de voyages. Si vous voulez me rencontrer, je serai la fille en robe (8) _____, aux yeux (9) _____ et aux cheveux (10) _____, au café des Artistes du centre-ville. Rendez-vous le 27 septembre, à 16h30.

Communication

4

Dans ma ville Quelqu'un vous pose des questions sur votre ville. Vous ne répondez que par le contraire. Posez ces questions et répondez-y avec un(e) camarade de classe.

> **Modèle** —Les logements sont-ils grands?
> —Non, ils sont petits.

1. Ce quartier est-il sûr? Non, _____.
2. Votre rue est-elle tranquille? Non, _____.
3. Les voies sont-elles privées? Non, _____.
4. Cet édifice est-il nouveau? Non, _____.
5. Les gratte-ciel sont-ils bas? Non, _____.
6. Les gens sont-ils paresseux? Non, _____.

5

Un nouvel élève Un nouvel élève vient d'arriver. Vous essayez de faire sa connaissance. Jouez les deux rôles avec un(e) camarade de classe.

1. Où habitais-tu avant?
2. C'est la première fois que tu déménages?
3. Comment était ton ancien(ne) appartement/maison?
4. Est-ce que tu aimes ton nouveau quartier?
5. Quels sont tes loisirs préférés?
6. Est-ce que tu as déjà des ami(e)s ici?
7. Et toi? Tu veux me poser des questions?

6

Comment est...? Avec un(e) camarade de classe, trouvez au moins deux façons (*ways*) de décrire chaque image. Comparez vos descriptions avec un autre groupe et discutez des différences avec la classe.

vhlcentral

2.3

Adverbs

—*Eh bien, elle peut descendre* **discrètement** *à la station suivante.*

Formation of adverbs

- To form an adverb from an adjective whose masculine singular form ends in a consonant, add the ending -**ment** to the adjective's feminine singular form. If the masculine singular ends in a vowel, simply add the ending -**ment** to that form.

absolu	**absolu**ment *absolutely*
doux	**douce**ment *gently*
franc	**franche**ment *frankly*
naturel	**naturelle**ment *naturally*
poli	**poli**ment *politely*

- To form an adverb from an adjective whose masculine singular form ends in -**ant** or -**ent**, replace the ending with -**amment** or -**emment**, respectively.

bruyant	**bruy**amment *noisily*
constant	**const**amment *constantly*
évident	**évid**emment *obviously*
patient	**pati**emment *patiently*

- An exception to this rule is the adjective **lent**, whose corresponding adverb is **lentement**. Remember that the endings -**amment** and -**emment** are pronounced identically.

- A limited number of adverbs are formed by adding -**ément** to the masculine singular form of the adjective. If this form ends in a silent final -**e**, drop it before adding the suffix.

confus	**confus**ément *confusedly*
énorme	**énorm**ément *enormously*
précis	**précis**ément *precisely*
profond	**profond**ément *profoundly*

- A few adverbs, like **bien**, **gentiment**, **mal**, and **mieux**, are entirely irregular. The irregular adverb **brièvement** (*briefly*) is derived from **bref** (**brève**).

Vérifiez

Categories of adverbs

- Most common adverbs can be grouped by category.

time	alors, aujourd'hui, bientôt, d'abord, de temps en temps, déjà, demain, encore, enfin, ensuite, hier, jamais, maintenant, parfois, quelquefois, rarement, souvent, tard, tôt, toujours
manner	ainsi (*thus*), bien, donc, en général, lentement, mal, soudain, surtout, très, vite
opinion	heureusement, malheureusement, peut-être, probablement, sans doute
place	dedans, dehors, ici, là, là-bas, nulle part (*nowhere*), partout (*everywhere*), quelque part (*somewhere*)
quantity	assez, autant, beaucoup, peu, trop

Position of adverbs

- In the case of a simple tense (present indicative, **imparfait**, future, etc.), an adverb immediately follows the verb it modifies.

Gérard s'arrête **toujours** au centre-ville.
Gérard always stops downtown.

Il attend **patiemment** au feu.
He waits patiently at the traffic light.

- In the **passé composé**, place short or common adverbs before the past participle. Place longer or less common adverbs after the past participle.

Nous sommes **déjà** arrivés à la gare.
We already arrived at the train station.

Vous avez **vraiment** compris ses indications?
Did you really understand his directions?

Il a conduit **prudemment**.
He drove prudently.

Tu t'es levée **régulièrement** à six heures.
You got up regularly at six o'clock.

- In negative sentences, the adverbs **peut-être**, **sans doute**, and **probablement** usually precede **pas**.

Elle n'est pas **souvent** chez elle.
She is not often at home.

but

Elle n'a **peut-être** pas lu ton e-mail.
She probably has not read your e-mail.

- Common adverbs of time and place typically follow the past participle.

Elle a commencé **tôt** ses devoirs.
She started her homework early.

Nous ne sommes pas descendus **ici**.
We did not get off here.

- In a few expressions, an adjective functions as an adverb. Therefore, it is invariable.

coûter cher *to cost a lot*	**sentir bon/mauvais** *to smell good/bad*
parler bas/fort *to speak softly/loudly*	**travailler dur** *to work hard*

ATTENTION!

In English, adverbs sometimes immediately follow the subject. In French, this is not the case.

*My sister **constantly** wakes me up.*

Ma sœur me réveille constamment.

BLOC-NOTES

There are other compound tenses in French that require a form of **avoir** or **être** and a past participle. See **Structures 4.1, pp. 126–127** for an introduction to the **plus-que-parfait**.

ATTENTION!

Adverbs can also modify an adjective or another adverb. In these cases, it precedes the adjective or adverb it modifies.

Ce quartier est *vraiment* sympa.
This neighborhood is really nice.

Les voitures roulent *trop* vite.
The cars are moving too fast.

 Vérifiez

Mise en pratique

1 **Les adverbes** Écrivez l'adverbe qui correspond à chaque adjectif.

1. facile _____   6. conscient _____
2. heureux _____   7. profond _____
3. jaloux _____   8. meilleur _____
4. quotidien _____   9. public _____
5. mauvais _____   10. indépendant _____

2 **Deux sortes d'amis** Décidez s'il faut placer les adverbes avant ou après les mots qu'ils modifient.

Jérôme et Patricia (1) _____ habitent _____ (maintenant) à Lyon. Ils ont beaucoup d'amis à Paris qui leur (2) _____ rendent _____ (souvent) visite. Ils sont (3) _____ heureux _____ (toujours) de les recevoir parce qu'ils sont (4) _____ fiers _____ (très) de leur ville. Ils ont deux sortes d'amis: ceux qui (5) _____ sortent _____ (fréquemment) pour aller danser, et ceux qui (6) _____ aiment _____ (mieux) les musées. Les amis qui préfèrent les musées ont (7) _____ téléphoné _____ (hier) pour dire qu'ils ne viendront (8) _____ pas _____ (peut-être) cet été. Ils ont (9) _____ fait _____ (déjà) des projets! Ils ont (10) _____ choisi _____ (tôt) leurs vacances cette année: ils ne visiteront (11) _____ pas _____ (obligatoirement) Lyon tous les ans. Ils dansent (12) _____ bien _____ (incroyablement) et ils ont envie d'aller chez des amis qui sortent danser sur les quais (*on the river bank*)!

3 **La famille Giscard** Travaillez à deux pour dire, à tour de rôle, comment les membres de cette famille font les choses quand ils sont en ville.

> **Modèle** **Isabelle est à la poste. Elle est rapide.**
> Elle achète rapidement des timbres.

1. Martin est au magasin. Il est impatient.
2. Mme Giscard est à la banque. C'est une femme polie.
3. Paul et Franck sont au café. Ce sont des frères bruyants.
4. Maryse est à la gare. Elle est nerveuse.
5. Les grands-parents sont au supermarché. Ils sont lents.
6. M. Giscard se promène avec son fils Alain. C'est un bon père.
7. Alain est avec M. Giscard. C'est un garçon très franc.
8. Les cousines sont au cinéma. C'est cher.
9. Sophie va au restaurant ce soir. Elle a une robe élégante.
10. Isabelle va au jardin public avec sa petite cousine. Elle est gentille quand elle parle à sa cousine.

Communication

4

Sondage Interviewez un maximum de camarades différent(e)s. Font-ils ces choses toujours, fréquemment, parfois, rarement ou jamais? Comparez vos résultats avec ceux du reste de la classe.

Modèle **travailler à la bibliothèque**

—Travailles-tu toujours à la bibliothèque?

—Non, mais j'y travaille parfois.

	Toujours	Fréquemment	Parfois	Rarement	Jamais
1. aller voir un match de baseball					
2. faire du vélo					
3. prendre le métro					
4. faire du shopping avec sa mère					
5. aller en cours à pied					
6. visiter un musée le week-end					
7. assister à des concerts					
8. s'ennuyer le samedi soir					

5

Vivre en ville À tour de rôle, posez ces questions à un(e) camarade de classe. Dans vos réponses, employez les adverbes de la liste ou d'autres adverbes.

absolument	mal	simplement
énormément	quelquefois	souvent
franchement	peut-être	tard
jamais	récemment	?

1. Traverses-tu la rue dans les clous? Pourquoi?
2. Aimes-tu aller au musée? Lequel?
3. Es-tu monté(e) au dernier étage d'un gratte-ciel? Lequel?
4. Fais-tu des promenades dans les jardins publics? Où?
5. As-tu fait du sport cette semaine? Où? Quand?
6. Que fais-tu quand on te demande des indications en ville?
7. T'es-tu entretenu(e) avec quelqu'un en particulier cette semaine? Qui? De quoi avez-vous parlé?
8. Prends-tu les transports en commun?

6

Les gens heureux Travaillez à deux pour dire ce que les gens font pour être heureux. Employez des adverbes dans vos réponses.

Modèle Pour rester heureux, ils font souvent de la gym.

Synthèse

Un rendez-vous inattendu

Depuis un bon moment, je me rends compte que je ne vais presque jamais en ville! J'habite dans une belle ville animée, pourtant je reste trop souvent à la maison, le soir et le week-end. Je m'ennuie! Il est évident qu'il faut faire des projets...

Je décide donc de me lever tôt parce que j'ai rendez-vous avec cette ville merveilleuse! Je me réveille précisément à 7h00. Je me lave et je me rase juste avant de prendre tranquillement un bon petit-déjeuner: du thé chaud et des fruits frais. Je m'habille rapidement. Je mets un jean, une chemise blanche, et un pull bleu. Ensuite, je prends mon sac à dos et je m'en vais!

À la station de métro près de chez moi, j'achète un carnet de dix tickets parce que ça coûte moins cher. En attendant° le prochain train, j'aperçois sur le quai° une jolie musicienne folklorique qui chante agréablement et joue de la guitare. La musique de la charmante jeune femme est mélodieuse mais son chapeau est vide! Je lui laisse quelques modestes pièces. Je me demande comment elle s'appelle, mais je suis tellement timide que je reste

muet. Fâché contre moi-même, je monte dans le métro sans rien dire.

Je passe une matinée passionnante au centre-ville. Je vois des tableaux splendides et de belles sculptures au musée d'art moderne. L'après-midi, je me perds complètement! Avant même que je demande des indications, un conducteur sympa m'indique que l'édifice juste en face de moi, c'est l'hôtel de ville. Heureusement, je m'oriente facilement.

Il est tard et je suis fatigué, alors je me détends dans le parc municipal. Tout à coup, la belle musicienne du métro se présente devant moi. Nous nous regardons longuement. Ensuite, nous nous parlons!

Une fin de journée inoubliable et inattendue en ville... j'espère en vivre d'autres comme celle-là! ■

While waiting for °
platform °

1 **Qu'avez-vous compris?** Répondez aux questions par des phrases complètes.

1. Pourquoi le jeune homme a-t-il rendez-vous avec sa ville?

2. Comment va-t-il de sa maison jusqu'au centre-ville?

3. Qui aperçoit-il sur le quai du métro?

2 **À vous de raconter** À deux, inspirez-vous des questions pour continuer l'histoire.

1. Comment est le jeune homme qui raconte cette histoire?

2. Que fait-il de son après-midi à part se perdre en ville? Où va-t-il?

3. Quand est-ce que le jeune homme et la charmante musicienne vont se revoir? Qu'est-ce qu'ils vont faire?

3 **L'inattendu** Avez-vous récemment vécu une coïncidence ou une situation inattendue? Écrivez un paragraphe de cinq ou six lignes qui explique ce qui vous est arrivé. Employez des adverbes dans votre description. Ensuite, racontez votre histoire par petits groupes.

Préparation

Vocabulaire de la lecture	Vocabulaire utile
une ambiance *atmosphere*	**la batterie** *drums*
s'étendre *to spread*	**un défilé** *parade*
une fanfare *marching band*	**une fête foraine** *carnival*
une manifestation *demonstration*	**un feu d'artifice** *fireworks display*
rassembler *to gather*	**une foire** *fair*
le soutien *support*	**se réunir** *to get together*
	unir *to unite*
	un violon *violin*

1 **À choisir** Choisissez le mot qui correspond à chaque définition. Ensuite, utilisez cinq de ces mots pour écrire des phrases.

1. Ce que fait un groupe de personnes dans la rue pour exprimer leurs idées ou leurs opinions

   a. une ambiance   b. une manifestation   c. un défilé

2. Le climat psychologique d'un événement ou d'un endroit

   a. la promotion   b. la fanfare   c. l'ambiance

3. Le fait que quelque chose prenne de plus grandes proportions

   a. se promener   b. s'étendre   c. rassembler

4. Quand quelqu'un aide quelqu'un d'autre, physiquement ou moralement

   a. le soutien   b. la publicité   c. la fanfare

5. L'action de réunir plusieurs personnes

   a. inviter   b. protéger   c. rassembler

6. Un groupe de musiciens qui défilent dans la rue

   a. une fanfare   b. des spectateurs   c. un chanteur

2 **Sujets de réflexion** Répondez individuellement aux questions par des phrases complètes. Ensuite, comparez vos réponses avec celles d'un(e) camarade de classe.

1. À quels événements culturels avez-vous assisté? Étaient-ils locaux, régionaux, nationaux ou internationaux?

2. Qu'est-ce que vous aimez dans les grands événements culturels?

3. Vous est-il arrivé de participer activement à l'un de ces événements?

4. Allez-vous souvent à des concerts?

5. Jouez-vous d'un instrument de musique? Si oui, lequel? Sinon, de quel instrument aimeriez-vous jouer?

6. Quel est votre genre de musique préféré? Pourquoi?

7. À quoi vous fait penser le concept d'une fête de la musique?

3 **À votre avis** Par groupes de trois, donnez votre avis sur les avantages que peut avoir un événement culturel ou artistique organisé par le gouvernement local ou fédéral. Qu'est-ce que ce genre d'événement apporte à un peuple?

Rythme dans la rue:
La fête de la
Musique

◁)) **vhl**central

Le 21 juin 1982, le Ministre de la Culture, Jack Lang, a inauguré la fête de la Musique, destinée à promouvoir la musique au quotidien, en France.
5 Plus manifestation musicale que festival, cette fête encourage les musiciens amateurs et professionnels à descendre dans la rue et à partager leur musique avec le public.

La France s'y connaît en manifestations.
10 Ses citoyens descendent le plus souvent dans la rue pour exprimer leur colère°. Mais le 21 juin, la rue devient, pendant toute une journée, un lieu où on exprime sa joie et l'amour de la musique, et où on célèbre
15 l'arrivée de l'été.

Le ministère de la Culture et de la Communication supervise l'organisation de cette fête, aujourd'hui l'un des événements les plus importants de France.
20 La principale fonction du ministère dans cette manifestation est d'organiser de grands concerts de musiciens professionnels, sur les places ou dans les édifices publics des grandes villes. La place de la République
25 à Paris et la place Bellecour à Lyon, par exemple, deviennent des lieux de concerts de rock en plein air, alors que°
30 les musées, les écoles et les hôpitaux accueillent° des spectacles moins importants. On trouve partout en France
35 d'autres événements plus modestes. Ceux-ci sont en grande partie organisés par des personnes ou des groupes de personnes, avec le soutien du ministère. Une promenade en ville peut amener° à la
40 rencontre d'un groupe d'enfants qui chantent devant leur école, d'étudiants en musique qui testent leur dernière composition sur le trottoir ou d'un cadre qui saisit l'occasion de montrer ses talents de guitariste.
45 Tous les concerts et spectacles de la fête de la Musique sont gratuits, ce qui permet aux Français de tous âges et de toutes catégories socioprofessionnelles d'y

anger
while
host
lead

Faites de la musique

Ce slogan est particulièrement bien choisi. C'est un jeu de mots qui illustre la raison pour laquelle la fête de la Musique a été créée: permettre à tout le monde d'y participer, d'une manière ou d'une autre.

participer. Cela crée une ambiance populaire et conviviale.

Un des buts° de la fête de la Musique 50 est de révéler les musiques du monde. Elle prête autant d'attention à la musique contemporaine qu'aux genres musicaux plus traditionnels. Par exemple, on trouve un DJ 55 de musique électronique à deux rues d'un quatuor à cordes°, ou on peut voir une fanfare passer devant un concert de rap. Le reggae, le jazz, la musique classique, le funk, la pop, l'opéra, le hip-hop, 60 le hard rock... tous les genres y sont représentés. C'est ce côté éclectique qui donne de l'intérêt à cette célébration. 65

Au cours de° son histoire, la France a connu peu d'événements qui aient réussi à rassembler les Français. 70 Mais en voilà un qui relève le défi° chaque année, depuis plusieurs décennies. On voit ce désir d'unir les gens s'étendre toujours plus loin. La fête de la Musique a eu un tel° succès en France que depuis 75 1985, à l'occasion de l'Année européenne de la musique, des villes comme Berlin, Bruxelles, Rome et Londres organisent leur propre manifestation, le même jour. Aujourd'hui, le 21 juin représente la 80 célébration de la musique dans plus de cent pays. Cela prouve que cette fête de la joie a encore un bel avenir devant elle. ■

goals

string quartet

In the course of

rises to the challenge

such

La rue devient, pendant toute une journée, un lieu où on exprime sa joie.

Analyse

1 **Compréhension** Répondez aux questions par des phrases complètes.

1. Pourquoi la fête de la Musique a-t-elle été créée?

2. Qui organise les grands concerts professionnels?

3. Où ont lieu les manifestations musicales?

4. Qui peut participer à cette fête? Pourquoi?

5. Quels sont les genres de musique représentés à cette fête?

6. Qui, avec la France, célèbre la fête de la Musique?

2 **La musique et vous** À deux, répondez aux questions par des phrases complètes.

1. Aimeriez-vous célébrer la fête de la Musique?

2. Quels événements ressemblant à la fête de la Musique connaissez-vous?

3. Écoutez-vous de la musique étrangère? Pourquoi?

4. Quand écoutez-vous le plus souvent de la musique? Donnez des détails.

5. Y a-t-il un type de musique que vous n'aimez pas? Pourquoi?

3 **Un bon adage** Que pensez-vous de l'adage «La musique adoucit les mœurs.» (Équivalent en anglais: *Music soothes the savage breast [soul]*.)? La musique peut-elle avoir cet effet? Que ressentez-vous quand vous en écoutez? Comparez votre réponse à celle d'un(e) camarade de classe.

4 **C'est vous l'organisateur!** Imaginez que vous représentiez le ministère de la Culture et de la Communication. Par groupes de trois, organisez un concert. Où va-t-il avoir lieu? Quels artistes allez-vous inviter? Écrivez le programme de la fête avec une description des artistes. N'oubliez pas le caractère éclectique de l'événement. Ensuite, comparez votre proposition à celles des autres groupes.

Nom de l'événement	
Ville et lieux	
Dates et heures	
Type(s) de musique	
Artistes invités	

5 **Chez vous** Chaque année, le gouvernement français organise certaines fêtes nationales. Votre ville organise-t-elle des événements gratuits organisés? Sinon, que proposeriez-vous à votre gouvernement local? Expliquez à la classe.

Préparation

À propos de l'auteur

Dany Laferrière est né à Port-au-Prince, en Haïti, le 13 avril 1953. Il est d'abord chroniqueur culturel à l'hebdomadaire *Le Petit Samedi Soir* et à Radio-Haïti-Inter. Puis quand son ami Gasner Raymond se fait assassiner, il quitte Haïti et s'installe à Montréal, au Canada. Il poursuit sa carrière d'écrivain et de chroniqueur à la radio et à la télévision. En 2009, il reçoit le Prix Médicis pour son roman *L'Énigme du retour*. Le 12 janvier 2010, Laferrière se trouve en Haïti, mais il échappe au tremblement de terre sain et sauf (*safe and sound*). En 2013, il devient le premier Québecois élu à l'Académie française.

Vocabulaire de la lecture		**Vocabulaire utile**
le béton *concrete*	**les plus vifs** *those who reacted the fastest*	**un(e) blessé(e)** *injured person*
un calepin *notebook*	**piégé(e)** *trapped*	**une catastrophe naturelle** *natural disaster*
la conduite *behavior*	**des secousses** *tremors*	**un(e) disparu(e)** *missing person*
un cyclone *hurricane*	**un tremblement de terre** *earthquake*	**un(e) rescapé(e)** *survivor*
dormir à la belle étoile *to sleep outdoors*	**un tressaillement du sol** *earth tremor*	**un(e) sans-abri** *homeless person*
engloutir *to swallow*		**les secours** *rescue workers*
exigu/exiguë *small*		**trembler** *to shake*

1 **Synonymes** Pour chaque mot ou expression de la colonne A, trouvez le terme équivalent de la colonne B.

_____ 1. calepin   a. comportement
_____ 2. conduite   b. rapide
_____ 3. vif   c. petit
_____ 4. exigu   d. absorber, dévorer
_____ 5. engloutir   e. dehors
_____ 6. à la belle étoile   f. cahier

2 **Vrai ou faux?** Lisez ces phrases avec un(e) partenaire et dites si elles sont vraies ou fausses. Corrigez ensemble les phrases fausses.

1. Il y a des tressaillements du sol pendant un tremblement de terre.

2. Si on est piégé sous du béton après un tremblement de terre, il faut appeler les secours.

3. Les personnes dont les maisons ont été détruites en Haïti sont maintenant blessées.

4. Les sécheresses (*droughts*) sont souvent le résultat de cyclones.

5. Les sans-abri vont probablement dormir à la belle étoile.

6. Il y a des secousses sismiques pendant une tornade.

7. Les tremblements de terre et les cyclones sont des catastrophes naturelles.

3 **Qu'en savez-vous?** Par groupes de trois, faites un résumé de ce que vous savez au sujet du tremblement de terre qui a eu lieu en Haïti en 2010. Utilisez au moins huit mots et expressions du nouveau vocabulaire.

Note CULTURELLE

Le 12 janvier 2010, un tremblement de terre de magnitude 7,0 frappe l'ouest d'Haïti et sa capitale, Port-au-Prince. Il est rapidement suivi de dizaines de secousses secondaires et d'un deuxième tremblement de terre. Il s'agit du séisme le plus meurtrier de l'histoire d'Haïti. Le bilan (*toll*) de ce cataclysme est estimé à plus de 200.000 morts, 300.000 blessés et 1.000.000 de sans-abri.

vhlcentral

tout BOUGE autour de moi

Dany Laferrière

Le grand écrivain haïtien, prix Médicis 2009 pour L'Énigme du retour, *était à Port-au-Prince pour le Festival «Étonnants Voyageurs» quand la terre a tremblé. Il raconte.*

1. La minute

Tout cela a duré à peine une minute, mais on avait huit à dix secondes pour prendre une décision. Quitter l'endroit où l'on se trouvait ou rester. Très rares sont ceux qui avaient fait un bon
5   départ. Même les plus vifs ont perdu trois ou quatre précieuses secondes avant de comprendre ce qui se passait. Haïti a l'habitude des coups d'État et des cyclones, mais pas des tremblements de terre. Le cyclone est bien annoncé. Un coup d'État arrive précédé d'un nuage de rumeurs. J'étais dans le restaurant de l'hôtel avec
10 des amis (l'éditeur Rodney Saint-Éloi et le critique Thomas Spear). Thomas Spear a perdu trois secondes parce qu'il voulait terminer sa bière. On ne réagit pas tous de la même manière. De toute façon personne ne peut prévoir où la mort l'attend. On s'est tous les trois retrouvés, à plat ventre°, au centre de la cour°. Sous les arbres.

face down on the ground / courtyard

15 ### 2. Le carnet noir

En voyage, je garde sur moi toujours deux choses: mon passeport (dans une pochette accrochée à mon cou) et un calepin noir où je note généralement tout ce qui traverse mon champ de vision ou qui me passe par l'esprit°. Pendant que j'étais par terre, je pensais
20 aux films de catastrophe, me demandant si la terre allait s'ouvrir et nous engloutir tous. C'était la terreur de mon enfance.

mind

3. Le silence

yells   Je m'attendais à entendre des cris, des hurlements°. Rien. Un silence
deafening   assourdissant°. On dit en Haïti que tant qu'on n'a pas hurlé, il n'y a
25   pas de mort. Quelqu'un a crié que ce n'était pas prudent de rester sous
les arbres. On s'est alors réfugié sur le terrain de tennis de l'hôtel. En
fait, c'était faux, car pas une fleur n'a bougé malgré les 43 secousses
sismiques. J'entends encore ce silence.

4. Les projectiles

30   Même à 7,3 sur l'échelle de Richter, ce n'est pas si terrible. On peut
encore courir. C'est le béton qui a tué. Les gens ont fait une orgie de
béton ces 50 dernières années. De petites forteresses. Les maisons en bois
sheet of metal   et en tôle°, plus souples, ont résisté. Dans les chambres d'hôtel souvent
exiguës, l'ennemi, c'était le téléviseur. On se met toujours en face de lui.
crashed 35   Il a foncé° droit sur nous. Beaucoup de gens l'ont reçu à la tête.

5. La nuit

La plupart des gens de Port-au-Prince ont dormi cette nuit-là à la belle
étoile. Je crois que c'est la première fois que c'est arrivé. Le dernier
of this magnitude   tremblement de terre d'une telle ampleur° remonte à près de 200 ans.
40   Les nuits précédentes étaient assez froides. Celle-là, chaude et étoilée.
Comme on était couché par terre, on a pu sentir chaque tressaillement
du sol au plus profond de soi. On faisait corps avec la terre. Je pissais
dans les bois quand mes jambes se sont mises à trembler. J'ai eu
l'impression que c'était la terre qui tremblait.

45   ### 6. Le temps

Je ne savais pas que soixante secondes pouvaient durer aussi longtemps.
Et qu'une nuit pouvait n'avoir plus de fin. Plus de radio, les antennes étant
cassées. Plus de télé. Plus d'Internet. Plus de téléphone portable. Le temps
n'est plus un objet qui sert à communiquer. On avait l'impression que le vrai
slid off 50   temps s'était glissé° dans les soixante secondes qu'ont duré les premières
violentes secousses.

7. La prière

Subitement un homme s'est mis debout et a voulu nous rappeler que ce
tremblement de terre était la conséquence de notre conduite inqualifiable.
rose 55   Sa voix enflait° dans la nuit. On l'a fait taire car il réveillait les enfants
qui venaient juste de s'endormir. Une dame lui a demandé de prier dans
son cœur. Il est parti après s'être défendu longuement. Son argument
c'est qu'on ne peut demander pardon à Dieu à voix basse. Des jeunes
started   filles ont entamé° un chant religieux si doux que certains adultes se
60   sont endormis. Deux heures plus tard, on a entendu une clameur. Des
centaines de personnes priaient et chantaient dans les rues. C'était pour
eux la fin du monde que Jéhovah annonçait. Une petite fille, près de moi,
blew   a voulu savoir s'il y avait classe demain. Un vent d'enfance a soufflé° sur
nous tous.

8. L'horreur

65 Une dame qui habite dans un appartement dans la cour de l'hôtel a passé la nuit à parler à sa famille encore piégée sous une tonne de béton. Assez vite, le père n'a plus répondu. Ensuite l'un des trois enfants. Plus tard, un autre. Elle n'arrêtait pas de les supplier° de tenir encore un 70 peu. Plus de douze heures après, on a pu sortir le bébé qui n'avait pas cessé de pleurer. Une fois dehors, il s'est mis à sourire comme si rien ne s'était passé.

to beg (glossé pour supplier°)

9. Les animaux

Les chiens et les coqs nous ont accompagnés durant toute la nuit. 75 Le coq de Port-au-Prince chante n'importe quand. Ce que je déteste généralement. Cette nuit-là j'attendais sa gueulante.°

crowing (glossé pour gueulante°)

10. La révolution

Le palais national cassé. Le bureau des taxes et contributions détruit. Le palais de justice détruit. Les magasins par terre. Le système de 80 communication détruit. La cathédrale détruite. Les prisonniers dehors. Pendant une nuit ce fut la révolution. ■

Source: Ceci est la version intégrale du texte de Dany Laferrière publié dans *Le Nouvel Observateur* du 21 janvier 2010.

Analyse

1 **Le bon ordre** Numérotez ces événements dans l'ordre chronologique d'après le texte de Dany Laferrière.

_____ Il y a un grand silence.

_____ Les gens chantent et prient dans les rues.

_____ L'auteur se demande si la terre va s'ouvrir et l'engloutir.

_____ L'auteur est avec des amis dans le restaurant d'un hôtel.

_____ Une femme passe la nuit à parler à sa famille qui est piégée sous le béton.

_____ Un bébé est sauvé.

_____ L'auteur se réfugie sur un terrain de tennis.

2 **Vrai ou faux?** Indiquez si chaque phrase est vraie ou fausse. Corrigez les phrases fausses.

1. Les bâtiments et les maisons en béton ont bien résisté au tremblement de terre.

2. Haïti ne connaît pas les coups d'État.

3. La personne qui a crié qu'il n'était pas prudent de rester sous les arbres a eu raison.

4. La plupart des systèmes de communication ont été détruits par le tremblement de terre.

5. Beaucoup de victimes ont trouvé du réconfort dans les chants et les prières.

6. Une femme que l'auteur connaît a perdu toute sa famille.

3 **Discussion** À deux, répondez à ces questions.

1. En quoi les tremblements de terre sont-ils différents des cyclones ou des coups d'État, d'après l'auteur? Expliquez.

2. Au paragraphe 4, Laferrière dit «C'est le béton qui a tué.» Que veut-il dire par cette constatation?

3. Un homme a dit que le tremblement de terre était la conséquence d'une «conduite inqualifiable». Que voulait-il dire, à votre avis?

4. Pourquoi Laferrière a-t-il choisi le titre **La révolution** pour le dernier paragraphe, à votre avis? Expliquez cette analogie.

4 **Rédaction** Pensez à un événement marquant de votre vie. Que s'est-il passé? Comment avez-vous réagi? En quoi cet événement vous a-t-il changé(e)? Vous allez raconter cet événement sous la forme d'un journal à paragraphes, comme le texte que vous venez de lire.

Plan

1 **Choix du sujet** Tout d'abord, pensez à plusieurs événements de votre vie que vous considérez marquants. Choisissez celui qui vous paraît le plus important et notez les idées qui vous viennent à l'esprit au sujet de cet événement: où, quand, qui, quoi, comment, pourquoi, etc.

2 **Organisation** Organisez vos idées de façon logique en essayant de vous concentrer sur cinq thèmes ou aspects particuliers de l'événement.

3 **Écriture** Écrivez cinq paragraphes de quelques lignes pour présenter vos idées. Inspirez-vous de l'organisation et du style du texte de Laferrière.

4 **Titres** Relisez chaque paragraphe, puis donnez-lui un titre approprié, comme dans le texte.

En ville vhlcentral

Les lieux

un arrêt d'autobus *bus stop*
une banlieue *suburb; outskirts*
une caserne de pompiers *fire station*
le centre-ville *city/town center; downtown*
un cinéma *cinema; movie theater*
un commissariat de police *police station*
un édifice *building*
un gratte-ciel *skyscraper*
un hôtel de ville *city/town hall*
un jardin public *public garden*
un logement/une habitation *housing*
un musée *museum*
le palais de justice *courthouse*
une place *square; plaza*
la préfecture de police
  police headquarters
un quartier *neighborhood*
une station de métro *subway station*

Les indications

la circulation *traffic*
les clous *crosswalk*
un croisement *intersection*
un embouteillage *traffic jam*
un feu (tricolore) *traffic light*
un panneau *road sign*
un panneau d'affichage *billboard*
un pont *bridge*
un rond-point *rotary; roundabout*
une rue *street*
les transports en commun
  public transportation
un trottoir *sidewalk*
une voie *lane; road; track*

descendre *to go down; to get off*
donner des indications *to give directions*
être perdu(e) *to be lost*
**monter (dans une voiture, dans un
  train)** *to get (in a car, on a train)*
se trouver *to be located*

Les gens

un agent de police *police officer*
un(e) citadin(e) *city-/town-dweller*
un(e) citoyen(ne) *citizen*

un(e) conducteur/conductrice *driver*
un(e) étranger/étrangère
  foreigner; stranger
le maire *mayor*
un(e) passager/passagère *passenger*
un(e) piéton(ne) *pedestrian*

Les activités

les travaux *construction*
l'urbanisme *city/town planning*
la vie nocturne *nightlife*

améliorer *to improve*
s'amuser *to have fun*
construire *to build*
empêcher (de) *to stop; to keep from
  (doing something)*
s'ennuyer *to get bored*
s'entretenir (avec) *to talk; to converse*
passer (devant) *to go past*
peupler *to populate*
rouler (en voiture) *to drive*
vivre *to live*

(peu/très) peuplé(e)
  (sparsely/densely) populated

Pour décrire

animé(e) *lively*
bruyant(e) *noisy*
inattendu(e) *unexpected*
plein(e) *full*
privé(e) *private*
quotidien(ne) *daily*
sûr(e)/en sécurité *safe*
vide *empty*

Court métrage

un lien *connection*
un marché *deal*
une rame de métro *subway train*
un sketch *skit*
une voie *means; channel*
un wagon *subway car*

duper *to trick*
se méfier de *to be distrustful/wary of*
se plaindre *(conj. like **éteindre**) to complain*
se rassurer *to reassure oneself*

réitérer *to reiterate*
rejoindre *to join*
solliciter *to solicit*

débile *moronic*
gêné(e) *embarrassed*
insensible *insensitive*

Culture

une ambiance *atmosphere*
la batterie *drums*
un défilé *parade*
une fanfare *marching band*
une fête foraine *carnival*
un feu d'artifice *fireworks display*
une foire *fair*
une manifestation *demonstration*
le soutien *support*
un violon *violin*

s'étendre *to spread*
rassembler *to gather*
se réunir *to get together*
unir *to unite*

Littérature

le béton *concrete*
un(e) blessé(e) *injured person*
un calepin *notebook*
une catastrophe naturelle *natural disaster*
la conduite *behavior*
un cyclone *hurricane*
un(e) disparu(e) *missing person*
les plus vifs *those who reacted the fastest*
un(e) rescapé(e) *survivor*
un(e) sans-abri *homeless person*
les secours *rescue workers*
des secousses *tremors*
un tremblement de terre *earthquake*
un tressaillement du sol *earth tremor*

dormir à la belle étoile *to sleep outdoors*
engloutir *to swallow*
trembler *to shake*

exigu/exiguë *small*
piégé(e) *trapped*

L'influence des médias

La télévision. La radio. Internet. Les journaux. Les magazines. Nous sommes bombardés 24 heures sur 24, sept jours sur sept. Les médias divertissent. Ils informent. Ils mobilisent. Ils agacent. Ils font peur. Les médias sont-ils trop présents dans notre vie? Quelle influence ont-ils sur nous?

Peut-on absorber tout ce que les médias ont à proposer?

80 COURT MÉTRAGE

À la suite de problèmes avec un poste de télévision, un technicien hors du commun est appelé au domicile d'un vieux monsieur. Va-t-il parvenir à résoudre les problèmes en question? À découvrir dans *Le Technicien* de **Simon-Olivier Fecteau**.

86 IMAGINEZ

À la fois vaste et intime, traditionnel et moderne, le **Québec**, c'est la vie au rythme de l'**Amérique du Nord** mais en français. Si vous n'y êtes jamais allé(e), vous allez certainement en avoir envie. Puis vous allez découvrir *Vendredi,* un journal pas comme les autres.

103 CULTURE

Créateur du Cirque du Soleil, homme d'affaires, touriste spatial... Mais qui est vraiment **Guy Laliberté**? Découvrons-le ensemble.

107 LITTÉRATURE

Dans cet extrait de *99 francs,* **Frédéric Beigbeder** dénonce l'omniprésence de la publicité dans nos vies et l'invasion des messages à caractère commercial dans les médias modernes. Est-ce que l'image de notre société que nous imposent les publicitaires correspond vraiment à la réalité?

83

104

Destination:
QUÉBEC

78 POUR COMMENCER

90 STRUCTURES

3.1 The **passé composé** with **avoir**

3.2 The **passé composé** with **être**

3.3 The **passé composé** vs. the **imparfait**

111 VOCABULAIRE

L'univers médiatique

 vhlcentral

Les médias

l'actualité (f.) *current events*
la censure *censorship*
un événement *event*
un message/spot publicitaire; une publicité (une pub) *advertisement*
les moyens (m.) de communication; les médias (m.) *media*
la publicité (la pub) *advertising*
un reportage *news report*
un site web/Internet *web/Internet site*
une station de radio *radio station*

s'informer (par les médias) *to keep oneself informed (through the media)*
naviguer/surfer sur Internet/le web *to search the web*

actualisé(e) *updated*
en direct *live*
frappant(e)/marquant(e) *striking*
influent(e) *influential*
(im)partial(e) *(im)partial; (un)biased*

Les gens des médias

un(e) animateur/animatrice de radio *radio presenter*
un auditeur/une auditrice *(radio) listener*
un(e) critique de cinéma *film critic*
un éditeur/une éditrice *publisher*
un(e) envoyé(e) spécial(e) *correspondent*
un(e) journaliste *journalist*
un(e) photographe *photographer*
un réalisateur/une réalisatrice *director*
un rédacteur/une rédactrice *editor*
un reporter *reporter (male or female)*
un téléspectateur/une téléspectatrice *television viewer*

une vedette (de cinéma) *(movie) star (male or female)*

Le cinéma et la télévision

une bande originale *sound track*
une chaîne *network*
un clip vidéo; un vidéoclip *music video*
un divertissement *entertainment*
un documentaire *documentary*
l'écran (m.) *screen*
les effets (m.) spéciaux *special effects*
un entretien/une interview *interview*
un feuilleton *soap opera; series*
une première *premiere*
les sous-titres (m.) *subtitles*

divertir *to entertain*
enregistrer *to record*
retransmettre *to broadcast*
sortir un film *to release a movie*

La presse

une chronique *column*
la couverture *cover*
un extrait *excerpt*
les faits (m.) divers *news items*
un hebdomadaire *weekly magazine*
un journal *newspaper*

la liberté de la presse *freedom of the press*
un mensuel *monthly magazine*
les nouvelles (f.) locales/ internationales *local/international news*
la page sportive *sports page*
la presse à sensation *tabloid(s)*
la rubrique société *lifestyle section*
un gros titre *headline*

enquêter (sur) *to research; to investigate*
être à la une *to be on the front page*
publier *to publish*

Mise en pratique

1 **Les analogies** Complétez chaque analogie à l'aide du mot le plus logique de la liste.

actualisé	la censure	frappant	un réalisateur	un site web
un auditeur	enregistrer	un journaliste	retransmettre	la une

1. un reporter : un reportage :: _____ : un journal
2. la télévision : un téléspectateur :: la radio : _____
3. important : influent :: marquant : _____
4. un rédacteur : un magazine :: _____ : un film
5. _____ : un journal :: la couverture : un magazine
6. un film : le cinéma :: _____ : Internet
7. une émission : _____ :: un mensuel : publier
8. l'impartialité : la partialité :: la liberté de la presse : _____

2 **Quelques nouvelles** Complétez les phrases à l'aide des mots suivants.

animateur	écran	en direct	média
clip vidéo	effets spéciaux	frappante	vedette

Reportage exclusif (1) _____ sur la chaîne TV5.

Cette (2) _____ de cinéma sort un nouveau film avec beaucoup d' (3) _____.

Son nouveau (4) _____ a détruit la réputation de ce chanteur.

L'influence des sites Internet: une enquête (5) _____!

Les déclarations partiales d'un (6) _____ de radio mettent ses auditeurs en colère.

3 **À votre avis** Dites si vous êtes d'accord ou pas avec chaque affirmation. Ensuite, comparez vos réponses avec celles de vos camarades de classe.

	Oui	Non
1. Aujourd'hui, il est plus facile de s'informer qu'avant.	☐	☐
2. Grâce aux médias, les gens connaissent mieux le monde.	☐	☐
3. La liberté de la presse est un mythe.	☐	☐
4. La publicité essaie de divertir le public.	☐	☐
5. La presse à sensation n'a qu'un seul objectif: informer le public.	☐	☐
6. On trouve plus de reportages impartiaux sur Internet que dans la presse.	☐	☐
7. Dans les médias, les images ont plus d'influence que les mots.	☐	☐
8. Si on veut s'informer, il vaut mieux regarder la télévision que lire les journaux.	☐	☐

4 **Un reportage** Avec un(e) camarade, imaginez que vous soyez reporter. Quel sujet choisiriez-vous pour votre prochain reportage? Préparez le reportage.

Préparation

ATTENTION!

The verb **s'accroître** is a reflexive verb. Like all such verbs, it is conjugated with **être** in the **passé composé**. Its past participle is **accru**.

Depuis 2005, l'incidence des cancers s'est accrue de 35% pour les hommes et de 43% pour les femmes.

Since 2005, cancer rates have risen 35% for men and 43% for women.

Vocabulaire du court métrage

la bourse *stock market*
brisée *broken*
la décroissance *recession*
la devise *currency*
faire une croix sur *to forget about*
flou *blurry*

une hausse *gain*
une PME *SME (Small and Medium Enterprises [businesses])*
la reddition *surrender*
s'accroître *to rise, to increase*

Vocabulaire utile

un bon samaritain *good Samaritan*
faire une bonne action *to do a good deed*
intervenir *to intervene, to get involved*
résoudre *to resolve*

EXPRESSIONS

C'est pas le genre d'affaires qu'on prend. *It's not the kind of thing we handle.*

Complètement raté! *A huge miss!*

T'as pas fini. *You're not done yet.*

1 **Les nouvelles** Magali et Sylvain parlent de l'actualité. Choisissez les mots de la liste qui complètent leur conversation.

MAGALI Tu as lu les nouvelles aujourd'hui?

SYLVAIN Oui, et une fois de plus, elles sont assez mauvaises! À commencer par la (1) _____ du prix de l'électricité et de l'eau. Il faut toujours payer plus! Et le gouvernement ne veut jamais (2) _____ pour essayer de limiter ces augmentations.

MAGALI Écoute, Sylvain, le gouvernement ne peut pas (3) _____ tous les problèmes. Et puis, il y a des problèmes bien pires que ça. Tu as vu que la dernière (4) _____ du village vient de fermer?

SYLVAIN Oui, c'est triste! C'est à cause de la (5) _____ dans la région. Le nombre de gens qui n'ont plus de travail va encore (6) _____ et ce sera vraiment dur pour ces gens de retrouver du travail.

MAGALI L'économie va de plus en plus mal. Moi, l'année dernière, j'ai perdu beaucoup d'argent à la (7) _____, tu sais, et du coup, il a fallu (8) _____ mes vacances d'été.

SYLVAIN Moi aussi! Mais j'ai décidé de (9) _____ à la place. J'ai travaillé tout l'été pour une association qui aide les pauvres.

MAGALI Ah oui? Dis donc, tu es un (10) _____, toi!

2 **Les médias** Répondez aux questions par des phrases complètes.

1. Comment restez-vous informé(e) sur l'actualité locale et internationale? Regardez-vous les informations à la télévision ou sur Internet? Écoutez-vous la radio? Décrivez vos habitudes.

2. Lisez-vous souvent la presse? Préférez-vous lire le journal ou un magazine hebdomadaire ou mensuel? Pourquoi? Quelles rubriques lisez-vous souvent dans la presse? Lesquelles ne lisez-vous jamais? Expliquez.

3. D'après vous, quels sont les meilleurs médias pour présenter l'actualité de manière objective et impartiale? Pourquoi?

3 **À la télé** Répondez aux questions avec un(e) camarade.

1. Regardez-vous beaucoup la télévision? Pourquoi la regardez-vous en général? Est-ce que c'est plutôt pour vous informer ou pour vous divertir? Quels sont vos types de programmes préférés? Lesquels n'aimez-vous pas? Expliquez.

2. Que pensez-vous de la manière dont on présente l'actualité à la télévision? Y a-t-il trop de mauvaises nouvelles et pas assez de bonnes nouvelles? À votre avis, est-ce qu'on accorde la même importance à toutes les nouvelles? Expliquez votre point de vue.

4 **Un événement récent** Par petits groupes, discutez d'un événement marquant ou d'un fait divers qui a récemment fait la une de l'actualité. Que s'est-il passé? Pourquoi cet événement ou fait divers vous a-t-il frappé(e) (*did it strike you*)? Décrivez et expliquez votre réaction en donnant des détails.

5 **Un bon samaritain** Répondez aux questions avec un(e) camarade.

1. Connaissez-vous des personnes qui font souvent de bonnes actions? Quel genre d'actions? Quelles sont les qualités de ces personnes? Pourquoi une personne décide-t-elle de faire une bonne action, d'après vous?

2. Pensez-vous qu'il y ait beaucoup de bons samaritains dans le monde? Leurs actions peuvent-elles faire une véritable différence? Expliquez votre point de vue en donnant des exemples.

3. Et vous, si vous pouviez réaliser la bonne action de votre choix, que feriez-vous? Pourquoi?

6 **Photographies** Dans ce court métrage, un technicien est appelé chez un client qui pense que sa télévision est cassée. À deux, regardez les photos et discutez-en. Qu'est-ce que vous voyez? Que se passe-t-il sur les deux photos? Y a-t-il un problème avec les images ou le téléviseur? Pourquoi croyez-vous que le client a appelé le technicien?

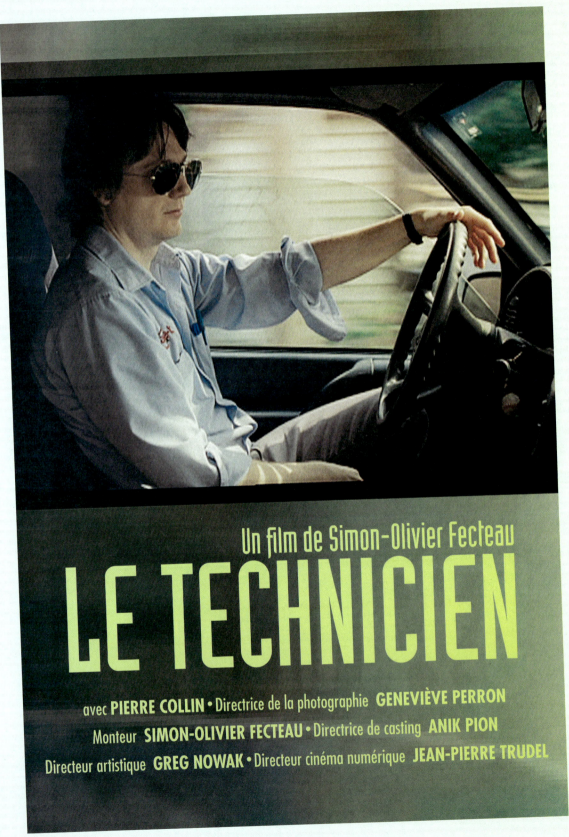

Un film de Simon-Olivier Fecteau

LE TECHNICIEN

avec **PIERRE COLLIN** • Directrice de la photographie **GENEVIÈVE PERRON**
Monteur **SIMON-OLIVIER FECTEAU** • Directrice de casting **ANIK PION**
Directeur artistique **GREG NOWAK** • Directeur cinéma numérique **JEAN-PIERRE TRUDEL**

INTRIGUE *Un technicien est appelé chez un client âgé qui pense avoir des problèmes avec sa télévision.*

CLIENT C'est ma TV. Elle est toute brisée. Elle est toute brisée.
TECHNICIEN OK. OK. Ben, si vous me laissez entrer, on va regarder ça.
CLIENT Regarde!
TECHNICIEN Ben, écoutez, c'est une vieille TV. C'est normal, c'est un peu flou.
CLIENT Non, non, non, regarde!

Jour 238 de cette guerre qui, jusqu'à présent, a fait des milliers de victimes... La crise économique mondiale frappe à tous les niveaux. La famine en Éthiopie touche des millions d'enfants entraînant chez plusieurs la malnutrition grave ou même la mort.

CLIENT Peux-tu me réparer ma TV?
TECHNICIEN Écoutez, euh... c'est pas le genre d'affaires qu'on prend, juste... Y a pas de formation qui... qui...
CLIENT Peux-tu la réparer?
TECHNICIEN Bien... On va regarder si c'est pas un problème technique. Peut-être les câbles...

Mesdames et messieurs, c'est absolument incroyable. Le chef des sudistes offrirait sa reddition, se rendrait. C'est un conflit quasi-centenaire qui serait réglé. Nous assistons à un jour véritablement historique. Maintenant, l'information qui demeure, c'est de connaître l'identité de cet homme...

Aujourd'hui, à la bourse mondiale, le NASDAQ a affiché une hausse saisissante de 2400 points et qui semble avoir redémarré l'économie mondiale. Aucun analyste n'est en mesure d'expliquer cette hausse.

Mesdames et messieurs, nous apprenons à l'instant qu'un tsunami a frappé la côte ouest du Japon... La secousse sismique d'une magnitude de 9,3 sur l'échelle de Richter s'est produite...

Note CULTURELLE

Le français parlé au Québec

Au Québec, les relations ont tendance à être plus informelles et décontractées qu'en France et ceci se remarque facilement dans les conversations de tous les jours. Le tutoiement est beaucoup plus fréquemment utilisé au Québec que dans la plupart des autres pays francophones. Le vouvoiement, lui, est surtout employé par égard à l'âge de l'interlocuteur, comme on le voit dans le film. Comme on le voit aussi en France, la particule «ne» de l'expression négative «ne... pas» est souvent omise par les Québécois. On entendra, par exemple, comme dans le court métrage, «C'est pas le genre d'affaires qu'on prend». L'expression «il n'y a pas» deviendra même «y a pas».

Analyse

1 **Compréhension** Répondez aux questions par des phrases complètes.

1. Que fait le technicien chez le monsieur? D'après lui, pourquoi l'image sur la télévision n'est-elle pas de bonne qualité?

2. Décrivez la situation économique au début du court métrage.

3. Quelles sont les autres mauvaises nouvelles mentionnées par les journalistes?

4. Qu'est-ce que le technicien décide de faire quand il comprend le désespoir du vieux monsieur?

5. Quel est l'événement historique mentionné par le journaliste dans la deuxième partie du court métrage? Donnez les détails de ce qui s'est passé.

6. Pourquoi voit-on les Éthiopiens danser? Que s'est-il passé d'autre de positif dans l'économie mondiale?

7. Que s'est-il passé d'incroyable dans le domaine de la médecine?

8. Et dans le monde du sport, quelle est la bonne nouvelle?

9. Décrivez ce qui est arrivé à la petite Émilie.

10. D'après les journalistes, qui est à l'origine de tous ces changements positifs?

2 **Interprétation** Répondez aux questions avec un(e) camarade.

1. À votre avis, le vieux monsieur pense-t-il vraiment que sa télévision est cassée? Décrivez et expliquez le petit malentendu entre lui et le technicien au début du court métrage.

2. Expliquez la réponse suivante du technicien quand le client insiste pour qu'il répare sa télévision: «C'est pas le genre d'affaires qu'on prend, juste... Y a pas de formation qui... qui...»

3. Décrivez la fin du court métrage et expliquez le dernier commentaire du client.

3 **Un article** Écrivez un article, à la manière de ceux qu'on trouve dans le journal, dans lequel vous résumez les interventions et les actions du technicien.

4 **Les bonnes actions** Par petits groupes, discutez de l'intervention du technicien dans les divers problèmes dans le monde et évaluez ses bonnes actions. Laquelle est la plus louable (*commendable*), d'après vous? Pourquoi? Classez ses bonnes actions de la plus louable à la moins importante puis donnez les raisons de votre choix.

5 **Suite** Par petits groupes, imaginez la suite de l'histoire du court métrage en considérant les questions suivantes.

1. Que va faire le technicien maintenant? Va-t-il reprendre son travail comme avant ou bien va-t-il continuer ses interventions et ses bonnes actions dans le monde? Expliquez et justifiez votre réponse.

2. En quoi sa vie va-t-elle changer? Deviendra-t-il célèbre ou préférera-t-il rester anonyme? Pourquoi, à votre avis?

6 **À l'aide, monsieur le technicien!** Par petits groupes, discutez de trois problèmes qui touchent votre pays en ce moment. Vous pouvez vous inspirer de la liste ci-dessous et/ou considérer d'autres problèmes. Ensemble, évaluez les trois problèmes sélectionnés et choisissez celui qui vous semble le plus important aujourd'hui. Discutez des causes et des conséquences de ce problème en donnant des détails et des exemples. À votre avis, que pourrait faire le technicien pour essayer de résoudre ce problème? Échangez quelques idées en groupes, puis présentez la meilleure à la classe.

- la pauvreté (*poverty*) et la précarité (*insecurity, instability*)
- le problème des sans-abris (*homelessness*)
- la crise économique et le chômage
- le racisme et l'intolérance
- l'environnement
- les problèmes liés à la santé
- la violence et le crime

7 **Citations** Par petits groupes, discutez des interprétations possibles des citations suivantes. Expliquez vos opinions personnelles et justifiez-les en donnant des exemples précis.

> «Une bonne action trouve toujours sa récompense».
> —*Alexandre Dumas*

> «L'homme n'est point fait pour méditer, mais pour agir».
> —*Jean-Jacques Rousseau*

> «La bonne action qu'on fait n'est pas toujours celle qu'on croit faire».
> —*Victor Hugo*

vhlcentral | *Galerie de créateurs*

IMAGINEZ

La souveraineté du Québec

Une manifestation en faveur de la souveraineté du Québec

Un **Québec** francophone et souverain, voilà l'idée que va défendre **René Lévesque** (1922–1987) pendant toute sa carrière politique. D'abord journaliste, Lévesque occupera plusieurs postes de ministre sous le gouvernement de **Jean Lesage** (1912–1980), **Premier ministre** du Québec dans les années 1960.

Pendant cette période, qu'on a appelée la **Révolution tranquille**, l'idée de la souveraineté du Québec, c'est-à-dire de la création d'un pays québécois à part entière°, domine le débat politique. L'éducation francophone et laïque° se développe et une vraie politique culturelle est mise en place. Les Québécois prennent conscience de leur identité propre et de leur culture francophone.

Ce phénomène se reflète surtout dans la chanson et dans le cinéma. Des chanteurs comme **Félix Leclerc** (1914–1988) et **Gilles Vigneault** (1928–) défendent l'idée de la souveraineté et font renaître la tradition de la chanson francophone québécoise. **Robert Charlebois** (1944–) reprend cette tradition et la modernise. Le cinéma québécois francophone se développe grâce à la création, en 1967, de la **Société de Développement de l'Industrie Cinématographique Canadienne** (SDICC) qui apporte une aide financière aux réalisateurs comme **Denys Arcand**.

Sur le plan politique, c'est en 1968 que René Lévesque fonde le **Parti québécois** ou PQ, qui demande la souveraineté du Québec. Quand Lévesque est élu Premier ministre en 1976, c'est la première fois qu'un tel° parti arrive au pouvoir. Dès° l'année suivante, la **Loi 101** pour la défense du français est votée. En effet°, beaucoup de jeunes Québécois choisissaient de recevoir une éducation en anglais. Cette loi oblige tous les immigrants à aller à l'école française. En outre°, l'affichage° doit être en français dans les lieux publics et dans les magasins.

Aujourd'hui, grâce à ces mesures, le Québec est à plus de 82% francophone. Cependant, le cœur° du programme indépendantiste est bien la souveraineté totale. Celle-ci ne peut vraiment se faire que si la majorité des Québécois votent en sa faveur.

Une série de **référendums** est organisée: si la population répond «oui», le Québec s'émancipera. Mais voilà: à chaque fois, le «non» l'emporte°! Au référendum de 1995, il n'y avait plus que 50.000 voix° de différence, alors les partisans du «oui» n'ont pas encore dit leur dernier mot. Affaire à suivre…

René Lévesque, fondateur du Parti québécois

D'ailleurs…

Le 24 juillet 1967, le président français, **Charles de Gaulle**, qui est en visite à **Montréal**, proclame son soutien au mouvement de souveraineté du Québec. Pendant un discours° qu'il prononce du balcon de l'Hôtel de ville, il s'exclame: «Vive Montréal! Vive le Québec! Vive le Québec… libre! Vive le Canada français et vive la France!»

à part entière *on its own* **laïque** *secular* **un tel** *such a* **Dès** *From* **En effet** *Indeed* **En outre** *In addition* **affichage** *display/posting* **cœur** *core* **emporte** *wins* **voix** *votes* **discours** *speech*

Découvrons le Québec

Je me souviens Cette devise° est apparue sur les plaques d'immatriculation° québécoises en 1978. **Eugène-Étienne Taché**, architecte et homme politique québécois, fait graver°, en 1883, «Je me souviens» au-dessus de° la porte du parlement québécois. Taché n'a jamais précisé ce qu'il a voulu dire par ces mots, mais ils sont probablement liés à l'histoire de la Province que cette façade rappelle.

La fête de la Saint-Jean Le 24 juin, c'est le jour de la **Saint-Jean-Baptiste**, le patron des Canadiens francophones. C'est aussi, depuis 1977, la Fête nationale du Québec. Arrivée en Amérique avec les premiers colons français, cette fête, qui a des racines° à la fois païennes° et religieuses, y est célébrée depuis 1638 environ. Aujourd'hui, c'est un immense festival qui donne aux Québécois l'occasion de montrer leur fierté° et leur héritage culturel.

La poutine Elle consiste en un mélange de frites et de fromage cheddar râpé°, le tout recouvert d'une sauce brune chaude qui fait fondre° le fromage. C'est une spécialité québécoise très appréciée qui trouve son origine dans les milieux ruraux° des années 1950. Aujourd'hui, au Québec, presque tous les restaurants à service rapide offrent de la poutine.

La ville souterraine de Montréal Construite vers 1960 et appelée **RÉSO** depuis 2004, la ville souterraine° comprend 63 complexes résidentiels et commerciaux reliés par° plus de 30 kilomètres de tunnels. On y trouve 12 stations de métro et deux gares qui desservent° la banlieue, des banques, des centres commerciaux, des bureaux et même des hôtels. Plus de 500.000 personnes y passent chaque jour, surtout en hiver!

Le français parlé au Québec

un abreuvoir	une fontaine; *drinking fountain*
l'achalandage (*m.*)	la circulation
une aubaine	une promotion; *sale, promotion*
avoir l'air bête	être désagréable, impoli
bienvenue	de rien
une blonde	une copine; *girlfriend*
bonjour	au revoir
un breuvage	une boisson
un char	une voiture
chauffer	conduire
un chum	un copain; *boyfriend, male friend*
la crème glacée	la glace
débarquer (du bus, du métro)	descendre
le déjeuner	le petit-déjeuner
le dîner	le déjeuner
être plein	avoir trop mangé; *to be full*
le joual	le français populaire du Québec
magasiner (faire du magasinage)	faire des courses
ça mouille	il pleut
le souper	le dîner

devise *motto* **plaques d'immatriculation** *license plates* **graver** *to engrave* **au-dessus de** *above* **racines** *roots* **païennes** *pagan* **fierté** *pride* **râpé** *grated* **fondre** *melt* **ruraux** *rural* **souterraine** *underground* **reliés par** *linked by* **desservent** *serve*

Qu'avez-vous appris?

1 Vrai ou faux? Indiquez si les affirmations sont vraies ou fausses, et corrigez les fausses.

1. Pendant toute sa carrière, René Lévesque s'est opposé à un Québec francophone et souverain.

2. La notion de la souveraineté du Québec domine le débat politique pendant la Révolution tranquille.

3. Le cinéma québécois francophone se développe grâce à la création du Parti québécois.

4. L'ancien président français Charles de Gaulle était pour la souveraineté du Québec.

5. «Je me souviens» est l'hymne national du Québec.

6. RÉSO est le nom donné à une fête québécoise importante.

2 Questions Répondez aux questions.

1. Qu'est-ce que «la Révolution tranquille»?

2. Qui sont les deux chanteurs qui contribuent à la renaissance de la chanson francophone québécoise?

3. Pourquoi 1976 est-elle une année importante pour le Parti québécois?

4. Quel est une des conséquences de la Loi 101?

5. Quelle sorte de fête est la Saint-Jean aujourd'hui?

6. Qu'est-ce que la poutine?

Projet

Festivals au Québec

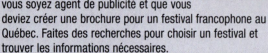

Vous connaissez déjà la fête de la Saint-Jean, mais le Québec est une Province aux multiples festivals. Imaginez que vous soyez agent de publicité et que vous deviez créer une brochure pour un festival francophone au Québec. Faites des recherches pour choisir un festival et trouver les informations nécessaires.

- Quel est le nom du festival?
- Quelles sont ses dates?
- Quel est son thème?
- Que fait-on au festival pour s'amuser? (trois activités)

ÉPREUVE

Trouvez la bonne réponse.

1. _____ est un réalisateur francophone québécois.
   - a. Denys Arcand
   - b. Robert Charlebois
   - c. Jean Lesage
   - d. René Lévesque

2. _____ fonde le Parti québécois en 1968.
   - a. Félix Leclerc
   - b. Saint-Jean-Baptiste
   - c. Jean Lesage
   - d. René Lévesque

3. _____ est pour la souveraineté du Québec.
   - a. La population canadienne
   - b. Le Parti québécois
   - c. Atlan
   - d. La loi 101

4. Charles de Gaulle a soutenu _____.
   - a. le mouvement de souveraineté du Québec
   - b. la construction du RÉSO
   - c. la Loi 101
   - d. Eugène Étienne Taché

5. La devise du Québec est _____.
   - a. une protestation
   - b. un cri de la liberté
   - c. un rappel de l'histoire
   - d. un hommage à Lévesque

6. La phrase «Je me souviens» est inscrite sur _____.
   - a. les permis de conduire québécois
   - b. le drapeau québécois
   - c. les plaques d'immatriculation
   - d. les cartes d'électeurs

7. La Saint-Jean-Baptiste est _____.
   - a. un parti politique
   - b. un quartier souterrain
   - c. une spécialité québécoise
   - d. la Fête nationale du Québec

8. La poutine a son origine dans les _____ du Québec.
   - a. chaînes internationales
   - b. restaurants rapides
   - c. milieux ruraux
   - d. quartiers industriels

9. Dans le RÉSO, il y a des complexes résidentiels et commerciaux reliés par des _____.
   - a. tunnels
   - b. minibus
   - c. tramways
   - d. autoroutes

10. Plus de _____ personnes passent par le RÉSO tous les jours, surtout en hiver.
    - a. 300.000
    - b. 500.000
    - c. 50.000
    - d. 400.000

vhlcentral

Clip sur *Vendredi*

Internet, c'est pas mal, mais le papier,
ça reste utile.

Préparation Répondez aux questions.

1. Comment vous tenez-vous au courant de l'actualité?
2. Quels sont les avantages des journaux traditionnels? Quels sont les avantages de l'Internet?

Vendredi, un journal pas comme les autres

Dans le paysage° médiatique français, *Vendredi* est un véritable OVNI° parce qu'il va à l'inverse de la presse traditionnelle. Quand la plupart des journaux s'efforcent° encore de publier leurs articles sur Internet, *Vendredi*, lui, transfère chaque semaine les «meilleures infos du Net» sur papier. Ses journalistes y rassemblent° pour nous l'info la plus croustillante° parmi des° centaines de sites et blogs. Le principe ressemble un peu à celui du célèbre *Courrier international* qui traduit en français les meilleurs articles de la presse étrangère. D'ailleurs°, Jacques Rosselin, qui est à l'origine de ce dernier°, est également un des pères de *Vendredi*. Souhaitons à *Vendredi* le même succès que *Courrier international*! Dans cette pub, *Vendredi* remet en cause° l'aspect pratique de l'information en ligne et prône° un retour au papier, support° aux usages multiples.

paysage *landscape* **OVNI** *UFO* **s'efforcent** *are trying hard* **rassemblent** *gather*
la plus croustillante *lastest-breaking* **parmi des** *among* **D'ailleurs** *Moreover*
ce dernier *the latter* **remet en cause** *challenges* **prône** *advocates* **support** *medium*

Vocabulaire utile

fournir	*to relay; to supply*
subsister	*to remain*

Compréhension Répondez aux questions par des phrases complètes.

1. Selon le clip, quelle est la révolution associée à la modernité?
2. Qu'est-ce que l'homme moderne a la possibilié de faire grâce à l'Internet?
3. Qu'est-ce qu'on trouve dans *Vendredi*, d'après le clip?

Discussion Répondez aux questions en donnant des détails.

1. Expliquez l'ironie de la dernière phrase de la vidéo: «Internet, c'est pas mal, mais le papier, ça reste utile. Surtout vendredi, c'est le jour du poisson!»

2. Est-ce que c'est une bonne idée d'utiliser l'ironie dans la publicité, à votre avis? Expliquez.

Application Est-ce que votre école ou votre communauté rassemble les dernières nouvelles pour les distribuer à tout le monde? Si oui, décrivez comment elle le fait. Pensez-vous que ce soit un moyen efficace de diffuser l'information? Sinon, proposez une idée qui permette la diffusion des actualités dans votre école ou votre communauté. Quel format choisiriez-vous? Papier? Internet? Autre chose? Pourquoi?

vhlcentral

3.1

The *passé composé* with *avoir*

La devise d'Éthiopie a fait un gain historique de 1200%, ce qui a propulsé le pays le plus pauvre au rang des plus riches.

- To talk about completed events in the past, you use the **passé composé**. The **passé composé** of most verbs is formed by combining the present tense of **avoir** with the past participle of the main verb.

- In the **passé composé**, the form of **avoir** changes according to the subject, but the past participle usually remains the same. The past participles of regular **-er**, **-ir**, and **-re** verbs follow predictable patterns.

Karine **a gagné** le match!

The *passé composé* of regular *-er*, *-ir*, and *-re* verbs			
	manger	choisir	vendre
j'**ai**			
tu **as**			
il/elle/on **a**	mang**é**	chois**i**	vend**u**
nous **avons**			
vous **avez**			
ils/elles **ont**			

- Several irregular verbs also have irregular past participles.

avoir	eu	mettre	mis
boire	bu	ouvrir	ouvert
conduire	conduit	pleuvoir	plu
connaître	connu	pouvoir	pu
courir	couru	prendre	pris
croire	cru	recevoir	reçu
devoir	dû	rire	ri
dire	dit	savoir	su
écrire	écrit	suivre	suivi
être	été	vivre	vécu
faire	fait	voir	vu
lire	lu	vouloir	voulu

Nous **avons pris** le train ce matin.

Il **a couru** longtemps.

- Use the **passé composé** to talk about completed actions or events in the past or to describe a reaction or change in state of mind or condition.

On **a enregistré** le feuilleton **lundi**.
We recorded the soap opera Monday.

J'**ai vécu** en France **pendant six mois**.
I lived in France for six months.

Soudain, on **a eu** peur.
Suddenly, we were afraid.

Hier, il **a commencé** à pleuvoir.
Yesterday, it started to rain.

- Sentences in the **passé composé** often include a reference to a specific moment in time or duration. Here are some expressions frequently used with the **passé composé**:

à ce moment-là *at that moment*	**pendant une heure (un mois, etc.)** *for an hour (a month, etc.)*
enfin *at last*	
finalement *finally*	**récemment** *recently*
hier (matin, soir, etc.) *yesterday (morning, evening, etc.)*	**soudain** *suddenly*
immédiatement *immediately*	**tout à coup** *all of a sudden*
longtemps *for a long time*	**tout de suite** *right away*
lundi (mardi, etc.) dernier *last Monday (Tuesday, etc.)*	**une fois (deux fois, etc.)** *once (twice, etc.)*

- In the **passé composé**, the placement of adverbs varies. These short adverbs go between the auxiliary verb and the past participle:

assez	**déjà**	**peut-être**	**toujours**
beaucoup	**encore**	**presque**	**trop**
bien	**enfin**	**seulement**	**vite**
bientôt	**longtemps**	**souvent**	**vraiment**
	mal	**sûrement**	

- Some common longer adverbs, such as **probablement** and **certainement**, are also placed between the auxiliary verb and the past participle.

Ils ont **certainement** invité Claude.
Certainly they invited Claude.

Elle a **probablement** oublié le rendez-vous.
She probably forgot the appointment.

- Longer adverbs can also follow the past participle, especially if they express the manner in which something is done.

J'ai trouvé le cinéma **facilement**.
I found the movie theater easily.

Elle a parlé **rapidement** de sa carrière.
She spoke quickly about her career.

BLOC-NOTES

You will learn more about when to use the **passé composé** and when to use the **imparfait** in **Structures 3.3, pp. 98–99.**

ATTENTION!

Remember, to negate a sentence in the **passé composé**, place the **ne... pas** (**ne... jamais**, etc.) around the auxiliary verb.

Nous n'avons jamais vu ce documentaire.

🔗 **Vérifiez**

Mise en pratique

1 **À compléter** Mettez les verbes au passé composé.

1. La maison d'édition, L'instant même, _____ (publier) cette anthologie.
2. Tu _____ (ne pas enregistrer) mon émission préférée jeudi dernier?
3. Nous _____ (attendre) deux heures sous la pluie.
4. Après avoir réfléchi, j' _____ (choisir) une carrière dans le cinéma.
5. Céline Dion et Roch Voisine _____ (chanter) une chanson ensemble.
6. Vous _____ (entendre) la publicité pour le nouveau reportage à la radio?
7. Hier soir, au cinéma, je _____ (ne pas pouvoir) lire les sous-titres.
8. Pendant deux ans, ma famille et moi _____ (vivre) à Montréal.
9. Au centre-ville, je _____ (ne pas conduire) ma voiture.
10. Vous _____ (apprendre) le français au Québec?

2 **À transformer** Mettez chaque phrase au passé composé.

1. L'envoyée spéciale travaille tard. _____
2. Je ne bois pas trop de café. _____
3. D'abord, vous devez vérifier vos sources. _____
4. Les acteurs jouent bien leur rôle. _____
5. Malheureusement, il pleut sans arrêt. _____
6. On veut s'informer. _____
7. Dans ton métier de journaliste, tu dis toujours la vérité.
   _____
8. Nous ne croyons jamais la presse à sensation.
   _____
9. Ils suivent les documentaires sur l'histoire canadienne.
   _____
10. Je ris à cause de cette bande dessinée. _____

3 **À vous la parole!** Assemblez les parties de chaque colonne pour écrire une histoire au passé. Utilisez votre imagination!

A	B	C	D
récemment	je	connaître	
une fois	mon/ma camarade de classe	mettre	
la semaine dernière	mes amis/copains	savoir	
à ce moment-là	mon/ma (petit[e]) ami(e)	conduire	?
tout à coup	la vedette de cinéma	courir	
enfin	le photographe	suivre	
?	?	?	

Communication

4 Vos activités Voici une liste d'activités. Quand avez-vous fait ces choses récemment?
Avec un(e) camarade de classe, posez-vous des questions à tour de rôle.

Modèle **écouter une bande originale**

—Quand est-ce que tu as écouté une bande originale récemment?

—J'ai écouté une bande originale ce matin.

—Quelle bande originale as-tu écoutée?

—J'ai écouté la bande originale du film *Slumdog Millionaire.*

regarder un documentaire	lire un hebdomadaire	naviguer sur le web
voir un feuilleton	réussir à un examen	faire une annonce
écrire/recevoir un e-mail	télécharger un film	ouvrir un journal
être en vacances	prendre une photo	rire aux éclats

5 La première Imaginez que quelqu'un vous ait invité(e) à la première d'un film
populaire. Avec un(e) camarade, discutez de l'événement auquel vous avez assisté
le week-end passé.

- Quels vêtements as-tu mis?
- As-tu vu des personnes célèbres?
- Les reporters ont-ils interviewé les vedettes?
- Quelles questions ont-ils posées?
- Comment ont-elles répondu?
- Tes amis et toi, avez-vous pris des photos?
- De qui avez-vous fait la connaissance?
- …?

6 Les divertissements Que faites-vous pour vous divertir? Quelles sortes d'activités
pratiquez-vous?

A. Faites une liste de dix à quinze choses amusantes que vous avez faites ou que vous
avez eu envie de faire le mois dernier.

B. À deux, demandez à votre camarade s'il/si elle a pratiqué les activités de votre liste et
écrivez oui ou non à côté de chacune.

C. Par groupes de quatre, décrivez tour à tour ce que votre camarade a fait ou n'a pas fait
le mois dernier. Limitez-vous à quatre ou cinq activités par personne.

vhlcentral

3.2

The *passé composé* with *être*

Émilie est allée au parc et elle n'est pas rentrée chez elle.

- Some verbs use the present tense of **être** instead of **avoir** as the auxiliary verb in the **passé composé**. Notice that most of them are verbs of motion.

Infinitive	Past participle	
aller	allé	*to go*
arriver	arrivé	*to arrive*
descendre	descendu	*to go down, to descend*
devenir	devenu	*to become*
entrer	entré	*to enter*
monter	monté	*to go up, to ascend*
mourir	mort	*to die*
naître	né	*to be born*
partir	parti	*to leave*
passer	passé	*to pass by*
rentrer	rentré	*to go back (home)*
rester	resté	*to stay*
retourner	retourné	*to return*
revenir	revenu	*to come back*
sortir	sorti	*to go out*
tomber	tombé	*to fall*
venir	venu	*to come*

- When the auxiliary verb is **être**, the past participle agrees in gender and number with the subject.

Mélanie est **rentrée** tôt.
Mélanie came home early.

Ses parents sont **sortis**.
Her parents went out.

Je suis **arrivée** à l'hôtel.

Nous sommes **allés** au supermarché.

ATTENTION!

These verbs generally do not take direct objects. When they do take one, their meanings are usually different and they use the auxiliary verb **avoir** instead of **être**.

Elle est sortie.
She went out.

Il a sorti un livre de son sac.
He took a book out of his bag.

Nous sommes passés par là.
We went through there.

Nous avons passé une semaine à faire ce reportage.
We spent a week doing that piece.

The verbs **monter**, **descendre**, and **rentrer** can also take direct objects.

BLOC-NOTES

For more information about past participle agreement, see **Fiche de grammaire 5.5, p. 392.**

 Vérifiez

- Reflexive and reciprocal verbs also use the auxiliary verb **être** in the **passé composé**. The reflexive or reciprocal pronoun is placed before the form of **être**.

  Vous **vous êtes** blessé?
  Did you hurt yourself?

  On **s'est** téléphoné.
  We phoned one another.

- To negate a reflexive or reciprocal verb in the **passé composé**, place the **ne… pas** (**ne… jamais**, etc.) around the pronoun and the auxiliary verb.

  Je **ne** me suis **pas** rappelé son nom.
  I did not remember her name.

  Tu **ne** t'es **pas** endormi avant minuit?
  You didn't fall asleep before midnight?

- Like other verbs that take **être** in the **passé composé**, the past participle *usually* agrees in gender and number with the subject.

  Elle s'est **habillée** rapidement.
  She got dressed quickly.

  Nous nous sommes **disputés**.
  We argued.

Elles se sont **regardées** dans le miroir.

- If the reflexive verb is followed by a direct object, the past participle *does not agree* with the subject. Compare these two sentences.

  Elle s'est **lavée**.
  She washed (herself).

  Elle s'est **lavé** les cheveux.
  She washed her hair.

- Some reciprocal and reflexive verbs take indirect rather than direct objects. In this case, the pronoun is an indirect object, so the past participle *does not agree*. Here is a partial list of reciprocal verbs that take indirect objects: **s'écrire**, **se dire**, **se téléphoner**, **se parler**, **se demander**, and **se sourire**.

  Nous nous sommes **écrit**.
  We wrote to one another.

  Elles se sont **demandé** pourquoi.
  They wondered why.

Ils se sont **parlé**.

ATTENTION!

In the expression **se rendre compte de**, the past participle never agrees, because it is an idiomatic expression.

Elle s'est rendu compte de la situation.
She became aware of the situation.

ATTENTION!

Remember, an indirect object in French is preceded by the preposition **à** when no pronoun is used.

Elle parle à Monsieur Guy.
She's talking to Mr. Guy.

Je téléphone souvent à mes parents.
I often call my parents.

 Vérifiez

Mise en pratique

1 **Des accusations** Votre patron accuse souvent ses employés. Employez le passé composé pour lui prouver que ses accusations sont injustes.

> **Modèle** **PATRON** Édouard arrive toujours en retard!
>
> **VOUS** Mais non. Il _est arrivé_ tôt hier.

PATRON Vous partez toujours à quatre heures!

VOUS Mais non. Nous (1) _____ à six heures hier.

PATRON Élisabeth rentre toujours chez elle à midi!

VOUS Mais non. Elle (2) _____ chez elle, à sept heures hier soir.

PATRON Vous revenez du déjeuner au bout de (*after*) trois heures!

VOUS Mais non. Je (3) _____ au bout de vingt minutes aujourd'hui.

PATRON Personne ne vient au bureau le week-end!

VOUS Mais si. Abdel et Sofia (4) _____ samedi.

PATRON Valérie et Carine descendent trop souvent au café!

VOUS Mais non. Elles (5) _____ au café une fois.

2 **Grand reportage** Hier, l'équipe de la chaîne de télé a eu beaucoup de travail. Dites comment la journée a différé d'une journée normale.

> **Modèle** **Le rédacteur se réveille à six heures normalement. (cinq heures)**
> Hier, il s'est réveillé à cinq heures.

1. La journaliste se maquille une fois normalement. (trois fois)
2. Les réalisatrices se lèvent tôt normalement. (encore plus tôt)
3. Les envoyés spéciaux se couchent à minuit normalement. (une heure du matin)
4. La rédactrice et l'envoyée spéciale s'écrivent dix e-mails normalement. (trente)
5. Normalement, le reporter s'endort après le déjeuner. (après le dîner)

3 **Soirée romantique** Employez au passé composé chaque verbe de la liste, une fois avec **avoir** et une fois avec **être**.

> descendre | monter | passer | sortir

Samedi, mon petit ami Arnaud et moi, nous (1) _____ pour aller au cinéma. Arnaud voulait voir le nouveau film que Gaumont (2) _____. Il (3) _____ chez moi vers 18h00. Après le film, nous (4) _____ la rue des Orfèvres, où Arnaud m'a acheté de belles fleurs. Nous avons dîné au Café des vedettes et ensuite, nous (5) _____ sur la colline (*hill*), derrière la place du général de Gaulle. Nous (6) _____ une heure plus tard. Arnaud a pris un bus pour rentrer chez lui, et moi, j'ai pris un taxi. Chez moi, ma mère (7) _____ les fleurs dans sa chambre, parce que j'ai un secret qu'Arnaud ne connaît pas: je suis allergique aux fleurs! Mais nous (8) _____ une très bonne soirée quand même.

Communication

 4

La semaine dernière Circulez dans la classe pour demander à différent(e)s camarades s'ils/si elles ont fait ces choses la semaine dernière. Écrivez leurs noms dans une liste.

Modèle **aller au cinéma**

—Es-tu allé(e) au cinéma la semaine dernière?

—Oui, je suis allé(e) au cinéma. J'ai vu un excellent film!

—Ah bon? Lequel?

Activités	Noms
1. s'endormir pendant une émission	_Rebecca_
2. se coucher après minuit	_____
3. se réveiller après onze heures du matin	_____
4. partir en voyage	_____
5. arriver en retard quelque part (*somewhere*)	_____
6. se disputer avec quelqu'un	_____
7. passer chez quelqu'un	_____
8. tomber	_____
9. se coucher avant neuf heures du soir	_____
10. devenir impatient(e)	_____

5

En ville Avec un(e) partenaire, parlez de la dernière fois que vous avez visité une ville.

Modèle —Et où es-tu allé(e) à Québec?

—Je suis allé(e) au musée de la Civilisation. Ma famille et moi, nous nous sommes promené(e)s sur la terrasse Dufferin aussi.

- Pourquoi y es-tu allé(e)?
- Quand es-tu parti(e)?
- Où t'es-tu promené(e)?
- Où es-tu sorti(e) le soir?
- Où as-tu dormi?
- Quand es-tu rentré(e)?

 6

Interview Par groupes de trois, jouez le rôle d'un reporter et d'un couple vedette. Le couple décrit au reporter sa journée d'hier, une journée typique… de vedette! Utilisez les verbes de la liste au passé composé et jouez la scène pour la classe.

aller	s'habiller	se raser
arriver	se lever	rentrer
se brosser les dents	se maquiller	se réveiller
se coucher	partir	…?

vhlcentral

The *passé composé* vs. the *imparfait*

—*Comme je pensais, ce n'est pas le câble. J'ai tout vérifié.*

- Although the **passé composé** and the **imparfait** both express past actions or states, the two tenses have different uses and, therefore, are not interchangeable.

- In general, the **passé composé** is used to describe events that were *completed* in the past, whereas the **imparfait** refers to *continuous* states of being or repetitive actions.

Uses of the passé composé

- Use the **passé composé** to express actions viewed by the speaker as completed.

- Use it to express the beginning or end of a past action.

L'émission **a commencé** à huit heures.	**J'ai fini** mes devoirs.
The show started at eight o'clock.	*I finished my homework.*

- Use it to tell the duration of an event or the number of times it occurred in the past.

J'ai habité en Europe pendant six mois.	Il **a regardé** le clip vidéo trois fois.
I lived in Europe for six months.	*He watched the music video three times.*

- Use it to describe a series of past actions.

- Use it to indicate a reaction or change in condition or state of mind.

Il **s'est fâché**.	À ce moment-là, j'**ai eu** envie de partir.
He became angry.	*At that moment, I wanted to leave.*

Uses of the imparfait

- Use the **imparfait** to describe ongoing past actions without reference to beginning or end.

Tu **faisais** la cuisine.	Et moi, je **faisais** la vaisselle.
You used to cook.	*And I would do the dishes.*

- Use it to express habitual actions in the past.

D'habitude, je **prenais** le métro.	On se **promenait** dans le parc.
Usually, I took the subway.	*We used to take walks in the park.*

- Use it to describe mental, physical, and emotional states.

- Use it to describe conditions or to tell what things were like in the past.

Les effets spéciaux **étaient** superbes!	Il **faisait** froid.
The special effects were superb!	*It was cold.*

Ils **sont arrivés** à 14h00, ils **ont pris** un café et ils **sont partis**.

BLOC-NOTES

See **Fiche de grammaire 3.5, p. 384**, to review how to form the **imparfait**.

Hier, Martine **était** malade.

🔊 **Vérifiez**

The **passé composé** and the **imparfait** used together

- The **passé composé** and the **imparfait** often appear together in the same sentence or paragraph.

- When narrating in the past, the **imparfait** describes *what was happening*, while the **passé composé** describes the actions that *occurred* or *interrupted* the ongoing activity. Use the **imparfait** to provide background information and the **passé composé** to tell what happened.

Je **faisais** mes devoirs quand tu **es arrivé**.

> Samedi soir, je **regardais** la télévision quand j'**ai entendu** un bruit bizarre. J'**avais** l'impression que c'**était** un animal. Le bruit **semblait** venir de la cuisine. J'**ai ouvert** la porte très lentement. Sur la table, il y **avait** un écureuil! Il **mangeait** mon pain. Quand il m'**a vue**, il **a eu** peur et il **est parti** par la fenêtre.

> *Saturday evening, I was watching television when I heard a strange noise. I had the impression that it was an animal. The noise seemed to be coming from the kitchen. I opened the door very slowly. On the table, there was a squirrel! It was eating my bread. When it saw me, it got scared and went out the window.*

Different meanings in the **imparfait** and the **passé composé**

- The verbs **connaître**, **devoir**, **pouvoir**, **savoir**, and **vouloir** have particular meanings in the **passé composé** and in the **imparfait**.

infinitive	passé composé	imparfait
connaître	Comment **as-tu connu** Anne?	Je **connaissais** très bien la ville.
	*How **did you meet** Anne?*	*I **knew** the city very well.*
devoir	Nous **avons dû** payer en espèces.	Je **devais** arriver à sept heures.
	*We **had to** pay in cash.*	*I **was supposed to** arrive at 7 o'clock.*
	Il **a dû** oublier.	Il **devait** faire ses devoirs le soir.
	*He **must have** forgotten.*	*He **used to have to** do his homework in the evening.*
pouvoir	Il pleuvait, mais Florent **a pu** venir quand même.	Elle **pouvait** m'aider.
	*It was raining, but Florent **managed to** come anyway.*	*She **could** help me.*
savoir	Il **a su** qui était le rédacteur.	Elle **savait** vraiment chanter.
	*He **found out** who the editor was.*	*She really **knew** how to sing.*
vouloir	Véronique **a voulu** faire du ski.	Nous **voulions** aller à la première.
	*Véronique **tried to** ski.*	*We **wanted** to go to the premiere.*
	Je **n'ai pas voulu** aller avec lui.	
	*I **refused** to go with him.*	

ATTENTION!

Here are some transitional words that are useful for narrating past events:

d'abord *first*

après *afterwards*

au début *in the beginning*

avant *before*

enfin *at last*

ensuite *next*

finalement *finally*

pendant que *while*

puis *then*

Vérifiez

BLOC-NOTES

Savoir and **connaître** are *not* interchangeable. For more information about their uses, see **Fiche de grammaire 9.4, p. 406.**

Vérifiez

Mise en pratique

1 **À compléter** Choisissez le passé composé ou l'imparfait pour compléter ces phrases.

1. Dans mon enfance, je/j' _____ (lire) presque tous les soirs *Stuart Little*.

2. Après avoir terminé leurs études, Hélène et Danielle _____ (devenir) rédactrices.

3. Le documentaire _____ (être) intéressant au début, mais on _____ (ne pas aimer) la fin.

4. Le jour où tu _____ (avoir) dix-huit ans, tu _____ (décider) de passer une année au Canada.

5. Les enfants _____ (se coucher) quand vous _____ (rentrer).

2 **Une célébrité** Monique et Étienne sont allés au cinéma plus tôt ce soir. Complétez ce courriel et conjuguez logiquement les verbes à l'imparfait ou au passé composé.

arriver	**bien rentrer**	**ne pas encore répondre**	**ne rien faire**	**recevoir**
avoir	**être**	**ne pas se parler**	**pleuvoir**	**voir**

De:	Étienne <etienne24@courriel.qu>
Pour:	Monique <monique.compeau@courriel.ca>
Sujet:	Une histoire incroyable!

Salut Monique,
Tu (1) _____ chez toi? Je m'inquiète parce que tu (2) _____ à mon texto. ☹ Tu l' (3) _____?

Tu ne vas jamais croire ce qui me/m' (4) _____ après notre rendez-vous au ciné. Tu te souviens qu'il (5) _____ à verse? Alors, je/j' (6) _____ en train de marcher vers mon arrêt de bus quand, tout à coup, je/j' (7) _____ notre réalisateur préféré—Denys Arcand! Son épouse et lui (8) _____ l'air pressé, donc nous (9) _____ immédiatement. Je/J' (10) _____ de mal, mais j'ai réussi à converser avec eux!

Appelle-moi bientôt pour qu'on en parle!

Grosses bises,
Étienne

Note CULTURELLE

Denys Arcand est né en 1941 à Deschambault, au **Québec**. Il est réalisateur et scénariste de films comme *Le Déclin de l'empire américain*, sorti en 1986 et nominé pour l'**Oscar** du meilleur film en langue étrangère en 1987. La suite de ce film, et un de ses autres chefs-d'œuvre, *Les Invasions barbares*, a reçu cet Oscar en 2003. Ces deux films (et *Jésus de Montréal* en 1990) ont aussi reçu le **Prix Génie** (*Genie Award*).

3 **Des interruptions** Combinez les mots de chaque colonne pour dire ce que les gens faisaient quand ils ont été interrompus.

Modèle Vous écoutiez la radio quand le téléphone a sonné.

je	aller		vous	commencer à…
tu	conduire	q	le professeur	dire que…
nous	dormir	u	mes parents	savoir que…
la vedette	écouter	a	mon ami(e)	sortir de…
vous	manger	n	le public	voir…
?	?	d	?	?

Communication

4

Des dates marquantes

A. Voici six événements marquants dans la vie de Benoît. À deux, posez-vous les questions à tour de rôle pour compléter la description de chaque événement.

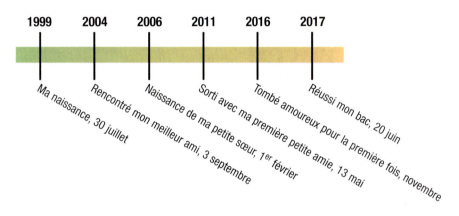

| 1999 | 2004 | 2006 | 2011 | 2016 | 2017 |

Ma naissance, 30 juillet
Rencontré mon meilleur ami, 3 septembre
Naissance de ma petite sœur, 1er février
Sorti avec ma première petite amie, 13 mai
Tombé amoureux pour la première fois, novembre
Réussi mon bac, 20 juin

Modèle
—Qu'est-ce qui s'est passé dans la vie de Benoît en 1999?
—Le 30 juillet 1999, Benoît est né.
—Où et avec qui était-il?
—Il était à l'hôpital avec sa mère.

B. Maintenant, pensez à six dates marquantes de votre vie et écrivez-les. Ensuite, par petits groupes, décrivez les détails de chaque événement.

Date	Qu'est-ce qui s'est passé?	Avec qui étiez-vous?	Où étiez-vous?	Quel temps faisait-il?
Modèle				
le 3 mars 2015	J'ai fait la connaissance du président.	J'étais avec un copain.	Nous étions à New York.	Il pleuvait.

5

Une histoire Par groupes de trois ou quatre, complétez ces phrases, en utilisant (*using*) le passé composé ou l'imparfait. Ensuite, changez l'ordre des phrases pour raconter une histoire logique.

1. Ensuite, sur la chaîne 2, …
2. Pendant que nous…
3. Puis, à la station de radio, …
4. À ce moment-là, …
5. Soudain, …
6. Récemment, …

6

Interview À deux, jouez les rôles d'un reporter et d'une personne célèbre. Le reporter doit informer le public sur le passé de la personne et c'est à vous de décider ce que l'interviewé(e) a fait pour devenir célèbre. Utilisez le passé composé et l'imparfait dans toutes les questions et toutes les réponses.

Modèle **REPORTER** Saviez-vous que votre ex-fiancé s'est marié en secret avec l'actrice vedette de son dernier film?

VEDETTE Oui, bien sûr, je l'ai su tout de suite.

Synthèse

Au bout de quarante ans

LES FAITS DIVERS

Le grand réveil

Marguerite Bouchard, de Jonquière, s'est réveillée vendredi dernier, après avoir passé quarante ans dans le coma. Toute sa famille était choquée. Marguerite se promenait rue des Victoires en avril 1980 quand une voiture, qui roulait trop vite, l'a renversée°.

struck

Christophe, le frère aîné de Marguerite, était près d'elle et tapait° une lettre sur son ordinateur, au moment où elle a ouvert les yeux et commencé à parler. Elle lui a demandé pourquoi sa machine à écrire° avait ce petit écran. Il s'est immédiatement rendu compte que sa sœur vivait encore dans le passé.

was typing

typewriter

Pendant ces quarante dernières années, bien sûr, Marguerite ne s'est pas informée.

Elle a cru, d'après° sa famille, que les vieilles vedettes de la télé qu'elle connaissait en 1980 étaient toujours célèbres. Toutes les émissions qu'elle préférait ne sont plus à la télé, et quand elle est sortie du coma, elle ne savait même pas qu'il est possible aujourd'hui de les enregistrer.

according to

Marguerite, qui pendant si longtemps n'a pas eu de contact avec les moyens de communication, n'a jamais navigué sur Internet. Avant son accident, elle écoutait tous les jours des reportages à la radio et regardait les nouvelles à la télévision. Depuis 1980, Marguerite n'a lu ni journaux ni magazines.

1

Compréhension À deux, répondez aux questions.

1. Qu'est-il arrivé à Marguerite au bout de quarante ans?

2. Comment l'accident est-il arrivé?

3. Qu'est-ce que Marguerite a demandé à son frère?

4. De quoi Christophe s'est-il rendu compte?

5. Qu'est-ce que Marguerite a cru au sujet des vieilles vedettes?

6. Qu'est-ce que Marguerite n'a jamais fait?

2

Discussion Par groupes de trois, posez-vous ces questions.

1. Comment vous informez-vous? Lisez-vous le journal? Regardez-vous la télé? Y a-t-il un moyen de communication que vous préférez aux autres? Pourquoi?

2. Est-il important de connaître toute l'actualité? Pourquoi?

3. Combien de temps peut-il se passer au maximum sans que vous vous informiez des dernières nouvelles? Une heure? Une journée? Une semaine? Pourquoi?

4. Vous est-il arrivé de ne pas lire le journal, de ne pas regarder la télé, etc. pendant longtemps? Pendant combien de temps? Y a-t-il eu une nouvelle qui vous a surpris(e) après cette période?

3

Dans le journal Avez-vous déjà été le sujet d'un fait divers dans le journal? Que vous est-il arrivé? Par groupes de quatre, expliquez à vos camarades ce que le journal a écrit sur vous. Ensuite, partagez l'histoire la plus intéressante du groupe avec la classe.

Préparation

Vocabulaire de la lecture	**Vocabulaire utile**
apparaître *to appear*	**attirer l'attention sur** *to draw attention to*
un cirque *circus*	**convaincre** *to convince, to persuade*
un milliardaire *billionaire*	**s'engager** *to get involved*
une multinationale *multinational company*	**se mobiliser** *to rally*
la notoriété *fame*	**un réseau** *network*
redoutable *formidable*	**soutenir (une cause)** *to support (a cause)*
un saltimbanque *street performer; entertainer*	
sensibiliser (le public à un problème) *to increase (public) awareness (of an issue)*	

1 **Vocabulaire** Complétez les phrases à l'aide des mots de vocabulaire présentés sur cette page. Faites les conjugaisons ou ajoutez les articles nécessaires.

1. Marie m'a dit que George Clooney allait encore _____ dans une nouvelle publicité pour le café.

2. De nos jours, de plus en plus d'acteurs _____ en faveur d'une cause.

3. Les hommes politiques utilisent les médias pour _____ le public à leur programme.

4. Certains journaux _____ les hommes politiques lors des campagnes électorales.

5. Cet homme est _____, il est si riche qu'il ne sait quoi faire de son argent.

6. La publicité _____ du public sur un produit ou une idée.

7. Quand il était petit, Pierre voulait toujours aller au _____ car il adorait les clowns.

8. Cet artiste est si connu que sa _____ dépasse les frontières de son pays.

2 **Discussion** À deux, répondez aux questions.

1. Est-ce que vous êtes influencé(e)s par les publicités qui utilisent une personne célèbre pour vendre un produit ou défendre une cause? Pourquoi ou pourquoi pas?

2. Connaissez-vous des artistes, des hommes ou des femmes célèbres qui défendent des causes humanitaires?

3. À votre avis, quel est le meilleur média pour sensibiliser le public à une cause humanitaire? Pourquoi?

4. De nombreux acteurs utilisent leur image pour soutenir des causes humanitaires. La notoriété aide-t-elle à mobiliser l'opinion publique? Comment?

5. Les acteurs qui mettent leur célébrité au service d'une cause humanitaire le font-ils par générosité ou pour améliorer leur propre image auprès du public? Discutez.

3 **Dur dur d'être célèbre!** En petits groupes, jouez la situation suivante:

Vous êtes des célébrités internationales. Vous vous retrouvez par hasard en première classe dans un avion entre New York et Paris. Vous discutez des aspects positifs et des aspects négatifs de votre notoriété. Vous essayez aussi de comprendre la fascination que la popularité exerce sur le public en général.

GUY LALIBERTÉ

Un homme hors du commun

cease

Juggler / fire-eater 5

entertainment

innovative

have hosted 40

Vous avez dû entendre parler de Guy Laliberté. Ce québécois mondialement connu ne cesse° d'apparaître dans les médias. Jongleur°, cracheur de feu°, accordéoniste, créateur du célèbre Cirque du Soleil mais aussi redoutable joueur de poker, homme d'affaires des plus fortunés de la planète et même touriste spatial, Guy Laliberté continue à nous surprendre.

Guy Laliberté est né à Québec en 1959. À quatorze ans, il quitte sa famille pour devenir saltimbanque, cracheur de feu et accordéoniste. En 1984, il a l'idée géniale de donner au spectacle de rue une dimension internationale. Il fonde alors avec un ami le Cirque du Soleil, une entreprise québécoise de divertissement° artistique dont la spécialité est le cirque contemporain. Il crée ainsi une toute nouvelle forme d'art du spectacle où se mélangent théâtre, musique, danse, spectacle de rue et magie du cirque. Le concept est extrêmement novateur° et va connaître un succès extraordinaire. En effet, le Cirque du Soleil est devenu une multinationale qui emploie près de 4.000 personnes de par le monde parmi lesquels environ 1.300 artistes dont certains sont d'anciens sportifs professionnels reconvertis. Cette compagnie présente de nombreux spectacles au Canada et dans le monde entier. Longue est la liste des villes qui ont accueilli°, accueillent ou accueilleront les productions de divertissement artistique du Cirque du Soleil: Las Vegas, Orlando, New York, mais aussi Tokyo, Paris, Dubaï et Los Angeles, entre autres.

La personnalité et la fortune fulgurante de Laliberté continuent de fasciner les médias.

L'homme qui a commencé comme saltimbanque dans une petite ville du Québec est devenu milliardaire. Jusqu'en 2015, l'année où il a vendu 90% de ses actions° du Cirque du Soleil, Laliberté régnait sur un véritable empire car les ramifications de la première multinationale de divertissement artistique sont multiples. Il y a, par exemple, la maison de disque qui distribue les produits musicaux des productions de la compagnie, la société de production cinématographique qui distribue les documentaires et les enregistrements° des spectacles.

45

shares 50

55

recordings

La personnalité et la fortune fulgurante° de Laliberté ont fait l'objet de très nombreux articles de journaux et continuent aujourd'hui de fasciner les médias du monde entier.

dazzling
60

En 2009, dans un coup de théâtre médiatique surprenant, Laliberté est parti comme touriste spatial à bord d'un vaisseau° en compagnie d'un cosmonaute russe et d'un astronaute américain. En s'envolant ainsi dans l'espace, l'artiste cherchait par sa notoriété à sensibiliser le monde à l'importance de la conservation des réserves d'eau potable. En effet, Laliberté défend le développement durable et l'environnement. En 2007, il a créé *One Drop*, une fondation qui cherche à assurer un meilleur accès à l'eau potable° aux populations les plus pauvres du monde. En se servant des médias pour aider les autres, Guy Laliberté se place du côté de ces fondateurs de multinationales qui cherchent par leur pouvoir financier, mais aussi par leur immense notoriété médiatique, à changer le monde. ■

65

spaceship

70

75

80

drinking water

85

Analyse

1 **Compréhension** Répondez aux questions par des phrases complètes.

1. De quelle nationalité est Guy Laliberté?

2. Pourquoi Guy Laliberté quitte-t-il sa famille à quatorze ans?

3. Pour quelle raison Guy Laliberté est-il tellement connu?

4. Qu'est-ce que le Cirque du Soleil?

5. Combien de personnes est-ce que le Cirque du Soleil emploie?

6. Pour qui le Cirque du Soleil représente-t-il une deuxième carrière?

7. Quel nouveau type de multinationale Guy Laliberté a-t-il créé?

8. Qu'est-ce que Guy Laliberté cherchait à faire en devenant (*by becoming*) touriste spatial?

9. Qu'est-ce que Guy Laliberté a créé en 2007?

10. Par quels moyens certains grands fondateurs d'entreprise multinationale cherchent-ils à changer le monde?

2 **Réflexion** À deux, répondez aux questions par des phrases complètes.

1. À votre avis, pourquoi Guy Laliberté est-il un homme hors du commun?

2. Est-il facile d'utiliser les médias comme le fait Guy Laliberté?

3. Comment expliquez-vous le succès de Guy Laliberté?

4. Pourquoi la fondation *One Drop* de Guy Laliberté est-elle une fondation importante?

5. Pourquoi être le premier artiste dans l'espace est-il un coup de théâtre médiatique?

3 **L'utilisation des médias** Guy Laliberté est un homme d'affaires qui utilise les médias pour défendre une cause. À deux, trouvez dans l'actualité des exemples d'autres hommes/femmes d'affaires ou d'autres personnes qui utilisent les médias et leur notoriété pour changer le monde. Comment font-ils? Quelles causes défendent-ils? Les trouvez-vous sincères ou manipulateurs?

4 **Les médias au service d'une cause** Par groupes de trois, imaginez que vous avez tous les trois créé une entreprise qui est maintenant une puissante multinationale. Vous êtes extrêmement riches et célèbres et vous décidez de créer une fondation.

- Trouvez un nom et dessinez un logo pour cette fondation.

- Quelle cause est-ce que votre fondation défend?

- Comment allez-vous utiliser les médias d'une manière originale pour présenter et faire connaître votre cause?

Préparation

À propos de l'auteur

Frédéric Beigbeder (1965–), est né à Neuilly-sur-Seine d'une famille aisée (*well-off*). En 1990, à l'âge de vingt-cinq ans, il publie son premier roman, *Mémoires d'un jeune homme dérangé*. Il devient ensuite concepteur-rédacteur (*advertising copywriter*) dans une agence de publicité. Suite à la parution (*publication*) de son roman satirique *99 francs* (dont cet extrait est tiré) qui dénonce l'invasion de la publicité dans notre société, Beigbeder est licencié (*fired*) de l'agence de publicité pour laquelle il travaillait.

Vocabulaire de la lecture		Vocabulaire utile
affronter *to face; to brave*	**une grotte** *cave*	**une enseigne** *store name*
désormais *now*	**une ombre** *shadow*	**une marque** *brand*
en moyenne *on average*	**une paroi** *wall*	**le matraquage** *hype; overkill*
envahir *to invade*	**une sonnerie** *ringtone*	**la société de consommation** *consumer society*
un forfait *phone plan; fixed rate*		

1 **Slogans** Complétez ces slogans publicitaires à l'aide des mots de vocabulaire présentés sur cette page. Faites les conjugaisons nécessaires.

1. Est-ce que votre _____ mensuel vous coûte trop cher? Faites plaisir à votre portefeuille (*wallet*) avec *Peucher Télécom*!

2. Êtes-vous fatigué(e) des nuages et du froid? Redécouvrez votre _____ sous le soleil de la Corse!

3. Est-ce que votre jardin est _____? Une seule solution: l'insecticide *Libérator*!

4. Sors de l'ordinaire! Personnalise ton/ta _____ sur *dringdring.fr*!

5. Avez-vous besoin d'argent? Gagnez 2.000 euros _____ par mois en vendant nos produits!

2 **Discussion** Avec un(e) partenaire, répondez aux questions suivantes.

1. À votre avis, combien de publicités voyez ou entendez-vous par jour?

2. Quel média vous expose à la plus grande quantité de publicités?

3. Aimez-vous la publicité? Y prêtez-vous attention? Expliquez.

4. Quelles sont certaines de vos publicités préférées?

5. La publicité modifie-t-elle votre consommation? Si oui, comment?

6. Aimez-vous la musique d'ascenseur? Quelles en sont les caractéristiques?

7. Est-ce que les sonneries de portable (personnalisées) vous dérangent (*bother you*)?

8. Préférez-vous le silence ou l'animation? Pourquoi?

3 **Campagne publicitaire** Vous travaillez dans une agence de communication et un client vous a demandé de créer la campagne publicitaire de son nouveau produit. Choisissez un nom accrocheur (*catchy*) pour le produit que votre professeur vous aura assigné, puis préparez en petits groupes un sketch représentatif de la campagne télévisuelle que vous allez proposer. N'oubliez pas d'inclure un slogan dans votre publicité et présentez votre campagne au reste de la classe.

🔊 vhlcentral

99 FRANCS

Frédéric Beigbeder

En ce temps-là°, on mettait des photographies géantes de produits sur les murs, les arrêts d'autobus, les maisons, le sol, les taxis, les camions, la façade des immeubles en cours de ravalement°, les meubles, les ascenseurs, les distributeurs de billets, dans toutes les rues et même à la campagne. La vie était envahie par des soutiens-gorge°, des surgelés°, des shampooings antipelliculaires° et des rasoirs triple lame°. L'œil humain n'avait jamais été autant sollicité de toute son histoire: on avait calculé qu'entre sa naissance et l'âge de 18 ans, toute personne était exposée en moyenne à 350.000 publicités. Même à l'orée° des forêts, au bout° des petits villages, en bas des vallées isolées et au sommet des montagnes blanches, sur les cabines de téléphérique°, on devait affronter des logos «Castorama», «Bricodécor», «Champion Midas» et «La Halle aux Vêtements». Jamais de repos° pour le regard° de l'homo consommatus.

Le silence aussi était en voie de disparition°. On ne pouvait pas fuir les radios, les télés allumées, les spots criards° qui bientôt s'infiltreraient jusque dans vos conversations téléphoniques privées. C'était un nouveau forfait proposé par Bouygues Telecom: le téléphone gratuit en échange de coupures publicitaires° toutes les 100 secondes. Imaginez: le téléphone sonne, un policier vous apprend la mort de votre enfant dans un accident de voiture, vous fondez en larmes° et au bout du fil°, une voix chante «Avec Carrefour je positive°». La musique d'ascenseur était partout, pas seulement dans les ascenseurs. La sonnerie des portables stridulait° dans le TGV, dans les restaurants, dans les églises et même les monastères bénédictins résistaient mal à la cacophonie ambiante. (Je le sais: j'ai vérifié.) Selon l'étude mentionnée plus haut, l'Occidental° moyen était soumis° à 4.000 messages commerciaux par jour.

L'homme était entré dans la caverne de Platon. Le philosophe grec avait imaginé les hommes enchaînés dans une caverne, contemplant les ombres de la réalité sur les murs de leur cachot°. La caverne de Platon existait désormais: simplement elle se nommait télévision. Sur notre écran cathodique, nous pouvions contempler une

> **L'œil humain n'avait jamais été autant sollicité de toute son histoire.**

réalité «Canada Dry»: ça ressemblait à la réalité, ça avait la couleur de la réalité, mais ce n'était pas la réalité. On avait remplacé le Logos° par des logos projetés sur les parois humides de notre grotte.

Il avait fallu deux mille ans pour en arriver là. ■

Margin glosses:

- Back then
- (in the process of) being renovated
- bras / frozen foods
- anti-dandruff
- blade
- edge / at the very end
- cable-car
- rest
- the eye
- in the process of disappearing
- shrill ads
- commercial breaks
- burst into tears / at other end of the line
- stay optimistic
- chirped
- Westerner / subject
- cell
- reason (rationality)

Analyse

1 **Compréhension** Répondez aux questions par des phrases complètes.

1. Selon l'auteur, qu'est-ce qui, «en ce temps-là», envahissait la vie des hommes?

2. Où est-ce qu'on peut trouver les logos d'enseignes commerciales?

3. Selon l'auteur, qu'est-ce qui menace le silence dans notre société?

4. Quel est le concept du nouveau forfait proposé par Bouygues Telecom?

2 **Interprétation** Avec un(e) partenaire, répondez aux questions par des phrases complètes.

1. À quelle époque est-ce que l'auteur fait référence quand il dit «En ce temps-là»? Pourquoi utilise-t-il cette formule?

2. «L'œil humain n'avait jamais été autant sollicité de toute son histoire». Que veut dire l'auteur?

3. À la fin du premier paragraphe, quelle métaphore l'auteur utilise-t-il pour décrire la relation entre l'homme et les logos publicitaires?

4. Pourquoi l'auteur appelle-t-il «homo consommatus» la nouvelle étape de l'évolution humaine face au matraquage publicitaire?

5. L'auteur compare les médias et la publicité à un envahisseur (*invader*) bruyant et l'homme moderne à un esclave prisonnier de son influence. Relevez tous les termes qui indiquent cette relation dans le deuxième paragraphe du texte.

6. Dans sa comparaison avec la caverne de Platon, à quoi l'auteur assimile-t-il (*does he compare*) les émissions de télévision? Et la télévision elle-même? Et les téléspectateurs?

3 **Imaginez** À deux, choisissez un slogan publicitaire que vous connaissez puis traduisez-le en français. Dans le cadre du nouveau forfait de téléphonie portable proposé par Bouygues Télécom, imaginez, comme le fait Frédéric Beigbeder, une situation absurde où la réalité pourrait être confrontée à ce slogan. Soyez prêt(e)s à exposer votre situation au reste de la classe.

4 **Rédaction** Frédéric Beigbeder nous dit que la réalité cathodique, le monde dépeint (*depicted*) par la télévision, «ressemblait à la réalité, […] avait la couleur de la réalité, mais […] n'était pas la réalité». Commentez cette citation à l'aide du plan de rédaction.

Plan

1 **Préparation** Réfléchissez aux questions suivantes. Qu'est-ce qui définit la réalité? Comment distinguez-vous ce qui est réel de ce qui ne l'est pas? Est-ce que quelque chose peut sembler (*seem*) réel sans l'être? Comment? Quel est le rôle de la télévision? Pourquoi la regardez-vous? Quel type d'émission, et donc d'images, peut-on voir à la télévision?

2 **Point de vue** Que pensez-vous du monde qui est représenté à la télévision? Quelles différences voyez-vous entre votre réalité et celle de la télévision? Est-ce plus souvent la télévision qui veut ressembler à la vie de tous les jours ou la vie de tous les jours qui veut ressembler aux images projetées par la télévision?

3 **Conclusion** Résumez (*Summarize*) vos arguments.

L'univers médiatique vhlcentral

Les médias

l'actualité (f.) current events
la censure censorship
un événement event
un message/spot publicitaire; une publicité (une pub) advertisement
les moyens (m.) de communication; les médias (m.) media
la publicité (la pub) advertising
un reportage news report
un site web/Internet web/Internet site
une station de radio radio station

s'informer (par les médias) to keep oneself informed (through the media)
naviguer/surfer sur Internet/le web to search the web

actualisé(e) updated
en direct live
frappant(e)/marquant(e) striking
influent(e) influential
(im)partial(e) (im)partial; (un)biased

Les gens des médias

un(e) animateur/animatrice de radio radio presenter
un auditeur/une auditrice (radio) listener
un(e) critique de cinéma film critic
un éditeur/une éditrice publisher
un(e) envoyé(e) spécial(e) correspondent
un(e) journaliste journalist
un(e) photographe photographer
un réalisateur/une réalisatrice director
un rédacteur/une rédactrice editor
un reporter reporter (male or female)
un téléspectateur/une téléspectatrice television viewer
une vedette (de cinéma) (movie) star (male or female)

Le cinéma et la télévision

une bande originale sound track
une chaîne network
un clip vidéo; un vidéoclip music video
un divertissement entertainment

un documentaire documentary
l'écran (m.) screen
les effets (m.) spéciaux special effects
un entretien/une interview interview
un feuilleton soap opera; series
une première premiere
les sous-titres (m.) subtitles

divertir to entertain
enregistrer to record
retransmettre to broadcast
sortir un film to release a movie

La presse

une chronique column
la couverture cover
un extrait excerpt
les faits (m.) divers news items
un hebdomadaire weekly magazine
un journal newspaper
la liberté de la presse freedom of the press
un mensuel monthly magazine
les nouvelles (f.) locales/internationales local/international news
la page sportive sports page
la presse à sensation tabloid(s)
la rubrique société lifestyle section
un gros titre headline

enquêter (sur) to research; to investigate
être à la une to be on the front page
publier to publish

Court métrage

un bon samaritain good Samaritan
la bourse stock market
la décroissance recession
la devise currency
une hausse gain
une PME SME (Small and Medium Enterprises [businesses])
la reddition surrender

faire une bonne action to do a good deed
faire une croix sur to forget about
intervenir to intervene, to get involved

résoudre to resolve
s'accroître to rise, to increase

brisée broken
flou blurry

Culture

un cirque circus
un milliardaire billionaire
une multinationale multinational company
la notoriété fame
un réseau network
un saltimbanque street performer; entertainer

apparaître to appear
attirer l'attention sur to draw attention to
convaincre to convince, to persuade
s'engager to get involved
se mobiliser to rally
sensibiliser (le public à un problème) to increase (public) awareness (of an issue)
soutenir (une cause) to support (a cause)

redoutable formidable

Littérature

une enseigne store name
un forfait phone plan; fixed rate
une grotte cave
une marque brand
le matraquage hype; overkill
une ombre shadow
une paroi wall
la société de consommation consumer society
une sonnerie ringtone

affronter to face; to brave
envahir to invade

désormais now
en moyenne on average

La valeur des idées

Qu'est-ce qui donne de la valeur à une idée? Son originalité, l'impact qu'elle peut avoir sur un groupe ou sur une société? Cependant, une nouvelle idée fait parfois peur aux membres d'un groupe, parce qu'elle les oblige à changer, et il faut souvent du courage pour la faire adopter. Une idée, même bonne, sert-elle à quelque chose, s'il n'y a personne pour la mettre en pratique?

Les étudiants français n'hésitent pas à descendre dans la rue pour exprimer leurs idées et défendre leurs intérêts. Que voyez-vous écrit sur les joues de ces jeunes? Pourquoi manifestent-ils, d'après vous?

116 COURT MÉTRAGE

Dans ce film de **Hugo Chesnard**, une communauté réagit contre un groupe de Roms installé dans la forêt d'à côté. Louise, agent d'espace vert, réussira-t-elle dans le rôle d'intermédiare? À découvrir dans *L'hiver est proche.*

119

122 IMAGINEZ

Les pirates vous fascinent-ils? Un article sur les pirates des Caraïbes vous fera découvrir des aspects peu connus de leur existence, en particulier l'aide qu'ils ont apportée aux révolutionnaires. La chorégraphe guadeloupéenne **Léna Blou** vous initiera à une autre facette méconnue de la culture des **Caraïbes**, sa danse.

140

139 CULTURE

La république d'**Haïti**, vous connaissez. Mais saviez-vous que cette île est le premier État noir indépendant du monde? C'est aussi un pays de peintres.

143 LITTÉRATURE

Dans son *Discours sur la misère*, **Victor Hugo** s'adresse aux membres de l'Assemblée nationale pour leur faire prendre conscience de la misère du peuple français.

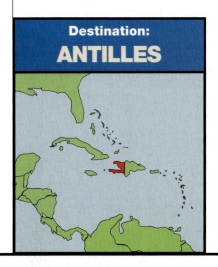
Destination:
ANTILLES

114 POUR COMMENCER

126 STRUCTURES

4.1 The **plus-que-parfait**

4.2 Negation and indefinite adjectives and pronouns

4.3 Irregular **-ir** verbs

147 VOCABULAIRE

La justice et la politique vhlcentral

Les lois et les droits

un crime *murder; violent crime*
la criminalité *crime (in general)*
un délit *(a) crime*
les droits (*m.*) de l'homme *human rights*
une (in)égalité *(in)equality*

une (in)justice *(in)justice*
la liberté *freedom*
un tribunal *court*

abuser *to abuse*
approuver une loi *to pass a law*
défendre *to defend*
emprisonner *to imprison*
juger *to judge*

analphabète *illiterate*
coupable *guilty*
(in)égal(e) *(un)equal*
(in)juste *(un)fair*
opprimé(e) *oppressed*

La politique

un abus de pouvoir *abuse of power*

une armée *army*
une croyance *belief*
la cruauté *cruelty*
la défaite *defeat*
une démocratie *democracy*
une dictature *dictatorship*
un drapeau *flag*

le gouvernement *government*
la guerre (civile) *(civil) war*
la paix *peace*
un parti politique *political party*
la politique *politics*
la victoire *victory*

avoir de l'influence (sur) *to have influence (over)*
se consacrer à *to dedicate oneself to*
élire *to elect*
gagner/perdre les élections *to win/lose elections*
gouverner *to govern*
voter *to vote*

conservateur/conservatrice *conservative*
libéral(e) *liberal*
modéré(e) *moderate*
pacifique *peaceful*
puissant(e) *powerful*
victorieux/victorieuse *victorious*

Les gens

un(e) avocat(e) *lawyer*

un(e) criminel(le) *criminal*
un(e) député(e) *deputy (politician); representative*
un homme/une femme politique *politician*
un(e) juge *judge*
un(e) juré(e) *juror*
un(e) militant(e) *activist*
un(e) président(e) *president*
un(e) terroriste *terrorist*
une victime *victim*
un voleur/une voleuse *thief*

La sécurité et le danger

une arme *weapon*
une menace *threat*
la peur *fear*

un scandale *scandal*
la sécurité *security, safety*
le terrorisme *terrorism*
la violence *violence*

combattre (irreg.) *to fight*
enlever/kidnapper *to kidnap*
espionner *to spy*
faire du chantage *to blackmail*
sauver *to save*

Mise en pratique

1 **Synonymes et antonymes** Remplissez la liste de synonymes et d'antonymes pour les mots suivants.

Synonymes		Antonymes	
1. équivalence	_____	6. défaite	_____
2. terreur	_____	7. guerre	_____
3. protéger	_____	8. victime	_____
4. pacifiste	_____	9. conservateur	_____
5. opinion	_____	10. innocent	_____

2 **Qui est-ce?** Dites qui parle dans chaque situation.

> **1. une militante   2. un terroriste   3. un voleur   4. une avocate   5. un homme politique**

_____ a. J'espionnais des résidences dans un quartier riche. Quand une famille est partie en vacances, je suis entré dans leur maison. Je n'ai pas eu le temps de prendre l'argent, parce que des policiers sont arrivés. J'ai essayé de fuir, mais ils m'ont arrêté. Au tribunal, le juge m'a condamné à trois mois de prison.

_____ b. Je suis membre d'un groupe politique qui croit en la démocratie. Nous sommes pour la liberté des citoyens du monde et contre la dictature. Nous combattons les dictatures, parce que nous pensons que c'est une forme d'emprisonnement.

_____ c. Je m'occupe des affaires publiques dans ma région. Aux dernières élections, soixante-quinze pour cent des habitants qui ont voté m'ont choisi. J'ai aussi gagné les élections il y a quatre ans.

_____ d. Je m'intéresse beaucoup plus à la justice qu'à la politique. Chaque jour, je défends mes clients, qui sont souvent victimes d'injustices. En plus, je me consacre à la défense des droits de l'homme.

_____ e. Je suis membre d'une armée spéciale. Nous faisons peur aux gens pour les informer sur nos croyances et sur nos luttes. Nous utilisons aussi la violence et la cruauté pour détruire ce qui est injuste dans le monde. Nous utilisons fréquemment le chantage pour atteindre notre but.

3 **Définir et inventer** Dans un groupe de trois ou quatre, définissez les mots de la liste. Ensuite, inventez une histoire qui inclut au moins huit des douze mots.

chantage	démocratie	emprisonner	politique
combattre	dictature	opprimé	scandale
criminel	égalité	puissant	sécurité

4 **Au tribunal** Imaginez que vous soyez avocat(e). Décrivez quelle sorte de droit vous pratiquez. Si vous choisissez le droit pénal (*criminal*), défendez-vous des clients qui sont coupables? Qu'est-ce qui est le plus important: défendre la justice ou gagner un salaire élevé? Discutez de vos idées avec celles d'un(e) camarade de classe.

Préparation

arracher *to rip out*

un compte en banque *bank account*

embarquer *to take away, steal*

le liquide *cash*

expulser *to evict*

fracasser *to break*

des papiers (*m.*)/un avis d'expulsion *eviction notice*

porter plainte *to file a complaint with the police*

virer (*slang*) *to kick out*

Vocabulaire utile

accuser *to accuse*

un campement de fortune *makeshift camp*

la délinquance *petty crime, delinquency*

démanteler *to dismantle*

un préjugé *prejudice, bias*

prévenir *to warn*

le travail à la journée *day labor*

EXPRESSIONS

Casse-toi! (*slang*) *Leave!*

Dégage! (*slang*) *Get out of here!*

---

1 **Associations** Reliez chaque mot à sa définition.

_____ 1. la délinquance

_____ 2. virer

_____ 3. un préjugé

_____ 4. fracasser

_____ 5. embarquer

a. forcer quelqu'un à partir

b. prendre quelque chose sans demander la permission

c. un type de criminalité

d. une idée fausse

e. casser

2 **Le bon mot** Complétez les phrases à l'aide des mots de vocabulaire.

1. Mon ami a été victime d'un crime, alors il va _____ à la police.

2. Cette pauvre famille a perdu sa maison et elle est obligée d'habiter dans un _____.

3. Mon oncle a du mal à trouver un emploi stable alors en ce moment, il fait seulement du _____.

4. Ces gens ne peuvent plus payer leur loyer, alors le propriétaire menace de les _____.

5. En cas d'accident sur la route, on doit _____ la police.

6. Les gens intolérants ont souvent beaucoup de _____.

7. Cet homme n'a rien fait. Il faut arrêter de le/l' _____.

8. Je vais payer par chèque; je n'ai pas de _____.

3 La justice sociale Répondez aux questions avec un(e) camarade.

1. À votre avis, est-ce que toutes les lois sont justes? Faut-il toujours les respecter? Seriez-vous prêt(e) à défier une loi si vous pensiez qu'elle était injuste?

2. Quel problème de société vous touche le plus personnellement? Pourquoi?

3. D'après vous, est-ce que les hommes et les femmes politiques se consacrent assez à la lutte (*struggle*) contre les injustices et les inégalités? Développez votre réponse en donnant des exemples.

4 Citation Lisez la citation suivante du grand écrivain français Victor Hugo et discutez-en par petits groupes. Êtes-vous d'accord avec la citation? Comment et pourquoi les préjugés se forment-ils? Pourquoi certains groupes se retrouvent souvent stigmatisés et opprimés (*oppressed*)? Comment peut-on les défendre et combattre ce problème?

> **« Les plus petits esprits ont les plus gros préjugés. »**
> —VICTOR HUGO

5 Un événement marquant Par petits groupes, discutez d'un événement récent qui illustre l'injustice sociale. Que s'est-il passé? Quels sont les arguments pour et contre les actions prises à l'égard de cet événement? Pourquoi cet événement vous a-t-il frappé(e)? Décrivez l'événement et expliquez votre réaction en donnant des détails.

6 Prédictions Dans ce court métrage, une jeune femme essaie d'aider un groupe de familles dans le besoin. À deux, regardez la photographie et essayez d'imaginer ce qui va se passer. Qui est la jeune femme? Où vit ce groupe? Comment décririez-vous leur situation? Que va-t-il leur arriver?

vhlcentral

AVEC **SOPHIE CATTANI** ET **PETRU CAROLEA**

L'HIVER EST PROCHE

SCÉNARISTE, RÉALISATEUR **HUGO CHESNARD**

UNE PRODUCTION DE **TAKAMI PRODUCTIONS** PRODUCTION EXÉCUTIVE **FILMS GRAND HUIT**
PRODUCTEURS DÉLÉGUÉS **KARINE BLANC, PAULINE SEIGLAND, MICHEL TAVARES**
MUSIQUE **ALEXANDER ZEKKE** RÉGISSEUSE GÉNÉRALE **STÉPHANIE GILLETTE**
DIRECTRICE DE PRODUCTION **SOPHIE LIXON** CHEF MONTEUSE **ERIKA HAGLUND**
INGÉNIEUR DU SON **LUDO ELIAS** DIRECTEUR DE LA PHOTOGRAPHIE **GÉRARD DE BATTISTA**
COSTUMES **ANAÏS GUGLIELMETTI** DÉCORS **TINKA RODRIGUEZ**

INTRIGUE *Un groupe de Roms s'ést installé illégalement dans la forêt. Louise, agent d'espace vert, doit documenter la situation en vue de° leur expulsion.*

DIO Tu vas faire l'expulsion, Madame?
LOUISE Vous allez devoir partir.
DIO Il est à toi, le cheval, ou à ton patron?
LOUISE Il est à mon patron. Il ne faut pas rester ici, Monsieur. Les riverains° ont appelé la police.

AGENT DE POLICE Vous les avez vus?
LOUISE Mais oui.
PATRON Louise, on va avoir besoin de photos du campement.
LOUISE Mais j'en viens là.
PATRON La police veut intervenir rapidement.

DIO Madame! Tu fais quoi ici?
LOUISE Euh… je… je dois prendre des photos. C'est pour la préfecture°.
DIO Pourquoi?
LOUISE Vous ne pouvez pas rester ici. C'est une forêt qui ne vous appartient° pas. Et les gens qui habitent à côté se plaignent°.

DIO Tu es mon amie. Va, prends les photos… J'ai un chèque. Une fois que tu as le liquide, tu me le donnes.
LOUISE Ah, non, c'est hors de question.
DIO S'il te plaît, je n'ai pas de compte en banque.
LOUISE Si j'accepte, vous partirez?
DIO Oui, je pars. Merci.

POLICE Comme vous le savez, on va effectuer l'évacuation d'un camp de Roms. Il y a quatre familles. Une trentaine de personnes en comptant° les enfants. À cette heure de la journée tout le monde sera là. Il n'y a pas d'individu dangereux, pas de problème particulier. Mais vigilance.

LOUISE Tiens! Le liquide, là. Mais il faut partir!
DIO Partir où? … Non, casse-toi, dégage!

en vue de *in order to* **riverains** *local residents*
préfecture *administrative offices* **appartient** *belong*
se plaignent *are complaining* **en comptant** *counting*

Analyse

1 **Compréhension** Répondez aux questions par des phrases complètes.

1. Pourquoi Louise va-t-elle dans le camp de Roms la première fois?

2. Pourquoi les riverains se sont réunis?

3. Pourquoi Louise retourne au camp la deuxième fois? Comment Dio et sa famille réagissent-ils?

4. Qu'est-ce que Dio demande à Louise de faire? Pourquoi?

5. Qu'est-ce que Louise apprend quand elle retourne au travail? Que fait-elle?

6. Comment réagit-on dans le camp?

2 **À compléter** Complétez ces phrases à l'aide des mots de vocabulaire de la page 116.

1. Plusieurs familles de Roms ont installé _____ dans la forêt.

2. Une loi interdit qu'on paie les gens _____ pour leur travail à la journée.

3. On dit que les Roms _____ des choses qui ne leur appartiennent pas.

4. Les familles roms sont victimes de nombreux _____.

5. La préfecture a décidé de faire _____ le campement par la police.

3 **À relier**

A. À deux, faites correspondre les images aux phrases.

1.　　　　　　　　2.　　　　　　　　3.

4.　　　　　　　　5.　　　　　　　　6.

_____ a. Les enfants! Venez faire la photo.

_____ b. Ce n'est pas juste. Il m'a filé un chèque.

_____ c. Casse-toi! Allez! Va-t-en! Dégage!

_____ d. Il n'y a pas de risque pour toi. S'il te plaît, prends-le!

_____ e. Moi, petit, j'avais le même. Il y a plein de chevaux comme ça dans mon pays.

_____ f. Ils partent. Ils n'ont rien à faire ici, je regrette.

B. Remettez les six séquences dans l'ordre chronologique.

1. _____　　2. _____　　3. _____　　4. _____　　5. _____　　6. _____

4 **Interprétation** Discutez de ces questions avec un(e) camarade.

1. À votre avis, est-ce que les arguments des riverains et des autorités qui veulent l'expulsion des familles roms sont légitimes, ou pensez-vous qu'ils viennent de préjugés? Expliquez.

2. À un certain moment dans le film, Dio dit: «On reste. Partir? Partir où? Hein, où?» Comment interprétez-vous cette réponse? Qu'est-ce qu'elle révèle sur la manière dont Dio voit la situation?

3. À la fin du court métrage, que pensez-vous de la réaction de Dio envers Louise? Est-elle justifiée? Et Louise? Comment réagit-elle? Qu'est-ce qu'elle ressent à votre avis?

4. Quels sont les questions morales posées par le film? Quels sont les choix moraux auxquels Louise doit faire face? Justifiez vos opinions en citant des exemples du film.

5 **Et vous?** Répondez aux questions.

1. Avez-vous déjà essayé d'aider quelqu'un qui était dans le besoin? Décrivez la situation et expliquez pourquoi vous avez essayé d'aider cette personne. Avez-vous réussi à l'aider?

2. Que peut-on faire pour aider les personnes qui sont victimes de préjugés et qui vivent dans la précarité?

3. Qu'auriez-vous fait à la place de Louise? Auriez-vous aussi essayé d'aider Dio et sa famille? Pourquoi ou pourquoi pas?

4. Que feriez-vous si vous étiez Dio? Quitteriez-vous le campement avant l'arrivée de la police ou essayeriez-vous plutôt de convaincre les autorités de ne pas vous expulser?

6 **Problèmes et solutions** À deux, choisissez un problème de société qui vous touche particulièrement et discutez-en. Vous pouvez vous inspirer de la liste ci-dessous ou choisir un autre problème. Ensemble, évaluez le problème choisi. Écrivez un paragraphe dans lequel vous décrivez ce problème en donnant des détails et des exemples. Ensuite, échangez votre paragraphe avec une autre paire. À tour de rôle, discutez du problème que chaque paire a décrit et essayez de proposer des solutions possibles.

- la pauvreté et la précarité
- la criminalité
- les guerres dans le monde
- le terrorisme
- les inégalités et l'injustice
- les scandales politiques

7 **La fin** Par petits groupes, imaginez la suite de l'histoire du court métrage en considérant les questions suivantes.

1. Que va-t-il se passer après cette dernière conversation entre Louise et Dio? Les policiers vont-ils vraiment démanteler le camp? Va-t-il y avoir des problèmes? Que va faire Dio? Et les autres membres de la famille?

2. Si la famille de Dio est expulsée, que vont-ils faire? Où vont-ils aller? La préfecture va-t-elle leur proposer des solutions?

IMAGINEZ

Alerte! Les pirates!

«À l'abordage°!» Au 17e siècle, tous les voyageurs des **Antilles** avaient peur d'entendre ce cri. En effet, chaque traversée° les livrait à la merci° d'horribles pirates qui hantaient la **mer des Caraïbes**. Des noms comme le **capitaine Morgan** ou le **capitaine Kidd** pour les **Britanniques**, et **Jean Bart** ou **Robert Surcouf** pour les **Français** semaient l'épouvante°. **Pirates**, corsaires, et boucaniers… leur réputation était terrible!

Pourtant la piraterie avait son utilité. À l'époque, les nations européennes se disputaient les Caraïbes et n'avaient pas les moyens financiers de mettre en place une force navale dans une région aussi vaste. Les **Espagnols** constituaient la plus grande puissance coloniale des Antilles, mais en 1564, ce sont les **Français** qui ont été les premiers non-espagnols à s'y installer, à **Fort Caroline**, aujourd'hui près de **Jacksonville**, en **Floride**. Bien qu'ils n'y soient pas restés très longtemps — ils en ont vite été chassés par les **Espagnols** — les Français ont profité de l'emplacement de leurs colonies pour saisir° l'or et l'argent que les **Espagnols** extrayaient° des mines sud-américaines. La piraterie permettait aussi aux Français de s'emparer° des bateaux marchands qui visitaient les ports de **Saint-Pierre** en **Martinique**, **Basse-Terre** en **Guadeloupe** ou **Cap Français** à **Saint-Domingue** (aujourd'hui **Haïti**), trois colonies françaises à l'époque.

Un galion, bateau armé des temps anciens

Il existait différents types d'équipages°. Les **corsaires** étaient souvent des nobles ou de riches entrepreneurs qui travaillaient directement pour le roi. Cette piraterie-là rapportait bien°. Les pirates ordinaires, eux, étaient indépendants et beaucoup vivaient sur **l'île de la Tortue**, colonie française au nord de Saint-Domingue. Les **boucaniers**, les

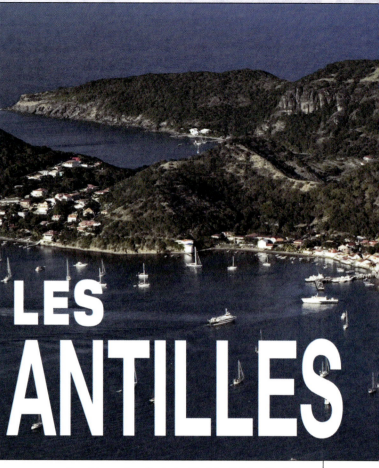

LES ANTILLES

Vue aérienne d'une île de l'archipel des Saintes, Guadeloupe

pirates des Antilles, étaient de véritables aventuriers. Leur nom vient du «boucan», une grille de bois sur laquelle ils faisaient griller la viande et les poissons, à la manière des populations locales, les **Amérindiens Arawak**. C'est un groupe linguistique qui comprend plusieurs tribus. Ils sont les premiers à avoir contact avec les Européens. Les boucaniers étaient réputés pour leur vie en plein air et leurs festins bruyants. Parmi leurs lieux favoris: **Saint-Barthélemy**, **Port-de-Paix** à Saint-Domingue et des petites îles comme **les Saintes**, en Guadeloupe.

Les sociétés de pirates, qu'on appelait aussi des **flibustiers**, étaient égalitaires, et même révolutionnaires pour l'époque. Les pirates étaient les seuls marins à pouvoir élire leur capitaine démocratiquement. Celui-ci combattait avec eux, au lieu de° leur donner des ordres de loin. Le butin° était partagé entre tous les membres de l'équipage, et les invalides recevaient des indemnités°. En temps de guerre, la piraterie devenait très active. En temps de paix, les pirates faisaient de la contrebande°, pour le bonheur de tous. Beaucoup allaient par exemple au petit village

À l'abordage! *a pirate cry used when taking over another ship* **traversée** *crossing* **livrait à la merci** *put at the mercy* **semaient l'épouvante** *spread terror* **saisir** *seize* **extrayaient** *extracted* **s'emparer** *to grab* **équipages** *crews* **rapportait bien** *was profitable* **au lieu de** *instead of* **butin** *booty* **indemnités** *compensation* **contrebande** *smuggling*

Découvrons les Antilles

Saint-Barthélemy **Saint-Barth** est une île du nord des Caraïbes, qui porte le nom du frère de **Christophe Colomb**.

Aujourd'hui, l'île fait partie des **Antilles françaises**, mais elle a aussi été espagnole et suédoise. À présent, elle est connue pour son tourisme de luxe. Entre une chaîne de montagnes et une barrière de corail°, ses 14 plages ont chacune un caractère unique. Cette grande diversité s'accompagne d'un climat paradisiaque. L'île fait ainsi le bonheur des vacanciers et des stars.

Les yoles rondes La yole ronde est un voilier° inventé en **Martinique**, dans les années 1940. Elle s'inspire du **gommier**, le bateau traditionnel, et de la yole européenne. Ses premiers utilisateurs étaient les marins pêcheurs°, qui faisaient la course°

quand ils rentraient de la pêche. La yole ronde est aujourd'hui un véritable sport nautique, dont l'événement le plus populaire est le **Tour de la Martinique**, une course en sept étapes° autour de l'île.

Le carnaval de Guyane En **Guyane française**, le carnaval ne ressemble à aucun autre. Il est d'abord exceptionnellement long, parce qu'il dure deux mois:

du jour de l'Épiphanie, le 6 janvier, au mercredi des Cendres, début mars. Il est aussi à la fois populaire, multiethnique et traditionnel, avec des costumes historiques comme celui du boulanger ou de l'ours°. C'est surtout une grande fête qui rassemble tous les Guyanais.

John James Audubon (1785–1851) Tout le monde en Amérique connaît **J. J. Audubon**, le fameux ornithologue et naturaliste, et la **National Audubon Society** créée en sa mémoire. Audubon, d'origine française, est né en Haïti. Il a grandi en France, près de Nantes,

et a émigré aux États-Unis en 1803. Dans son œuvre, *Les oiseaux d'Amérique* (1840), il a dessiné, en quatre volumes, toutes les espèces connues d'oiseaux d'Amérique du Nord.

barrière de corail *coral reef* **voilier** *sailboat* **marins pêcheurs** *fishermen* **faisaient la course** *raced* **étapes** *stages* **ours** *bear*

---

de **Pointe-Noire**, en Guadeloupe, pour vendre leurs marchandises à très bon prix. Ce village doit son nom aux roches volcaniques qu'on aperçoit au nord.

Aujourd'hui, si vous allez aux Antilles, vous aurez peu de chance de rencontrer des pirates. Par contre, vous pourrez toujours déguster° un bon poulet boucané en souvenir du passé!

déguster *savor*

Des mots utilisés aux Antilles

Guadeloupe et Martinique

un acra	un beignet de poisson ou de légumes
une anse	une baie
une doudou	une chérie
le giraumon	le potiron; *pumpkin*
une habitation	une plantation, un domaine agricole
le maracudja	le fruit de la passion
une morne	une colline; *hill*
une trace	un chemin; *path*
le vesou	le jus de la canne à sucre
un zombi	un revenant; *ghost*; *zombie*

Qu'avez-vous appris?

1 Correspondances Faites correspondre les mots et les noms avec les définitions.

1. _____ John James Audubon

2. _____ le boucan

3. _____ Saint-Barthélemy

4. _____ la yole ronde

5. _____ le Tour de la Martinique

6. _____ l'ours

a. une course nautique en sept étapes

b. une île qui fait le bonheur des touristes et des stars

c. un des costumes traditionnels du carnaval de Guyane

d. un voilier qui s'inspire du gommier et de la yole européenne

e. une grille de bois pour faire cuire le poisson ou la viande

f. un ornithologue né en Haïti

2 Complétez Complétez chaque phrase de manière logique.

1. … est un cri qui faisait peur aux voyageurs du 17ᵉ siècle.

2. Aux Antilles, au 17ᵉ siècle, on risquait de rencontrer à chaque traversée …

3. La piraterie était utile quand les nations…

4. Il existait trois types de pirates: …

5. Le carnaval de Guyane est…

6. John James Audubon était gardien du patrimoine naturel américain parce qu'…

Projet

Dans la peau d'un boucanier

Imaginez que vous soyez un pirate ou un boucanier du 17ᵉ siècle. Recherchez les informations dont vous avez besoin pour écrire un extrait de votre journal. En au moins dix phrases, expliquez ce qui s'est passé pendant une journée et présentez-le à la classe.

- Inventez des aventures et donnez des détails. Où êtes-vous allé(e)s? Qui avez-vous rencontré? Quels problèmes avez-vous eus? Comment avez-vous survécu?

- Dessinez un plan de la route que vous avez suivie.

ÉPREUVE

Trouvez la bonne réponse.

1. Des noms comme le capitaine Morgan, le capitaine Kidd, Jean Bart et Robert Surcouf semaient _____.

   a. la joie   b. l'épouvante
   c. le bonheur   d. le calme

2. _____ travaillaient directement pour le roi.

   a. Les flibustiers   b. Les corsaires
   c. Les pirates   d. Les boucaniers

3. Les pirates ordinaires étaient _____.

   a. riches   b. anglais
   c. nobles   d. indépendants

4. Le boucan était à l'origine utilisé par _____.

   a. les boucaniers   b. les colons
   c. les Amérindiens Arawak   d. les marins

5. Les sociétés pirates étaient révolutionnaires pour leur époque parce qu'elles étaient _____.

   a. hiérarchiques   b. célèbres
   c. riches   d. égalitaires

6. Le butin était partagé entre _____ de l'équipage.

   a. tous les membres   b. tous les capitaines
   c. tous les bateaux   d. tous les invalides

7. En temps de paix, les pirates faisaient _____.

   a. du commerce   b. de la contrebande
   c. la guerre   d. des réparations

8. La recette qui rappelle les pirates des Antilles s'appelle _____.

   a. le poulet boucané   b. la grillade
   c. le poisson   d. la viande cuite

9. _____ porte le nom du frère de Christophe Colomb.

   a. Saint-Barthélemy   b. Cap Français
   c. Saint-Domingue   d. Saint-Pierre

10. Les premiers utilisateurs des yoles rondes étaient _____.

    a. les boucaniers   b. les Espagnols
    c. les marins pêcheurs   d. les Amérindiens Arawak

Galerie de créateurs

vhlcentral | *Galerie de créateurs*

Danse: Léna Blou

1 **Préparation** Répondez à ces questions sur les arts et l'expression artistique.

1. Quelles sont les différentes formes d'art? Lesquelles vous intéressent le plus? Pourquoi?

2. Qui sont vos artistes préférés? Dans quels types d'art se distinguent-ils? De quelle manière expriment-ils leurs idées à travers l'art?

3. Et vous, vous exprimez-vous à travers une pratique artistique? Laquelle? Si vous ne pratiquez pas un art, décrivez de quelle manière vous aimez vous exprimer.

Et Léna Blou créa Techni'Ka

Diplômée en interprétation chorégraphique en jazz et en danse contemporaine, cette danseuse guadeloupéenne ouvre le Centre de danse et d'études chorégraphiques à Pointe-à-Pitre en 1990. En 1995, elle crée la Compagnie Trilogie. Parallèlement à sa carrière de danseuse interprète, de pédagogue et de chorégraphe, elle est chercheuse en danse et doctorante en anthropologie de la danse à l'université des Antilles en Guadeloupe. Sa mission est de faire connaître et transmettre (*pass on*) l'esthétique chorégraphique traditionnelle des Caraïbes, mais aussi la philosophie de vie des Guadeloupéens, à travers un concept qui s'appelle «le Bigidi». De plus, elle modernise la danse traditionnelle guadeloupéenne, le GwoKa, en créant (*by creating*) la technique de danse «Techni'Ka». Léna Blou est ainsi une artiste à la fois (*both*) moderne et traditionnelle qui désire placer la danse de son île au même rang que les autres styles de danse reconnus mondialement. Pour cela, elle diffuse cette nouvelle esthétique caribéenne par le biais de sa compagnie, ses conférences sur le concept du Bigidi et ses stages de Techni'Ka.

2 **Compréhension** Répondez par des phrases complètes.

1. Quelles sont les professions de Léna Blou?

2. Décrivez sa mission. Que désire-t-elle?

3. Comment réalise-t-elle sa mission?

3 **Discussion** Discutez de la question suivante en petits groupes puis avec la classe: De quelle manière les traditions culturelles influencent-elles les arts au sein d'une communauté? Faites appel aux arts et traditions de votre culture ou ceux d'une culture que vous connaissez. Donnez des exemples.

4 **Application** Au cœur d'une culture

Le GwoKa raconte les traditions et la culture guadeloupéennes par la musique et la danse. Le Techni'Ka s'inspire de cette danse et la modernise. Choisissez des exemples d'art qui racontent votre culture ou, si vous préférez, créez votre propre œuvre d'art pour exprimer les traditions de votre culture. Faites une présentation à la classe.

vhlcentral

4.1

The *plus-que-parfait*

Louise n'**avait** pas **anticipé** la réaction des enfants.

- The **plus-que-parfait** is used to talk about what someone *had done* or what *had occurred* before another past action, event, or state. Like the **passé composé**, the **plus-que-parfait** uses a form of **avoir** or **être** — in this case, the **imparfait** — plus a past participle.

The *plus-que-parfait*		
voter	**finir**	**perdre**
j'avais voté	j'avais fini	j'avais perdu
tu avais voté	tu avais fini	tu avais perdu
il/elle/on avait voté	il/elle/on avait fini	il/elle/on avait perdu
nous avions voté	nous avions fini	nous avions perdu
vous aviez voté	vous aviez fini	vous aviez perdu
ils/elles avaient voté	ils/elles avaient fini	ils/elles avaient perdu

RECENT PAST	REMOTE PAST
Nous lui avons dit	qu'elle avait gagné les élections.
We told her	*that she had won the election.*

RECENT PAST	REMOTE PAST
L'accusé souriait	parce que les juges ne l'avaient pas mis en prison.
The accused was smiling	*because the judges had not put him in prison.*

BLOC-NOTES

See **Fiche de grammaire 5.5, p. 392,** for a review of agreement with past participles.

- Recall that some verbs of motion, as well as a few others, take **être** instead of **avoir** as the auxiliary verb in the **passé composé**. Use the **imparfait** of **être** to form the **plus-que-parfait** of such verbs and make the past participle agree with the subject.

Les avocats ne savaient pas que vous **étiez** déjà **partie**.
The lawyers didn't know that you had already left.

On a découvert que les victimes **étaient mortes** à la suite de leurs blessures.
They discovered that the victims had died of their injuries.

- Use the **imparfait** of **être** as the auxiliary for reflexive and reciprocal verbs. Make agreement whenever you would do so for the **passé composé**.

Avant le dîner, le président et sa femme **s'étaient levés** pour recevoir les invités.
Before dinner, the president and his wife had gotten up to welcome the guests.

Il ne savait pas que nous **nous étions téléphoné** hier soir.
He didn't know that we had phoned each other last night.

M. Vartan a reçu une amende. Il ne **s'était** pas **arrêté** au feu.

- In all other cases as well, agreement of past participles in the **plus-que-parfait** follows the same rules as in the **passé composé**.

  La police a trouvé les armes qu'il avait **cachées**.
  The police found the weapons that he had hidden.

  Le président a signé la loi que le congrès avait **approuvée**.
  The president signed the law that the congress had passed.

The *plus-que-parfait* and other past tenses

- Use the **plus-que-parfait** to emphasize that something happened in the past before something else happened. Use the **passé composé** to describe completed events in the more recent past and the **imparfait** to describe conditions or habitual actions in the more recent past.

Action in remote past . . .	completed action in recent past

  Le militant n'**avait** pas **fini** de parler quand vous **avez coupé** le micro.
  The activist hadn't finished talking when you cut off the microphone.

Condition in recent past . . .	action in remote past

  Il y **avait** des drapeaux partout parce que le président **était arrivé** la veille.
  There were flags everywhere because the president had arrived the day before.

- The **plus-que-parfait** is also used after the word **si** to mean *if only… (something else had taken place)* to express regret.

  Si j'**avais su** que tu avais un plan!
  If only I had known you had a map!

  Si seulement il n'**était** pas **arrivé** en retard!
  If only he hadn't arrived late!

- To say that something had *just* happened in the past, use a form of **venir** in the **imparfait** + **de** + the infinitive of the verb that describes the action.

  Je **venais de raccrocher** quand le téléphone a sonné de nouveau.
  I had just hung up when the phone rang again.

  Le président **venait de signer** l'accord quand on a entendu l'explosion.
  The president had just signed the treaty when we heard the explosion.

Vérifiez

ATTENTION!

In informal speech, speakers of English sometimes use the simple past to imply the past perfect. In French, you still use the **plus-que-parfait**.

Le voleur a cherché les papiers que l'avocate avait posés sur son bureau.

The thief looked for the papers that the lawyer placed (had placed) on her desk.

BLOC-NOTES

Si clauses can also contain a verb in the present tense or **imparfait**. See **Structures 10.3, pp. 356–359**, to learn more about **si** clauses.

Vérifiez

Mise en pratique

1 **Un prix Nobel** Pendant une interview, une militante de l'organisation «Un monde tranquille» parle de sa vie avant qu'elle ait reçu le prix Nobel de la paix. Employez le plus-que-parfait pour compléter ses phrases.

Quand j'étais petite, mes parents m' (1) _____ (apprendre) que les gens avaient besoin d'aide et j' (2) _____ (essayer) de nombreuses fois de me rendre utile. À l'université aussi, j' (3) _____ (combattre) l'injustice et j' (4) _____ (défendre) la liberté. Mes amis et moi, nous (5) _____ (se promettre) d'aider les opprimés. À cette époque, j' (6) _____ (penser) devenir avocate. Mais avant de prendre ma décision, la présidente de l'organisation (7) _____ (venir) me parler et elle (8) _____ (finir) par me convaincre de devenir militante.

2 **Dans le journal** Les phrases suivantes viennent d'un journal politique. Mettez-les au plus-que-parfait.

se consacrer	fuir	perdre
élire	gagner	retourner

Modèle La femme politique *avait eu de l'influence* dans son parti, mais au moment des élections, elle n'en avait plus.

1. Le candidat _____ les élections, et il ne le savait pas encore.
2. Les gouvernements _____ à la lutte contre l'inégalité.
3. Tu _____ un bon représentant, le meilleur depuis des années.
4. Les kidnappeurs du fils du président _____ à l'approche de la police.
5. Monsieur et Madame Duval, vous _____ au tribunal avant midi?
6. Je leur disais que nous _____ notre lutte contre la dictature.

3 **De cause à effet** Employez le plus-que-parfait pour expliquer pourquoi ces choses se sont passées.

Modèle Je me suis réveillé dans la nuit. Le téléphone a sonné.
Je me suis réveillé dans la nuit parce que le téléphone avait sonné.

1. Elle n'a pas pu rentrer chez elle le soir. Elle a perdu les clés de la maison le matin.
2. Nous avons voté dimanche. Nous avons regardé le débat politique à la télévision samedi.
3. Ma mère nettoyait la cuisine. Les invités sont partis.
4. Le parti conservateur a perdu les élections. Le peuple a voté pour le parti écologiste.
5. Elles sont sorties. Personne ne leur a dit que j'arrivais.
6. J'ai caché (*hid*) les confitures de fraises. Mon frère a mangé toutes les confitures de pêches.
7. Les militants entraient dans la salle. Le maire a fini son discours.
8. La justice régnait. La démocratie a gagné.

Communication

4

Vacances antillaises Claire revient de ses vacances aux Antilles et raconte tout à son ami. À deux, créez le dialogue avec ces verbes. Employez le plus-que-parfait.

adorer	permettre
aller	préférer
apprécier	savoir
avoir de la chance	visiter
finir	voir

Modèle   **JULIEN** Qu'est-ce que tu as apprécié à la Martinique?

CLAIRE J'ai vu des milliers de papillons dans un jardin. Jamais je n'avais eu la chance d'assister à un tel spectacle!

Note
CULTURELLE

Le **Jardin des papillons** (*butterflies*), à l'**Anse Latouche**, en **Martinique**, est un parc dédié (*dedicated*) à l'élevage (*breeding*) de papillons du monde entier. Les plantes de ce jardin y créent un écosystème idéal. Les visiteurs ont la chance de se promener au milieu des innombrables (*countless*) insectes qui y vivent en toute liberté.

5

À votre avis? Que pensez-vous du gouvernement actuel? Est-il meilleur que le gouvernement précédent? À deux, donnez votre opinion et servez-vous du plus-que-parfait.

Modèle   —Le gouvernement actuel a fait de bonnes choses jusqu'à maintenant.

—Peut-être, mais je pense que le gouvernement précédent avait réussi à…

6

Avant la guerre Une guerre a éclaté (*erupted*) dans un pays européen et le Conseil de l'Europe se réunit. Par groupes de trois, imaginez que chacun(e) de vous représente un pays différent. Utilisez le plus-que-parfait pour débattre du rôle du conseil avant la guerre. Consultez la carte de l'Europe au début du livre et servez-vous du vocabulaire suivant.

Modèle   —Avant la guerre, nous avions déjà accusé votre président d'abus de pouvoir.

—Peut-être, mais c'est mon pays qui avait combattu pour les droits de tous les Européens.

—Tous nos pays avaient espionné leur armée, et personne n'avait rien dit!

abuser	espionner
approuver	faire du chantage
avoir de l'influence	juger
combattre	kidnapper
se consacrer à	sauver
défendre	voter

4.2

vhlcentral

Negation and indefinite adjectives and pronouns

—Il **ne** faut **pas** rester ici, Monsieur.

Negation

- To negate a phrase, you typically place **ne... pas** around the conjugated verb. If you are negating a phrase with a compound tense such as the **passé composé** or the **plus-que-parfait**, place **ne... pas** around the auxiliary verb.

Infinitive construction	Passé composé
Ça **ne** va **pas** faire un scandale, j'espère. *This won't cause a scandal, I hope.*	La famille **n'**a **pas** fui la ville pendant la guerre. *The family didn't flee the town during the war.*

- To be more specific, use variations of **ne... pas**, such as **ne... pas du tout** and **ne... pas encore**.

Le président **n'**aime **pas du tout** les brocolis. *The president doesn't like broccoli at all.*	La voleuse **n'**a **pas encore** choisi sa victime. *The thief has not chosen her victim yet.*

- Use **non plus** to mean *neither* or *not either*. Use **si**, instead of **oui**, to contradict a negative statement or question.

—Je n'aime pas la violence.
—*I don't like violence.*

—Moi **non plus**.
—*I don't either.*

—Tu n'aimes pas la démocratie?
—*You don't like democracy?*

—Mais **si**.
—*Yes, I do.*

- To say *neither... nor*, use **ne... ni... ni...** Place **ne** before the conjugated verb or auxiliary, and **ni** before the word(s) it modifies. Omit the indefinite and partitive articles after **ni**, but use the definite article when appropriate.

Il **n'**y a **ni** justice **ni** liberté dans une dictature.
There is neither justice nor liberty under a dictatorship.

Ni le juge **ni** l'avocat **ne** va juger l'accusé.
Neither the judge nor the lawyer will judge the accused.

- It is also possible to combine several negative elements in one sentence.

On **ne** fait **plus jamais rien**.
We never do anything anymore.

Personne n'a **plus rien** écouté.
No one listened to anything anymore.

- Note how the placement of these expressions varies according to their function.

More negative expressions

ne… aucun(e) *none (not any)*	Le congrès **n**'a approuvé **aucune** loi cette année. *The congress didn't approve any laws this year.*
ne… jamais *never (not ever)*	Tu **n**'as **jamais** voté? *You've never voted?*
ne… nulle part *nowhere (not anywhere)*	On **n**'a trouvé l'arme du crime **nulle part**. *They didn't find the crime weapon anywhere.*
ne… personne *no one (not anyone)*	**Personne ne** peut voter; les machines sont en panne. *No one can vote; the machines are broken.* Ils **n**'ont vu **personne**. *They didn't see anyone.*
ne… plus *no more (not anymore)*	Il **ne** veut **plus** être analphabète. *He doesn't want to be illiterate anymore.*
ne… que *only*	Je **n**'ai parlé **qu**'à Mathieu. *I only spoke to Mathieu.*
ne… rien *nothing (not anything)*	Les jurés **n**'ont **rien** décidé. *The jury members haven't decided anything.* **Rien ne** leur fait peur. *Nothing frightens them.*

Indefinite adjectives and pronouns

- Many indefinite adjectives and pronouns can also be used in affirmative phrases.

Indefinite adjectives	Indefinite pronouns
autre(s) *other*	**chacun(e)** *each one*
un(e) autre *another*	**la plupart** *most (of them)*
certain(e)(s) *certain*	**plusieurs** *several (of them)*
chaque *each, every single*	**quelque chose** *something*
plusieurs *several*	**quelques-un(e)s** *some, a few (of them)*
quelques *some*	**quelqu'un** *someone*
tel(le)(s) *such (a)*	**tous/toutes** *all (of them)*
tout(e)/tous/toutes (les) *every, all*	**tout** *everything*

- The adjectives **chaque**, **plusieurs**, and **quelques** are invariable.

  Chaque élève a droit à des livres gratuits.
  Each student is entitled to free books.

  Plusieurs terroristes ont fui.
  Several terrorists fled.

- The pronouns **la plupart**, **plusieurs**, **quelque chose**, **quelqu'un**, and **tout** are invariable.

  Tout va bien au gouvernement.
  Everything goes well in the government.

  Il y a **quelqu'un** dehors?
  Is there someone outside?

ATTENTION!

Aucun(e) can be either an adjective or a pronoun. It is always singular; however, it must agree in gender with the noun to which it corresponds.

Les députés **n**'ont pris **aucune** décision.

The representatives didn't make any decisions.

Aucun d'entre eux **n**'était assez courageux.

None of them were brave enough.

🔎 **Vérifiez**

ATTENTION!

To negate a phrase with a partitive article, you usually replace the article with **de** or **d'**.

Il y a **des militants** dans la capitale.

There are activists in the capital.

Il **n**'y a pas **de militants** dans la capitale.

There aren't any activists in the capital.

ATTENTION!

Note that the final **-s** of **tous** is pronounced when it functions as a pronoun, but silent when it functions as an adjective.

When you wish to modify **personne**, **rien**, **quelqu'un**, or **quelque chose**, add de + [*masculine singular adjective*].

Ce week-end, nous ne faisons **rien d'intéressant**.

This weekend, we aren't doing anything interesting.

🔎 **Vérifiez**

Mise en pratique

1 **Une nouvelle loi** Pendant un débat, un défenseur des droits de l'homme contredit les déclarations d'une avocate. Complétez leur dispute à l'aide des nouvelles structures.

Modèle **AVOCATE** Il faut absolument approuver cette nouvelle loi!

DÉFENSEUR Mais non! Il ___*ne faut pas*___ approuver cette loi!

AVOCATE La loi donne le pouvoir au peuple de notre nation.

DÉFENSEUR Mais non! La loi (1) _____ pouvoir au peuple, et tout le pouvoir au président.

AVOCATE Calmez-vous! Avec cette loi, nous serons toujours une démocratie.

DÉFENSEUR Mais non. Avec cette loi, nous (2) _____ une démocratie.

AVOCATE Le gouvernement sera juste et puissant avec ces changements.

DÉFENSEUR Mais non. Il (3) _____ avec ces changements.

AVOCATE Certains citoyens apprécient les choses que j'essaie de faire.

DÉFENSEUR Mais non. (4) _____ ce que vous essayez de faire.

AVOCATE Une telle loi va réduire la menace du terrorisme partout dans le pays.

DÉFENSEUR Mais non. Elle (5) _____ la menace du terrorisme.

AVOCATE (6) _____ m'a dit que vous étiez désagréable, et maintenant je vois pourquoi.

2 **Voyager** Imaginez que vous soyez un homme ou une femme politique qui voyage souvent avec un(e) collègue. Vous l'entendez parler de vos voyages, mais vous n'êtes pas d'accord.

Modèle **Quand je voyage à l'étranger, je mange toujours des repas authentiques.**

Non, quand vous voyagez à l'étranger, vous ne mangez jamais de repas authentiques.

1. J'ai toujours aimé voyager en avion.

2. Tous sortent dîner avec moi le soir.

3. Toutes les villes que je visite sont dangereuses.

4. Je suis allé(e) partout dans le monde francophone.

5. Je n'ai pas encore vu de pays où il y avait une guerre civile.

6. Je m'intéresse encore à la politique des pays que je visite.

3 **Disputes** À deux, imaginez les échanges qui provoqueraient ces réponses. Utilisez les adjectifs et les pronoms indéfinis. Ensuite, jouez l'un des dialogues devant la classe.

JE NE FERAI JAMAIS ÇA!

Rien ne t'en empêchera!

Dommage, personne ne s'y intéresse.

Moi non plus.

Je ne devrais ni le voir ni lui parler.

Chacun de nous doit envoyer une lettre.

Un tel scandale ne détruit que la réputation.

Communication

4

Vos idées Avec un(e) camarade de classe, posez-vous ces questions à tour de rôle. Développez vos réponses et utilisez les nouvelles structures le plus possible. Ensuite, discutez de vos opinions respectives.

> **Modèle** —Es-tu déjà allé(e) dans un tribunal?
>
> —Non, je ne suis jamais allé(e) dans un tribunal.

Les gens

Es-tu déjà allé(e) dans un tribunal?

Es-tu un(e) militant(e)? En connais-tu un(e)?

As-tu déjà été la victime d'un voleur?

Les lois

Approuves-tu toutes les lois?

Un prisonnier est-il toujours coupable?

L'égalité est-elle présente partout? Dans quelles circonstances ne l'est-elle pas?

La sécurité

As-tu l'impression d'être en sécurité? Pourquoi?

Y a-t-il beaucoup de violence où tu habites?

La menace terroriste te fait-elle peur?

5

Débat politique Vous participez à un débat politique. Votre adversaire est le président sortant (*outgoing*) et vous n'êtes pas d'accord avec ce qu'il a fait pendant son mandat. Jouez le dialogue devant la classe.

> **Modèle** —Vous n'avez pas encore démontré que vous êtes le meilleur candidat.
>
> —Je ne l'ai peut-être pas encore démontré, mais pendant ces dernières années, vous ne l'avez jamais démontré non plus.

Note
CULTURELLE

Née en **Guyane**, **Christiane Taubira** est une femme politique qui a été candidate aux élections présidentielles françaises de 2002. Elle est surtout connue pour être à l'origine d'une loi de 2001 où la France reconnaît que la traite négrière (*slave trade*) transatlantique et l'esclavage (*slavery*) sont des crimes contre l'humanité. Entre 2012 et 2016, elle a été garde des Sceaux, c'est-à-dire, ministre de la Justice.

vhlcentral

4.3

Irregular *-ir* verbs

—***Tiens!*** *Le liquide, là.*

- Many commonly used **-ir** verbs are irregular.

- The following irregular **-ir** verbs have similar present-tense forms.

	courir	dormir	partir	sentir	sortir
je	cours	dors	pars	sens	sors
tu	cours	dors	pars	sens	sors
il/elle/on	court	dort	part	sent	sort
nous	courons	dormons	partons	sentons	sortons
vous	courez	dormez	partez	sentez	sortez
ils/elles	courent	dorment	partent	sentent	sortent

- The past participles of these verbs are, respectively, **couru**, **dormi**, **parti**, **senti**, and **sorti**. **Sortir** and **partir** take **être** as the auxiliary in the **passé composé** and **plus-que-parfait**.

Pourquoi est-ce que vous **avez dormi** au bureau hier soir?
Why did you sleep in the office last night?

Les armées **sont** définitivement **parties** en 1945, après la guerre.
The armies left for good in 1945, after the war.

- Use **sortir** to say that someone is leaving, as in exiting a building. Use **partir** to say that someone is leaving, as in departing. The preposition **de** often accompanies **sortir**, and the preposition **pour** often accompanies **partir**.

Nous ne **sortons** jamais **de** la salle avant la sonnerie.
We never leave the room before the bell rings.

Le premier ministre **part pour** l'Espagne demain.
The prime minister leaves for Spain tomorrow.

- **Mourir** (*to die*) also is conjugated irregularly in the present tense. Its past participle is **mort**, and it takes **être** as an auxiliary in the **passé composé** and **plus-que-parfait**.

Il fait chaud et je **meurs** de soif!
It's hot, and I'm dying of thirst!

En quelle année la présidente **est**-elle **morte**?
In which year did the president die?

mourir	
je meurs	nous mourons
tu meurs	vous mourez
il/elle/on meurt	ils/elles meurent

BLOC-NOTES

For a review of the present-tense conjugation of regular **-ir** verbs, see **Fiche de grammaire 1.4, p. 374**.

ATTENTION!

Sentir means *to sense* or *to smell*. The reflexive verb **se sentir** is used with an adverb to tell how a person feels.

Cette fleur sent très bon!

This flower smells very good!

Je sens qu'il t'aime, même s'il ne le dit pas.

I sense that he loves you, even if he doesn't say it.

Tu es rentrée parce que tu ne te sentais pas bien?

You went home because you didn't feel well?

BLOC-NOTES

To review formation of the **passé composé** with **être**, see **Structures 3.2, pp. 94–95**.

Vérifiez

- These verbs are conjugated with the endings normally used for **-er** verbs in the present tense.

	couvrir	**découvrir**	**offrir**	**ouvrir**	**souffrir**
je	couvre	découvre	offre	ouvre	souffre
tu	couvres	découvres	offres	ouvres	souffres
il/elle/on	couvre	découvre	offre	ouvre	souffre
nous	couvrons	découvrons	offrons	ouvrons	souffrons
vous	couvrez	découvrez	offrez	ouvrez	souffrez
ils/elles	couvrent	découvrent	offrent	ouvrent	souffrent

- The past participles of the verbs above are, respectively, **couvert**, **découvert**, **offert**, **ouvert**, and **souffert**.

Qu'est-ce que les organisateurs vous **ont offert** comme boisson?
What did the organizers offer you to drink?

Le criminel **avait ouvert** la porte pour entrer dans le garage.
The criminal had opened the door to enter the garage.

🔗 **Vérifiez**

- These verbs are irregular but conjugated similarly. In all forms but **vous** and **nous**, the **e** in the verb root changes to **ie**. In the **ils/elles** form, the **n** is doubled.

	venir	**devenir**	**revenir**	**tenir**	**maintenir**
je	viens	deviens	reviens	tiens	maintiens
tu	viens	deviens	reviens	tiens	maintiens
il/elle/on	vient	devient	revient	tient	maintient
nous	venons	devenons	revenons	tenons	maintenons
vous	venez	devenez	revenez	tenez	maintenez
ils/elles	viennent	deviennent	reviennent	tiennent	maintiennent

- The past participles of these verbs are, respectively, **venu, devenu, revenu, tenu,** and **maintenu. Venir** and its derivatives **devenir** and **revenir** take **être** as the auxiliary in the **passé composé** and **plus-que-parfait**.

Le criminel **a tenu** son arme à la main pendant quelques secondes.
The criminal held the weapon in his hand for a few seconds.

La juge **était revenue** de son bureau pour parler aux jurés.
The judge came back from her chambers to talk to the jury.

- The construction **venir** + **de** + [*infinitive*] means to have *just* done something. Use it in the present or **imparfait** to say that something happened in the very recent past.

Les militants **viennent de faire** un discours à l'ONU.
The activists have just made a speech at the UN.

Je **venais** juste **de poser** mon sac par terre quand le voleur l'a pris.
I had just put my bag down on the ground when the thief took it.

BLOC-NOTES

Remember that a past participle usually agrees with its subject in number and gender for verbs that take **être** as an auxiliary. To review past participle agreement, see **Fiche de grammaire 5.5, p. 392.**

🔗 **Vérifiez**

Mise en pratique

1 **À compléter** Assemblez les éléments des colonnes pour former des phrases complètes. Chaque élément ne doit être utilisé qu'une fois.

_____ 1. Tous les enfants…   a. vient d'un journaliste.

_____ 2. Cet animal…   b. devenons avocats à la fin de l'année.

_____ 3. Tu…   c. tenez une conférence à quelle heure?

_____ 4. Mon ami et moi…   d. dorment paisiblement.

_____ 5. Le scandale…   e. sent toujours d'où vient le danger.

_____ 6. Vous…   f. souffres toujours d'un mal de tête.

2 **Cuisine créole** Stéphanie et Daniel parlent de leur expérience au restaurant hier soir. Choisissez le bon verbe et conjuguez-le au temps qui convient.

Note CULTURELLE

La **cuisine créole** raconte l'histoire des **îles antillaises**, qui sont marquées par l'empreinte du peuple **Caraïbe**, des **Africains**, des **Français** et des **Indiens**. Elle est à base de produits de la mer, souvent macérés (*marinated*) dans un assaisonnement pour qu'ils aient encore meilleur goût.

Vous savez que nous (1) _____ (devenir / découvrir) une cuisine exotique tous les mois. Eh bien, hier soir, Daniel et moi (2) _____ (sortir / sentir) manger dans ce nouveau restaurant créole que vous nous aviez suggéré. Il faut dire que je (3) _____ (dormir / mourir) d'envie d'y aller depuis que vous nous en aviez parlé. Nous (4) _____ (sentir / venir) la délicieuse odeur épicée depuis la rue. Nous avons essayé toutes sortes de plats traditionnels. Après ça, nous (5) _____ (ouvrir / revenir) enchantés de notre soirée. Finalement, nous (6) _____ (courir / partir) pour Saint-Martin la semaine prochaine!

3 **À choisir** Créez des phrases cohérentes avec les éléments du tableau. Faites attention au temps. N'utilisez chaque élément qu'une fois.

A	B	C
Les jurés	courir	me voir pendant les vacances d'été.
La victime	découvrir	son jugement.
Vous	maintenir	dans le tribunal pour prononcer la sentence il y a quelques secondes.
Les policiers	offrir	de l'hôpital, mais elle ne nous l'avait pas dit.
Tu	partir	mes compliments au nouveau président.
Le juge	revenir	une nouvelle île chaque fois que tu vas aux Antilles.
Nous	sortir	toujours après les voleurs.
Je/J'	venir	très bientôt pour Saint-Barthélemy.
?	?	?

Communication

4 **Votre personnalité** À deux, posez-vous des questions à tour de rôle. Utilisez des verbes irréguliers en **-ir** dans vos réponses.

- Tu dors jusqu'à quelle heure le week-end?
- Sors-tu souvent le week-end? Avec qui?
- Souffres-tu beaucoup de la chaleur en été? Du froid en hiver?
- Qu'offres-tu à tes parents pour leur anniversaire? À ton/ta meilleur(e) ami(e)?
- Quelle personne rêves-tu de devenir?
- Pars-tu en vacances tous les ans? Où vas-tu?

5 **Saint-Barthélemy ou Marie-Galante?** Sandra et Timothée planifient leurs prochaines vacances. Sandra veut aller à Saint-Barthélemy, mais Timothée préfère visiter l'île de Marie-Galante.

A. À deux, décidez quelles phrases de la liste correspondent à chaque île, puis complétez le tableau.

• Partir en randonnée
• Dormir sur la plage
• Devenir un(e) aventurier/aventurière
• Découvrir la nature luxuriante de l'île
• Sortir en boîte de nuit
• Revenir enchanté(e) de ses vacances

Saint-Barthélemy	Marie-Galante

Note CULTURELLE

Saint-Barthélemy est la Côte d'Azur des Antilles françaises. Par contre, loin d'être le paradis des milliardaires, **Marie-Galante** est une île de rêve pour les fous de nature, qui apprécient beaucoup ses plages. Elles appartiennent au département de la **Guadeloupe**.

B. Sandra et Timothée reviennent de leur voyage. À l'aide des phrases ci-dessus, imaginez un dialogue où ils expliquent ce qu'ils ont fait. Faites-le pour chaque île.

Synthèse

Movement démocrate

(MoDem)

Vous avez voté pour Antoine Éraste

Parce que vous n'aviez jamais eu un candidat aussi incorruptible!

Sortez de chez vous et votez MoDem!

Il faut réélire Antoine!

Le Parti socialiste guyanais **PSG**

Personne n'a le droit d'être au chômage!

Tel est l'idéal de **THÉLOR MADIN.**

Pour ne plus souffrir, courez aux urnes°!

Le Front national (FN)

Pour maintenir une Cayenne en action et pour ne pas revenir en arrière°!

Votez pour Jean-Baptiste Pancrace, qui n'a jamais peur de prendre les bonnes décisions.

LE PARTI ÉCOLOGIQUE

LES VERTS

Pour ne plus jamais perdre face à la pollution,

FLEUR DESMARAIS *est la solution!*

Chacun doit voter pour les Verts!

---

urnes *polls* **en arrière** *backward*

1 **Slogans** En Guyane, c'est le moment d'élire un nouveau député. Lisez les slogans des différents partis politiques et résumez le message principal de chacun. Votre résumé doit comprendre le nom du candidat, son parti et son message.

2 **Reproches** Vous rencontrez l'ancien(ne) député(e) de la Guyane, dont vous n'êtes pas satisfait(e). À deux, écrivez vos commentaires. Utilisez des expressions négatives, et des pronoms et des adjectifs indéfinis pour lui donner votre opinion.

   Modèle Vous n'aviez jamais écouté la voix de certaines personnes avant de commencer votre campagne.

3 **Demandes** On demande beaucoup de choses aux hommes et aux femmes politiques, pendant la période des élections. Par petits groupes, imaginez qu'un(e) élève soit le/la candidat(e). Posez-lui au moins cinq questions sur son programme. Utilisez le plus possible les structures et le vocabulaire de cette leçon pour jouer la scène.

4 **Élection** Avez-vous déjà pris part à une élection ou à sa préparation? Pour quel événement était-ce? Qu'avez-vous fait? Par groupes de quatre, expliquez à vos camarades les impressions positives et négatives que vous avez ressenties à cette occasion.

Préparation

Vocabulaire de la lecture	Vocabulaire utile	
un colon *colonist*	**l'asservissement** (*m.*)	**un régime totalitaire**
l'esclavage (*m.*) *slavery*	*enslavement*	*totalitarian regime*
évadé(e) *escaped*	**la guerre de Sécession**	**la sûreté publique**
renverser *to overthrow*	*the American Civil War*	*public safety*
se révolter *to rebel*	**une monarchie absolue**	**un système féodal**
vaincre (*irreg.*) *to defeat*	*absolute monarchy*	*feudal system*
	la noblesse *nobility*	**la traite des Noirs**
	l'ordre (*m.*) **public** *public order*	*slave trade*

1 **Un peuple révolté** Complétez ce petit résumé (*summary*) de la Révolution française à l'aide des mots de la liste de vocabulaire.

Avant la Révolution, la France était une (1) _____. La population était divisée en trois grandes classes: le peuple, le clergé et la (2) _____. En 1789, le peuple commence à (3) _____ contre l'injustice du (4) _____ qui existait en France depuis le Moyen Âge et qui perpétuait (5) _____ d'une grande partie de la population française au profit des nobles. Le 14 juillet 1789, le peuple prend la Bastille, un symbole de la tyrannie royale. Quelques années plus tard, le roi Louis XVI est (6) _____, la royauté est abolie en France et l'An I de la République française est proclamé.

2 **Colonisation et esclavage** Répondez aux questions et comparez vos réponses avec celles d'un(e) camarade.

1. Citez les différents types de régimes politiques. Quelles sont leurs caractéristiques?

2. Quels ont été les grands empires coloniaux? Pourquoi ces pays sont-ils devenus colonisateurs?

3. Pouvez-vous citer d'anciennes colonies françaises? Où sont-elles situées? Savez-vous quand et comment elles ont obtenu leur indépendance?

4. À quoi vous fait penser le terme «esclavage»? Expliquez.

5. Que savez-vous d'Haïti?

3 **Les droits de l'homme** Par groupes de quatre, discutez de ces deux extraits de la **Déclaration des droits de l'homme et du citoyen**. Puis, comparez vos idées avec celles d'un autre groupe.

Article 1: Les hommes naissent et demeurent (remain) libres et égaux en droits.

Article 6: La loi est l'expression de la volonté générale [...] Elle doit être la même pour tous. [...]

- Êtes-vous d'accord avec les valeurs présentées par ces deux extraits?

- Connaissez-vous des pays où ces principes ne sont pas en vigueur?

- L'égalité existe-t-elle pour tout le monde aux États-Unis?

HAÏTI
soif de liberté

Haïti est réellement née le 1ᵉʳ janvier 1804, le jour de la proclamation de son indépendance. L'île devient alors le premier État noir indépendant. Comment y est-elle arrivée?

La société haïtienne, basée sur l'esclavage, était composée de Blancs, de libres°, d'esclaves et de Noirs marrons. Extrêmement prospère, l'île était le premier producteur mondial de sucre et la plus riche des colonies françaises. C'est la Déclaration des droits de l'homme en France (1789) qui constitue l'élément déclencheur° de la révolution.

En 1791, des esclaves noirs se révoltent contre les colons blancs: c'est le début de la Révolution haïtienne. Pierre Dominique Toussaint Louverture (1743–1803) est un ancien esclave et un des seuls Noirs révolutionnaires qui sachent lire et écrire. Il se joint aux Espagnols, qui occupent l'est de l'île, pour combattre les Français et l'esclavage. Il est fait prisonnier en 1802 et déporté en France, où il mourra en 1803. Avant de quitter Haïti, il dira: «En me renversant°, on n'a abattu à Saint-Domingue que le tronc de l'arbre de la liberté, mais il repoussera° car ses racines° sont profondes et nombreuses.» Il a raison. Jacques Dessalines, son lieutenant, continue la lutte et finira par vaincre les Français en automne 1803. Il proclame l'indépendance en 1804.

«Cet achat de nègres, pour les réduire en esclavage, est un négoce° qui viole la religion, la morale, les lois naturelles, et tous les droits de la nature humaine.» Cette phrase est écrite en France en 1776, mais la France n'abolit l'esclavage qu'en 1794, par une loi qui ne sera jamais appliquée. Il faut attendre 1848 pour que la France l'abolisse vraiment. La fin de l'esclavage en Haïti est la conséquence de sa lutte pour l'indépendance et de la victoire du peuple haïtien sur les planteurs blancs.

Aujourd'hui, Haïti a une culture où les arts français et africains fusionnent. La France a eu beaucoup d'influence en Haïti jusqu'au milieu du 20ᵉ siècle, et cela se ressent dans les textes, marqués par les courants° littéraires français. Puis, dans les années 1950, il y a une révolution de l'écriture. Les écrivains prennent conscience du sentiment d'être haïtiens et cessent de copier les auteurs français. Les racines africaines et la réalité sociale de l'île les inspirent. D'ailleurs°, le créole devient langue littéraire.

Mais en Haïti, c'est la peinture qui est le moyen d'expression artistique le plus courant. Elle est présente partout, et tout le monde a peint au moins une fois dans sa vie. C'est pourquoi le style artistique haïtien va d'un extrême à l'autre, du naïf au surréalisme. On y trouve les mêmes thèmes que dans la littérature: l'origine, les peines° et les espoirs de la société haïtienne.

Le 12 janvier 2010, Haïti est frappé par un terrible tremblement de terre, le plus meurtrier de l'histoire de l'île. Et, en 2016 l'ouragan Matthew ravage l'île qui ne s'était pas encore remise du tremblement de terre. En 2015, le pays souffre d'une crise politique qui durera jusqu'en 2017 avec l'élection de Jovenel Moïse comme président. On peut donc espérer un avenir meilleur pour cette société qui, ne l'oublions pas, est la première à s'être libérée de l'esclavage. ■

Glosses (margin):
- free black men
- trigger
- By overthrowing me / brought down
- will grow again / roots
- trade
- trends

Des mots...

Gary Victor (1958–) l'un des écrivains les plus lus, est l'auteur de nouvelles,° de livres pour la jeunesse et de romans. **Kettly Mars** (1958–) décrit, dans ses poèmes, les émotions qu'elle ressent devant l'amour, la beauté de la nature et les objets quotidiens. Avec d'autres auteurs de l'île, qui écrivent en français ou en créole, ils sont garants d'une réelle littérature haïtienne.

short stories

Moreover

sufferings

Des couleurs...

La peinture haïtienne, c'est d'abord de la couleur, vive et généreuse. **Gérard Fortune** (vers 1930–) est l'un des peintres les plus importants de sa génération. Il commence à peindre en 1978, après avoir été cuisinier. Dans ses tableaux, il mélange le vaudou et le christianisme. **Michèle Manuel** (1935–) vient d'une famille riche et apprend à peindre à **Porto-Rico** et aux **États-Unis**. Ses scènes de marchés sont particulièrement appréciées.

Analyse

1 **Compréhension** Répondez aux questions par des phrases complètes.

1. Décrivez brièvement la société haïtienne avant 1804.

2. Qu'est-ce que la Déclaration des droits de l'homme de 1789 a déclenché en Haïti?

3. Qu'est-ce que l'île d'Haïti a obtenu en 1804?

4. Qui était Pierre Dominique Toussaint Louverture?

5. Quelle différence y a-t-il entre la littérature haïtienne d'avant 1950 et celle d'aujourd'hui?

6. Quelle est la forme d'expression artistique la plus courante en Haïti?

2 **Réflexion** Répondez aux questions, puis discutez de vos réponses avec un(e) camarade de classe.

1. Ce sont la Déclaration des droits de l'homme de 1789 et la Révolution française qui ont été les éléments déclencheurs de la révolte des esclaves en Haïti. Pourquoi, à votre avis?

2. Commentez cette citation de Toussaint Louverture: «En me renversant, on n'a abattu à Saint-Domingue que le tronc de l'arbre de la liberté, mais il repoussera car ses racines sont profondes et nombreuses.»

3. En 1776, on pouvait lire que l'esclavage violait les droits de la nature humaine. Mais il a fallu plus de 70 ans à la France pour réellement abolir l'esclavage. Pourquoi, à votre avis?

3 **Perdu** Par groupes de trois, imaginez que vous soyez naufragé(e)s (*shipwrecked*) sur une île déserte des Antilles. Vous devez créer une nouvelle civilisation. Quels sont les dix droits principaux dont bénéficieront les citoyens de cette île? Comparez votre nouvelle déclaration des droits de l'homme avec celle des autres groupes.

4 **Sûreté publique ou liberté individuelle?** Les attentats terroristes de nos jours ont déclenché un débat sur l'équilibre entre la sûreté publique et la liberté individuelle. À votre avis, est-il nécessaire de sacrifier certaines libertés individuelles pour assurer une plus grande sécurité? Par groupes de trois, discutez de ce sujet, puis présentez le résultat de votre discussion à la classe.

Préparation

À propos de l'auteur

Victor Hugo (1802–1885) est l'un des plus célèbres auteurs français. Poète, dramaturge, critique, romancier, mais aussi intellectuel engagé et homme politique, il est le chef de file (*leader*) du mouvement romantique. Parmi ses principales œuvres, on peut citer *Les Misérables*, *Notre-Dame de Paris*, *Ruy Blas*, et *Hernani*, ainsi que plusieurs recueils de poésie, tels que *Les feuilles d'automne* et *Les contemplations*. Au cours de sa vie, Hugo a souvent défendu les plus démunis (*destitute*) et il s'est surtout intéressé aux problèmes de société et à la justice. Entre 1840 et 1850, il s'est principalement consacré à la politique. C'est pendant cette période qu'il a été élu député à l'Assemblée nationale législative, le parlement français. Dans son célèbre *Discours sur la misère*, qu'il y prononce en 1849, il s'adresse à ses collègues au sujet de la nécessité de combattre la misère.

Vocabulaire de la lecture	
le devoir	*duty*
épargner	*to spare*
un fait	*fact*
la misère	*poverty*
la souffrance	*suffering*
un tort	*wrong*

Vocabulaire utile	
le contenu	*content*
l'inaction (f.)	*lack of action*
le manque	*lack*
la pauvreté	*poverty*
la précarité	*insecurity, instability*
un problème de société	*societal issue*
la responsabilité	*responsibility*
s'indigner	*to be angered*
le ton	*tone*

1 **Associations** Indiquez les associations logiques.

_____ 1. la misère

_____ 2. un tort

_____ 3. s'indigner

_____ 4. épargner

_____ 5. le devoir

_____ 6. la précarité

a. un acte injuste

b. la pauvreté

c. empêcher la souffrance

d. une obligation morale

e. se fâcher

f. un manque de sécurité

2 **Discussion** Par groupes de trois ou quatre, répondez aux questions.

1. Comment imaginez-vous la vie quotidienne dans les quartiers pauvres de Paris au dix-neuvième siècle? Quels sont les problèmes principaux que les gens rencontrent?

2. Et aujourd'hui, quels sont les problèmes de société auxquels les gens doivent faire face? Sont-ils les mêmes qu'au dix-neuvième siècle? Ces problèmes sont-ils semblables dans tous les pays du monde? Discutez de ces questions.

3. À votre avis, à qui revient la responsabilité de résoudre (*resolve*) les problèmes de société? Au gouvernement? Aux citoyens? À des organisations charitables (*charities*)? À d'autres personnes? Est-ce que cette responsabilité devrait être partagée? Donnez votre point de vue en utilisant des exemples pour le justifier.

Détruire la misère

Discours à l'Assemblée nationale législative: 9 juillet 1849

Victor Hugo

vhlcentral

Je ne suis pas, messieurs, de ceux qui croient qu'on peut supprimer la souffrance en ce monde; la souffrance est une loi divine; mais je suis de ceux qui pensent et qui affirment qu'on peut détruire la misère.

5 Remarquez-le bien, messieurs, je ne dis pas diminuer, amoindrir°, 10 limiter, circonscrire°, je dis détruire. Les législateurs et les gouvernants doivent y songer° sans cesse; car, en pareille matière, tant que le possible n'est pas fait, le devoir n'est pas rempli.

villes, où des créatures s'enfouissent° toutes vivantes pour échapper au froid de 35 l'hiver.

Voilà un fait. En voulez-vous d'autres? Ces jours-ci, un homme, mon Dieu, un malheureux homme de lettres, car la misère n'épargne pas plus les professions libérales 40 que les professions manuelles, un malheureux homme est mort de faim, mort de faim à la lettre°, et l'on a constaté, après sa mort, qu'il n'avait pas mangé depuis six jours.

Voulez-vous quelque chose de plus 45 douloureux encore? Le mois passé, pendant la recrudescence du choléra°, on

bury themselves

literally

cholera outbreak

Je ne suis pas [...] de ceux qui croient qu'on peut supprimer la souffrance en ce monde [...] mais je suis de ceux qui pensent et qui affirment qu'on peut détruire la misère.

---

15 La misère, messieurs, j'aborde ici le vif de la question°, voulez-vous savoir jusqu'où elle est, la misère? Voulez-vous savoir jusqu'où elle peut aller, jusqu'où elle va, je ne dis pas en Irlande, je ne dis pas au 20 Moyen Âge, je dis en France, je dis à Paris, et au temps où nous vivons? Voulez-vous des faits?

Il y a dans Paris, dans ces faubourgs° de Paris que le vent de l'émeute soulevait 25 naguère° si aisément, il y a des rues, des maisons, des cloaques°, où des familles, des familles entières, vivent pêle-mêle, hommes, femmes, jeunes filles, enfants, n'ayant pour lits, n'ayant pour couvertures, 30 j'ai presque dit pour vêtement, que des monceaux infects de chiffons° en fermentation, ramassés dans la fange° du coin des bornes°, espèce de fumier° des

a trouvé une mère et ses quatre enfants qui cherchaient leur nourriture dans les débris immondes° et pestilentiels des charniers° 50 de Montfaucon!

Eh bien, messieurs, je dis que ce sont là des choses qui ne doivent pas être; je dis que la société doit dépenser toute sa force, toute sa sollicitude, toute son intelligence, 55 toute sa volonté, pour que de telles choses ne soient pas! Je dis que de tels faits, dans un pays civilisé, engagent la conscience de la société toute entière; que je m'en sens, moi qui parle, complice et solidaire°, et que 60 de tels faits ne sont pas seulement des torts envers° l'homme, que ce sont des crimes envers Dieu!

Vous n'avez rien fait, j'insiste sur ce point, tant que l'ordre matériel raffermi° n'a 65 point pour base l'ordre moral consolidé! ■

filthy / mass graves

knowing and united

against

strengthened

Analyse

1 **Compréhension** Répondez aux questions.

1. À qui s'adresse Victor Hugo dans ce discours?

2. Quel est le but (*goal*) du discours? Que souhaite Victor Hugo?

3. Quels sont les problèmes que Victor Hugo mentionne dans son discours?

4. Comment vivent les familles dans les quartiers pauvres de Paris d'après Hugo?

5. D'après le texte, est-ce que la misère est seulement un problème pour les gens qui ont des professions manuelles? Expliquez et donnez un exemple du texte.

6. Quel problème particulier très grave y a-t-il eu à Paris, d'après le texte?

7. Quelle est la responsabilité de la société envers les problèmes décrits?

8. Est-ce que Victor Hugo pense que les hommes politiques font assez pour détruire la misère? Justifiez votre réponse avec un exemple du texte.

2 **Interprétation** À deux, répondez par des phrases complètes.

1. Que pensez-vous du ton et du contenu de ce discours? Victor Hugo est-il convaincant, d'après vous? Pourquoi? Justifiez votre opinion.

2. Dans son discours, Hugo dit: «Je dis [...] que de tels faits ne sont pas seulement des torts envers l'homme, que ce sont des crimes envers Dieu!» Que veut-il dire par cette phrase? Comment l'interprétez-vous?

3. Hugo critique l'inaction du gouvernement mais il n'offre pas de suggestions ni de recommandations pour «détruire la misère». Que pensez-vous de cela? Peut-on critiquer le manque d'action des autres sans offrir de solutions?

3 **La réponse de l'Assemblée nationale** Par petits groupes, imaginez la réponse des hommes politiques de l'Assemblée nationale au discours de Victor Hugo. Que vont suggérer ceux qui sont d'accord avec son évaluation? Et ceux qui ne sont pas d'accord?

4 **À vous!** Et vous, qu'est-ce que vous suggéreriez pour «détruire la misère» et résoudre les problèmes mentionnés par Victor Hugo? Discutez de ces questions par petits groupes, puis partagez vos idées avec la classe.

5 **Rédaction** Suivez le plan de rédaction pour écrire un discours que vous aimeriez faire à une personnalité politique pour lui parler d'un problème de société dans votre pays. Employez le plus-que-parfait, la négation, des verbes irréguliers en **-ir** et des adjectifs et des pronoms indéfinis.

Plan

1 **Réflexion** Pensez aux problèmes de société qui existent aujourd'hui dans votre ville, votre région ou votre pays, par exemple l'injustice, l'inégalité, la violence, la criminalité. Choisissez le problème qui vous semble le plus important.

2 **Discours** Écrivez le texte pour un discours dans lequel vous présentez et expliquez le problème qui vous inquiète. Parlez de ses causes et de ses conséquences en exprimant des regrets sur la situation.

3 **Conclusion et recommandations** À la fin de votre discours, résumez brièvement le problème et faites des recommandations pour améliorer la situation.

La justice et la politique **vhl**central

Les lois et les droits

un crime crime
la criminalité crime
un délit (a) crime
les droits (m.) de l'homme human rights
une (in)égalité (in)equality
une (in)justice (in)justice
la liberté freedom
un tribunal court

abuser to abuse
approuver une loi to pass a law
défendre to defend
emprisonner to imprison
juger to judge

analphabète illiterate
coupable guilty
(in)égal(e) (un)equal
(in)juste (un)fair
opprimé(e) oppressed

La politique

un abus de pouvoir abuse of power
une armée army
une croyance belief
la cruauté cruelty
la défaite defeat
une démocratie democracy
une dictature dictatorship
un drapeau flag
le gouvernement government
la guerre (civile) (civil) war
la paix peace
un parti politique political party
la politique politics
la victoire victory

avoir de l'influence (sur)
  to have influence (over)
se consacrer à to dedicate oneself to
élire to elect
gagner/perdre les élections
  to win/lose elections
gouverner to govern
voter to vote

conservateur/conservatrice conservative
libéral(e) liberal

modéré(e) moderate
pacifique peaceful
puissant(e) powerful
victorieux/victorieuse victorious

Les gens

un(e) avocat(e) lawyer
un(e) criminel(le) criminal
un(e) député(e) deputy (politician);
  representative
un homme/une femme politique politician
un(e) juge judge
un(e) juré(e) juror
un(e) militant(e) activist

un(e) président(e) president
un(e) terroriste terrorist
une victime victim
un voleur/une voleuse thief

La sécurité et le danger

une arme weapon
une menace threat
la peur fear
un scandale scandal
la sécurité security, safety
le terrorisme terrorism
la violence violence

combattre (irreg.) to fight
enlever/kidnapper to kidnap
espionner to spy
faire du chantage to blackmail
sauver to save

Court métrage

un campement de fortune makeshift
  camp
un compte en banque bank account
le liquide cash
des papiers (m.)/un avis
  d'expulsion eviction notice
un préjugé prejudice, bias
le travail à la journée day labor

accuser to accuse
arracher to rip out
la délinquance petty crime, delinquency

démanteler to dismantle
embarquer to take away, steal
expulser to evict
fracasser to break
porter plainte to file a complaint with
  the police
prévenir to warn
virer (slang) to kick out

Culture

l'asservissement (m.) enslavement
un colon colonist
l'esclavage (m.) slavery
la guerre de Sécession the American
  Civil War
une monarchie absolue
  absolute monarchy
la noblesse nobility
l'ordre (m.) public public order
un régime totalitaire totalitarian regime
la sûreté publique public safety
un système féodal feudal system
la traite des Noirs slave trade

renverser to overthrow
se révolter to rebel
vaincre (irreg.) to defeat

évadé(e) escaped

Littérature

le contenu content
le devoir duty
un fait fact
l'inaction (f.) lack of action
le manque lack
la misère poverty
la pauvreté poverty
la précarité insecurity, instability
un problème de société societal issue
la responsabilité responsibility
la souffrance suffering
le ton tone
un tort wrong

épargner to spare
s'indigner to be angered

La société en évolution

Dans un monde où les cultures se rencontrent de plus en plus, quel est le rôle du dialogue? Comment profiter des différences dans la manière de penser, de vivre et de voir le monde? Que devons-nous faire pour assurer l'harmonie et, en même temps, éliminer les conflits? Si la diversité donne l'occasion d'enrichir sa propre culture, qu'apporte-t-elle d'autre à une société?

Nous vivons dans un monde multiculturel, mais qu'est-ce que c'est le multiculturalisme? Il y a de nombreuses interprétations. Quelle est la vôtre?

152 COURT MÉTRAGE

Le jour de la Fête nationale suisse, Samb, un jeune Africain, passe l'après-midi au commissariat de police. Dans *Samb et le commissaire* d'**Olivier Sillig**, l'homme et l'enfant finissent par se comprendre.

158 IMAGINEZ

Attachez vos ceintures! Vous allez partir à la découverte de trois pays d'**Afrique de l'Ouest** avec Grace, une jeune Française. Puis, vous allez découvrir l'association belge **Oxfam**.

175 CULTURE

L'Afrique de l'Ouest évolue de plus en plus dans le domaine de l'éducation. L'article *Le numérique fait bouger les écoles africaines* nous montre comment les écoles et les universités africaines utilisent la technologie.

179 LITTÉRATURE

Le marché de l'espoir, un conte de l'écrivaine congolaise **Ghislaine Sathoud**, révèle la cruauté dont les humains peuvent être capables. Mais tout espoir n'est pas perdu...

155

176

Destination:
AFRIQUE DE L'OUEST

150 POUR COMMENCER

162 STRUCTURES

5.1 Partitives

5.2 The pronouns y and en

5.3 Order of pronouns

185 VOCABULAIRE

Crises et horizons
◀ vhlcentral

En mouvement

l'assimilation (*f.*) assimilation
un but goal
une cause cause
le développement development
la diversité diversity
un(e) émigré(e) emigrant
une frontière border
l'humanité (*f.*) humankind
l'immigration (*f.*) immigration
un(e) immigré(e) immigrant
l'intégration (*f.*) integration
une langue maternelle native language
une langue officielle official language
le luxe luxury
la mondialisation globalization
la natalité birthrate

le patrimoine culturel cultural heritage
les principes (*m.*) principles

aller de l'avant to forge ahead
s'améliorer to better oneself
attirer to attract
augmenter to grow; to raise

baisser to decrease
deviner to guess
prédire (*irreg.*) to predict

exclu(e) excluded
(non-)conformiste (non)conformist

polyglotte multilingual
prévu(e) foreseen
seul(e) alone

Les problèmes et les solutions

le chaos chaos
la compréhension understanding
le courage courage
un dialogue dialogue

une incertitude uncertainty
l'instabilité (*f.*) instability
la maltraitance abuse
le niveau de vie standard of living
une polémique controversy
la surpopulation overpopulation
le travail manuel manual labor
une valeur value
un vœu wish

avoir le mal du pays to be homesick
faire sans to do without
faire un effort to make an effort
lutter to fight; to struggle

du/due à due to
surpeuplé(e) overpopulated

Les changements

s'adapter to adapt
appartenir (à) to belong (to)
dire au revoir to say goodbye

s'enrichir to become rich

s'établir to settle
manquer à to miss
parvenir à to attain; to achieve
projeter to plan
quitter to leave behind
réaliser (un rêve) to fulfill (a dream)
rejeter to reject

Mise en pratique

1 **L'intrus** Dans chaque cas, indiquez le mot qui ne convient pas.

1. **en mouvement**

   a. aller de l'avant   c. deviner

   b. augmenter   d. s'améliorer

2. **population**

   a. habitants   c. résidents

   b. citoyens   d. touristes

3. **but**

   a. faire un effort   c. projeter

   b. deviner   d. parvenir

4. **prévu**

   a. prédit   c. attendu

   b. exclu   d. deviné

5. **manquer**

   a. appartenir   c. quitter

   b. avoir le mal du pays   d. dire au revoir

6. **polémique**

   a. débat   c. cause

   b. controverse   d. contestation

2 **Dans le contexte** Écrivez le mot de la liste qui correspond le mieux au contexte de chaque phrase.

s'adapter	émigré	mal du pays	quitter
courage	faire sans	polyglotte	rejeter

1. Il est important de parvenir à se débrouiller (*to manage*) face à une nouvelle situation. _____

2. Au travail, on me demande souvent de voyager parce que je parle plusieurs langues. _____

3. Quand j'étais petit, ma famille n'était pas riche, alors je n'avais pas tout ce dont j'avais envie. _____

4. Je n'hésite pas à dire «non» et je refuse les propositions qu'on me fait neuf fois sur dix. _____

5. J'ai quitté le pays où je suis né pour trouver un meilleur travail, pas pour des raisons politiques. _____

6. Voyager à l'étranger, c'est important et amusant en même temps, mais le problème, c'est que ma famille me manque. _____

3 **Questions personnelles** Répondez à chaque question. Discutez de vos réponses avec un(e) camarade de classe.

1. Quelle est votre langue maternelle? Combien de langues parlez-vous?

2. Avez-vous déjà eu le mal du pays? Expliquez la situation.

3. Êtes-vous pour ou contre la mondialisation? Expliquez votre point de vue.

4. Êtes-vous plutôt conformiste ou non-conformiste? Citez trois exemples.

5. Quel est votre but dans la vie? Comment est-ce que vous espérez l'atteindre?

6. Comment décririez-vous votre niveau de vie? À quel point est-il différent de celui que vous espérez avoir dans dix ans?

4 **À l'avenir** Imaginez qu'en 2077 votre enfant trouve une capsule temporelle (*time capsule*) que vous aviez préparée pendant votre adolescence. Elle contient des coupures de presse (*clippings*) et des souvenirs de la société de l'époque. À deux, dites ce que vous aviez mis dans cette capsule et expliquez pourquoi ces objets représentent votre génération.

Préparation

Vocabulaire du court métrage

un(e) bavard(e)
  chatterbox

brûler *to burn*

**un commissaire
  (de police)** *(police)
  commissioner*

(un jour) férié
  public holiday

un flic *cop*

un(e) gamin(e) *kid*

un(e) môme *kid*

nombreux/nombreuse
  numerous

Vocabulaire utile

avoir des préjugés *to be prejudiced*

un châtiment *punishment*

défavorisé(e) *underprivileged*

supposer *to assume*

une supposition *assumption*

témoigner de *to be witness to*

un témoin *witness*

voler *to steal*

EXPRESSIONS

assurer une permanence *to be on duty*

Ce n'est pas grave. *That's okay/not a problem.*

C'est dingue! *It's/That's crazy!*

J'arrive. *I'll be right there./I'm coming.*

porter plainte *to file a complaint*

1 **À choisir** Parmi (*Among*) les phrases suivantes, choisissez celle qui exprime le mieux l'idée de la première phrase.

1. Je ne vais pas au travail lundi parce que c'est un jour férié.

   a. Je ne vais pas au travail lundi parce qu'on fait la grève.

   b. Je ne vais pas au travail lundi à cause des funérailles de ma grand-mère.

   c. Je ne vais pas au travail lundi parce que c'est le 14 juillet.

2. Thomas et sa copine sont bavards.

   a. Thomas est très fâché contre sa copine.

   b. Thomas n'arrête pas de parler avec sa copine.

   c. Thomas et sa copine hésitent à se quitter.

3. La famille habite dans un quartier défavorisé.

   a. La famille habite une grande maison moderne.

   b. Les loyers des appartements du quartier ne sont pas chers.

   c. Il y a beaucoup d'immeubles dans le quartier de la famille.

2 **À assortir** À deux, associez logiquement les mots de la première et de la deuxième colonnes. Ensuite, expliquez la différence entre les mots associés.

_____ 1. une supposition   a. voler

_____ 2. un commissaire   b. un môme

_____ 3. un gamin   c. avoir des préjugés

_____ 4. un châtiment   d. un flic

3

Que feriez-vous si...? À deux, répondez aux questions et expliquez vos réponses.

 1. Vous êtes professeur et deux de vos élèves ont séché (*skipped*) le cours. L'un est très studieux et l'autre ne travaille pas beaucoup. Les jugez-vous de la même manière ou favorisez-vous l'élève sérieux?

2. Une personne défavorisée et une personne privilégiée commettent le même crime. Devraient-elles recevoir la même punition? Recevraient-elles le même châtiment dans notre société actuelle?

 3. Quand un voleur vole quelque chose, est-ce que la valeur de ce qu'il vole devrait être prise en compte au moment de le punir?

4. Votre frère/sœur aîné(e) vous a tourmenté(e) pendant toute votre enfance. Vous comportez-vous de la même manière envers votre frère/sœur cadet(te) ou, au contraire, vous entendez-vous bien avec lui/elle?

 5. À la suite d'une erreur commise par son université, on expulse votre frère pour des raisons financières. Est-ce que cette injustice lui donnerait le droit d'endommager (*damage*) sa résidence universitaire?

4

Question d'opinion À deux, répondez aux questions et expliquez vos réponses.

1. Vous est-il déjà arrivé de supposer certaines choses au sujet de quelqu'un qui est différent de vous?

2. Pensez-vous que l'immigration permette de mieux apprécier différentes cultures ou encourage-t-elle au contraire le recours aux stéréotypes?

3. Est-ce que quelqu'un vous a déjà jugé(e) sur votre apparence physique, votre nationalité ou votre ethnicité? Comment avez-vous réagi?

5

Qui est-ce? Regardez les images et imaginez la vie de ces personnages. Écrivez cinq phrases qui expliquent ce qu'ils aiment faire, qui ils sont et d'où ils viennent.

INTRIGUE *Le jour de la Fête nationale, en Suisse, un commissaire de police interroge un jeune garçon d'origine africaine qui vient de voler un ballon.*

OFFICIER Ils en ont marre, les gens, ils en ont marre.
COMMISSAIRE Je sais, ils sont toujours plus nombreux. Enfin, appeler les flics pour un gamin. Ces stations-service, ils… ils exagèrent, vraiment. Envoyez-le-moi.

COMMISSAIRE Alors, c'est vrai ce qu'on dit? Vous êtes tous des voleurs. Incroyable! À ton âge, tu es déjà un voleur. Tu t'appelles comment? Ton nom?
SAMB S…
COMMISSAIRE Juste ton nom. Je vous connais, vous êtes des bavards terribles.

COMMISSAIRE Vingt francs. Vingt francs. Porter plainte pour vingt balles. Il faut vraiment que les gens en aient marre de vous. Et tes parents? Ils sont où aujourd'hui, tes parents? Ah, eux aussi, ils sont allés apprendre l'hymne° national?

SAMB Monsieur, je m'appelle Samb. Samb, et toi? Non, non. Juste votre nom.
COMMISSAIRE Knöbel.
SAMB Elle est en vie, votre maman?
COMMISSAIRE Ah oui. Bien sûr.
SAMB Et votre papa, aussi?
COMMISSAIRE Ah oui, aussi.

SAMB Vous avez de la chance.
COMMISSAIRE De la chance?
SAMB Oui. Mes parents à moi, ils sont morts. Kakachnikov! Ils se sont mis à tirer° sur moi, mais j'ai réussi à me cacher°. Quand je suis revenu, tout brûlait. Même mon ballon. Il n'y avait plus rien.

COMMISSAIRE Ah, c'est vous les parents? Ce n'est pas grave. C'est un môme. Bon, on laisse tomber la plainte, on écrase°.
Samb revient.
SAMB Eh, mon ballon!
COMMISSAIRE Ton ballon?

hymne *anthem* **tirer** *shoot* **me cacher** *hide* **écrase** *oublie*

Analyse

1 **Compréhension** Répondez aux questions par des phrases complètes.

1. Quel jour sommes-nous dans le film? Que signifie cette date?

2. Comment s'appelle l'homme?

3. Qui est-il?

4. Qu'est-ce que le garçon a volé?

5. Pourquoi l'a-t-il volé?

6. Combien cet objet a-t-il coûté?

7. Qu'est-il arrivé aux parents du garçon?

8. Comment cela s'est-il passé?

9. Pourquoi le garçon dit-il que le commissaire a de la chance?

10. Avec qui part le garçon à la fin du film?

2 **Interprétation** À deux, répondez aux questions et expliquez vos réponses.

1. Pourquoi le commissaire est-il de mauvaise humeur au début du film?

2. De qui parle le commissaire quand il dit: «Vous êtes tous des voleurs»?

3. Pourquoi le commissaire pense-t-il que Samb ne mangera pas le hamburger?

4. Que veut dire le commissaire quand il dit que Samb «connaît» les bananes?

5. Que pense le commissaire quand on lui dit que les parents de Samb sont arrivés?

6. Pourquoi le commissaire met-il de l'argent sur son bureau à la fin du film?

3 **Stéréotypes**

A. Listez les commentaires du commissaire qui révèlent certains stéréotypes.

Vous êtes tous des voleurs.

B. Comparez votre liste avec celle d'un(e) camarade et discutez de chaque commentaire à l'aide de ces questions.

- Comment réagissez-vous à ce que dit le commissaire?
- Comment le jugez-vous? Pensez-vous que ce soit quelqu'un de bien?

4 **Rapports humains** Dans quel sens l'opinion du commissaire change-t-elle à propos de Samb? À deux, discutez-en et citez des exemples du film.

5 **Au tribunal** Imaginez que Samb soit jugé par un tribunal. Le jury n'est pas parvenu à un verdict, et vous êtes les jurés. Formez deux groupes et présentez cinq arguments pour ou contre Samb. Les injustices du passé excusent-elles ses actes d'aujourd'hui?

Pour	Contre

6 **Trois vœux** *Samb et le commissaire* témoigne des changements de la société actuelle et de la diversité culturelle de plus en plus grande dans les pays occidentaux (*western*). Par groupes de trois, mettez-vous d'accord sur les trois vœux qu'un génie vous accorde pour créer une société plus harmonieuse.

Vous avez droit à trois vœux. Que me demandez-vous?

7 **Intégration** Par groupes de trois, commentez cette déclaration. Dans une société multiculturelle, qui doit s'adapter? Les immigrés ou les habitants? Discutez de cette question et comparez votre point de vue avec la classe.

> **Les musulmans ne mangent pas de porc. Vous devriez savoir ça. Faut s'adapter, nom de bleu.**
>
> – COMMISSAIRE KNÖBEL

vhl central | Galerie de créateurs

IMAGINEZ

Sur les traces de mes ancêtres

Vous avez déjà été en Afrique? Moi, une fois, à l'âge de deux ans, mais j'étais trop petite pour m'en souvenir. Mon nom, Grace Kaboré, m'a toujours intriguée sur mes origines. J'habite à Marseille et maintenant que j'ai fini mes études, c'est le moment idéal pour partir! Mais par où commencer? Je décide de suivre les traces de mes ancêtres et commence par le **Burkina Faso**.

J'arrive à **Ouagadougou**, la capitale du «pays des hommes intègres°» fondée au 15e siècle. Les **Ouagalais** sont chaleureux° et je m'y sens comme chez moi. Je visite le Musée National, où j'en apprends plus sur l'histoire du pays et les différentes ethnies. Ensuite, je décide d'approfondir mes connaissances en artisanat burkinabé et me promène au Village Artisanal, un espace de production et de vente où plus de 500 artisans étalent° leurs créations. Après cinq jours dans la capitale dont le nom signifie «là où on reçoit des honneurs, du respect», je décide de faire un long safari en forme de boucle° **au parc national du W**, site qui s'étend sur l'est du Burkina Faso, une partie du **Niger** et du **Bénin**.

Je commence donc le safari au Burkina Faso, puis continue au Niger. Une fois là-bas, j'en profite pour dévier de ma route et passer une journée sur l'**île de Kanazi**. Là-bas, je fais une ballade en pirogue° sur le **fleuve Niger**, prends en photo des hippopotames et admire le spectacle de la vie courante des habitants sur les berges° du fleuve.

Je reprends mon safari facilement car le parc du W est seulement à une heure et demie de la capitale, **Niamey**. D'ailleurs, les habitants de Kanazi m'ont expliqué que le nom du parc vient de la forme en W du fleuve Niger. La partie nigérienne du parc compte 335.000 hectares, autant vous dire que j'ai vu

d'incroyables paysages! La savane avec ses baobabs, antilopes, babouins, et mon animal préféré, l'éléphant! Grâce au guide Djibril, nous avons pu voir cinq lionnes avec leurs lionceaux° boire sur le bord de l'eau. J'ai dormi dans le village de **Karey Kopto**, où les habitants étaient hospitaliers. On a même pu échanger quelques mots en français!

Les jours suivants, je me dirige vers le site **Alfakoara** au nord du Bénin, et reste deux nuits chez une famille **Mokollé** du village **Tchoka**. Gloria, la fille de la famille, me dit que plus tard, elle veut enseigner le français à la capitale du Bénin, **Porto-Novo**.

Mon parcours touche bientôt à sa fin quand j'entre à la **Réserve Nationale de Faune d'Arly**. Cette zone est très prisée° par les touristes pour sa faune et sa flore. Je passe mes derniers jours entre Ouagadougou et le parc du W, à **Fada N'Gourma**, où j'assiste au Festival Dilembu au Gulmu

D'ailleurs...

Le **tô** est le plat national au Burkina Faso. Il consiste en une boule de mil ou de maïs accompagnée d'une sauce au gombo°. Au Bénin, c'est le **calalou**, un mélange de gombo, viande, crevettes, feuilles de manioc, oignon, piment et riz.

Place des Cinéastes, Ouagadougou, Burkina Faso.

intègres *honest* **chaleureux** *welcoming* **étalent** *display* **boucle** *loop* **pirogue** *canoe*
berges *riverbank* **lionceaux** *lion cubs* **prisée** *valued* **mil** *millet* **lutte** *wrestling*
contes *tales* **ânes** *donkeys* **gombo** *okra*

Découvrons
l'Afrique de l'Ouest

La Casamance Située au sud du **Sénégal**, c'est la région agricole la plus riche du pays, grâce au **fleuve Casamance** et à une abondante saison des pluies.

La **Basse-Casamance**, à l'ouest, en est la partie la plus touristique. On y trouve de nombreux villages installés au milieu de canaux appelés «bolongs». À l'est de la ville de **Cap-Skirring**, on peut admirer le **parc national de Basse-Casamance** avec ses buffles°, ses singes°, ses léopards, ses crocodiles et ses nombreuses espèces d'oiseaux.

Djenné C'est une ville du **Mali** à environ 570 km de **Bamako**, la capitale. Fondée au 9e siècle, elle devient un important centre d'échanges commerciaux° au 12e siècle. Cette ville est connue pour son architecture exceptionnelle. Ses bâtiments sont construits en

«banco», ou terre crue°, avec des morceaux de bois appelés «terrons» qui traversent les murs. Le marché du lundi enchante le visiteur par ses couleurs et son animation.

Les Touaregs On les appelle souvent «les hommes bleus», en raison de la couleur du turban, ou chèche, qu'ils portent sur

la tête. C'est un peuple nomade d'origine berbère. Ils vivent en tribus dans une société très hiérarchisée. Leur territoire couvre la plus grande partie du désert du **Sahara** et une partie importante du **Sahel** central. C'est un peuple hospitalier° qui accueille les visiteurs de passage avec le cérémonial du thé. Le thé est servi trois fois, et il est impoli de refuser de le boire.

Le cacao et le café ivoiriens
La culture du café et du cacao constitue l'activité économique la plus importante de Côte d'Ivoire. En effet, la moitié de la population vit de cette culture. La **Côte d'Ivoire**

est le premier producteur mondial de cacao (40% de la production mondiale) et le troisième producteur de café en Afrique. Le café produit en Côte d'Ivoire est surtout de type «robusta». La plupart de la production est destinée à l'**Europe**.

buffles *buffalos* **singes** *monkeys* **commerciaux** *trade* **terre crue** *mud* **hospitalier** *hospitable*

---

pour fêter les récoltes du mil°. Il y a des activités comme la danse et la lutte° traditionnelles, le récit de contes°, la course d'ânes° et le tir à l'arc. Là-bas, j'ai parlé avec beaucoup de touristes et de locaux!

C'est malheureusement la fin de mon voyage… Je garde d'inoubliables souvenirs et prévois de revenir en Afrique de l'Ouest pour visiter le **Mali**, la **Mauritanie**, la **Côte d'Ivoire**, le **Togo**, le **Sénégal** et la **Guinée**.

Le français parlé
en Afrique de l'Ouest

Au Sénégal

aller sénégalaisement bien	aller très bien
un(e) chéri(e)-coco	un(e) petit(e) ami(e)
un pain chargé	un sandwich
une tablette de chocolat	un nid-de-poule; *pothole*

En Côte d'Ivoire

un maquis	un restaurant, un café
mettre papier dans la tête	éduquer

En Afrique de l'Ouest

payer	acheter
un taxi-brousse	un taxi collectif; *shared taxi*

Qu'avez-vous appris?

1 **Vrai ou faux?** Indiquez si ces affirmations sont vraies ou fausses, et corrigez les fausses.

1. Les habitants de Ouagadougou s'appellent les Kaboré.

2. Le parc national du W s'étend sur trois pays.

3. Le nom du parc national du W vient de la forme du fleuve Niger.

4. Le Village Artisanal est un espace d'exposition.

5. La ville de Djenné est la capitale du Mali.

6. La Côte d'Ivoire est le premier producteur mondial de café.

7. La Casamance est une région du Sénégal.

8. On reconnaît les Touaregs à la couleur de leurs vêtements.

2 **Questions** Répondez aux questions.

1. Quel événement a lieu à Fada N'Gourma?

2. À quelles activités physiques peut-on assister au Festival Dilembu au Gulmu ?

3. Pour quelle raison la Réserve Nationale de Faune d'Arly est très appréciée les touristes?

4. Qu'est-ce qu'on peut voir en Casamance?

5. Qui sont les Touaregs? De quelle origine sont-ils? Où vivent-ils?

6. Qu'est-ce que les visiteurs aiment beaucoup à Djenné?

Projet

Le parc du W

Faites des recherches sur le parc national du W et imaginez que vous visitez ce parc. En quelques paragraphes, écrivez un blog sur votre safari, que vous présenterez à la classe. Décrivez les animaux que vous voyez, le type de végétation, le climat et les personnes que vous rencontrez. Pour plus de renseignements sur ce sujet, visitez **vhlcentral.com**. À la fin, dites ce que vous avez aimé le plus et expliquez pourquoi.

ÉPREUVE

Trouvez la bonne réponse.

1. Au parc du W, on peut voir des animaux comme _____.
   a. des chèvres
   b. des antilopes
   c. des ours
   d. des tigres

2. Au festival Dilembu au Gulmu on célèbre la récolte _____.
   a. du blé
   b. du maïs
   c. du mil
   d. des bananes

3. Au Sénégal, on appelle aussi un sandwich _____.
   a. un casse-croûte
   b. un pain chargé
   c. un pain au chocolat
   d. une fougasse

4. Le maquis est un restaurant _____.
   a. au Mali
   b. en Mauritanie
   c. en Côte d'Ivoire
   d. au Niger

5. Le _____ est le plat national du Burkina Faso.
   a. mafé
   b. calalou
   c. tô
   d. yassa

6. La ville de Djenné est connue pour _____.
   a. son architecture
   b. sa gastronomie
   c. ses danses
   d. ses crocodiles

7. Les maisons de Djenné sont construites avec _____.
   a. de la terre cuite
   b. du banco
   c. du sable
   d. des pierres

8. La Côte d'Ivoire est le premier producteur mondial de _____.
   a. tissus   b. riz   c. cacao   d. café

9. Les «bolongs» sont des _____.
   a. pirogues
   b. canaux
   c. villages de pêcheurs
   d. animaux

10. _____ sont souvent appelés «les hommes bleus».
   a. Les Peuhls
   b. Les Ivoiriens
   c. Les Maliens
   d. Les Touaregs

vhlcentral

Préparation Répondez aux questions.

1. En général, vous sentez-vous concerné(e) par les problèmes associés à la surconsommation? Expliquez.

2. Qu'est-ce que les jeunes peuvent faire pour changer les mauvaises habitudes de leurs concitoyens?

Des initiatives pour un monde plus responsable

En Belgique, Oxfam-magasins du monde est une association qui cherche à développer la solidarité Nord-Sud et le commerce équitable°. Elle existe depuis 1976 et fait partie de l'organisation internationale pour le commerce équitable ou WFTO. Pour les plus jeunes, cette association a eu la bonne idée de lancer les Jeunes Magasins du monde-Oxfam ou JM. Les JM sont de petits groupes qui se forment dans les écoles avec l'aide des professeurs. Les jeunes s'y réunissent pour discuter des problèmes actuels et organiser des actions. Certains choisissent d'ouvrir un petit magasin à la récré° pour vendre des produits équitables. D'autres mènent des campagnes° d'information pour encourager leurs camarades à mieux vivre et à consommer plus intelligemment.

commerce équitable *fair trade* **récré** *recess/break time* **campagnes** *campaigns*

Bande annonce d'Oxfam

—La pub...nous impose une façon d'être.

Vocabulaire utile

un acheteur décérébré	*zombie (brainless) consumer*
l'empreinte (f.)	*impact*
les poubelles (f.) de tri	*recycling bins*
un robinet	*faucet*

Compréhension Associez l'initiative à la citation correcte.

1. Action M&M
2. Action (JP)2
3. Action Я/V
4. Action H2O
5. Action 3É

a. «Il faudrait qu'on multiple les poubelles de tri.»

b. «L'eau en bouteille, c'est un luxe qu'on ne peut pas se permettre.»

c. «Je ne suis pas un acheteur décérébré... Je veux faire mes propres choix.»

d. «Je trouve ça super important de savoir que ce qui est produit, ce que je mange [...] sont payés équitablement.»

e. «Comment est-ce qu'on peut s'imaginer des fraises à Noël?... Ça vient de... beaucoup trop loin.»

Discussion Discutez.

Que pensez-vous de l'initiative Jeunes Magasins du monde–Oxfam? Pensez-vous qu'elle puisse vraiment avoir un impact sur les modes de consommation des jeunes? Expliquez.

Application En petits groupes, développez votre propre initiative pour avoir un impact positif sur un problème qui menace notre planète.

vhlcentral

5.1

Partitives

—*Vous avez de la chance.*

BLOC-NOTES

For a review of definite and indefinite articles, see **Fiche de grammaire 2.4, p. 378.**

- You already know how to use the indefinite articles **un**, **une**, and **des**. They are used with nouns you can count.

- Partitive articles are used with noncount or mass nouns: items, substances, or ideas that you can't count. They usually correspond to *some* or *any* in English.

- The partitive articles are formed by combining **de** with the definite articles **le**, **la**, and **l'**.

ATTENTION!

Unlike English contractions such as *don't* or *you're*, French contractions are *not* optional or considered informal.

de + le	du
de + la	de la
de + l'	de l'

—*Il y a sans doute du porc là-dedans.*

- In English, sometimes the words *some* and *any* can be omitted. In French, the partitive *must* be used.

Cet écrivain a **du** courage.
That writer has (some) courage.

Elle lui a montré **de la** compréhension?
Did she show her (any) understanding?

- Some nouns can be countable or mass nouns, depending on the context. Compare these sentences.

Elle prend **un** café.   ***but***   Elle prend **du** café.
She's having a (cup of) coffee.   *She's having some coffee.*

- The article **des** is not a partitive article. It is the plural form of the definite article. You use it with nouns you can count and with those that are already plural.

<table>
<tr><td align="center">**Countable**</td><td align="center">**Already plural**</td></tr>
</table>

Nous visiterons **des** musées à Dakar.
We will visit (some) museums in Dakar.

Nous avons mangé **des** pâtes.
We ate (some) pasta.

- In a negative sentence, all partitive articles become **de/d'**.

Les émigrés n'ont plus **de** travail.
The emigrants no longer have (any) work.

La météo n'a pas prédit **de** pluie.
The forecast didn't predict (any) rain.

🔊 **Vérifiez**

- Use **de** with most expressions of quantity.

On va acheter **beaucoup de** viande.

BLOC-NOTES

For more information about negation, see **Structures 4.2, pp. 130–131**.

- Here are some common expressions of quantity:

assez de *enough*	**un paquet de** *a package of*
beaucoup de *a lot of*	**(un) peu de** *few/(a) little of*
une boîte de *a can/box of*	**un tas de** *a lot of*
une bouteille de *a bottle of*	**une tasse de** *a cup of*
un kilo de *a kilogram of*	**trop de** *too much of*
un litre de *a liter of*	**un verre de** *a glass of*

- In a few exceptions, **des** is used with expressions of quantity:

bien des *many*
la moitié des *half of*
la plupart des *most of*

- No article is used with **quelques** (*a few*) or **plusieurs** (*several*).

Ils ont mentionné **quelques** incertitudes.
They mentioned a few uncertainties.

On utilise **plusieurs** langues officielles.
We use several official languages.

Note
CULTURELLE

French-speaking countries around the world use the metric system. Here are some conversions of metric liquid and dry measures:

25 centiliters = 1.057 cups
1 liter   = 1.057 quarts
500 grams   = 1.102 pounds
1 kilogram   = 2.204 pounds

🔊 **Vérifiez**

Mise en pratique

Note
CULTURELLE

Lomé est la capitale du **Togo**. Cette ville maritime se situe le long du **Golfe de Guinée**. Lomé est une ville frontalière (*border*); son centre-ville n'est qu'à quelques centaines de mètres du Ghana, où se trouve une de ses banlieues.

1 **Un week-end à Lomé** Thibault écrit un e-mail de Lomé, où il fait un stage. Complétez le texte à l'aide d'articles indéfinis, de partitifs et d'expressions de quantité.

De:	Thibault <thibault44@email.fr>
Pour:	Edwige <edwige.martin@email.fr>
Sujet:	Un petit coucou de Lomé

Je passe (1) _____ jours à Lomé. C'est incroyable! Cette ville a (2) _____ grandes plages, (3) _____ petits restaurants où on sert (4) _____ nourriture très variée, et (5) _____ boutiques. J'ai (6) _____ temps le soir pour visiter un peu. Je suis sorti avec (7) _____ camarades hier soir. Il y avait (8) _____ monde. Nous avons commandé (9) _____ poisson. C'est surprenant à quel point il y a (10) _____ diversité dans cette ville.

Grosses bises,
Thibault

2 **Un peu d'ordre** Reconstituez ces phrases. Utilisez votre imagination pour en créer d'autres.

As-tu	d'	respect de leur part.
Nous demandons	de	valeur à cet objet.
J'ai acheté	de l'	asperges dans le frigo.
Il n'y a plus	de la	courage dans votre vie!
Ces personnes donnent	des	argent dans ton sac?
Vous n'avez jamais eu	du	olives pour la salade de ce soir.
…?		…?

1. _____
2. _____
3. _____
4. _____
5. _____
6. _____

3 **À finir** À deux, finissez les phrases à l'aide de partitifs et d'expressions de quantité.

1. Ce pays a beaucoup…
2. Je ne veux plus manger…
3. Je sais que la moitié…
4. Notre peuple a peu…
5. Veux-tu que je donne…
6. Mes amis ont manqué quelques…
7. La population de notre État a trop…
8. Nous sommes sortis pour acheter une boîte…

Communication

4

Au supermarché Vous rendez visite à un(e) ami(e) à Abidjan, en Côte d'Ivoire. Vous allez lui préparer un plat typique de votre pays, et vous êtes au supermarché pour acheter les ingrédients. À deux, créez un dialogue où vous expliquez ce qu'il vous faut, et puis échangez vos rôles. Utilisez les partitifs le plus possible.

> **Modèle** —Il te faut des tomates?
>
> —Non, mais je dois acheter de la crème.

5

Le conseil Le président du Bénin va parler à une conférence de presse. Vous préparez son discours sur les problèmes de son pays et sur leurs solutions. À deux, écrivez ce qu'il va dire. Servez-vous de la liste de vocabulaire.

s'améliorer	la mondialisation
augmenter	le niveau de vie
l'incertitude	parvenir à
l'intégration	la population
lutter	réaliser

Note
CULTURELLE
Petit pays d'Afrique de l'Ouest, le **Bénin** a un régime démocratique et connaît la stabilité politique depuis plusieurs années. Il vit de la culture du coton et de son port (*harbor*), **Cotonou**, qui permet beaucoup d'échanges commerciaux avec le **Niger** et le **Burkina Faso**.

6

À votre avis? La société a beaucoup de problèmes. Lesquels? Selon vous, que doit-on faire pour les résoudre (*solve*)? Par groupes de trois, discutez de ces problèmes et essayez de trouver des solutions.

> **Modèle** —Il n'y a pas assez de compréhension entre les peuples.
>
> —Il faut encourager le dialogue international.

Problèmes	Solutions

vhlcentral

5.2

The pronouns *y* and *en*

The adverbial pronoun *y*

- The pronoun **y** often represents a location. In this case, it usually means *there*.

  Nous allons **en Côte d'Ivoire**.
  We go to the Ivory Coast.

  Nous **y** allons.
  We go there.

  Mon sac est **dans ma chambre**.
  My purse is in my room.

  Mon sac **y** est.
  My purse is there.

  J'habite **à Ouagadougou**.
  I live in Ouagadougou.

  J'**y** habite.
  I live there.

- The pronoun **y** can replace these common prepositions of location and their objects.

  à *in or at*

  chez *at the place or home of*

  dans *in or inside*

  derrière *behind*

  devant *in front of*

  en *in or at*

  sur *on*

- **Y** can also replace *non-human* objects of the preposition **à**.

  Tu penses toujours **à l'examen**?
  Are you still thinking about the test?

  Oui, j'**y** pense toujours.
  Yes, I'm still thinking about it.

  Il a répondu **à la question**?
  Did he answer the question?

  Oui, il **y** a répondu.
  Yes, he answered it.

- You already know that the preposition **à** can be used in contractions. The pronoun **y** can replace the contraction and its object.

  Vous assisterez **au cours de maths**?
  Will you attend math class?

  Oui, nous **y** assisterons.
  Yes, we will attend (it).

  Tu vas **aux États-Unis**?
  Are you going to the U.S.?

  Oui, j'**y** vais.
  Yes, I'm going there.

ATTENTION!

Remember, the indirect object pronouns **me, te, lui, nous, vous**, and **leur** stand for *human* objects of the preposition **à**.

—Avez-vous répondu **à Danielle**?

—Non, je ne **lui** ai pas encore répondu.

ATTENTION!

The prepositions used in English do not necessarily translate literally into French. Notice that sometimes no preposition is used at all in English.

—**Réponds tout de suite à son message!**

—*Answer her message right away!*

BLOC-NOTES

For more information about object pronouns, see **Fiche de grammaire 5.4, p. 390**.

The pronoun *en*

- The pronoun **en** replaces the preposition **de** and its object.

  Ils n'ont pas **de villes surpeuplées**.
  They don't have overpopulated cities.

  Ils n'**en** ont pas.
  They don't have any.

- **En** can replace a partitive article and its object.

  Voudriez-vous **de la charcuterie?**
  Would you like some cold cuts?

  Nous **en** voudrions.
  We would like some.

- **En** can replace a noun that follows an expression of quantity. In this case, omit the noun and the preposition **de/d'**, but retain the expression of quantity.

  Les jeunes ont **beaucoup d'idéaux**.
  Young people have a lot of ideals.

  Ils **en** ont **beaucoup**.
  They have a lot (of them).

- **En** can replace a noun that follows a number. In this case, omit the noun, but retain the number. However, in a negative sentence, the number is not retained.

  Ils veulent **trois tomates**?
  Do they want three tomatoes?

  Oui, ils **en** veulent **trois**.
  Yes, they want three (of them).

  Nathalie a acheté **deux litres de lait**?
  Did Nathalie buy two liters of milk?

  Non, elle n'**en** a pas du tout acheté.
  No, she didn't buy any at all.

- **En** can replace **de** plus a location. In this case, it usually means *from there*.

  Ils reviennent **de Lomé**.
  They are returning from Lomé.

  Ils **en** reviennent.
  They are returning from there.

- **En** can also replace a verbal expression with **de**. In this case, **en** often means *about it, for it,* or *from it*.

  Avez-vous la force **de supporter ce chaos**?
  Are you strong enough to stand this chaos?

  Non, je n'**en** ai pas la force.
  No, I am not strong enough for it.

  Tu es capable **de manger tout le gâteau**?
  Are you capable of eating the whole cake?

  Non, je n'**en** suis pas capable.
  No, I am not capable of it.

ATTENTION!

Remember, the indefinite articles **un** and **une** are also numbers.

J'ai un frère.

I have one brother.

You can use **en** to replace the object of **un** or **une**. In an affirmative sentence, retain the number.

J'en ai **un**.

I have one.

As with other numbers, in a negative sentence, the number is not retained.

Je n'**en** ai pas.

I don't have one.

Vérifiez

Mise en pratique

1

Combien y en a-t-il? Écrivez une phrase avec les pronoms **y** et **en** pour indiquer le nombre de choses mentionnées.

> **Modèle**   **Pays francophones en Afrique de l'Ouest (8)**
> Il y en a huit.

1. Couleurs du drapeau togolais (4)
2. Habitants de Bamako, au Mali, dans dix ans (2.000.000)
3. Langues couramment employées en Côte d'Ivoire (65 environ)
4. Partis politiques en Guinée depuis 1992 (16)
5. Années de colonisation française au Niger dans le passé (60 environ)
6. Festivals du film à Ouagadougou, au Burkina Faso (1)

2

À compléter Katie et Jabril se sont rencontrés aux États-Unis, dans un cours d'anglais pour étudiants étrangers. Complétez leur dialogue par le pronom qui convient: **y** ou **en**.

KATIE   Salut, tu vas bien?

JABRIL   Oui et non. J' (1) _____ ai marre des cours.

KATIE   Moi aussi! Qu'est-ce qu'on fait?

JABRIL   Je projette un voyage en Afrique. J'aime ce continent. Je m' (2) _____ intéresse beaucoup. Et toi?

KATIE   Oui, beaucoup! Où comptes-tu aller?

JABRIL   J'ai toujours voulu aller au Sénégal.

KATIE   C'est vrai?! Pourquoi as-tu toujours voulu (3) _____ aller?

JABRIL   En fait, ma grand-mère est née au Sénégal. Elle m' (4) _____ parle souvent.

KATIE   Est-ce que tu prépares beaucoup de plats sénégalais?

JABRIL   Non, je n' (5) _____ prépare pas beaucoup.

KATIE   D'où vient ton grand-père? Du Sénégal aussi?

JABRIL   Non, il n' (6) _____ est même jamais allé. Il est né en France.

KATIE   En France? Moi aussi, j' (7) _____ suis née!

JABRIL   Tu ne m' (8) _____ avais rien dit! Je croyais que tu avais grandi aux États-Unis.

KATIE   Non, c'est ma mère qui a passé son enfance à New York.

JABRIL   New York? J' (9) _____ suis allé une fois avec ma famille, pendant une semaine seulement. J' (10) _____ rêve souvent.

3

Notre société À deux, faites des phrases à propos de chaque idée donnée.

> **Modèle**   **aller chez mes grands-parents**   J'y vais pendant les vacances.

- habiter aux États-Unis
- aller faire un séjour en Afrique
- avoir du courage face au danger
- réaliser beaucoup de rêves
- s'adapter à la mondialisation
- faire partie du monde des humains

Communication

4

Sondage Circulez parmi vos camarades de classe afin de leur poser ces questions. Essayez de trouver au moins une personne qui réponde oui à chaque question et une qui réponde non.

Modèle   **aimer aller à la campagne pour les vacances**

—Aimes-tu aller à la campagne pour les vacances?

—Non, je n'aime pas y aller pour les vacances.

—Moi si, j'aime y aller pour les vacances.

Et vous?	Noms
1. faire des commérages	_____
2. assister sans exception au cours de français	_____
3. s'attendre à réussir le prochain examen de français	_____
4. aller dans le bureau du principal	_____
5. discuter souvent des polémiques	_____
6. souhaiter travailler en Afrique	_____
7. avoir beaucoup d'incertitudes	_____
8. accepter trop d'inégalités dans la vie	_____
9. être parvenu(e) à trouver un travail à mi-temps	_____
10. connaître des personnes d'Afrique de l'Ouest	_____

5

Carte du monde Imaginez que vous avez voyagé dans plusieurs pays du monde. À deux, demandez-vous dans quels pays vous avez déjà voyagé, ce que vous y avez vu et si vous aimeriez y retourner.

Modèle   —Es-tu déjà allé(e) au Sénégal?

—Non, je n'y suis pas allé(e). Mais j'ai fait un séjour au Bénin.

—Qu'est-ce que tu y as vu?

—J'y ai vu…

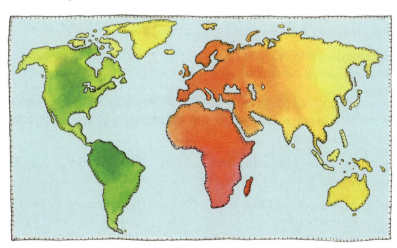

La société en évolution

vhlcentral

5.3

Order of pronouns

—*Envoyez-le-moi*.

- French sentences may contain more than one object.

	DIRECT OBJECT	INDIRECT OBJECT
Le politicien explique	**ses principes**	**au reporter.**
The politician explains	*his principles*	*to the reporter.*

- You can replace multiple objects with multiple object pronouns. Use the same pronouns you would use if there were only one object.

Il **les** explique au reporter.
He explains them to the reporter.

Il **lui** explique ses principes.
He explains his principles to him.

Il **les lui** explique.
He explains them to him.

- Where there is more than one object pronoun, they are placed in this order.

me te se nous vous	before	le la les l'	before	lui leur	before	y	before	en

Le guide montre **la sculpture aux touristes**.
The guide shows the sculpture to the tourists.

Il **la leur** montre.
He shows it to them.

Qui s'occupe **des réservations**?
Who is taking care of the reservations?

Hubert **s'en** occupe.
Hubert is taking care of them.

- Double object pronouns are placed in the same position relative to verbs as single object pronouns. In simple tenses, such as the present, the **imparfait**, and the future, pronouns are placed in front of the verb.

Il apporte **le courrier à Mme Delorme**.
He brings the mail to Mrs. Delorme.

Il **le lui** apporte.
He brings it to her.

Olivier donnait toujours **de l'argent aux gens dans le besoin**.
Olivier always gave money to people in need.

Olivier **leur en** donnait toujours.
Olivier always gave them some.

J'attendrai **Jules à la gare**.
I will wait for Jules at the station.

Je **l'y** attendrai.
I will wait for him there.

- In compound tenses, such as the **passé composé** and the **plus-que-parfait**, pronouns are placed in front of the helping verb.

On **nous** a parlé **du patrimoine culturel**.
They spoke to us about the cultural heritage.

On **nous en** a parlé.
They spoke to us about it.

Vous aviez rendu **les passeports aux voyageurs**.
You had returned the passports to the travelers.

Vous **les leur** aviez rendus.
You had returned them to them.

- When an infinitive follows the conjugated verb, the pronouns are usually placed before the infinitive.

Tu vas offrir **un biscuit aux enfants**?
Are you going to buy the children a cookie?

Tu vas **leur en** offrir un?
Are you going to buy them one?

Je voudrais poser **cette question au prof**.
I would like to ask the teacher this question.

Je voudrais **la lui** poser.
I would like to ask it to her.

- When negating sentences with pronouns in simple tenses, place **ne** in front of the pronouns and **pas** after the verb. In compound tenses, place **ne... pas** around the pronouns and the helping verb. When there is more than one verb, **ne... pas** is usually placed around the first one.

Il **ne** le lui apporte **pas**.   On **ne** nous en a **pas** parlé.   Je **ne** voudrais **pas** la lui poser.

- The order of object pronouns is different in affirmative commands. Notice that hyphens are placed between the verb and the pronouns.

le la les	before	moi toi lui nous vous leur	before	y	before	en

Apportez **le courrier à Mme Delorme**!
Bring the mail to Mrs. Delorme!

Apportez-**le-lui**!
Bring it to her!

Racontez **l'histoire aux gamins**.
Tell the story to the kids.

Racontez-**la-leur**.
Tell it to them.

- Note that **me** and **te** become **moi** and **toi**. They revert to **m'** and **t'** before **y** or **en**.

Parle-**moi de ta vie**.
Talk to me about your life.

Parle-**m'en**.
Talk to me about it.

- The order of pronouns in negative commands is the same as in affirmative statements. Compare these sentences.

Dis-**le-lui**!
Tell it to him!

Ne **le lui** dis pas!
Don't tell it to him!

Mise en pratique

1 **À remplacer** Remplacez les mots soulignés (*underlined*) par des pronoms.

1. N'oublions pas de mettre les valises dans la voiture.

2. Les voisins ont apporté des cadeaux à mes parents.

3. Pouvez-vous nous emmener à la gare?

4. Laisse son ballon à ton frère!

5. Tu ne m'avais jamais dit que tu voulais y aller.

2 **À transformer** Faites des phrases avec les éléments et changez les objets en pronoms.

> **Modèle** **je / parler / à vous / de mes cours**
> Je vous parle de mes cours. Je vous en parle.

1. on / voir / les émigrés / à la frontière / au sud de Sissako / hier soir

2. Matthieu / donner / toujours / des conseils / à ses amis

3. il faut / beaucoup de courage / à cet homme

4. pendant son séjour / Christine / ne jamais / laisser / de pourboire / aux serveurs

5. ma mère / aller / présenter / deux nouveaux produits / au directeur du marketing

3 **Carte postale** Jérôme est en train de faire un trekking dans le désert mauritanien et raconte ses aventures à sa sœur. Trouvez les phrases qui ont deux objets et transformez-les en faisant attention à l'ordre des pronoms.

Note CULTURELLE

Le désert du **Sahara** couvre une grande partie de la **Mauritanie**. Dans les oasis, le pays célèbre l'une des fêtes les plus importantes de l'année, la **«Guetna»**. Aux mois de juillet et d'août, on y récolte les **dattes** qui serviront de base à un grand nombre de plats mauritaniens. La musique, la danse et les festins (*feasts*) durent tout le temps de la fête.

Un grand bonjour de l'oasis de Chinguetti où je passe des moments incroyables! Je rencontre souvent les nomades mauritaniens dans cette oasis. Je leur montrerai mes photos pendant mon prochain séjour ici. Des guides locaux m'ont fait visiter l'oasis hier. En ce moment, c'est la grande fête des dattes. Tout le monde les cueille° et on m'a offert des pâtisseries délicieuses faites avec ces dattes. Les gens chez qui je suis m'ont donné leurs recettes.

Quand je partirai, je dirai à mes nouveaux amis que j'ai beaucoup apprécié mon séjour. J'espère que tu recevras bien cette carte du bout du monde.

À bientôt,

Jérôme

Viviane Dubosc

28, rue des Lilas

Montpellier, France

cueille *picks*

1. _____
2. _____
3. _____
4. _____
5. _____
6. _____

Communication

4 **Qui fait quoi?** À tour de rôle, posez-vous des questions à partir de ces illustrations, répondez-y et employez des pronoms. Utilisez votre imagination. Attention à l'ordre des pronoms.

 1.
 2.
 3.

 4.
 5.
6.

5 **À votre avis** Que pensez-vous de ces affirmations? Discutez-en par groupes de trois. Chaque membre du groupe donne son avis et les deux autres réagissent. Ensuite, imaginez d'autres affirmations.

- L'immigration est une bonne chose pour l'économie d'un pays.
- Il n'est pas nécessaire de connaître la langue officielle du pays dans lequel on vit pour y habiter.
- La mondialisation est la cause de certains problèmes dans le monde.
- Le travail manuel a beaucoup de valeur.
- La lutte des classes est encore une réalité pour certaines personnes.
- La surpopulation diminue le niveau de vie d'un pays.
- …?

6 **Vos solutions** Vous n'êtes pas d'accord sur les solutions prévues par le gouvernement pour répondre aux problèmes que le pays connaît. Par groupes de trois, choisissez des situations actuelles avec lesquelles vous n'êtes pas d'accord et exprimez votre mécontentement (*dissatisfaction*) par des verbes à l'impératif, à la forme affirmative et négative, avec des pronoms.

Modèle —Il faut que le président change de tactique immédiatement par rapport à l'environnement. Pourquoi ne pas lui envoyer une pétition?

—Oui, écrivons-lui une pétition!

—Et envoyons-la-lui dès que possible!

Synthèse

Moussa est ivoirien et vit à Yamoussoukro. Il y a deux ans, il a décidé de quitter la campagne pour aller travailler en ville. Il vient d'une famille d'agriculteurs qui le lui a demandé, pour lui apporter une aide financière. Il lui a fallu du courage et de la ténacité pour faire face aux problèmes de la grande ville et pour réussir à atteindre son but.

Moussa est un homme parmi beaucoup d'autres qui ont fait le même choix. C'est une tendance qui s'est accélérée dans les années 1980 en Afrique de l'Ouest, mais surtout en Côte d'Ivoire. Beaucoup de villes ont connu une explosion démographique; le nombre des citadins s'est multiplié par dix. Plus d'une dizaine° de villes ont passé le cap du million d'habitants, alors qu'il n'y en avait qu'une dans les années 1960.

Mais ce phénomène d' «exode rural» n'en est pas vraiment un. En effet, si les villes ont bénéficié de la venue° des populations rurales, l'inverse est vrai aussi pour deux raisons principales. L'espace urbain a attiré les populations et empiété sur° l'espace rural où le nombre de villes, petites ou grandes, a augmenté, soit en élargissant un village, soit en créant une nouvelle ville. Mais au-delà de ces nouvelles villes, les campagnes existent toujours et continuent à nourrir les villes. Et celles-ci le leur rendent bien. Elles apparaissent comme un facteur de développement du monde rural. Donc tout le monde s'y retrouve. Et Moussa, comme tous les autres, prend part à cet échange. Mais il ne faudrait pas que la surpopulation de toutes ces villes en soit le résultat néfaste°.

arrivée

encroached

ten

mauvais

---

1 **Qu'en pensez-vous?** Le phénomène d'exode rural existe-t-il ou a-t-il existé où vous habitez? Quelles sont les similarités et les différences de l'exode rural en Afrique de l'Ouest et dans votre région? Écrivez un paragraphe de cinq ou six phrases qui justifie votre opinion. Utilisez les structures de cette leçon.

2 **Conséquences** Par petits groupes, discutez des conséquences positives et négatives de l'exode rural dans votre pays, à l'aide des structures de cette leçon. Servez-vous de la liste pour regrouper vos idées.

Idées	Effets positifs	Effets négatifs
La surpopulation		
L'intégration		
Le développement		
?		

Préparation

1 **Thèmes éducatifs** Complétez les phrases à l'aide du vocabulaire.

1. Beaucoup d'enfants défavorisés n' _____ pas à l'éducation.

2. Les _____ influencent la façon dont on apprend à l'école.

3. L' _____ doit faciliter l'apprentissage des compétences.

4. Dispenser une éducation de qualité aux enfants est un _____ important de la société.

5. Les _____ d'accès à l'éducation persistent entre les pays du monde.

6. On _____ des programmes numériques dès l'école primaire.

7. Un _____ actuel consiste à exploiter de façon efficace les TIC.

8. La _____ s'adapte aux contraintes de temps de chaque étudiant.

2 **L'éducation d'hier et d'aujourd'hui** Répondez aux questions et comparez vos réponses à celles d'un(e) camarade.

1. Pensez-vous que l'Internet ait révolutionné les modes d'éducation traditionnels dans votre pays? Expliquez.

2. Quel rôle la technologie joue-t-elle dans le système éducatif de votre ville ou au lycée?

3. Est-ce que les élèves bénéficient partout des mêmes technologies de l'information (Internet et autres)? Pourquoi ou pourquoi pas, à votre avis?

4. Que pensez-vous de la formation à distance? Est-ce un mode de formation populaire dans votre pays? Expliquez.

3 **Le lycée du futur** Imaginez le système éducatif du futur: Tout est virtuel et tout est à l'échelle (*scale*) mondiale. Il n'y a plus de salles de classe, plus de professeurs, plus de livres. Seulement des outils numériques avec accès à Internet et donc une fenêtre ouverte sur le village planétaire. Par groupes de trois, répondez aux questions.

- Quels seraient les avantages et les inconvénients de ce système?
- À votre avis, y aurait-il encore des lycées?
- Auriez-vous envie d'étudier dans ces conditions? Pourquoi ou pourquoi pas?

Le **numérique fait bouger** les **écoles africaines**

La population du continent africain est très jeune: 41% des Africains ont moins de 15 ans. Un jour, ces jeunes seront responsables de l'avenir de l'Afrique. Mais beaucoup d'enfants n'ont toujours pas accès aux livres et à Internet. Il est donc temps que les choses bougent.

Et dans le domaine de l'éducation, les choses bougent en Afrique de l'Ouest! Depuis les années 2000, certains pays, en partenariat avec la communauté internationale, se mobilisent pour améliorer l'accès à l'éducation de base. Plusieurs projets ont vu le jour et tous les cycles° de l'enseignement sont concernés.

Entre autres, pour les plus jeunes, on peut citer le programme Écoles Numériques de la Fondation Orange. Les enfants dans les écoles participantes accèdent aux contenus° éducatifs sur des tablettes grâce aux kits fournis par la fondation. Les kits comprennent un mini serveur Raspberry Pi, un ordinateur très performant et économique qui permet aux élèves d'accéder à leurs livres scolaires, ainsi qu'à la Khan Academy, à l'encyclopédie et le dictionnaire Wikipédia, au projet Gutenberg et à des MOOC d'enseignement en ligne. L'initiative compte environ 500 écoles dans les pays du Moyen-Orient et de l'Afrique, dont le Cameroun, la Côte d'Ivoire, la Guinée, le Niger et le Sénégal.

Au Togo, le gouvernement vise° à introduire des TIC (technologies de l'information et de la communication) dans les écoles de les meilleurs délais°. Les élèves de plusieurs lycées d'enseignement technique et professionnel bénéficient déjà des Environnements numériques de travail (ENT), un dispositif° qui permet aux élèves d'accéder aux services liés° à la vie scolaire (emploi du temps, carnets de notes°, etc.) et à des outils pédagogiques (livres scolaires, tutorat, travail collectif, etc.).

Il existe aussi de nombreux programmes sur Internet. Par exemple, le Sénégal offre un site Internet destiné aux élèves de dernière année d'école primaire, de collège et de lycée. La Direction générale de l'enseignement secondaire y met à leur disposition les annales d'examens des années précédentes dans presque toutes les matières. Ainsi, les élèves peuvent consulter des sujets corrigés°. Ils ont aussi la possibilité de recevoir des conseils de rédaction et d'orientation.

L'éducation virtuelle s'est bien développée au niveau universitaire en Afrique de l'Ouest. Il existe deux grands programmes: l'Université virtuelle africaine (UVA) et l'Agence universitaire de la Francophonie (AUF). Ces deux institutions ont mis en place des systèmes de formation universitaire à distance en utilisant l'Internet et les nouvelles technologies. L'UVA est un programme tourné essentiellement vers les formations scientifiques et techniques, dont les diplômes ont la même valeur que ceux des universités ordinaires. Les professeurs qui y participent viennent du monde entier.

Pour sa part, l'AUF propose des formations à distance dans le même esprit. Tous ses diplômes sont principalement axés sur le développement du continent africain. Par exemple, les étudiants peuvent choisir un master en éducation et promotion de la santé, un doctorat en sciences de l'éducation ou encore un master en ingénierie du système de santé. Ces programmes constituent une bonne alternative face au manque de moyens des universités africaines qui voient un afflux toujours plus important d'étudiants.

L'éducation est un des piliers° du développement, l'instrument d'un véritable progrès de la société et de l'économie. Les TIC rythment aujourd'hui la vie du monde entier. L'Afrique n'en est pas exclue et elle aussi en profite. ■

Dans le domaine éducatif, les choses bougent en Afrique de l'Ouest!

levels °cycles
content °contenus
aims °vise
as soon as possible °délais
device °dispositif
linked °liés
report cards °carnets de notes
corrected °corrigés
pillars °piliers

Analyse

1 **Compréhension** Répondez aux questions par des phrases complètes.

1. Quel est le problème principal du système éducatif africain?

2. Qu'est-ce que les Écoles Numériques?

3. À quoi les élèves peuvent-ils accéder grâce aux Écoles Numériques?

4. Quelle initiative le Togo a-t-il prise dans le domaine de l'éducation?

5. Qu'est-ce que les élèves en dernière année d'un cycle éducatif peuvent consulter sur Internet au Sénégal?

6. Quel type de formation universitaire l'Université virtuelle africaine (UVA) et l'Agence universitaire de la Francophonie (AUF) ont-elles mis en place?

7. D'où viennent les professeurs qui participent à l'Université virtuelle africaine?

8. Quels sont les trois domaines de l'enseignement mentionnés dans l'article qui sont privilégiés par les programmes éducatifs?

2 **Citation à commenter** À deux, expliquez et commentez cette citation de Léopold Sédar Senghor (1906–2001), poète, homme politique et premier président du Sénégal.

> «Penser et agir par nous-mêmes et pour nous-mêmes,
> en Nègres..., accéder à la modernité sans piétiner
> (*trampling on*) notre authenticité.»

- Que dit Senghor dans cette citation?
- Êtes-vous d'accord avec ce qu'il dit? Expliquez.
- Quel lien voyez-vous entre cette citation et l'article que vous venez de lire?
- Senghor parle spécifiquement des Africains noirs, mais cette citation peut-elle s'appliquer à d'autres peuples dans le contexte de l'éducation et de la modernisation?

3 **Pour ou contre l'école numérique?** Divisez la classe en deux groupes. Le premier est pour les écoles numériques. Le deuxième est contre. Organisez un débat dans lequel chaque groupe explique et défend sa position. Trouvez au moins cinq arguments.

Préparation

À propos de l'auteur

Ghislaine Sathoud (1969–), née à Pointe-Noire, capitale économique et grand port de la République du Congo, est une femme écrivain et une poétesse qui défend la cause des femmes. Elle publie son premier recueil (*collection*) de poèmes à l'âge de 18 ans. Elle part faire des études supérieures en France et au Québec, où elle habite actuellement. Elle écrit pour de grands journaux et participe à des activités qui ont pour but d'améliorer les conditions de vie des femmes immigrées. En 2004, elle sort un premier roman intitulé *Hymne à la tolérance*. Elle a aussi écrit deux pièces de théâtre, *Les maux du silence* (2000), qui parle des difficultés d'une Africaine en occident et *Ici, ce n'est pas pareil chérie!* (2005), qui traite de la violence conjugale.

Vocabulaire de la lecture

une bande *gang*
une couche sociale *social level*
en vouloir (à) *to have a grudge*
s'installer *to settle*
se lancer *to launch into*
mener *to lead*

pareil(le) *similar; alike*
raffoler de *to be crazy about*
une règle *rule*
sourd(e) *deaf*
soutenir *to support*
un(e) tel(le) *such a(n)*

Vocabulaire utile

s'acharner sur
  to persist relentlessly
se décourager *to lose heart*
s'en vouloir
  to be angry with oneself
la persévérance *perseverance*
la vengeance *revenge*

1 **Syllabes** Combinez les syllabes du tableau pour former quatre mots du nouveau vocabulaire. Ensuite, écrivez quatre phrases avec ces mots en utilisant des pronoms.

me	dé	ra	sta
vou	se	s'a	ger
s'in	char	ner	ner
ra	cer	cou	ller

2 **Discussion** Avez-vous déjà vécu une tragédie? Connaissez-vous quelqu'un qui a été victime d'une tragédie? Comment explique-t-on ces tragédies qui surviennent (*happen*) dans notre vie ou dans le monde? Discutez-en par petits groupes.

3 **L'Afrique francophone** Que savez-vous de l'Afrique francophone et de son histoire? À deux, répondez à autant de questions de la liste que possible. Ensuite, comparez vos connaissances avec celles du reste de la classe.

- Combien de pays francophones y a-t-il en Afrique? Quels sont-ils?
- Quelles autres langues y parle-t-on?
- Quelles religions y pratique-t-on?
- Quels types de gouvernement y trouve-t-on?
- À quelle époque les Européens ont-ils commencé à coloniser le continent?
- Quels pays européens ont colonisé l'Afrique?
- Quels ont été les effets de la colonisation?

Le marché

Ghislaine Sathoud

Yaba était une femme au courage exceptionnel, une vraie légende. Il y a très longtemps de cela, elle avait décidé de se lancer dans la restauration. À l'époque, 5 personne ne se serait imaginé qu'avec la vie luxueuse qu'elle avait menée du vivant de son mari°, elle en aurait été réduite à s'installer dans un coin de notre rue pour y vendre du poisson grillé. Faute de° moyens 10 financiers, elle avait installé un petit marché de nuit dans un endroit proche de° son domicile. Une telle entreprise demandait beaucoup d'énergie et de courage, mais les clients accueillirent° favorablement l'idée 15 et ses efforts furent° récompensés.

Elle travaillait fort, très fort pour subvenir aux° besoins de ses enfants et au fil des mois et des années° d'autres femmes étaient venues s'installer à côté 20 d'elle pour y vendre leurs spécialités et faire du commerce. La clientèle augmenta° sans qu'on ait besoin de faire de publicité. Pas d'affiches. Pas de publicité dans les journaux. Pas de publicité à la télévision! 25 Seulement du bouche à oreille. De fil en aiguille°, le marché de Yaba devint° un symbole de réussite: Jeunes, adultes, hommes et femmes se retrouvaient là le soir, après de longues journées de travail. 30 Chacun y trouvait son compte à sa manière.

while her husband was alive

Lacking

près de

ont accueilli

étaient

to provide for

over the months and years

a augmenté

One thing leading to another / est devenu

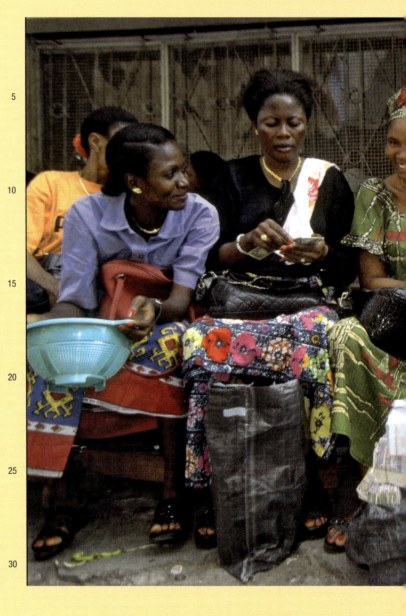

vhlcentral

de l'espoir

Les enfants couraient, criaient, jouaient. Les garçons avec des ballons. Les filles avec des cordes à sauter°. De nombreuses
35 femmes vendaient du poisson cuit à la braise avec des bananes frites. Dieu° sait si les gourmands en raffolaient.

jump ropes

God

Les vendeuses s'installaient là tous les soirs pour vendre leurs produits, se faire un
40 revenu et nourrir° leurs enfants. Chaque année, elles étaient plus nombreuses et les clients aussi. Des clients de toutes les couches sociales. Tout le monde aimait bien acheter du poisson auprès des femmes
45 de notre rue. Certains venaient de loin. On disait que ces femmes avaient une touche spéciale pour l'apprêter°, une façon à nulle autre pareille. Nuit et jour, la rue était noire de monde. Les jeunes y trouvaient
50 des occupations en assurant la sécurité des vendeuses. Les vieillards° discutaient en jouant à des jeux de cartes.

to nourish

to prepare

old men

Était-il vrai que le poisson vendu dans cette rue était meilleur que celui des
55 cuisines? Était-ce l'ambiance de fête qui y régnait qui donnait l'illusion d'un goût toujours imité mais jamais égalé? Était-ce la présence des filles de Yaba superbement habillées avec des ensembles aux couleurs
60 chatoyantes° et rayonnantes° qui donnait cette impression? Le poisson cuit à la braise servi dans des plats superbement

shimmering / radiant

colorés et accompagné de bananes faisait le bonheur des clients. Les filles qui servaient ces mets° succulents faisaient aussi la réputation de l'endroit et on aurait eu du mal à savoir ce qui attirait le plus la clientèle, de la bonne chère° ou des vendeuses. Les deux sans doute!

Le succès des uns s'accompagnant souvent de la jalousie des autres, des rumeurs commencèrent° à circuler sur les raisons du succès du marché de Yaba. On prétendit° que certaines vendeuses ne respectaient pas les règles élémentaires d'hygiène. On disait aussi que d'autres poussaient° des pères de famille à la débauche° en les exposant à la tentation. Jalouses, les épouses de quelques clients habitués s'inquiétaient. On faisait courir diverses balivernes° pour décourager les clients, de toutes les façons possibles! Mais les vendeuses avaient un moral d'acier° et Yaba qui tenait à son marché comme à la prunelle de ses yeux° affirmait dur comme fer que rien ne pouvait empêcher sa prospérité et celle de ses filles; qu'elles devaient continuer contre vents et marées° leurs activités, des activités qui faisaient par ailleurs° vivre de nombreuses familles élargies°! C'étaient des familles de quatre, cinq voire° six enfants sans compter les autres parents° au sens large du terme.

delicacies 65

good food

70

ont commencé

claimed

75

drove 80

debauchery

85

nonsense

90

steel

apple of her eye 95

against all odds

in addition
extended 100
or even
relatives

Sourde aux médisances°, une clientèle fidèle continuait à soutenir les vendeuses et à affluer°. Notre rue continuait à faire le bonheur des habitants de Dilalou. On y mangeait plus que jamais. On y riait. On y dansait. On y rencontrait aussi des amoureux...

Mais un jour, une bande de jeunes inconnus arrivèrent° au marché. Ils firent irruption° brusquement dans notre rue et tout se passa° très vite. Le coup avait certainement été préparé minutieusement°. Les vendeuses furent surprises. Les clients aussi. Et les assaillants devenus furieux cassèrent° tout ce qui pouvait l'être. Ils battirent° à mort les jeunes mères et les vieilles femmes. Ils battirent les clients. Et ceux qui furent les témoins de cette boucherie ne l'oublieront jamais.

La radio annonça° plusieurs morts et de très nombreux blessés, mais il était impossible d'en donner le nombre exact. On ne savait pas qui se trouvait là, le jour de la tragédie. En haut lieu°, on ne voulut pas° vraiment savoir qui étaient les victimes ni pourquoi on s'était acharné ainsi° sur des innocents. Comment avait-on pu mettre autant de vies en péril? Pourquoi? Pourquoi?

Par solidarité, nous serrions les coudes°. Nous refusions de donner raison aux responsables de cette tragédie. On

slander

105 *to flock*

110

sont arrivés
burst into
s'est passé

115

consciencieusen

120

ont cassé

ont battu

125

130

a annoncé

135 *In high places /*
n'a pas voulu

thus

140

were sticking to

parlait de règlements de compte°... On parlait de guerre... Mais pourquoi notre marché? Qu'est-ce que notre rue avait fait? Notre marché avait-il vraiment quelque chose à voir dans cette impitoyable° tragédie qui transformait des enfants en véritables assassins? Comment pouvait-on en vouloir à notre marché? Personne ne comprenait pourquoi ce marché avait été l'objet d'une telle violence, d'actes de vandalisme si démesurés°, pourquoi il avait été la scène de toutes ces horreurs. Personne!

Traumatisés, les habitants avaient perdu leur joie de vivre et quand le ciel revêtait° son manteau noir, on se réfugiait dans les maisons. À la tombée de la nuit, notre rue était déserte. Pas un chat dehors. Nouvelles habitudes et repli° sur soi-même.

C'était tout le contraire du mode de vie d'ici. Seules les bottes entonnaient° leur chant de désolation dans les rues et dans les esprits. Des soldats nouveaux modèles. Une jeunesse sacrifiée. Des soldats au sang frais. Des enfants soldats qui pillent°, qui tuent. Notre rue n'était plus ce qu'elle était. Pour sortir, on attendait impatiemment le chant du coq qui annoncerait un jour nouveau, mais les pauvres coqs, eux aussi terrorisés, oubliaient d'annoncer le jour.

Comme de nombreux habitants de Dilalou, Yaba se retrouvait sans rien. À la suite° des pillages, elle avait tout perdu. La confusion qui s'était abattue° sur nous dans cette période tumultueuse ne l'épargnait° pas. Mais comme à l'époque de ses débuts, elle refusait de se perdre dans une errance° éternelle, toujours à la recherche d'un refuge. Les souvenirs de la guerre la hantaient° et elle ne se sentirait jamais plus vraiment en sécurité. Mais elle refusait l'idée de déambuler° encore et toujours à la recherche d'un refuge qu'elle ne trouverait jamais parce que l'esprit des lieux qu'elle aimait avait été changé à tout jamais par la guerre. Rien n'était plus comme avant. Rien ne serait plus jamais comme avant. Mais elle était en vie.

Comme les autres rescapées° du marché, Yaba se remit° vaillamment° à la tâche. Elle remua° ciel et terre pour remettre les pendules à l'heure° et redonner vie à son marché. Elle espérait que la guerre était bel et bien finie, que le marché ne serait pas détruit à nouveau. Elle avait peur mais elle touchait du bois! Elle espérait que ces femmes dont elle était la doyenne° connaîtraient d'autres espaces de bonheur; que le souvenir des victimes innocentes de la tragédie serait associé à une nouvelle prospérité de son marché, rebaptisé° «Marché de l'espoir». Elle espérait, encore et toujours, car avec l'espoir ne dit-on pas que tout est possible? ■

Rien n'était plus comme avant. Rien ne serait plus jamais comme avant.

settling of scores

merciless

excessive

donned

mouvement de retrait

commençaient à chanter

pillage

following

beat down

spared

restless wandering

haunted

to wander

survivors

s'est remise / courageusement

moved

to set the record straight

la plus âgée

renommé

Analyse

1 **Compréhension** Répondez aux questions.

1. Comment les clients ont-ils reçu l'idée du marché de Yaba?

2. Qui venait au marché?

3. Qu'est-ce qui faisait l'énorme succès du marché?

4. Quelles rumeurs ont commencé à circuler à propos du marché?

5. Qu'est-ce qu'une bande de jeunes a fait un jour?

6. Qu'est-ce que les habitants ont pensé de la tragédie?

7. Qu'est-ce que les habitants ont perdu à cause des pillages?

8. Pourquoi est-ce que le marché de Yaba a été rebaptisé «Le marché de l'espoir»?

2 **Interprétation** À deux, répondez aux questions par des phrases complètes.

1. Que représente la période de paix et de prospérité de Dilalou?

2. Qu'est-ce que les personnes qui ont fait circuler des rumeurs espéraient gagner par cette réaction de jalousie?

3. Après la tragédie, les habitants de Dilalou ont parlé de règlements de compte. Que pensez-vous de la vengeance?

4. Que veut dire Sathoud quand elle parle de jeunesse sacrifiée et de soldats au sang frais?

5. Qu'est-ce que les habitants de Dilalou avaient en commun avec toutes les victimes de guerre?

6. Que pensez-vous de la fin de cette histoire? Que révèle-t-elle sur la condition humaine?

3 **La tragédie** Par groupes de trois, discutez de la bande de jeunes assaillants qui ont terrorisé le marché. Répondez aux questions de la liste.

- Que voulaient-ils?
- Pourquoi ont-ils fait connaître leurs sentiments par la violence?
- Qui étaient-ils exactement? De quel groupe de la société faisaient-ils partie?
- Quel sentiment universel représentaient-ils?

4 **Rédaction** Imaginez que vous soyez journaliste et que vous ayez été témoin d'un acte de violence, réel ou fictif, contre un groupe de personnes. Suivez le plan de rédaction pour écrire un article sur cette tragédie. Employez des partitifs et des pronoms.

Plan

1 **Organisation** Organisez les faits que vous avez observés. Commencez par les plus importants.

2 **Historique** Décrivez le contexte historique des événements.

3 **Comparaison** Pour terminer, expliquez les répercussions possibles que cet événement pourrait avoir.

Crises et horizons

 vhlcentral

En mouvement

l'**assimilation** (*f.*) *assimilation*
un **but** *goal*
une **cause** *cause*
le **développement** *development*
la **diversité** *diversity*
un(e) **émigré(e)** *emigrant*
une **frontière** *border*
l'**humanité** (*f.*) *humankind*
l'**immigration** (*f.*) *immigration*
un(e) **immigré(e)** *immigrant*
l'**intégration** (*f.*) *integration*
une **langue maternelle** *native language*
une **langue officielle** *official language*
le **luxe** *luxury*
la **mondialisation** *globalization*
la **natalité** *birthrate*
le **patrimoine culturel** *cultural heritage*
les **principes** (*m.*) *principles*

aller de l'avant *to forge ahead*
s'**améliorer** *to better oneself*
attirer *to attract*
augmenter *to grow; to raise*
baisser *to decrease*
deviner *to guess*
prédire (*irreg.*) *to predict*

exclu(e) *excluded*
(non-)conformiste *(non)conformist*
polyglotte *multilingual*
prévu(e) *foreseen*
seul(e) *alone*

Les problèmes et les solutions

le **chaos** *chaos*
la **compréhension** *understanding*
le **courage** *courage*
un **dialogue** *dialogue*
une **incertitude** *uncertainty*
l'**instabilité** (*f.*) *instability*
la **maltraitance** *abuse*

le **niveau de vie** *standard of living*
une **polémique** *controversy*
la **surpopulation** *overpopulation*
le **travail manuel** *manual labor*
une **valeur** *value*
un **vœu** *wish*

avoir le mal du pays *to be homesick*
faire sans *to do without*
faire un effort *to make an effort*
lutter *to fight; to struggle*

dû/due à *due to*
surpeuplé(e) *overpopulated*

Les changements

s'**adapter** *to adapt*
appartenir (**à**) *to belong (to)*
dire au revoir *to say goodbye*
s'**enrichir** *to become rich*
s'**établir** *to settle*
manquer à *to miss*
parvenir à *to attain; to achieve*
projeter *to plan*
quitter *to leave behind*
réaliser (**un rêve**) *to fulfill (a dream)*
rejeter *to reject*

Court métrage

un(e) **bavard(e)** *chatterbox*
un **châtiment** *punishment*
un **commissaire (de police)** *(police) commissioner*
(un jour) férié *public holiday*
un **flic** *cop*
un(e) **gamin(e)** *kid*
un(e) **môme** *kid*
une **supposition** *assumption*
un **témoin** *witness*

avoir des préjugés *to be prejudiced*
brûler *to burn*
supposer *to assume*
témoigner de *to be witness to*

voler *to steal*

défavorisé(e) *underprivileged*
nombreux/nombreuse *numerous*

Culture

l'**apprentissage** (*m.*) *learning*
un **collège** *middle school*
un **défi** *challenge*
un **écart** *discrepancy, gap*
un **enjeu** *stake*
l'**enseignement** (*m.*) *education*
la **formation à distance** *distance learning*
TIC (technologies de l'information et de la communication) *ICT (Information and Communication Technologies)*

accéder à *to access*
bénéficier de *to enjoy*
bouger *to move*
revendiquer *to demand*

efficace *efficient*

Littérature

une **bande** *gang*
une **couche sociale** *social level*
la **persévérance** *perseverance*
une **règle** *rule*
la **vengeance** *revenge*

s'**acharner sur** *to persist relentlessly*
se **décourager** *to lose heart*
en vouloir (à) *to have a grudge*
s'**en vouloir** *to be angry with oneself*
s'**installer** *to settle*
se **lancer** *to launch into*
mener *to lead*
raffoler de *to be crazy about*
soutenir *to support*

pareil(le) *similar; alike*
sourd(e) *deaf*
un(e) **tel(le)** *such a(n)*

LEÇON 6

Les générations qui bougent

Les enfants vivent souvent des choses que leurs parents n'ont pas vécues. Si, pour cette raison, les générations ne se comprennent pas, cette incompréhension est-elle inévitable? L'affection qui existe entre les enfants et les parents ne permet-elle pas, au contraire, aux générations de se rejoindre et de se comprendre?

À chaque étape de la vie, les générations trouvent des points communs.

190 COURT MÉTRAGE

Samir, un jeune Français d'origine algérienne, revient dans son ancien quartier. Il est aujourd'hui avocat. Ses parents et son frère, par contre, n'ont jamais fait d'études. Dans son court métrage *De l'autre côté*, **Nassim Amaouche** nous montre comment tous doivent s'adapter à cette situation.

196 IMAGINEZ

Connaissez-vous le Proche-Orient? Et le Maghreb? Suivez notre reporter qui s'arrête d'abord à Beyrouth, au Liban, puis découvre la magie du Maghreb. Et pour finir, un petit détour par la France où le grand couturier **Yves Saint Laurent,** né en Algérie, a révolutionné la mode.

213 CULTURE

C'est *Jour de mariage*! On vous invite à un mariage algérien traditionnel. Vous ne verrez le couple ensemble qu'un peu plus tard...

217 LITTÉRATURE

Dans cette nouvelle d'**Olivier Charneux,** un jeune garçon est poussé par ses parents à suivre des cours de musique pour finalement être confronté à *La logique des grands*.

193

214

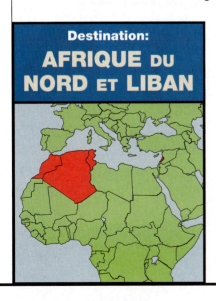

Destination:
AFRIQUE DU NORD ET LIBAN

188 POUR COMMENCER
200 STRUCTURES

6.1 The subjunctive: impersonal expressions; will, opinion, and emotion

6.2 Demonstrative pronouns

6.3 Irregular -re verbs

223 VOCABULAIRE

En famille

 vhlcentral

Les membres de la famille

un(e) ado(lescent)(e) *adolescent*
un(e) arrière-grand-père/-mère
great-grandfather/grandmother

un beau-fils/-frère/-père *son-/brother-/*
father-in-law; stepson/father
une belle-fille/-sœur/-mère
daughter-/sister-/mother-in-law;
stepdaughter/mother
un compagnon/une compagne *companion*
un(e) demi-frère/-sœur *half brother/sister*
un(e) enfant/fille/fils unique *only child*
un époux/une épouse *spouse;*
husband/wife
un(e) grand-oncle/-tante
great-uncle/-aunt
des jumeaux/jumelles
twin brothers/sisters
un neveu/une nièce *nephew/niece*
un(e) orphelin(e) *orphan*
un(e) parent(e) *relative*
un père/une mère célibataire *single*
father/mother
un petit-fils/une petite-fille
grandson/granddaughter
un(e) proche *close friend/family member*

La vie familiale

une famille monoparentale/nombreuse/
recomposée *single-parent/large/*
blended family
un ménage *household*

la garde des enfants *(child) custody*
un surnom *nickname*

adopter *to adopt*
déménager *to move*
élever (des enfants) *to raise (children)*
être désolé(e) *to be sorry*
gâter *to spoil*
gronder *to scold*

punir *to punish*
regretter *to regret*
remercier *to thank*
respecter *to respect*
ressembler (à) *to resemble, to look like*
surmonter *to overcome*
uni(e)/lié(e) *close-knit*

La personnalité

l'amour-propre (*m.*) *self-esteem*
le caractère *character, personality*

autoritaire *bossy*
bien/mal élevé(e) *well-/bad-mannered*
compréhensif/compréhensive
understanding
égoïste *selfish*
exigeant(e) *demanding*

insupportable *unbearable*
permissif/permissive *permissive*
rebelle *rebellious*
soumis(e) *submissive*
strict(e) *strict*

Les étapes de la vie

l'âge (*m.*) adulte *adulthood*
l'enfance (*f.*) *childhood*
la jeunesse *youth*
la maturité *maturity*
la mort *death*
la naissance *birth*

la vieillesse *old age*

La communauté

le fossé des générations *generation gap*
la patrie *homeland*
une racine *root*
un rapport/une relation
relation/relationship

bouleverser *to upset*
hériter *to inherit*
survivre *to survive*

Mise en pratique

1 **Les analogies** Choisissez le meilleur terme pour compléter chaque analogie. Ajoutez l'article ou le partitif devant le nom quand c'est nécessaire.

adopter	bouleverser	gronder	ménage
arrière-grand-mère	demi-frère	jeunesse	surmonter

1. un grand-oncle : une grand-tante :: un arrière-grand-père : _____
2. la mort : la naissance :: la vieillesse: _____
3. famille monoparentale : mère célibataire :: famille recomposée : _____
4. accident : survivre :: obstacle : _____
5. garde des enfants : élever :: orphelin : _____
6. regretter : être désolé :: punir : _____

2 **Les devinettes** Répondez à chaque devinette. Utilisez uniquement le nouveau vocabulaire de cette leçon.

1. Au début, j'étais fils unique. Mes parents ont divorcé et mon père s'est remarié avec une femme qui a deux filles. Qui suis-je pour ma nouvelle maman?
2. On dit que nous avons besoin de reconnaître notre propre valeur et d'avoir du respect pour nous-même. Qu'est-ce qu'il nous faut?
3. Il y a quatre enfants dans notre famille. Qu'est-ce que nous sommes?
4. Je suis un ami intime, presque comme un parent. Qui suis-je?
5. Je ne pense qu'à moi. Je n'aide jamais les autres. Comment suis-je?
6. Je demande beaucoup à mes enfants: réussir à l'école, faire du sport, manger des fruits et des légumes et plein d'autres choses. Mais je ne suis pas trop stricte. Quelle sorte de mère suis-je?

3 **Définissez et devinez** Vous définissez six mots et un(e) camarade définit les six autres mots. Ensuite, à tour de rôle, essayez de deviner quel mot va avec chaque définition.

Élève 1:

déménager	jumeau	soumis
hériter	petite-fille	surnom

Élève 2:

beau-père	gâter	patrie
fille/fils unique	insupportable	surmonter

4 **La famille contemporaine** En groupes de trois, décrivez les différents types de familles contemporaines. Pour vous aider, réfléchissez aux questions suivantes: Quels membres les composent? Comment sont leurs rapports? Quelles activités font-ils ensemble? Quelles sont les différences entre les générations? Quels sont leurs challenges? Soyez prêt(e)s à comparer vos idées avec vos camarades de classe.

Préparation

EXPRESSIONS

comme d'hab' *as usual*

faire son cinéma *to show off*

Qu'est-ce que tu me racontes? *What are you talking about?*

---

1 **Le foulard islamique** Complétez à l'aide des mots de vocabulaire.

En France, les écoles publiques sont laïques (*secular*). Les élèves n'ont pas le droit de montrer leur religion. Donc, les musulmanes ne peuvent pas porter leur (1) _____ à l'école. Quand on parle de ce sujet, l'ambiance est (2) _____. C'est un sujet qui (3) _____ beaucoup de gens. Certains (4) _____ ces filles, d'autres trouvent qu'elles devraient avoir le droit de le porter. Les filles ressentent de (5) _____, quand un professeur leur demande de l'enlever. C'est une situation difficile où les enfants se retrouvent coincés (*stuck*) entre deux opinions.

2 **Associez** Trouvez la fin logique de chaque phrase.

_____ 1. Adolescente, Sophie avait un complexe d'infériorité…

_____ 2. Tout le monde considère que Thomas est un voyou…

_____ 3. Le père de Fatima touche aujourd'hui une très bonne pension…

_____ 4. Sylvain a chuchoté pour ne pas déranger les gens…

_____ 5. Éric me soûle chaque fois qu'il vient chez moi…

a. parce qu'il était travailleur manuel et faisait partie d'un bon syndicat.

b. parce que sa sœur était une grande intellectuelle.

c. parce qu'il fait toujours son cinéma devant ma sœur.

d. parce qu'il traîne tout le temps dans la rue avec ses amis.

e. parce qu'il est arrivé à un moment assez tendu dans le film.

3 **Questions** À deux, répondez aux questions et expliquez vos réponses.

1. Vos parents s'inquiètent-ils beaucoup pour vous ou sont-ils heureux que vous soyez indépendant(e)?

2. Avez-vous de bonnes relations avec vos parents? Expliquez.

3. Êtes-vous heureux/euse de vivre chez vos parents ou aimeriez-vous avoir déjà votre propre logement? Pourquoi?

4 **Changements** À deux, discutez des changements des cinquante dernières années. Comment vivait-on avant et comment vit-on aujourd'hui? Remplissez le tableau et comparez vos réponses avec celles des autres groupes.

	Il y a 50 ans	Aujourd'hui
les relations personnelles		
les relations professionnelles		
les relations familiales		
la recherche d'un emploi		
les maisons		
les villes		
le lycée		
les moyens de transport		
les moyens de communication		

5 **L'évolution de la famille** Répondez aux questions par groupes de trois et comparez vos réponses avec celles des autres groupes.

1. Pourquoi avez-vous une vie plus facile que celle qu'ont eue vos parents? Pourquoi est-elle plus difficile?

2. Êtes-vous fier/fière des origines de votre famille? Pourquoi?

3. Connaissez-vous des gens qui ont honte de leur famille ou de leurs parents? Pourquoi en ont-ils honte?

4. Pensez-vous que les enfants doivent s'occuper de leurs parents quand ils sont âgés?

6 **Qui est-ce?** Par petits groupes, regardez les trois images. Imaginez les relations entre tous les personnages. Décrivez comment chacun passe la journée en général.

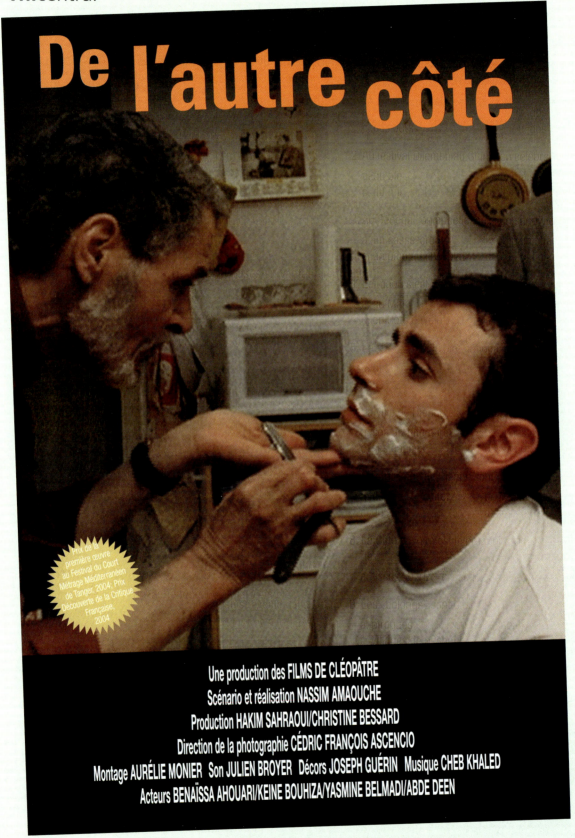

Prix de la première œuvre au Festival du Court Métrage Méditerranéen de Tanger, 2004; Prix Découverte de la Critique Française, 2004

De l'autre côté

Une production des FILMS DE CLÉOPÂTRE
Scénario et réalisation NASSIM AMAOUCHE
Production HAKIM SAHRAOUI/CHRISTINE BESSARD
Direction de la photographie CÉDRIC FRANÇOIS ASCENCIO
Montage AURÉLIE MONIER Son JULIEN BROYER Décors JOSEPH GUÉRIN Musique CHEB KHALED
Acteurs BENAÏSSA AHOUARI/KEINE BOUHIZA/YASMINE BELMADI/ABDE DEEN

INTRIGUE *Un jeune avocat d'origine algérienne retourne chez ses parents «de l'autre côté», pour la fête de circoncision de son petit frère.*

LA MÈRE Malik! Ton frère, il va arriver pour la fête. Il prend ta chambre.
MALIK Je vais dormir où, moi?
LA MÈRE Avec le petit.
MALIK S'il te plaît, ne me fais pas ça! Il va me soûler avec ses lapins… J'en ai marre!

SAMIR Ça n'a pas trop changé.
LA MÈRE Ah oui, on a fait un peu la peinture et tout ça.
SAMIR Et Malik, il est où?
LA MÈRE Oh, Malik, il traîne toujours… avec les voyous. Il ne change pas.

SAMIR Samedi, on va avoir une grande fête. Des gens que tu ne connais pas vont te donner plein d'argent, et tu pourras t'acheter plein de cadeaux!
LE PETIT Je sais, Malik m'a dit qu'avec cet argent je pourrai m'acheter une ferme°, des lapins, un coq°, et surtout des lapins!

LE PÈRE Allo? Je m'appelle BOUJIRA. Je vous téléphone au sujet d'un dossier°, là… Je me suis trompé…
LE FONCTIONNAIRE Mais quand même, faites un effort…
SAMIR Il te parle comme à un gamin… Il l'a sentie, ta honte.

MALIK Comment ça doit être dur de passer de l'autre côté… Avec tous ces cravatés°-là qui te regardent sûrement comme un objet exotique quand t'es avec eux. Tu crois que je vois pas?… Il [Le père] [n'] a pas gueulé° de la journée. J'ai été voir maman. Elle m'a tout raconté.

SAMIR Il n'y a que ça comme rasoir?
LE PÈRE Laisse, laisse… tu vas te couper. Tu sais, ton frère, il ne se rase pas. Il a la peau de bébé.
MALIK On y va quand vous voulez.

ferme *farm* **coq** *rooster* **dossier** *file*
cravatés *businesspeople (slang); "suits"*
gueulé *yelled*

Analyse

1 **Compréhension** Répondez aux questions par des phrases complètes.

1. Pourquoi Malik est-il fâché contre sa mère au début du film?
2. Pour quelle raison Samir est-il revenu?
3. Comment les parents réagissent-ils face à Malik? Et face à Samir?
4. Comment sont Malik et le petit frère quand ils revoient Samir?
5. Pour qui la famille Boujira organise-t-elle une fête?
6. Pourquoi Samir est-il déçu après la conversation de son père avec le fonctionnaire?
7. Pourquoi Malik et ses copains passent-ils à la maison le samedi soir, avant la fête?
8. Quelle est la réaction de Malik quand Samir lui offre un emploi au cabinet où Samir travaille? Pourquoi Malik réagit-il de cette manière?

2 **Interprétation** À deux, répondez aux questions et expliquez vos réponses.

1. Pourquoi Samir est-il venu tout seul, sans son amie?
2. Malik est-il jaloux de son frère, Samir?
3. Samir et Malik respectent-ils leurs parents?
4. Quelle est la nature des relations entre la mère et le père?
5. À votre avis, quel membre de la famille Boujira est le plus heureux? Pourquoi?
6. Comment Samir est-il passé «de l'autre côté»? Et pourquoi passer de l'autre côté est-il difficile (comme le dit Malik)?
7. Pourquoi Malik emploie-t-il souvent des mots arabes, et Samir pas du tout?
8. Imaginez l'avenir du petit frère. Deviendra-t-il comme Samir ou comme Malik?

3 **Samir et Malik** À deux, discutez des différences et des points communs qui existent entre Samir et Malik. Comment se comportent-ils? Qu'est-ce qui les intéresse dans la vie?

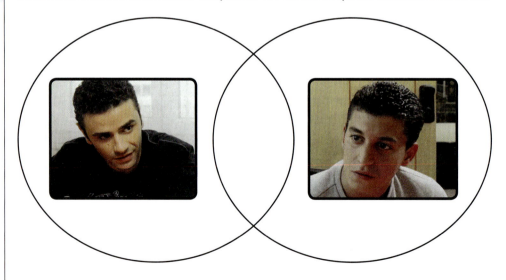

4 **Les thèmes du film** À deux, réfléchissez aux thèmes du film. À votre avis, quel est le thème principal? Écrivez un paragraphe qui explique ce thème et pourquoi vous l'avez choisi. Suggérez au moins deux thèmes secondaires. Quel est le rapport avec le thème principal?

5 **La fête** Regardez l'image ci-dessous et pensez à la scène de la fête, à la fin du film. Par petits groupes, décrivez la scène puis répondez aux questions.

- Pourquoi la scène de la fête est-elle différente de la vie quotidienne?
- Quel est le personnage dont le comportement est le plus différent, comparé à la vie de tous les jours? Pourquoi?
- Que ressent le petit frère? Et que ressentent ses parents?

6 **Les générations** À deux, préparez et jouez une scène basé sur une de ces deux situations.

A

On vous offre la possibilité de faire un stage dans un pays étranger pendant un an, avant de terminer vos études. Vous devez en discuter avec vos parents. Votre père/mère préférerait que vous terminiez d'abord vos études.

B

Votre mère a envie de retourner à l'université pour continuer ses études et elle doit en discuter avec vous. Vous ne pensez pas que ce soit une bonne idée.

IMAGINEZ

L'AFRIQUE DU NORD

Voyage inoubliable!

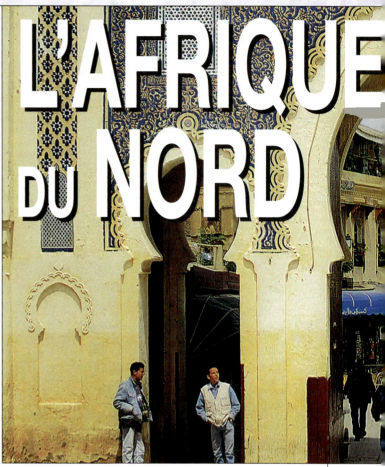

Parti au **Proche-Orient**° et en **Afrique du Nord**, notre reporter, Jean-Michel Caron, nous fait part de ses impressions de voyage.

«Après un long voyage en avion avec deux escales°, je suis enfin arrivé au **Liban**, le pays du cèdre°, arbre majestueux, qui est devenu le symbole du pays et l'emblème du drapeau. J'ai voulu visiter **Beyrouth**, sa capitale, port de commerce et centre financier, qui est aussi connue pour son intense vie culturelle et nocturne. Cette vie culturelle renaît aujourd'hui et le couturier° à la mode **Elie Saab**, spécialisé dans les sompteuses robes du soir, en est un bel exemple. Comme j'y étais au printemps, je n'ai pas voulu manquer cette expérience unique dont on m'avait parlé: skier le matin dans les montagnes enneigées° de la **chaîne du Liban**, puis aller se baigner dans la **Méditerranée**. Génial!

«J'ai repris l'avion pour me rendre au **Maghreb**, et je me suis d'abord arrêté en **Tunisie**. J'ai choisi d'aller à **Matmata**, au sud-est, où j'ai trouvé un paysage lunaire°, formé de cratères. Saviez-vous que **George Lucas** y avait filmé un épisode de *La guerre des étoiles*? À **Carthage**, près de **Tunis**, la capitale du pays, j'ai visité un site archéologique majeur d'**Afrique du Nord**: les ruines d'une ville dont l'histoire a marqué l'**Antiquité**. Au 9e siècle avant J.-C. (*B.C.*), Carthage, qui veut dire *Nouvelle ville* en phénicien, était un empire tout-puissant. Après avoir été détruite une première fois, elle sera reconstruite et deviendra une grande rivale de **Rome**.

«Puis j'ai quitté la Tunisie pour aller en **Algérie**. **Alger** «la blanche» offre les charmes d'une capitale portuaire et une vue superbe sur la baie. Elle doit son surnom à la blancheur éclatante des murs de la **Casbah**. La Casbah… on ne peut

La porte Bab Bou Jeloud, à Fès, au Maroc

Dromadaires dans les dunes du Sahara, au Maroc

pas visiter Alger sans passer par ce centre historique. C'est une ancienne forteresse magnifique qui domine la ville. Elle est entourée de petites rues et de maisons aux belles cours intérieures avec une fontaine en leur centre. On voit aussi beaucoup de vestiges° historiques dans la région d'**Oran**, ville côtière à l'ouest d'Alger. Oran est la capitale du **raï**, un genre musical avec des origines arabes, et le lieu de naissance d'artistes du raï célèbres comme **Khaled**.

«J'ai terminé mon voyage par le **Maroc**. Si **Rabat** en est la capitale, **Casablanca** est plus moderne. J'y ai admiré la **place Mohamed V**, avec son architecture de style art-déco des années 1930 et sa très belle fontaine, j'ai fait mes courses au marché central et je me suis promené dans le quartier des **Habous**. Construit dans les années 1920, mais dans le style d'une vieille médina, j'ai aimé ce quartier qui mélange le traditionnel et le moderne. À **Fès**, je suis

D'ailleurs…

Le thé à la menthe est la boisson traditionnelle des pays du Maghreb. Il est aussi symbole d'hospitalité et ne peut se refuser. Contrairement à la cuisine préparée par les femmes, le thé est préparé et servi par les hommes, le chef de famille en général.

Proche-Orient *Near East* **escales** *layovers* **cèdre** *cedar* **couturier** *fashion designer* **enneigées** *snowy* **lunaire** *lunar* **vestiges** *remains*

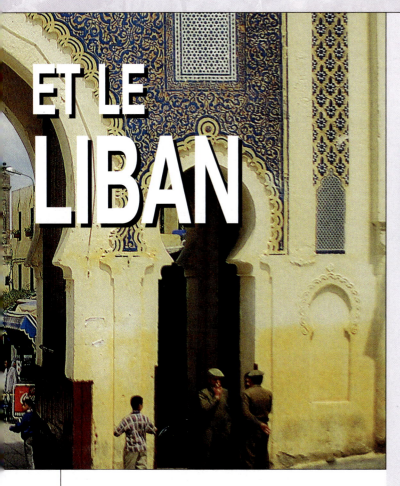

ET LE LIBAN

tombé sous le charme de la **médina**, l'une des plus anciennes du monde. On se promène dans de petites rues étroites, on s'arrête pour regarder travailler les artisans. J'ai d'ailleurs rapporté en souvenir un magnifique service à thé en céramique bleue, spécialité de Fès. Et un petit thé à la menthe, maintenant, ça vous dirait?»

L'arabe dans le français

Mots

un bled	un village
une casbah	une maison
un chouïa	un peu
kiffer	aimer beaucoup
un riad	une villa traditionnelle
une smala	une famille
un souk	un désordre

Expressions

C'est pas bézef.	Ce n'est pas beaucoup.
C'est kif-kif.	C'est pareil.
faire fissa	se dépêcher
Il est maboul!	Il est fou!
Zarma!	Ma parole!; *No way!*

Découvrons le Maghreb!

Essaouira Essaouira est un petit port marocain connu pour la douceur de son climat et la gentillesse de ses habitants. Les touristes aiment aussi visiter ses fortifications, sa médina et ses «riads», maisons marocaines traditionnelles, car la ville possède un patrimoine architectural bien conservé. Ses rues, où se rencontrent petits pêcheurs, commerçants, artisans et artistes du monde entier, offrent une atmosphère unique.

Le site de Timgad Aux portes du désert en Algérie, c'est un site archéologique exceptionnel par sa beauté et son état de conservation remarquables, classé au Patrimoine mondial de l'humanité. C'est une ville romaine construite par l'**empereur Trajan**, en 100  après J.-C. Son architecture est unique car les artistes **numides** (qui habitaient cette région à l'époque des Romains) ont ajouté des détails qu'on ne trouve nulle part ailleurs.

Les Berbères Ils représentent le groupe ethnique le plus ancien d'**Afrique du Nord**. Nombreux au Maroc et en Algérie,

ils vivent aussi en Mauritanie, en Tunisie, en Libye et dans le Sahara. Unifiés sous le terme *Imazighen*, «hommes libres», les **Berbères** se différencient par des dialectes locaux variés, comme le touareg ou le kabyle. Depuis l'an 2000, **Berbère Télévision** émet° à **Paris** et aide à promouvoir° cette culture.

Sidi Bou Saïd Ce petit village de pêcheurs, perché sur une falaise, a une vue superbe sur Carthage et sur la baie de Tunis. En 1912, l'arrivée du **baron** français **Rodolphe d'Erlanger**, peintre et musicologue spécialiste de la musique arabe, a transformé Sidi  Bou Saïd. Le baron fait restaurer les anciennes maisons et y impose les couleurs **bleu** et **blanc**. Beaucoup d'artistes, comme **Paul Klee**, s'y sont installés pour profiter de la lumière et des couleurs fantastiques. **Camus**, **Hemingway** et **Flaubert** ont tous visité son mythique **Café des Nattes** et ses ruelles à l'ambiance exotique et ensorcelante°.

émet *broadcasts* **promouvoir** *promote* **ensorcelante** *captivating*

Qu'avez-vous appris?

1 **Vrai ou faux?** Indiquez si ces affirmations sont vraies ou fausses. Corrigez les fausses.

1. Le Liban fait parti du Maghreb.

2. Au Liban, vous pouvez, dans la même journée, faire du ski et vous baigner dans la mer.

3. George Lucas a filmé un épisode de *La guerre des étoiles* au Maroc.

4. Oran en Algérie est une ville associée au raï.

5. On peut admirer la place Mohamed V à Rabat.

6. Essaouira est connue pour la douceur de son climat et la gentillesse de ses habitants.

2 **Questions** Répondez aux questions.

1. Que représente le thé à la menthe au Maghreb?

2. Quel est le surnom de la ville d'Alger?

3. Que doit-on visiter à Casablanca?

4. Qui sont les Berbères?

5. Qu'est-ce qui caractérise les maisons de Sidi Bou Saïd?

6. Quels écrivains célèbres ont visité Sidi Bou Saïd?

Projet

La traversée du Maghreb

Organisez un voyage où vous traverserez entre trois et cinq villes du Maghreb. Préparez votre voyage d'après ces critères et vos intérêts personnels.

• Dans chaque ville, visitez un important site historique, naturel ou culturel.

• Faites une description de chaque visite dans votre journal.

• Racontez vos aventures à la classe et montrez des photos de chaque lieu visité. Expliquez à vos camarades ce que vous avez découvert et donnez vos impressions de voyage pour chaque destination.

Trouvez la bonne réponse.

1. Le Liban est aussi appelé _____.
   - a. le petit pays
   - b. le Paris du Moyen-Orient
   - c. le pays du cèdre
   - d. le pays du ski

2. Elie Saab est un jeune _____ libanais qui est très à la mode.
   - a. couturier
   - b. sportif
   - c. touriste
   - d. voyageur

3. À Carthage, on peut visiter _____.
   - a. des musées
   - b. des ruines
   - c. des oasis
   - d. des riads

4. La Casbah est _____ d'Alger.
   - a. le centre historique
   - b. le palais
   - c. la plage
   - d. le marché

5. _____ est la capitale du Maroc.
   - a. Essaouira
   - b. Fès
   - c. Rabat
   - d. Casablanca

6. La médina de _____ est l'une des plus anciennes du monde.
   - a. Casablanca
   - b. Rabat
   - c. les Habous
   - d. Fès

7. La ville d'Essaouira a un _____ architectural bien conservé.
   - a. marché
   - b. patrimoine
   - c. palais
   - d. musée

8. Le site de _____ est une ville romaine construite par l'empereur Trajan.
   - a. Essaouira
   - b. Sidi Bou Saïd
   - c. Fès
   - d. Timgad

9. Les Berbères vivent en Algérie, au Maroc, en Mauritanie, _____, en Tunisie et dans le Sahara.
   - a. en Afrique du Nord
   - b. en Égypte
   - c. au Liban
   - d. en Libye

10. Les Berbères parlent des dialectes locaux comme _____.
   - a. le swahili et le touareg
   - b. le bambara et le kabyle
   - c. le kabyle et le touareg
   - d. l'arabe et le wolof

Galerie de créateurs

vhlcentral | *Galerie de créateurs*

Couture: Yves Saint Laurent

1 **Préparation** Répondez à ces questions sur l'importance des vêtements.

1. Quel rôle jouent les vêtements dans votre vie? Sont-ils importants? En avez-vous beaucoup? En achetez-vous fréquemment? Préférez-vous des vêtements chers ou bon marché? Suivez-vous la mode? Expliquez en donnant des détails.

2. De quelle manière vos vêtements reflètent-ils votre personnalité et votre caractère?

YSL: l'innovation dans la mode

«Je n'ai qu'un regret, ne pas avoir inventé le jean», dira-t-il. Ce grand couturier est né à Oran, en Algérie, où il passe toute son enfance. Il commence sa carrière dans la haute couture comme styliste pour Christian Dior. À la mort de celui-ci en 1957, Yves Saint Laurent, alors âgé de 21 ans, est chargé de sauver la maison Dior de la ruine. Il obtient un grand succès avec sa robe trapèze qui contraste avec la mode serrée de l'époque, mais il est remplacé à la tête de la maison. Il crée alors sa propre maison de couture en 1962. Saint Laurent est un innovateur à l'origine de nombreuses révolutions dans la mode comme la robe transparente, la saharienne (*safari jacket*) et le smoking (*tuxedo*) féminin. Il veut donner de cette façon plus de pouvoir aux femmes en leur offrant la possibilité de porter des vêtements dits masculins comme le pantalon. Il introduit les couleurs vives (*bright*), le noir, qui n'est plus réservé aux cérémonies, et l'univers oriental. La simplicité et l'originalité caractérisent depuis le début la maison YSL.

2 **Compréhension** Répondez par des phrases complètes.

1. Quel vêtement a apporté son premier grand succès à Yves Saint Laurent?

2. Citez trois autres vêtements créés par Saint Laurent qui montrent son désir d'innovation.

3. Pourquoi est-ce qu'on peut dire que Saint Laurent a donné plus de pouvoir aux femmes?

4. Qu'est-ce qui caractérise la maison YSL?

3 **Discussion** Discutez en groupes puis avec la classe.

Pensez-vous que la mode soit une forme d'art au même titre que les beaux-arts, la musique, la littérature ou le cinéma? Discutez de cette question et justifiez vos opinions.

4 **Application** Mode et monde

Selon la lecture, Saint Laurent a donné plus de pouvoir aux femmes en leur offrant la posssibilité de porter des vêtements masculins. Cherchez des images de vêtements de la maison YSL, surtout ceux qui étaient innovants. Ensuite, cherchez des images de vêtements qui sont très à la mode actuellement. Préparez une présentation dans laquelle vous comparez leurs styles. Qu'est-ce que ces vêtements disent sur les changements dans la société et dans les attitudes? Parlez des rôles des hommes, des femmes et des jeunes.

vhlcentral

6.1

The subjunctive: impersonal expressions; will, opinion, and emotion

*Samir ne veut pas que son père **ait** honte.*

Forms of the present subjunctive

- You have already been using verb tenses in the indicative mood. You can also use French verbs in the *subjunctive* mood, which is used to express an attitude, an opinion, or personal will, or to imply hypothesis or doubt.

- To form the present subjunctive of most verbs, take the **ils/elles** stem of the present indicative and add the subjunctive endings. For **nous** and **vous**, use their **imparfait** forms.

BLOC-NOTES

To review **imparfait** forms, see **Fiche de grammaire 3.5, p. 384**.

The present subjunctive			
	parler	**finir**	**attendre**
	parlent	finissent	attendent
que je/j'	parle	finisse	attende
que tu	parles	finisses	attendes
qu'il/elle/on	parle	finisse	attende
que nous	parlions	finissions	attendions
que vous	parliez	finissiez	attendiez
qu'ils/elles	parlent	finissent	attendent

- Use the same pattern to form the subjunctive of verbs with spelling or stem changes.

acheter	achète, achètes, achète, achetions, achetiez, achètent
croire	croie, croies, croie, croyions, croyiez, croient
prendre	prenne, prennes, prenne, prenions, preniez, prennent
recevoir	reçoive, reçoives, reçoive, recevions, receviez, reçoivent

- Some verbs are irregular in the present subjunctive.

aller	aille, ailles, aille, allions, alliez, aillent
avoir	aie, aies, ait, ayons, ayez, aient
être	sois, sois, soit, soyons, soyez, soient
faire	fasse, fasses, fasse, fassions, fassiez, fassent
pouvoir	puisse, puisses, puisse, puissions, puissiez, puissent
savoir	sache, saches, sache, sachions, sachiez, sachent
vouloir	veuille, veuilles, veuille, voulions, vouliez, veuillent

Vérifiez

Impersonal expressions and verbs of will and emotion

- Sentences calling for the subjunctive fit the pattern [*main clause*] + **que** + [*subordinate clause*]. In each case, the subjects of the two clauses are different and **que** is used to connect the clauses. Note that although the word *that* is optional in English, the word **que** *cannot* be omitted in French.

MAIN CLAUSE	CONNECTOR	SUBORDINATE CLAUSE
Il est étonnant	**que**	**Thierry ne connaisse pas ses parents.**
It is surprising	*(that)*	*Thierry doesn't know his parents.*

- The subjunctive is used after many impersonal expressions that state an opinion.

Impersonal expressions followed by the subjunctive

Ce n'est pas la peine que… *It is not worth the effort…*

Il est bon que… *It is good that…*

Il est dommage que… *It is a shame that…*

Il est essentiel que… *It is essential that…*

Il est étonnant que… *It is surprising that…*

Il est important que… *It is important that…*

Il est indispensable que… *It is essential that…*

Il est nécessaire que… *It is necessary that…*

Il est possible que… *It is possible that…*

Il est surprenant que… *It is surprising that…*

Il faut que… *One must… / It is necessary that…*

Il vaut mieux que… *It is better that…*

- When the main clause of a sentence expresses will or emotion, use the subjunctive in the subordinate clause.

Expressions of will

demander que… *to ask that…*

désirer que… *to desire that…*

exiger que… *to demand that…*

préférer que… *to prefer that…*

proposer que… *to propose that…*

recommander que… *to recommend that…*

souhaiter que… *to hope that…*

suggérer que… *to suggest that…*

vouloir que… *to want that…*

Expressions of emotion

aimer que… *to like that…*

avoir peur que… *to be afraid that…*

être content(e) que… *to be happy that…*

être désolé(e) que… *to be sorry that…*

être étonné(e) que… *to be surprised that…*

être fâché(e) que… *to be mad that…*

être fier/fière que… *to be proud that…*

être ravi(e) que… *to be delighted that…*

regretter que… *to regret that…*

Notre grand-père **désire qu'**on lui **rende** visite cet été.
Our grandfather wants us to visit him this summer.

Je **suis ravie que** nous **allions** chez notre oncle.
I'm delighted that we're going to our uncle's house.

- Although the verb **espérer** expresses emotion, it does not trigger the subjunctive.

J'**espère** que le nouveau prof n'**est** pas trop strict.
I hope that the new teacher isn't too strict.

Nous **espérons** qu'ils **vont** respecter leurs grand-parents.
We hope they will respect their grandparents.

BLOC-NOTES

If there is no change of subject in the sentence, an infinitive is used after the main verb and **que** is omitted. To learn more about using infinitives in place of the subjunctive, see **Structures 8.1, pp. 274–275.**

ATTENTION!

Some verbs used only in the third-person singular, including some used in impersonal expressions, have irregular present subjunctive forms.

valoir (*to be worth it*): qu'il **vaille**

falloir (*to be necessary*): qu'il **faille**

pleuvoir (*to rain*): qu'il **pleuve**

Je ne pense pas que ça en vaille la peine.

I don't think it's worth the effort.

ATTENTION!

The verb **demander** is often used with an indirect object + **de** + [*infinitive*].

Papa nous demande de rentrer avant minuit.

Dad is asking us to come home before midnight.

Vérifiez

Mise en pratique

1 **À lier** Reliez les éléments de chaque colonne pour former des phrases cohérentes.

_____ 1. Ils sont étonnés que vous…   a. parler avec ton amie au téléphone?

_____ 2. Il est impossible qu'ils…   b. remerciions le prof.

_____ 3. Il est bon que nous…   c. finissent à temps.

_____ 4. As-tu fini de…   d. sois si insupportable?

_____ 5. Vous souhaitez que je/j'…   e. ayez encore vos arrière-grands-parents.

_____ 6. Faut-il que tu…   f. apprenne plus de langues.

2 **Vacances à Djerba** Complétez l'e-mail que Géraldine écrit à son agent de voyages. Mettez au présent du subjonctif les verbes entre parenthèses.

De:	Géraldine Lastricte <géraldine.lastricte@email.fr>
Pour:	Marion Cantou <marion.cantou@email.fr>
Sujet:	Recommandations

Madame,

J'espère que vous avez bien pris en considération les souhaits (*wishes*) que j'ai formulés pour mon voyage à Djerba. Je vous les rappelle, au cas où. Il est évidemment essentiel que je (1) _____ (voyager) en première classe. Il faut que mon hôtel (2) _____ (être) situé près de la plage et que ma chambre (3) _____ (avoir) vue sur la mer. Je désire que tout le monde à l'hôtel (4) _____ (connaître) mes goûts. Je préférerais que le quartier (5) _____ (être) vivant, mais pas trop bruyant. Je veux, bien sûr, qu'une voiture (6) _____ (venir) me chercher à l'aéroport, et dites à la compagnie de limousine qu'il vaut mieux pour elle que je n' (7) _____ (attendre) pas. Je tiens à ajouter qu'il serait dommage que vous ne (8) _____ (pouvoir) pas répondre à ces simples souhaits.

Cordialement,

Géraldine Lastricte

3 **L'homme idéal** Eugène a décidé de changer de style de vie. Il veut maintenant ressembler à son frère George. Regardez les images et, avec les éléments de la liste, dites à Eugène ce qu'il doit faire pour devenir l'homme idéal.

il est nécessaire que	il vaut mieux que	recommander que
il est possible que	préférer que	suggérer que
il faut que	proposer que	vouloir que

Eugène

George

Communication

4 **Rêve et réalité** À deux, faites des comparaisons entre ce que vous avez et ce que vous rêvez d'avoir. Aidez-vous des éléments de la liste. N'oubliez pas d'utiliser le présent du subjonctif si nécessaire.

Modèle —As-tu une chambre?

—Oui, j'ai une chambre, mais j'aimerais qu'elle soit plus grande.

aimer que	parents
chambre	préférer que
enfance	regretter que
être content(e) que	relation
frère(s)/sœur(s)	souhaiter que
ordinateur	vouloir que

5 **Recherche...** À deux, regardez les deux annonces et imaginez que vous soyez d'abord la personne qui vende le chiot, puis les touristes qui cherchent un guide. Écrivez la suite des annonces à l'aide du présent du subjonctif. Ensuite, présentez-les à la classe.

Modèle Il est indispensable que la famille adoptive soit gentille.

Il est important que notre guide habite à Alger.

La famille Ouagued vend un chiot (puppy) de la race des épagneuls. Voici une photo de sa mère...

Touristes français recherchent un guide pour leur séjour en Algérie...

6 **Dialogue parents-enfant** Par groupes de trois, imaginez une conversation entre des parents et leur enfant adolescent(e). Ensuite, jouez la scène devant la classe. Utilisez le plus possible le présent du subjonctif.

Modèle **MÈRE** Il faut que tu comprennes que tu passes le bac cette année.

ENFANT Je veux que vous me laissiez tranquille avec mes amis!

PÈRE On préfère que tu ne sortes pas avec eux ce soir.

vhlcentral

6.2

Demonstrative pronouns

—*Tu as vu comme il nous fait son cinéma, celui-là?*

- The demonstrative pronoun **celui** and its forms mean *this one/that one/the one* or *these/those/the ones*. Use them for pointing something out or indicating a preference.

Quel **gâteau** préférez-vous? Le **gâteau** au chocolat ou le **gâteau** aux cerises?

Which cake do you prefer? The chocolate cake or the cherry cake?

Quel **gâteau** préférez-vous? **Celui** au chocolat ou **celui** aux cerises?

Which cake do you prefer? The chocolate one or the cherry one?

- Demonstrative pronouns agree in number and gender with the noun they replace.

Demonstrative pronouns		
	singular	**plural**
masculine	**celui** *this one; that one; the one*	**ceux** *these; those; the ones*
feminine	**celle** *this one; that one; the one*	**celles** *these; those; the ones*

Les deux **épiceries** de mon quartier sont nulles! Et **celles** de ton quartier?
My neighborhood's two grocery stores are lame! And the ones in your neighborhood?

Quels **magazines** est-ce que vous avez achetés hier, **ceux**-ci?
Which magazines did you buy yesterday, these here?

Using demonstrative pronouns

- The demonstrative pronouns above cannot stand alone. They must be followed by one of the three constructions below.

- Add **-ci** and **-là** to distinguish between objects that are closer (**celle-ci**) and farther (**celui-là**), just as you would with demonstrative adjectives.

- You can also use **celui-là** or **celle-là** to refer to someone in a familiar or scornful fashion.

Le petit ami de Samira? Ah, **celui-là**!
Samira's boyfriend? Oh, that one!

Elle croit qu'elle sait tout, **celle-là**?
Does she think she knows it all, that one?

- Use a form of **celui** and a relative clause to mean *the one(s) that* or *the one(s) whose*.

On va à ce supermarché-ci ou à **celui qui** ouvre plus tôt?
Are we going to this supermarket here or the one that opens earlier?

La pâtisserie Michèle, c'est **celle que** tu aimes bien?
Is the Michèle pastry shop the one you like?

BLOC-NOTES

To review using **-ci** and **-là** with demonstrative adjectives, see **Fiche de grammaire 4.4, p. 386.**

ATTENTION!

Use a demonstrative pronoun followed by **-ci** or **-là** to express, respectively, the English words *latter* and *former*.

Tu prends les carottes ou les les haricots verts? Celles-ci sont plus fraîches que ceux-là.

Are you having carrots or string beans? The latter is fresher than the former.

BLOC-NOTES

To review relative pronouns, see **Structures 9.1, pp. 312–313.**

Ces enfants sont **ceux dont** l'arrière-grand-père est né en 1910.
These children are the ones whose great-grandfather was born in 1910.

- The third construction that can follow a demonstrative pronoun is a prepositional phrase.

Mes livres et **ceux de** Nathalie
sont dans notre chambre.
*My books and those of Nathalie
are in our bedroom.*

Cette jupe en coton est moins chère
que **celle en** soie.
*This cotton skirt is less expensive
than the silk one.*

Ceci, cela, ce, and ça

- **Ceci** and **cela** are also demonstrative pronouns. Unlike other pronouns, they do not refer to any noun in particular, but rather to an idea. **Ceci** announces that something is about to be said; **cela** refers to something that has already been said.

Je vous dis **ceci**: il ne faut
rien regretter.
*I say this to you: you must not
regret anything.*

On évite les préjugés. **Cela** va
sans dire.
*We avoid prejudices. That goes
without saying.*

- Both **ceci** and **cela** have a literary tone to them. In everyday French, use **ce** or **ça**. Use **ce/c'** before forms of **être**; use **ça** before other verbs.

c'est / ce n'est pas	**C'est ta mère? Non, ce n'est pas elle.** *Is that/this your mother. No, this/that isn't her.*
before *ce sont*	**Ce sont mes enfants, Abdel et Fatih.** *Those/They are my children, Abdel and Fatih.*
ça + any other verb	**Ça m'énerve!** *That annoys me!*

- **C'est** can be used in many constructions.

C'est + name *identifies a person*	**C'est Ségolène.** *That/She is Ségolène.*
C'est + disjunctive pronoun *identifies a person*	**C'est toi qui as trouvé ce chat?** *Are you the one that found this cat?*
C'est + article or adjective + noun *identifies a person or thing*	**C'est mon arrière-grand-mère.** *That/She is my great-grandmother.*
C'est + adjective *describes an idea or expresses an opinion*	**Trois semaines de vacances! C'est super.** *Three weeks of vacation! That's great.*
infinitive + **c'est** + infinitive *states an equivalency between two actions*	**Partir, c'est mourir un peu.** *To leave is to die a little.*

Vérifiez

ATTENTION!

Adjectives that modify forms of **celui** must agree with them in number and gender. Past participles should also agree when appropriate.

Ceux qui sont beaux ne sont pas toujours sympathiques.

Those that are beautiful are not always nice.

Leurs soeurs sont celles que nous avons vues ici hier?

Are their sisters the ones we saw here yesterday?

BLOC-NOTES

To review the distinction between **il/elle est** and **c'est**, see **Fiche de grammaire 2.5**, **p. 380**.

 Vérifiez

Mise en pratique

1 **À choisir** Choisissez le bon pronom démonstratif pour compléter ces phrases.

1. Je parle de la nièce de mon voisin, tu sais, _____ qui vient de se marier.

   a. ceux   b. celui   c. celle

2. Nous vous avions parlé de _____, mais vous ne nous aviez pas écouté.

   a. ça   b. celui   c. ce

3. Ils ont l'habitude de faire leurs courses à ce marché, _____ qu'on voit depuis (*from*) l'autoroute.

   a. celui   b. celles   c. ceci

4. De quelle personne veux-tu te plaindre au patron? De _____.

   a. ceci   b. celle-là   c. cela

5. J'avais plusieurs surnoms quand j'étais enfant. Voici _____ dont je me souviens: «le peintre», «le fou» et «le gourmet».

   a. ça   b. celui   c. ceux

2 **Fès** Le grand-père de Mohamed lui parle de sa jeunesse à Fès. Complétez son histoire à l'aide des mots et expressions suivantes.

c'est	cela	celle qui	celui où
ceci	celle dont	celles que	ceux dont

Fès est la quatrième ville du Maroc. C'est (1) _____ m'est la plus chère parce que (2) _____ là où je suis né. Ah, mais tu sais déjà (3) _____. Ta grand-mère et moi, nous habitions dans cette petite rue, (4) _____ je connais bien le marchand de journaux. Mes amis, (5) _____ je t'ai parlé de nombreuses fois, travaillaient avec moi. Nous allions souvent dans ce petit café à la sortie du marché, tu sais, (6) _____ nous jouions aux échecs tous les jours. Je me souviens d'un après-midi où j'ai vu un groupe de jeunes filles, (7) _____ je voyais passer tous les jours à la même heure. Eh bien, je vais te dire (8) _____: j'ai épousé l'une d'elles.

3 **Lequel?** Répondez aux questions avec le bon pronom démonstratif.

   Modèle **Les parents de quelle amie travaillent ensemble? (de Salima)**
   Ceux de Salima travaillent ensemble.

1. Quelle capitale Marc veut-il visiter? (d'Algérie)

2. À quels jours heureux pensez-vous? (de notre jeunesse)

3. Quel manteau avez-vous choisi pour votre femme? (que j'ai vu dans le catalogue)

4. Qui sont ces enfants? (de Béatrice)

5. Quelle voiture tes parents regardent-ils? (que je n'aime pas)

6. Quelles chambres préfères-tu? (qui sont au premier étage)

Communication

4

Rencontres Vous venez de rencontrer un(e) ami(e) d'enfance et vous le racontez à un(e) camarade. À deux, imaginez la conversation et écrivez-la à l'aide de pronoms démonstratifs. Ensuite, jouez la scène devant la classe.

Modèle   —Je viens de voir Éric, celui qui posait toujours des questions au prof.

—Celui qui parlait toujours en cours d'histoire?

—Non, celui dont la sœur nous avait montré ses photos de vacances.

5

Qui est qui? La classe se divise en deux équipes. Un des membres de l'équipe A pense à un(e) camarade de classe et donne trois indices (*clues*) sur lui/elle. Après chaque indice, l'équipe B essaye de deviner de qui il est question. Elle gagne trois points si elle devine avec le premier indice, deux points si elle devine avec deux indices et un point si elle devine avec les trois indices. Ensuite, inversez les rôles.

Modèle   Je pense à celui/celle qui est autoritaire... Je pense à celui/celle pour qui remercier chaque gentillesse est une obligation... C'est celui/celle dont les parents viennent de faire un voyage en Tunisie.

6
La famille À tour de rôle, décrivez les personnes sur la liste. Utilisez des pronoms démonstratifs. À chaque tour, vos camarades vont vous poser des questions pour en savoir plus.

Modèle   —Ma cousine Sophie est celle dont tout le monde parle dans la famille.

—Pourquoi?

—C'est celle qui est la plus extrovertie.

- vos parents
- vos grands-parents
- vos cousin(e)s
- vos frères/sœurs
- votre meilleur(e) ami(e)
- votre professeur

vhlcentral

6.3 Irregular *-re* verbs

—*Maman t'**a mis** des draps propres.*

- You can see patterns in irregular **-re** verbs, but it is best to learn each verb individually.

	boire	croire	dire	écrire
je/j'	bois	crois	dis	écris
tu	bois	crois	dis	écris
il/elle/on	boit	croit	dit	écrit
nous	buvons	croyons	disons	écrivons
vous	buvez	croyez	dites	écrivez
ils/elles	boivent	croient	disent	écrivent
past participle	bu	cru	dit	écrit

	lire	prendre	craindre (*to fear*)	se plaindre
je	lis	prends	crains	me plains
tu	lis	prends	crains	te plains
il/elle/on	lit	prend	craint	se plaint
nous	lisons	prenons	craignons	nous plaignons
vous	lisez	prenez	craignez	vous plaignez
ils/elles	lisent	prennent	craignent	se plaignent
past participle	lu	pris	craint	plaint(e)(s)

Mon neveu **a bu** trois verres de lait.

My nephew drank three glasses of milk.

Mais **dis** quelque chose!
Well, say something!

Mes petits-enfants ne m'**écrivent** jamais.
My grandchildren never write me.

Est-ce que vous **comprenez** votre oncle?

Do you understand your uncle?

Je **crains** qu'elle ne m'aime plus.
I'm afraid she doesn't love me anymore.

Nous **nous sommes plaints** du service.
We complained about the service.

- The verb **plaire** (*to please*) is often used in the third person and usually takes an indirect object. Its past participle is **plu**. The English verb *to like* is typically used to translate it.

Cette fromagerie **leur plaît**.
They like this cheese shop.

Les produits bio **vous plaisent**?
Do you like organic food?

Le repas **lui a plu**.
She liked the meal.

	mettre	**suivre**	**vivre**
je	mets	suis	vis
tu	mets	suis	vis
il/elle/on	met	suit	vit
nous	mettons	suivons	vivons
vous	mettez	suivez	vivez
ils/elles	mettent	suivent	vivent
past participle	mis	suivi	vécu

	rire	**conduire**	**connaître**
je	ris	conduis	connais
tu	ris	conduis	connais
il/elle/on	rit	conduit	connaît
nous	rions	conduisons	connaissons
vous	riez	conduisez	connaissez
ils/elles	rient	conduisent	connaissent
past participle	ri	conduit	connu

Nous **avons mis** un pull pour sortir.
We put on sweaters to go out.

Mes ancêtres **ont vécu** à Abidjan.
My ancestors lived in Abidjan.

Mes petits-enfants me **sourient**
quand je chante pour eux.
*My grandchildren smile at me
when I sing to them.*

Mon grand-père ne **conduit** plus.
My grandfather no longer drives.

Vous ne me **reconnaissez** pas?
Do you not recognize me?

Mon grand-oncle **a disparu** pendant
la guerre.
*My great uncle disappeared during
the war.*

- **Se mettre**, when followed by **à** + [*infinitive*], means *to start* (doing something).

Elle **s'est mise à pleurer**!
She started crying!

À six heures, je **me mets à faire** la cuisine.
At 6 o'clock, I start cooking.

- Note the double **i** spelling in the **nous** and **vous** forms of **rire** and **sourire** in the **imparfait**.

Nous **riions** beaucoup à l'école.
We used to laugh a lot at school.

Vous **souriiez** quand votre tante téléphonait.
You used to smile when your aunt called.

- The verb **naître**, conjugated like **connaître** in the present, is rarely used in this tense. Remember that the past participle agrees with the subject in compound tenses such as the **passé composé** and **plus-que-parfait**.

Ma grand-mère est **née** en 1935.
My grandmother was born in 1935.

Les jumeaux étaient-ils **nés** à cette époque?
Had the twins been born at that time?

ATTENTION!

Remember that **permettre** and **promettre** are conjugated like **mettre**.

Survivre is conjugated like **vivre**.

Use the expression **suivre un/des cours** to say *to take a class*.

Je suis un cours d'histoire des États-Unis.
I'm taking a course in U.S. history.

Sourire is conjugated like **rire**.

Remember that **construire**, **détruire**, **produire**, **réduire**, and **traduire** are conjugated like **conduire**.

Disparaître, **paraître**, and **reconnaître** are conjugated like **connaître**.

Paraître is often used in the third person with an indirect object to say that something seems a certain way.

Ça me paraît difficile.
That seems difficult to me.

BLOC-NOTES

For a review on how **connaître** differs from **savoir**, see **Fiche de grammaire 9.4, p. 406**.

Mise en pratique

1 **Un repas authentique** Claudia passe des vacances à Tunis, dans une famille. Ils voudraient préparer un repas traditionnel. Complétez la conversation logiquement.

apprendre	croire	plaire
comprendre	mettre	prendre
connaître	se plaindre	rire

MÈRE Alors, Claudia, quels plats tunisiens (1) _____-tu?

CLAUDIA Une fois, dans un resto maghrébin, je/j'(2) _____ du couscous.

PÈRE Je/J' (3) _____ que ça ferait un bon repas authentique.

GRAND-MÈRE Je ne/n' (4) _____ pas — j'adore le couscous!

Plus tard dans la cuisine…

CLAUDIA Je ne/n' (5) _____ pas cette recette. Peux-tu la traduire en anglais?

FILLE Non, moi non plus. Nous avons bien lu la recette. Nous (6) _____ tous les ingrédients dans le bol. Maman, ce n'est pas drôle! Pourquoi est-ce que tu (7) _____?

MÈRE Désolée, mais apparemment vous deux, vous ne/n' (8) _____ jamais _____ à cuisiner!

2 **Autrement dit** Réécrivez chaque phrase et remplacez le(s) mot(s) souligné(s) par un verbe irrégulier en **-re**. Ajoutez d'autres mots, si nécessaire.

1. Ma demi-sœur <u>est venue au monde</u> en 2010.

_____

2. Tu n'aimes pas ton plat? Appelle le serveur et <u>dis-lui que tu n'es pas satisfait</u>!

_____

3. <u>Avez-vous peur des</u> gens rebelles?

_____

4. Ma famille <u>pense</u> que je n'ai pas assez d'amour-propre.

_____

3 **Phrases logiques**

A. Écrivez cinq ou six phrases à l'aide des éléments de chaque colonne. Employez les verbes à des temps différents.

A	B	C
Mes parents	construire	une nouvelle maison…
Je	craindre	faire du mal à…
Le fossé des générations	disparaître	dans quelles circonstances?
Les gens bien élevés	écrire	des cartes de remerciement…
Mon arrière-grand-mère/père	naître	où et quand?
…?	survivre	…?

B. À deux, créez un dialogue qui inclut au moins trois de vos phrases de la partie A.

Communication

4

Questions spécifiques À deux, répondez aux questions par des phrases complètes.

1. Combien d'e-mails écris-tu chaque jour? Combien en lis-tu?
2. Écris-tu des cartes de vœux? Ça te plaît? Pourquoi?
3. Quel genre de littérature lis-tu le plus souvent?
4. Quel membre de ta famille se plaint le plus? Et qui rit le plus?
5. T'es-tu déjà plaint(e) de ton père ou de ta mère? Pourquoi?
6. Connais-tu quelqu'un qui vit dans une région francophone? Si oui, laquelle?
7. As-tu déjà conduit une voiture? Si oui, quel âge avais-tu?
8. Tes parents te permettent-ils toujours de suivre les cours que tu veux?

5

Une famille unie Même les membres d'une famille unie ne s'entendent pas toujours parfaitement bien. À deux, posez des questions et décrivez cette scène à l'aide des verbes de la liste. Ensuite, écrivez une conversation entre les membres de la famille sur la photo.

Modèle —Où vivent-ils?
—Je crois qu'ils vivent aux États-Unis.

apparaître	craindre	permettre
boire	croire	se plaindre
(se) comprendre	dire	plaire
contredire	écrire	prendre

6

Bien s'entendre Imaginez que vous travaillez pour un magazine destiné aux parents. Par petits groupes, discutez de ce qu'il faut faire pour avoir de bonnes relations entre les membres de la famille. Ensuite, écrivez un article qui inclut vos suggestions et au moins huit verbes irréguliers en **-re**.

Prenez le temps en famille!

Ne prenez pas les choses trop au sérieux; riez souvent!
Ce qu'il faut faire pour bien s'entendre...

Synthèse · **vhl**central

Mariage toujours

Recherchons organisateur/organisatrice de mariages rapide et efficace. Nous retiendrons celui ou celle qui ne craint pas les obstacles, qui plaît et sourit aux clients. Contactez Samira à samira.alhafta@mariage.toujours.tn

Petits anges à garder

Un(e) baby-sitter est demandé(e) pour garder° deux enfants. Ceux-ci sont bien élevés et obéissants°. Il est indispensable que cette personne connaisse au moins une langue étrangère pour la leur enseigner. Appelez le 62.74.02.16.

À TABLE!

Un restaurant trois étoiles recherche un chef cuisinier qui connaisse la gastronomie maghrébine. Il est nécessaire que le candidat sache accommoder viandes et poissons avec les saveurs orientales. Il est recommandé que la personne ne se plaigne jamais. Celui dont les qualités correspondent à ces critères doit téléphoner au 78.96.29.54.

Appart' à partager

Jeunes filles recherchent un(e) colocataire° pour partager un appartement au centre-ville. Il est essentiel que celui/celle qu'on choisira ne soit pas égoïste et rie souvent. Toute personne stricte et insupportable s'abstenir! Contactez-nous au 96.08.21.17.

garder *to look after*

obéissants *obedient*

colocataire *roommate*

---

1 **Des annonces** Votre ami(e) n'a pas pu acheter son journal aujourd'hui et vous demande de lui donner les détails des annonces. À deux, alternez les rôles.

> **Modèle** Deux filles ont un appartement à partager. Elles veulent que leur colocataire rie souvent!

2 **Mise en scène** Vous avez répondu à l'une des quatre annonces ci-dessus et maintenant les choses vont mal. À deux, imaginez la scène pour une de ces situations et jouez les rôles. Utilisez le présent du subjonctif et des pronoms démonstratifs.

Situation A: Le couple pour qui vous organisez le mariage est insupportable.

Situation B: Les petits anges sont en fait de petits démons.

Situation C: Les aide-cuisiniers qui travaillent pour vous sont incompétents.

Situation D: Les jeunes filles font trop la fête et vous dérangent souvent.

3 **Besoin de travail** Vous avez besoin de travailler cette année. Écrivez votre propre annonce dans laquelle vous expliquez les critères que vous cherchez dans un travail.

> **Modèle** Il faut que je puisse travailler le soir après 18 heures...

Préparation

Vocabulaire de la lecture	Vocabulaire utile
les affaires (*f.*) belongings	**une alliance** wedding ring
affronter to face	**une bague de fiançailles** engagement ring
confier to confide; to entrust	
débuter to begin	**le bouquet de la mariée** bouquet
se dérouler to take place	**un marié** groom
faire une demande en mariage to propose	**une robe de mariée** wedding gown
les fiançailles (*f.*) engagement	**un témoin** witness; best man; maid of honor
une mariée bride	
nécessiter to require	

1 **Le mariage** Vous allez vous marier et vous lisez un livre pour tout savoir sur les éléments-clés de la cérémonie. Trouvez le titre de chaque chapitre.

Sommaire

Chapitre 1: _____ 7

Vous êtes fiancés? Félicitations! C'est pendant cette période que vous préparez votre mariage.

Chapitre 2: _____ 15

C'est le symbole de votre union. Comment la choisir?

Chapitre 3: _____ 21

Ils sont à côté de vous pendant la cérémonie. Qui choisir? Quel cadeau leur offrir? Tout ce qu'il faut faire.

Chapitre 4: _____ 28

C'est la journée de la mariée! Les hommes seront beaux dans leur costume, mais tout le monde s'intéressera à ce qu'elle portera! Voici notre sélection.

Chapitre 5: _____ 35

Qu'est-ce qu'un mariage sans fleurs? Il faut choisir avec soin cet accessoire très important pour la mariée! Lisez nos conseils.

2 **Célébrations** Répondez aux questions et comparez avec un(e) camarade.

1. Dans votre famille, les traditions du mariage sont-elles similaires à celles mentionnées dans l'activité 1? En avez-vous d'autres? Décrivez-les.
2. Vos traditions incluent-elles une demande en mariage officielle? Offre-t-on une bague de fiançailles?
3. Quelles sont les étapes de la cérémonie du mariage?
4. Célébrez-vous d'une manière particulière d'autres étapes marquantes de la vie? Lesquelles? Comment les célébrez-vous?

Jour de mariage

Hier, vendredi, j'étais invité au mariage d'un charmant couple algérien, Yasmina et Salim. Pour moi, Occidental, ce fut l'occasion d'ouvrir les yeux sur des traditions et un monde différents. Un peu perdu dans cette succession de cérémonies, j'ai posé des
5 questions au jeune couple.

PAUL   Quels ont été les grands moments de la journée?

SALIM   Tout a commencé en fin d'après-midi. Yasmina est arrivée chez moi, où elle 10 est restée dans une pièce avec ses amies. La fête a vraiment débuté quand je suis arrivé pour la cérémonie avec les hommes, en marchant° au rythme de la musique. Tu as vu que les hommes et les femmes, et 15 notre couple, sont restés séparés pendant toute la fête. Tout était fait pour rendre plus intense le moment où Yasmina et moi nous retrouverions en fin de soirée. Après le repas, les hommes, les femmes âgées et les enfants 20 ont dansé. D'ailleurs°, je t'ai vu danser avec eux. Tu avais l'air de bien t'amuser. Puis, plus tard dans la soirée, la hennayat a tatoué mon index° avec du henné° pour me porter bonheur°. J'ai reçu de l'argent des invités, et 25 j'ai enfin pu rejoindre Yasmina.

PAUL   On m'a dit que «le mariage d'une nuit nécessite une année de préparation». Est-ce que cela a été le cas pour le vôtre?

YASMINA   À peu près°. Il y a une semaine, 30 Salim et moi sommes allés à la mosquée pour recevoir la bénédiction de l'imam, puis à la mairie pour signer les documents officiels. Deux jours avant la cérémonie du vendredi, j'ai célébré la fête de l'«Outia» 35 qui symbolise le début de la préparation de la mariée. C'est aussi «la nuit du henné», la troisième et dernière nuit où on m'a tatoué les mains au henné. Ce produit végétal a une valeur spirituelle et protectrice. Plus le 40 tatouage est foncé, plus il est beau et plus il a de la valeur. Il faut que le produit soit appliqué° trois fois pour qu'il imprègne la peau. Jeudi, j'ai envoyé toutes mes affaires chez Salim, et j'ai passé la journée à me 45 reposer, afin d'affronter le rythme effréné° du lendemain.

Plus tard, on m'a expliqué que Salim avait fait une demande en mariage 50 traditionnelle qu'on appelle la «shart». Il y a deux mois, il est venu demander la main

walking
By the way
forefinger / henna
to bring happiness
Practically
applied
frantic

Le henné

Le henné est une plante qu'on trouve au **Maghreb**. Les femmes, mais aussi les hommes, se servent de cette poudre comme produit de tatouage, après l'avoir mélangée avec de l'eau. La «**hennayat**», ou tatoueuse, l'applique parfois avec de la dentelle pour créer de jolis motifs. C'est aussi une substance qui sert à la teinture des cheveux.

de Yasmina à ses parents et leur a offert la somme habituelle, équivalente à 1.500 $. Une semaine après, ils ont fêté la «djeria», les fiançailles. La hennayat a appliqué du 55 henné et un Louis d'or° sur la paume de la main de Yasmina, et Salim a offert à sa fiancée un tailleur° blanc pour le mariage.

Salim m'a confié que toute cette effervescence lui a rappelé la cérémonie de 60 sa circoncision. Il avait six ans. Il a vécu là un moment capital de son existence: Il faut passer par ce rite pour devenir musulman. En général, un garçon est circoncis entre la naissance et l'âge de six ans. Quand 65 le garçon est plus âgé, le rite prend plus d'importance, parce qu'il se rend compte de sa signification et il reçoit plein de cadeaux.

Ces fêtes maghrébines ont au moins un point commun. Toutes les femmes 70 mariées de la famille se réunissent dans la maison où vont se dérouler les festivités. Elles procèdent toujours au même rituel: le roulage°, étape importante dans la préparation du couscous. C'est toujours le 75 plat principal des fêtes familiales, en Afrique du Nord.

Je me souviendrai de l'ambiance et des odeurs envoûtantes° qui m'auront fait découvrir un autre univers. Pendant un 80 moment, j'étais à l'autre bout de la Terre. Me voilà de retour. Dommage°... ◼

gold Louis coin
woman's suit
rolling
enchanting
Too bad

Analyse

1 **Compréhension** Répondez aux questions par des phrases complètes.

1. À quelle cérémonie l'auteur a-t-il été invité?

2. Où sont Yasmina et Salim pendant la fête?

3. Quelles sont quatre traditions de la fête?

4. Où va le couple pour officialiser son union?

5. Qu'est-ce que le henné?

6. Quel est le rôle de la hennayat dans la cérémonie?

7. Qu'est-ce que la «shart»?

8. Comment appelle-t-on les fiançailles algériennes? Quand ont-elles lieu?

9. Quelle autre cérémonie traditionnelle le marié mentionne-t-il? Que signifie cette cérémonie?

10. En Afrique du Nord, quel plat fait toujours partie des fêtes familiales?

2 **Traditions** Dans l'article, vous avez vu qu'au Maghreb les fêtes sont basées sur un rituel qui peut durer plusieurs jours. Ces grandes cérémonies sont l'essence même de la société maghrébine. À deux, répondez à ces questions.

1. Ce genre de grande cérémonie existe-t-il dans votre famille? Sinon, aimeriez-vous qu'elle joue un plus grand rôle dans votre vie? Pourquoi?

2. Connaissez-vous d'autres cultures qui ont cette caractéristique? Lesquelles?

3 **«Mariage pluvieux, mariage heureux»** Il paraît qu'il y a une erreur dans la transcription de ce proverbe et qu'il faudrait dire: «Mariage plus vieux, mariage heureux». Aujourd'hui, on se marie de plus en plus tard. Par groupes de trois, discutez de ces questions.

- Comment expliquez-vous ce phénomène?
- Pensez-vous que si on se marie plus vieux, on a vraiment de meilleures chances d'avoir un mariage heureux?

4 **Les grands événements de la vie**

A. Quels sont les événements les plus importants de votre vie? Ajoutez quatre autres événements au tableau, puis classez-les (*rank them*) par ordre d'importance.

	Classement
Entrer au lycée	
Passer son permis de conduire	
Partir en vacances sans ses parents	
?	
?	
?	
?	

B. Pensez-vous que vos parents, quand ils étaient jeunes, ont donné la même importance que vous à ces événements? Par groupes de trois, discutez-en.

Préparation

À propos de l'auteur

Olivier Charneux (1963–) est né à Charleville-Mézières, France. Tout jeune, il perd son père et sa sœur aînée. Finalement, les Charneux sont obligés de vendre la maison familiale et de partir pour Reims. Olivier fait des études littéraires et artistiques et devient comédien au Théâtre du Soleil. Il entame (*starts*) ensuite sa carrière de dramaturge (*playwright*) et écrit régulièrement pour le théâtre. Il a publié quatre romans: *La grande vie* (1995), *Les dernières volontés* (1997), *Nous vivons des vies héroïques* (2007) et *Les guérir* (2016) et trois récits autobiographiques: *L'enfant de la pluie* (1999), *Être un homme* (2001) et *Tant que je serai en vie* (2014). *La logique des grands* est une nouvelle qui fait partie d'un recueil (*collection*) intitulé *J'ai dix ans* (2005).

Vocabulaire de la lecture

adoucir *to soften*
bougonner *to grumble*
une caprice *whim*
céder à *to give in to*
s'échapper de *to escape from*
effrayer *to frighten*

être pris(e) *to be busy, taken up*
obliger *to force*
un retournement *turnaround; change of heart*
supporter *to bear; to put up with*

Vocabulaire utile

se décider *to make up one's mind*
doué(e) *gifted*
s'entraîner *to practice; to train*
somnoler *to doze off*

1 Vocabulaire Complétez ces phrases à l'aide des mots de vocabulaire présentés sur cette page. Faites les conjugaisons ou ajoutez les articles nécessaires.

1. Ce film était tellement ennuyeux que je/j' _____ deux fois pendant la projection.

2. Ma mère _____ toujours aux caprices de ma petite sœur!

3. Ma mère est très occupée! Elle est toujours _____ par son travail.

4. Est-ce que tu viens avec nous ou pas? _____ !

5. Mon frère n'est jamais content. Il _____ tout le temps!

6. Ma meilleure amie est une virtuose du piano et de la flûte. Elle est très _____ pour la musique.

2 Discussion À deux, posez-vous ces questions. Expliquez vos réponses.

1. Quelles relations avais-tu avec tes parents à l'âge de dix ans? Et aujourd'hui?

2. À ton avis, tes parents te comprennent-ils? Te connaissent-ils vraiment?

3. Qui sont les plus capricieux (*capricious*), les adultes ou les enfants/adolescents?

4. Est-ce que tes parents cédaient à tes caprices quand tu étais enfant? Et à ceux de tes frères ou sœurs?

5. Est-ce la responsabilité des parents d'obliger parfois leur(s) enfant(s) à faire des choses qu'ils ne veulent pas faire?

6. Élèveras-tu tes enfants comme tes parents t'ont élevé(e)?

7. Quelles activités pratiquais-tu quand tu avais huit ans? Et maintenant?

8. Est-ce que tu joues d'un instrument? Si oui, duquel? À quel âge est-ce que tu as commencé à apprendre cet instrument?

◁)) vhlcentral

La LOGIQUE des GRANDS

Olivier Charneux

«Apprendre la musique, ça te fera du bien. La musique adoucit la vie et puis elle ouvre des horizons. Plus tard, tu me remercieras.» Voilà ce que m'avait dit ma mère pour justifier mon inscription au conservatoire de Charleville-Mézières. J'avais dix ans. Ouvrir des horizons ne relevait pas de mes préoccupations. Je pratiquais déjà la gymnastique le samedi, j'allais au patronage° le mercredi après-midi, au catéchisme le mercredi matin, à la messe le dimanche, au centre aéré et en colonie° pendant les vacances. Avec cette nouvelle activité, je serai pris maintenant le mardi soir et le jeudi soir et quelques dimanches après-midi pour des concerts. Ouf! Que me restera-t-il comme temps pour jouer avec mes copains? Pourquoi m'éloignait-on° ainsi de la maison? Je me posais mille questions parce que l'inconnu° effraye toujours et qu'apprendre est fatigant. Pourtant, au fond de moi, l'excitation battait son plein°. Je m'imaginais compositeur de symphonie, de chansons sur la vie, soliste, chef d'orchestre. Avoir mon instrument me paraissait primordial et urgent. Lequel? Après mûres réflexions° mon choix se porta sur la clarinette. Était-ce dû à Sydney Bechet ou au groupe Les Haricots Rouges dont ma mère possédait quelques disques? Leur façon de swinger, de passer du grave à l'aigu°, de parler presque, me plaisait. J'avais procédé par élimination. Le piano, ce n'était pas pour moi: trop de touches, trop volumineux, trop gosse° de riche. La batterie° me séduisait mais personne à la maison n'aurait supporté. La trompette nécessitait sans doute un souffle important°. L'accordéon m'attirait également mais je me jugeais trop petit encore pour pouvoir en porter un. Restait la clarinette. Je l'exigeai illico° pour pouvoir entrer au conservatoire.

youth center
summer camp

was I being taken out
the unknown

was at its peak

careful consideration

from low to high (pitch)

kid (colloquial)/drums

powerful lungs
I demanded it immediately

—Maman, achète-moi une clarinette tout de suite sinon° je n'y vais pas!

otherwise

25 En général, ma mère cédait à mes caprices pour avoir la paix mais là, elle résistait, avec patience et pédagogie. Elle employa la logique des grands en m'expliquant qu'il fallait d'abord apprendre le solfège° puis s'essayer à la flûte à bec° pour voir si la musique me plairait avant d'envisager° l'achat d'un instrument. Elle ajouta qu'il lui paraissait précoce, à ses yeux, de le choisir 30 maintenant, qu'elle connaissait mes retournements et in fine° elle me parla de son prix qui n'était pas comparable à un jouet. Je soupirai° devant tant de prudence et de cartésianisme°. Pourquoi, dans ce cas, ne pas me contenter de continuer à jouer sur des paquets de lessive dont je me servais régulièrement comme batterie? Mon frère aîné, lui, quand il apprit la nouvelle, se moqua 35 de moi.

music theory
recorder / to think about

lastly
sighed

Cartesianism (philosophical doctrine of René Descartes, a form of rationalism)

—Alors tu vas apprendre le pipeau°? me dit-il dans un rire.

pipe (type of straight flute)

Je le détestai et le pipeau avec. Ce mot me semblait ridicule. Je me sentais par avance ridicule. Pratiquer le pipeau me faisait honte.

Les locaux° du conservatoire étaient situés dans l'ancien hôtel de 40 ville de Mézières, à l'arrière du bâtiment. Comme si l'on montait dans un grenier, il fallait emprunter un petit escalier en bois pour y accéder. Puis, l'on devait parcourir un long couloir sombre et poussiéreux°. Les salles, ayant probablement servi de bureaux à une autre époque, étaient petites.

classrooms

dusty

yellowish
was flaking off 45
pipes / musty smell / filled

Je me souviens. Le parquet craquait. La peinture jaunâtre° sur les murs s'écaillait°. Les radiateurs étaient brûlants l'hiver et un problème de plomberie faisait chanter les tuyaux°. Pour finir, une odeur de renfermé° emplissait° l'atmosphère. Le tout me donnait envie de dormir. Pendant la plupart des cours de solfège, je somnolais. J'avais la sensation de partir, soit de m'échapper de la Terre, de voler dans l'espace, soit d'aller dans ses profondeurs à travers

gurgled / piping 50

l'eau qui gargouillait° dans les canalisations°. Quand je revenais dans le présent de ce drôle d'endroit, je voyageais encore grâce aux notes, à la clef

Treble/G key/staffs
eighth note
trivial circumstances
I cursed 55

de sol° que je dessinais sur les portées°. Ce nouveau langage fait de blanches, de noires, de rondes, de croches°, me fascinait, m'entraînait lui aussi dans un autre monde, loin des contingences° terrestres. La pratique de la flûte me réveillait, m'excitait davantage que le solfège, même si souvent je pestais° de ne pas y arriver tout de suite. L'impatience coulait dans mon sang. Avec mes petits camarades, nous adorions souffler sans retenue pendant des heures, en

---

Si je prenais goût à ces «concerts» inhumains aux oreilles des autres, j'arrivais peu à peu à faire regretter à ma mère et à ma famille leur volonté de m'apprendre la musique.

---

a thought

passant des aigus au graves, sans souci° d'harmonie, sans nous rendre compte surtout de l'horreur stridente et insupportable de nos sons. Nul doute que

reached 60

le pire devait être atteint° lorsque le groupe entier s'essayait à l'unisson. Le professeur, confiant et patient, tentait en vain de retenir ses grimaces pour nous encourager. Un mal de tête devait l'attendre à la maison. Le temps passait. Si je prenais goût à ces «concerts» inhumains aux oreilles des autres, j'arrivais peu à peu à faire regretter à ma mère et à ma famille leur volonté

65

de m'apprendre la musique. «Tu nous casses les oreilles avec ton pipeau!» bougonnait mon frère quand je répétais à la maison. «Tu veux pas aller jouer

scales

ailleurs!» soupirait ma mère qui ne supportait plus d'entendre mes gammes° et mes fausses notes dans sa cuisine. «Éloigne-toi de nos chambres. Va dehors. On n'arrive plus à faire nos devoirs!» se plaignaient mes sœurs cadettes. Je ne

70

comprenais plus rien. Ils m'avaient obligé à faire de la musique, elle me faisait du bien, adoucissait ma vie, m'ouvrait des horizons et maintenant il fallait que j'arrête! Voilà ce que je pensais: «J'ai dix ans et les grands ne savent vraiment pas ce qu'ils veulent. Ils sont aussi changeants que la couleur des arbres en automne.» Au bout d'un an, je n'ai plus remis les pieds au conservatoire. ■

Analyse

1 **Compréhension** Répondez aux questions par des phrases complètes.

1. Qu'est-ce que la mère du narrateur l'a obligé à faire au début de la nouvelle?

2. Quel âge avait le narrateur quand il a commencé à suivre des cours de musique?

3. Quelles activités faisait régulièrement le narrateur dans la semaine? Et pendant les vacances?

4. Au début, le narrateur voulait-il apprendre la musique? Pourquoi?

5. Sur quel instrument est-ce que le narrateur a fixé son choix? Quels autres instruments a-t-il considérés avant de se décider?

6. Est-ce que le narrateur a continué de prendre des cours de musique? Expliquez.

2 **Interprétation** Avec un(e) partenaire, répondez aux questions par des phrases complètes.

1. Que ressentait le narrateur à l'idée d'apprendre la musique?

2. Pourquoi la mère du narrateur a-t-elle refusé de lui acheter immédiatement une clarinette?

3. Est-ce que le narrateur aimait ses cours de musique? Justifiez votre réponse.

4. Comment l'auteur décrit-il le conservatoire? Quelle impression souhaite-t-il donner à son lecteur? Quel était l'effet de ce cadre (*surroundings*) sur le narrateur?

5. Pourquoi la mère du narrateur a-t-elle regretté sa volonté de lui faire apprendre la musique?

6. Pourquoi est-ce que le narrateur se sent perdu à la fin? Expliquez votre réponse.

3 **Discussion** En petits groupes, choisissez un des thèmes suivants et discutez-en. Trouvez des exemples pour illustrer vos arguments. Ensuite présentez vos idées au reste de la classe.

- Les parents savent toujours ce qui conviendra (*will suit*) à leurs enfants.
- Les parents ne savent pas ce qu'ils veulent pour leurs enfants.
- Les enfants ont souvent tendance à résister aux volontés des parents.

4 **Rédaction** Vos parents vous ont-ils un jour obligé(e) à faire une activité avec des résultats inattendus? Décrivez un souvenir d'enfance, réel ou imaginaire, qui illustre d'une façon humoristique la «logique des grands» contradictoire que dénonce la nouvelle d'Olivier Charneux. Suivez le plan de rédaction pour écrire votre histoire.

Plan

1 **Préparation** Choisissez l'incident dont vous allez parler. Faites une liste chronologique des divers événements.

2 **Histoire** Racontez l'histoire avec beaucoup de détails et de descriptions. Quand est-ce que cela s'est passé? Comment est-ce que vos parents vous ont persuadé(e) de faire ce qu'ils voulaient? Comment vous sentiez-vous? Qu'est-ce qui s'est passé? Comment est-ce que votre famille, vos amis ou vos voisins ont réagi? Comment est-ce que l'affaire s'est terminée?

3 **Conclusion** Concluez votre histoire par une phrase humoristique qui reflète votre opinion.

En famille

 vhlcentral

Les membres de la famille

un(e) ado(lescent)(e) adolescent
un(e) arrière-grand-père/mère
 great-grandfather/grandmother
un beau-fils/-frère/-père son-/brother-/
 father-in-law; stepson/father
une belle-fille/-sœur/-mère
 daughter-/sister-/mother-in-law;
 stepdaughter/mother
un compagnon/une compagne companion
un(e) demi-frère/-sœur half brother/sister
un(e) enfant/fille/fils unique only child
un époux/une épouse spouse;
 husband/wife
un(e) grand-oncle/-tante great-uncle/-aunt
des jumeaux/jumelles
 twin brothers/sisters
un neveu/une nièce nephew/niece
un(e) orphelin(e) orphan
un(e) parent(e) relative
un père/une mère célibataire single
 father/mother
un petit-fils/une petite-fille
 grandson/granddaughter
un(e) proche close friend/family member

La vie familiale

une famille monoparentale/nombreuse/
 recomposée single-parent/large/
 blended family
un ménage household
la garde des enfants (child) custody
un surnom nickname

adopter to adopt
déménager to move
élever (des enfants) to raise (children)
être désolé(e) to be sorry
gâter to spoil
gronder to scold
punir to punish
regretter to regret
remercier to thank
respecter to respect
ressembler (à) to resemble, to look like
surmonter to overcome

uni(e)/lié(e) close-knit

La personnalité

l'amour-propre (m.) self-esteem
le caractère character, personality

autoritaire bossy
bien/mal élevé(e) well-/bad-mannered
compréhensif/compréhensive
 understanding
égoïste selfish
exigeant(e) demanding
insupportable unbearable
permissif/permissive permissive
rebelle rebellious
soumis(e) submissive
strict(e) strict

Les étapes de la vie

l'âge (m.) adulte adulthood
l'enfance (f.) childhood
la jeunesse youth
la maturité maturity
la mort death
la naissance birth
la vieillesse old age

La communauté

le fossé des générations generation gap
la patrie homeland
une racine root
un rapport/une relation
 relation/relationship

bouleverser to upset
hériter to inherit
survivre to survive

Court métrage

une cité low-income housing development
un complexe d'infériorité
 inferiority complex
un foulard headscarf
la gêne embarrassment
un(e) intellectuel(le) intellectual
la pension benefits
un(e) travailleur/travailleuse
 manuel(le) blue-collar worker

un voyou hoodlum

chuchoter to whisper
déranger to bother, to disturb
mépriser to have contempt for
soûler to bug; to talk to death
traîner to hang around; to drag
traiter avec condescendance to patronize

tendu(e) tense

Culture

les affaires (f.) belongings
une alliance wedding ring
une bague de fiançailles engagement ring
le bouquet de la mariée bouquet
les fiançailles (f.) engagement
un marié groom
une mariée bride
une robe de mariée wedding gown
un témoin witness; best man;
 maid of honor

affronter to face
confier to confide; to entrust
débuter to begin
se dérouler to take place
faire une demande en mariage to propose
nécessiter to require

Littérature

un caprice whim
un retournement turnaround;
 change of heart

adoucir to soften
bougonner to grumble
céder à to give in to
se décider to make up one's mind
s'échapper de to escape from
effrayer to frighten
s'entraîner to practice; to train
être pris(e) to be busy, taken up
obliger to force
somnoler to doze off
supporter to bear; to put up with

doué(e) gifted

À la recherche du progrès

Depuis la naissance de l'humanité, les sciences et la technologie ont tellement progressé qu'on se demande s'il y a des limites à ce que les humains peuvent faire dans ce domaine. Et aujourd'hui, quelle place la technologie a-t-elle dans notre société? Les nouvelles technologies et les découvertes scientifiques ouvrent de nouveaux horizons. Mais que penser de leur mise en application? Est-elle vraiment toujours celle que les scientifiques avaient prévue?

La technologie, produit du cerveau humain

228 COURT MÉTRAGE

Dans ce film de **Georges Le Piouffle**, le jeune Martin espère que *Le Manie-Tout*, inventeur mystérieux, pourra tout réparer dans son curieux atelier.

234 IMAGINEZ

La **Belgique**, la **Suisse** et le **Luxembourg** sont trois pays multilingues où il se passe beaucoup de choses. Cosmopolites, leurs trois grandes villes francophones, **Bruxelles**, **Genève** et **Luxembourg**, allient passé et modernité. Découvrez aussi un robot qui facilite la téléprésence dans un lycée français.

251 CULTURE

Les recherches que le **CERN** effectue en Suisse sont-elles l'avenir de la science ou bien représentent-elles un danger pour la planète? Partons à la découverte d'un univers particulier.

255 LITTÉRATURE

Quand la technologie prend trop de place dans la vie… *Solitude numérique*, une nouvelle de l'écrivain français **Didier Daeninckx**, met en scène un couple qui ne parvient plus à communiquer.

231

252

Destination:

BELGIQUE, SUISSE ET LUXEMBOURG

226 POUR COMMENCER

238 STRUCTURES

7.1 The comparative and superlative of adjectives and adverbs

7.2 The futur simple

7.3 The subjunctive with expressions of doubt and conjunctions; the past subjunctive

259 VOCABULAIRE

Le progrès et la recherche **vhl**central

La technologie

une adresse e-mail *e-mail address*
un correcteur orthographique *spell check*
le cyberespace *cyberspace*
l'informatique (f.) *computer science*
un(e) internaute *Internet user, net surfer*
un lecteur de DVD *DVD player*
un mot de passe *password*
un moteur de recherche *search engine*
un ordinateur portable *laptop*

un outil *tool*
un pseudo(nyme) *username*
une puce (électronique) *(electronic) chip*

effacer *to erase*
lancer *to open (an application/program)*
sauvegarder *to save*
télécharger *to download*

avancé(e) *advanced*
innovant(e) *innovative*
révolutionnaire *revolutionary*

Les inventions et la science

l'ADN (m.) *DNA*
un brevet d'invention *patent*

une cellule *cell*

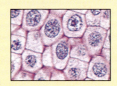

une découverte (capitale) *(breakthrough) discovery*
une expérience *experiment*
un gène *gene*
la génétique *genetics*
une invention *invention*
la recherche *research*
une théorie *theory*

cloner *to clone*
contribuer (à) *to contribute*
créer *to create*
guérir *to cure; to heal*
inventer *to invent*
prouver *to prove*
soigner *to treat; to look after (someone)*

biochimique *biochemical*
contraire à l'éthique *unethical*
éthique *ethical*
spécialisé(e) *specialized*

L'univers et l'astronomie

l'espace (m.) *space*

une étoile (filante) *(shooting) star*
un(e) extraterrestre *alien*
la gravité *gravity*
un ovni *U.F.O.*

la survie *survival*
un télescope *telescope*

atterrir *to land*
explorer *to explore*

Les gens dans les sciences

un(e) astronaute *astronaut*
un(e) astronome *astronomer*
un(e) biologiste *biologist*
un(e) chercheur/chercheuse *researcher*

un(e) chimiste *chemist*

un(e) ingénieur *engineer*
un(e) mathématicien(ne) *mathematician*
un(e) scientifique *scientist*

Mise en pratique

1 **Associations** Trouvez le mot de la colonne de droite qui est associé aux termes de la colonne de gauche. Soyez logique!

_____ 1. un extraterrestre, l'espace, atterrir

_____ 2. une astronome, un biologiste, une chimiste

_____ 3. télécharger, sauvegarder

_____ 4. une nouveauté, une invention, une création

_____ 5. avancé, innovant

_____ 6. la génétique, un gène

a. révolutionnaire

b. une découverte

c. des scientifiques

d. un ovni

e. ADN

f. un ordinateur portable

2 **Mots mélangés** Cherchez les mots qui correspondent aux définitions et qui sont cachés dans la grille.

1. Personne qui dirige un projet industriel.

2. Force qui attire les corps vers le centre de la Terre.

3. Établir la vérité d'un fait.

4. Ensemble des informations que l'on trouve sur Internet.

5. S'occuper de quelqu'un pour le guérir.

C	H	E	R	C	H	E	U	S	E
O	O	Q	P	Y	T	É	A	O	É
N	N	I	C	B	P	P	A	I	F
T	I	A	T	E	G	R	S	G	Y
R	N	V	R	R	R	O	T	N	G
I	G	É	N	E	I	U	R	E	R
B	É	T	T	S	N	V	O	R	A
U	N	H	S	P	G	E	N	É	V
E	I	I	E	A	E	R	O	S	I
R	E	Q	U	C	V	B	M	D	T
T	U	U	C	E	U	R	E	U	É
I	R	E	C	L	O	N	E	R	E

6. Femme qui fait de la recherche scientifique.

7. Relatif à la morale.

8. Créer un être qui est identique à l'original.

9. Participer à un travail fait en commun.

10. Personne qui étudie les étoiles et les planètes.

3 **Que faut-il pour...?** À deux, dites ce qu'il vous faut dans chaque cas.

adresse e-mail	mot de passe	pseudo
brevet d'invention	moteur de recherche	puce électronique
correcteur orthographique	ordinateur portable	télescope
étoile filante		

1. Pour recevoir des messages électroniques, il faut _____.

2. Pour que votre rêve se réalise, il faut regarder _____ et faire un vœu.

3. Pour accéder à un site web sans utiliser son vrai nom, il faut _____.

4. Pour taper (*type*) sans faire d'erreurs, il faut _____.

5. Pour entrer sur un site web protégé, il faut _____.

6. Pour retirer de l'argent au distributeur automatique, il faut une carte bancaire avec _____.

7. Pour observer les étoiles et les planètes, il faut _____.

8. Pour obtenir le droit exclusif de vendre sa dernière nouveauté, il faut _____.

Préparation

Vocabulaire du court métrage	
affolé(e) *distraught*	
atterrir *to land*	
un cartable *school bag*	
se dépêcher *to hurry up*	
lancer *to throw*	
manier *to handle, to wield*	
retenir *to hold something back*	
la virgule *comma*	

Vocabulaire utile	
un atelier *workshop*	**un(e) magicien(ne)** *magician*
la curiosité *curiosity*	**poussiéreux / poussiéreuse** *dusty*
effrayant(e) *frightening*	**une ruelle** *alleyway*
en désordre *messy, untidy*	**un(e) sorcier / sorcière** *sorcerer, wizard*
éternuer *to sneeze*	**une vitrine** *store window, window display*
un fauteuil roulant *wheelchair*	

EXPRESSIONS

un compte à rebours *countdown*

décollage immédiat pour… *immediate take-off for…*

faire bouger quelque chose *to set something in motion*

griller quelqu'un *to pass, to overtake someone*

1 **Mission pour Mars** Thomas est astronaute. Complétez le récit de son voyage dans l'espace à l'aide du vocabulaire et des expressions ci-dessus.

«(1) _____ Mars!» a annoncé le capitaine du vaisseau spatial (*spaceship*). (2) _____ a commencé: 5, 4, 3… Je/J' (3) _____ mon souffle (*breath*) et, quelques secondes plus tard, nous étions dans l'espace. J'étais un peu (4) _____ mais la présence de mon ami et collègue, Gustave, m'a rassuré. Gustave était un personnage étrange: il était paralysé des deux jambes et se déplaçait dans (5) _____, mais il prétendait avoir des pouvoirs surnaturels, un peu comme (6) _____. Il disait qu'il pouvait (7) _____ les objets avec son esprit, comme un chevalier Jedi. À ses pieds, il avait toujours un vieux (8) _____ en cuir noir rempli de documents (9) _____, sans aucune logique d'organisation. Cette mallette (*briefcase*) était toujours (10) _____, comme s'il l'avait laissée sur une étagère pendant des années, et je ne pouvais m'empêcher d' (11) _____ bruyamment (*loudly*) chaque fois qu'il l'ouvrait. Le voyage était assez long, alors nous avons traîné dans (12) _____, au milieu des outils (*tools*) et des robots. Finalement, nous sommes arrivés sur Mars. Notre vaisseau était difficile à (13) _____ mais le capitaine a réussi à (14) _____. Quand nous sommes descendus, nous avons fait la connaissance d'un petit extraterrestre vert très amical et avec un excellent sens de l'humour!

2 **Innovations** Associez chaque découverte avec le problème qu'elle a résolu (*solved*). Vous ne pouvez pas associer la même innovation à plus d'un problème.

_____ 1. On ne pouvait pas conserver le lait trop longtemps.

_____ 2. On était tout le temps malade.

_____ 3. Les boissons étaient tout le temps chaudes.

_____ 4. La recherche d'informations nécessitait une encyclopédie.

_____ 5. C'était très fatigant d'aller au dernier étage d'un immeuble.

_____ 6. Les personnes handicapées ou blessées ne pouvaient pas se déplacer.

a. le fauteuil roulant

b. les vaccins

c. la pasteurisation

d. l'ascenseur

e. l'Internet

f. le réfrigérateur

3 **L'espoir** Répondez à chaque question avec un(e) partenaire.

1. Pensez-vous que la science soit la clé du progrès?

2. Comment définissez-vous le progrès? Est-il toujours une bonne chose?

3. Y a-t-il des innovations scientifiques, médicales ou technologiques que vous espérez voir se matérialiser dans le futur?

4. Êtes-vous le genre de personne qui espère ou qui agit (*acts*)? Donnez des exemples concrets.

4 **Personnellement** Répondez aux questions avec un(e) partenaire.

1. Êtes-vous déjà allé(e) dans un lieu inconnu par simple curiosité? Où et quand? Que s'est-il passé? Qu'y avez-vous trouvé?

2. La dernière fois qu'un membre de votre famille a eu un sérieux problème de santé, qu'avez-vous fait pour l'aider? Y a-t-il quelque chose que vous auriez espéré pouvoir faire pour lui ou elle?

3. Quand vous êtes à l'école, avez-vous parfois l'impression que le temps passe plus vite que d'ordinaire? Plus lentement? Expliquez quand et pourquoi.

4. Connaissez-vous un inventeur ou une inventrice dans votre entourage? Qu'a-t-il/elle inventé?

5 **Anticipez** Regardez ces trois photographies tirées du court métrage et décrivez ce que vous y voyez. À quel genre de film vous attendez-vous? Selon vous, que va-t-il se passer?

vhlcentral

Une production de ANTIPROD
Production PATRICK MAURIN Réalisation GEORGES LE PIOUFFLE
Scénario GEORGES LE PIOUFFLE, ZOÉ GALERON Production exécutive ÉLIE-ALEXANDRE LE HOANGAN
Acteurs BERNARD HALLER, JULES-ANGELO BIGARNET, BENJAMIN GABBAY
Exportation/Ventes internationales AGENCE DU COURT MÉTRAGE

INTRIGUE *Sur le chemin de l'école, le jeune Martin découvre le mystérieux atelier du Manie-Tout au détour d'une ruelle.*

MÈRE L'avion de 8h30 vient d'atterrir... Nous informons Martin qu'il ferait bien de se dépêcher...

MANIE-TOUT Comment tu t'appelles?
MARTIN Martin.
MANIE-TOUT Et ton cartable, il s'appelle comment?
MARTIN Mais il n'a pas de nom, c'est un cartable.
MANIE-TOUT Chaque chose a un nom... Il suffit de le trouver. Orcus! Allez hop, Orcus!

MARTIN Allez, Orcus, allez viens.

MARTIN C'est qui qui est devant?
BASILE C'est moi.
MARTIN Oh tu es là?
BASILE Ouais, je te grille.
MARTIN C'est toujours toi qui gagnes.
LE PÈRE Allez, ça suffit les extra-terrestres. Allez, décollage immédiat pour Uranus, le compte-à-rebours a commencé: 4, 3, 2, 1...

MARTIN Ouais, allez viens Orcus! Je t'assure, je l'ai vu marcher!
BASILE Tu es sûr qu'il s'appelle Arcus?
MARTIN Non, c'est Orcus!

MARTIN Et vous pouvez tout faire bouger?
MANIE-TOUT Tout ce qui a un nom.
MARTIN Tout ce qui a un nom...

Analyse

1 **Compréhension** Répondez aux questions par des phrases complètes.

1. Pourquoi est-ce que la mère de Martin lui dit de se dépêcher au début du film?
2. Dans un premier temps (*At first*), qu'est-ce qui peut laisser Martin penser que l'atelier est abandonné?
3. Que voit Martin à l'intérieur de l'atelier, par la fenêtre?
4. Quel type d'activité est-ce que Martin fait à l'école?
5. Après l'école, Martin retourne à l'atelier du vieil homme puis s'enfuit en courant. Mais il doit y retourner encore une fois. Pourquoi?
6. À la grande surprise de Martin, que peut faire son cartable?
7. Quand Martin rentre chez lui en fin de journée, sa mère n'est pas très contente. De quoi est-ce qu'elle l'accuse?
8. D'après le Manie-Tout, qu'est-ce qu'il peut faire bouger?

2 **Interprétation** Répondez aux questions avec un(e) partenaire.

1. Comment interprétez-vous l'annonce d'aéroport qu'entend Martin quand sa mère lui parle au début du film?
2. À quel moment est-ce qu'on découvre que Basile est paralysé? Y a-t-il d'autres indications de son handicap avant cette scène?
3. «Maman, elle dit que tous ses muscles, ils sont dans sa tête.» Que veut dire la mère des deux garçons à propos de Basile? Expliquez avec vos propres mots.
4. Comment interprétez-vous la fenêtre de l'atelier qui se fêle (*cracks*) quand Martin la frappe à la fin du film?
5. Au début, Martin a peur du Manie-Tout. Est-ce que le personnage du vieil homme et son atelier sont vraiment effrayants? Qu'est-ce qui accentue la tension dans ce court métrage et crée une atmosphère inquiétante (*unsettling*)?

3 **Point commun** Regardez les quatre photos tirées du court métrage ci-dessous. Avec un partenaire, déterminez ce que ces quatre scènes ont en commun.

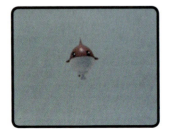

4 **Changer le monde** Martin aimerait tellement pouvoir faire quelque chose pour son frère handicapé. Y a-t-il une cause humanitaire, scientifique ou médicale qui vous touche particulièrement? Formez de petits groupes et présentez la cause qui vous est chère à vos camarades. Puis dites ce que vous faites actuellement pour changer les choses. Finalement, dites de quelle manière vous espérez contribuer au progrès dans ce domaine quand vous serez plus âgé(e)s.

 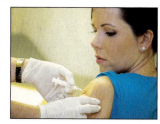 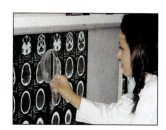

5 **Jeu de mots** Dans la ruelle, Martin découvre une étrange boutique qui s'appelle «Au Manie-Tout». Après avoir lu la note culturelle en marge de la page 229, discutez avec un(e) partenaire du rapport entre le titre du court métrage, le nom de l'atelier et le personnage du vieil homme qui y travaille. Vous comparerez ensuite votre analyse à celle d'une autre paire.

6 **Citations** Quand Martin pénètre dans l'atelier, le court métrage s'éloigne de la réalité et prend des allures de conte (*tale*). En petits groupes, lisez les citations suivantes et expliquez comment chacune d'entre elles peut s'appliquer au court métrage «Le Manie-Tout».

> «Mais qu'est-ce qu'un conte, sinon
> une vision différente de la réalité?»
> —Jean Van Hamme
>
> «La vie est un conte de fée qui perd ses pouvoirs
> magiques lorsque nous grandissons.»
> —Robert Lalonde
>
> «Le conte est difficile à croire; Mais tant que
> dans le monde on aura des enfants, des mères et
> des mères-grands, on en gardera la mémoire.»
> —Charles Perrault
>
> «La vie ressemble à un conte; ce qui importe,
> ce n'est pas sa longueur, mais sa valeur.»
> —Sénèque
>
> «Les génies n'existent que dans les contes pour enfants.»
> —Marc Gendron

7 **C'est pas sorcier!** Avec un(e) partenaire, vous allez écrire un dialogue dans lequel un inventeur un peu «sorcier» trouve une solution innovante à une situation problématique qu'on vient de lui exposer. L'un de vous jouera le rôle de l'inventeur et l'autre celui de la personne qui lui explique le problème. Soyez prêt(e)s à jouer cette scène devant la classe.

vhlcentral | Galerie de créateurs

IMAGINEZ

Des cités cosmopolites

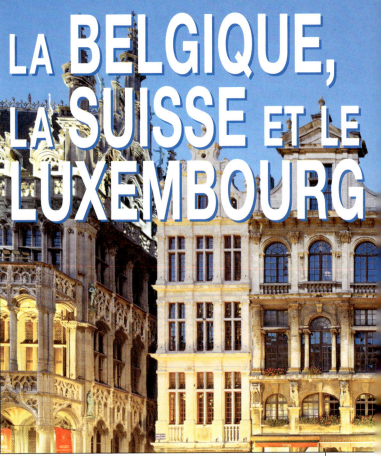

LA BELGIQUE, LA SUISSE ET LE LUXEMBOURG

Découvrir l'**Europe** francophone, c'est aussi partir à la rencontre de la **Belgique**, du **Luxembourg** et de la **Suisse**.

En Belgique, on parle le français dans la partie sud du pays, dans la région de la **Wallonie**, et à **Bruxelles**, qui est la capitale du royaume°. Elle abrite° le siège du **Conseil**, de la **Commission** et du **Parlement européens**. Des gens de toute l'Europe viennent donc vivre et travailler à Bruxelles. Cette partie-là de la ville est très moderne. Tout autour de la **Grand-Place**, Bruxelles a aussi une partie historique. Le **Manneken-Pis** et l'**Atomium** en sont sans doute les deux plus grandes attractions. Le Manneken-Pis est le **Belge** le plus célèbre du monde: c'est la petite statue en bronze d'un jeune garçon qui urine dans une fontaine. Il représente l'indépendance d'esprit des Bruxellois. L'**Atomium** est une construction géante de 102 mètres de haut, en forme de molécule de fer° qui a été assemblée pour l'**Exposition universelle** de 1958. De son «atome» le plus élevé, on peut admirer le panorama de la ville entière.

Plus au sud, il y a le **Luxembourg** et sa capitale qui porte le même nom. À l'image de Bruxelles, la population y est très cosmopolite: on dit que 60% seulement des habitants sont luxembourgeois d'origine. La ville, mondialement connue pour son système bancaire, est aussi réputée pour le shopping de luxe et ses magasins. Il y a également beaucoup de musées dédiés à l'art, à la culture, à l'industrie ou à la nature. La partie historique de Luxembourg et les fortifications sont classées au patrimoine mondial de l'**UNESCO**. Pour aller au café ou au restaurant, il faut se diriger vers sa

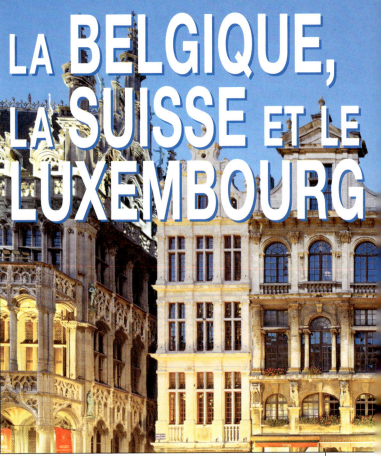

La Grand-Place, à Bruxelles

splendide **place d'Armes**. Après avoir bien profité des terrasses, on peut se balader dans les rues piétonnes et admirer l'architecture.

Certains de ces traits se retrouvent aussi à **Genève**, la plus grande ville francophone de **Suisse**. C'est le siège de nombreuses multinationales et d'organisations internationales et non gouvernementales, dont l'**ONU**° et la **Croix-Rouge**°. C'est également un grand centre bancaire, comme Luxembourg. La rade° est connue pour son jet d'eau° illuminé, mais aussi pour ses quais° fleuris, ses jardins botaniques et ses maisons historiques. Les bains publics des **Pâquis** sont une véritable institution. Tous s'y réunissent dans une atmosphère typiquement genevoise pour profiter de la plage, des saunas et des plongeoirs°. Sur la rive gauche de la rade, il y a aussi le **Jardin anglais** et sa célèbre **horloge**° fleurie, en référence à la spécialité d'horlogerie° de luxe de la ville. Enfin, Genève est la capitale culinaire de la Suisse. Sa spécialité: le filet de perche° du **lac Léman**.

En somme, ces trois métropoles marient parfaitement leur art de vivre traditionnel et leur grande modernité.

royaume *kingdom* **abrite** *houses* **fer** *iron* **ONU** *UNO* **Croix-Rouge** *Red Cross* **rade** *harbor* **jet d'eau** *fountain* **quais** *wharves* **plongeoirs** *diving boards* **horloge** *clock* **horlogerie** *clock- and watch-making* **perche** *perch*

Un horloger travaille sur une montre suisse.

Découvrons
la Belgique, le Luxembourg et la Suisse

La montagne de Bueren Ce n'est pas une montagne, mais un escalier monumental, à **Liège**, en Belgique. Ses **373 marches°** ont été construites en 1875 pour faciliter l'ascension des soldats vers la citadelle et on leur a donné le nom d'un défenseur historique de Liège, **Vincent de Bueren**. La montée est dure, mais on peut se reposer sur les bancs installés sur des paliers°, et en haut, la vue est magnifique!

Le chocolat belge Qualité et tradition ont fait la réputation du chocolat belge. L'histoire commence avec **Jean Neuhaus** en 1857, qui vendait du chocolat amer° dans sa pharmacie, à **Bruxelles**. Avec son fils, il invente ensuite les **confiseries°**. En 1912,

son petit-fils crée la **praline**, le premier chocolat fourré° puis le **ballotin°** à offrir. Aujourd'hui, cette tradition belge est bien vivante. C'est une compagnie belge, **Léonidas**, qui est le leader mondial de la vente de pralines.

Banques luxembourgeoises Le Luxembourg est un paradis bancaire. On compte environ **144 banques** sur le territoire. Les

banques allemandes sont le plus largement representées, suivies des banques français et des banques suisses. Environ 30% de l'économie du pays dépend des banques et de leur rôle financier international. Résultat: le PNB° par habitant est l'un des plus élevés du monde, et les **Luxembourgeois** bénéficient d'un excellent niveau de vie.

Bertrand Piccard C'est un homme remarquable! Ce fils et petit-fils d'inventeurs suisses a en effet réalisé en 1999 le premier tour du monde en ballon°. Avec

Brian Jones, son coéquipier°, ils ont mis 20 jours. C'est un aventurier qui a aussi du cœur. Il a financé une campagne de lutte° en **Afrique** contre le **noma**, une maladie qui touche les enfants. Son dernier projet en date? Promouvoir les énergies propres° grâce à son avion solaire!

marches *steps* paliers *landings* amer *bitter* confiseries *confectioneries*
fourré *filled* ballotin *box of chocolates* PNB *GNP* ballon *hot air balloon*
coéquipier *teammate* lutte *fight* propres *clean*

Le français parlé
en Belgique et en Suisse

Les belgicismes

le bassin de natation	la piscine
blinquer	briller; *shine*
un essuie	une serviette
une heure de fourche	une heure de libre
octante	quatre-vingts
savoir	pouvoir

La Suisse

c'est bonnard!	c'est sympa!
un cheni	un désordre
une chiclette	un chewing-gum
un cornet	un sac plastique
fais seulement!	je t'en prie!
huitante	quatre-vingts
un linge	une serviette de bain
un natel	un téléphone portable
poutser	nettoyer

En Suisse et en Belgique

le déjeuner	le petit-déjeuner
le dîner	le repas de midi
nonante	quatre-vingt-dix
septante	soixante-dix

Qu'avez-vous appris?

1 Vrai ou faux? Indiquez si ces affirmations sont vraies ou fausses. Corrigez les fausses.

1. La Belgique, le Luxembourg et la Suisse font partie de l'Europe francophone.

2. Bruxelles abrite le siège du Conseil, de la Commission et du Parlement européens.

3. Le Manneken-Pis est une rue à Bruxelles.

4. Le quartier historique et les fortifications de Bruxelles sont classés au patrimoine mondial de l'UNESCO.

5. La montagne de Bueren est un grand escalier de 373 marches.

6. Le chocolat belge est réputé pour sa qualité.

2 Complétez Complétez chaque phrase logiquement.

1. L'Atomium est… qui a été assemblée pour l'Exposition universelle de 1958.

2. Génève est le siège de nombreuses multinationales et…

3. La famille Neuhaus de Bruxelles a inventé…

4. Le Luxembourg est un paradis bancaire car…

5. Avec Brian Jones, Bertrand Piccard est le premier homme à…

6. Un projet récent de Piccard est de…

Projet

Les chocolats

Imaginez que vous soyez journaliste et que vous vouliez faire un reportage sur l'importance du chocolat à

Bruxelles. Ensuite préparez votre reportage d'après les critères suivants et présentez-le à la classe.

- Choisissez des lieux à visiter à Bruxelles pour mieux connaître l'histoire et la culture du chocolat.
- Trouvez des photos montrant (*showing*) sa fabrication.
- Choisissez une compagnie en particulier dont vous allez faire un portrait.
- Trouvez la recette d'une ou deux spécialités de Bruxelles.

Trouvez la bonne réponse.

1. Le Manneken Pis représente l'esprit _____ des Bruxellois.
   a. multiculturel   b. rebelle
   c. international   d. indépendant

2. La capitale du Luxembourg s'appelle _____.
   a. Luxembourg   b. Genève
   c. Liège   d. Wallonie

3. Seulement _____ des habitants de Luxembourg sont luxembourgeois d'origine.
   a. 40 %   b. 50 %
   c. 60 %   d. le tiers

4. Le symbole de la rade de Genève est _____.
   a. son jet d'eau   b. son horloge fleurie
   c. sa buvette   d. ses restaurants

5. Genève est connue pour la fabrication _____.
   a. de montres de luxe   b. de ballons
   c. de fusées   d. d'ordinateurs

6. Genève est _____ de la Suisse.
   a. le centre financier   b. la capitale
   c. le port   d. la capitale culinaire

7. On a donné à la montagne de Bueren le nom d' _____.
   a. un chocolatier très célèbre
   b. un défenseur historique de Liège
   c. un grand inventeur du 19e siècle
   d. un banquier philanthropique

8. Léonidas est le leader mondial de la vente de _____.
   a. ballotins   b. confiseries
   c. chocolats   d. pralines

9. Bertrand Piccard est non seulement un aventurier, mais il est aussi _____.
   a. un ingénieur   b. un médecin
   c. un chercheur   d. un philanthrope

10. Un linge, c'est une serviette de bain _____.
    a. en Suisse   b. en Belgique
    c. au Luxembourg   d. en Suisse et en Belgique

Le Zapping

vhlcentral

Préparation Répondez aux questions suivantes.

1. Quelles technologies utilisez-vous au quotidien? Lesquelles trouvez-vous les plus utiles? Pourquoi?

2. Connaissez-vous quelqu'un qui utilise une technologie pour surmonter un problème physique? Quelle technologie utilise-t-il/elle? De quelle manière l'utilise-t-il/elle?

Reportage de l'AFP°

Elle arrive quand même à participer en cours et à s'y intéresser.

La téléprésence

À quoi sert la technologie? Pour commencer, elle sert à nous informer, à nous amuser, à nous rendre la vie plus confortable et à nous connecter. Mais Bruno Bonnell, Président de la société AWABOT, pense qu'elle pourrait aussi servir à améliorer le sort° des élèves malades ou blessées qui ne peuvent pas aller à l'école. Comment? En utilisant la téléprésence assurée° par un «robot lycéen». Ce tube sur roulettes° surmonté d'une tête blanche équipée d'une caméra permet à l'élève de se télétransporter dans les salles de classe et de participer aux cours. La première expérience° utilisant cette technologie a eu lieu dans trois lycées de Rhône-Alpes, près de Lyon. À suivre...

AFP *Agence France Presse* **sort** *fate* **assurée** *provided* **roulettes** *wheels* **expérience** *experiment*

Vocabulaire utile

| **à l'instar de** | *like, in the manner of* |
| **démocratiser** | *to make accessible, bring into reach* |

Compréhension Répondez aux questions.

1. Comment est-ce que Charlotte, l'élève dans la vidéo, utilise le robot pour participer en classe?

2. Comment Bruno Bonnell voit-il l'avenir de la téléprésence par robot?

3. D'après Charlotte et le prof, quels sont les avantages du robot de téléprésence?

Discussion Discutez de ces questions en petits groupes.

1. Que pensez-vous de la téléprésence? Quels en sont les avantages et les inconvénients?

2. À votre avis, est-ce une bonne idée de démocratiser l'utilisation des robots? Pourquoi?

Application En petits groupes, décrivez une nouvelle technologie qui peut résoudre un problème de la vie quotidienne. Identifiez le problème et présentez votre solution à la classe. Utilisez des illustrations ou construisez un modèle de votre technologie.

vhlcentral

7.1

The comparative and superlative of adjectives and adverbs

—*Mon vaisseau est **plus** rapide **que** le tien!*

Adjectives

- To make comparisons between people or things, place **plus** (*more*), **moins** (*less*), or **aussi** (*as*) before the adjective, and **que** (*than* or *as*) after it.

ATTENTION!

Remember that **que** becomes **qu'** before a vowel sound.

Caroline est plus jeune qu'Ousmane.

Cette invention est **plus** innovante **que** la précédente.
This invention is more innovative than the previous one.

Les planètes Uranus et Neptune sont **moins** lumineuses **que** les étoiles.
The planets Uranus and Neptune are less bright than stars.

Ce moteur de recherche est **aussi** efficace **que** celui-là.
This search engine is as efficient as that one.

- Form the superlative by using the appropriate definite article along with **plus** or **moins** and the adjective.

C'est l'ordinateur **le moins cher** sur le marché.
It is the least expensive computer on the market.

C'est elle qui a proposé **les** théories **les plus révolutionnaires.**
She proposed the most revolutionary theories.

- The preposition **de** following the superlative means *in* or *of*.

*Voici **la meilleure** invention **du** monde.*

BLOC-NOTES

For a review of adjectives that are placed in front of the nouns they modify, see **Structures 2.2, pp. 56–57.**

- When using the superlative of an adjective that precedes the noun it modifies, the superlative form precedes the noun as well.

Vous travaillez sur **le plus petit** ordinateur du lycée.
You're working on the smallest computer in the high school.

As-tu visité **les plus beaux** monuments de la ville?
Did you visit the most beautiful monuments in town?

- The adjectives **bon** and **mauvais** have irregular comparative and superlative forms.

Adjective	Comparative	Superlative
bon(ne)(s) *good*	**meilleur(e)(s)** *better*	**le/la/les meilleur(e)(s)** *the best*
mauvais(e)(s) *bad*	**pire(s)** *or* **plus mauvais(e)(s)** *worse*	**le/la/les pire(s)** *or* **le/la/les plus mauvais(e)(s)** *the worst*

Djamel a acheté un télescope de **meilleure** qualité (que le mien.)
Djamel bought a better quality telescope (than mine).

Charlotte a écrit **le plus mauvais** discours de la classe.
Charlotte wrote the worst speech in the class.

Vérifiez

Adverbs

- When comparing adverbs, place **plus**, **moins**, or **aussi** before the adverb and **que** after it.

Romane surfe sur le web **plus** rapidement **qu'**Émilie.
Romane surfs the Web faster than Émilie.

Ce moteur de recherche va **moins** vite **que** l'autre.
This search engine works less quickly than the other one.

BLOC-NOTES

To review adverbs, see **Structures 2.3, pp. 60–61.**

- Because adverbs are invariable, the definite article used in the superlative is always **le**.

C'est Laure et moi qui travaillons **le plus sérieusement**.
Laure and I work the most seriously.

C'est mon frère qui conduit **le moins patiemment**.
My brother drives the least patiently.

- The adverbs **bien** and **mal** have irregular comparative and superlative forms.

Adverb	Comparative	Superlative
bien *well*	**mieux** *better*	**le mieux** *the best*
mal *badly*	**plus mal** *or* **pis** (seldom used) *worse*	**le plus mal** *or* **le pis** (seldom used) *the worst*

ATTENTION!

Be careful not to confuse the adjectives **bon** (*good*) and **mauvais** (*bad*) with the adverbs **bien** (*well*) and **mal** (*badly*).

La chanson est bonne/mauvaise.

The song is good/bad.

Elle chante bien/mal.

She sings well/badly.

Cet outil-ci marche **mieux que** celui-là.
This tool works better than that one.

C'est cet outil-là qui marche **le plus mal**.
That tool works the worst.

*C'est Léonie qui joue **le mieux** du violon.*

Vérifiez

Mise en pratique

1 **Le meilleur** Patricia et Fabrice parlent des moyens de transport et ils ne sont pas d'accord. Complétez leur dialogue à l'aide des éléments de la liste.

aussi	le pire	mieux	plus
la plus	le plus	moins	que

PATRICIA Je refuse de prendre l'avion. J'ai trop peur.

FABRICE Mais l'avion est le transport (1) _____ sûr du monde!

PATRICIA Peut-être, mais c'est (2) _____ agréable de prendre le train, parce que tu peux regarder le paysage. Et puis, le train est (3) _____ cher.

FABRICE Mais voler, c'est la façon de voyager (4) _____ avantageuse! Tu peux regarder des films et on te sert à manger.

PATRICIA Et l'attente à l'aéroport? C'est (5) _____ moment du voyage.

FABRICE Eh bien, je trouve qu'attendre à l'aéroport est toujours (6) _____ que passer des jours à voyager pour arriver à la même destination.

PATRICIA Je t'assure que je ne suis toujours pas convaincue que l'avion soit (7) _____ pratique (8) _____ le train. Alors, je propose que tu prennes l'avion et moi le train, et on se retrouve à l'hôtel.

2 **À former**

A. Utilisez le superlatif pour faire des phrases complètes avec les éléments proposés.

> **Modèle** L'avion est le mode de transport le plus sûr du monde.

l'avion	le mode de transport	sûr	du monde
Einstein	scientifique	connu	du 21e siècle
Genève	ville	cosmopolite	de Suisse
Jacques Brel	chanteur	célèbre	de Belgique
Harry Potter	livre	populaire	du moment

B. Maintenant, faites des phrases avec le comparatif.

> **Modèle** L'avion est plus sûr que la voiture.

3 **La technologie** Les appareils électroniques sont merveilleux, mais ils ne marchent pas toujours comme il faut. À deux, employez des comparatifs et des superlatifs pour écrire une liste de frustrations ou de problèmes technologiques qui vous sont arrivés. Aidez-vous des mots de la liste ou d'autres de votre choix.

> **Modèle** Depuis une semaine, mon ordinateur démarre plus lentement que d'habitude.

démarrer	moteur de recherche	puce
effacer	ordinateur portable	sauvegarder
lancer	pseudo	télécharger

Communication

4

Plus ou moins Avec un(e) camarade de classe, comparez ces éléments à tour de rôle. Soyez inventifs.

> **Modèle** —L'écran de mon ordinateur fait 17 pouces.
>
> —Le mien fait 15 pouces. Il est moins grand que le tien.
>
> —Ton écran est le moins grand des deux.

- votre appareil (photo) numérique
- votre famille
- votre téléphone portable
- votre maison/appartement
- votre ordinateur

- vos parents
- votre vie sociale
- votre film préféré
- votre connexion Internet
- ?

5

Au musée des Sciences Vos camarades et vous êtes au musée des Sciences où vous découvrez les progrès technologiques des derniers siècles. Par groupes de trois, imaginez la vie aux périodes proposées et faites trois comparaisons pour chacune.

> **Modèle** Au Moyen Âge, la vie était plus difficile sans le radiateur.

au Moyen Âge (*Middle Ages*)	à la création des États-Unis	au début du 20e siècle	il y a vingt ans

6

Et votre vie à vous? Par groupes de trois, discutez des aspects de votre vie quotidienne qui bénéficient des progrès technologiques. Comment était la vie avant l'arrivée de ces technologies? Comment est-elle aujourd'hui? Employez des comparatifs et des superlatifs.

7.2

vhlcentral

The *futur simple*

—*Et vous* **pourrez** *le faire marcher après?*

BLOC-NOTES

To review the **futur proche**, see **Structures 1.2, pp. 20–21.**

- You have learned to use **aller** + [*infinitive*] to say that something is going to happen in the immediate future (the **futur proche**). To talk about something that will happen further ahead in time, use the **futur simple**.

Futur proche	Futur simple
Je **vais effacer** la dernière phrase avant de sauvegarder mon essai.	Nous **effacerons** les photos de l'appareil après les avoir imprimées.
I'm going to erase the last sentence before saving my essay.	*We will erase the pictures on the camera after printing them.*

- Form the simple future of regular **-er** and **-ir** verbs by adding these endings to the infinitive. For regular **-re** verbs, take the **-e** off the infinitive before adding the endings.

	parler	réussir	attendre
je/j'	parler**ai**	réussir**ai**	attendr**ai**
tu	parler**as**	réussir**as**	attendr**as**
il/elle/on	parler**a**	réussir**a**	attendr**a**
nous	parler**ons**	réussir**ons**	attendr**ons**
vous	parler**ez**	réussir**ez**	attendr**ez**
ils/elles	parler**ont**	réussir**ont**	attendr**ont**

- Spelling-change **-er** verbs undergo the same change in the future tense as they do in the present.

je me prom**è**ne	je me prom**è**nerai
j'emplo**i**e	j'emplo**i**erai
j'essa**i**e *or* j'essa**y**e	j'essa**i**erai *or* j'essa**y**erai
j'appe**ll**e	j'appe**ll**erai
je proje**tt**e	je proje**tt**erai

- Verbs with an **é** before the infinitive ending, such as **espérer**, **préférer**, and **répéter**, do not undergo a spelling change in the future tense.

Nous **suggérerons** à Fatih qu'il reste chez nous.	*We will suggest to Fatih that he stay with us.*

Vérifiez

- The following verbs have an irregular future stem.

infinitive	stem	future	infinitive	stem	future
aller	ir-	j'irai	pleuvoir	pleuvr-	il pleuvra
avoir	aur-	j'aurai	pouvoir	pourr-	je pourrai
courir	courr-	je courrai	recevoir	recevr-	je recevrai
devoir	devr-	je devrai	savoir	saur-	je saurai
envoyer	enverr-	j'enverrai	tenir	tiendr-	je tiendrai
être	ser-	je serai	valoir	vaudr-	il vaudra
faire	fer-	je ferai	venir	viendr-	je viendrai
falloir	faudr-	il faudra	voir	verr-	je verrai
mourir	mourr-	je mourrai	vouloir	voudr-	je voudrai

ATTENTION!

Apercevoir has a future stem like that of **recevoir**. Similarly, **devenir** and **revenir** are like **venir**, and **maintenir** and **retenir** are like **tenir**.

J'apercevrai.

Vous reviendrez.

Ils maintiendront.

Vérifiez

- Verbs in the simple future are usually translated with *will* or *shall* in English.

  Un jour, on **pourra** se promener sur la planète Mars.
  One day, we will be able to walk on Mars.

- Use the future tense instead of the imperative to make a command sound more forceful.

  Vous **ferez** passer le message à votre professeur.
  You'll pass along the message to your teacher.

- After **dès que** (*as soon as*) or **quand** put the verb in the future tense if the action takes place in the future. The verb in the main clause should be in the future or the imperative. Note that in English, the verb that directly follows *as soon as* or *when* is usually in the present tense.

ATTENTION!

In spoken French, the present tense is used sometimes to express future actions.

Nous nous retrouvons au café.

We're meeting at the café.

	FUTURE	MAIN CLAUSE: FUTURE OR IMPERATIVE
Dès que	vous **aurez** un brevet,	vous **pourrez** vendre votre invention.
As soon as	*you have a patent,*	*you will be able to sell your invention.*
Quand	tu **seras** dans l'ovni,	**pose** des questions aux extraterrestres!
When	*you are in the UFO*	*ask the extraterrestials questions!*

- The same kind of structure can be used with the conjunctions **aussitôt que** (*as soon as*), **lorsque** (*when*), and **tant que** (*as long as*). Note that in English, the verb following them is most often in the present tense.

  Nous vous recevrons **aussitôt que** vous **arriverez** au laboratoire.
  We will welcome you as soon as you arrive at the laboratory.

  Tant qu'ils **seront** curieux, les astronomes étudieront l'origine de l'univers.
  As long as they're curious, astronomers will study the universe's origin.

- To talk about events that might occur in the future, use a **si...** (*if...*) construction. Use the present tense in the **si** clause and the **futur proche**, **futur simple**, or imperative in the main clause. Remember that **si** and **il** contract to become **s'il**.

  S'il y **a** un film intéressant à la télé ce soir, **dis**-le-moi.
  If there's an interesting movie on TV tonight, tell me.

  Si Aïcha **achète** un nouveau smartphone, elle me **donnera** son ancien portable.
  If Aïcha buys a new smartphone, she'll give me her old cell phone.

ATTENTION!

If a clause with **quand** or **dès que** does not describe a future action, another tense may be used for the verb.

Dès qu'il a changé d'ordinateur, ses problèmes ont disparu.

As soon as he changed computers, his problems disappeared.

Quand avez-vous acheté ce smartphone?

When did you buy this smartphone?

BLOC-NOTES

To learn how to use **si** clauses to express contrary-to-fact situations, see **Structures 10.3, pp. 356–357**.

Vérifiez

Mise en pratique

1 **Horoscope chinois** Lisez les prédictions de l'horoscope chinois pour le signe du dragon. Mettez les verbes au futur simple.

TRAVAIL Cette semaine, vous (1) _____ (devoir) travailler beaucoup. Vous ne (2) _____ (pouvoir) pas vous reposer, parce que votre patron (3) _____ (être) très exigeant. Mais ça (4) _____ (valoir) la peine. On vous (5) _____ (donner) une augmentation et vos collègues (6) _____ (être) jaloux.

ARGENT Dès que vous (7) _____ (comprendre) qu'il ne faut pas trop dépenser, votre situation financière (8) _____ (aller) mieux. Pour devenir millionnaire, il vous (9) _____ (falloir) beaucoup de volonté et de patience. Mais vous (10) _____ (tenir) bon. Peut-être que vous (11) _____ (recevoir) l'héritage d'une tante éloignée.

SANTÉ Vous (12) _____ (avoir) des problèmes respiratoires. Mais vous (13) _____ (savoir) y faire face. Des membres de votre famille vous (14) _____ (suggérer) sûrement des moyens de combattre ce trouble.

AMOUR Quelqu'un (15) _____ (vouloir) faire votre connaissance et (16) _____ (réussir) à vous rendre heureux/heureuse.

2 **Votre horoscope vietnamien** À deux, écrivez l'horoscope de votre camarade de classe. Utilisez les éléments de la liste. Ensuite, comparez vos horoscopes à ceux du reste de la classe.

aller	devoir	finir	quand	si
créer	être	maintenir	réussir	tant que
dès que	faire	prouver	savoir	venir

Dragon: 1988-2000-2012

Serpent: 1989-2001-2013

Cheval: 1990-2002-2014

Chèvre: 1991-2003-2015

Singe: 1992-2004-2016

Coq: 1993-2005-2017

Chien: 1994-2006-2018

Cochon: 1995-2007-2019

Rat: 1996-2008-2020

Buffle: 1997-2009-2021

Tigre: 1998-2010-2022

Chat: 1999-2011-2023

3 **Vos projets** Comment passerez-vous l'été? Répondez à ces questions avec des verbes au futur simple. Comparez vos réponses avec celles d'un(e) camarade de classe.

1. Est-ce que vous travaillerez? Où?
2. Sortirez-vous le soir et le week-end?
3. Suivrez-vous des cours? Lesquels?
4. Partirez-vous en vacances? Où?

Communication

4 Invention

A. Avec un(e) camarade de classe, vous devez vous préparer pour une conférence de presse où vous présenterez votre invention. À l'aide du tableau, imaginez ce que vous direz à la presse. Employez le futur simple.

Titre de l'invention	
À quoi servira-t-elle?	
À qui sera-t-elle destinée?	
Comment fonctionnera-t-elle?	
Améliorera-t-elle la vie quotidienne?	

B. Ensuite, présentez votre invention à la classe, sans dire exactement ce que c'est. Vos camarades doivent poser des questions pour deviner de quelle sorte d'objet il s'agit. Utilisez le futur simple.

> **Modèle** À quel moment de la journée s'en servira-t-on?

5 Que se passera-t-il?

Tout change avec le temps. À deux, discutez de l'avenir des éléments suivants.

- la télévision
- New York
- Internet
- les livres
- la génétique

- le clonage
- la conquête spatiale
- l'humanité
- l'ADN
- la religion

6 Dans 20 ans
Par petits groupes, faites une liste de cinq personnes ou compagnies célèbres dans le domaine de la science et la technologie, et décrivez comment elles seront dans 20 ans.

7 Situations
À deux, choisissez un de ces thèmes et inventez une conversation au futur simple entre les deux personnes décrites.

- Deux étudiant(e)s viennent d'obtenir leur diplôme scientifique et parlent de ce qu'ils/elles feront pour devenir riches et célèbres.
- Deux astronautes se dirigent vers la planète Mars. Ils/Elles sont les premiers/premières à faire ce voyage et discutent de ce qu'ils/elles feront une fois sur place.
- Deux chercheurs/chercheuses scientifiques viennent de faire une découverte capitale et parlent de ce qu'elle apportera au monde.
- Deux informaticien(ne)s créent un site web et parlent de ses avantages comparé à celui de la concurrence (*competition*).

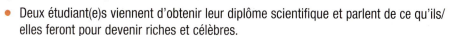

Note

CULTURELLE

La **Belgique** et la **Suisse** sont à l'origine de certains objets qui font partie de notre quotidien: de Belgique, les patins à roulette de **Jean-Joseph Merlin** et le saxophone d'**Adolphe Sax**; de Suisse, le velcro de **Georges de Mestral** et le moteur à explosion de **François Isaac de Rivaz**. Cette dernière invention a révolutionné notre monde parce qu'on s'en sert tous les jours pour faire fonctionner nos moyens de transport.

vhlcentral

The subjunctive with expressions of doubt and conjunctions; the past subjunctive

—*Je doute que tu **te sois dépêché** de rentrer...*

The subjunctive with expressions of doubt

- Use the subjunctive in subordinate clauses after expressions of doubt or uncertainty.

Il est peu probable qu'il **soit** astronaute.   Il est possible qu'on **atterrisse** en avance.
It's unlikely that he's an astronaut.   *It's possible that we're landing early.*

- These expressions of doubt or uncertainty are typically followed by the subjunctive.

douter que...	to doubt that...	Il n'est pas évident que...	It's not obvious that...
Il est douteux que...	It's doubtful that...	Il n'est pas sûr que...	It's not sure that...
Il est impossible que...	It's impossible that...	Il n'est pas vrai que...	It's not true that...
Il est peu probable que...	It's unlikely that...	Il semble que...	It seems that...
Il est possible que...	It's possible that...	Il se peut que...	It's possible that...

- Some expressions trigger the subjunctive when negated because they express uncertainty or doubt. The indicative is used when they are affirmative.

Subjunctive	Indicative
Je ne suis pas sûr qu'elle **vienne** demain.	Je suis sûr qu'elle **vient** aujourd'hui.
I'm not sure she's coming tomorrow.	*I'm sure she's coming today.*

- The verbs **croire**, **espérer**, and **penser** in negative statements or in questions also require the subjunctive in the subordinate clause. In affirmative statements, the verb in the subordinate clause is in the indicative.

Subjunctive	Subjunctive	Indicative
Je ne crois pas qu'elle **parte**.	Croyez-vous qu'elle **parte**?	Je crois qu'elle **part**.
I don't believe she's leaving.	*Do you believe she's leaving?*	*I believe she's leaving.*

BLOC-NOTES

To review other expressions that are used with the subjunctive, see **Structures 6.1, pp. 200–201**.

ATTENTION!

Not all questions containing **croire, espérer,** or **penser** require the subjunctive. In a negative question, the subordinate clause takes the indicative.

Ne penses-tu pas que c'est une découverte capitale?

Don't you think it's a breakthrough discovery?

🔗 **Vérifiez**

The subjunctive after conjunctions

- The subjunctive is also required after these conjunctions.

à condition que	on the condition that	**en attendant que**	waiting for
à moins que	unless	**jusqu'à ce que**	until
afin que	in order that	**pour que**	so that
avant que	before	**pourvu que**	provided that
bien que	although	**quoique**	although
de peur que	for fear that	**sans que**	without

Bien que ses intentions **soient** bonnes, elle se trompe souvent.

Although her intentions are good, she is often mistaken.

Ils expliquent leur recherche pour que nous en **connaissions** les conséquences.

They explain their research so that we know the consequences.

The past subjunctive

- If the action in a subordinate clause following a subjunctive trigger took place in the past, use the past subjunctive.

- Like the **passé composé** and the **plus-que-parfait**, the past subjunctive is formed by combining a helping verb (**avoir** or **être**) with a past participle. In the past subjunctive, the helping verb is in the present subjunctive.

Il se peut qu'ils **aient oublié** la réunion de neuf heures.

It's possible that they forgot the 9 o'clock meeting.

Nous ne sommes pas certains qu'elle **soit arrivée** avant nous.

We are not certain that she arrived before us.

- If a verb takes the helping verb **avoir** in the **passé composé** or **plus-que-parfait**, it also takes **avoir** in the past subjunctive.

j'**ai téléchargé**	que j'**aie téléchargé**
tu **as téléchargé**	que tu **aies téléchargé**
il/elle/on **a téléchargé**	qu'il/elle/on **ait téléchargé**
nous **avons téléchargé**	que nous **ayons téléchargé**
vous **avez téléchargé**	que vous **ayez téléchargé**
ils/elles **ont téléchargé**	qu'ils/elles **aient téléchargé**

- If a verb takes the helping verb **être** in the **passé composé** or **plus-que-parfait**, it also takes **être** in the past subjunctive.

je me **suis adapté(e)**	que je me **sois adapté(e)**
tu t'**es adapté(e)**	que tu te **sois adapté(e)**
il/elle/on s'**est adapté(e)**	qu'il/elle/on se **soit adapté(e)**
nous nous **sommes adapté(e)s**	que nous nous **soyons adapté(e)s**
vous vous **êtes adapté(e)(s)**	que vous vous **soyez adapté(e)(s)**
ils/elles se **sont adapté(e)s**	qu'ils/elles se **soient adapté(e)s**

ATTENTION!

If the subject of the main clause is the same as the subject of the subordinate clause, these conjunctions are followed by the infinitive instead of the subjunctive: **à condition de, à moins de, afin de, avant de, de peur de, en attendant de, pour,** and **sans**.

On arrivera en retard à moins de prendre le train.

We'll arrive late unless we take the train.

 Vérifiez

ATTENTION!

The expressions **à moins que, de peur que, de crainte que, sans que,** and **avant que** are often accompanied by the **ne explétif**. The word **ne** is placed before the subjunctive form of the verb; it is not a negation and adds no meaning to the statement.

Les élèves arrivent avant que le professeur ne commence son cours.

The students arrive before the teacher starts his class.

Vérifiez

Mise en pratique

1 **Au labo** Choisissez la forme correcte du verbe pour compléter les phrases.

1. Il est évident que l'idée _____ (n'est pas venue / ne soit pas venue) de lui.

2. Il faut y croire jusqu'à ce qu'on _____ (réussit / réussisse).

3. Nous sommes sûrs que tu _____ (vas mettre au point / ailles mettre au point) ton invention.

4. Vous avez visité tous les laboratoires sans qu'elles _____ (se soient reposées / se sont reposées) une seule fois?

5. Il est impossible que vous _____ (avez lu / ayez lu) le rapport; on n'a pas encore terminé de l'écrire.

6. Va dire au directeur qu'on _____ (prend / prenne) une pause.

7. Quoique nous n' _____ (ayons pas rendu / avons pas rendu) justice à ces questions, nous avons beaucoup avancé.

8. Ils vont m'aider pour que je _____ (finis / finisse) le travail plus tôt.

2 **Le Thalys** Complétez cet e-mail avec les formes correctes des verbes entre parenthèses.

De:	Caroline <caroline.romain@email.fr>
Pour:	Stéphane <stéphane.Bertaud@email.fr>
Sujet:	Qu'en penses-tu?

Je prévois d'aller à Bruxelles la semaine prochaine. Avant de confirmer ma réservation sur le Thalys, je veux m'assurer que c'est une bonne idée. J'ai écrit un e-mail à un ami qui habite là-bas, mais il est peu probable qu'il l' (1) _____ (lire). Je sais qu'il (2) _____ (être) très occupé et je crois qu'il n' (3) _____ (avoir) jamais le temps de répondre à ses e-mails. Alors il se peut que j'y (4) _____ (arriver) sans que sa famille et lui le (5) _____ (savoir). Alors, de peur que je ne (6) _____ (visiter) cette ville toute seule, pourrais-tu m'y accompagner pour que je ne me (7) _____ (sentir) pas isolée?

Réponds-moi vite!
Caroline

3 **Logique ou illogique?** Par groupes de trois, dites si les phrases sont logiques ou illogiques et employez le subjonctif, si nécessaire, pour justifier votre opinion.

Modèle **Il n'est pas certain que la technologie rende la vie plus facile.**

C'est illogique! Il est sûr que la technologie rend la vie plus facile.

	Logique	Illogique
1. Il est évident que les voyages sur la Lune sont inutiles.	☐	☐
2. Il est douteux qu'on puisse améliorer les ordinateurs.	☐	☐
3. Il est vrai que deux astronautes ont marché sur la planète Vénus.	☐	☐
4. Il est possible que les scientifiques aient commencé à cloner des êtres humains.	☐	☐
5. Il est peu probable que nous connaissions les conséquences de la recherche génétique.	☐	☐

Communication

4

Conseils Voici Bernard. Il déteste les sciences, mais il veut quand même devenir astronaute. À deux, utilisez ces éléments pour lui dire ce que vous en pensez.

> **Modèle** —Il est possible que tu deviennes astronaute, mais tu devras d'abord avoir de meilleures notes en maths.
>
> —Tu y arriveras, à condition que tu fasses tes devoirs tous les jours.

à condition que	Il est vrai que
afin que	Il se peut que
croire	jusqu'à ce que
(ne pas) douter que	penser
Il est possible que	pour que

5

L'avenir Par groupes de trois, imaginez comment sera l'avenir en 2050 et en 2100. Discutez des thèmes suivants et utilisez le subjonctif. Présentez vos idées à la classe.

> **Modèle** Il est peu probable que les pays arrêtent de faire la guerre.

- la population
- les relations internationales
- la technologie
- la conquête de l'espace

6

Voyage dans l'espace Imaginez que vous fassiez un voyage dans l'espace pour fonder une nouvelle civilisation sur une autre planète. Par groupes de trois, employez le subjonctif pour discuter de vos craintes et de nouvelles possibilités. Notez vos idées principales dans un tableau comme celui-ci.

Craintes concernant la survie	Nouvelles possibilités

Synthèse

vhlcentral

Pascal va bientôt hériter d'une grande fortune. Il se rend compte qu'il pourra réaliser ses rêves les plus fous. Cependant°, son seul rêve est de devenir immortel. D'après lui, le seul procédé° capable de répondre à cette demande, c'est le clonage. Mais le clonage humain est interdit dans de nombreux pays. Il décide d'en parler à un ami, Gérard, qui est scientifique. Celui-ci va alors tout faire pour convaincre Pascal de ne pas se lancer dans cette entreprise, qui est l'idée la moins intelligente qu'il ait eue.

However

technique

GÉRARD D'un point de vue éthique, c'est un concept qui dérange°. L'ONU et l'UNESCO ont déclaré la manipulation de l'ADN à des fins reproductives contraire à l'éthique. De plus, être cloné ne rend pas immortel. Ensuite, du point de vue scientifique, l'expérience a montré que ces progrès avaient leurs

disturbs

limites. Les cellules clonés des animaux présentaient des anomalies. Il n'est donc pas évident que le clonage d'un humain puisse marcher. Je doute que cela soit possible un jour.

PASCAL Mais il est possible qu'ils aient fait des erreurs. Et le clonage n'est pas forcément mauvais; il sert aussi à soigner.

GÉRARD Il est vrai que, d'un autre côté, les chercheurs qui ont fait cette découverte capitale ont permis d'inventer d'autres moyens de guérir. Mais ce dont tu rêves est différent. En résumé, la génétique n'est pas une chose à prendre à la légère. Tu réussiras mieux ta vie si tu arrêtes de penser à ça.

Finalement, bien que cela ait été son désir le plus cher, Pascal se rend compte que c'était une excentricité de sa part. Il décide d'oublier l'idée du clonage et de dépenser son argent autrement. ■

---

1 **Compréhension** Répondez aux questions à l'aide des nouvelles structures.

1. Quel est le rêve le plus cher de Pascal?
2. Qu'est-ce que Gérard va essayer de faire?
3. Gérard pense-t-il que le clonage humain soit possible?
4. D'après Gérard, comment Pascal réussira-t-il mieux sa vie?

2 **Votre double** À deux, imaginez que votre camarade et vous ayez été cloné(e)s. À deux, créez une conversation où vous essayez de vérifier si l'autre est vraiment «l'original(e)». Utilisez les nouvelles structures de cette leçon.

> **Modèle** —Il est impossible que tu sois l'original(e), il/elle est plus aimable que toi.
> —Je serai toujours l'original(e).

3 **Pour ou contre?** Êtes-vous pour ou contre le clonage? Par groupes de trois, discutez de ce sujet a l'aide des structures de cette leçon. Considérez ces éléments:

- l'aspect éthique
- l'aspect biologique
- l'aspect économique
- l'aspect pratique

250   Leçon 7

Préparation

1

Complétez Utilisez le vocabulaire qui convient pour compléter les phrases.

1. Un chimiste doit _____ pour avoir un résultat.

2. Certains scientifiques disent qu'ils peuvent _____ le futur en étudiant (*studying*) le passé.

3. Manon est arachnophobe, _____ qu'elle a peur des araignées (*spiders*).

4. La _____ d'une machine précède toujours son extinction.

5. Si quelqu'un pouvait inventer un robot capable de faire la cuisine, ce serait _____ révolutionnaire!

6. La technologie de nos jours a tendance à _____ du possible.

7. Vous pouvez _____ si les expériences faites par un centre scientifique sont dangéreuses pour la communauté.

8. Mon frère voudrait être ingénieur dans une industrie _____ comme l'informatique ou l'aérospatiale.

2

La science dans le monde Répondez aux questions et comparez vos réponses avec celles d'un(e) camarade.

1. Aimez-vous les sciences? Expliquez.

2. Aimeriez-vous être un(e) scientifique? Dans quel domaine?

3. La science joue-t-elle un rôle dans votre vie de tous les jours? Si oui, de quelle manière? Comment est-ce que la recherche scientifique pourrait améliorer votre quotidien?

4. Y a-t-il des inventions ou des nouvelles technologies qui ont rendu votre vie quotidienne plus facile?

5. Que pensez-vous du travail en équipe? Quels en sont les avantages?

6. Est-ce que la recherche scientifique vous inquiète dans certains domaines?

3

L'union fait la force L'article que vous allez lire évoque la collaboration scientifique entre différents pays. Par groupes de trois ou quatre, imaginez que vous êtes des scientifiques internationaux qui décident de s'associer dans un but commun. Quel mystère voulez-vous percer (*unravel*)? Comment avez-vous l'intention de procéder? Discutez-en.

Mise en place du tube contenant les électroaimants (*electromagnets*) supraconducteurs qui parcourent la circonférence du Grand collisionneur de hadrons. Un coup d'œil aux personnes en bas à droite de la photo permet de prendre conscience du gigantisme du LHC.

CERN À la découverte d'un univers particulier

Big Bang!

C'est ce que certains avaient prédit qu'il arriverait à l'automne 2008. La terre devait exploser ou être engloutie° dans un trou noir! Pourquoi?

engulfed

However 5 À cause du LHC du CERN. Toutefois°, rien

feared de ce que les scientifiques craignaient° ne s'est produit. Mais qu'est-ce que le CERN exactement? Et le LHC?

Le CERN est l'Organisation européenne

10 pour la recherche nucléaire. Créé en 1954, le CERN se trouve à la frontière franco-

brings together suisse, à proximité de Genève. Il regroupe° près de 11.000 scientifiques de plus de 100 nationalités différentes qui travaillent

member nations 15 ensemble. Il compte 22 états membres°.

La vocation du CERN est l'étude de «la physique fondamentale [et] la découverte des constituants et des lois de l'Univers». Ses scientifiques étudient surtout la physique des

20 particules fondamentales de la matière. Si trouver des réponses aux grandes questions de l'univers et repousser les limites de la technologie font bien sûr partie des missions essentielles du CERN, le centre espère aussi

25 rassembler les nations du monde autour de la science et former les scientifiques de demain.

La recherche fondamentale, c'est-à-dire sans but économique initial, est la raison d'être du CERN. Une des plus

30 fameuses innovations issues de la recherche fondamentale du CERN est le World Wide Web. Eh, oui! Imaginez le monde sans la

web «toile°»! Mais qui se souvient encore de son origine? C'est pourtant au CERN que

formed 35 l'idée du Web a germé° dans la tête de Tim Berners-Lee et de son collègue Robert Cailliau. Leur idée était d'élaborer un

combining système puissant et convivial alliant° les technologies des ordinateurs personnels, des

40 réseaux informatiques et de l'hypertexte pour permettre aux scientifiques du monde entier de partager des informations. C'est ainsi que le premier site Web a vu le jour en 1991. Et, le 30 avril 1993, le CERN annonçait que le

45 Web serait gratuit pour tout le monde.

Plus tard, le CERN a fait la une des journaux en raison de la mise en marche de son Grand collisionneur de Hadrons (Large Hadron Collider — LHC). Le LHC est un gigantesque accélérateur de 50 particules. Grâce à cet anneau° de 27 km, les

Thanks to this ring physiciens espèrent pouvoir étudier les plus petites particules connues, les trous noirs et l'antimatière, et peut-être ainsi en savoir plus sur la formation de l'univers. Pendant 55 des mois avant sa mise en marche, nombreux étaient ceux qui prédisaient la destruction de la terre, aspirée° dans un trou noir produit

sucked up par le LHC. Un des arguments avancés était qu'en apprenant comment le monde avait été 60 créé, on risquait de le détruire par la même occasion°. Ainsi, deux Américains ont même

at the same time to porté plainte auprès d'°un juge à Hawaii dans l'espoir d'empêcher la mise en marche du LHC. Or°, le jour de sa mise en marche, il 65 *And yet* ne s'est rien passé de catastrophique.

> ## (…) en apprenant comment le monde avait été créé, on risquait de le détruire par la même occasion.

Aujourd'hui, le CERN continue à jouer un rôle clé dans le développement des technologies du futur. Il tient aussi un rôle primordial dans l'enseignement des 70 technologies de pointe. Et, malgré° les

despite doutes et les inquiétudes de certains, il est désormais° aussi difficile d'envisager

now l'avenir sans le CERN que d'imaginer le monde moderne sans le World Wide Web! ■ 75

Analyse

1 **Compréhension** Répondez aux questions par des phrases complètes.

1. Qu'est-ce qu'on craignait à l'automne 2008? Pourquoi?

2. Qu'est-ce que le CERN?

3. Quels sont les objectifs du CERN?

4. Quel est la raison d'être du CERN?

5. Quelle invention du CERN est la plus connue et la plus utilisée au quotidien?

6. Qu'est-ce que le Grand Collisionneur de Hadrons?

7. À quoi est supposé servir le LHC?

8. Quel rôle clé joue le CERN aujourd'hui?

2 **La science utile** La recherche scientifique doit-elle être avant tout pratique ou bien nous permettre de trouver des réponses à des questions métaphysiques? Qu'en pensez-vous? À deux, faites une liste des problèmes pratiques ainsi que des questions théoriques auxquels vous espérez que la science puisse un jour apporter une réponse. Classez cette liste selon vos priorités et comparez-la à celle d'une autre paire.

3 **Peur de l'inconnu** De nos jours, certains sont préoccupés par la recherche scientifique, et tout particulièrement par les recherches effectuées par le CERN. En petits groupes, discutez de ce phénomène.

- Est-ce un sentiment nouveau ou bien cette peur a-t-elle toujours existé?
- Certaines innovations ou figures de l'histoire ont-elles provoqué une réaction similaire au sein de (*at the heart of*) l'opinion publique? Pensez par exemple à Christophe Colomb et son projet de rejoindre les Indes par l'ouest. Qu'en pensaient les gens à son époque?
- Plus généralement, faut-il se méfier de ce qu'on ne connaît pas?

4 **Sciences et francophonie** En petits groupes, choisissez une innovation technologique ou scientifique issue de la recherche effectuée dans un pays francophone. Préparez une présentation sur cette technologie ou cette avancée scientifique et expliquez comment elle améliore le quotidien de chacun. Vous pourriez par exemple parler des inventions suivantes:

- le TGV (France)
- le cinématographe (France)
- le Velcro® (Suisse)
- l'anti-histamine (Suisse)
- le moteur à combustion interne (Belgique)
- …

Préparation

À propos de l'auteur

Didier Daeninckx (1949–) est né à Saint-Denis, banlieue parisienne, dans une famille modeste. En 1984, son deuxième roman, *Meurtres pour mémoire*, le fait connaître. Porte-drapeau (*Flag bearer*) du roman noir, Daeninckx place toujours ses œuvres dans la réalité sociale et politique de leur époque. Il écrit aussi des bandes dessinées, des livres pour la jeunesse, des pièces de théâtre et des nouvelles. Aujourd'hui, il travaille aussi pour un journal en ligne, *amnistia.net*, où il dénonce ce qu'il appelle le négationnisme: la tendance à oublier certains événements historiques.

Vocabulaire de la lecture		**Vocabulaire utile**
un abonnement *subscription*	**une échelle** *ladder*	**agir** *to take action*
s'adresser la parole *to speak to one another*	**hurler** *to shout*	**contrarier** *to thwart*
couper de *to cut off from*	**un loyer** *rent*	**obsédé(e)** *obsessed*
le désespoir *despair*	**une parabole** *satellite dish*	
	régler *to adjust*	

1 **Énigmes** Lisez les définitions et associez un terme des listes de vocabulaire ci-dessus à chacune d'entre elles.

1. Il est peut être mensuel ou annuel.
2. C'est un grave état de découragement.
3. C'est une bonne idée de vérifier qu'elle est stable avant d'y monter.
4. On doit le payer chaque mois au propriétaire quand on est locataire.
5. Deux personnes ne le font pas quand elles sont très fâchées.
6. C'est ce qu'on a envie de faire quand le dentiste n'utilise pas d'anesthésie.
7. C'est ce qu'il faut faire à votre antenne quand votre réception est mauvaise.
8. Vous pouvez la trouver sur un toit ou dans un livre de maths.
9. Une personne passive ne le fait pas.
10. Vous l'êtes si vous pensez à quelque chose constamment.

2 **Discussion** À votre avis, que veut dire le titre *Solitude numérique*? Discutez-en à deux puis présentez vos idées à la classe.

3 **La vie quotidienne et la technologie** Par groupes de trois, répondez aux questions.

1. Quelle invention électronique particulière utilisez-vous le plus souvent?
2. Votre vie serait-elle différente sans cette invention? Expliquez.
3. Combien de temps par jour passez-vous à regarder la télé, à surfer sur Internet, à parler au téléphone ou à écouter de la musique?
4. Quelle influence l'utilisation d'appareils électroniques a-t-elle sur vos rapports avec les autres?

solitude **NUMÉRIQUE**

Didier Daeninckx

Le pire, si Martine y réfléchissait, c'est que c'était elle qui avait enclenché° le processus en lui offrant tout le matériel° et l'abonnement à Gold-Sport, deux
5 ans plus tôt pour son anniversaire... Et quand elle voulait être sincère, elle arrivait à s'avouer° qu'elle avait une idée derrière la tête en choisissant ce cadeau: le retenir à la maison, samedis soir et
10 dimanches après-midi tout au long de la saison footballistique. Le couper de toute cette bande de supporters assoiffés° qui lui volait ses week-ends. Elle le revoyait qui déballait° la parabole, plus
15 heureux encore que le gamin qu'elle imaginait, agenouillé° près du sapin de Noël° devant son premier vélo. Ils avaient passé deux jours entiers à déterminer le meilleur angle de la
20 réception, puis à installer la coupole° sur le toit° du pavillon°, à régler la monture° polaire motorisée afin de

had set in motion
equipment

to admit to oneself

thirsty

was unpacking

kneeling
Christmas tree

dome
roof / house
mounting

vhlcentral

to pick up (a signal)

turned out to be / outstanding 25

fluctuating signals
Equivalent Radiated Isotropic Powers
clamp circuits
decyphering grid 30
flexible heaters

filled

35

moving 40

events

45

to keep informed
penalty shots
in the farthest reaches / devoted to

50

to store
overflowing
last attempt
to resume
meal on a tray / slow-motion 55
Platini's shot in a top corner of the net

to lean

60

capter° aussi bien le satellite Astra qu'Eutelstat. Régis, qui déprimait dès qu'il fallait changer le sac de l'aspirateur ou nettoyer le filtre du lave-vaisselle, se révéla° un pilote hors pair° dans la conduite du numérique. Les caractéristiques des décodeurs Vidéocrypt et Syster n'eurent plus de secrets pour lui, de même que les signaux oscillants°, les angles d'azimut satellitaires, les Puissances Isotropes Rayonnées Équivalentes° ou l'activation des circuits de clamp°! Il se mit à parler une langue dont elle perdit rapidement la grille de décryptage°, où il était question de «source duo-bloc», de «réchauffeurs souples°», de «doublement de câble coaxial», de «polariseur mécanique», sans même tenir compte des «Low Noise Block» et autres «Duobinaire Multiplexed Analog Components»! Ils ne s'adressèrent plus la parole qu'en de rares occasions, entre deux retransmissions. Le plus souvent elle dormait, quand il venait se coucher, gavé° d'émotions. Un an plus tard, c'est lui qui lui fit un cadeau: la première parabole fut rejointe par sa sœur presque jumelle afin de détecter les signaux d'autres satellites évoluant° plus à l'est ou plus à l'ouest. Au lieu de suivre

> ## Ils ne s'adressèrent plus la parole qu'en de rares occasions...

les péripéties° d'un match P.S.G.-Auxerre sur le plastique froid des fauteuils du Parc, Régis pouvait assister, confortablement installé sur son canapé, en direct aux matchs de championnat d'Indonésie, de Colombie, de Chine, se tenir au courant°, heure par heure, du goal-average de la troisième division camerounaise, vibrer aux tirs au but° d'une finale amateur disputée au fin fond° de la Finlande. Le budget consacré° aux abonnements atteignait maintenant celui du loyer. Le quatrième décodeur, une merveille permettant également de compresser les images, de les stocker° sur vidéodisques tout en regardant un autre programme, arriva dans le salon débordant° d'électronique pour le deuxième anniversaire de l'abonnement à Gold-Sport. Martine fit une ultime tentative° pour renouer° le dialogue avec Régis en lui apportant son habituel plateau-repas°. Il lui fit signe de se taire, de la main, absorbé par le ralenti° séquentiel qu'il venait de programmer sur une antique lucarne de Platini° dans un but italien. Elle traversa le jardin, sortit l'échelle double du garage pour aller l'appuyer° contre l'arrière du pavillon. Parvenue sur le toit, elle vint se placer à genoux entre les deux paraboles dans lesquelles, pour qu'il l'entende enfin, elle se mit à hurler son désespoir. ■

Analyse

1 **Compréhension** Répondez aux questions.

1. Qui sont les deux personnages principaux de cette lecture? Quelles relations ont-ils?

2. Quel cadeau Martine a-t-elle offert à Régis?

3. Quelle idée Martine avait-elle en tête en lui offrant ce cadeau?

4. Quelle est la réaction de Régis en recevant le cadeau?

5. Est-ce que Martine est contente de la réaction de Régis? Pourquoi?

6. Qu'est-ce que Martine fait à la fin de l'histoire? Pourquoi réagit-elle comme ça?

2 **Les événements** À deux, mettez les événements de l'histoire dans l'ordre chronologique. Ensuite, comparez vos résultats avec ceux des autres groupes.

_____ Régis passe deux jours à déterminer le meilleur angle de réception.

_____ Régis achète une deuxième parabole.

_____ Régis déballe la parabole.

_____ Martine va sur le toit et hurle.

_____ Martine essaie de parler à Régis.

_____ Martine offre à Régis un abonnement à Gold-Star.

3 **Les rapports** Par groupes de trois, discutez des rapports entre Régis et Martine.

1. Décrivez les rapports entre Régis et Martine.

2. Comment sait-on que tout ne va pas bien entre eux? Citez des exemples.

3. Cette lecture contient beaucoup de vocabulaire technique. Pourquoi l'utilisation de ces mots vous aide-t-elle à vous mettre dans la peau de Martine?

4. À votre avis, quelle est la cause des problèmes entre Martine et Régis?

4 **Jeu de rôles** Par groupes de trois, jouez les rôles de Régis, de Martine et d'un conseiller matrimonial. À tour de rôle, Martine et Régis expliquent leur point de vue sur la situation, puis le conseiller leur dit ce qu'ils devraient faire. Jouez la scène devant la classe.

5 **Rédaction** Imaginez une technologie qui est peut-être pratique aujourd'hui, mais qui, à votre avis, deviendra bientôt obsolète. Suivez le plan de rédaction pour écrire un article qui explique pourquoi. Employez des comparatifs et des superlatifs, le futur simple et le subjonctif.

Plan

1 **Organisation** Faites une liste des avantages et des inconvénients de cette technologie.

2 **Une technologie** Dans un paragraphe, décrivez cette technologie. Dans un autre paragraphe, explorez les problèmes qui lui sont associés.

3 **Conclusion** Pour terminer, décrivez la technologie qui la remplacera.

Le progrès et la recherche vhlcentral

La technologie

une adresse e-mail *e-mail address*
un correcteur orthographique *spell check*
le cyberespace *cyberspace*
l'informatique (f.) *computer science*
un(e) internaute *Internet user, net surfer*
un lecteur de DVD *DVD player*
un mot de passe *password*
un moteur de recherche *search engine*
un ordinateur portable *laptop*
un outil *tool*
un pseudo(nyme) *username*
une puce (électronique) *(electronic) chip*

effacer *to erase*
lancer *to open (an application/program)*
sauvegarder *to save*
télécharger *to download*

avancé(e) *advanced*
innovant(e) *innovative*
révolutionnaire *revolutionary*

Les inventions et la science

l'ADN (m.) *DNA*
un brevet d'invention *patent*
une cellule *cell*
une découverte (capitale)
  (breakthrough) discovery
une expérience *experiment*
un gène *gene*
la génétique *genetics*
une invention *invention*
la recherche *research*
une théorie *theory*

cloner *to clone*
contribuer (à) *to contribute*
créer *to create*
guérir *to cure; to heal*
inventer *to invent*
prouver *to prove*
soigner *to treat; to look after (someone)*

biochimique *biochemical*
contraire à l'éthique *unethical*
éthique *ethical*
spécialisé(e) *specialized*

L'univers et l'astronomie

l'espace (m.) *space*
une étoile (filante) *(shooting) star*
un(e) extraterrestre *alien*
la gravité *gravity*
un ovni *U.F.O.*
la survie *survival*
un télescope *telescope*

atterrir *to land*
explorer *to explore*

Les gens dans les sciences

un(e) astronaute *astronaut*
un(e) astronome *astronomer*
un(e) biologiste *biologist*
un chercheur/une chercheuse *researcher*
un(e) chimiste *chemist*
un(e) ingénieur *engineer*
un(e) mathématicien(ne) *mathematician*
un(e) scientifique *scientist*

Court métrage

un atelier *workshop*
un cartable *school bag*
la curiosité *curiosity*
un fauteuil roulant *wheelchair*
un(e) magicien(ne) *magician*
une ruelle *alleyway*
un(e) sorcier / sorcière *sorcerer, wizard*
une vitrine *store window, window display*
la virgule *comma*

atterrir *to land*
se dépêcher *to hurry up*
éternuer *to sneeze*
lancer *to throw*
manier *to handle, to weild*
retenir *to hold something back*

affolé(e) *distraught*
effrayant(e) *frightening*
poussiéreux / poussiéreuse *dusty*

en désordre *messy, untidy*

Culture

l'antimatière (m.) *antimatter*
une innovation *innovation*
la mise en marche *start-up*
une particule *particle*
un(e) physicien(ne) *physicist*
la recherche appliquée *applied research*
un trou noir *black hole*

constater *to observe, notice*
envisager *envision*
faire une expérience *to conduct
  an experiment*
porter plainte *to file a complaint*
prédire *predict*
repousser les limites *to push boundaries*

c'est-à-dire *that is to say; i.e*
de pointe *cutting edge*
fondamental(e) *basic*

Littérature

un abonnement *subscription*
le désespoir *despair*
une échelle *ladder*
un loyer *rent*
une parabole *satellite dish*

s'adresser la parole
  to speak to one another
agir *to take action*
contrarier *to thwart*
couper de *to cut off from*
hurler *to shout*
régler *to adjust*

obsédé(e) *obsessed*

S'évader et s'amuser

Les îles ont toujours fait rêver. Elles donnent au visiteur le sentiment d'être libre. Est-ce parce qu'elles ne sont rattachées à aucune terre? Est-ce pour cela aussi qu'on aime y pratiquer des sports extrêmes? Pourquoi des gens risquent-ils leur vie pour s'amuser? D'autres prennent leur sport préféré très au sérieux. Mais quand le jeu n'est plus qu'une compétition, quand un loisir devient une raison de vivre, que se passe-t-il?

L'évasion et l'amusement sont des besoins fondamentaux.

264 COURT MÉTRAGE

Dans *Le ballon prisonnier* du réalisateur français **Cyril Gelblat**, un jeune garçon, **Dylan**, veut réaliser un jour son rêve et devenir footballeur professionnel. Mais ce rêve est-il vraiment le sien?

270 IMAGINEZ

Dépaysement et évasion sont au rendez-vous dans cet article sur les îles de l'**océan Indien**! Puis le poète et réalisateur **Khal Torabully** nous entraîne sur son **île Maurice** natale dont il explore le passé comme le présent.

287 CULTURE

L'article *La Réunion, île intense*, vous fera découvrir qu'une île lointaine n'est pas toujours synonyme de sieste sur la plage. En fait, l'**île de la Réunion** est un vrai paradis pour les amateurs de sports extrêmes.

291 LITTÉRATURE

Dans *Le football*, une histoire extraite du livre *Le petit Nicolas*, de **Sempé** et **Goscinny**, une bande de copains essaie d'organiser un match de foot. Pas facile, car tout le monde a son mot à dire!

267

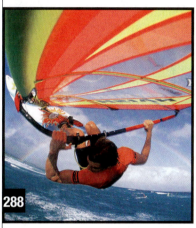

288

262 POUR COMMENCER

274 STRUCTURES

8.1 Infinitives

8.2 Prepositions with geographical names

8.3 The conditionnel

297 VOCABULAIRE

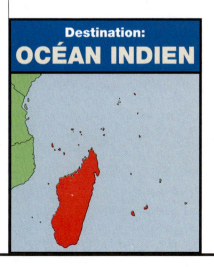

Destination:
OCÉAN INDIEN

Les passe-temps 🔊 **vhl**central

Le sport

l'alpinisme (*m.*) *mountain climbing*

un arbitre *referee*
un club sportif *sports club*
une course *race*
un(e) fan (de) *fan (of)*
une patinoire *skating rink*
le saut à l'élastique *bungee jumping*
le ski alpin/de fond *downhill/cross-country skiing*

un supporter (de) *fan; supporter (of)*

admirer *to admire*
(se) blesser *to injure (oneself); to get hurt*
s'étonner *to be amazed*
faire match nul *to tie (a game)*
jouer au bowling *to go bowling*
marquer (un but/un point) *to score (a goal/a point)*
siffler *to whistle (at)*

Le temps libre

le billard *pool*

les boules (*f.*)/**la pétanque** *petanque*

les cartes (*f.*) **(à jouer)** *(playing) cards*
les fléchettes (*f.*) *darts*

un jeu vidéo/de société *video/board game*

des loisirs (*m.*) *leisure; recreation*
un parc d'attractions *amusement park*
un rabat-joie *killjoy; party pooper*

bavarder *to chat*
se divertir *to have a good time*
faire passer *to spread (the word)*
porter un toast (à quelqu'un) *to propose a toast*
se promener *to take a stroll/walk*

valoir la peine *to be worth it*

Les arts et le théâtre

un billet/ticket *ticket*
une comédie *comedy*
une exposition *exhibition; art show*
un groupe *musical group/band*
un(e) musicien(ne) *musician*
une pièce (de théâtre) *(theater) play*
un spectacle *show; performance*
un spectateur/une spectatrice *spectator*
un tableau *painting*

un vernissage *art exhibit opening*

applaudir *to applaud*
faire la queue *to wait in line*

obtenir (des billets) *to get (tickets)*

complet *sold out*
divertissant(e) *entertaining*
émouvant(e) *moving*

Mise en pratique

1 **Les catégories** Mettez chaque mot de la liste dans la bonne catégorie. N'oubliez pas de rajouter l'article qui convient.

arbitre	comédie	jeu de société	pièce	supporter
alpinisme	course	musicien(ne)	se promener	tableau
but	groupe	pétanque	saut à l'élastique	vernissage

Les sports extrêmes (1) _____, (2) _____, (3) _____

Les loisirs (4) _____, (5) _____, (6) _____

Le théâtre (7) _____, (8) _____

La musique (9) _____, (10) _____

Les beaux-arts (11) _____, (12) _____

Les matchs de foot (13) _____, (14) _____, (15) _____

2 **Conversation** Complétez la conversation entre ces trois amis.

GAVIN Alors, qu'est-ce que vous faites cet été? Du sport?

JOCELYNE Lundi prochain, je pars à la montagne pour faire de (1) _____ toute la semaine!

COLLINE Toute seule?

JOCELYNE Mais non, je préfère en faire avec des amis. Je vous invite. Faites (2) _____! Parlez-en aux copains.

COLLINE Moi, je ne peux pas y aller. Mercredi, mon ami le sculpteur va avoir son premier (3) _____ au musée d'Art moderne.

GAVIN Moi non plus, j'ai un engagement: mon (4) _____ donne un concert jeudi soir.

COLLINE Génial! Comment est-ce que j'obtiens (5) _____?

GAVIN Tu ne peux plus en (6) _____. C'est (7) _____ en fait.

COLLINE Dommage… mais tant mieux pour ton (8) _____!

JOCELYNE Allons au café. Il faut fêter tous ces événements!

3 **Conversez** À deux, posez-vous ces questions. Ensuite, discutez de vos réponses.

1. À quoi préfères-tu occuper ton temps libre? Quels sont tes loisirs préférés?

2. De quels sports es-tu fan? Lequel aimes-tu le mieux?

3. T'es-tu déjà blessé(e) quand tu pratiquais un sport ou une autre activité?

4. Quel est le spectacle que tu as trouvé le plus émouvant récemment? Pourquoi?

5. Est-ce que quelqu'un t'a déjà traité(e) de (*called*) rabat-joie? Pour quelle raison?

6. Qu'est-ce que vous faites pour vous évader de votre quotidien? Avez-vous souvent besoin de vous évader? Pourquoi?

4 **Du temps libre** Imaginez que vous et un groupe d'amis avez une semaine de libre. Pour en profiter autant que possible, vous faites des projets. Quelles activités pratiquerez-vous? Où irez-vous? Discutez de vos idées avec trois camarades de classe.

Préparation

un ballon *ball*
un capitaine *captain*
un centre de formation
sports training school
un club *team*
un coup franc *free kick*
un duel *one-on-one*
en pointe *forward, up front*

un entraîneur *coach*
une faute *foul*
lâcher *to let go*
une revanche *revenge*
la veille *day before*

Vocabulaire utile

un maillot *jersey*
un terrain (de foot)
(soccer) field
les vestiaires (*m.*)
locker room

**vivre quelque chose
par l'intermédiaire de
quelqu'un** *to live
something vicariously
through someone*
**vivre (quelque chose)
par procuration**
*to live (something)
vicariously*

EXPRESSIONS

avoir les jambes coupées *to have legs like lead*

bourrer le crâne à quelqu'un *to fill someone's head*

faire un dessin à quelqu'un *to spell it out for someone*

sortir du lot *to stand out*

1 **Logique ou illogique?** Décidez si ces phrases sont logiques ou illogiques et corrigez celles qui sont illogiques.

1. J'ai les jambes coupées d'avoir couru si vite.

2. Leur entraîneur est un enfant de trois ans.

3. Ce terrain de foot est en mauvais état.

4. Le match de demain aura lieu dans les vestiaires.

5. Il a bourré le crâne à son maillot.

6. C'est le capitaine qui va tirer le coup franc.

7. Voilà! Vous avez enfin réalisé votre rêve de vous battre en duel!

8. Tu vas la lâcher, la faute, oui ou non?

2 **Vivre par procuration** Lisez les phrases suivantes et décidez si oui ou non elles décrivent des situations où les gens vivent par procuration.

	oui	non
1. En ce moment, mes amis d'enfance vivent des choses formidables et j'adore entendre parler de ce qui leur arrive.	☐	☐
2. Toute la famille a fait une partie (*game*) de foot ensemble.	☐	☐
3. Michel lit beaucoup de magazines de voyage, mais ne part jamais.	☐	☐
4. Elle vit devant son poste de télévision.	☐	☐
5. Mme Vendel voulait devenir joueuse professionnelle de tennis, et aujourd'hui, elle est heureuse, car son fils a peut-être une carrière devant lui dans ce sport.	☐	☐
6. Nous avons toujours rêvé de vivre ailleurs, et maintenant, c'est fait.	☐	☐

3 **Enquête** Demandez à des camarades quels sont les loisirs ou les sports qu'ils pratiquent et pourquoi. À deux, discutez des résultats. Y a-t-il une activité qui est pratiquée plus que les autres? Pour quelles raisons vos camarades la pratiquent-ils?

Loisirs	Sports

4 **Préparation** À deux, répondez aux questions. N'oubliez pas d'ajouter des détails.

1. Avez-vous les mêmes goûts que vos parents en matière de sports ou de loisirs?
2. Quel âge aviez-vous quand vous avez commencé votre sport préféré ou votre activité préférée?
3. Pourquoi avez-vous décidé d'arrêter ou de continuer cette activité?
4. Qu'est-ce qui vous influence le plus dans le choix d'une activité?

5 **Devenir pro** Par groupes de quatre, discutez des questions suivantes.

1. Peut-on faire des études et du sport, sans sacrifier l'un ou l'autre?
2. Les parents doivent-ils soutenir leurs enfants coûte que coûte (*at all costs*)? Vaut-il mieux qu'ils soient réalistes et les encouragent à choisir une autre voie?
3. Parfois, les parents cherchent à vivre un rêve par l'intermédiaire de leurs enfants. Que pensez-vous de cette attitude?

6 **Que se passe-t-il?** Par petits groupes, regardez les images du film et décrivez ce que vous voyez. Ensuite, imaginez ce qui va se passer.

1.

2.

3.

4.

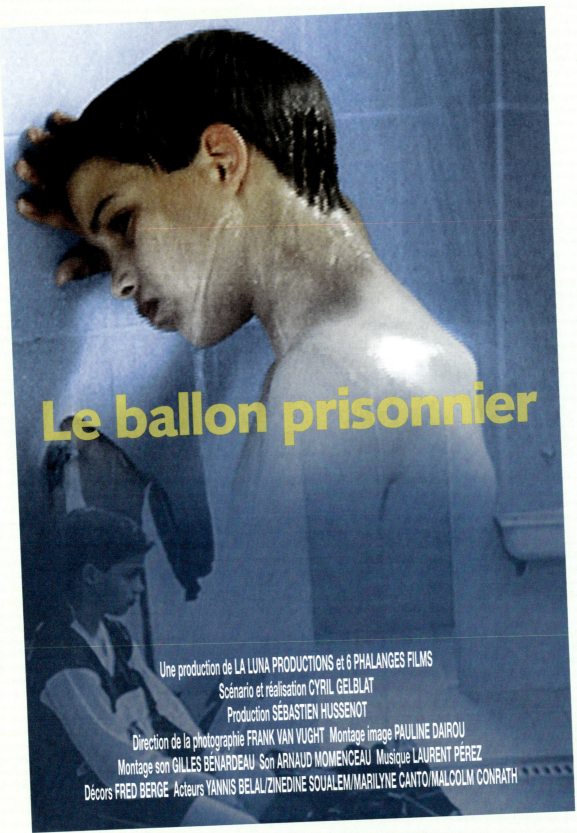

Le ballon prisonnier

Une production de LA LUNA PRODUCTIONS et 6 PHALANGES FILMS
Scénario et réalisation CYRIL GELBLAT
Production SÉBASTIEN HUSSENOT
Direction de la photographie FRANK VAN VUGHT Montage image PAULINE DAIROU
Montage son GILLES BÉNARDEAU Son ARNAUD MOMENCEAU Musique LAURENT PÉREZ
Décors FRED BERGE Acteurs YANNIS BELAL/ZINEDINE SOUALEM/MARILYNE CANTO/MALCOLM CONRATH

INTRIGUE *Le jeune Dylan souhaite réaliser le rêve de son père et devenir footballeur professionnel.*

DYLAN Il a le ballon… Zidane qui passe à Dylan Belgazi… qui accélère et… but! *(Il imite un commentateur)* … — Dylan, Dylan… on parle de vous dans les plus grands clubs. — Oui, c'est vrai. Il y a des contacts…

DYLAN Maman, je peux avoir du poulet?
PÈRE Tu fais exprès ou quoi? Les veilles de matchs, c'est féculents° et sucres lents°, sinon tu as les jambes coupées. Demain, c[e n]'est pas des rigolos° en face.

MÈRE Tu ne veux pas arrêter de lui bourrer le crâne avec ça? Il y en a combien, un sur cent qui finit professionnel.
PÈRE Je n'ai pas dit que je voulais qu'il soit professionnel, j'ai juste dit qu'on allait tout faire pour, c'est tout. Demain, il y aura tous les recruteurs.

ENTRAÎNEUR Salut les gars! Vous savez contre qui on joue aujourd'hui. Dylan, tu joues en pointe. Leur libero°, il est pour toi. Il monte souvent sur les corners. Tu [ne] le lâches pas, Dylan.

ENTRAÎNEUR Dylan, tu le prends!
PÈRE Allez! Allez! Allez!… Mets le pied°! Cours! Cours! Dylan! Ne le lâche pas! Qu'est-ce que tu fais? Tu regardes!

ENTRAÎNEUR Qu'est-ce qui se passe en attaque, là? Il faut provoquer! Bon, Jeff, tu vas remplacer Dylan en pointe. Allez, on y va! On se motive, là!

féculents *starches* **sucres lents** *carbohydrates*
rigolos *jokers* **libero** *sweeper*
Mets le pied! *Get your foot in there!*

Analyse

1 **Compréhension** Répondez aux questions par des phrases complètes.

1. Qu'est-ce que Dylan imagine quand il joue tout seul au foot?
2. Qu'est-ce que Dylan imagine quand il s'arrête de jouer?
3. Pendant le repas, qu'est-ce que son père conseille à Dylan?
4. Que fait Dylan avec sa mère après le dîner?
5. Le père croit connaître la vraie raison pour laquelle Djibrill est numéro dix. Quelle est cette raison?
6. Que font les joueurs avant que l'entraîneur arrive dans les vestiaires?
7. À quel poste joue Dylan?
8. Qu'est-ce que Dylan doit faire pendant le match?
9. Qu'est-ce qui arrive à Dylan après la première partie du match?
10. Qui gagne le match?

2 **Interprétation** À deux, répondez aux questions et expliquez vos réponses.

1. Pourquoi la mère n'est-elle pas contente quand le père offre à Dylan des photos de joueurs pour son album?
2. Est-ce que Dylan écoute les conseils de son père? Donnez des exemples.
3. Quelle est l'attitude du père pendant le match?
4. Pourquoi Dylan pleure-t-il?
5. Que ressent le père quand il voit Dylan pleurer?
6. Que ressent chaque personnage à la fin, dans la voiture?

3 **Et les parents?** Par petits groupes, répondez aux questions.

1. Que pensez-vous du père et de la mère? D'après vous, lequel des deux a la meilleure approche? Justifiez votre réponse.
2. Avez-vous déjà été témoin ou avez-vous déjà entendu parler d'une situation comme celle qui est présentée dans le film? Où cela?
3. Comment les parents devraient-ils se comporter pendant une compétition à laquelle leur enfant participe?
4. Pensez-vous que les enfants soient motivés par l'attitude des parents?
5. Quelles devraient être les raisons pour lesquelles un enfant pratique un sport ou participe à une activité?

4 **Les thèmes du film** Par groupes de trois, réfléchissez aux thèmes du film. Choisissez chacun un thème et expliquez ce qui le relie à l'histoire. Ensuite, décidez quel est le thème principal du film. N'hésitez pas à en suggérer d'autres.

- La fascination pour le monde du football
- Vivre par procuration
- Réaliser un rêve
- Pousser un enfant à la compétition
- Donner à quelqu'un la possibilité de réussir

5 **Monologues** À deux, écrivez un petit monologue où chaque personnage du film se présente et raconte son histoire.

Modèle Bonjour. Je m'appelle Dylan…

6 **Moi, si…** Et si vous pouviez changer l'histoire? À deux, pensez à deux ou trois scènes du film et modifiez-les en fonction de vos envies. Comparez votre nouveau scénario avec celui d'un autre groupe.

Modèle DYLAN Maman, je peux avoir du poulet?

PÈRE Tu peux, Dylan, mais rappelle-toi que tu as un match demain. Il y aura tous les recruteurs.

7 **La conversation** À deux, imaginez la conversation entre Dylan et son père une fois qu'ils sont arrivés à la maison. Présentez votre dialogue à la classe.

- Qui parle le premier?
- Quel est le ton de la conversation?
- Que font-ils à la fin de la conversation?

IMAGINEZ L'OCÉAN INDIEN

Dépaysement garanti!

Les îles francophones de l'**océan Indien** ont tout pour charmer le voyageur qui recherche l'exotisme.

Madagascar, la «**perle de l'océan Indien**», située à 400 km à l'est du **Mozambique**, est la plus grande île de cette région du monde. Les habitants, les **Malgaches**, vous saluent d'un «tonga soa» qui signifie «bienvenue» en malgache. L'île est connue pour ses parcs naturels, mais elle vit aussi de la production d'épices comme la cannelle°, le poivre et la **vanille**, dont elle est le premier producteur mondial. À l'origine la vanille vient du Mexique. Les conquistadors espagnols en ont rapporté en Espagne. Et ce sont des colons français qui l'ont importée à Madagascar. La vanille est en fait le fruit d'une orchidée grimpante°, la seule qui produise des fruits.

Dans le **canal du Mozambique**, qui sépare Madagascar du continent africain, on trouve **Mayotte**, département et région d'outre-mer française, et l'archipel des **Comores**. Le **lagon de Mayotte**, qui entoure l'île, est l'un des plus grands du monde avec plus de 250 espèces de coraux° et 760 espèces de poissons. Et très peu des récifs° ont été explorés! Aux **Comores**, à l'ouest de Mayotte, on trouve l'ilang-ilang, plante dont on se sert en parfumerie. L'archipel en est le premier producteur du monde. On peut y voir aussi une faune unique: les makis, de grands lémuriens venus de Madagascar, et les margouillats, petits lézards de couleur crème dévoreurs de moustiques. Faire de la voile° aux **Seychelles** est le meilleur moyen de découvrir les 115 îles qui composent cet archipel,

La colline de Chamarel, à l'île Maurice

Des danseuses de séga

situé au nord-est de Madagascar. Réputées pour leur climat tropical et leurs plages idylliques, les Seychelles vivent essentiellement du tourisme.

L'**île de la Réunion**, à l'est de Madagascar, se distingue par ses paysages volcaniques époustouflants°. Pour vraiment l'apprécier, il faut l'explorer à pied et faire de longues randonnées autour de ses pitons° volcaniques et de ses cirques. Après l'effort, les visiteurs pourront déguster un cari° au son du **séga** et du **maloya**, chants° et danses typiques de l'océan Indien dont le rythme varie d'une île à l'autre. À 250 kilomètres de la Réunion, on trouve l'**île Maurice**. La **colline° de Chamarel**, mosaïque bleue, verte, jaune et rouge, est une curiosité de la nature à voir absolument. Ces couleurs étonnantes seraient dues à l'érosion de roches volcaniques.

Oui, pour celui qui est prêt à faire le voyage, l'exotisme sera au rendez-vous.

D'ailleurs...

Madagascar produit environ 2.000 tonnes de vanille par an. La fécondation° de la fleur est faite à la main par les hommes car le seul insecte capable de le faire vit au Mexique, pays d'orgine de la vanille.

cannelle *cinnamon* **grimpante** *climbing* **coraux** *coral* **récifs** *reefs*
Faire de la voile *Sailing* **époustouflants** *breathtaking* **pitons** *peaks* **cari** *curry*
chants *songs* **colline** *hill* **fécondation** *pollination*

Découvrons des merveilles de la nature

Le piton de la Fournaise Il appartient à un grand massif volcanique qui couvre le sud-est de l'île de la Réunion. Son  sommet° est à 2.631 m. À côté, se trouve le piton des Neiges à 3.070 m. Le piton de la Fournaise est moins haut, mais c'est le volcan actif de l'île. Malgré ses éruptions régulières, il n'est pas considéré comme dangereux car ses laves° sont liquides.

L'île d'Aldabra C'est un îlot° très sec° et sauvage des Seychelles, et c'est un véritable paradis terrestre pour les tortues géantes. Des espèces qui vivaient à la Réunion, à Madagascar ou sur l'île Maurice ont disparu, mais sur Aldabra, on compte environ 100.000 individus.  Ces tortues sont les plus grosses du monde: elles peuvent peser jusqu'à 300 kg, et vivre plus de 150 ans!

Le jardin de Pamplemousse Pierre Poivre, botaniste royal,  a créé ce jardin sur l'île Maurice en 1767. Avec ses 85 variétés de palmiers°, ce jardin est une invitation au voyage. Le jardin de Pamplemousse° abrite° de vrais trésors botaniques, comme de nombreuses plantes tropicales, des nénuphars° géants et le tallipot, un palmier aux feuilles immenses qui fleurit une fois tous les 60 ans.

Le dodo Gros oiseau gris, le dodo est proche du pigeon, avec un bec recourbé°. Il pesait 20 kg et pouvait vivre jusqu'à 30 ans. Le dodo habitait l'île Maurice à l'époque de sa découverte par le Portugais Alfonso de Albuquerque, en 1598. Comme il ne volait° pas, les marins° le chassaient  pour le manger et il a été rapidement exterminé. Aujourd'hui, on peut en voir une reproduction au musée d'Histoire naturelle de Port-Louis, la capitale.

sommet *summit* **laves** *lava* **îlot** *petite île* **sec** *dry* **palmiers** *palm trees*
Pamplemousse *Grapefruit* **abrite** *houses* **nénuphars** *lily pads*
bec recourbé *curved beak* **volait** *fly* **marins** *sailors*

Le français parlé dans l'océan Indien

Mots

un baba	un bébé
une eau sucrée	une boisson au citron
un gazon	une boule de riz ou de maïs *(corn)* froide
l'île rouge	Madagascar
la langue zoreille	le français
une magination	une pensée; *thought*
une tortue bon-dieu	une coccinelle; *ladybug*

Expressions

à coup de main	à la main
débasculer une porte	ouvrir une porte
ouvrir le linge	étendre le linge; *to hang out the laundry*
partager un grain de sel	se connaître, avoir une relation
prendre pied	s'installer chez quelqu'un

Qu'avez-vous appris?

1 **Associez** Faites correspondre les mots et les noms avec les définitions.

1. _____ L'île de la Réunion
2. _____ Les Comores
3. _____ Mayotte
4. _____ Madagascar
5. _____ L'île Maurice
6. _____ L'île d'Aldabra

a. Le plus grand producteur de vanille du monde.
b. On y trouve des makis et des margouillats.
c. Un îlot sec qui est un véritable paradis terrestre pour les tortues géantes.
d. On y trouve un volcan actif.
e. Une île où se trouve le jardin de Pamplemousse.
f. On recense dans son lagon de nombreuses espèces de coraux et de poissons.

2 **Questions** Répondez aux questions.

1. Que faut-il faire pour vraiment apprécier la Réunion?

2. Quels sont les chants et les danses typiques de l'océan Indien?

3. Combien de kilomètres séparent la Réunion de l'île Maurice?

4. Qu'est-ce que le piton de la Fournaise?

5. Qui a créé le jardin de Pamplemousse et quand?

6. À quoi ressemblait le dodo?

Projet

Une croisière dans l'océan Indien

Organisez une croisière dans l'océan Indien. Recherchez toutes les informations dont vous avez besoin pour créer votre itinéraire. Ensuite, préparez votre voyage d'après les critères suivants:

- Choisissez quatre destinations et explorez un port ou un lieu par île.
- Écrivez une description de chaque visite dans votre journal.
- Racontez vos aventures à la classe et montrez des photos de chaque lieu visité. Expliquez où vous êtes allé(e), ce que vous avez vu et parlez de ce que vous avez aimé.

ÉPREUVE

Trouvez la bonne réponse.

1. _____ est la «perle de l'océan Indien».
   a. La Réunion   b. Madagascar
   c. Le Mozambique   d. L'île Maurice

2. Sur l'île Maurice, _____ est une curiosité de la nature.
   a. la colline de Chamarel   b. le canal du Mozambique
   c. Aldabra   d. la plage

3. _____ est un plat typique de la cuisine réunionnaise.
   a. La salade   b. Le riz froid
   c. Le cari   d. Le maloya

4. _____ de Mayotte est parmi les plus grands du monde.
   a. Le lagon   b. Le corail
   c. Le récif   d. Le volcan

5. _____ est originaire du Mexique.
   a. Le dodo   b. La vanille
   c. L'ilang-ilang   d. Le séga

6. «Tonga soa» veut dire _____ en malgache.
   a. «bonjour»   b. «comment ça va?»
   c. «merci»   d. «bienvenue»

7. Le dodo habitait _____.
   a. Madagascar   b. les Seychelles
   c. les Comores   d. l'île Maurice

8. Les Seychelles sont un archipel de _____ îles.
   a. 2   b. 7
   c. 100   d. 115

9. Le piton de la Fournaise n'est pas dangereux car _____.
   a. il n'est pas actif
   b. il est à côté du piton des Neiges
   c. il ne mesure que 2.631 mètres
   d. ses laves sont liquides

10. Un baba, c'est _____.
   a. un bébé
   b. un fruit
   c. une boisson au citron
   d. un insecte

Galerie de créateurs

vhlcentral | *Galerie de créateurs*

Littérature/Cinéma: Khaleel «Khal» Torabully

1 **Préparation** Répondez à ces questions sur l'expression individuelle.

1. Avez-vous une passion? Laquelle? Que révèle cette passion au sujet de votre histoire personnelle et de vos valeurs fondamentales?

2. Comment est-ce que vous partagez vos valeurs et vos idées avec les autres?

3. De quels clubs ou groupes est-ce que vous êtes membre? Pourquoi? Quelles actions de ces groupes correspondent à vos valeurs et à vos idées?

Khal Torabully: défenseur de la «coolitude»

Né à l'île Maurice, Khal Torabully est un poète et un réalisateur qui a étudié en France. Son œuvre abondante raconte l'histoire de son île et de la population mauricienne. Il aime jouer avec les rythmes et les mots. Il révèle dans sa poésie son concept de la «coolitude», le fait de voir au-delà de (*beyond*) l'époque colonialiste et de créer des ponts entre les peuples, entre les continents et entre les cultures. Il se base sur l'histoire de son peuple pour s'interroger (*wonder*) sur le monde contemporain. Avec deux autres auteurs, Khal Torabully est à l'origine de la fondation d'une association littéraire, l'Internationale des Poètes. L'idée de cette association est née au moment de la parution de *La Cendre des mots*, recueil de poèmes écrits à la suite de l'incendie qui a détruit la bibliothèque de Bagdad, pendant la guerre en Irak, en 2003.

2 **Compréhension** Répondez par des phrases complètes.

1. Que raconte l'œuvre de Khal Torabully?

2. Qu'est-ce qu'il aime faire dans sa poésie?

3. Qu'est-ce que la «coolitude»?

4. Qu'est-ce que *La Cendre des mots*?

5. Qu'est-ce que l'Internationale des Poètes?

Khaleel «Khal» Torabully

3 **Discussion** Discutez avec un(e) partenaire et puis avec la classe.

Khal Torabully veut créer des ponts entre les peuples et les cultures par l'intermédiaire de la littérature et du cinéma. Pensez-vous que cela soit possible? Expliquez votre opinion personnelle en utilisant des exemples.

4 **Application** Créer des ponts

D'après la lecture, Torabully a rejoint d'autres poètes pour exprimer son message et améliorer la vie des autres. Préparez une présentation dans laquelle (a) vous définissez un message que vous voudriez exprimer aux autres, (b) vous expliquez le moyen que vous allez utiliser pour exprimer ce message et (c) vous citez des personnes ou des groupes qui pourraient vous aider dans cette mission.

Infinitives

—*Je ne veux rien **voir passer**!*

- An infinitive can follow many conjugated verbs directly.

aimer *to like to*	**devoir** *to have to/must*	**prétendre** *to claim to*
compter *to expect to*	**espérer** *to hope to*	**regarder** *to watch*
croire *to believe to be (doing something)*	**laisser** *to allow to*	**savoir** *to know how to*
	oser *to dare to*	**sembler** *to appear to*
désirer *to want to*	**paraître** *to seem to*	**souhaiter** *to wish to*
détester *to hate to*	**penser** *to intend to*	**venir** *to come to*
écouter *to listen to*	**pouvoir** *to be able to/can*	**voir** *to see*
entendre *to hear*	**préférer** *to prefer to*	**vouloir** *to want to*

Nous **comptons obtenir** des billets.
We're expecting to get tickets.

Il **ne prétend pas être** un fan de l'équipe.
He doesn't claim to be a fan of the team.

- Many verbs are used with a preposition, usually **à** or **de**, before an infinitive.

Tu **arriveras à finir**?
Will you manage to finish?

Ils **n'oublient jamais d'applaudir**.
They never forget to applaud.

- **Il faut...** and **Il vaut mieux...** can be directly followed by an infinitive, while impersonal expressions like **Il est...** + [*adjective*] are followed by **de** + [*infinitive*].

Il faut se détendre après le travail.
One has to relax after work.

Il est important de faire de la gym.
It is important to work out.

Pronoun placement and negation

- Place pronouns before the verb of which they are the object. Do not contract the prepositions **à** and **de** with the direct object pronouns **le** and **les**.

Je **l'ai entendue chanter** une fois.
I heard her sing once.

Tu te souviendras **de le faire**?
You'll remember to do it?

- Some verbs followed by **de** + [*infinitive*] take an indirect object. Such verbs include **commander, conseiller, demander, dire, permettre, promettre,** and **suggérer**. Place an indirect object pronoun directly before these verbs.

Maman **lui a demandé d'acheter** les billets.
Mom asked him to buy the tickets.

Nous **leur permettons de rentrer** à onze heures.
We let them come home at 11 o'clock.

- To negate an infinitive after a conjugated verb, place both **ne** *and* **pas** directly before the infinitive. Place **ne** and **pas** directly before any pronouns that accompany the infinitive.

  Le prof a décidé de **ne pas venir**.
  The teacher decided not to come.

  Vous préférez **ne pas leur en parler**?
  You prefer not to speak to them about it?

📖 **Vérifiez**

Other uses of the infinitive

- Infinitives can be used as nouns in French. In these cases, English uses the present participle.

  Être un enfant n'est pas toujours facile.
  Being a child is not always easy.

  Voir, c'est **croire**.
  Seeing is believing.

BLOC-NOTES

The **faire causatif**, formed with **faire** + [*infinitive*], means *to have (someone) do something.* For an explanation of this construction, see **Fiche de grammaire 9.5, p. 408.**

- Infinitives are often used to give instructions or commands, as in recipes or on public signs.

  Mettre au four pendant 15 minutes.
  Put in the oven for 15 minutes.

  Ne pas **toucher**!
  Do not touch!

- You can use a preposition, such as **après**, followed by the infinitive of **avoir** or **être** and the past participle of the main verb to form the past infinitive.

  Après avoir crié pendant deux heures au match, j'avais mal à la gorge.
  After shouting for two hours at the game, my throat hurt.

  Hier soir, ils ont décidé de voir une pièce **après être sortis**.
  Last night, they decided to see a play after going out.

- A past participle used with the past infinitive agrees just as it would if the helping verb were conjugated. Place object pronouns before the helping verb.

  On n'aimait plus la comédie **après l'avoir vue** cinq fois.
  We didn't like the comedy any more after seeing it five times.

  Après s'être promenée sous la pluie, elle a attrapé un rhume.
  After walking in the rain, she caught a cold.

BLOC-NOTES

To review past participle agreement, see **Fiche de grammaire 5.5, p. 392.**

- Use an infinitive instead of the subjunctive when there is no change of subject between clauses or with impersonal expressions that have a general meaning and no true subject.

Subjunctive: subject change between clauses	Infinitive: no subject change between clauses
Papa désire que **nous allions** à la plage. *Dad wants us to go to the beach.*	**Papa désire aller** à la plage. *Dad wants to go to the beach.*
Stéphanie et Lionel préfèrent que **leurs enfants ne regardent pas** trop la télévision. *Stéphanie and Lionel prefer that their children do not watch too much television.*	**Stéphanie et Lionel préfèrent ne pas trop regarder** la télévision. *Stéphanie and Lionel prefer to not watch too much television.*
Il vaut mieux qu'**elle mette** un anorak pour faire du ski. *She should wear a parka to go skiing.*	**Il vaut mieux mettre** un anorak pour faire du ski. *It's best to wear a parka to go skiing.*

 Vérifiez

Mise en pratique

1 **À compléter** Complétez les phrases avec la forme correcte des verbes entre parenthèses.

1. Veux-tu _____ (venir) avec moi à la plage?

2. _____ (nager) dans la mer, c'est toujours sympa.

3. Nous aimons _____ (regarder) les gens qui _____ (marcher) dans le sable.

4. Nathalie ne veut pas _____ (lire) ce livre; il est trop difficile à _____ (comprendre).

5. Vous désirez _____ (participer) aux Jeux des îles de l'océan Indien?

6. J'ai besoin que tu _____ (faire) les valises aujourd'hui.

7. La réception de l'hôtel m'a suggéré d' _____ (attendre) un peu après _____ (avoir) descendu les baggages.

8. Il semble que vous _____ (avoir peur) de peu de choses.

2 **À relier** Formez des phrases complètes à l'aide des éléments donnés.

1. les enfants / aimer / manger / des glaces

2. nous / venir de / participer / à une course nautique

3. tu / ne pas / oser / jouer / aux fléchettes

4. mes parents / se coucher / après / être arriver / sur l'île

5. je / ne pas / avoir / vouloir / sortir / hier soir

6. il / désirer / vous / aller / voir / le spectacle

7. le guide / souhaiter / faire / visiter / les maisons coloniales

8. vous / aller / bavarder / avec les amis / après le travail

3 **Projets de week-end** Mathilde et Chloé se racontent ce qu'elles prévoient de faire le week-end prochain. Complétez la conversation à l'aide des éléments de la liste.

compter faire	falloir faire	paraître	préférer rester
à découvrir	avoir l'intention de	penser faire	à préparer
entendre dire	laisser bouillir	avoir peur de	vouloir

CHLOÉ Alors? Tu (1) _____ quoi ce week-end?

MATHILDE Eh bien, je/j' (2) _____ faire un tour à la campagne.

CHLOÉ Et tu sais où exactement?

MATHILDE Je/J' (3) _____ que la forêt de l'Est est (4) _____. On y trouve pleins de lémuriens (*lemurs*).

CHLOÉ Oui, c'est vrai. Il (5) _____ qu'il y en a beaucoup.

MATHILDE Et toi? Que (6) _____ -tu _____?

CHLOÉ Oh, je/j' (7) _____ à la maison. J'ai une tonne de choses (8) _____ pour la fête de samedi soir et je/j' (9) _____ ne pas avoir le temps de tout faire.

MATHILDE Eh! (10) _____ , c'est pouvoir! Bon. Maintenant, il (11) _____ ce gâteau. Que dit la recette?

CHLOÉ «(12) _____ pendant 5 minutes.»

Communication

4

Sortir! À deux, créez une conversation pendant laquelle vous parlez d'aller voir une exposition. Discutez de l'exposition que vous comptez voir et expliquez pourquoi elle vous intéresse. Dites quand vous pensez y aller et ce que vous allez faire après l'avoir vue. Utilisez l'infinitif. Ensuite, jouez la scène devant la classe.

> **Modèle**   —Quelle exposition as-tu envie de voir?
>   —Je ne sais pas. Il y en a plusieurs que j'aimerais voir...

5

Votre opinion Que pensez-vous de ces formes de loisirs? À deux, faites part de votre opinion à l'aide de l'infinitif.

- fêter le Nouvel An à Paris
- le saut à l'élastique
- l'alpinisme
- le ski de fond
- aller à un concert de hard rock
- le ski nautique
- faire une croisière (*cruise*)

6

Vos projets Que souhaitez-vous faire la prochaine fois qu'il y aura un long week-end? Par petits groupes, expliquez vos projets à vos camarades de classe qui vont vous poser des questions pour en savoir plus. Utilisez l'infinitif le plus possible.

> **Modèle**   Le long week-end prochain, j'espère aller faire du camping
>   avec ma famille...

vhlcentral

8.2

Prepositions with geographical names

*Dylan et ses parents habitent **à Nice**.*

Gender of geographical names

- Like other French nouns, geographical place names have gender. Countries that end in **-e** are usually feminine. Some exceptions are **le Belize**, **le Cambodge**, **le Mexique**, **le Mozambique**, and **le Zimbabwe**, which are masculine. Countries that do not end in **-e** are generally masculine.

Masculine countries		Feminine countries	
l'Afghanistan	*Afghanistan*	**l'Algérie**	*Algeria*
le Brésil	*Brazil*	**l'Allemagne**	*Germany*
le Cambodge	*Cambodia*	**l'Angleterre**	*England*
le Canada	*Canada*	**l'Argentine**	*Argentina*
le Danemark	*Denmark*	**la Belgique**	*Belgium*
l'Iran	*Iran*	**la Colombie**	*Colombia*
l'Irak	*Iraq*	**la Côte d'Ivoire**	*Ivory Coast*
le Japon	*Japan*	**l'Espagne**	*Spain*
le Luxembourg	*Luxembourg*	**la France**	*France*
le Maroc	*Morocco*	**la Grèce**	*Greece*
le Mexique	*Mexico*	**l'Italie**	*Italy*
le Pérou	*Peru*	**la Russie**	*Russia*
le Sénégal	*Senegal*	**la Suisse**	*Switzerland*
le Viêt-nam	*Vietnam*	**la Turquie**	*Turkey*

- Some country names are plural: **les États-Unis** and **les Pays-Bas** (*the Netherlands*).

- Provinces and regions generally follow the same rules as countries: **la Bretagne**, **le Manitoba**, **la Normandie**, **la Provence**, **le Québec**.

- States that end in **-e** are usually feminine: **la Floride**, **la Louisiane**, **la Géorgie**, **la Virginie (occidentale)**, **la Californie**, **la Pennsylvanie**, and **la Caroline du Nord/du Sud**. **Le Maine**, **le Tennessee**, and **le Nouveau-Mexique** are exceptions. States that do not end in **-e** are masculine: **le Kansas**, **le Michigan**, **l'Oregon**, **le Texas**, etc.

- All of the continents, except **l'Antarctique**, are feminine: **l'Afrique**, **l'Amérique du Nord**, **l'Amérique du Sud**, **l'Asie**, **l'Australie**, and **l'Europe**.

When to eliminate the article

- Masculine islands like **Chypre**, **Cuba**, **Haïti**, **Madagascar**, **Malte**, and **Maurice** never take an article.

- Do not use an article with a city unless the article is a part of the name, such as **Le Caire**, **Le Havre**, **Le Mans**, **La Nouvelle-Orléans**, and **La Rochelle**.

Prepositions with place names

- The gender of a place name usually determines the preposition you use. Use this chart to determine which preposition to use to say *to*, *in*, or *at*.

With...	use:
cities	à
continents	en
feminine countries and provinces	en
masculine countries and provinces	au
masculine countries and provinces that begin with a vowel	en
plural countries	aux
feminine states	en
most masculine states	dans le/l' *or* dans l'état de/d'/du/de l'

Vous allez **à** Londres?
Are you going to London?

La France est **en** Europe.
France is in Europe.

Je vais **au** Maroc.
I'm going to Morocco.

Ils sont **aux** Pays-Bas.
They are in the Netherlands.

- Use this chart to determine which preposition to use to say *from*.

With...	use:
cities	de/d'
continents	de/d'
feminine countries and provinces	de/d'
masculine countries and provinces	du
masculine countries and provinces that begin with a vowel	d'
plural countries	des
feminine states	de/d'
masculine states	du/de l'

Nous arrivons **de** New York.
We are arriving from New York.

Nous sommes **des** États-Unis.
We are from the United States.

Tu es **d'**Asie?
Are you from Asia?

Elle est **du** Japon.
She is from Japan.

- The prepositions used with certain islands are exceptions to these rules.

With...	to say *to, in,* or *at,* use:	to say *from,* use:
Cuba	à	de
Haïti	en	d'
Madagascar	à	de
Martinique	à la	de *or* de la

Vérifiez

Vérifiez

Elle rêve d'aller **à la Martinique.**
She dreams of going to Martinique.

Mise en pratique

1 **Où?** Choisissez la bonne réponse parmi celles proposées.

1. _____ Alaska est à l'ouest _____ Canada.

    a. La… de   b. L'… du   c. Le… de la

2. Dans quelle ville es-tu? _____ Saint-Denis?

    a. En   b. À   c. Au

3. Je vais souvent _____ Madagascar et _____ la Réunion pour mes vacances.

    a. à… à   b. en… à   c. au… au

4. _____ Groenland appartient _____ Danemark.

    a. Le… au   b. Le… en   c. La… dans le

5. Mes parents habitent _____ Pierre, _____ Dakota du Sud.

    a. en… en   b. à… dans le   c. à… au

6. Il s'est perdu quelque part _____ Pérou, _____ Amérique du Sud.

    a. dans le… dans l'   b. dans le… à l'   c. au… en

2 **L'océan Indien** Louis envoie une carte postale à son frère. Choisissez les bonnes prépositions pour compléter le texte.

Note CULTURELLE

Des personnalités françaises du 18ᵉ siècle sont à l'origine du nom de certains endroits, dans l'océan Indien. **Jean Moreau de Séchelles**, contrôleur des finances sous Louis XV, a donné son nom à l'archipel des **Seychelles**, et le navigateur **Bertrand-François Mahé de La Bourdonnais** à son île principale, **Mahé**, après que les Français ont découvert l'archipel en 1756. Les noms sont restés depuis, même sous domination britannique.

Salut Juju!

Mercredi soir, nous avons fêté notre anniversaire de mariage (1) _____ Port-Louis. Au bout de quelques jours, nous avons pris l'avion pour aller (2) _____ la Réunion. Ensuite, nous avons pu admirer la somptueuse île de Madagascar, et surtout l'art de la marqueterie, (3) _____ Ambositra, une ville située (4) _____ Fianarantsoa, une province dans les hautes terres (highlands). Et voilà! Aujourd'hui, nous sommes (5) _____ Seychelles où le temps est magnifique. Nous sommes arrivés hier matin (6) _____ Madagascar. L'archipel des Seychelles est merveilleux. Demain, nous avons prévu d'aller (7) _____ Mahé, l'île principale. L'année prochaine, nous souhaitons aller (8) _____ Afrique. Quand nous pensons au temps pluvieux qu'il doit faire (9) _____ Havre, nous n'avons pas envie de rentrer (10) _____ France.

À +

Louis et Carole

Julien Lacour

74, rue Vendôme

76600 Le Havre

France

3 **À vous d'écrire** Créez des phrases complètes à l'aide des éléments de chaque colonne. Ensuite, à deux, écrivez une conversation avec les phrases que vous venez de créer.

aller	à	Caire
arriver	au(x)	Europe
se divertir	dans le/l'	Massachusetts
être	de(s)/d'	Portugal
se promener	de l'	Saint-Pétersbourg
venir	du	Seychelles
?	en	?

Communication

4

Votre rêve Passez dans la classe et demandez à dix camarades à quel endroit précis de la planète ils rêvent d'habiter. Collectez les informations sur une feuille de papier, puis présentez-les à la classe. N'oubliez pas d'écrire les prépositions correspondantes.

	Ville	Pays	Continent
Delphine	à Florence	en Italie	en Europe

5

Un tour du monde À deux, créez l'itinéraire d'un fabuleux tour du monde. Donnez les détails de la localisation de chaque étape: la ville, la région ou l'état (si c'est le cas), le pays et le continent.

Modèle Jour 1: départ d'Albany, dans l'état de New York, aux États-Unis, en Amérique du Nord et arrivée à Mexico, au Mexique.

Jour 2: départ de Mexico, au Mexique, en Amérique du Nord et arrivée à Buenos Aires, en Argentine, en Amérique du Sud.

6

Et vous? Racontez vos dernières vacances. À quel endroit êtes-vous allé(e)? Quel était votre itinéraire? Montrez-le sur une carte pour aider vos camarades de classe à visualiser votre voyage. Ensuite, vos camarades vous posent des questions pour savoir ce que vous avez fait.

Modèle Je suis allé(e) à San Diego, en Californie, pour voir mes grands-parents. Ensuite, je suis allé(e) à Tijuana, au Mexique…

8.3

vhlcentral

The *conditionnel*

*—Il y en a combien, un sur cent qui finit professionnel. Pourquoi ce **serait** lui?*

- The **conditionnel** is used to soften a request, to indicate that a statement might be contrary to reality, or to show that an action was going to happen at some point in the past. It is often translated into English as *would…* or *could…*

- The **conditionnel** is formed with the same stems as the **futur simple**. The endings for the **conditionnel** are the same as those for the **imparfait**.

The **conditionnel** of regular verbs			
	parler	**réussir**	**attendre**
je/j'	parlerais	réussirais	attendrais
tu	parlerais	réussirais	attendrais
il/elle/on	parlerait	réussirait	attendrait
nous	parlerions	réussirions	attendrions
vous	parleriez	réussiriez	attendriez
ils/elles	parleraient	réussiraient	attendraient

- Any **-er** verbs with spelling changes in their **futur simple** stem have the same changes in the **conditionnel**.

je me promènerai	je me promènerais
j'emploierai	j'emploierais
j'essaierai *or* j'essayerai	j'essaierais *or* j'essayerais
j'appellerai	j'appellerais
je projetterai	je projetterais

- Verbs that have an irregular stem in the **futur simple** have the same stem in the **conditionnel**.

infinitive	conditional	infinitive	conditional	infinitive	conditional
aller	j'irais	faire	je ferais	savoir	je saurais
avoir	j'aurais	falloir	il faudrait	tenir	je tiendrais
courir	je courrais	mourir	je mourrais	valoir	il vaudrais
devoir	je devrais	pleuvoir	il pleuvrait	venir	je viendrais
envoyer	j'enverrais	pouvoir	je pourrais	voir	je verrais
être	je serais	recevoir	je recevrais	vouloir	je voudrais

Vérifiez

Using the conditional

- Use the **conditionnel** to describe hypothetical events.

Vous **pourriez** venir à cinq heures.
You could come at 5 o'clock.

Un jour, j'**aimerais** visiter les Seychelles.
One day, I'd like to visit the Seychelles.

- The **conditionnel** can be used to make polite requests. The verbs most often used in this manner are **aimer**, **pouvoir**, and **vouloir**.

Nous **aimerions** vous poser des questions.
We would like to ask you some questions.

Est-ce que je **pourrais** parler à Bertrand?
May I speak to Bertrand?

Je **voudrais** porter un toast.
I would like to make a toast.

Pardon, monsieur, **auriez**-vous l'heure?
Pardon, sir, would you have the time?

- Conditional forms of **devoir** followed by an infinitive tell what *should* or *ought to* happen. Conditional forms of **pouvoir** followed by an infinitive tell what *could* happen.

Tu **devrais sortir** plus souvent.
You should go out more often.

On **pourrait passer** la matinée au parc.
We could spend the morning at the park.

- Another use for the **conditionnel** is in a clause after **au cas où** (*in case*). Note that English uses the indicative for these phrases.

Apportez de l'argent **au cas où** il y **aurait** encore des tickets à vendre.
Bring some money in case there are still tickets for sale.

Je mettrai des baskets **au cas où** on **irait** à pied au vernissage.
I'll wear sneakers in case we go to the art opening on foot.

- In some cases, the **conditionnel** is used to express uncertainty about a fact.

Selon le journal, il y **aurait** plus de 100 parcs au Texas.
According to the newspaper, there are more than 100 parks in Texas.

Le film dit que nous n'**aurions** plus le temps de sauver la planète.
The movie is saying that we don't have any more time to save the planet.

- The **conditionnel** is used sometimes in the context of the past to indicate what was to happen in the future. This usage is called the *future in the past*.

Pépé a dit qu'il **fêterait** son 95ᵉ anniversaire dans un parc d'attractions.
Gramps said he would celebrate his 95th birthday at an amusement park.

Je pensais que maman **mettrait** mes affaires dans ma chambre, mais elle les a mises dehors.
I thought Mom would put my things in my room, but she put them outside.

- You also use the **conditionnel** as well as the **imparfait** in contrary-to-fact statements to indicate *what would happen* if something else *were to occur*.

Si j'**étais** toi, je **mettrais** des baskets pour aller me promener.
If I were you, I would put on sneakers to take a walk.

On **pourrait** arriver avant l'ouverture **si** Jean-Yves **faisait** la queue pour nous.
We could arrive before the opening if Jean-Yves stood in line for us.

ATTENTION!

To indicate that an event was going to happen in the past, you can also use the verb **aller** in the **imparfait** plus an infinitive.

M. LeFloch a dit qu'il allait bavarder avec un ami.

Mr. LeFloch said he was going to chat with a friend.

BLOC-NOTES

To review **si** clauses, see **Structures 10.3, pp. 356–357.**

Vérifiez

Mise en pratique

1 **À compléter** Complétez la conversation qu'Aurélie a avec ses copains. Employez le conditionnel du verbe le plus logique. Vous pouvez utiliser certains verbes plus d'une fois.

aller	avoir	dire	être	hurler	pouvoir
appeler	devoir	se divertir	faire	mettre	vouloir

GAVIN Qu'est-ce que tu (1) _____ faire pour fêter ton anniversaire?

AURÉLIE Je ne sais pas... Que (2) _____-vous à ma place?

LEENA Moi, j' (3) _____ jouer au bowling avec des copains.

AURÉLIE Je suis nulle au bowling. Je ne me (4) _____ pas.

GAVIN Nous (5) _____ passer une journée au parc d'attractions!

AURÉLIE Non, mes parents m'ont dit que j' (6) _____ si peur des montagnes russes (*roller coasters*) que je (7) _____ sans arrêt. Mes amis ne (8) _____ rien faire pour me calmer.

GAVIN Je vois. Je (9) _____ que tu n'en as pas de bons souvenirs.

LEENA Faisons un pique-nique — ce (10) _____ plus simple.

AURÉLIE Quelle bonne idée! Au cas où il (11) _____ frais, on (12) _____ apporter un gilet (*sweater*).

2 **Si vous étiez là...** Quelle activité pratiqueriez-vous si vous étiez à ces endroits?

Modèle **jouer**

Si j'étais dans un gymnase, je jouerais au basket.

1. **regarder**

2. **prendre**

3. **acheter**

4. **patiner**

5. **faire**

6. **aller voir**

3 **Le loto** Imaginez que vous gagniez à la loterie. Que feriez-vous avec cet argent? Expliquez votre réponse en huit à dix phrases. Utilisez le conditionnel dans chaque phrase.

Communication

4 Un voyage

A. Un de vos amis projette de faire avec sa famille un voyage à Madagascar, que vous avez visité l'an dernier. Il vous demande des conseils sur le logement, la meilleure date de départ et sur les activités possibles là-bas. À deux, jouez les rôles à l'aide des éléments ci-dessous et des informations données dans la Note culturelle.

> **Modèle** —Où devrions-nous rester?
> —Je pense que vous devriez rester à Antananarivo.

aimer	aller au musée	prendre une chambre à l'hôtel
devoir	faire une randonnée	visiter des sites historiques
pouvoir	faire du camping	?
vouloir	nager en piscine/dans l'océan	

Ma sœur, Julie, adore les animaux sauvages et les sciences, surtout la biologie.

Moi, c'est Mike, j'adore l'histoire, l'art, et j'aime aussi beaucoup lire et écrire.

Ma mère, Suzanne, n'aime pas rester dehors trop longtemps parce qu'elle déteste les insectes.

B. Imaginez que d'autres membres de la famille voyagent avec Mike, sa sœur et sa mère. Qu'aiment-ils faire? Qu'aimeraient-ils faire et voir à Madagascar?

5 Que feriez-vous?

Que feriez-vous? Pensez à ce que vous feriez dans ces situations. Discutez de chacune par petits groupes.

Note CULTURELLE

Le meilleur moment pour venir visiter **Madagascar**, c'est en hiver et au printemps, entre juillet et octobre. Pendant cette période, il ne fait pas trop chaud et il pleut moins. Avec sa faune et sa flore uniques au monde, on y appréciera les randonnées, le camping, les parcs nationaux et les réserves naturelles. Pour ceux qui préfèrent l'art et l'histoire, il y a le **Palais de la reine** à **Antananarivo**, la capitale. On peut y visiter plusieurs autres musées et sites historiques, par exemple, le **Musée d'art et d'archéologie** et le **Palais de justice**.

Synthèse

1 Sport ou loisir? Quand un loisir devient-il un sport? Certains, comme en Russie et dans d'autres pays d'Europe, considèrent que la gymnastique et le patinage artistique sont des sports et ils aimeraient voir cette idée plus généralement acceptée. Pour d'autres, ce sont des loisirs. De même, le poker, le golf et le bowling peuvent être vus comme de simples passe-temps ou des sports à part entière.

2 Légitime ou illégitime? Depuis plusieurs années, aux États-Unis comme ailleurs, la copie illégale de musique et de films sur Internet a eu un impact néfaste° sur les industries musicale et du cinéma. D'après certains défenseurs de cette pratique, la raison en est que les produits originaux sont devenus trop chers. D'autres disent que la piraterie est inévitable parce que tout le monde peut copier de la musique et des films confortablement installé chez lui.

harmful

3 Violence et divertissement La violence dans les médias est de plus en plus choquante. Beaucoup de personnes sont préoccupées par l'impact que ces divertissements peuvent avoir sur les enfants et les adultes et voudraient que leur utilisation ait des limites. Leurs créateurs veulent se défendre en disant que ces produits n'influencent ni le comportement de l'utilisateur ni celui du spectateur.

4 L'argent et le jeu Dans la plupart des états d'Amérique du Nord, on peut acheter des tickets de grattage° et jouer au loto. D'un autre côté, il est illégal de jouer aux jeux d'argent, comme on le ferait dans les casinos. Quelle est la différence entre les jeux de hasard des établissements spécialisés et ceux auxquels on peut jouer chez soi?

scratch

1

Qu'avez-vous compris? Répondez aux questions par des phrases complètes.

1. Qu'aimeraient certaines personnes pour la gymnastique et le patinage artistique?

2. Quels sont les causes de la piraterie d'après certains?

3. Que voudraient certaines personnes concernant la violence dans les médias?

4. Dans la plupart des états d'Amérique du Nord, à quoi ne peut-on pas jouer?

2

À votre avis? Par groupes de trois, donnez votre opinion sur les sujets traités dans le texte. Ensuite, défendez-la à l'aide des structures de cette leçon.

3

Vos suggestions Avec le même groupe, choisissez un de ces sujets. Jouez une scène entre trois personnages: deux ont une opinion différente, le troisième est indécis.

Modèle —Pour moi, toutes les activités qui font bouger sont des sports.

—Non, je ne suis pas d'accord. Beaucoup trop d'activités deviendraient des sports, alors.

—Je dois dire que je ne sais pas quoi penser.

Préparation

Vocabulaire de la lecture	Vocabulaire utile
escalader *to climb, to scale*	**un casse-cou** *daredevil*
glisser *to glide*	**se dépasser** *to go beyond one's limits*
grimper à *to climb*	**un frisson** *thrill*
le parapente *paragliding*	**lézarder au soleil** *to bask in the sun*
parcourir *to go across*	**une montée d'adrénaline** *adrenaline rush*
la roche *rock*	**vaincre ses peurs** *to confront one's fears*
sauter *to jump*	
tenter *to attempt; to tempt*	
un(e) vacancier/ère *vacationer*	
voler *to fly*	
un VTT (vélo tout terrain) *mountain bike*	

1 **Journal de vacances** Patrick, un jeune Français qui est en vacances à la Réunion avec des amis, tient un journal (*keeps a diary*). Complétez cet extrait à l'aide des mots de vocabulaire.

> *mercredi 12 juillet*
>
> *Nous voici à la Réunion depuis une semaine. C'est assez calme car il n'y a pas trop de (1) _____ en ce moment. L'île est tellement belle qu'en arrivant, nous avons abandonné l'idée de voyager en bus. Nous avons décidé de (2) _____ l'île en (3) _____ pour mieux profiter des paysages. Véritable (4) _____ qui n'a peur de rien, Gilles a voulu tenter (5) _____ et il a réussi à me convaincre d'essayer aussi. Quelle expérience! On a vraiment l'impression de (6) _____ comme un oiseau. Demain, nous allons escalader le piton de la Fournaise, un des volcans les plus actifs du monde! Après tout ça, je pense qu'on va avoir envie d'aller sur la plage pour (7) _____!*

2 **Les sports extrêmes** Répondez aux questions et comparez vos réponses avec celles d'un(e) camarade.

1. Qu'est-ce que c'est pour vous un sport extrême? Donnez quelques exemples de sports que vous considérez extrêmes.

2. Avez-vous déjà essayé ou bien pratiquez-vous régulièrement un sport extrême? Si oui, lequel? Sinon, aimeriez-vous essayer? Expliquez.

3. Connaissez-vous des endroits dans le monde qui sont réputés pour la pratique des sports extrêmes? Lesquels? Quels sports y pratique-t-on?

3 **À l'écran** Vous regardez la télé? Vous allez souvent au cinéma? Par groupes de trois, faites une liste de quatre films ou émissions de télé dans lesquels figurent des sports extrêmes. Notez les sports pratiqués et dans quel contexte ils sont pratiqués. Comparez vos idées avec celles des autres groupes.

La Réunion, île intense

coconut palms

Aaah! La plage! Les cocotiers°! Les bains de soleil! Des vacances de rêve sur une île de l'océan Indien! Qui ne serait pas tenté? Mais… et s'il y avait autre chose à faire sur l'île de la Réunion? Si vous aimez marcher, grimper, escalader, sauter, glisser, voler… c'est bien à la Réunion, à 800 kilomètres à l'est de Madagascar, qu'il faut aller passer vos prochaines vacances. D'ailleurs, ce n'est certainement pas par hasard qu'on la surnomme «l'île intense».

Il ne fait aucun doute que *lies dormant* l'Indiana Jones qui sommeille° en vous aura envie de pratiquer les nombreuses activités sportives, souvent extrêmes, présentes sur l'île. Il y en a pour tous les goûts.

L'océan, les rivières, les cascades… l'eau est omniprésente. Côté océan, le fly surf ou kite surf est devenu très à la mode. On se sert d'un immense *kite* cerf-volant° pour surfer autant sur l'eau que dans les airs. Côté rivières et cascades, les aventuriers trouveront leur bonheur avec le canyoning. Il existe sur l'île plus de 70 canyons praticables. Certains diront que le canyon du Trou blanc, situé à l'ouest de l'île, est celui qu'il faut absolument essayer. C'est ce qu'on appelle un aqualand naturel, fait de nombreux toboggans° formés dans la *slides* roche. Par contre, les intrépides tenteront de descendre le Trou de Fer, canyon grandiose, situé dans la partie nord de l'île. Il faut deux à trois jours pour le parcourir.

La Réunion est aussi un vrai paradis pour les amateurs de courses d'endurance. Depuis quelques années, elle est le théâtre de plusieurs courses à pied extrêmes. La plus impressionnante est sans aucun doute le Grand Raid, surnommée la Diagonale

Ce n'est certainement pas par hasard qu'on la surnomme «l'île intense».

des Fous. Il s'agit de traverser l'île de part en part°. Le parcours équivaut à° huit marathons classiques. Entre 2.000 et 3.000 concurrents doivent «survivre» à un dénivelé° de presque 1.000 mètres formé par cinq sommets dont le plus haut atteint 2.411 mètres. Les trois quart des participants finissent la course et gagnent alors le fameux t-shirt jaune, «J'ai survécu». *straight through / est égal à* / *difference in altitude*

La Mégavalanche est une autre épreuve sportive° qui est de plus en plus en vogue. Imaginez quelques 200 concurrents qui descendent à grande vitesse une montagne en VTT. Le départ est à 2.200 mètres d'altitude et l'arrivée au bord de la mer. *sports event*

L'île est un lieu idéal pour ceux qui rêvent de voler. Il y a plusieurs choix possibles, dont le parapente, le saut à l'élastique et la tyrolienne. Celle-ci compte de plus en plus d'amateurs. Les gens aiment la sensation que leur procure° la traversée d'un ravin à 100 km/h (*65 m/h*), attachés à un câble. Ils ont le sentiment extraordinaire de voler. *donne*

Enfin, les fous de vulcanologie, aussi bien que les vacanciers en manque de sensations fortes, seront ravis° de leur ascension du piton de la Fournaise. Mais attention aux éruptions! C'est l'un des quatre volcans les plus actifs du monde et l'un des plus impressionants. *très heureux*

Les 2.500 km² de l'île, soit deux fois la taille de la ville de New York, offrent une succession de paysages aussi divers que ceux d'un continent. Cela explique le grand nombre d'activités sportives et de sports extrêmes qu'on peut y pratiquer. Alors, cette petite île perdue au milieu de l'océan Indien mérite le détour, non? Allez! Patience! Plus que quelques heures d'avion, et vous y serez! ∎

Analyse

1 **Compréhension** Répondez aux questions par des phrases complètes.

1. Où se trouve l'île de la Réunion?

2. Pourquoi l'île de la Réunion est-elle surnommée «l'île intense»?

3. Quelle activité mélange l'escalade et l'eau?

4. Quel sport extrême se fait avec un énorme cerf-volant?

5. Qu'est-ce que c'est, le Grand Raid?

6. À quelle course les fans de VTT peuvent-ils participer? Décrivez-la en une phrase.

7. Pour quel sport faut-il utiliser un câble? Décrivez-le.

8. Si on s'intéresse à la vulcanologie, qu'est-ce qu'on peut faire à la Réunion?

2 **En voyage** Répondez aux questions et comparez vos réponses avec celles d'un(e) camarade.

1. L'article vous donne-t-il envie de visiter l'île de la Réunion? Pourquoi?

2. Quand vous voyagez, préférez-vous pratiquer des activités sportives — qu'elles soient extrêmes ou non — ou lézarder au soleil? Pourquoi?

3. Quelles sont les trois choses qui déterminent le plus le choix de votre destination (le climat, l'histoire, les musées, les logements, les restaurants, les prix, les magasins, etc.)? Expliquez.

3 **Le sport en évolution?** La pratique des sports extrêmes est un phénomène grandissant. Aujourd'hui en effet, ils sont de plus en plus populaires, surtout auprès (*with*) des jeunes, et on peut en pratiquer presque partout. Pourquoi, à votre avis? Par petits groupes, discutez de cette évolution.

4 **Pourquoi visiter...** Par petits groupes, choisissez un endroit que vous connaissez et qui offre un grand choix d'activités (sportives ou non). Faites une liste de tout ce qu'on peut y faire et écrivez un article de trois paragraphes. Puis, présentez ce lieu à la classe et expliquez pourquoi il est, à votre avis, l'endroit idéal.

Endroit idéal	Activités
_____	1. _____
	2. _____
	3. _____
	4. _____

Préparation

À propos des auteurs

Jean-Jacques Sempé (1932–) est né à Bordeaux, en France. En 1954, il crée avec René Goscinny une bande dessinée, *Les aventures du Petit Nicolas*. Ensemble, ils écriront cinq romans du petit Nicolas. Depuis 1960, Sempé publie ses propres recueils de dessins humoristiques, comme *Les musiciens* en 1979. C'est aussi en 1979 qu'il commence à dessiner régulièrement pour la couverture du magazine *The New Yorker*. Depuis plus de 60 ans, Sempé crée des œuvres à l'humour subtil pour les enfants et pour les adultes.

René Goscinny (1926–1977) est né à Paris, mais a passé toute son enfance à Buenos Aires, en Argentine. En 1945, il est allé s'installer avec sa mère, aux États-Unis où il a travaillé comme traducteur. Pendant sa carrière, en collaboration avec plusieurs artistes, il a écrit les scénarios de bandes dessinées célèbres, comme *Lucky Luke* avec Morris, *Le Petit Nicolas* avec Jean-Jacques Sempé, *Astérix et Obélix* avec Albert Uderzo. C'est un des scénaristes les plus connus d'Europe. Il est mort à Paris, à l'âge de 51 ans.

Vocabulaire de la lecture		**Vocabulaire utile**
se battre (*irreg.*) *to fight*	**sauf** *except*	**la concurrence** *competition*
chouette *great, cool*	**un sifflet** *whistle*	**le personnage** *character (in a story or play)*
déchirer *to tear*	**souffler** *to blow*	
de nouveau *again*	**surveiller** *to keep an eye on*	
dedans *inside*		
un mouchoir *handkerchief*		
une partie *game, match*		

1 **Définitions** Faites correspondre chaque mot à sa définition.

_____ 1. se disputer

_____ 2. un objet dont se sert l'arbitre

_____ 3. un match

_____ 4. regarder de près

_____ 5. encore une fois

_____ 6. super, excellent

a. surveiller

b. de nouveau

c. se battre

d. une partie

e. un sifflet

f. chouette

2 **Préparation** À quels jeux jouiez-vous avec vos ami(e)s quand vous étiez petit(e)? Quelles sortes de problèmes se présentaient pendant le jeu? Discutez-en avec un(e) camarade de classe.

3 **Discussion** Quel sera le thème de cette lecture? Par groupes de trois, discutez de vos idées.

- Réfléchissez au titre.
- Regardez les illustrations.
- Donnez votre opinion sur ce qui va se passer.

Note CULTURELLE

Il y a 222 aventures du **Petit Nicolas** écrites par **René Goscinny** et illustrées par **Sempé**. Pour écrire ces histoires, **Goscinny** s'est servi du langage plein de charme des enfants. D'ailleurs, beaucoup de jeunes Français connaissent le petit Nicolas et ses aventures. Ils connaissent aussi: Alceste, son meilleur copain; Agnan, le chouchou de la maîtresse (*teacher's pet*); Geoffroy, dont le papa est très riche; Rufus, fils d'un agent de police; Eudes; Clotaire et les autres.

Le **football**

Sempé-Goscinny

Il a fallu décider comment former les équipes, pour qu'il y ait le même nombre de joueurs de chaque côté.

Alceste nous a donné rendez-vous, à un tas de° beaucoup de
copains de la classe, pour cet après-midi dans le
terrain vague°, pas loin de la maison. Alceste c'est vacant lot
mon ami, il est gros, il aime bien manger, et s'il
nous a donné rendez-vous, c'est parce que son papa
5 lui a offert un ballon de football tout neuf° et nous allons faire nouveau
une partie terrible°. Il est chouette, Alceste. fantastique

Nous nous sommes retrouvés sur le terrain à trois heures de
l'après-midi, nous étions dix-huit. Il a fallu décider comment
10 former les équipes, pour qu'il y ait le même nombre de joueurs
de chaque côté.

Pour l'arbitre, ça a été facile. Nous avons choisi Agnan.
Agnan c'est le premier de la classe, on ne l'aime pas trop, mais
comme il porte des lunettes on ne peut pas lui taper dessus°, ce frapper
15 qui, pour un arbitre, est une bonne combine°. Et puis, aucune clever trick
équipe ne voulait d'Agnan, parce qu'il est pas très fort pour le
sport et il pleure trop facilement. Là où on a discuté, c'est quand
Agnan a demandé qu'on lui donne un sifflet. Le seul qui en avait
un, c'était Rufus, dont le papa est agent de police.

20 «Je ne peux pas le prêter, mon sifflet à roulette, a dit
Rufus, c'est un souvenir de famille°.» Il n'y avait rien à faire. heirloom
Finalement, on a décidé qu'Agnan préviendrait° Rufus et Rufus would tell
sifflerait à la place d'Agnan.

«Alors? On joue ou quoi? Je commence à avoir faim, moi!»
25 a crié Alceste.

Mais là où c'est devenu compliqué, c'est que si Agnan était
arbitre, on n'était plus que dix-sept joueurs, ça en faisait un de
trop pour le partage. Alors, on a trouvé le truc: il y en a un qui
serait arbitre de touche° et qui agiterait un petit drapeau, chaque linesman
30 fois que la balle sortirait du terrain. C'est Maixent qui a été
choisi. Un seul arbitre de touche, ce n'est pas beaucoup pour

surveiller tout le terrain mais Maixent court très vite, il a des jambes très longues et toutes maigres, avec de gros genoux sales. Maixent, il ne voulait rien savoir, il voulait jouer au ballon, lui, et puis il nous a dit qu'il n'avait pas de drapeau. Il a tout de même accepté d'être arbitre de touche pour la première mi-temps°. Pour le drapeau, il agiterait son mouchoir qui n'était pas propre, mais bien sûr, il ne savait pas en sortant de chez lui que son mouchoir allait servir de drapeau.

half-time period

«Bon, on y va?» a crié Alceste.

Après, c'était plus facile, on n'était plus que seize joueurs.

Il fallait un capitaine pour chaque équipe. Mais tout le monde voulait être capitaine. Tout le monde sauf Alceste, qui voulait être goal, parce qu'il n'aime pas courir. Nous, on était d'accord, il est bien, Alceste, comme goal; il est très large et il couvre bien le but. Ça laissait tout de même quinze capitaines et ça en faisait plusieurs de trop.

«Je suis le plus fort, criait Eudes, je dois être capitaine et je donnerai un coup de poing° sur le nez de celui qui n'est pas d'accord!

punch

—Le capitaine c'est moi, je suis le mieux habillé!» a crié Geoffroy, et Eudes lui a donné un coup de poing sur le nez.

C'était vrai, que Geoffroy était bien habillé, son papa, qui est très riche, lui avait acheté un équipement complet de joueur de football, avec une chemise rouge, blanche et bleue.

«Si c'est pas moi le capitaine, a crié Rufus, j'appelle mon papa et il vous met tous en prison!»

Moi, j'ai eu l'idée de tirer au sort° avec une pièce de monnaie. Avec deux pièces de monnaie, parce que la première s'est perdue dans l'herbe et on ne l'a jamais retrouvée. La pièce, c'était Joachim qui l'avait prêtée et il n'était pas content de l'avoir perdue; il s'est mis à la chercher, et pourtant Geoffroy lui avait promis que son papa lui enverrait un chèque pour le rembourser. Finalement, les deux capitaines ont été choisis: Geoffroy et moi.

to draw lots

«Dites, j'ai pas envie d'être en retard pour le goûter, a crié Alceste. On joue?»

Après, il a fallu former les équipes. Pour tous, ça allait assez bien, sauf pour Eudes. Geoffroy et moi, on voulait Eudes, parce que, quand il court avec le ballon, personne ne l'arrête. Il ne joue pas très bien, mais il fait peur. Joachim était tout content parce qu'il avait retrouvé sa pièce de monnaie, alors on la lui a demandée pour tirer Eudes au sort, et on a perdu la pièce de nouveau. Joachim s'est remis à la chercher, vraiment fâché, cette fois-ci, et c'est à la courte paille° que Geoffroy a gagné Eudes. Geoffroy l'a désigné comme gardien de but, il s'est dit que personne n'oserait s'approcher de la cage et encore moins° mettre le ballon dedans. Eudes se vexe facilement. Alceste mangeait des biscuits, assis entre les pierres qui marquaient son but. Il n'avait pas l'air

by drawing

much less

content. «Alors, ça vient, oui?» il criait.

On s'est placés sur le terrain. Comme on n'était que sept de chaque côté, à part les gardiens de but, ça n'a pas été facile. Dans chaque équipe on a commencé à discuter. Il y en avait des tas qui voulaient être avant-centres°. Joachim voulait être arrière-droit°, mais c'était parce que la pièce de monnaie était tombée dans ce coin et il voulait continuer à la chercher tout en jouant°.

Dans l'équipe de Geoffroy ça s'est arrangé très vite, parce que Eudes a donné des tas de coups de poing et les joueurs se sont mis à leur place sans protester et en se frottant° le nez. C'est qu'il frappe dur, Eudes!

Dans mon équipe, on n'arrivait pas à se mettre d'accord°, jusqu'au moment où Eudes a dit qu'il viendrait nous donner des coups de poing sur le nez à nous aussi: alors, on s'est placés.

Agnan a dit à Rufus: «Siffle!» et Rufus, qui jouait dans mon équipe, a sifflé le coup d'envoi°. Geoffroy n'était pas content. Il a dit: «C'est malin°! Nous avons le soleil dans les yeux! Il n'y a pas de raison que mon équipe joue du mauvais côté du terrain!»

Moi, je lui ai répondu que si le soleil ne lui plaisait pas, il n'avait qu'à fermer les yeux, qu'il jouerait peut-être même mieux comme ça. Alors, nous nous sommes battus. Rufus s'est mis à souffler dans son sifflet à roulette.

«Je n'ai pas donné l'ordre de siffler, a crié Agnan, l'arbitre c'est moi!» Ça n'a pas plu à Rufus qui a dit qu'il n'avait pas besoin de la permission d'Agnan pour siffler, qu'il sifflerait quand il en aurait envie, non mais tout de même. Et il s'est mis à siffler comme un fou. «Tu es méchant, voilà ce que tu es!» a crié Agnan, qui a commencé à pleurer.

«Eh, les gars!°» a dit Alceste, dans son but.

Mais personne ne l'écoutait. Moi, je continuais à me battre avec Geoffroy, je lui avais déchiré sa belle chemise rouge, blanche et bleue, et lui il disait: «Bah, bah, bah! Ça ne fait rien! Mon papa, il m'en achètera des tas d'autres!» Et il me donnait des coups de pied°, dans les chevilles. Rufus courait après Agnan qui criait: «J'ai des lunettes! J'ai des lunettes!» Joachim, il ne s'occupait de personne, il cherchait sa monnaie, mais il ne la trouvait toujours pas. Eudes, qui était resté tranquillement dans son but, en a eu assez et il a commencé à distribuer des coups de poing sur les nez qui se trouvaient le plus près de lui, c'est-à-dire sur ceux de son équipe. Tout le monde criait, courait. On s'amusait vraiment bien, c'était formidable!

«Arrêtez, les gars!» a crié Alceste de nouveau.

Alors Eudes s'est fâché. «Tu étais pressé de jouer, il a dit à Alceste, eh! bien, on joue. Si tu as quelque chose à dire, attends la mi-temps!»

«La mi-temps de quoi? a demandé Alceste. Je viens de m'apercevoir que nous n'avons pas de ballon, je l'ai oublié à la maison!» ■

Tout le monde criait, courait. On s'amusait vraiment bien, c'était formidable!

Glosses (margin):
- center forwards (115)
- right back
- still playing
- while rubbing
- to come to an agreement (130)
- kick-off (135)
- Nice going!
- guys
- kicks

Analyse

1 **Compréhension** Répondez aux questions.

1. Pourquoi les enfants sont-ils allés sur le terrain vague? Qu'est-ce qui leur a donné cette idée?

2. Qui ont-ils choisi pour arbitre? Pourquoi?

3. Qu'est-ce qui servait de drapeau? Comment était cet objet?

4. Qui voulait être capitaine?

5. Pourquoi Alceste ne voulait-il pas être capitaine?

6. Comment ont-ils choisi les deux capitaines?

7. Quels garçons ont été choisis pour être capitaines?

8. Pourquoi les garçons n'ont-ils pas pu faire une partie de football après tout?

2 **Les personnages** À deux, décrivez le caractère de ces personnages de l'histoire. Comment sont-ils? Qu'est-ce qui les distingue les uns des autres? Ensuite, comparez vos descriptions avec celles de la classe.

1. Alceste   3. Maixent   5. Eudes

2. Agnan   4. Geoffroy   6. Nicolas

3 **Interprétation** À deux, racontez l'essentiel de cette histoire en huit à dix phrases. Utilisez au moins huit verbes de la liste. Comparez votre résumé avec ceux de la classe.

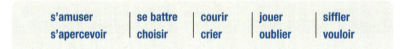

| s'amuser | se battre | courir | jouer | siffler |
| s'apercevoir | choisir | crier | oublier | vouloir |

4 **Discussion** Par groupes de trois, répondez aux questions suivantes pour donner votre opinion sur les personnages principaux.

1. Quel est le personnage que vous aimez le mieux? Pourquoi vous plaît-il?

2. Quel est le personnage que vous aimez le moins? Pourquoi ne vous plaît-il pas?

3. Avez-vous connu des personnes qui ressemblaient aux personnages de cette histoire? Étaient-ce des enfants ou des adultes? Expliquez.

4. Avec quel personnage de l'histoire vous identifiez-vous? Pourquoi?

5 **Rédaction** Racontez une histoire drôle de votre enfance. Suivez le plan de rédaction.

Plan

1 **Organisation** Choisissez l'histoire que vous allez raconter. Faites une liste des événements et mettez-les dans l'ordre chronologique.

2 **Histoire** Racontez les événements dans un paragraphe. Utilisez le discours direct (*direct quotations*) pour ajouter de l'humour à votre histoire.

3 **Conclusion** Terminez votre histoire par une phrase qui en sera la chute (*punch line*).

Les passe-temps

 vhlcentral

Le sport

l'alpinisme (*m.*) *mountain climbing*
un arbitre *referee*
un club sportif *sports club*
une course *race*
un(e) fan (de) *fan (of)*
une patinoire *skating rink*
le saut à l'élastique *bungee jumping*
le ski alpin/de fond *downhill/
cross-country skiing*
un supporter (de) *fan; supporter (of)*

admirer *to admire*
(se) blesser *to injure (oneself); to get hurt*
s'étonner *to be amazed*
faire match nul *to tie (a game)*
jouer au bowling *to go bowling*
marquer (un but/un point) *to score
(a goal/a point)*
siffler *to whistle (at)*

Le temps libre

le billard *pool*
les boules (*f.*)/la pétanque *petanque*
les cartes (*f.*) (à jouer) *(playing) cards*
les fléchettes (*f.*) *darts*
un jeu vidéo/de société *video/board game*
des loisirs (*m.*) *leisure; recreation*
un parc d'attractions *amusement park*
un rabat-joie *killjoy; party pooper*

bavarder *to chat*
se divertir *to have a good time*
faire passer *to spread (the word)*
porter un toast (à quelqu'un)
to propose a toast
se promener *to take a stroll/walk*
valoir la peine *to be worth it*

Les arts et le théâtre

un billet/ticket *ticket*
une comédie *comedy*
une exposition *exhibition; art show*
un groupe *musical group/band*
un(e) musicien(ne) *musician*
une pièce (de théâtre) *(theater) play*
un spectacle *show; performance*
un spectateur/une spectatrice *spectator*
un tableau *painting*
un vernissage *art exhibit opening*

applaudir *to applaud*
faire la queue *to wait in line*
obtenir (des billets) *to get (tickets)*

complet *sold out*
divertissant(e) *entertaining*
émouvant(e) *moving*

Court métrage

un ballon *ball*
un capitaine *captain*
un centre de formation
sports training school
un club *team*
un coup franc *free kick*
un duel *one-on-one*
un entraîneur *coach*
une faute *foul*
un maillot *jersey*
une revanche *revenge*
un terrain (de foot) *(soccer) field*
la veille *day before*
les vestiaires (*m.*) *locker room*

lâcher *to let go*
**vivre quelque chose par l'intermédiaire
de quelqu'un** *to live something
vicariously through someone*
vivre (quelque chose) par procuration
to live (something) vicariously

en pointe *forward, up front*

Culture

un casse-cou *daredevil*
un frisson *thrill*
une montée d'adrénaline *adrenaline rush*
le parapente *paragliding*
la roche *rock*
un(e) vacancier/ère *vacationer*
un VTT (vélo tout terrain) *mountain bike*

se dépasser *to go beyond one's limits*
escalader *to climb, to scale*
glisser *to glide*
grimper à *to climb*
lézarder au soleil *to bask in the sun*
parcourir *to go across*
sauter *to jump*
tenter *to attempt; to tempt*
vaincre ses peurs *to confront one's fears*
voler *to fly*

Littérature

la concurrence *competition*
un mouchoir *handkerchief*
une partie *game, match*
le personnage *character (in a story or play)*
un sifflet *whistle*

se battre *(irreg.)* *to fight*
déchirer *to tear*
souffler *to blow*
surveiller *to keep an
eye on*

chouette *great, cool*
de nouveau *again*
dedans *inside*
sauf *except*

Perspectives de travail

Après avoir fait des études, on est souvent plein d'ambition. On veut réussir sa carrière professionnelle. Mais qu'est-ce que cela veut dire? Faire ce qu'on aime? Avoir un impact positif sur les autres? Pour ceux qui n'ont pas fait d'études, est-ce qu'il y a la possibilité d'une carrière professionnelle? Pourquoi? N'avons-nous pas tous un talent que nous pouvons transformer en une entreprise?

C'est plus facile d'atteindre ses objectifs en travaillant en équipe.

302 COURT MÉTRAGE

Malik et son jeune frère Bilal sont préoccupés par le travail, chacun à sa manière. Dans ce court-métrage de **Bruno Danan**, le nouvel emploi de Malik va le confronter à ses origines, mais l'éthique a-t-elle encore sa place quand votre salaire est en jeu?

308 IMAGINEZ

En **Afrique Centrale**, deux capitales, **Brazzaville** et **Kinshasa**, forment une des plus grandes métropoles francophones du monde. Sur un autre continent, l'agence québécoise **Oui Marketing** présente sa vision de l'industrie de la publicité.

325 CULTURE

L'article, *Des Africaines entrepreneuses*, pulvérise les préjugés au sujet des femmes en **Afrique**. Grâce au micro-financement, un grand nombre d'entre elles peuvent créer leur propre entreprise.

329 LITTÉRATURE

Avec beaucoup d'humour, **Anna Sam** nous montre, dans *Les tribulations d'une caissière*, le quotidien d'une diplômée derrière une caisse de supermarché.

305

326

Destination:
AFRIQUE CENTRALE

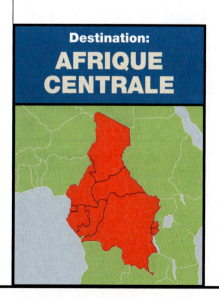

300 POUR COMMENCER
312 STRUCTURES

9.1 Relative pronouns

9.2 The present participle

9.3 Irregular -oir verbs

333 VOCABULAIRE

Le travail et les finances ◁)) **vhl**central

Le monde du travail

une augmentation (de salaire) raise (in salary)
un budget budget
le chômage unemployment
un(e) chômeur/chômeuse unemployed person
un entrepôt warehouse
une entreprise (multinationale) (multinational) company
un(e) fainéant(e) lazybones

une formation training
un grand magasin department store

un poste position, job
une réunion meeting
le salaire minimum minimum wage
un syndicat labor union
une taxe tax
le temps de travail work schedule

avoir des relations (f.) to have connections
démissionner to quit
embaucher to hire
être promu(e) to be promoted
être sous pression (f.) to be under pressure

exiger to demand
gagner sa vie to earn a living
gérer/diriger to manage; to run
harceler to harass
licencier to lay off; to fire
poser sa candidature à/pour to apply for
solliciter un emploi to apply for a job

au chômage unemployed
(in)compétent(e) (in)competent
en faillite bankrupt

Les finances

la banqueroute bankruptcy
une carte bancaire/de crédit debit/credit card
un chiffre figure; number
un compte chèques checking account
un compte d'épargne savings account
la crise économique economic crisis
une dette debt
un distributeur automatique ATM
des économies (f.) savings
un marché (boursier) (stock) market
la pauvreté poverty

les recettes (f.) et les dépenses (f.) income and expenses

avoir des dettes to be in debt
déposer to deposit
économiser to save
investir to invest
profiter de to take advantage of; to benefit from
toucher to get; to receive (a salary)

à court/long terme short-/long-term
disposé(e) (à) willing (to)
épuisé(e) exhausted

financier/financière financial
prospère successful; flourishing

Les gens au travail

un cadre executive
un(e) comptable accountant
un(e) conseiller/conseillère advisor
un(e) consultant(e) consultant
un(e) employé(e) employee
un(e) gérant(e)/un(e) responsable manager
un homme/une femme d'affaires businessman/woman

un(e) membre/un(e) adhérent(e) member
un(e) propriétaire owner
un(e) vendeur/vendeuse salesman/woman

Mise en pratique

1 Au travail Choisissez le meilleur terme pour compléter chaque phrase.

| adhérent | compte d'épargne | fainéant | licencier | promu |
| comptable | dettes | gérant | pression | syndicats |

1. Je suis _____ d'un magasin, je le dirige.
2. Ma patronne m'a _____, je suis donc au chômage.
3. Je dépense plus d'argent que je n'en touche, alors j'ai des _____.
4. Pour économiser, mon ami dépose souvent de l'argent sur son _____.
5. Je veux devenir _____ parce que j'aime travailler avec les chiffres.
6. J'étais heureux d'être _____ avec augmentation de salaire.
7. Je l'ai licencié parce que c'était un _____.
8. Une femme d'affaires est souvent sous _____.

2 Mots croisés Complétez la grille par les mots qui correspondent aux définitions.

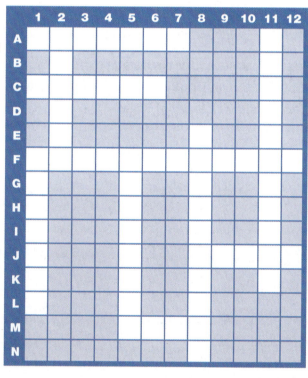

Horizontalement

A. Un rendez-vous entre collègues
C. Calcul des recettes et des dépenses
F. Décider d'abandonner son emploi
J. Elle peut être de crédit ou bancaire
M. Somme à payer au gouvernement sur le prix des objets achetés

Verticalement

1. Prêt à faire quelque chose
2. Très fatigué
5. Association qui défend les intérêts professionnels communs
8. Poser sa candidature
11. Ce qu'on déclare quand on est en faillite

3 Les solutions Discutez de ces problèmes à deux. Ensuite, trouvez des solutions.

A. Après avoir terminé mes études de finances, j'ai obtenu mon premier emploi à la bourse. J'ai perdu ce travail et j'ai de plus en plus de dettes. Je sollicite toutes sortes d'emplois, mais personne ne m'embauche. Faut-il avoir des relations bien placées?

B. Je dirige une entreprise très prospère, et j'ai donc beaucoup d'argent sur mon compte d'épargne. J'ai envie de faire des investissements, mais je ne comprends pas comment ça fonctionne. Quels profits pourrais-je en tirer?

Préparation

Vocabulaire du court métrage

une boîte (de nuit) *(night)club*
un boulot *job* (slang)
des consignes (f.) *instructions*
une poésie *poem*
un portier *bouncer*
un(e) pote *friend, buddy*
raconter *to tell*

récupérer *to recover; to rest*
se rendormir *to go back to sleep*
retirer *to take off*
taper *to hit*
se terminer *to end*

Vocabulaire utile

la boxe *boxing*
faire carrière (dans) *to pursue a career (in)*
pouvoir se regarder dans une glace *to be able to live with oneself*
s'en sortir *to make it*
une tâche *task*
taquiner *to tease*

EXPRESSIONS

donner sa langue au chat *to give up trying to guess something*
être à l'essai *to be on a trial period (at a job)*
faire une sortie avec l'école *to go on a school trip*
point barre *end of story*
savoir s'y prendre *to know how to go about something*

1 **Au bureau** Complétez les phrases à l'aide des mots de vocabulaire.

1. Le contrat de Claire est bientôt fini, il _____ à la fin du mois.
2. Guillaume est très désorganisé. Pour lui, classer des documents et ranger son bureau sont des _____ inutiles et ennuyeuses.
3. Avant de partir en vacances, Hélène laisse toujours des _____ à son assistant.
4. Avant de se mettre au travail, Benoît aime _____ ses chaussures.
5. La patronne de Clément adore parler et _____ des histoires à ses employés.
6. Pignon, écoutez-moi, c'est tout! Faites ce que je vous dis et _____.
7. Émilie sera d'abord _____. Puis, si tout va bien, elle sera embauchée à temps plein.
8. Quand la photocopieuse ne marche pas, il faut _____ sur son flanc (*side*).

2 **Associations** À deux, reliez les éléments des deux colonnes. Soyez logiques!

_____ 1. Puisque tu ne sais pas,
_____ 2. Les enfants t'adorent,
_____ 3. Si tu travailles bien à l'école,
_____ 4. Si tu veux faire carrière dans un domaine particulier,
_____ 5. Tu es fatigué,
_____ 6. Quand tu n'as pas honte de tes actions,

a. ...va récupérer!
b. ...tu dois vraiment être passionné.
c. ...tu sais vraiment t'y prendre pour leur parler.
d. ...tu peux te regarder dans une glace.
e. ...donne ta langue au chat.
f. ...ce sera plus facile de t'en sortir dans ta vie adulte.

3 **Le travail** En petits groupes, répondez aux questions.

1. Pensez-vous qu'il soit important d'aimer son travail? Expliquez.

2. Les gens autour de vous aiment-ils leur travail en général? Qu'est-ce qui semble rendre leur profession plus ou moins agréable?

3. D'après vous, quels sont les problèmes que les gens rencontrent le plus souvent dans leur travail?

4. Comment imaginez-vous votre propre vie professionnelle? Dans quel domaine allez-vous essayer de faire carrière et pourquoi?

5. Pourriez-vous garder un emploi qui serait en opposition avec vos valeurs?

6. Est-ce qu'il y a des emplois qui peuvent avoir un impact négatif sur votre vie privée ou ne pas être appréciés par votre famille?

4 **Enquête** Qu'est-ce que c'est, l'emploi idéal? À deux, demandez à vos camarades d'évaluer l'importance (de 1 à 3) de ces critères, puis commentez les résultats en paires.

Critères

- Un bon salaire
- La taille de l'entreprise
- Des projets motivants
- Des tâches variées
- Un bureau ou un équipement moderne
- De bons horaires
- Un(e) patron(ne) compréhensif/-ive

- Un vrai esprit d'équipe
- Des collègues sympas
- La tolérance et le respect de la diversité
- Pouvoir rester soi-même
- Avoir le sentiment de faire un travail utile
- Autre (précisez)

5 **Les lycéens et l'emploi** À deux, posez-vous ces questions. À défaut de pouvoir (*If you cannot*) répondre personnellement à certaines questions, parlez d'une de vos connaissances.

1. As-tu actuellement (*currently*) un job après l'école et/ou pendant le week-end? Si oui, que fais-tu? As-tu eu des difficultés à obtenir ce travail?

2. As-tu déjà été candidat(e) à un emploi pour lequel tu n'as pas été sélectionné(e)? Si oui, comment expliques-tu ce rejet?

3. Est-ce plutôt facile ou difficile de trouver un travail quand on est lycéen(ne) dans ta ville ou ton village? Quels facteurs semblent jouer un rôle dans le processus de sélection? Quels types d'emploi sont généralement accessibles aux lycéen(ne)s?

6 **Anticipez** En petits groupes, imaginez ce que ce personnage fait comme travail et les responsabilités qu'il a dans la vie. A-t-il l'air heureux? Quels problèmes professionnels peut-il avoir?

vhlcentral

INTRIGUE *Il encourage son jeune frère Bilal à exprimer son originalité à l'école, mais Malik défendra-t-il sa propre identité dans son nouveau travail?*

MALIK La petite Juliette, elle est toujours amoureuse de toi?
BILAL N'importe quoi…
MALIK La prof m'a dit que vous vous étiez fait des bisous…
BILAL Non.
MALIK Vas-y, montre-moi comment elle t'a fait un bisou…

MALIK «Elles sont parties?»
BILAL Féminin?
MALIK Féminin quoi?
BILAL Féminin pluriel?
MALIK Et ça se termine comment alors?
BILAL Ah oui! «ies»
MALIK Ben ouais, ce n'est pas compliqué!

PATRON Merci… Bon, c'était du bon boulot ce soir… Tu sais t'y prendre, ça va… Il ne devrait pas y avoir de problème pour la suite. Tiens.
MALIK Merci.
PATRON Bon, à demain alors?
MALIK Tchao.
PATRON Bonsoir.

MALIK C'est mieux si tu racontes quelque chose sur toi… Et si tu essaies de le faire avec des rimes…
BILAL C'est dur, les rimes…
MALIK Mais justement, c'est ça qui fera ton originalité!
BILAL Je ne sais pas trop…
MALIK …Mais essaye!

MALIK Bonsoir… Vous êtes ensemble?
COUPLE Heu… Ouais!
MALIK Désolé, ce ne sera pas possible pour ce soir…
FEMME C'est quoi ce délire°?…
MALIK N'insistez pas, c'est négatif.

MALIK Il est trop tôt, rendors-toi!
BILAL C'est pour ma poésie. Il faut que je la récite devant la classe aujourd'hui.
MALIK Bon, ben vas-y.
BILAL C'est une chauve-souris°, il dort le jour et vit la nuit… Tu dors? Bonne nuit Malik.

C'est quoi ce délire? *What's going on here?* **chauve-souris** *bat*

Analyse

1 **Compréhension** Dites si ces phrases sont vraies ou fausses. Corrigez les fausses.

1. Au début du film, Malik et Bilal jouent ensemble aux jeux vidéo.

2. Malik travaille au club depuis longtemps.

3. Les habitués du club sont plutôt blancs.

4. Quand Malik et Bilal sont ensemble, ils parlent beaucoup du club.

5. Malik pense que Bilal doit écrire une poésie sur les animaux.

6. Malik explique pourquoi il refuse l'entrée du couple et de leur ami au club.

7. L'homme et la femme insistent pour parler au patron du club.

8. Le patron de Malik trouve qu'il a eu raison de se mettre en colère.

2 **L'histoire** À deux, remettez les événements du court métrage dans le bon ordre. Puis utilisez ces phrases comme point de départ pour un résumé plus détaillé de l'histoire.

_____ 1. Malik fait bien son travail de portier et son patron est content.

_____ 2. Malik refuse l'entrée du club à un couple accompagné d'un jeune homme d'origine maghrébine.

_____ 3. Bilal regarde Malik s'entraîner à la salle de boxe.

_____ 4. Malik taquine Bilal au sujet de Juliette.

_____ 5. Bilal récite sa poésie à Malik.

_____ 6. Malik et Bilal discutent de la poésie que Bilal doit écrire pour l'école.

_____ 7. Malik aide Bilal à faire ses devoirs de grammaire.

3 **Interprétation** À deux, répondez aux questions et justifiez vos réponses.

1. Est-ce que Malik s'occupe bien de son petit frère?

2. À quoi Malik pense-t-il quand il se rase?

3. Pourquoi est-ce que Bilal admire Malik? Justifiez votre réponse.

4. Est-ce que Bilal a suivi les conseils de Malik pour écrire sa poésie?

5. Pourquoi l'homme qui se présente au club demande-t-il à Malik si «son boulot, [c'est] de ne pas [le] reconnaître»? Malik connaît-il cet homme?

4 **Professionnel** En petits groupes, comparez le comportement de Malik au travail et dans sa vie privée. Comment sont ses vêtements? Son attitude? Essayez de trouver le plus de différences possible.

5 **Le dilemme** Malik se conforme au racisme de son patron, ce qui lui pose un sérieux conflit identitaire. En petits groupes, discutez de sa situation.

- Comprenez-vous les raisons pour lesquelles il veut garder ce poste?
- Feriez-vous les mêmes choix si vous étiez à sa place?
- Dans sa situation, auriez-vous comme lui des difficultés à vous regarder dans une glace?
- Que lui conseilleriez-vous de faire maintenant?
- Pourquoi certaines personnes gardent-elles parfois des postes qu'elles n'aiment pas?

6 **Une soirée sans incident** Vous faites partie du comité en charge de l'organisation de la prochaine fête du lycée et vous voulez être sûr(e)s que tout va bien se passer.

A. À deux, écrivez une offre d'emploi pour recruter du personnel de sécurité. Décrivez les responsabilités de ce poste et expliquez les qualités que vous recherchez.

B. Préparez une petite scène d'entretien d'embauche (*job interview*) où l'un d'entre vous fait partie du comité et l'autre est un candidat potentiel. Le candidat est-il embauché? Soyez prêt(e)s à jouer la scène pour la classe.

7 **Le travail en chanson**

A. En petits groupes, choisissez un des extraits de chanson suivants. Identifiez son message principal avant de simplifier ce que dit le chanteur avec vos propres mots.

1. Extrait de *Le travail, c'est la santé* par Henri Salvador et Maurice Pon:

«Hommes d'affaire et meneurs de foule
Travaillent à en perdre la boule
Et meurent d'une maladie de cœur,
C'est très rare chez les pétanqueurs.

(Refrain)

Le travail, c'est la santé.
Rien faire, c'est la conserver.
Les prisonniers du boulot
Ne font pas de vieux os (*bones*).»

2. Extrait de *Il changeait la vie* par Jean-Jacques Goldman:

«C'était un professeur, un simple professeur,
Qui pensait que savoir était un grand trésor,
Que tous les moins que rien n'avaient, pour s'en sortir,
Que l'école et le droit qu'a chacun de s'instruire.

(Refrain)

Il y mettait du temps, du talent et du cœur.
Ainsi passait sa vie au milieu de nos heures.
Et loin des beaux discours, des grandes théories,
À sa tâche chaque jour, on pouvait dire de lui: il changeait la vie.»

B. Ensuite, organisez un débat sur le thème: Qu'est-ce qui est le plus important? Le travail ou la vie privée? Divisez la classe en deux camps et utilisez les chansons, le court métrage et votre expérience personnelle pour trouver des arguments.

vhlcentral | *Galerie de créateurs*

IMAGINEZ L'AFRIQUE

Brazzaville et Kinshasa

Imaginez un fleuve majestueux en plein cœur° de l'Afrique et deux cités qui se dressent° fièrement, de part et d'autre°. Ce fleuve, c'est le **Congo**, et ces villes, ce sont **Brazzaville** et **Kinshasa**. Sur la rive droite, Brazzaville, la capitale de la **République du Congo**. Sur la rive gauche, Kinshasa, la capitale de la **République démocratique du Congo** ou **RDC**. Pour différencier ces deux pays, on les appelle souvent **Congo-Brazzaville** et **Congo-Kinshasa**. Leur histoire est parallèle, mais pas identique: durant la période coloniale, le Congo-Brazzaville appartenait à la **France**, alors que le Congo-Kinshasa était **belge**. À l'époque, la capitale du Congo-Kinshasa se nommait **Léopoldville**. Pendant une quinzaine d'années, le Congo-Kinshasa s'est aussi appelé **Zaïre**. Brazzaville et Kinshasa ont donc en commun leur culture francophone. Elles sont aussi réunies par le Congo, qu'on peut facilement traverser en bateau. Les jeunes **Brazzavillois** par exemple préfèrent souvent étudier à Kinshasa. Comme les **Kinois** sont beaucoup plus nombreux, eux aussi font le trajet en sens inverse.

Brazzaville a été fondée en 1880 par un explorateur français et a su préserver son patrimoine architectural historique. Pensez à visiter la **basilique sainte Anne du Congo**, dont la toiture° verte change de couleur avec la lumière, la **Case des messageries fluviales**, une très belle case° coloniale sur pilotis° qui abritait les bureaux des messageries fluviales, et le **port des pêcheurs de Yoro**, le site du village précolonial. Brazzaville est aussi intéressante pour ses marchés très animés. Près de la poste, vous trouverez de l'artisanat: sculptures en cuivre° ou en bois,

vannerie°, bijoux… Goûtez aussi à un plat typique, comme le **saka-saka**, à base de feuilles de manioc°, ou le poulet en sauce à la noix de palme°.

De l'autre côté du fleuve, Kinshasa offre plusieurs points de vue splendides sur le Congo. La **promenade de la Raquette**, promenade plantée d'arbres qui borde le fleuve, est réputée pour ses magnifiques couchers de soleil°. Un autre quartier agréable est celui de la résidence présidentielle, sur le **Mont Ngaliema**. On peut y voir des jardins fleuris, des fontaines, un théâtre de verdure° et même un zoo. Tout près, toujours dans la commune de **Ngaliema**, se trouve le quartier du **Mont Fleury**, qui doit° son nom de «**Beverly Hills de Kinshasa**» à ses riches villas. Parmi les sites historiques de Kinshasa, citons le «**Wenge**» de **Selembau**, un arbre plusieurs fois centenaire°. Si vous aimez l'art, rendez-vous à l'**Académie des beaux-arts**, fondée en

Une vendeuse d'huile de palmier, sur le Congo

D'ailleurs…

Ensemble, Brazzaville et Kinshasa forment la plus grande agglomération urbaine d'Afrique subsaharienne. Cette grande métropole totalise plus de 13.000.000 habitants, ce qui en fait aussi le plus grand centre urbain du monde francophone, encore plus grand que Paris.

La ville de Brazzaville

cœur centre se dressent *stand* de part et d'autre de chaque côté toiture *roofing*
case maison pilotis *stilts* cuivre *copper* vannerie *basketry* feuilles de manioc
cassava leaves noix de palme *palm nut* couchers de soleil *sunsets* théâtre de verdure
théâtre en plein air doit *owes* centenaire âgé de cent ans

ENTRALE

1943, où les artistes vendent leurs œuvres. Mais que vous passiez par Kinshasa ou par Brazzaville, surtout ne limitez pas votre visite à ces deux villes: beaucoup de surprises vous attendent aussi aux alentours°!

alentours *surroundings*

Le français parlé en Afrique Centrale

Brazzaville

À tout moment!	À la prochaine!
une coiffe	une coupe de cheveux; *haircut*
méchant	fort
mystique	bizarre
la neige	une pluie très fine
varier	s'énerver

Kinshasa

un américain	un original, non-conformiste
casser le bic	ne plus faire d'études
un chiklé	un chewing-gum
griffé(e)	bien habillé(e)
le palais	la maison
le radio-trottoir	la rumeur
le retour	la monnaie

Découvrons l'Afrique Centrale

Écrans noirs Depuis sa création à **Yaoundé**, au **Cameroun**, en 1997, le festival **Écrans noirs** est devenu une manifestation importante pour les cinéphiles d'**Afrique Centrale**. Il contribue surtout à la promotion et à la diffusion du cinéma francophone africain, mais aussi de films venant° d'autres pays francophones, non africains. Chaque année, l'**Écran d'honneur** est attribué à un professionnel africain de cinéma pour l'ensemble de son œuvre. Le réalisateur Mwezé Gangura l'a reçu en 2017.

BDEAC La **Banque de développement des États de l'Afrique Centrale**, créée en 1975, est une institution de financement dont les états membres sont le Cameroun, la République Centrafricaine, le Congo, le Gabon, la Guinée-Équatoriale et le Tchad. Sa mission est d'aider au développement social et économique de ces pays. Elle intervient donc dans des secteurs très variés, aussi bien publics que privés, comme les infrastructures, l'agriculture ou l'industrie.

Les forêts tropicales du Gabon Le **Gabon** a de vastes forêts tropicales. Malgré une exploitation intensive, les deux tiers° des

forêts existent encore. L'arbre le plus exploité de cette forêt est l'**okoumé**, qui ne pousse° qu'au Gabon, en Guinée et au Congo. On l'a utilisé dans la construction de la **Bibliothèque nationale de Paris** et du train **Eurostar**, et on en fait aussi du contreplaqué°.

Esther Kamatari C'est une femme à plusieurs facettes°. Elle est née et a grandi au **Burundi**. En 1964, son père, le prince, est assassiné et elle s'exile en France à la fin de ses études, en 1970. À Paris, elle sera le premier mannequin° noir à travailler en  France. Mais la princesse Kamatari ne s'arrête pas là: elle participe activement à plusieurs associations humanitaires et en 2004, elle se présente aux élections présidentielles du Burundi. Depuis 2015 elle représente Guerlain, maison avec laquelle elle a developé un maquillage destiné aux femmes africaines.

venant *coming* **tiers** *third* **pousse** *grows* **contreplaqué** *plywood*
à plusieurs facettes *multi-faceted* **mannequin** *model*

Qu'avez-vous appris?

1 **Associez** Indiquez les définitions de la colonne de droite qui correspondent aux mots et aux noms de la colonne de gauche.

1. _____ Kinshasa

2. _____ Brazzaville

3. _____ Brazzaville et Kinshasa

4. _____ Écrans noirs

5. _____ la BDEAC

6. _____ l'okoumé

a. l'arbre le plus exploité de la forêt gabonaise

b. le plus grand centre urbain du monde francophone

c. une institution qui aide au développement social et économique des pays d'Afrique Centrale

d. la capitale de la République du Congo

e. la capitale de la République démocratique du Congo

f. une manifestation importante pour les cinéphiles d'Afrique Centrale

2 **Complétez** Complétez chaque phrase logiquement.

1. Les deux capitales Brazzaville et Kinshasa ont en commun…

2. À Brazzaville, les sites historiques à visiter sont…

3. … sont des plats congolais typiques.

4. Pour se promener à Kinshasa, il faut aller…

5. Parmi les sites historiques de Kinshasa, il y a…

6. Esther Kamatari a été le premier...

Projet

Un reportage photo

Imaginez que vous soyez photographe pour une grande revue géographique. Recherchez toutes les informations dont vous avez besoin pour écrire un article sur la nature en Afrique Centrale.

- Choisissez trois sites naturels exceptionnels.
- Trouvez des photos qui représentent le patrimoine naturel de ces sites.
- Montrez ces photos à la classe et expliquez pourquoi vous les avez choisies.

ÉPREUVE

Trouvez la bonne réponse.

1. _____ sépare Kinshasa et Brazzaville.
   a. Un grand lac
   b. Une forêt tropicale
   c. Un fleuve
   d. Un canyon

2. Le Zaïre est l'ancien nom _____.
   a. du Congo-Brazzaville
   b. de Léopoldville
   c. du fleuve Congo
   d. du Congo-Kinshasa

3. Kinshasa a _____ d'habitants que Brazzaville.
   a. beaucoup plus
   b. autant
   c. moins
   d. un peu plus

4. Brazzaville a été fondée en _____ par un explorateur français.
   a. 1800
   b. 1900
   c. 1880
   d. 1770

5. Kinshasa offre plusieurs _____ sur le Congo.
   a. ponts
   b. parcs
   c. ports
   d. points de vue splendides

6. Chaque année, _____ est attribué à un professionnel africain de cinéma pour l'ensemble de son œuvre.
   a. l'Écran noir
   b. l'Écran d'honneur
   c. l'Écran prometteur
   d. l'Écran d'or

7. La BDEAC finance les projets de _____.
   a. pays africains membres
   b. banques étrangères
   c. pays non africains
   d. membres européens

8. Les _____ de la forêt du Gabon existent encore.
   a. trois quarts
   b. un quart
   c. trois tiers
   d. deux tiers

9. Esther Kamatari est une femme à plusieurs facettes car _____.
   a. c'est une princesse
   b. elle vit au Burundi et en France
   c. elle a travaillé dans la mode, la politique et l'humanitaire
   d. elle est mannequin

10. À Kinshasa, quand on casse le bic, on _____.
    a. ne fait plus d'études
    b. est un original
    c. part très loin
    c. s'énerve

Le Zapping

1. Comment définissez-vous le mot «marketing»? Qu'évoque ce concept, pour vous? S'applique-t-il uniquement aux biens de consommation et aux services ou bien peut-on aussi parler de «marketing» en ce qui concerne les personnes?

2. Dans le monde du travail, quelles stratégies de «marketing» peut-on employer pour plaire à un employeur potentiel? Citez-en quelques exemples.

Oui Marketing: La pensée inversée

L'agence Oui Marketing est une agence de marketing québécoise fondée en 1999 et basée dans la ville de Montréal. Elle se spécialise dans les domaines suivants: analyse de marque, marketing interactif, design Web et campagnes publicitaires, entre autres. Dans la vidéo que vous allez voir, qui s'agit d'un clip de promotion pour l'agence elle-même, celle-ci explique sa conception de la publicité grâce à une technique de communication innovante et audacieuse appelée la «pensée inversée».

Publicité de Oui Marketing

Voyons les choses du bon côté.

Vocabulaire utile

le rayonnement des marques	*the big brands' influence*
avoir pour mandat	*to have a mandate to*
acharné	*relentless, fierce*
le pouvoir d'achat	*purchasing power*
prendre le dessus	*to get the upper hand*
se fier à	*to rely on, to trust*

Compréhension Répondez aux questions par des phrases complètes.

1. D'après la première partie de la vidéo, quel est le but des publicitaires aujourd'hui? Et dans la deuxième partie, contre quoi se battent les publicitaires?

2. Quelles sont les deux visions contradictoires présentées dans la vidéo au sujet de la technologie?

3. Dans la deuxième partie de la vidéo, comment sont décrites les créations développées par les annonceurs?

Discussion Discutez en petits groupes puis avec la classe.

1. Oui Marketing utilise la technique de la «pensée inversée» pour présenter deux façons de concevoir le marketing. Décrivez ces deux visions et discutez-en. Que pensez-vous de la vidéo et de la technique de communication employée par Oui Marketing? Si vous étiez un employeur, auriez-vous envie d'embaucher l'agence Oui

Marketing pour créer une campagne publicitaire pour vos produits ou vos services? Justifiez votre réponse.

2. Avec laquelle de ces deux déclarations contradictoires êtes-vous d'accord? Justifiez votre opinion. «L'individu perd toute valeur sans un pouvoir d'achat.» «Un pouvoir d'achat perd toute valeur sans l'individu.»

Application Votre campagne marketing

Si vous étiez à la recherche d'un emploi, comment feriez-vous votre propre «marketing» lors d'un entretien avec un employeur potentiel? Que diriez-vous pour le convaincre de vous embaucher? Quelles qualités et expériences mettriez-vous en avant? Préparez votre campagne marketing et présentez-la à la classe.

vhlcentral

9.1 # Relative pronouns

*Les rimes... c'est **ce qui** fera ton originalité.*

- Relative pronouns link two clauses containing a common element to form a single complex sentence. The relative pronoun used depends on the grammatical function of the noun it replaces. This noun is called the *antecedent*.

Qui, que, dont and où

- In the sentences below, the common element, or antecedent, is **l'employé**. Because **l'employé** is the subject of the second sentence, the relative pronoun **qui** replaces it.

On a renvoyé **l'employé**.

They fired the employee.

+ **L'employé** était un fainéant.

The employee was lazy.

On a renvoyé l'employé **qui** était un fainéant.

They fired the employee who was lazy.

- The relative pronoun **que** replaces a direct object.

Le poste est excellent.

The job is excellent.

+ J'ai trouvé **le poste**.

I found the job.

Le poste **que** j'ai trouvé est excellent.

The job that I found is excellent.

- A past participle that follows the relative pronoun **que** agrees in gender and number with its antecedent.

La tarte **que** tu as **faite** était délicieuse.
The pie that you made was delicious.

- The relative pronoun **dont** replaces an object of the preposition **de**.

On a eu **la réunion**.

We had the meeting.

+ Je t'ai parlé **de la réunion**.

I talked to you about the meeting.

On a eu la réunion **dont** je t'ai parlé.

We had the meeting (that) I talked to you about.

- Since the preposition **de** can indicate possession, **dont** can mean *whose*.

La femme **dont** le mari est soldat est arrivée en avance.
The woman, whose husband is a soldier, arrived early.

ATTENTION!

In English, relative pronouns can sometimes be omitted. Relative pronouns cannot be omitted in French.

Le chat que j'ai perdu est noir et blanc.

The cat (that) I lost is black and white.

- The relative pronoun **où** can stand for a place or a time, so it can mean *where* or *when*.

  C'est un musée **où** on peut voir de l'art moderne.
  It's a museum where you can see modern art.

  Téléphone-moi au moment **où** elle arrive.
  Call me the moment that (when) she arrives.

🔊 **Vérifiez**

Lequel, laquelle, lesquels, lesquelles

- Use **lequel** as a relative pronoun to replace the object of a preposition. Note that the preposition is retained and always precedes the relative pronoun.

BLOC-NOTES

To review all the forms of **lequel**, see **Structures 1.3, pp. 24–25**.

  J'ai un outil **avec lequel** je peux réparer ta voiture.
  I have a tool with which I can fix your car.

  C'est la raison **pour laquelle** je suis venu.
  This is why (the reason for which) I came.

- Remember that **lequel** and its forms **laquelle**, **lesquels**, and **lesquelles** agree in gender and number with the objects they represent. Remember, too, that when **lequel** combines with **à** or **de**, contractions may be formed.

With *à*	With *de*
auquel	duquel
auxquels	desquels
auxquelles	desquelles

- The relative pronoun **lequel** usually does not refer to people. If the object of the preposition is human, use the relative pronoun **qui** along with the preposition.

C'est l'ordinateur **sur lequel** je travaille.	*but*	C'est la femme **avec qui** je travaille.
This is the computer on which I work.		*This is the woman with whom I work.*

🔊 **Vérifiez**

Indefinite relative pronouns: *ce qui, ce que,* and *ce dont*

- If a relative pronoun refers to an unspecified antecedent, use **ce que**, **ce qui**, or **ce dont**, which often mean *what*.

Le problème **qui** m'inquiète, c'est le chômage.	**Ce qui** m'inquiète, c'est le chômage.
The problem that worries me is unemployment.	*What worries me is unemployment.*
Le sport **que** je préfère, c'est le ski.	**Ce que** je préfère, c'est le ski.
The sport that I prefer is skiing.	*What I prefer is skiing.*
Le chien **dont** elle a peur, c'est un caniche.	**Ce dont** elle a peur, c'est un caniche.
The dog that she's afraid of is a poodle.	*What she's afraid of is a poodle.*

🔊 **Vérifiez**

Mise en pratique

1 **À choisir** Choisissez le bon mot pour compléter la phrase.

1. Je viens de voir le chef d'entreprise _____ a le plus d'employés dans la ville.

   a. qui   b. que   c. dont

2. La banque _____ j'avais mis toutes mes économies a brûlé!

   a. laquelle   b. dont   c. où

3. Le directeur commercial _____ l'entreprise a embauché est incompétent.

   a. que   b. duquel   c. auquel

4. C'est la réunion pendant _____ Paulette a parlé de son projet.

   a. qui   b. que   c. laquelle

5. Nous avons dépensé l'argent _____ nous devions payer le loyer.

   a. que   b. avec lequel c. lequel

6. Cette femme cadre _____ on nous a parlé avant-hier sera bientôt licenciée.

   a. dont   b. laquelle   c. qui

2 **À compléter** Complétez le paragraphe à l'aide des pronoms relatifs de la liste. Un des pronoms est utilisé deux fois.

auquel	dont	où	que
avec qui	duquel	pour laquelle	qui

Notre compagnie, (1) _____ s'occupe d'import-export, nous a demandé d'aller voir un client à Kinshasa. Le patron souhaitait que nous fassions connaissance avec ce client. C'est la raison (2) _____ il nous a envoyés à Kinshasa, le mois dernier. Après avoir travaillé, nous avons fait un tour de bateau sur le fleuve Congo. Les collègues (3) _____ je suis monté sur le bateau ont eu peur de tomber à l'eau. Mais nous avons tous été enchantés de cette journée en plein air. L'hôtel (4) _____ nous étions descendus avait un restaurant (5) _____ la cuisine était délicieuse. J'ai choisi le plat (6) _____ mon amie congolaise m'avait recommandé avant le départ. Le meilleur moment, (7) _____ nous pensons encore mes collègues et moi, est celui (8) _____ nous avons tous été pris en photo, au restaurant, avec notre client congolais.

3 **À lier** Liez (*Connect*) les deux phrases avec le bon pronom relatif.

Modèle   **L'entreprise est prospère. Je dirige l'entreprise.**
             L'entreprise que je dirige est prospère.

1. J'ai beaucoup d'économies. J'ai gardé mes économies à la maison.

2. La vendeuse a déménagé hier. Elle habitait à côté de chez moi.

3. Mes collègues ont suivi une formation en informatique. J'avais envie de suivre cette formation.

4. Le poste est encore libre. Je rêve de ce poste.

5. Cette entreprise est en faillite. Ils s'occupent de cette entreprise.

6. Ce projet est un succès. J'ai travaillé sur ce projet.

Note CULTURELLE

Le **fleuve Congo**, qui prend sa source à 1.435 mètres d'altitude, est le deuxième fleuve d'**Afrique** par sa longueur, après le **Nil**. Il est aussi le deuxième du monde par son débit (*flow rate*), après l'**Amazone**. Il traverse six pays d'Afrique Centrale: principalement le Congo et la RDC, mais aussi l'Angola, le Cameroun, la République Centrafricaine, la Zambie et la Tanzanie.

Communication

4 **Une future rencontre** Vous avez fini vos études il y a quelques années et vous rencontrez un(e) ancien(ne) camarade de classe dans la rue. Vous parlez de ce qui est arrivé depuis votre dernière rencontre. À deux, créez la conversation à l'aide des éléments de la liste.

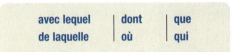

| avec lequel | dont | que |
| de laquelle | où | qui |

Modèle —Tu te souviens de Richard? Il est propriétaire d'une entreprise dont les profits n'arrêtent pas d'augmenter!

—Et as-tu revu Sabrina? Elle est gérante du grand magasin qui vient d'ouvrir au centre-ville.

5 **Vos camarades** Sur une feuille de papier, notez les noms de quelques camarades de classe. Pour chacun(e), écrivez une phrase pour le/la décrire à l'aide d'un pronom relatif. Ensuite, partagez vos phrases avec le reste de la classe.

Valérie	Valérie appartient au groupe d'élèves avec qui je sors souvent.

6 **Votre premier travail** Par petits groupes, décrivez votre premier travail à l'aide de ces éléments. Vos camarades de classe vous poseront des questions qui contiennent des pronoms relatifs. Vous n'avez jamais eu d'emploi? Parlez de votre premier jour à l'école.

Modèle —Quelle est la personne dont tu te souviens le mieux?

—Mon patron. C'était la personne avec qui je m'entendais le mieux.

Au travail:
- votre patron(ne)
- vos collègues
- votre temps de travail
- vos clients

À l'école:
- votre professeur
- vos camarades
- votre emploi du temps
- vos devoirs

9.2

The present participle

Sachant *que son travail l'oblige à discriminer,*
Malik a du mal à se regarder dans une glace.

- To form the present participle, drop the **-ons** ending from the **nous** form of the present tense of a verb and replace it with **-ant**.

Present participles of some common verbs		
Infinitive	***Nous* form**	**Present participle**
aller	all~~ons~~	all**ant**
boire	buv~~ons~~	buv**ant**
choisir	choisiss~~ons~~	choisiss**ant**
écrire	écriv~~ons~~	écriv**ant**
faire	fais~~ons~~	fais**ant**
lire	lis~~ons~~	lis**ant**
parler	parl~~ons~~	parl**ant**
prendre	pren~~ons~~	pren**ant**
sortir	sort~~ons~~	sort**ant**
vendre	vend~~ons~~	vend**ant**
venir	ven~~ons~~	ven**ant**

- There are only three irregular present participles in French. They are considered irregular because they are *not* based upon the **nous** forms of the present tense.

Infinitive	**Present participle**
être	étant
avoir	ayant
savoir	sachant

Étant *très sociable, elle a présenté*
son cousin à son petit ami.

Uses of present participles

- Present participles are usually the equivalent of English verbs ending in *-ing*. They are typically preceded by the preposition **en**, meaning *while* or *by*.

  Il lui a indiqué le chemin **en regardant** le plan du quartier.
  He gave her directions while looking at the map of the neighborhood.

- Use the present participle to say what caused something or how something occurred.

  Gérard s'est cassé le bras **en tombant** du toit.
  Gérard broke his arm by falling off of the roof.

- **En** + [*present participle*] can also mean that something is done *as soon as* something else happens. In this case, it is often the equivalent of the English expression *upon* + the *-ing* form of a verb.

  Il va téléphoner **en arrivant** à la gare.
  He's going to call upon arriving at the station.

- Use the expression **tout en** to emphasize that two unrelated actions are taking place simultaneously.

  Il conduit **tout en mangeant** un sandwich.
  He's driving while eating a sandwich.

- When a present participle is used as an adjective, it agrees in gender and number with the noun it modifies.

  Nous n'avons pas d'eau **courante**!   Ces filles sont **charmantes**.
  We don't have any running water!   *These girls are charming.*

- Present participles used as adjectives usually correspond to English words ending in *-ing*. Depending on the interpretation of the adjective, however, this is not always the case.

  Nous avons vu un film **amusant**.
  We saw a funny (amusing) movie.

- Present participles can sometimes be used as nouns. These nouns are often professions or other words that refer to a person who engages in a particular activity.

  consulter (*to consult*) ❯ **un(e) consultant(e)** (*consultant*)
  gérer (*to manage*)   **un(e) gérant(e)** (*manager*)

> **ATTENTION!**
>
> The present participle does not correspond to all *-ing* forms of English verbs. Remember, the present tense in French can have several meanings.
>
> **Je parle.**
>
> *I speak. / I do speak. / I am speaking.*
>
> To say that something is happening in the present time, use the present tense, not a present participle.

🔗 **Vérifiez**

Mise en pratique

1 **À choisir** Mettez au participe présent les verbes entre parenthèses.

1. Charlotte a mangé son repas tout en _____ (lire) le rapport.

2. Mon père a fêté sa retraite en _____ (danser) toute la nuit.

3. _____ (Avoir) une réunion de travail à Yaoundé, Mamadou attend son train à la gare.

4. En _____ (écouter) ce qu'il a à à dire, nous trouverons de meilleurs arguments.

5. Antoine gagne sa vie en _____ (investir).

6. En _____ (demander) une augmentation de salaire, j'aimerais améliorer ma situation financière.

7. Il vient d'être licencié. _____ (Être) maintenant au chômage, il a le temps de jouer sur son ordinateur toute la journée.

8. Nous finirons le projet tout en _____ (savoir) que nous ne serons pas toujours d'accord!

2 **À trouver** Complétez les phrases. Servez-vous du participe présent des verbes de la liste comme adjectifs ou comme noms. Faites tous les changements nécessaires.

amuser	émigrer	gagner	tomber
charmer	exiger	imposer	toucher

1. En France on peut voir de grands monuments _____.

2. La classe a lu des histoires _____ sur des enfants malades.

3. Cette ville est remplie de beaux princes _____.

4. On n'a pas encore annoncé les _____ du concours (*contest*).

5. La formation que vous faites est très _____, mais elle est indispensable.

6. Nous avons passé deux journées _____ au parc d'attractions.

7. Les _____ ont quitté leur pays pour commencer une nouvelle vie.

8. Nous sommes rentrés à la maison, à la nuit _____.

3 **Autrement dit** Liez (*Connect*) ces phrases à l'aide d'un participe présent.

Modèle **Magali fait des photocopies. Elle chante *La vie en rose*.**
Magali fait des photocopies tout en chantant *La vie en rose*.

1. La secrétaire parle au téléphone. Elle écrit rapidement.

2. Ces hommes d'affaires préparent le budget de l'année prochaine. Ils discutent des investissements.

3. Ces femmes achètent ce qui leur plaît. Elles dépensent sans compter.

4. Je travaille beaucoup. Je profite des vacances que l'entreprise offre.

5. Ma collègue me raconte son week-end. Elle sait que je ne l'écoute pas.

6. Le nouveau retraité pleure. Il finit son discours d'adieu (*farewell*).

Communication

4

Première journée de travail Aujourd'hui, c'était la première journée de travail de Magali. Par groupes de trois, imaginez ce qu'elle a fait. Employez le participe présent des verbes de la liste.

> **Modèle**   Magali est restée calme tout en étant sous pression.

assister à une réunion	**être sous pression**
découvrir son bureau	**profiter de sa pause**
déjeuner avec des collègues	**rencontrer le syndicat**
écouter des conseils	**répondre au téléphone**
être épuisée	**?**

5

Qu'est-il arrivé? Par groupes de quatre, choisissez trois événements de la liste et, pour chacun, racontez quelque chose qui est arrivé pendant que vous y étiez. Comment avez-vous réagi? Utilisez le participe présent dans vos discussions.

> **Modèle**   Tout en conduisant pendant l'examen du permis, je me suis aperçu que je n'avais pas attaché ma ceinture.

- un bal de fin d'année
- une cérémonie de remise de diplômes (*graduation*)
- un accident que vous avez eu ou auquel vous avez assisté
- un entretien d'embauche
- le premier jour au lycée
- le moment où vous avez reçu une lettre d'acceptation
- l'examen du permis de conduire
- un anniversaire mémorable

Note CULTURELLE

D'abord appelé le franc des «Colonies Françaises d'Afrique» (CFA) en 1945, **la monnaie** des pays africains francophones devient, en 1958, le franc de la «Communauté Française d'Afrique». Il existe deux sortes de francs **CFA**: le franc de la Communauté Financière d'Afrique pour les pays d'**Afrique de l'Ouest** et le franc de la Coopération Financière en **Afrique Centrale** pour les pays d'Afrique Centrale, les deux monnaies étant distinctes l'une de l'autre.

6

Entretien d'embauche Kemajou sollicite un poste à la banque du Cameroun. Il passe un entretien avec la chef du personnel, Madame Koua. À deux, imaginez la conversation en employant le participe présent.

> **Modèle**   —Connaissez-vous l'équivalence en euros pour gérer des comptes en francs CFA?
>
> —Oui, madame. Dans mon ancien emploi, j'ai appris à gérer les équivalences en travaillant avec des clients étrangers.

vhlcentral

Irregular *-oir* verbs

*Il **vaut** mieux que vous partiez...*

- French verbs that end in **-oir** are irregular. They do not all follow the same pattern.

- The verbs **vouloir** and **pouvoir** follow a similar pattern. Note the stem change in the **nous** and **vous** forms.

pouvoir (*to be able*)		vouloir (*to want*)	
je **peux**	nous **pouvons**	je **veux**	nous **voulons**
tu **peux**	vous **pouvez**	tu **veux**	vous **voulez**
il/elle/on **peut**	ils/elles **peuvent**	il/elle/on **veut**	ils/elles **veulent**
past participle: **pu**		past participle: **voulu**	

- Like **pouvoir** and **vouloir**, the singular forms of **valoir** end in **-x**, **-x**, and **-t**. Note the stem in the plural forms.

valoir (*to be worth*)	
je **vaux**	nous **valons**
tu **vaux**	vous **valez**
il/elle/on **vaut**	ils/elles **valent**
past participle: **valu**	

*Ces bijoux **valent** beaucoup d'argent.*

- The verbs **voir** and **devoir** follow similar patterns. They also have stem changes in the **nous** and **vous** forms.

voir (*to see*)		devoir (*to have to, must; to owe*)	
je **vois**	nous **voyons**	je **dois**	nous **devons**
tu **vois**	vous **voyez**	tu **dois**	vous **devez**
il/elle/on **voit**	ils/elles **voient**	il/elle/on **doit**	ils/elles **doivent**
past participle: **vu**		past participle: **dû**	

- Like **voir** and **devoir**, the singular forms of **savoir** end in **-s**, **-s**, and **-t**. Note the different stems in the singular and plural forms.

savoir (*to know*)	
je **sais**	nous **savons**
tu **sais**	vous **savez**
il/elle/on **sait**	ils/elles **savent**
past participle: **su**	

*Ils **savent** danser.*

BLOC-NOTES

Remember that French has two different verbs that mean *to know*: **savoir** and **connaître**. To review their different uses, see **Fiche de grammaire 9.4, p. 406.**

- The verbs **recevoir**, **apercevoir**, and **percevoir** follow the same pattern. Note the **ç** in all forms except for **nous** and **vous**.

recevoir (*to receive*)		apercevoir (*to perceive*)	
je **reçois**	nous **recevons**	j'**aperçois**	nous **apercevons**
tu **reçois**	vous **recevez**	tu **aperçois**	vous **apercevez**
il/elle/on **reçoit**	ils/elles **reçoivent**	il/elle/on **aperçoit**	ils/elles **aperçoivent**
past participle: **reçu**		past participle: **aperçu**	

ATTENTION!

The verbs **apercevoir** and **percevoir** both mean *to perceive*, but they are not interchangeable. **Apercevoir** usually refers to visual perception, as in *to see* or *to notice*. **Percevoir** usually refers to more general perception, as in *to detect* or *to sense*.

- Due to their meanings, the verbs **pleuvoir** and **falloir** have only third-person singular forms.

pleuvoir (*to rain*)	falloir (*to be necessary, to have to, must*)
il **pleut**	il **faut**
past participle: **plu**	past participle: **fallu**

ATTENTION!

You can use **il faut** to refer to a variety of subjects. Depending upon the context, it can mean *I must, you must, one must, they must*, and so on. Regardless of meaning, the subject is always **il**.

Il **pleut** souvent au printemps.
It often rains in the spring.

Il **faut** prendre le train.
It's necessary to take the train.

- The verb **s'asseoir** is very irregular. Like other reflexive verbs, it is accompanied by a reflexive pronoun and takes the helping verb **être** in the **passé composé**.

s'asseoir (*to sit*)	
je **m'assieds**	nous nous **asseyons**
tu **t'assieds**	vous vous **asseyez**
il/elle/on **s'assied**	ils/elles **s'asseyent**
past participle: **assis(e/es)**	

*Ils **se sont assis** par terre.*

Vérifiez

Mise en pratique

1 **Mini-dialogues** Complétez logiquement chaque dialogue à l'aide des verbes de la liste.

s'asseoir	pleuvoir	savoir	voir
falloir	recevoir	valoir	vouloir

—J'aime sortir par tous les temps: quand il fait soleil, quand il y a du vent… même quand il (1) _____!

—Pas vrai! Je te/t' (2) _____ hier quand ton parapluie s'est cassé. Tu étais vraiment de mauvaise humeur.

—(3) _____-tu qu'on a changé la date de la réunion?

—Non, je ne le savais pas. (4) _____-il choisir une nouvelle date?

—Est-ce que nous (5) _____ le coup de téléphone de notre entrepôt en Chine?

—Oui, ils disent que, si on détruit les marchandises, on sera en faillite. Elles (6) _____ trop cher.

—(7) _____-toi sur cette chaise. Il faut que je te parle.

—D'accord, de quoi (8) _____-tu me parler?

2 **Un nouveau règlement** L'entreprise pour laquelle Julie travaille vient de changer de direction (*management*). Voici quelques règles que son nouveau patron veut mettre en application. Complétez ces phrases à l'aide de verbes en **-oir**.

Nouveau règlement:

1. Vous ne _____ plus varier votre temps de travail.
2. Il _____ absolument arriver à neuf heures, au plus tard.
3. Tous les employés _____ déjeuner entre midi et 13h00.
4. Sur le marché boursier, il _____ mieux investir dans l'entreprise.
5. Si quelqu'un _____ un collègue qui en harcèle un autre, dites-le-moi tout de suite.
6. Si vous _____ téléphoner à un(e) ami(e), attendez 17h00.
7. Même si nous _____ des salaires différents, il faut nous respecter mutuellement.
8. Pour être promu, un employé _____ suivre toutes ces règles.

3 **Conseils** Yves est sous pression au bureau et sa vie privée est un désastre. À deux, trouvez huit conseils à lui donner en utilisant des verbes en **-oir**.

Modèle   Vous pouvez démissionner et chercher un autre emploi.

Communication

4

Questions personnelles À deux, posez-vous ces questions et soyez créatifs pour expliquer vos réponses.

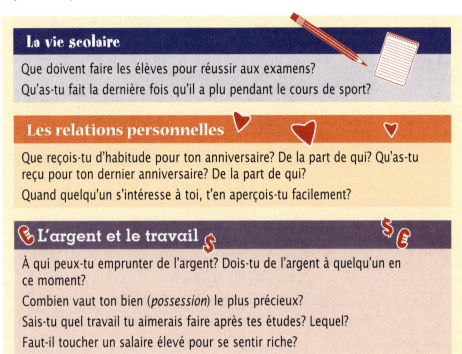

La vie scolaire

Que doivent faire les élèves pour réussir aux examens?

Qu'as-tu fait la dernière fois qu'il a plu pendant le cours de sport?

Les relations personnelles

Que reçois-tu d'habitude pour ton anniversaire? De la part de qui? Qu'as-tu reçu pour ton dernier anniversaire? De la part de qui?

Quand quelqu'un s'intéresse à toi, t'en aperçois-tu facilement?

L'argent et le travail

À qui peux-tu emprunter de l'argent? Dois-tu de l'argent à quelqu'un en ce moment?

Combien vaut ton bien (*possession*) le plus précieux?

Sais-tu quel travail tu aimerais faire après tes études? Lequel?

Faut-il toucher un salaire élevé pour se sentir riche?

5

Au syndicat À deux, imaginez que vous soyez des travailleurs membres du même syndicat. Jouez les rôles de ces deux collègues qui ne sont jamais d'accord, en utilisant des verbes en **-oir**.

> **Modèle** —Il faut demander une augmentation de salaire.
>
> —On ne doit pas en demander une. Tu sais qu'ils ne peuvent pas nous la donner.

6

À propos de vos camarades Par groupes de quatre, devinez pour quel membre de votre groupe ces observations sont vraies. Si vous n'êtes pas d'accord avec l'opinion que vos camarades ont de vous, expliquez-leur votre point de vue.

> **Modèle** **vouloir: devenir cadre**
>
> —Dave, tu veux devenir cadre d'une entreprise après l'université, non?
>
> —Pas du tout! Je voulais l'année dernière, mais je ne sais plus. C'est toi, Jessica, qui devrais être cadre. Tu peux diriger un groupe.

1. s'apercevoir: que la richesse ne remplace pas forcément le bonheur

2. s'asseoir: au premier rang

3. devoir: poser sa candidature pour un poste à la bibliothèque

4. ne pas pouvoir: économiser d'argent

5. recevoir: du courrier tous les jours

6. revoir: son film préféré plus de trois fois

Synthèse

L e philosophe français, Alain (1868–1951), né sous le nom d'Émile-Auguste Chartier, est connu pour ses idées pacifistes et libérales. Profondément marqué par les horreurs de la Première Guerre mondiale, il écrit des articles en faveur du pacifisme tout en combattant les autoritarismes. Étant professeur, il exerce une grande influence sur ses élèves, dont certains deviennent célèbres et lui doivent leur carrière de philosophe. Dans les citations suivantes on voit que ses idées sur le travail sont assez révolutionnaires pour l'époque°.

time

> Ce qui console d'un travail difficile,
> c'est qu'il est «difficile».
>
> La loi suprême de l'invention humaine
> est que l'on n'invente qu'en travaillant.
>
> La vie est un travail
> qu'il faut faire debout°.
>
> *Alain*

standing up

1 **Compréhension** Répondez à ces questions.

1. Quel travail faisait Alain tout en gagnant sa vie comme professeur?

2. Que faisait Alain en même temps qu'il écrivait des articles sur le pacifisme?

3. Que peut-on dire de ses idées sur le travail?

4. Comment Alain décrit-il la vie dans une de ses citations?

2 **Réactions** Que pensez-vous des trois citations d'Alain? Discutez de chacune avec un(e) camarade, en réfléchissant aux idées ci-dessous.

- Pensez à trois situations dans lesquelles chaque citation vous inspirerait.
- Trouvez des liens entre les pensées d'Alain sur le travail et celles sur la liberté et le pacifisme.
- Dites si vous êtes d'accord ou pas avec chaque citation. Expliquez pourquoi.

3 **À vous de citer** Par petits groupes, imaginez que vous soyez philosophe (si vous ne l'êtes pas déjà!). Écrivez une phrase qui explique vos pensées sur le travail et son influence sur la vie du travailleur. Pour vous aider, utilisez votre imagination, les citations d'Alain et les structures de cette leçon.

Préparation

Vocabulaire de la lecture	
un chef d'entreprise	*head of a company*
l'entraide (f.)	*mutual aid*
entreprendre	*to undertake*
évoquer	*to evoke*
inhabituel(le)	*unusual*
monter une entreprise	*to create a company*
obtenir un prêt	*to secure a loan*
la précarité	*lack of financial security*
un revenu	*income*

Vocabulaire utile	
demander un prêt	*to apply for a loan*
l'encadrement (m.)	*supervisory staff*
s'entourer de	*to surround oneself with*
faire un emprunt	*to take out a loan*
rembourser	*to reimburse*
retirer (un profit, un revenu) de	*to get (benefit, income) out of*

1 **Le bon leader** Complétez ce petit texte à l'aide des mots de la liste de vocabulaire.

Qu'est-ce qui caractérise (1) _____ exceptionnel? D'abord ses qualités personnelles, car il doit avoir ambition et volonté. Un bon leader saura aussi s'entourer d' (2) _____ performant et de haut niveau. Il prendra soin de l'ensemble de ses employés pour les protéger de (3) _____ et les motiver. Il encouragera (4) _____ au sein de l'entreprise. Il aura aussi de bonnes relations avec sa banque, pour pouvoir faire (5) _____ quand c'est nécessaire. Un bon dirigeant saura (6) _____ ses dettes à temps. Grâce à lui, l'entreprise se développera et (7) _____ des profits de son activité.

2 **Aux enfants** Vous devez expliquer ces concepts à des enfants. À deux, trouvez des définitions simples et utilisez des exemples.

Concepts	Définitions/Exemples
le chef d'entreprise	
s'entourer de	
entreprendre	
inhabituel	
un prêt	
un revenu	

3 **À votre avis?** Que pensez-vous de ces affirmations? Discutez-en par groupes de trois. Puis choisissez les trois plus utiles pour réussir sa carrière professionnelle.

- Il est nécessaire d'entreprendre pour espérer et de persévérer pour réussir.
- Il n'y a pas un caractère d'entrepreneur, mais il faut du caractère pour en être un.
- La raison d'être d'une entreprise est de trouver des clients et de les garder.
- Les entreprises qui réussissent sont celles qui ont une âme.
- Travailler, c'est bon pour ceux qui n'ont rien à faire.
- Rien de plus simple que de vieillir jeune (*stay young*): il suffit de travailler dans la joie.

Des **Africaines** entrepreneuses

vhlcentral

La confiote. Qu'est-ce que c'est? Pour certains, ce mot familier évoque simplement de la confiture. Mais posez la question à Robertine 5 Bounkeu, et elle vous répondra que c'est toute sa vie. «Les Confiotes» est le nom de l'entreprise qu'elle a montée au Cameroun. *appétissante* Une entreprise alléchante°: la fabrication *top of the line* de produits haut de gamme° à base de 10 fruits, comme des sirops, des confitures ou «confiotes» et des liqueurs. Mais pour celui qui connaît la société camerounaise, y voir une femme devenir chef d'entreprise est inhabituel. En Afrique Centrale, comme 15 sur tout le continent africain, la précarité touche tout particulièrement les femmes, pour des raisons sociales, économiques et juridiques. Quel est donc le secret de la réussite de Robertine Bounkeu? 20 L'Association pour le Soutien et l'Appui à la Femme Entrepreneur ou ASAFE. Cette association en est une parmi beaucoup *se multiplient* d'autres du même genre qui fleurissent° au Cameroun depuis les années 1990. 25 Les organisations non gouvernementales participent à cet effort, principalement au moyen d'aides financières.

Ces associations ont pour but d'améliorer la condition des femmes en les 30 rendant maîtresses de leur destinée. Elles leur proposent donc une aide financière à court terme, des conseils et une formation comme des cours d'informatique. C'est un concept révolutionnaire dans une Afrique 35 où la majorité des femmes reste encore dépendante de l'homme. Dans le cas de Robertine Bounkeu, c'est le programme «Femme Crédit Épargne» (FCE) qui lui a permis d'obtenir un prêt. Ce système 40 encourage l'entraide entre les femmes: celles-ci forment de petits groupes de soutien pour améliorer leurs chances de succès. Robertine Bounkeu dit que «c'est difficile de se lancer dans une telle activité 45 avec peu de moyens et seulement la rage de réussir». Adhérer à l'ASAFE lui a donc «permis de passer progressivement du *stage / occasional* stade° de hobby épisodique° à la petite entreprise de plus en plus structurée».

Les confitures d'Afrique

Dans certains pays, la fabrication de confitures pour l'exportation existe depuis plus de cinquante ans. Elles sont à l'ananas, à la banane, à la goyave (*guava*), à la papaye. Leur goût exotique est très apprécié dans les pays occidentaux.

Comme elle, beaucoup de femmes 50 se lancent dans la fondation d'entreprise. L'agriculture est leur principale occupation, mais les revenus ne sont pas suffisants. Elles se tournent alors vers d'autres possibilités. C'est là qu'entrent en scène 55 les organisations et associations destinées à aider les femmes en quête de réussite sociale. Parmi ces organisations, les instituts de microfinance forment la base fondamentale du lancement° d'un 60 *launching* projet. D'ailleurs, le microfinancement s'est rapidement propagé sur le continent. L'Africa Microfinance Network (AFMIN) regroupe plus de 800 organisations qui participent quotidiennement à la création 65 d'entreprises. Grâce à leur collaboration, des femmes courageuses font naître une Afrique nouvelle.

Robertine Bounkeu ne compte pas s'arrêter là. Elle a pour ambition de 70 développer son entreprise, et elle a déjà amélioré son matériel pour répondre à la demande qui s'amplifie. Ses «confiotes» n'ont pas fini de faire des heureux ni des émules°. On ne peut décidément pas arrêter 75 *imitateurs* un esprit qui aime entreprendre.

Dans tous les pays d'Afrique, les femmes sont essentielles à la vie de la communauté. Elles éduquent et nourrissent. Quoi de mieux pour l'avenir de l'Afrique 80 que leur émancipation et l'élargissement de leurs pouvoirs? ∎

Analyse

1 **Compréhension** Répondez aux questions par des phrases complètes.

1. Quelles sortes de confitures sont faites en Afrique?
2. Que fabrique l'entreprise «Les Confiotes»?
3. Qu'est-ce qui n'est pas typique dans le cas de Robertine Bounkeu et de son entreprise?
4. Quelle association a aidé Robertine Bounkeu à monter son entreprise?
5. Que propose ce genre d'association aux femmes africaines?
6. Comment fonctionne le programme «Femme Crédit Épargne»?
7. Pourquoi beaucoup de femmes se lancent-elles dans la fondation d'entreprise?
8. Le micro-financement est-il important pour l'Afrique? Pourquoi?
9. Robertine Bounkeu a-t-elle déjà réalisé tous ses projets?
10. Pourquoi les femmes chefs d'entreprises sont-elles une bonne chose pour l'Afrique?

2 **Citation à commenter** À deux, expliquez et commentez cette citation d'Alphonse Allais, écrivain et humoriste français du 19ᵉ siècle.

> On ne prête qu'aux riches, et on a raison, les pauvres remboursent plus difficilement.

1. Que dit Alphonse Allais dans cette citation? Y voyez-vous une forme d'humour?
2. Quels liens y a-t-il entre cette citation et l'article que vous venez de lire?
3. Êtes-vous d'accord avec ce que dit Alphonse Allais? Expliquez.

3 **Le slogan** À deux, inspirez-vous de la citation ci-dessus pour créer un slogan en faveur du (*in favor of*) micro-financement. Servez-vous du vocabulaire de la lecture et du chapitre en général.

4 **Création d'entreprise** Par groupes de trois, choisissez une idée d'entreprise dans la liste ci-dessous ou créez votre propre idée. Créez une conversation entre un jeune entrepreneur et deux banquiers. Utilisez les mots du vocabulaire pour décrire votre projet et demander un prêt. Ensuite, jouez la scène devant la classe.

- un café-laverie
- un service de transport en bateau
- une entreprise de fabrication de snowboards
- un restaurant spécialisé dans les desserts
- un service de décoration d'intérieur
- ?

Modèle   **Élève 1:** Je voudrais faire un emprunt pour développer ma nouvelle idée: un café-laverie.

               Élève 2: Vous allez vous entourer de serveurs sympathiques?

               Élève 3: Il faudra rembourser le prêt d'ici trois ans.

Préparation

À propos de l'auteur

Anna Sam (1979–) est un auteur français au parcours original. Diplômée en littérature, elle a eu du mal à trouver un emploi. Pendant huit ans, elle a ainsi travaillé comme caissière dans une grande surface. C'est pendant ces années passées dans la grande distribution qu'elle a eu l'idée de partager des anecdotes de sa vie quotidienne, tout d'abord dans un blog, puis dans un premier livre sorti en 2008, *Les tribulations d'une caissière*. Ce livre a été un grand succès auprès du public et il a d'ailleurs été adapté au cinéma en 2011. Aujourd'hui, Anna Sam poursuit sa carrière littéraire tout en étant chroniqueuse à la radio et consultante dans la grande distribution.

Vocabulaire de la lecture

une caisse *cash register*
une caissière *cashier*
un caisson *money drawer*
un chariot *shopping cart*
décrocher (*slang*) *to land, to get*
la grande distribution
  large retailers

une grande surface
  supermarket, hypermarket
une hôtesse de caisse
  cash register attendant, hostess

Vocabulaire utile

le chômage des jeunes *youth unemployment*
l'épanouissement (*m.*) *fulfillment*
être surdiplômé(e) *to be overqualified*
s'expatrier *to emigrate, to go live abroad*
précaire *precarious, uncertain*

1 **Qu'est-ce que c'est?** Indiquez les mots qui correspondent aux définitions.

1. ce que l'on ressent quand on est heureux dans son travail: _____

2. le fait de réussir à obtenir quelque chose: _____

3. instable, fragile: _____

4. l'endroit où on paie ses courses dans un magasin: _____

5. le nom donné à l'ensemble des grands groupes commerciaux: _____

6. ce que l'on utilise pour transporter ses courses: _____

2 **Préparation** Répondez individuellement à ces questions, puis discutez-en à deux.

1. Comment imaginez-vous le travail d'un employé dans la grande distribution?

2. Quels sont les aspects positifs et les aspects négatifs de ce genre d'emploi?

3. Connaissez-vous quelqu'un qui est surdiplômé pour son travail? Quelles études a-t-il/elle faites? Quel emploi exerce-t-il/elle?

4. Que feriez-vous si vous aviez des difficultés à trouver un emploi plus tard?

3 **Débat** Que pensez-vous de cette déclaration? En petits groupes, défendez votre point de vue. N'oubliez pas de penser à des exemples qui soutiennent votre point de vue.

> Il est préférable d'exercer un emploi pour lequel on est surdiplômé(e) et dans lequel on ne ressent pas d'épanouissement que d'être au chomage.

Note CULTURELLE

En France, ce sont les 15–24 ans qui sont les plus impactés par le chômage. En effet, si le taux (*rate*) est proche de 10% pour l'ensemble de la population, il touche plus de 23% des jeunes. Même les jeunes diplômés ne sont pas épargnés (*spared*) et ce n'est pas rare qu'ils restent de longs mois à la recherche de leur premier emploi. Cette précarité a des conséquences sur leurs vies personnelles et nombreux sont les jeunes qui doivent rester vivre chez leurs parents. Certains sont obligés d'accepter des postes pour lesquels ils sont surdiplômés tandis que d'autres préfèrent quitter la France pour tenter leur chance à l'étranger.

Les tribulations d'une caissière

Anna Sam

Je m'appelle Anna, j'ai vingt-huit ans, un diplôme universitaire littéraire en poche° et une expérience de la vie à la fois particulière et banale. J'ai travaillé huit ans en grande surface, d'abord pour financer mes études et obtenir mon indépendance financière et puis, faute de° trouver un emploi dans ma branche°, j'y suis restée pour devenir comme on dit si bien: hôtesse de caisse.

Une caisse. Voilà qui ne permet pas de grands échanges, hormis° les bips qu'elle émet régulièrement quand on scanne les différents articles. À force d'écouter ce doux bruit, j'aurais pu finir par me prendre moi-même pour un robot. D'ailleurs, les rencontres fugaces° avec les clients n'aident pas vraiment à se sentir vivant. Mais, heureusement, le contact entre collègues nous a toujours permis de nous rappeler notre statut d'humain.

Et puis un jour, j'ai pris la décision de raconter mon travail et de noter les menus° incidents qui surviennent chaque jour dans la vie d'une caissière lambda°. Du coup, j'ai observé différemment la population qui défile° derrière le tapis de caisse, j'ai regardé l'univers de la grande distribution avec d'autres lunettes, j'ai découvert un monde infiniment plus varié que je ne pensais.

Il y a les clients faciles et les moins faciles, les riches et les pauvres, les complexés et les vantards°, ceux qui vous traitent comme si vous étiez transparente et ceux qui vous disent bonjour, les acharnés° qui trépignent° en attendant l'ouverture du magasin et ceux qui font systématiquement la fermeture. Il y en a qui vous draguent°; d'autres qui vous insultent. Qui dira qu'il ne se passe rien dans la vie d'une caissière?

À force de vivre ces situations, j'ai eu envie de les partager.

Voici quelques-unes de ces histoires, celles qui m'ont le plus touchée.

Mais il est temps de prendre votre chariot et d'entrer dans la grande surface. Les grilles° sont déjà en train de se lever!

Bonne balade.

Bienvenue dans la grande distribution— le métier de votre vie

Félicitations! Vous avez enfin décroché un entretien et vous avez même été embauchée.

Bienvenue dans la belle famille de la grande distribution. Vous voici donc devenue caissière... pardon! hôtesse de caisse. Vous vous sentez tout de suite beaucoup plus sexy, non? L'entretien d'embauche n'aura duré que quelques minutes histoire de vous faire répéter ce qu'il y a déjà sur votre CV et de vous demander un RIB°.

Des tests psychotechniques? Un peu de calcul mental?

Et puis quoi encore?!... Pourquoi pas un test de graphologie°!

Vous devenez caissière, pas notaire°!

C'est votre premier jour...

Margin glosses:
- under my belt
- for lack of / field
- except
- fleeting
- small
- ordinary, average
- parades by
- boasters
- addicts / hop up and down with impatience
- flirt with you
- gates
- bank account details
- handwriting test
- attorney

profitable …et déjà il va falloir être rentable°. Alors
right away pas de temps à perdre. Formation sur-le-champ°.
experienced cashier Pas de panique. Une «ancienne°» va vous
prendre sous son aile au moins... un quart
70 d'heure ou... une matinée, si c'est votre jour
de chance, ou... deux jours, si vous avez un
responsable sympa (ça existe encore, je vous
le jure). Il n'y a aucune règle.

On commence par le tour du magasin
75 (vite fait, hein, y a pas que ça à faire non
locker room plus). Vous allez découvrir les vestiaires°, la
salle de pause, la casse – ou la poubelle si vous
unsellable préférez: tous les produits devenus invendables°
finissent là; vous aurez la chance de vous y
80 rendre souvent –, la caisse centrale où vous
récupérez votre caisson et... et c'est tout.

Vous connaissez dorénavant suffisamment
le magasin pour commencer à bosser. Pour
découvrir votre lieu de travail? Vous aurez tous
85 vos temps de pause et cela agrémentera vos
breaks coupures° de manière festive.

La première fois que vous traversez la
ligne de caisse avec votre superbe uniforme
Chanel ou Dior... ou votre blouse super moche
90 (tout dépend du magasin, du style de clientèle
visée) et votre caisson sous le bras rempli
money de fric° (l'équivalent de plusieurs jours
de salaire quand même), il y a de grandes
chances que vous soyez un peu intimidée.
95 Respirez un bon coup, ça va passer.

Ça y est, vous avez trouvé votre
caisse, posé votre caisson, tout installé,
vous êtes très concentrée, super motivée,
l'«ancienne» est à côté de vous, vos oreilles
100 sont grandes ouvertes. Vous êtes prête à
travailler. Pas trop tôt.

Les grandes lignes à retenir: scanner les
articles (un coup d'œil au passage pour voir si
le prix n'est pas aberrant), faire le sous-total,
105 indiquer le montant au client, demander la
loyalty card carte fidélité°, prendre le moyen de paiement,
rendre la monnaie, la pièce d'identité si c'est
un chèque, le ticket de caisse. Le tout avec
le sourire le plus sincère. Bien sûr. Et hop:
110 «AuRevoirBonnejournée» et client suivant.
Je reprends?

Au début ça risque d'aller vite, trop vite.
Surtout si vous commencez un jour où il y a
beaucoup de monde. Pourtant, très vite aussi vos

gestes vont devenir machinaux et vous n'allez 115
plus vraiment faire attention à ce que vous faites.
Un mois suffira pour vous donner l'impression
de ne faire plus qu'uns° avec votre caisse. *to be as one*

Vous n'avez pas vu le temps passer et
déjà l'«ancienne» vous donne de moins 120
en moins de conseils. Ça rentre. Vous êtes
en train de devenir une experte du passage
d'article minute et du rendu monnaie.

Bravo!

En fait, c'est pas du tout sorcier° ce 125 *difficult*
boulot...

Suffit de connaître les gestes et le reste
vient tout seul.

Ca y est, l'«ancienne» vous laisse seule
aux manettes°. Vous pouvez passer en totale 130 *on your own*
autonomie les premiers articles de votre vie.
Houahou! La frime°. *it's all for show*

Ouais, ben, en fait, à part le biiiip
du scanner, c'est pas si excitant...
Heureusement, il reste le contact humain 135
avec le client (mais patience, cela fera l'objet
de plein d'autres chapitres).

Ah oui, si, j'allais oublier. C'est pas
facile mais drôlement intéressant. Faut
apprendre par cœur° tous les numéros de 140 *to learn by heart*
code des aliments qui se vendent à l'unité: le
citron, la salade verte, le thym, les artichauts,
etc. Pas de panique. Il n'y en a pas tant que
ça et en cas de trou de mémoire°, vous avez *memory lapse*
un pense-bête° sur la caisse. Et puis, il y a les 145 *reminder*
collègues, Isabelle, Nadine, Marie, Nicole
... qui ne sont jamais loin (oui, là par contre,
faut pas avoir oublié leurs prénoms, un sacré
sport quand on a cent collègues).

Votre première journée est déjà bientôt 150
terminée... Les derniers clients s'en vont, le
magasin ferme.

Alors, vos premières impressions? En
fait, c'est marrant° comme métier. On passe *funny*
plein d'articles (et on découvre au passage 155
tout un tas d'objets dont on ne soupçonnait ni
l'utilité ni même l'existence), on cause° avec *chat*
plein de gens, on rencontre des collègues
sympas, on écoute de la musique toute la
journée, on est au chaud. 160

Un métier de rêve.

Enfin, presque. ◼

Analyse

1 **Compréhension** Répondez aux questions.

1. Quel est le profil d'Anna?
2. Comment décrit-elle son travail à la caisse, d'un point de vue relationnel?
3. Comment sont les clients qui passent à sa caisse?
4. Comment s'est passé le premier jour d'Anna à la grande surface?
5. En quoi consiste son travail exactement?
6. Comment sont les gestes des caissières, d'après Anna? Comment décrit-elle sa relation avec sa caisse?
7. De quoi les caissières doivent-elles aussi se souvenir?
8. Que dit Anna au sujet de ses premières impressions de ce métier?

2 **Interprétation** À deux, répondez par des phrases complètes.

1. Dans l'extrait, Anna mentionne que son travail doit être fait «avec le sourire le plus sincère» avant de passer au client suivant. Comment interprétez-vous cette déclaration?
2. À la fin de l'extrait, quand Anna donne un résumé de ses impressions du métier de caissière, pensez-vous qu'elle soit sincère? Donnez des exemples du texte pour justifier votre réponse.
3. Que pensez-vous du ton et du contenu de cet extrait? Comment la narratrice utilise-t-elle l'humour et le sarcasme pour décrire le métier de caissière? Trouvez des exemples précis dans le texte et expliquez pourquoi ils sont humoristiques ou sarcastiques.

3 **Jeu de rôles** À deux, imaginez et écrivez la première conversation entre Anna et «l'ancienne» quand elles ont fait le tour de la grande surface le premier jour d'Anna. De quoi ont-elles parlé? Comment «l'ancienne» a-t-elle décrit leur travail? Quelles questions Anna a-t-elle posées? Jouez la conversation entre les deux femmes.

4 **Discussion** Par groupes de trois, discutez des thèmes de l'extrait.

- Discutez de la difficulté d'exercer un travail qui n'est pas en rapport avec ses compétences. Citez des exemples du texte.
- Discutez du thème de l'épanouissement personnel au travail. Citez des exemples du texte.
- Quand on se retrouve dans une situation comme celle d'Anna, faut-il essayer de voir les choses avec humour? Expliquez.

5 **Rédaction** Explorez une profession de votre choix. Suivez le plan de rédaction.

Plan

1 **Organisation** Pensez à une profession. Faites une liste des avantages et des inconvénients de ce travail. Cherchez des mots dans un dictionnaire, si nécessaire.

2 **Point de vue** Écrivez deux paragraphes. Dans le premier paragraphe, expliquez les avantages de la profession. Dans le deuxième paragraphe, expliquez ses inconvénients.

3 **Conclusion** Expliquez s'il y a plus d'avantages que d'inconvénients ou vice versa. Aimeriez-vous exercer cette profession? Pourquoi?

Le travail et les finances vhlcentral

Le monde du travail

une augmentation (de salaire) *raise (in salary)*
un budget *budget*
le chômage *unemployment*
un(e) chômeur/chômeuse *unemployed person*
un entrepôt *warehouse*
une entreprise (multinationale) *(multinational) company*
un(e) fainéant(e) *lazybones*
une formation *training*
un grand magasin *department store*
un poste *position, job*
une réunion *meeting*
le salaire minimum *minimum wage*
un syndicat *labor union*
une taxe *tax*
le temps de travail *work schedule*

avoir des relations (f.) *to have connections*
démissionner *to quit*
embaucher *to hire*
être promu(e) *to be promoted*
être sous pression (f.) *to be under pressure*
exiger *to demand*
gagner sa vie *to earn a living*
gérer/diriger *to manage; to run*
harceler *to harass*
licencier *to lay off; to fire*
poser sa candidature à/pour *to apply for*
solliciter un emploi *to apply for a job*

au chômage *unemployed*
(in)compétent(e) *(in)competent*
en faillite *bankrupt*

Les finances

la banqueroute *bankruptcy*
une carte bancaire/de crédit *debit/credit card*
un chiffre *figure; number*
un compte chèques *checking account*
un compte d'épargne *savings account*
la crise économique *economic crisis*
une dette *debt*
un distributeur automatique *ATM*

des économies (f.) *savings*
un marché (boursier) *(stock) market*
la pauvreté *poverty*
les recettes (f.) et les dépenses (f.) *income and expenses*

avoir des dettes *to be in debt*
déposer *to deposit*
économiser *to save*
investir *to invest*
profiter de *to take advantage of; to benefit from*
toucher *to get/receive (a salary)*

à court/long terme *short-/long-term*
disposé(e) (à) *willing (to)*
épuisé(e) *exhausted*
financier/financière *financial*
prospère *successful; flourishing*

Les gens au travail

un cadre *executive*
un(e) comptable *accountant*
un(e) conseiller/conseillère *advisor*
un(e) consultant(e) *consultant*
un(e) employé(e) *employee*
un(e) gérant(e) un(e) responsable *manager*
un homme/une femme d'affaires *businessman/woman*
un(e) membre/un(e) adhérent(e) *member*
un(e) propriétaire *owner*
un(e) vendeur/vendeuse *salesman/woman*

Court métrage

une boîte (de nuit) *(night)club*
un boulot *job*
la boxe *boxing*
des consignes (f.) *instructions*
une poésie *poem*
un portier *bouncer*
un(e) pote *friend, buddy*
une tâche *task*

faire carrière (dans) *to pursue a career (in)*
pouvoir se regarder dans une glace *to be able to live with oneself*
raconter *to tell*

récupérer *to recover; to rest*
se rendormir *to go back to sleep*
retirer *to take off*
s'en sortir *to make it*
taper *to hit*
taquiner *to tease*
se terminer *to end*

Culture

un chef d'entreprise *head of a company*
l'encadrement (m.) *supervisory staff*
l'entraide (f.) *mutual aid*
la précarité *lack of financial security*
un revenu *income*

demander un prêt *to apply for a loan*
s'entourer de *to surround oneself with*
entreprendre *to undertake*
évoquer *to evoke*
faire un emprunt *to take out a loan*
monter une entreprise *to create a company*
obtenir un prêt *to secure a loan*
rembourser *to reimburse*
retirer (un profit, un revenu) de *to get (benefit, income) out of*

inhabituel(le) *unusual*

Littérature

une caisse *cash register*
une caissière *cashier*
un caisson *money drawer*
un chariot *shopping cart*
le chômage des jeunes *youth unemployment*
l'épanouissement (m.) *fulfillment*
la grande distribution *large retailers*
une grande surface *supermarket, hypermarket*
une hôtesse de caisse *cash register attendant, hostess*

décrocher (slang) *to land, to get*
être surdiplômé(e) *to be overqualified*
s'expatrier *to emigrate, to go live abroad*

précaire *precarious, uncertain*

Les richesses naturelles

On ne parle sans doute jamais assez des richesses naturelles de la planète et de leur préservation. On pourrait se demander s'il reste encore des paysages intacts. Et si c'est le cas, est-il encore possible de les préserver? Certains parlent de créer des réserves marines dans les océans. Utopie ou réalisme? Ne faut-il pas en effet beaucoup de réalisme pour sauver la planète? Mais ne faut-il pas aussi croire profondément en ce qu'on fait pour parvenir à un résultat?

Les Calanques
Cassis, France

338 **COURT MÉTRAGE**

L'Homme qui plantait des arbres, le film d'animation de **Frédéric Back**, Canadien d'origine allemande, nous raconte l'histoire d'un homme et de la renaissance d'une région.

344 **IMAGINEZ**

À l'époque de l'**Indochine française**, on parlait français au **Viêt-Nam**, au **Cambodge** et au **Laos**. Que reste-t-il de l'influence francophone dans cette région du monde? Le cinéaste cambodgien **Rithy Panh** revient, lui, sur le génocide des Khmers rouges depuis la France, sa terre d'exile.

361 **CULTURE**

Dans l'article, *Les richesses du Pacifique,* nous voyons que les plus grandes richesses naturelles des îles du **Pacifique** se trouvent sous l'eau.

365 **LITTÉRATURE**

Le poète **Jean-Baptiste Tati-Loutard** évoque, dans son poème *Baobab*, un élément-clé de la nature en Afrique.

341

362

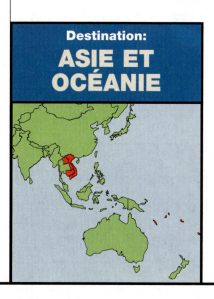

Destination:
ASIE ET OCÉANIE

336 **POUR COMMENCER**

348 **STRUCTURES**

10.1 **The past conditional**

10.2 **The future perfect**

10.3 **Si clauses**

369 **VOCABULAIRE**

Notre monde

vhlcentral

La nature

un arc-en-ciel *rainbow*

un archipel *archipelago*
une barrière/un récif de corail
  barrier/coral reef
une chaîne montagneuse *mountain range*
un fleuve/une rivière *river*
une forêt (tropicale) *(rain) forest*
la Lune *Moon*

la mer *sea*
un paysage *landscape; scenery*
le soleil *sun*
une superficie *surface area; territory*
une terre *land*

en plein air *outdoors*
insuffisant(e) *insufficient*
potable *drinkable*
protégé(e) *protected*
pur(e) *pure; clean*
sec/sèche *dry*

Les animaux

une araignée *spider*
un cochon *pig*
un lion *lion*
un mouton *sheep*
un ours *bear*
un poisson *fish*
un singe *monkey*
un tigre *tiger*

Les phénomènes naturels

l'érosion (f.) *erosion*
un incendie *fire*
une inondation *flood*
un ouragan *hurricane*
une pluie acide *acid rain*
le réchauffement climatique
  global warming
la sécheresse *drought*
un tremblement de terre *earthquake*

Se servir de la nature ou la détruire

le bien-être *well-being*
un combustible *fuel*
la consommation d'énergie
  energy consumption
la couche d'ozone *ozone layer*
un danger *danger*
les déchets (m.) *trash*

la déforestation *deforestation*
l'environnement (m.) *environment*
le gaspillage *waste*
un nuage de pollution *smog*

la pollution *pollution*
une ressource *resource*
une source d'énergie *energy source*

chasser *to hunt*
empirer *to get worse*
épuiser *to use up*
être contaminé(e) *to be contaminated*
gaspiller *to waste*
jeter *to throw away*
menacer *to threaten*
nuire à *to harm*
polluer *to pollute*

préserver *to preserve*
prévenir *to prevent; to tell; to warn*
protéger *to protect*
résoudre *to solve*
respirer *to breathe*
supporter *to put up with*
tolérer *to tolerate*
urbaniser *to urbanize*

en voie d'extinction *endangered*
jetable *disposable*
nuisible *harmful*
renouvelable *renewable*
toxique *toxic*

Mise en pratique

1 **Vrai ou faux?** Indiquez si chaque phrase est vraie ou fausse. Ensuite, corrigez les phrases fausses.

1. Le désert est un endroit très humide.

2. Un paysage est une petite superficie que l'on regarde de près.

3. Il ne faut pas boire d'eau potable parce qu'elle est nuisible à la santé.

4. On dit que l'ours est le roi des animaux.

5. Une trop grande consommation d'énergie nuit à l'environnement.

6. Une sécheresse est une longue période où il pleut beaucoup.

7. Un problème est quelque chose à résoudre.

8. Le gaspillage des sources d'énergie diminue le réchauffement climatique.

2 **Bonjour de Polynésie** Complétez cette carte postale que Viana a écrite à son copain Loïc. Ajoutez l'article qui convient et faites les accords nécessaires.

| araignée | bien-être | en voie d'extinction | insuffisant | protéger | soleil |
| archipel | déforestation | inondation | préserver | singe | tropicale |

Cher Loïc,

Comment vas-tu? J'espère qu'il fait bon chez toi. Ici, il fait un temps merveilleux! Je suis bien bronzée parce que (1) _____ est brûlant. Par contre, on a eu des pluies torrentielles la semaine dernière et j'ai eu peur qu'il y ait (2) _____.

Hier, j'ai enfin réalisé mon rêve de faire une randonnée près de Mangaréva, l'île principale de (3) _____ des Gambier. J'ai observé toutes sortes d'animaux dans la forêt (4) _____: différentes espèces de (5) _____, comme des orangs-outans et des chimpanzés, et j'ai vu une grosse (6) _____ de six centimètres! Ce n'était pas grave parce que je n'ai pas peur des arachnides. Malheureusement, quelques espèces sont (7) _____, alors il faut bien (8) _____ la biodiversité! Le guide m'a dit que (9) _____ risque de détruire la forêt et que les animaux risquent de disparaître. J'ai envie de me joindre au groupe de gens qui veulent (10) _____ cette belle région, riche en ressources naturelles.

Écris-moi un e-mail pour me donner de tes nouvelles, dès que tu auras un instant. Tu me manques!

Gros bisous,
Viana

Loïc Duperray

2 bis, rue de la Tannerie

40990 St-Paul les Dax

France

3 **Soyons proactifs!** Imaginez qu'une usine locale pollue la région dans laquelle vous habitez. Par petits groupes, écrivez aux responsables un e-mail dans lequel vous expliquez le problème, faites part de votre inquiétude et donnez des conseils pour améliorer la situation et protéger la nature et les animaux concernés.

Préparation

Vocabulaire du court métrage

l'acharnement (m.) *determination*
un(e) berger/bergère *shepherd(ess)*
un bûcheron *lumberjack*
le charbon (de bois) *(char)coal*
un chêne *oak tree*
déblayer *to clear away*
un gland *acorn*
jadis *formerly, in the past*

une pépinière *nursery*
pousser *to grow*
une ruche *beehive*
un ruisseau *stream*
se soucier (de quelque chose)
  to care (about something)
un troupeau *flock*

Vocabulaire utile

le feuillage *foliage*
une source
  (aquatic) spring
tenace *tenacious*

EXPRESSIONS

À tout hasard… *Just in case…*

en vase clos *cut off from the outside world*

Il avait été entendu que… *It was understood that…*

L'ambition irraisonnée s'y démesure. *Irrational ambition runs wild.*

Les femmes mijotent des rancœurs. *Rancor simmers among the women.*

lever le camp *to break camp, to leave*

---

1 **Définitions** Associez chaque mot ou expression avec sa définition.

_____ 1. un combustible obtenu à partir du bois

_____ 2. là où vivent les abeilles

_____ 3. le fruit du chêne

_____ 4. une personne qui coupe du bois dans les forêts

_____ 5. de l'eau qui sort de terre

_____ 6. endroit où on fait pousser des arbres

_____ 7. une personne qui garde des moutons

_____ 8. le contraire de la tendance à vouloir abandonner

a. une source

b. l'acharnement

c. un bûcheron

d. une pépinière

e. un berger

f. une ruche

g. le charbon de bois

h. un gland

2 **Complétez** Complétez les phrases et faites les accords nécessaires.

1. _____, la région était déserte et sans âme.

2. Chaque année, les fleurs de ton jardin _____ de plus en plus abondamment.

3. Nous avons passé nos vacances _____, éloignés de la ville et de nos amis.

4. _____ qu'on mangerait tous ensemble pour son anniversaire.

5. Ils sont passés _____ pour voir si on était là.

6. Dans cette horrible famille, les cousins se battent et leurs femmes _____.

7. Quand vous vous serez assez reposés, _____ pour repartir.

8. Maréva est beaucoup plus _____ que son frère.

3

Comparez À deux, décrivez et comparez ces deux illustrations montrant la même région à 35 ans d'intervalle.

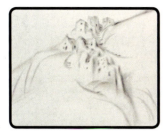 

4

Préparation À deux, répondez aux questions et expliquez vos réponses.

1. La ténacité est-elle une qualité importante dans la vie?

2. Est-ce qu'un être humain peut agir efficacement sans technologie?

3. La solitude rend-elle les hommes heureux ou malheureux?

4. Est-il rare de trouver des gens qui offrent spontanément leur hospitalité?

5. Quelles sont les raisons pour lesquelles des gens veulent habiter un endroit précis?

6. Quelles sont les caractéristiques d'une terre fertile et prospère?

7. Participez-vous à la protection de l'environnement? Que faites-vous?

8. Est-il possible qu'une seule personne ait un impact sur la qualité de l'environnement?

5

Enquête Demandez à des camarades de décrire le personnage le plus extraordinaire qu'ils aient rencontré dans leur vie. Par petits groupes, discutez des résultats. Parmi les personnes mentionnées, qui aimeriez-vous rencontrer et pourquoi?

6

Décrivez Par groupes de trois, décrivez les images et dites ce que font les gens. Quels sentiments ces images vous inspirent-elles?

vhlcentral

L'Homme qui plantait des arbres

Oscar du meilleur film d'animation, 1988; Grand prix et Prix du public, Festival international du cinéma d'animation d'Annecy, 1987

Une production de RADIO-CANADA
Réalisation FRÉDÉRIC BACK   Scénario JEAN GIONO © Éditions Gallimard
Production FRÉDÉRIC BACK/HUBERT TISON   Montage NORBERT PICKERING
Son HERVÉ BIBEAU/MICHEL DESCOMBES/ANDRÉ GAGNON
Musique DENIS L. CHARTRAND/NORMAND ROGER
Narration PHILIPPE NOIRET

INTRIGUE *Un berger transforme une région entière.*

NARRATEUR Il y a bien des années, je faisais une course à pied° dans cette région des Alpes qui pénètre en Provence, dans une désolation sans exemple. Il me sembla apercevoir dans le lointain une petite silhouette noire. Je me dirigeai vers elle. C'était un berger.

NARRATEUR Il me conduisit à sa bergerie. Le berger déversa° sur la table un tas de glands. Il plantait des chênes. Il s'appelait Elzéard Bouffier. Il avait jugé que ce pays mourait par manque d'arbres. Il avait résolu de remédier à cet état de choses.

NARRATEUR L'année d'après, il y eut la guerre de 14. Sorti de la guerre, je repris le chemin de ces contrées désertes. Il avait continué à planter. Les chênes de 1910 avaient dix ans et étaient plus hauts que moi et que lui. Je vis couler° de l'eau dans des ruisseaux qui avaient toujours été à sec.

NARRATEUR À partir de 1920, je ne suis jamais resté plus d'un an sans rendre visite à Elzéard Bouffier. En 1935, une véritable délégation administrative vint examiner la *«forêt naturelle»*. Il était impossible de n'être pas subjugué° par la beauté de ces jeunes arbres en pleine santé.

NARRATEUR J'ai vu Elzéard Bouffier pour la dernière fois en 1945. Je ne reconnaissais plus les lieux de mes premières promenades. Les maisons neuves étaient entourées de jardins où poussaient les légumes et les fleurs. C'était désormais° un endroit où l'on avait envie d'habiter.

NARRATEUR Quand je pense qu'un homme seul, réduit à ses simples ressources physiques et morales, a suffi pour faire surgir du désert ce pays de Canaan, je trouve que, malgré tout, la condition humaine est admirable.

faisais une course à pied *was hiking*
déversa *poured* **couler** *running*
subjugué *enthralled* **désormais** *from then on*

Analyse

1 **Compréhension** Répondez aux questions par des phrases complètes.

1. Où l'histoire se passe-t-elle?
2. Que cherche le narrateur après trois jours de marche?
3. Comment est la maison d'Elzéard Bouffier?
4. Comment sont les villages de la région que le narrateur connaît bien?
5. Pourquoi Elzéard examine-t-il les glands?
6. Que fait-il du petit sac de glands, juste avant de partir avec son troupeau le matin?
7. Comment sont les chênes de 1910 quand le narrateur revient après la guerre?
8. Quelle est l'espèce principale qu'Elzéard a plantée depuis dix ans?
9. Comment était Vergons en 1913?
10. Comment étaient les lieux autour de Vergons après 1945?

2 **Les arbres**

A. Les personnages de l'histoire ont des rapports très différents avec les arbres et la forêt de Vergons. Pour chaque personnage, groupe ou période, faites une liste des citations qui lui correspondent:

Modèle • Elzéard Bouffier

«Je [le] pris pour le tronc d'un arbre solitaire. Il plantait des chênes.»

• les villages, quand le narrateur passe pour la première fois

_____

_____

• la délégation de 1935

_____

_____

• le député

_____

• le capitaine forestier, ami du narrateur

_____

_____

• la guerre de 1939

_____

_____

• les gens de Vergons après 1945

_____

_____

B. Comparez votre liste avec celle d'un(e) camarade et répondez aux questions.

• Est-ce que l'auteur Jean Giono aime les arbres et la nature? Expliquez.
• Connaissez-vous d'autres artistes (écrivains, musiciens, peintres…) pour qui la nature a beaucoup d'importance?

3 **Interprétation** À deux, répondez aux questions et expliquez vos réponses.

1. Pourquoi le narrateur a-t-il du mal à trouver de l'eau?

2. Que veut dire le narrateur quand il déclare: «La société de cet homme donnait la paix»?

3. Pourquoi Elzéard Bouffier plante-t-il des arbres?

4. Pourquoi le narrateur veut-il rester une journée de plus?

5. Pourquoi Elzéard a-t-il changé de métier quand le narrateur revient après la guerre?

6. Pourquoi les gens parlent-ils d'une «forêt naturelle»?

7. Que veut dire le garde forestier par cette phrase à propos d'Elzéard: «Il en sait beaucoup plus que tout le monde»?

8. Que pense le narrateur d'Elzéard?

4 **Le symbole** Que représente pour vous le geste, souvent symbolique, de planter un arbre? Discutez-en par petits groupes.

- Donnez des exemples précis et expliquez la signification du geste.
- Connaissez-vous d'autres cultures où planter un arbre est un symbole important?
- Avez-vous déjà planté un arbre? Expliquez.

5 **Le résumé** Par groupes de trois, résumez en une dizaine de lignes l'histoire d'Elzéard Bouffier. Puis, comparez votre texte à celui d'un autre groupe.

6 **L'adaptation** Elzéard Bouffier est un homme simple qui poursuit un but généreux dans l'anonymat et la solitude. À deux, réfléchissez à une adaptation de son histoire transposée dans un autre contexte. Ensuite, présentez votre version à la classe.

- Quelle est l'action extraordinaire et anonyme de votre personnage?
- Comment s'appelle-t-il/elle?
- Où et comment vit-il/elle, et quels obstacles doit-il/elle surmonter?

IMAGINEZ
Fascinante Asie

«Un jour, j'irai là-bas, un jour, dire bonjour à mon âme.
Un jour, j'irai là-bas, te dire bonjour, Vietnam.»

Ces vers sont tirés de la chanson *Bonjour Vietnam*, que **Marc Lavoine** (1962–), auteur interprète français, a écrite pour la chanteuse belge d'origine vietnamienne, **Pham Quynh Anh** (1987–). Avec ses paroles émouvantes, cette chanson, qui a été diffusée sur Internet au début de l'année 2006, a su toucher le cœur de milliers de Vietnamiens.

Le Viêt-Nam, le Cambodge et le Laos composaient l'**Indochine française**, colonie de l'**Asie du Sud-Est** continentale de 1887 à 1954. Durant cette période, la population d'origine française n'a jamais été très nombreuse, 35.000 personnes au maximum. La France s'intéressait surtout à l'**exploitation économique** du territoire, et non à son peuplement°. Dans les années 1930, les colons français possédaient encore d'immenses plantations et la société était très divisée. Malgré ce passé douloureux, des relations d'amitié se sont créées et des liens culturels se sont tissés°.

Si comme Pham Quynh Anh vous rêvez d'aller un jour au Viêt-Nam, il y a plusieurs endroits à ne pas manquer. La **baie d'Along**, dans le **golfe du Tonkin**, au nord du pays, est connue pour sa beauté, avec ses 2.000 îles et îlots de calcaire° qui émergent des eaux couleur émeraude. Elle doit aussi son charme à ses villages de pêcheurs et à leurs maisons flottantes.

Un tour en cyclopousse° du vieux quartier ou de l'un des nombreux petits lacs bordés° de pagodes révélera tout le charme d'**Hanoï**, capitale du Viêt-Nam. Fondée il y a trois mille ans, Hanoï est le centre culturel du Viêt-Nam. Le **delta du Mékong** et **Hô Chi Minh-Ville**, anciennement **Saïgon**, la capitale coloniale, sont aussi des étapes incontournables.

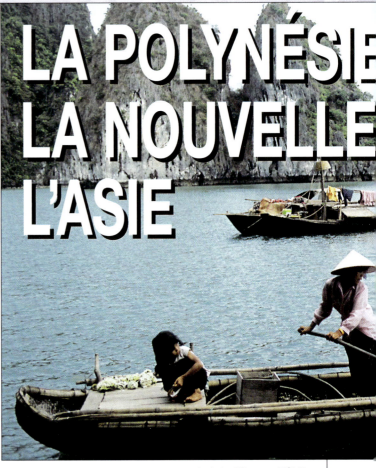

LA POLYNÉSIE
LA NOUVELLE
L'ASIE

La baie d'Along, au Viêt-Nam

La moitié des produits agricoles du pays proviennent du delta. Et à Hô Chi Minh-Ville, de nombreux monuments rappellent la présence française, comme la Grande poste conçue par **Gustave Eiffel**.

Les voyageurs francophones connaissent moins bien le **Laos** et le **Cambodge**, mais c'est en train de changer. Au Laos, les visiteurs doivent s'arrêter à **Vientiane**, la capitale fondée au 16e siècle, dont certains monuments rappellent la France, comme le **Patouxai** qui ressemble à l'**Arc de Triomphe**. **Luang Prabang**, magnifique cité royale avec sa trentaine de temples bouddhistes, est un exemple remarquable de fusion entre architecture traditionnelle et urbanisme européen. Le Cambodge, «pays du sourire», est réputé pour son hospitalité. On y trouve **Angkor**, célèbre site de la culture **Khmer**, dont les merveilles d'architecture occupent plus de

D'ailleurs...

Les paysages du Viêt-Nam, du Laos et du Cambodge sont très variés, mais les rizières° sont partout présentes. Au Cambodge, elles occupent 70% des terres cultivées, au Viêt-Nam 75% et au Laos 80%. Au Laos il y a même des rizières au centre de Vientiane, sa capitale. Les rizières de l'Asie du Sud-Est font de la région un des principaux producteurs de riz dans le monde.

Angkor Vat, le plus grand temple d'Angkor, au Cambodge

peuplement *population*	**se sont tissés** *were forged* **calcaire** *limestone*
cyclopousse *rickshaw pulled by a bicycle*	**bordés** *lined* **rizières** *rice fields*

RANÇAISE,
CALÉDONIE,

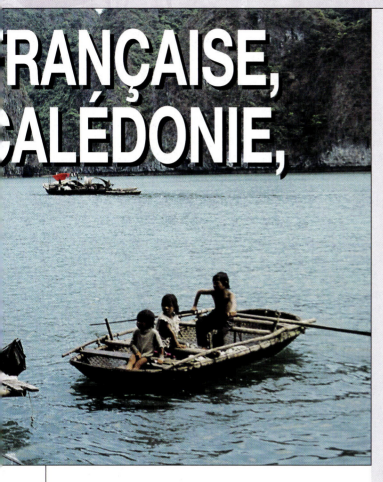

400 km². Dans ces deux pays, la francophonie a moins d'influence qu'au Viêt-Nam, mais le français y est encore parlé.

Des classes bilingues sont disponibles dans les écoles dans cette partie de l'Asie, pour assurer l'enseignement de la langue aux jeunes générations. Alors, si en visite là-bas, on vous accueille avec un «Bonjour et bienvenue», ne soyez pas étonné!

En Asie et en Océanie

Des mots utilisés au Viêt-Nam, au Cambodge et au Laos

une jonque	une barque; *boat*
une pagode	un temple
un pousse-pousse	*rickshaw*
un sampan	une barque en bois

Le français parlé en Nouvelle-Calédonie

avoir la boulette	être en forme; *to feel great*
C'est choc!	C'est super!
les claquettes	les tongs; *flip-flops*
feinter	blaguer; *to joke*
Il est bon?	Ça va?
pète-claquettes	ennuyeux, casse-pieds; *bore*
Va baigner!	Va-t-en!; *Go away!*

Découvrons l'Asie francophone et les DROM

Heiva C'est la fête populaire la plus importante de **Tahiti**. Elle a lieu en juillet et on y organise beaucoup de concours

sportifs traditionnels: courses de pirogues° ou de porteurs de fruits, lancer du javelot°, lever de pierre, tressage°, préparation du coprah à base de noix de coco° et montée de cocotier. Il y a aussi beaucoup de costumes, de danses et de chants traditionnels.

Pondichéry et Chandernagor

Au 17e siècle, la France a colonisé une partie de l'Inde. **Pondichéry** et **Chandernagor** étaient ses deux comptoirs° les plus importants et ce, jusque dans les années 1950. Chandernagor, sur les rives° du **Gange**, et Pondichéry, sur la côte sud-est, sont aujourd'hui des villes indiennes où on peut voir des traces de la présence française. Par exemple à Pondichéry, certains noms de rues sont indiqués en français et les policiers portent des képis° rouges.

Le nickel Le nickel est rare sur terre et les gisements° de la **Nouvelle-Calédonie** en font l'un des principaux pays

producteurs au monde. C'est la plus grande richesse de l'île, environ 80% de ses exportations. Excellent conducteur°, le nickel résiste bien aux produits chimiques et s'oxyde peu. Il est donc très utile dans les industries chimique, navale ou automobile, le bâtiment et l'électroménager°. Il sert aussi à fabriquer les pièces de 1 et 2 euros.

Tahiti Pearl Regatta La Tahiti Pearl Regatta est le rendez-vous annuel des amateurs de voile° en **Polynésie**. C'est d'abord une course de trois jours, où les participants naviguent en pleine mer° ou dans des lagons et doivent traverser des

passes°. Mais c'est aussi une vraie fête. Plongée, pirogues, jeux polynésiens et pétanque sont au programme. Le soir, les participants se retrouvent autour du tamaara'a géant, un grand repas traditionnel.

courses de pirogues *canoe races* **javelot** *spear* **tressage** *weaving* **noix de coco** *coconut* **comptoirs** *trading posts* **rives** *banks* **képis** *French military caps* **gisements** *deposits* **conducteur** *conductive* **électroménager** *home appliances* **voile** *sailing* **pleine mer** *deep sea* **passes** *channels*

Qu'avez-vous appris?

1 **Vrai ou faux?** Indiquez si les affirmations sont vraies ou fausses, et corrigez les fausses.

1. Marc Lavoine a écrit la chanson *Bonjour Vietnam* pour Pham Quynh Anh.

2. Au Laos, la cité royale de Luang Prabang possède une trentaine de temples bouddhistes.

3. La francophonie a moins d'influence au Viêt-Nam qu'au Cambodge.

4. Des classes bilingues existent dans les écoles pour assurer l'enseignement du français aux jeunes Vietnamiens, Laotiens et Cambodgiens.

5. Le Heiva est fêté en Inde.

6. La Nouvelle-Calédonie est un gros producteur d'argent.

2 **Questions** Répondez aux questions.

1. Quels pays composaient l'Indochine française?

2. Quand l'Indochine française a-t-elle disparu?

3. À quoi s'intéressait surtout la France en Indochine?

4. Quelles sortes de concours sont organisés pour le Heiva?

5. Quelles parties de l'Inde la France a-t-elle colonisée?

6. Qu'est-ce que la Tahiti Pearl Regatta?

Projet

Voyage culinaire

Imaginez que vous soyez guide et que vous organisiez un circuit à la découverte de la cuisine vietnamienne, laotienne ou cambodgienne. Faites des recherches pour créer votre itinéraire. Ensuite, préparez votre circuit d'après les critères suivants:

• Choisissez trois ou quatre lieux à visiter en rapport avec votre sujet.

• Sélectionnez des plats typiques ou des ingrédients locaux.

• Trouvez des photos des plats, des ingrédients et des lieux que vous avez choisis.

• Montrez les photos et décrivez votre circuit à la classe. Expliquez pourquoi vous avez choisi ces étapes.

ÉPREUVE

Trouvez la bonne réponse.

1. À Hanoï, il faut faire le tour _____.
   a. d'un des nombreux petits lacs   b. de la baie
   c. d'une de ses 2.000 îles   d. du temple bouddhiste

2. Angkor est un célèbre site _____.
   a. bouddhiste   b. du vieux Saigon
   c. de la culture Khmer   d. du Viêt-Nam

3. Au Laos les rizières occupent _____ des terres cultivées.
   a. 80%   b. 75%
   c. 70%   d. 65%

4. À Tahiti, le Heiva a lieu _____.
   a. le lundi   b. en juillet   c. tous les cinq ans   d. en juin

5. _____ fait partie des concours organisés pour le Heiva.
   a. Le lancer de pierre   b. Le tatouage
   c. Le ramassage de noix de coco   d. La course des porteurs de fruits

6. _____ était un comptoir français en Inde.
   a. Pondichéry   b. Ganges
   c. Vientiane   d. Luang Prabang

7. Le nickel représente _____ des exportations de Nouvelle-Calédonie.
   a. la moitié   b. 80%
   c. les trois quarts   d. 90%

8. Le nickel _____.
   a. n'est pas utile
   b. résiste bien aux produits chimiques
   c. s'oxyde beaucoup
   d. est abondant sur terre

9. Les participants de la Tahiti Pearl Regatta se retrouvent le soir autour _____.
   a. d'une partie de pétanque
   b. d'un grand repas traditionnel
   c. d'un concert
   d. d'un barbecue sur la plage

10. La Tahiti Pearl Regatta est une course qui dure _____.
    a. une semaine   b. deux jours
    c. trois jours   d. trois semaines

Galerie de créateurs

vhl central | *Galerie de créateurs*

Cinéma: Rithy Panh

1 Préparation Répondez à ces questions sur le partage des expériences. Pensez à une tragédie ou à une difficulté personnelle qui vous a fait souffrir. Avec qui est-ce que vous l'avez partagée? Comment l'avez-vous partagée? Expliquez en quoi vos émotions ont changé en partageant votre expérience.

Rithy Panh: survivant des Khmers rouges

En 1975, les Khmers rouges exilent Rithy Panh et sa famille de Phnom Penh, la capitale du Cambodge. Puis, en 1980, Rithy Panh se réfugie à Paris où il suit des études de cinéma et obtient son diplôme. Le génocide, dans lequel une partie de sa famille a péri (*perished*), forge depuis le début l'inspiration de ce réalisateur cambodgien. En 1994, *Les gens de la rizière* raconte la lutte pour la survie d'une famille rurale cambodgienne, après le génocide. En 2002, dans le documentaire *S21, la machine de mort khmère rouge*, Rithy Panh met en scène des gardiens de prison et les trois survivants du S21, centre de détention, de torture et d'exécution jusqu'en 1979. Des années après la fermeture du camp, il a demandé à ces gardiens de refaire les gestes mécaniques qu'ils faisaient. Par ces images, le réalisateur arrive à rendre présents tous les prisonniers qui sont absents du film. En 2012, il aborde de nouveau le thème du génoside cambodgien dans *Duch, le maître des forges de l'enfer.* Le film donne voix à un ex-tortionnaire Khmer pour qu'il explique ses actes. À l'aide de ses films, Rithy Panh s'efforce (*tries hard*) de ressusciter la culture de son pays.

2 Compréhension Répondez par des phrases complètes.

1. Pourquoi Rithy Panh a-t-il quitté son pays natal?

2. Quel est le sujet des films de Rithy Panh?

3. Qu'est-ce que c'est, le S21?

4. Comment Rithy Panh a-t-il rendu les prisonniers du S21 présents dans son documentaire?

5. Quel est l'objectif du film *Duch, le maître des forges de l'enfer*?

3 Discussion Discutez en groupes et puis avec la classe.

Selon la lecture, Panh a mis en scène des gardiens du S21 et leur a demandé de refaire leurs gestes dans le film. Il voulait ainsi aider les Cambodgiens à «guérir» des atrocités commises par les Khmers rouges. Êtes-vous d'accord avec cette idée? Pourquoi? Comment est-ce que les victimes d'une telle tragédie peuvent s'exprimer et «guérir»? Discutez de ces questions et justifiez vos réponses.

4 Application Comment «guérir» les cœurs

Pensez à une tragédie qui a fait souffrir un peuple, une culture, une personne ou vous-même. Comment peut-on partager cette expérience avec le reste du monde afin qu'elle ne se répète pas? Comment peut-on aider les cœurs des victimes à en «guérir»? Préparez une présentation sur ce sujet.

Rithy Panh

10.1

vhlcentral

The past conditional

—*Qui **aurait pu** imaginer... une telle obstination
dans la générosité la plus magnifique?*
D'après Jean Giono, *L'Homme qui plantait des arbres*, © Éditions Gallimard

BLOC-NOTES

To review formation and use
of the **conditionnel**, see
Structures 8.3, pp. 282–283.

- Use the past conditional (**le conditionnel passé**) to express an action that *would have occurred* in the past.

Conditionnel	Past conditional
Sans les nuages de pollution, on **respirerait** mieux. *Without smog, we'd breathe better.*	Sans les nuages de pollution, nos ancêtres **auraient** mieux **respiré**. *Without smog, our ancestors would have breathed better.*

- The past conditional is formed with a **conditionnel** form of **avoir** or **être** and the past participle of the main verb. Use the same helping verb as you would for any other compound tense, such as the **passé composé**, the **plus-que-parfait**, or the future perfect.

	faire	partir	se lever
je/j'	**aurais** fait	**serais** parti(e)	me **serais** levé(e)
tu	**aurais** fait	**serais** parti(e)	te **serais** levé(e)
il/elle/on	**aurait** fait	**serait** parti(e)	se **serait** levé(e)
nous	**aurions** fait	**serions** parti(e)s	nous **serions** levé(e)s
vous	**auriez** fait	**seriez** parti(e)(s)	vous **seriez** levé(e)(s)
ils/elles	**auraient** fait	**seraient** parti(e)s	se **seraient** levé(e)s

- Verbs in the past conditional follow the same patterns as they do in other compound tenses for negation, adverb and pronoun placement, and past participle agreement.

Il y a cent ans, **personne ne** nous aurait parlé de la pluie acide.
100 years ago, no one would have talked to us about acid rain.

Nathalie aurait **bien** ri si elle avait entendu cette blague.
Nathalie would have laughed a lot if she had heard that joke.

Je ne trouve pas **les clés que** vous auriez **vues** hier dans la cuisine.
I cannot find the keys that you might have seen in the kitchen yesterday.

Nous serions **déjà** partis si cela avait été possible.
We would have already left if it had been possible.

Uses of the conditional

- Use the past conditional with certain verbs to express regret or reproach. In the past conditional, **aimer** + [*infinitive*] means *would have liked to*; **devoir** + [*infinitive*] means *should have*; **pouvoir** + [*infinitive*] means *could have*; and **vouloir** + [*infinitive*] means *would have liked to*.

Vous **auriez dû étudier** un peu plus longtemps.
You should have studied a little longer.

Nous **aurions aimé regarder** un film différent.
We would have liked to watch a different film.

Tu **aurais** quand même **pu** m'**appeler** hier soir.
You could have at least called me last night.

J'**aurais voulu lire** l'article sur les sources d'énergie.
I would have liked to read the article about energy sources.

- Use the **conditionnel** or the past conditional with the expression **au cas où** (*in case*).

Prends ton portable **au cas où** le train **arriverait** en retard.
Bring your cell phone in case the train arrives late.

Prends ton portable **au cas où** le train **serait** déjà **parti** quand vous arriverez à la gare.
Bring your cell phone in case the train has already left when you arrive at the station.

BLOC-NOTES

To review the *future in the past* use of the **conditionnel**, see **Structures 8.3, pp. 282–283**.

- You have learned that the **conditionnel** can express a future action when talking about the past. The past conditional can act as a *future perfect in the past*, describing events that were to have taken place at a later point.

Maman nous a dit qu'elle **rentrerait** avant minuit.
Mom told us that she would come home before midnight.

Maman nous avait dit qu'elle **serait rentrée** avant minuit, mais elle n'a pas pu.
Mom had told us that she would come home before midnight, but she couldn't.

- Just as the **conditionnel** can express uncertainty about events in the present, the past conditional can express uncertainty about events in the past.

Selon le journal, il y **aurait** une centaine d'habitants dans ce village.
According to the newspaper, there might be a hundred or so inhabitants in this town.

Selon le journal, il y **aurait eu** une centaine de manifestants samedi.
According to the newspaper, there might have been a hundred or so protesters on Saturday.

Mise en pratique

1 **À compléter** Employez le conditionnel passé des verbes entre parenthèses.

1. Selon mon oncle, l'ouragan _____ (détruire) un centaine de bâtiments.

2. Les journaux ont annoncé qu'à cause d'une demande inhabituelle, nous _____ (épuiser) nos réserves de combustibles.

3. Je _____ (s'acheter) la plus grande voiture, mais j'avais peur qu'elle nuise à l'environnement.

4. Je/J' _____ (vouloir voir) moins de pollution, mais j'ai dû rester longtemps dans la capitale.

5. Tu as dit aux représentants de la société de recyclage que tu _____ (ne pas gaspiller) les produits non-renouvelables.

2 **Qu'aurait-elle fait?** Malika a passé ses vacances en famille, mais elle aurait aimé les passer avec ses amis. Dites ce qu'elle aurait préféré faire en leur compagnie.

> **Modèle** **Malika et sa famille sont allés dans un musée de peintures. (au centre commercial)**
> Malika, elle, serait allée au centre commercial.

1. Ils ont dormi à l'hôtel. (chez sa copine Manon)

2. Ils ont emporté des jeux de société (*boardgames*). (son ordinateur portable)

3. Ils ont souvent mangé dans une crêperie. (dans une pizzeria)

4. Ils ont joué à la pétanque. (au tennis)

5. Ils sont sortis un soir sur trois. (tous les soirs)

6. Ils ont bronzé dans leur jardin. (à la plage)

7. Le premier jour, ils sont partis à 6 heures du matin. (à midi)

8. Ils sont rentrés un dimanche. (un vendredi)

3 **Y est-il vraiment allé?** Michel a passé des vacances à Tahiti, et ses amis lui demandent comment ça s'est passé. Mais il leur répond évasivement. Employez le conditionnel passé pour répondre comme Michel. Soyez créatif/créative.

> **Modèle** **Tu as visité les quartiers intéressants de Papeete?**
> Je les aurais visités, mais je n'avais pas le plan de la ville.

1. Alors, tu es allé à la plage?

2. On t'a servi de délicieux fruits tropicaux?

3. Est-ce que les habitants t'ont parlé français?

4. T'es-tu fait de nouveaux amis?

5. Alors, tu as découvert d'autres îles de l'archipel de la Société?

6. L'île évoque au moins les tableaux de Gauguin?

Communication

4

Qu'auriez-vous fait? À deux, regardez les illustrations et, à tour de rôle, dites ce que vous auriez fait dans chaque situation. Servez-vous des mots de la liste, si nécessaire.

Modèle   Moi, je me serais fâché contre le garçon avec la glace.

acheter	crier	un médecin
appeler	se fâcher	salir
un costume	une glace	téléphoner

5

Des excuses Martin, votre meilleur ami, est allé en vacances à Tahiti. Vous lui demandez s'il (*if he*) a fait toute une liste de choses, mais il a toujours une bonne excuse pour expliquer que non. Avec un(e) partenaire, jouez tour à tour le rôle de Martin et imaginez la conversation. Soyez créatifs/créatives!

Modèle   **nager dans l'océan Pacifique**
— Vous avez nagé dans l'océan Pacifique?
— J'aurais nagé dans l'océan, mais c'était trop dangereux!

- bronzer sur la plage
- voir la Tahiti Pearl Regatta
- nous acheter des cadeaux
- visiter des musées
- assister au Heiva
- rencontrer des Tahitiens

6

Des regrets? Qu'est-ce que vous n'avez pas fait dans la vie parce que vous avez choisi de faire autre chose? Le regrettez-vous? Par groupes de trois, employez le conditionnel passé des verbes **aimer**, **devoir**, **pouvoir** et **vouloir** pour parler de vos choix à vos camarades.

Modèle   J'aurais pu visiter l'Europe l'été dernier, mais j'ai choisi de passer deux semaines chez ma grand-mère, qui fêtait son 80e anniversaire.

Qu'auriez-vous...
- aimé faire?
- dû faire?
- pu faire?
- voulu faire?

Qu'avez-vous fait à la place?

vhlcentral

The future perfect

*Elzéard Bouffier **aura planté** des hectares et des hectares d'arbres avant sa mort en 1947.*

- Use the future perfect (**le futur antérieur**) tense to describe an action that *will have occurred* before another action in the future.

> Quand il arrivera, Martine **sera** déjà **partie**.
> *By the time he arrives, Martine will have already left.*

> Je prendrai une décision quand vous m'**aurez donné** plus d'informations.
> *I'll make a decision when you have given me more information.*

BLOC-NOTES

To review the forms of the **futur simple**, see **Structures 7.2, pp. 242–243**.

- Verbs in the future perfect are formed with a **futur simple** form of **avoir** or **être** and the past participle of the main verb. Use the same helping verb as for other compound tenses, such as the **passé composé** and the **plus-que-parfait**.

	faire	partir	se lever
je/j'	aurai fait	serai parti(e)	me serai levé(e)
tu	auras fait	seras parti(e)	te seras levé(e)
il/elle/on	aura fait	sera parti(e)	se sera levé(e)
nous	aurons fait	serons parti(e)s	nous serons levé(e)s
vous	aurez fait	serez parti(e)(s)	vous serez levé(e)(s)
ils/elles	auront fait	seront parti(e)s	se seront levé(e)s

- Verbs in the future perfect follow the same patterns as they do in other compound tenses for negation, adverb and pronoun placement, and past participle agreement.

BLOC-NOTES

To review…

- negation, see **Structures 4.2, pp. 130–131**.
- pronoun order, see **Structures 5.3, pp. 170–171**.
- past participle agreement, see **Fiche de grammaire 5.5, p. 392**.

Negation	Cette espèce n'aura pas entièrement disparu en 2040, j'espère. *This species won't have completely disappeared by 2040, I hope.*
Adverb placement	Il aura déjà passé deux jours à Papeete quand il viendra nous chercher à l'aéroport. *He will have already spent two days in Papeete when he comes to pick us up at the airport.*
Pronoun placement	Nous lui aurons déjà parlé quand nous arriverons en classe demain. *We will have already talked to her when we get to class tomorrow.*
Past participle agreement	À minuit, elles se seront déjà couchées. *By midnight, they will have already gone to bed.*

Uses of the future perfect

- You may contrast two clauses —one with a verb in the future perfect and one with a verb in the **futur simple**— in order to establish that one event will happen before another.

First event	Second event
Quand tu auras fait tes courses,	**je viendrai te chercher en voiture.**
When you've run your errands,	*I'll come pick you up in the car.*

Dès qu'elle **sera arrivée** à Paris,   elle **s'installera** à son hôtel.
As soon as she has arrived in Paris,   *she'll settle in at her hotel.*

- You learned that you can use the **futur simple** after the conjunctions **aussitôt que** (*as soon as*), **dès que** (*as soon as*), **lorsque** (*when*), **quand** (*when*), and **tant que** (*as long as*), if they describe a future event. They can also be followed by a verb in the future perfect, which is the tense almost always used after **après que** (*after*) and **une fois que** (*once*).

Il partira **après qu'**on **aura mangé**.   Tu m'appelleras **dès que** tu **seras rentré**?
He'll leave after we've eaten.   *Will you call me as soon as you've returned?*

Aussitôt qu'elle **aura trouvé** un nouvel   Vous visiterez le zoo **une fois qu'**on **aura**
appartement, elle nous invitera.   **ouvert** l'exposition sur les ours.
As soon as she's found a new   *You'll visit the zoo once they've opened*
apartment, she'll invite us over.   *the bear exhibit.*

- When connecting two clauses, note the subtle distinction in meaning between a sentence that uses the **futur simple** after one of these conjunctions and one that uses the future perfect. In neither case are the English equivalents of these conjunctions followed by *will*.

Quand j'**aurai** des nouvelles,   *but*   **Quand** j'**aurai eu** des nouvelles,
je vous **écrirai**.   je vous **écrirai**.
When I have some news,   *When I've had some news,*
I'll write you.   *I'll write you.*

- Use **après que** with a conjugated verb when the subject of a subordinate clause is different from that of the main clause. Use **après** with the past infinitive when the subjects of both clauses are the same.

Different subjects	Same subjects
Mémé viendra nous rendre visite **après qu'on aura fait le ménage.**	**Nous sortirons, mais seulement** **après avoir fait le ménage.**
Grandma will come visit us after we've done the housework.	*We'll go out, but only after having done the housework.*

ATTENTION!

In the main clause, an imperative can appear in the place of a verb in the **futur simple**.

Quand tu auras fait les courses, téléphone-moi.

When you've run your errands, call me.

BLOC-NOTES

To review the use of the **futur simple** with certain conjunctions, see **Structures 7.2, pp. 242–243**.

BLOC-NOTES

To review formation and use of the past infinitive, see **Structures 8.1, pp. 274–275**.

Mise en pratique

1 **À compléter…** Mettez les verbes entre parenthèses au futur antérieur.

1. Quand le soleil _____ (réapparaître) après l'inondation, le niveau des eaux commencera à baisser.

2. Mesdames et messieurs, vous pourrez admirer la chaîne montagneuse lorsque vous _____ (arriver) au bout du sentier.

3. Le réchauffement de la planète, s'il continue, _____ (tuer) beaucoup de récifs de corail.

4. Après que nous _____ (finir) de sauver les forêts tropicales, les températures de la planète se stabiliseront.

5. Dès que le nuage de pollution _____ (se lever), je ferai du jogging.

6. On consommera moins de combustibles quand les habitants des grandes villes _____ (apprendre) à se servir des transports en commun.

7. Grâce aux nouveaux styles de construction, les tremblements de terre _____ (détruire) moins de bâtiments au cours de ce siècle.

8. Je dépenserai beaucoup d'argent pour l'électricité tant que je _____ (ne pas jeter) mon vieux chauffe-eau (*water heater*), qui gaspille trop d'énergie.

2 **Avant le départ** Monsieur Arnal et sa famille vont partir demain pour Nouméa. Mettez les verbes entre parenthèses au futur antérieur ou à l'infinitif passé.

Demain, ma famille et moi devons partir tôt pour l'aéroport, et nous n'aurons pas de temps à perdre. Après que ma femme (1) _____ (se lever), j'irai réveiller les enfants. Ils devront s'habiller rapidement après (2) _____ (prendre) leur petit-déjeuner. Moi, après (3) _____ (se brosser) les dents, je ferai la vaisselle. Ma femme prendra sa douche aussitôt que je (4) _____ (sortir) de la salle de bains. Après (5) _____ (s'habiller), nous téléphonerons à mes parents pour leur dire au revoir. Enfin, après (6) _____ (chercher) les passeports, ma femme donnera la clé de la maison aux voisins, qui vont la surveiller pendant notre absence.

3 **Dialogue** Ali énerve souvent son frère, Kamil, parce qu'il fait beaucoup de promesses, mais ne fait jamais rien. À deux, complétez le dialogue.

KAMIL Mais quand est-ce que tu vas ranger tes livres?

ALI Aussitôt que je/j' (1) _____, je rangerai mes livres.

KAMIL Tes amis ont mangé dans la cuisine et sont partis sans la nettoyer.

ALI D'accord! Ils la nettoieront dès qu'ils (2) _____.

KAMIL Et mes jeux vidéo? Pourquoi est-ce que vous les avez pris?

ALI Nous te les rendrons une fois que nous (3) _____.

KAMIL Ah, et il n'y a plus de bonbons!

ALI Je passerai au supermarché demain quand tu (4) _____.

KAMIL Et j'en ai marre de tes vêtements par terre.

ALI Je les rangerai aussitôt que je/j' (5) _____.

KAMIL Des promesses, toujours des promesses!

Communication

4

En 2030 À deux, dites comment ces problèmes écologiques auront évolué en 2030. Ensuite, présentez vos prédictions à la classe.

> **Modèle** **la pluie acide**
>
> Nous aurons résolu le problème de la pluie acide en 2030. Les usines auront arrêté de polluer l'atmosphère.

- le réchauffement de la planète
- les sécheresses
- la consommation d'énergie
- la diminution de la couche d'ozone
- la déforestation
- ?

5

Et vous en 2030? Par groupes de trois, dites ce qui aura changé dans votre vie personnelle, en 2030. Ensuite, expliquez à la classe ce qui aura changé dans la vie de vos camarades.

> **Modèle** **vos relations avec vos parents**
>
> Mes parents et moi, nous aurons appris à mieux nous entendre en 2030.

- vos finances
- votre carrière
- vos loisirs
- vos relations avec vos amis
- vos connaissances en français
- ?

6

Les plus brillant(e)s Deux écologistes, chacun(e) se croyant plus brillant(e) que l'autre, parlent de ce qu'ils/elles auront fait à la fin de leur carrière pour sauver l'environnement et recevoir le prix Nobel de la paix. À deux, inventez le dialogue à l'aide du futur antérieur et des éléments donnés.

Votre pays d'origine	
Le problème sur lequel vous aurez travaillé	
La solution que vous aurez proposée	
Le moyen que vous aurez trouvé pour financer vos recherches	
Les procédures que vous aurez mises en place (*implemented*)	

vhlcentral

Si clauses

*—Si on **compte** l'ancienne population . . . et les nouveaux venus, plus de dix mille personnes **doivent** leur bonheur à Elzéard Bouffier.*

D'après Jean Giono, *L'Homme qui plantait des arbres*, © Éditions Gallimard

- **Si** (*If*) clauses express a condition or event upon which another event depends. The **si** clause is the subordinate clause, and the result clause is the main clause.

Si clauses with the present tense

- When the condition expressed in the **si** clause might be fulfilled or is true, the verb in the **si** clause is in the present tense. The verb in the main clause may be in the present, **futur** (**proche** or **simple**), or the imperative.

- Use the present tense in the main clause to express what generally or automatically happens when the condition in the **si** clause occurs.

Si clause: present tense	Main clause: present tense
Si je suis malade,	je reste chez moi.
If I am ill,	*I stay at home.*

- Use the **futur proche** or the **futur simple** in the main clause to express what *will* happen if the condition in the **si** clause occurs.

Si clause: present tense		Main clause
Si l'ouragan arrive ce soir,	FUTUR PROCHE	on va rester chez nous demain.
If the hurricane arrives tonight,		*we're going to stay home tomorrow.*
S'il continue à pleuvoir,	FUTUR SIMPLE	il y aura des inondations.
If it keeps raining,		*there will be floods.*

- Use the imperative in the main clause to tell someone what to do if the condition in the **si**-clause occurs.

Si clause: present tense		Main clause
S'il y a des déchets par terre,	IMPERATIVE	jetez-les dans la poubelle.
If there is trash on the ground,		*throw it in the garbage.*

Si clauses with the imparfait

- When the condition expressed in the **si** clause is contrary to fact or not true, use a verb in the **imparfait** in the **si** clause and a verb in the **conditionnel** in the main clause.

Si clause: imparfait	Main clause: conditionnel
Si on donnait à manger aux animaux du zoo,	on mettrait leur vie en danger.
If we fed the zoo animals,	*we would put their lives in danger.*

ATTENTION!

If the word following **si** is **il** or **ils**, make the contraction **s'il** or **s'ils**.

ATTENTION!

The order of the subordinate and main clauses can vary in any **si** construction.

Si on allait au zoo, on pourrait voir les tigres.

If we went to the zoo, we could see the tigers.

Restez à la maison si l'ouragan passe demain.

Stay at home if the hurricane comes tomorrow.

Vérifiez

● **Si** clauses with the **imparfait** are often used without a main clause to make a suggestion or to express a wish or regret. The main clause may also be omitted in English in these types of expressions.

Suggestion	**Si** on **allait** au zoo demain? *What if we went to the zoo tomorrow?*
Expression of wish or regret	**Si** j'**étais** plus grand, plus beau, plus riche! *If only I were taller, more handsome, richer!*

Si clauses with the plus-que-parfait

● When the condition expressed in the **si** clause represents how something could have been in the past, but wasn't, use the **plus-que-parfait** in the **si** clause and the **conditionnel passé** in the main clause.

Si clause: plus-que-parfait	**Main clause: conditionnel passé**
Si nous **avions fait** du camping, *If we had gone camping,*	nous **aurions économisé** de l'argent. *we would have saved money.*
Si vous **étiez arrivés** dix minutes plus tôt, *If you had arrived ten minutes earlier,*	vous n'**auriez** pas **manqué** les bandes-annonces. *you would not have missed the previews.*

● **Si** clauses with the **plus-que-parfait** are often used without a main clause to express regret. These types of expressions in English may also omit the main clause.

Si j'**avais su**! *If only I had known!*	**Si** seulement nous **étions arrivés** plus tôt! *If only we had arrived earlier!*

Summary of **si** clauses

	Subordinate clause	Main clause
Probable events	**si + present**	present
Possible future events	**si + present**	**futur proche** **futur simple** imperative
Contrary-to-fact events	**si + imparfait** **si + plus-que-parfait**	**conditionnel** **conditionnel passé**

*Si les villages **étaient** moins dispersés, le narrateur ne **serait** pas **obligé** de marcher autant.*

ATTENTION!

When **si** does not mean *if*, use the tense called for by the meaning of the sentence.

Ils ne savent pas si les singes aiment vraiment les bananes.

They do not know whether monkeys really like bananas.

Mais si, je t'ai dit que ce produit était nuisible à l'environnement.

But I did tell you that this product was harmful to the environment.

Vérifiez

BLOC-NOTES

To review…

● the **futur proche**, see **Structures 1.2, pp. 20–21.**

● the **imperative**, see **Fiche de grammaire 1.5, p. 376.**

● the **imparfait**, see **Fiche de grammaire 3.5, p. 384.**

● the **conditionnel**, see **Structures 8.3, pp. 282–283.**

● the **plus-que-parfait**, see **Structures 4.1, pp. 126–127.**

● the **conditionnel passé**, see **Structures 10.1, pp. 348–349.**

Mise en pratique

1 **Situations** Complétez les phrases.

A. Situations possibles dans le futur

1. Si Thérèse n'_____ (arriver) pas bientôt, nous devrons faire la queue.

2. Si vous _____ (continuer) à chasser les ours, cette espèce va finir par être en voie d'extinction.

B. Situations hypothétiques dans le présent

3. Le trou dans la couche d'ozone _____ (être) encore plus grand si on utilisait encore certains produits nuisibles.

4. Si les gens _____ (recycler) plus souvent, il n'y aurait pas autant de déchets par terre (*on the ground*).

C. Situations hypothétiques dans le passé

5. S'il _____ (ne pas pleuvoir), nous n'aurions pas vu cet arc-en-ciel.

6. Le prix des combustibles _____ (baisser) si nous avions choisi d'utiliser d'autres sources d'énergie.

2 **Il faut être optimiste** Carole et Laëtitia travaillent pour Sauveterre, une organisation environnementale. Employez les temps qui conviennent pour compléter le dialogue.

CAROLE Si nous (1) _____ (travailler) jusqu'à dix heures ce soir, nous pourrons finir les nouvelles brochures sur le réchauffement de l'atmosphère.

LAËTITIA Penses-tu que les gens vont les jeter à la poubelle? S'ils s'inquiétaient vraiment pour l'environnement, les fleuves (2) _____ (être) moins pollués et nous ne (3) _____ (gaspiller) pas autant d'énergie.

CAROLE C'est vrai. Mais si le public ne (4) _____ (s'intéresser) pas du tout à l'environnement et ne (5) _____ (faire) pas d'efforts pour le protéger, nous respirerions un air encore plus impur et les forêts (6) _____ (disparaître) plus vite.

LAËTITIA Tu as raison. Je ne me pose plus de questions. Alors si nous (7) _____ (voir) quelqu'un jeter sa brochure à la poubelle, recyclons-la et (8) _____ (être) optimistes!

3 **Si j'étais** À deux, imaginez votre vie si vous étiez une de ces célébrités. Ensuite, à tour de rôle, présentez vos idées à la classe.

Modèle **Scarlett Johansson**

Si j'étais Scarlett Johansson, je travaillerais avec un réalisateur français.

- Justin Timberlake
- Shakira
- Will Smith
- Emma Watson
- Zac Efron
- Beyoncé
- ?

Communication

4

Que feriez-vous? À deux, regardez ces scènes et demandez-vous ce que vous feriez si vous étiez dans ces situations-là. Soyez créatifs!

> **Modèle** —Qu'est-ce que tu ferais si quelqu'un te payait un voyage en Polynésie?
>
> —Si quelqu'un me payait un voyage en Polynésie, je prendrais le premier avion.

5

Que se passerait-il? Par groupes de trois, dites à vos camarades, à tour de rôle, ce que vous feriez dans les situations suivantes.

> **Modèle** **Si tu étais un(e) athlète célèbre**
>
> Si j'étais un(e) athlète célèbre, je donnerais une partie de mon salaire à mon ancien lycée.

1. Si tu étais un(e) chanteur/chanteuse célèbre

2. Si tu gagnais un voyage autour du monde

3. Si les cours étaient annulés pendant une semaine

4. Si tu trouvais une valise pleine d'argent

5. Si tu pouvais devenir invisible

6

Trop peu! Vous parlez à un expert en écologie, qui vous explique pourquoi l'environnement est en danger malgré (*despite*) tous les efforts faits pour le protéger. À deux, dites ce que vous ferez s'il est vrai que certains problèmes existent encore.

> **Modèle** Si la déforestation est encore un problème, je n'achèterai plus le journal, mais je le lirai sur Internet.

Synthèse

La météo

Aujourd'hui	Demain	Après-demain
Bruxelles		
Max. / Min.	Max. / Min.	Max. / Min.
4° C / −1° C	8° C / 5° C	6° C / 4° C
Dakar		
Max. / Min.	Max. / Min.	Max. / Min.
22° C / 22° C	24° C / 21° C	26° C / 23° C
Montréal		
Max. / Min.	Max. / Min.	Max. / Min.
−2° C / −8° C	0° C / −4° C	4° C / 1° C
Nouméa		
Max. / Min.	Max. / Min.	Max. / Min.
30° C / 25° C	28° C / 24° C	31° C / 22° C
Papeete		
Max. / Min.	Max. / Min.	Max. / Min.
28° C / 24° C	26° C / 22° C	30° C / 25° C

1 **Les prévisions météo** Vous partez en vacances avec un(e) camarade et vous choisissez un endroit parmi (*among*) les villes présentées dans ces prévisions météo. Employez des phrases avec **si** pour dire vos préférences.

Modèle —J'irais bien à Nouméa, s'il ne pleuvait pas autant.

—S'il y fait moins chaud la semaine prochaine, partons pour Papeete.

2 **Quelle impatience!** Votre camarade et vous avez fait vos choix, et vous partez demain. Maintenant vous comptez impatiemment les secondes avant le départ. À tour de rôle, employez le futur antérieur pour dire dix choses que vous aurez faites dans une semaine.

Modèle Dans une semaine, nous aurons déjà nagé dans l'océan Pacifique.

3 **Catastrophe!** Vous et votre camarade venez de rentrer. Vos vacances se sont très mal passées! Dites chacun(e) cinq choses qui auraient pu les améliorer.

Modèle S'il n'avait pas plu tous les jours, nous serions sortis de l'hôtel.

Préparation

<table>
<tr><td colspan="2">Vocabulaire de la lecture</td><td>Vocabulaire utile</td></tr>
<tr>
<td>

abriter *to shelter, provide a home for*

le corail (les coraux) *coral*

l'épanouissement (m.) *development*

une ferme *farm*

</td>
<td>

une huître *oyster*

un lagon *lagoon*

une perle *pearl*

récolter *to harvest*

un requin *shark*

une tortue *turtle*

</td>
<td>

un dauphin *dolphin*

faire de la plongée (sous-marine/ avec tuba) *to dive; to snorkel*

un filet (de pêche) *(fishing) net*

pêcher *to fish*

une récolte *harvest*

</td>
</tr>
</table>

1 **La rencontre** Un journaliste faisant un reportage en Nouvelle-Calédonie rencontre un pêcheur sur la plage. Complétez leur dialogue à l'aide du vocabulaire fourni dans le tableau.

JOURNALISTE Ça fait longtemps que vous êtes pêcheur?

PÊCHEUR Depuis tout petit. Mon père (1) _____ au harpon sur la barrière de corail. Moi, je préfère utiliser (2) _____.

JOURNALISTE C'est un métier difficile et dangereux?

PÊCHEUR Difficile, oui, dangereux, pas tellement. De temps en temps, on entend parler d'une attaque de (3) _____, mais c'est plutôt rare.

JOURNALISTE Vous travaillez dans ce grand (4) _____?

PÊCHEUR Oui, il (5) _____ une grande variété d'espèces. Et puis, mon frère a (6) _____ marine où il élève des (7) _____ pour les perles. Cette année, (8) _____ a été très abondante.

JOURNALISTE Bon, je vous remercie, et bonne continuation.

2 **Les fautes** Vous avez fait un voyage à Tahiti avec un(e) ami(e). Maintenant vous êtes à une soirée où il/elle explique tout ce qui s'est passé. Corrigez ses fautes de vocabulaire.

> **Modèle** — Nous avons mangé des *coraux*. C'était délicieux.
> — Non, nous avons mangé des huîtres! C'était délicieux.

1. — J'ai passé toute la journée à *pêcher pour* étudier la vie marine.

— _____

2. — Nous avons vu deux fois des *dauphins* marcher sur la plage.

— _____

3. — Les Tahitiens élèvent les huîtres pour leur *corail*.

— _____

4. — Les lagons *récoltent* des milliers d'espèces de poissons.

— _____

3 **La nature et vous** À deux, répondez aux questions et expliquez vos réponses.

1. Aimez-vous la nature? Pourquoi?

2. Quels endroits naturels sont connus pour leur flore ou faune très diverse?

3. Avez-vous déjà visité un de ces endroits? Si oui, comment était-ce? Sinon, aimeriez-vous en visiter un?

4. Faut-il s'inquiéter de ce qui menace l'environnement dans une autre région du monde?

Les richesses
DU PACIFIQUE

Vous avez sans doute entendu parler de la «grande barrière de corail», en Australie. Mais vous ne savez peut-être pas qu'il en existe
5 une autre, très belle aussi, autour de la Nouvelle-Calédonie. Cette île de l'Océanie peut se vanter° d'avoir le lagon le plus vaste du monde. Ce trésor inestimable est connu pour être le deuxième plus grand
10 ensemble corallien du monde. Il mesure 1.600 kilomètres (*1.000 miles*) de long et abrite plus de 15.000 espèces végétales et animales. C'est l'un des temples de la biodiversité marine mondiale. On n'a
15 identifié qu'environ un quart des espèces représentées, et de nouvelles espèces y sont régulièrement découvertes. La barrière de corail est aussi l'un des principaux habitats de la tortue verte, la tortue marine la plus
20 rapide. Elle peut nager à plus de 30 km/h (*20 m/h*).

De nombreux dangers menacent le plein épanouissement de la barrière corallienne, en particulier la pollution et
25 la vente de coraux. Cependant, la barrière autour de la Nouvelle-Calédonie est encore en très bon état de préservation. C'est pour protéger cette richesse écologique que le Ministère français de l'aménagement du
30 territoire et de l'environnement° a proposé que la barrière corallienne soit classée au patrimoine mondial de l'UNESCO en 2008. Ce site serait ainsi le premier du domaine de l'Outre-mer français° à obtenir cette
35 reconnaissance.

Et Tahiti? Quel est à votre avis le premier produit d'exportation de cette île paradisiaque? Les fruits de mer? Pas du tout! C'est la perle noire de culture
40 qui arrive en tête des exportations de la Polynésie française, où on compte aujourd'hui plus de 800 fermes perlières. Environ 5.000 personnes vivent de cette industrie. La periculture connaît un
45 développement prodigieux depuis les années 1980. Les exportations sont passées de 86 kilogrammes par an en 1980 à plus de 12 tonnes en 2015, en générant un profit de

boast

*French Ministry
of Planning,
Development, and
the Environment*

*French overseas
territories*

Les étapes de la periculture

La periculture compte six étapes. Ce sont des procédés très complexes et très délicats. Une fois que l'huître est fécondée° et greffée°, on l'élève pendant dix-huit mois pour qu'elle produise des perles qui sont ensuite récoltées.

*fertilized /
grafted*

*Franc des
Collectivités
française du
Pacifique
(currency)*

7,6 millards de F.CFP°. Les «richesses» du patrimoine océanique sont donc aussi des 50 richesses au sens propre du terme°.

Les beautés naturelles sous-marines sont encore mal connues du grand public. C'est pourquoi il existe des endroits en Polynésie française où l'on fait découvrir 55 aux touristes la faune et la flore d'un lagon. Ce sont les lagoonariums, des réserves aquatiques en milieu naturel. Dans l'archipel de la Société, il en existe deux, à Tahiti et à Bora Bora. Ces aquariums géants 60 ont des bassins° dans lesquels évoluent presque toutes les espèces aquatiques de cette région du monde. On a la possibilité d'assister au repas des requins donné à la main. Si on veut vivre une expérience 65 inoubliable, le lagoonarium de Bora Bora propose même à ses visiteurs de nager parmi la faune marine.

«L'émerveillement° est le premier pas vers le respect», affirme Nicolas Hulot, 70 ministre français de la Transition écologique et solidaire. Il est essentiel de comprendre notre environnement aquatique pour l'admirer et le respecter. Jacques-Yves Cousteau fut un pionnier dans ce domaine 75 en nous faisant découvrir ce monde du silence, dès les années 1950. Préservons notre patrimoine naturel. N'est-ce pas notre plus grande richesse? ■

literally

pools

wonder

Analyse

1 **Compréhension** Répondez aux questions par des phrases complètes.

1. Quelles sont les deux plus grandes barrières de corail du monde?

2. Quelle est la caractéristique du lagon de la Nouvelle-Calédonie?

3. Pourquoi le lagon de la Nouvelle-Calédonie est-il considéré comme un temple de la biodiversité marine?

4. Que sait-on de la tortue verte?

5. Quelles sont les deux choses qui menacent la barrière corallienne de la Nouvelle-Calédonie?

6. Quelle initiative le gouvernement français a-t-il prise pour aider à sa préservation?

7. Quel est le premier produit d'exportation de Tahiti?

8. La perliculture est-elle facile?

9. Comment obtient-on une perle?

10. Qu'est-ce qu'un lagoonarium et que peut-on y faire?

2 **Les citations** À deux, lisez ces deux citations et répondez aux questions.

> La terre n'est pas un don de nos parents, ce sont nos enfants qui nous la prêtent.
>
> **— Proverbe indien**

> Après moi, le déluge (*flood*).
>
> **— attribué à Louis XV,**
> **roi de France de 1715 à 1774.**

- Que veut dire le proverbe indien? Est-ce un concept qui vous est familier?
- Que dit Louis XV? Pensez-vous qu'il soit sérieux?
- Êtes-vous d'accord avec ces citations? Expliquez.
- D'après vos observations, les gens autour de vous vivent-ils plutôt en accord avec le proverbe indien ou à la Louis XV?

3 **Nos richesses naturelles** À deux, faites la liste des richesses naturelles de votre région et dites si vous les considérez comme menacées. Pensez aux animaux, aux plantes, aux paysages, aux richesses du sous-sol (*subsoil*), etc. Puis, comparez votre liste avec celle d'un autre groupe.

4 **Enquête** Demandez à des camarades de classe quelle est, d'après eux/elles, la source d'énergie du futur et celle qui devrait être développée le plus rapidement. Notez leurs arguments. Ensuite, présentez vos résultats à la classe.

- l'énergie solaire
- l'huile végétale
- l'hydrogène
- l'énergie hydraulique
- le nucléaire
- l'énergie éolienne (*wind*)

Préparation

À propos de l'auteur

Jean-Baptiste Tati-Loutard (1938–2009) est né dans la région de Pointe-Noire, en République du Congo. Il a fait des études à Bordeaux, en France, puis il a enseigné la littérature à l'Université de Brazzaville. Il a écrit plusieurs recueils de poèmes, dont *Les feux de la planète* (1977), et des nouvelles, comme *Nouvelles chroniques congolaises* (1980). Il a obtenu plusieurs prix, y compris le Grand Prix littéraire de l'Afrique Noire en 1987. C'est un style simple et classique qui caractérise ses œuvres, dans lesquelles il parle du contact de son pays avec la modernité. En 1975, Tati-Loutard est devenu homme politique. Il a été ministre des Hydrocarbures jusqu'à son décès en juillet 2009.

Vocabulaire de la lecture		Vocabulaire utile
agiter *to shake*	**noueux/noueuse** *gnarled*	**la modernité** *modernity*
se balancer *to swing*	**puiser** *to draw from*	**la nostalgie** *nostalgia*
doucement *gently*	**raffermi(e)** *strengthened*	**un sens figuré/littéral**
exhorter *to urge*	**remuer** *to move*	*figurative/literal sense*
faiblir *to weaken*	**se retourner** *to turn over*	**le ton** *tone*
mêler *to mix*		

1 **Vocabulaire** Combinez les syllabes du tableau pour former sept mots du nouveau vocabulaire. Ensuite, écrivez sept phrases originales avec ces mots.

douce	re	a	ment
pui	gi	mê	nou
mu	ser	er	fai
eux	blir	ler	ter

2 **La République du Congo** Que savez-vous de la République du Congo? À deux, répondez à autant de questions de la liste que possible. Ensuite, comparez vos connaissances avec celles de la classe.

- Où, en Afrique, se trouve la République du Congo?
- Quels pays l'entourent?
- Quelle est sa capitale?
- Quelles langues y parle-t-on?

3 **Préparation** Pour parler de poésie, il faut être sensible aux symboles qui permettent la représentation abstraite d'objets ou de concepts. Dans la littérature, les écrivains emploient parfois des symboles pour enrichir leurs poèmes ou leur prose et en élargir l'interprétation. Réfléchissez à ces symboles. Que représentent-ils pour vous? Comparez vos idées avec celles de vos camarades de classe.

1. un drapeau
2. une croix (*cross*)
3. une colombe (*dove*)
4. une ampoule électrique (*light bulb*)
5. un serpent
6. une balance (*scale*)
7. un cygne (*swan*)
8. une étoile

Baobab

Jean-Baptiste Tati-Loutard

🔊 **vhl**central

—

Et je me sens raffermi quand ton sang fort Passe dans mon sang.

—

a broad-trunked tree found primarily in Africa — Baobab!° Je suis venu replanter mon être près de toi

Et mêler mes racines à tes racines d'ancêtre;

Je me donne en rêve tes bras noueux

blood — Et je me sens raffermi quand ton sang° fort

5 Passe dans mon sang.

weapons — Baobab! «l'homme vaut ce que valent ses armes°».

small sign — C'est l'écriteau° qui se balance à toute porte de ce monde.

strength — Où vais-je puiser tant de forces° pour tant de luttes

brace myself against — Si à ton pied je ne m'arc-boute°?

10 Baobab! Quand je serai tout triste

tune — Ayant perdu l'air° de toute chanson,

gullets — Agite pour moi les gosiers° de tes oiseaux

Afin qu'à vivre ils m'exhortent.

ground / steps — Et quand faiblira le sol° sous mes pas°

15 Laisse-moi remuer la terre à ton pied:

Que doucement sur moi elle se retourne! ■

Analyse

1 **Compréhension** Répondez aux questions.

1. Ce poème s'adresse à qui ou à quoi?

2. Le narrateur s'identifie avec quoi dans le poème?

3. À quoi sert le baobab pour le narrateur?

4. Que veut dire «l'homme vaut ce que valent ses armes»?

5. Qu'est-ce que le narrateur demande au baobab?

2 **Interprétation** À deux, regardez cette liste de symboles utilisés dans le poème puis discutez de ce qu'ils représentent.

- le baobab
- les racines
- le sang
- l'écriteau
- la chanson

3 **Expliquez** Quels sentiments ce poème évoque-t-il? Faites-en une liste d'au moins cinq. Ensuite, écrivez un paragraphe qui explique les sentiments exprimés dans ce poème.

4 **Discussion** D'après Tati-Loutard, «Le poète ne regarde jamais les choses; il se regarde dans les choses.» Par groupes de trois, discutez de la façon dont cette idée s'applique à ce poème. Ensuite présentez vos idées à la classe.

5 **Rédaction** Écrivez un poème. Suivez le plan de rédaction.

Plan

1 **Organisation** Pensez à un élément de la nature:

- un animal
- une plante
- une formation géographique
- ?

À quoi vous fait-il penser? Faites une liste de vos idées. Ensuite, faites une liste d'adjectifs qui le décrivent. Utilisez un bon dictionnaire, si nécessaire.

2 **Votre poème** Écrivez un poème sur le sujet que vous avez choisi selon cette formule.

Premier vers: Nommez votre sujet.

Deuxième vers: Décrivez-le à l'aide de trois adjectifs.

Troisième vers: Décrivez-le à l'aide de deux verbes.

Quatrième vers: Décrivez-le à l'aide d'une phrase complète.

Cinquième vers: Décrivez-le à l'aide d'un seul mot.

3 **Conclusion** Donnez un titre à votre poème puis lisez-le à la classe.

Notre monde

 vhlcentral

La nature

un arc-en-ciel *rainbow*
un archipel *archipelago*
une barrière/un récif de corail
  barrier/coral reef
une chaîne montagneuse *mountain range*
un fleuve/une rivière *river*
une forêt (tropicale) *(rain) forest*
la Lune *Moon*
la mer *sea*
un paysage *landscape; scenery*
le soleil *sun*
une superficie *surface area; territory*
une terre *land*

en plein air *outdoors*
insuffisant(e) *insufficient*
potable *drinkable*
protégé(e) *protected*
pur(e) *pure; clean*
sec/sèche *dry*

Les animaux

une araignée *spider*
un cochon *pig*
un lion *lion*
un mouton *sheep*
un ours *bear*
un poisson *fish*
un singe *monkey*
un tigre *tiger*

Les phénomènes naturels

l'érosion (*f.*) *erosion*
un incendie *fire*
une inondation *flood*
un ouragan *hurricane*
une pluie acide *acid rain*
le réchauffement climatique
  global warming
la sécheresse *drought*
un tremblement de terre *earthquake*

Se servir de la nature ou la détruire

le bien-être *well-being*
un combustible *fuel*

la consommation d'énergie
  energy consumption
la couche d'ozone *ozone layer*
un danger *danger*
les déchets (*m.*) *trash*
la déforestation *deforestation*
l'environnement (*m.*) *environment*
le gaspillage *waste*
un nuage de pollution *smog*
la pollution *pollution*
une ressource *resource*
une source d'énergie *energy source*

chasser *to hunt*
empirer *to get worse*
épuiser *to use up*
être contaminé(e) *to be contaminated*
gaspiller *to waste*
jeter *to throw away*
menacer *to threaten*
nuire à *to harm*
polluer *to pollute*
préserver *to preserve*
prévenir *to prevent; to tell; to warn*
protéger *to protect*
résoudre *to solve*
respirer *to breathe*
supporter *to put up with*
tolérer *to tolerate*
urbaniser *to urbanize*

en voie d'extinction *endangered*
jetable *disposable*
nuisible *harmful*
renouvelable *renewable*
toxique *toxic*

Court métrage

l'acharnement (*m.*) *determination*
un(e) berger/bergère *shepherd(ess)*
un bûcheron *lumberjack*
le charbon (de bois) *(char)coal*
un chêne *oak tree*
le feuillage *foliage*
un gland *acorn*
une pépinière *nursery*
une ruche *beehive*
un ruisseau *stream*

une source *(aquatic) spring*
un troupeau *flock*

déblayer *to clear away*
pousser *to grow*
se soucier (de quelque chose) *to care
  (about something)*

tenace *tenacious*

jadis *formerly, in the past*

Culture

le corail (les coraux) *coral*
un dauphin *dolphin*
l'épanouissement (*m.*) *development*
une ferme *farm*
un filet (de pêche) *(fishing) net*
une huître *oyster*
un lagon *lagoon*
une perle *pearl*
une récolte *harvest*
un requin *shark*
une tortue *turtle*

abriter *to shelter, provide a home for*
faire de la plongée (sous-marine/avec
  tuba) *to dive/snorkel*
pêcher *to fish*
récolter *to harvest*

Littérature

la modernité *modernity*
la nostalgie *nostalgia*
un sens figuré/littéral *figurative/
  literal sense*
le ton *tone*

agiter *to shake*
se balancer *to swing*
exhorter *to urge*
faiblir *to weaken*
mêler *to mix*
puiser *to draw from*
remuer *to move*
se retourner *to turn over*

noueux/noueuse *gnarled*
raffermi(e) *strengthened*

doucement *gently*

Fiches de grammaire

pages 371–413

Appendice A

Dialogues des courts métrages
pages 415–439

Appendice B

Tables de conjugaison
pages 440–450

Appendice C

Vocabulaire
   Français-Anglais
   pages 451–476
   Anglais-Français
   pages 477–499

Appendice D

Grammar Index
pages 500–501

Maps

pages 502–508

Credits

pages 509–511

FICHES de GRAMMAIRE

Supplementary Grammar Coverage
for Portails 2

The **Fiches de grammaire** section is an invaluable tool for both instructors and students of intermediate French. It contains two additional grammar concepts not covered within the core lessons of **Portails 2**, as well as corresponding practice activities.

Some of these concepts are correlated to the lessons in **Structures** by means of the **Bloc-notes** sidebars, which provide the exact page numbers where additional concepts are taught in the **Fiches**.

This special supplement allows for great flexibility in planning and tailoring your course to suit the needs of whole classes and/or individual students. It also serves as a useful and convenient reference tool for students who wish to review previously learned material.

Table des matières

Leçon 1

1.4 Present tense of regular **-er**, **-ir**, and **-re** verbs. 374

1.5 The imperative. 376

Leçon 2

2.4 Nouns and articles. 378

2.5 Il est and **c'est** 380

Leçon 3

3.4 Possessive adjectives 382

3.5 The **imparfait**: formation and uses 384

Leçon 4

4.4 Demonstrative adjectives 386

4.5 The **passé simple** 388

Leçon 5

5.4 Object pronouns 390

5.5 Past participle agreement 392

Leçon 6

6.4 Disjunctive pronouns 394

6.5 Possessive pronouns 396

Leçon 7

7.4 Past participles used as adjectives 398

7.5 Expressions of time 400

Leçon 8

8.4 Prepositions with infinitives. 402

8.5 The subjunctive after indefinite antecedents
and in superlative statements 404

Leçon 9

9.4 Savoir vs. **connaître**. 406

9.5 Faire causatif 408

Leçon 10

10.4 Indirect discourse 410

10.5 The passive voice 412

1.4

Present tense of regular *-er*, *-ir*, and *-re* verbs

- Most French verbs that end in **-er** follow the same pattern.

parler	
je parl**e**	nous parl**ons**
tu parl**es**	vous parl**ez**
il/elle/on parl**e**	ils/elles parl**ent**

Elle **parle** au téléphone.

BLOC-NOTES

The present tense of spelling-change **-er** verbs is explained in **Structures 1.1, pp. 16–17.**

- Hundreds of verbs follow this pattern. Here are some more regular **-er** verbs.

aimer	(*to like, to love*)	donner	(*to give*)	oublier	(*to forget*)
arriver	(*to arrive*)	écouter	(*to listen to*)	penser	(*to think*)
chercher	(*to look for*)	habiter	(*to live in*)	regarder	(*to watch*)
compter	(*to count*)	inviter	(*to invite*)	travailler	(*to work*)

- Most verbs that end in **-ir** follow this pattern.

finir	
je fin**is**	nous fin**issons**
tu fin**is**	vous fin**issez**
il/elle/on fin**it**	ils/elles fin**issent**

Elle **finit** ses devoirs.

BLOC-NOTES

A handful of **-ir** verbs are irregular. To find out more about irregular **-ir** verbs, see **Structures 4.3, pp. 134–135.**

- Here are some more regular **-ir** verbs.

choisir	(*to choose*)	maigrir	(*to lose weight*)	réfléchir	(*to think (about)*)
grossir	(*to gain weight*)	obéir (à)	(*to obey*)	réussir (à)	(*to succeed*)

- Most verbs that end in **-re** follow this pattern.

vendre	
je vend**s**	nous vend**ons**
tu vend**s**	vous vend**ez**
il/elle/on vend	ils/elles vend**ent**

Elle **vend** un pantalon.

BLOC-NOTES

Irregular **-re** verbs are explained in **Structures 6.3, pp. 208–209.**

- Here are some more regular **-re** verbs.

attendre	(*to wait (for)*)	descendre	(*to go down*)	perdre	(*to lose*)
défendre	(*to defend*)	entendre	(*to hear*)	répondre	(*to answer*)

Mise en pratique

1 **À compléter** Employez la forme correcte des verbes entre parenthèses.

1. Tu _____ (jouer) au tennis samedi après-midi?

2. Mon cousin _____ (obéir) toujours à ses parents.

3. Nous _____ (habiter) à New York.

4. On _____ (grossir) quand on mange trop de pâtes.

5. Mes frères _____ (partager) un bel appartement.

6. Vous _____ (vendre) votre vélo?

7. Ces élèves _____ (s'entendre) bien.

8. Je _____ (compter) sur ma meilleure amie.

2 **À choisir** Choisissez les verbes qui complètent logiquement ces paragraphes. Faites tous les changements nécessaires. Chaque verbe n'est utilisé qu'une seule fois.

agacer	écouter	finir	quitter
aimer	énerver	oublier	réussir
attendre	entendre	perdre	rêver
se disputer	étudier	poser	téléphoner

A. Nicolas, avant d'aller au cinéma, tu (1) _____ tes devoirs. D'accord? Tu (2) _____ toujours la dernière minute. Tu (3) _____ ton temps et ça m' (4) _____! Je ne suis pas contente. Est-ce que tu m' (5) _____? Pourquoi est-ce que tu ne m' (6) _____ jamais? Les élèves qui n' (7) _____ pas ne (8) _____ pas au bac, tu sais!

B. J'en ai marre de mon petit ami. Il est charmant, mais il (9) _____ toujours nos rendez-vous. Je ne peux pas vous dire combien il m' (10) _____! Nous (11) _____ souvent parce qu'il me (12) _____ des lapins et qu'il ne me (13) _____ pas. Je l' (14) _____ toujours, mais je (15) _____ d'un petit ami plus sensible. Alors, c'est décidé. Ce week-end, je le (16) _____.

3 **Assemblez** Assemblez les éléments des trois colonnes pour créer des phrases. Ajoutez tous les mots nécessaires.

A	B	C
je	aimer	appartement
le prof	arriver	chocolat
mes camarades de classe	choisir	cours
ma sœur	descendre	devoirs
mon ami(e)	écouter	gare
mon frère	finir	hôtel
mes parents	habiter	montre
mon/ma petit(e) ami(e)	perdre	musique
nous	répondre	sac
tu	rester	question
?	vendre	voiture
	?	?

1.5

The imperative

- Use the imperative to give a command or make a suggestion.

Attends le bus!	**Attendons** le bus!	**Attendez** le bus!
Wait for the bus!	*Let's wait for the bus!*	*Wait for the bus!*

- The imperative forms of **-ir** and **-re** verbs are the same as the present tense forms.

finir		répondre	
Present	**Imperative**	**Present**	**Imperative**
Tu finis.	Finis!	Tu réponds.	Réponds!
Nous finissons.	Finissons!	Nous répondons.	Répondons!
Vous finissez.	Finissez!	Vous répondez.	Répondez!

ATTENTION!

Although **aller** is irregular, like other **-er** verbs, it has no **-s** on the **tu** command form.

Va au marché!

Go to the market!

- Form the **tu** command of **-er** verbs by dropping the **-s** from the present tense form. The **nous** and **vous** forms are the same as the present tense forms.

danser	
Present	**Imperative**
Tu danses.	Danse!
Nous dansons.	Dansons!
Vous dansez.	Dansez!

ATTENTION!

Do not drop the **-s** from the **tu** form of a command when it is followed by a pronoun that begins with a vowel.

Vas-y!

Go (there)!

Manges-en!

Eat some!

- The imperative forms of **être**, **avoir**, and **savoir** are irregular.

avoir:	aie	ayons	ayez
être:	sois	soyons	soyez
savoir:	sache	sachons	sachez

Sois sage!	**Ayons** de la patience!	**Sachez** que nous fermons.
Be good!	*Let's have patience!*	*Be advised that we're closing.*

- In negative commands, place **ne... pas** around the verb.

Ne sois **pas** nerveux!	**N'oubliez pas** notre rendez-vous!
Don't be nervous!	*Don't forget our date!*

BLOC-NOTES

To review pronoun order, see **Structures 5.3, pp. 170–171.**

- In affirmative commands, object pronouns and reflexive pronouns follow the verb and are joined by a hyphen. In negative commands, pronouns are placed in front of the verb with no hyphen.

Donnez-**les-moi**!	Ne **me les** donnez pas!
Give them to me!	*Don't give them to me!*
Lève-**toi**!	Ne **te** lève pas!
Get up!	*Don't get up!*

Mise en pratique

1 **Que fait-on?** Employez l'impératif pour donner des ordres ou pour faire des suggestions.

> **Modèle** **Vous parlez à votre meilleur(e) ami(e): vous téléphoner**
>
> Téléphone-moi!

Vous parlez à...		
votre petit(e) ami(e):	**de nouveaux élèves:**	**un(e) ami(e) de ce que vous pouvez faire ensemble:**
1. aller à la bibliothèque _____	6. faire attention aux profs _____	11. aller au cinéma _____
2. compter sur vous _____	7. se lever tôt _____	12. aller se promener _____
3. écrire souvent _____	8. aller aux cours _____	13. écouter de la musique _____
4. me donner la main _____	9. avoir confiance _____	14. nager à la piscine _____
5. vous attendre après le cours _____	10. ne pas sortir le samedi _____	15. ne pas rester à la maison _____

2 **De bons conseils** Que dites-vous dans ces situations? Utilisez l'impératif.

1. Votre frère cadet refuse de boire son jus d'orange.
2. Vous étudiez et vos frères et sœurs parlent très fort.
3. Vous demandez à vos parents de vous donner de l'argent.
4. Votre meilleur ami part en vacances.
5. Il est dix heures du soir et votre petite sœur ne veut pas se coucher.
6. Vous et votre ami(e) avez faim.

3 **Que disent-ils?** Écrivez une phrase à l'impératif qui convient à chaque image.

1.

2.

3.

4.

2.4 Nouns and articles

- Definite and indefinite articles agree in gender and number with the nouns they modify.

	Definite articles		Indefinite articles	
	singular	plural	singular	plural
masculine	**le** musicien	**les** musiciens	**un** musicien	**des** musiciens
feminine	**la** musicienne	**les** musiciennes	**une** musicienne	**des** musiciennes

- The gender of nouns that refer to people typically matches the gender of the person: **un garçon** / **une fille**; **un chanteur** / **une chanteuse**; **un enfant** / **une enfant**.

- Certain noun endings provide clues to their gender.

Typical masculine endings

-age	le voyage	-asme	le sarcasme	-if	le tarif
-ail	le travail	-eau	le bureau	-in	le bassin
-ain	l'écrivain	-ent	l'argent	-isme	le surréalisme
-al	le journal	-et	le bonnet	-ment	le dépaysement
-as	le repas	-ier	le clavier	-oir	le pouvoir

Typical feminine endings

-ace	la place	-ère	la boulangère	-sion	l'expression
-ade	la charade	-esse	la tristesse	-té	la responsabilité
-aine	la laine	-ette	l'assiette	-tié	l'amitié
-ance	la chance	-euse	la chanteuse	-tion	l'addition
-ée	la journée	-ie	la pâtisserie	-trice	l'actrice
-ence	la compétence	-ière	la cuisinière	-ture	la rupture

- To form the plural of most French nouns, add an **-s**. If a singular noun ends in **-s**, **-x**, or **-z**, its plural form remains the same: **le gaz** → **les gaz**; **le pays** → **les pays**; **la voix** → **les voix.**

- If a singular noun ends in **-au**, **-eau**, **-eu**, or **-œu**, its plural form usually ends in **-x**. If a singular noun ends in **-al**, drop the **-al** and add **-aux**.

le **chapeau**	le **jeu**	le **cheval**
les **chapeaux**	les **jeux**	les **chevaux**

- A few nouns have very irregular plural forms: **l'œil** → **les yeux**; **le ciel** → **les cieux**; **le monsieur** → **les messieurs.**

ATTENTION!

There are several exceptions to these gender rules. When in doubt, use a dictionary.

l'eau (*f.*)	**la fin**
le génie	**le lycée**
la main	**le musée**
la peau	**la plage**

ATTENTION!

Here are a few exceptions.

le bijou (*jewel*)	**les bijoux**
le caillou (*pebble*)	**les cailloux**
le carnaval	**les carnavals**
le festival	**les festivals**
le récital	**les récitals**
le pneu	**les pneus**
le travail	**les travaux**

Mise en pratique

1 **Masculin ou féminin?** Ajoutez les articles indéfinis.

1. _____ acteur
2. _____ charcuterie
3. _____ appartement
4. _____ nation
5. _____ parade
6. _____ cahier
7. _____ pharmacienne
8. _____ adresse
9. _____ château
10. _____ miroir

11. _____ tarif
12. _____ changement
13. _____ animal
14. _____ lundi
15. _____ chance
16. _____ coiffeuse
17. _____ compétition
18. _____ idée
19. _____ million
20. _____ mariage

2 **Les pluriels** Dans les phrases suivantes, mettez au pluriel les noms soulignés. Faites tous les autres changements nécessaires.

1. On a volé <u>mon bijou</u>!

   _____

2. <u>Ce mois</u> passe rapidement.

   _____

3. L'aspirine n'est pas bonne pour <u>son mal</u> de ventre.

   _____

4. Hélène aime <u>son</u> nouveau <u>chapeau</u>.

   _____

5. <u>Le chat</u> a fait beaucoup de bruit.

   _____

6. C'est papa qui a préparé <u>le repas</u>.

   _____

7. Tu as acheté <u>la chemise</u> noire?

   _____

8. <u>La couleur</u> de cet arbre est très belle en automne.

   _____

9. As-tu connu <u>le fils</u> de Monsieur Sévigny?

   _____

10. <u>Le feu</u> a commencé à cause d'une allumette.

    _____

3 **Ma ville idéale** Employez des articles définis et indéfinis pour parler de votre ville idéale. Utilisez le vocabulaire de la Leçon 2 autant que possible.

Modèle   Les embouteillages ne me gênent pas, mais la vie nocturne doit être animée.

2.5

Il est and *c'est*

- **C'est** and **il/elle est** can both mean *it is* or *he/she is*. **Ce sont** and **ils/elles sont** mean *they are*. All of these expressions can refer to people or things.

- Use **c'est** and **ce sont** to identify people or things.

C'est mon stylo.	**Ce sont** mes amis.
It's my pen.	*They are my friends.*

C'est la famille Delorme.

- Use **il/elle est** and **ils/elles sont** to describe specific people or things that have been previously mentioned.

Essayez ce pain au chocolat!	Voici Madame Duval et sa fille.
Il est vraiment délicieux!	**Elles sont** bilingues.
Try this chocolate croissant.	*Here are Mrs. Duval and her daughter.*
It's really delicious!	*They are bilingual.*

- When stating a person's nationality, religion, political affiliation, or profession, **il/elle est** and **c'est un/une**, and their respective plural forms **ils/elles sont** and **ce sont des**, are both correct. If you include an adjective, you can only use **c'est un/une** or **ce sont des**.

Il est journaliste.	**C'est un** journaliste.	**C'est un** journaliste célèbre.
He's a journalist.	*He's a journalist.*	*He's a famous journalist.*

- To describe an idea or concept expressed as an infinitive rather than a noun, use the impersonal construction **il est** + [*adjective*] + **de** (**d'**) + [*infinitive*].

Il est important de se brosser les dents après les repas.	**Il est essentiel d'apprendre** une langue étrangère à l'école.
It is important to brush one's teeth after meals.	*It is essential to learn a foreign language at school.*

- Use **c'est** + [*adjective*] + **à** + [*infinitive*] if the object of the infinitive is not stated immediately after it or not stated at all. Compare these sentences.

Il est facile de vendre une maison.	Une maison, **c'est facile à vendre**.	**C'est facile à vendre!**
It's easy to sell a house.	*A house is easy to sell.*	*It's easy to sell!*

- Use **c'est** + [*adjective*] to describe an idea or concept that has already been mentioned or stated earlier in a sentence.

Se brosser les dents après les repas, **c'est** important.	J'apprends une langue étrangère à l'école. **C'est** vrai!
Brushing one's teeth after meals is important.	*I'm learning a foreign language at school. It's true!*

ATTENTION!

Note that no definite article is used with **il/elle est** and **ils/elles sont**.

Il est médecin.

He is a doctor.

Elles sont socialistes.

They are socialists.

ATTENTION!

Because infinitives and concepts typically have no gender, use only **il est** or **c'est** with them, never **elle est**. An adjective following **il est** or **c'est** is always in the masculine singular form.

Mise en pratique

1 **À compléter** Complétez les phrases suivantes à l'aide des expressions de la liste.

c'est	il est	ils sont
ce sont	elle est	elles sont

1. _____ mon ami, Jacques. _____ lycéen. _____ un très bon ami.

2. _____ les parents de Jean-Marc. _____ canadiens. Son père, _____ infirmier et sa mère, _____ avocate.

3. _____ notre chien, Rufus. _____ un berger allemand (*German shepherd*). _____ génial!

4. _____ Louise et Michèle. _____ camarades de classe. Louise, _____ timide et tranquille. Michèle, _____ plutôt mélancolique.

5. _____ mon bureau. _____ grand et confortable. _____ facile d'y travailler.

2 **Descriptions** Répondez aux questions. Ensuite, présentez vos descriptions à la classe.

1. Votre meilleur(e) ami(e): Qui est-ce? Comment est-il/elle physiquement? Quel genre de personnalité a-t-il/elle?

2. Une personne célèbre: Qui est-ce? Que fait-il/elle dans la vie? Comment est-il/elle physiquement? Est-ce que vous l'aimez bien? Pourquoi?

3. Une personne que vous admirez: Qui est-ce? Que fait-il/elle dans la vie? Quel genre de personnalité a-t-il/elle? Pourquoi l'admirez-vous?

4. La voiture de vos rêves: Qu'est-ce que c'est? Comment est-elle? Pourquoi vous plaît-elle?

3 **Qui est-ce?** Inventez une identité pour chaque personne. Identifiez-les et décrivez-les. Écrivez au moins trois phrases par photo.

Modèle C'est Francine. Elle est reporter. Elle est très professionnelle.

 1.

 2.

3.4

Possessive adjectives

- Possessive adjectives are used to express ownership or possession.

English meaning	masculine singular	feminine singular	plural
my	mon	ma	mes
your (familiar and singular)	ton	ta	tes
his, her, its	son	sa	ses
our	notre	notre	nos
your (formal or plural)	votre	votre	vos
their	leur	leur	leurs

- Possessive adjectives are placed before the nouns they modify.

C'est **ta** radio?   Non, mais c'est **ma** télévision.
Is that your radio?   *No, but that's my television.*

- Unlike English, French possessive adjectives agree in gender and number with the object owned rather than the owner.

mon magazine   **ma** bande dessinée   **mes** journaux
my magazine   *my comic strip*   *my newspapers*

- **Notre** and **votre** are used with singular nouns whether they are masculine or feminine.

notre neveu   **notre** nièce   **votre** oncle   **votre** tante
our nephew   *our niece*   *your uncle*   *your aunt*

- Regardless of gender, the plural forms of **notre** and **votre** are **nos** and **vos**.

nos cousins   **nos** cousines   **vos** frères   **vos** sœurs
our cousins   *our (female) cousins*   *your brothers*   *your sisters*

- The possessive adjectives **son**, **sa**, and **ses** reflect the gender and number of the noun possessed, not the owner. Context should tell you whether they mean *his* or *her*.

son père   **sa** mère   **ses** parents
his/her father   *his/her mother*   *his/her parents*

- Use **mon**, **ton**, and **son** before a feminine singular noun or adjective that begins with a vowel sound.

mon amie Nathalie   *but*   **ma** meilleure amie Nathalie
my friend Nathalie   *my best friend Nathalie*

son ancienne publicité   *but*   **sa** publicité
his/her/its former advertisement   *his/her/its advertisement*

ATTENTION!

Remember, you cannot use *'s* to express relationship or to show possession in French. Use **de** or **d'** along with the noun instead.

la maison de ma mère

my mother's house

Mise en pratique

1 **À choisir** Pour chaque phrase, choisissez l'adjectif possessif qui convient.

1. Le photographe a perdu (son /sa /ses) appareil photo!
2. Est-ce que c'est (ton / ta / tes) ordinateur?
3. Je vous présente (mon / ma / mes) parents.
4. Ils ont oublié (leur / leurs) parapluie?
5. Vous aimez ce magazine? Ma sœur adore (son / ses / sa) rubrique société.
6. Cette annonce est nulle! Voilà (mon / ma / mes) opinion!
7. (Votre / Vos) amis sont sympathiques.
8. La vedette n'a pas assisté à la première de (son / sa / ses) film.
9. Les critiques ont beaucoup aimé (notre / nos) documentaire.
10. Tu es sorti avec (ton / ta / tes) petite amie?

2 **À compléter** Trouvez le bon adjectif possessif.

1. (my) _____ copain habite un grand immeuble en ville.
2. (his) _____ femme est critique de cinéma.
3. (her) _____ opinion est toujours impartiale.
4. (their) _____ cousins sont arrivés hier soir.
5. (your, fam.) _____ cours sont intéressants?
6. (our) _____ moyens de communication sont modernes.
7. (its) _____ sous-titres sont en anglais.
8. (your, formal) _____ voisin est animateur de radio?

3 **C'est ton...?** Pour chaque groupe de mots, écrivez la question et répondez-y par oui ou par non. Employez les adjectifs possessifs qui correspondent.

> **Modèle** **tu / cahier / elle**
> —C'est ton cahier?
> —Non, c'est son cahier.

1. vous / parents / nous
2. ils / voiture / nous
3. je / devoirs / tu
4. elle / télévision / je
5. tu / vedette préférée / il
6. nous / professeur / vous

3.5

The *imparfait*: formation and uses

- The **imparfait** is used to talk about what used to happen or to describe conditions in the past.

Ils **regardaient** le feuilleton
tous les jours.
*They used to watch the soap opera
every day.*

Ce journaliste **avait** une
bonne réputation.
*This journalist had a
good reputation.*

- To form the **imparfait**, drop the **-ons** from the **nous** form of the present tense, and add these endings.

	penser (nous pensons)	finir (nous finissons)	vendre (nous vendons)
je	pensais	finissais	vendais
tu	pensais	finissais	vendais
il/elle/on	pensait	finissait	vendait
nous	pensions	finissions	vendions
vous	pensiez	finissiez	vendiez
ils/elles	pensaient	finissaient	vendaient

- Irregular verbs, too, follow this pattern: **j'allais**, **j'avais**, **je buvais**, **je faisais**, **je sortais**, etc.

- Only the verb **être** is irregular in the **imparfait**.

The imparfait of être	
j'**étais**	nous **étions**
tu **étais**	vous **étiez**
il/elle/on **était**	ils/elles **étaient**

Elle **était** fatiguée.

- The **imparfait** is used to talk about actions that took place repeatedly or habitually.

Nous **faisions** du jogging le matin.
We went jogging every morning.

Je **lisais** toujours mon horoscope.
I always used to read my horoscope.

- When narrating a story in the past, the **imparfait** is used to set the scene, such as describing the weather, what was going on, the time frame, and so on.

Il **faisait** froid.
It was cold.

Il n'y **avait** personne dans le parc.
There was no one in the park.

- The **imparfait** is used to describe states of mind that continued over an unspecified period of time in the past.

Nous **avions** peur.
We were afraid.

Je **voulais** partir.
I wanted to leave.

ATTENTION!

The **imparfait** and the **passé composé** are both used to talk about the past, but they are not interchangeable. Use the **passé composé** to talk about completed actions or events in the past. To review the **passé composé** vs. the **imparfait**, see **Structures 3.3, pp. 98–99.**

ATTENTION!

Verbs that end in **-ger** add an **e** before all endings except in the **nous** and **vous** forms. Similarly, the **c** in verbs that end in **-cer** becomes **ç** before all endings except in the **nous** and **vous** forms.

je mangeais *but*
nous mangions

il commençait *but*
vous commenciez

Mise en pratique

1 **À compléter** Mettez les verbes à l'imparfait pour compléter ce paragraphe.

Quand j' (1) _____ (être) petit, j' (2) _____ (avoir) beaucoup
de copains. Nous (3) _____ (faire) du vélo et nous (4) _____
(jouer) dans le parc, en face de notre école. J' (5) _____ (être) un élève
assez sérieux. L'après-midi, mon meilleur ami et moi, nous (6) _____
(étudier) ensemble. Je ne (7) _____ (regarder) pas trop la télé parce que
mes parents (8) _____ (penser) que les publicités (9) _____
(être) mauvaises pour les enfants. Mais j' (10) _____ (aimer) aller
au cinéma avec mon frère. Il (11) _____ (être) plus fort que moi. Il
me (12) _____ (protéger) contre les garçons trop agressifs et il
me (13) _____ (permettre) de sortir avec lui quelquefois. Il
n' (14) _____ (être) pas toujours gentil, mais je l' (15) _____
(adorer) quand même.

2 **Il y a dix ans** Comparez ces deux scènes. C'était comment il y a dix ans? C'est
comment aujourd'hui?

Il y a dix ans

Aujourd'hui

3 **Quand j'avais huit ans** Utilisez les éléments donnés pour dire comment vous étiez à
l'âge de huit ans.

> **Modèle** **avoir peur des monstres sous son lit**
> J'avais peur des monstres.
> J'appelais mes parents au milieu de la nuit!

1. avoir peur des monstres sous son lit
2. manger beaucoup de bonbons
3. jouer au football
4. offrir des cadeaux à ses parents
5. lire des bandes dessinées
6. ranger souvent sa chambre
7. aider sa mère ou son père
8. embêter son frère ou sa sœur
9. jouer à des jeux vidéo
10. faire du vélo

4.4 Demonstrative adjectives

- Demonstrative adjectives specify a noun to which a speaker is referring. They mean *this/these* or *that/those*. They can refer to people or things.

Ce cadeau est pour toi.

Demonstrative adjectives		
	singular	**plural**
masculine (before a consonant)	ce	
masculine (before a vowel sound)	cet	ces
feminine	cette	

Ce drapeau est bleu, blanc et rouge.
This (That) flag is blue, white, and red.

Cette croyance est absurde, à mon avis.
That (This) belief is absurd, in my opinion.

Ces droits sont très importants.
These (Those) rights are very important.

- A noun must be masculine singular and begin with a vowel sound in order to use **cet**.

Cet homme politique était victorieux.
This (That) politician was victorious.

Cet avocat défend les minorités.
This (That) lawyer defends minorities.

- Ce, cet, cette, and ces can refer to a noun that is near (*this/these*) or far (*that/those*). Context will usually make the meaning clear.

- To distinguish between two different nouns of the same kind, add **-ci** (*this/these*) or **-là** (*that/those*) to the noun.

Ce parti politique-ci est libéral.
This political party is liberal.

Ce parti politique-là est conservateur.
That political party is conservative.

- The suffixes **-ci** and **-là** can also be used together to distinguish between similar items that are near and far.

Je voudrais ce gâteau-ci, s'il vous plaît, pas ce gâteau-là.
I would like this cake (here), please, not that cake (there).

On a lu ces magazines-ci et ces magazines-là aussi.
We read these magazines (here) and those magazines (there) too.

Mise en pratique

1 **À remplacer** Remplacez le singulier par le pluriel et vice versa.

> **Modèle** **Cette voiture est vieille.**
>
> Ces voitures sont vieilles.

1. Ces hommes politiques sont puissants.

_____

2. Ce juge est juste.

_____

3. Ces criminels sont analphabètes.

_____

4. Ces voleuses veulent fuir.

_____

5. Ce terroriste désire faire la guerre.

_____

6. Ces activistes sont fâchés.

_____

2 **Je déteste mon quartier!** Ajoutez les adjectifs démonstratifs qui conviennent.

Je déteste habiter dans (1) _____ quartier. On entend toujours du bruit à cause de (2) _____ commissariat de police et de (3) _____ caserne de pompiers. Et regardez (4) _____ place! (5) _____ palais de justice est trop moderne, à mon avis. (6) _____ autres édifices sont vraiment laids! (7) _____ jardin public n'est jamais propre parce que (8) _____ poubelle est trop petite. Vous voyez (9) _____ circulation et (10) _____ embouteillages? Quelle horreur! En plus, (11) _____ rue n'a même pas de trottoir et (12) _____ arrêt de bus n'a pas d'abri.

3 **Préférences** À l'aide du vocabulaire de la liste, dites quelles sont vos préférences et expliquez pourquoi. Employez des adjectifs démonstratifs.

> **Modèle** J'aime le musée du Louvre. J'aime ce musée parce que...

chiens	passe-temps
dessert	réalisateur/réalisatrice
film	restaurant
jardin public	saison
légumes	sports
magasin	station de radio
musée	voiture
parti politique	?

4.5

The *passé simple*

- The **passé simple** is the literary equivalent of the **passé composé**. Like the **passé composé**, it denotes actions and events that have been completed in the past.

Passé composé	**Passé simple**
Elle a lu le livre. *She read the book.*	Elle lut le livre. *She read the book.*

- To form the stem of the **passé simple**, you usually drop the **-er**, **-re**, or **-ir** ending from the infinitive. Then add these endings for regular verbs.

-er verbs: **donner**		-ir verbs: **choisir**		-re verbs: **rendre**	
je	donnai	je	choisis	je	rendis
tu	donnas	tu	choisis	tu	rendis
il/elle/on	donna	il/elle	choisit	il/elle	rendit
nous	donnâmes	nous	choisîmes	nous	rendîmes
vous	donnâtes	vous	choisîtes	vous	rendîtes
ils/elles	donnèrent	ils/elles	choisirent	ils/elles	rendirent

- Here are the **passé simple** forms of some common irregular verbs.

	être	**avoir**	**faire**	**venir**
je/j'	fus	eus	fis	vins
tu	fus	eus	fis	vins
il/elle/on	fut	eut	fit	vint
nous	fûmes	eûmes	fîmes	vînmes
vous	fûtes	eûtes	fîtes	vîntes
ils/elles	furent	eurent	firent	vinrent

- The **passé simple** stems of many irregular verbs are based on their past participles.

	boire (bu)	**lire (lu)**	**partir (parti)**	**rire (ri)**
je	bus	lus	partis	ris
tu	bus	lus	partis	ris
il/elle/on	but	lut	partit	rit
nous	bûmes	lûmes	partîmes	rîmes
vous	bûtes	lûtes	partîtes	rîtes
ils/elles	burent	lurent	partirent	rirent

ATTENTION!

Because the **passé simple** is a literary tense, it is not usually spoken unless a person is reading a text aloud. It is most important that readers be able to recognize and understand it.

ATTENTION!

Although **aller** is an irregular verb, in the **passé simple** it is like other **-er** verbs.

j'allai	**nous allâmes**
tu allas	**vous allâtes**
il/elle/on alla	**ils/elles allèrent**

ATTENTION!

Several verbs have very irregular forms in the **passé simple**, such as **naître**: **naqui-** and **mourir**: **mouru-**. Look verbs up in a dictionary or use the verb conjugation tables in the appendix until you learn to recognize them.

ATTENTION!

The **passé simple** stems of these verbs are also based on their past participles: **connaître**, **croire**, **devoir**, **fuir**, **mettre**, **plaire**, **pouvoir**, **savoir**, **sortir**, and **vivre**.

Mise en pratique

1 **À identifier** Identifiez l'infinitif de ces verbes puis donnez leur passé composé.

> **Modèle** **je vendis**
> vendre: j'ai vendu

1. nous fîmes
2. vous eûtes
3. je chantai
4. il alla
5. tu vins

6. Michel finit
7. je dus
8. elles connurent
9. vous rendîtes
10. elle fut

2 **À transformer** Mettez ces phrases au passé composé.

1. Ils allèrent en Asie.

   _____

2. Je mangeai une pizza et je bus un coca.

   _____

3. Vous fîtes un voyage en Australie.

   _____

4. Nous vînmes avec Stéphanie et Paul.

   _____

5. Il eut un accident de voiture.

   _____

6. Tu vendis ta maison.

   _____

7. Lise et Luc finirent leurs devoirs.

   _____

8. Catherine fit sa valise.

   _____

3 **Un scandale** Remplacez le passé simple par le passé composé.

> Un homme kidnappa la femme d'un député. Il téléphona au
> député au milieu de la nuit et le menaça. Il demanda la liberté de
> quelques terroristes emprisonnés. Heureusement, le criminel était
> plutôt bête parce qu'on sut tout de suite son numéro de téléphone
> et on l'arrêta le lendemain. Quand il se présenta devant le
> tribunal, le juge prononça une sentence assez sévère. L'homme
> passa 15 ans en prison.

5.4

Object pronouns

- Direct and indirect object pronouns generally precede the verbs of which they are objects. In a simple tense, such as the present, the **futur**, or the **imparfait**, the object pronoun is placed in front of the verb.

Philippe **me** téléphone quelquefois.

Direct object pronouns		Indirect object pronouns	
me / m'	nous	me / m'	nous
te / t'	vous	te / t'	vous
le / la / l'	les	lui	leur

- Direct object pronouns directly receive the action of a verb.

  Je **l'**aime.   Elles **nous** voient.
  I love him/her.   *They see us.*

- Indirect object pronouns identify *to* whom or *for* whom an action is done.

  Tu **me** parles?   Elle **vous** a acheté une robe bleue?
  Are you speaking to me?   *She bought a blue dress for you?*

- When a pronoun is the object of a compound tense, such as the **passé composé**, it is placed in front of the helping verb.

  Vous **l'**avez attendu?   Je **lui** ai envoyé une lettre.
  Did you wait for him/it?   *I sent him/her a letter.*

- When a pronoun is the object of an infinitive, it is placed in front of the infinitive.

  Nous voudrions **t'**inviter   Elle va **leur** écrire une
  chez nous.   carte postale.
  We would like to invite you   *She is going to write them*
  to our place.   *a postcard.*

Mise en pratique

1 **À réécrire** Réécrivez ces phrases et remplacez les mots soulignés par des pronoms d'objet direct ou indirect.

1. Nous avons répondu <u>au professeur</u>.

_____

2. J'ai perdu <u>mon sac</u>.

_____

3. Vous avez regardé <u>le film</u> avec Aurélie?

_____

4. Elle parle <u>à ses parents et à moi</u>.

_____

5. Ils ont modifié <u>les frontières</u> après la guerre.

_____

2 **À compléter** Remplacez l'objet par un pronom d'objet direct ou indirect.

1. —Tu as pris l'autobus?

   —Oui, je _____ ai pris.

2. —Nous allons expliquer la situation à ses parents?

   —Oui, vous allez _____ expliquer la situation.

3. —Vous m'avez invité à votre fête?

   —Oui, nous _____ avons invité.

4. —Il va nous attendre à la gare?

   —Non, il va _____ attendre chez lui.

5. —Elle a parlé à Jules?

   —Oui, elle _____ a parlé ce matin.

3 **À l'aéroport** Utilisez les verbes de la liste et des pronoms d'objet direct ou indirect pour décrire ce que font les personnages et expliquer pourquoi.

Modèle Sylvie lit le livre. Elle le lit parce qu'elle s'ennuie.

acheter	avoir	demander	écouter	parler	trouver
apporter	chercher	donner	lire	porter	?

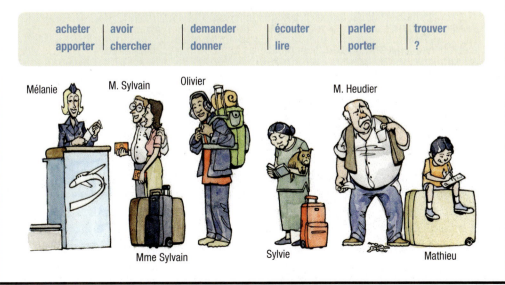

Mélanie — M. Sylvain — Olivier — M. Heudier — Mme Sylvain — Sylvie — Mathieu

5.5

Past participle agreement

● Past participle agreement occurs in French for several different reasons.

Vous êtes **allés** au théâtre.

● When the helping verb is **être**, the past participle agrees with the *subject*.

Anne est **partie** à six heures.
Anne left at 6 o'clock.

Nous sommes **arrivés** en avance.
We arrived early.

● Verbs that take **être** as the helping verb usually do not have direct objects. When they do, they take the helping verb **avoir**, in which case there is no past participle agreement.

Elle **est sortie**.
She went out.

Elle **a sorti** la poubelle.
She took out the trash.

● Reflexive verbs take the helping verb **être** in compound tenses such as the **passé composé** and **plus-que-parfait**. The past participle agrees with the reflexive pronoun if the reflexive pronoun functions as a direct object.

Nous **nous** sommes **habillées**.
We got dressed.

Michèle **s'**était **réveillée**.
Michèle had woken up.

BLOC-NOTES

To review the **passé composé** with **être** and with reflexive and reciprocal verbs, see **Structures 3.2, pp. 94–95**.

● If a direct object *follows* the past participle of a reflexive verb, no agreement occurs.

Nadia s'est **coupée**.
Nadia cut herself.

but

Nadia s'est **coupé** le doigt.
Nadia cut her finger.

● If an object pronoun is indirect, rather than direct, the past participle does not agree. This also means there is no past participle agreement with several common reciprocal verbs, such as **se demander**, **s'écrire**, **se parler**, **se rendre compte**, and **se téléphoner**.

Elle nous a **téléphoné**.
She called us.

Nous nous sommes **téléphoné**.
We called each other.

● In compound tenses with **avoir**, past participles agree with preceding direct object pronouns.

J'ai **mis** les fleurs sur la table.
I put the flowers on the table.

Je **les** ai **mises** sur la table.
I put them on the table.

ATTENTION!

While the rules pertaining to past participle agreement may seem complex, just keep these two general points in mind: Past participles agree with direct objects when the object is placed in front of the verb for *any* reason. Past participles do not agree with indirect objects.

● In structures that use the relative pronoun **que**, past participles agree with their direct objects.

Voici les pommes **que** j'ai **achetées**.
Here are the apples that I bought.

Il parle des buts **qu'**il a **atteints**.
He's talking about the goals he reached.

Mise en pratique

1 **À compléter** Faites les accords, si nécessaire. S'il n'y a pas d'accord, mettez un X.

1. Marie est né_____ en Belgique.

2. Voici les hommes que j'ai vu_____ en ville.

3. Céline a visité_____ le musée du Louvre.

4. Mon ami et moi, nous sommes resté_____ à l'hôtel.

5. Nos tantes se sont écrit_____ beaucoup de lettres.

6. Sa copine et sa sœur sont allé_____ au Canada.

7. Je me suis lavé_____ les mains.

8. Grégoire et Inès se sont couché_____ tôt hier soir.

9. Ces poires? Je les ai acheté_____ au marché.

10. Tu as passé_____ l'examen de français?

2 **Mini-dialogues** Reconstituez les questions et inventez les réponses. Employez le passé composé et faites les accords nécessaires.

> **Modèle** **où / vous / naître**
> —Où est-ce que vous êtes né(e)?
> —Je suis né(e) à Dakar.

1. à quelle heure / tu / se coucher / samedi

_____

_____

2. quand / le président Kennedy / mourir

_____

_____

3. pourquoi / vous / ne pas sortir

_____

_____

4. avec quoi / elle / se brosser / les dents

_____

_____

5. chez qui / ils / rester

_____

_____

3 **Mon enfance** Écrivez au passé composé un paragraphe sur votre enfance. Utilisez au moins huit verbes de la liste. Faites tous les accords nécessaires.

aller	habiter	rester
arriver	finir	se trouver
avoir	naître	venir
faire	rentrer	voyager

6.4 Disjunctive pronouns

- Disjunctive pronouns correspond to subject pronouns. Compare their meanings:

Subject pronouns	Disjunctive pronouns	Subject pronouns	Disjunctive pronouns
je (*I*)	moi (*me*)	nous (*we*)	nous (*us*)
tu (*you*)	toi (*you*)	vous (*you*)	vous (*you*)
il (*he*)	lui (*him*)	ils (*they*)	eux (*them*)
elle (*she*)	elle (*her*)	elles (*they*)	elles (*them*)

- Disjunctive pronouns have several uses. For example, they are used after most prepositions.

Ma nièce dîne chez **lui**.
My niece has dinner at his house.

Tu veux jouer au tennis avec **eux**?
Do you want to play tennis with them?

- Use them with **être** when identifying people and after **que** in comparisons.

Qui sonne à la porte? C'est **toi**?
Who is at the door? Is it you?

Ma belle-mère est plus âgée que **vous.**
My stepmother is older than you.

- Use disjunctive pronouns to express contrast.

Moi, j'ai peur des chiens, mais **lui**, il n'en a pas peur.
Me, I'm afraid of dogs, but he isn't afraid of them.

Mamie ne vous parle pas à **vous**.
Elle nous parle à **nous**.
Grandma is not talking to you. She's talking to us.

- When **-même(s)** is added to a disjunctive pronoun, it means *myself, yourself*, etc.

Mon neveu la répare **lui-même**.
My nephew repairs it himself.

Elles remercient leur tante **elles-mêmes**.
They thank their aunt themselves.

- Normally, indirect object pronouns take the place of **à** + [*person*]. With certain verbs, however, disjunctive pronouns are typically used instead.

s'adresser à (*to address*)	s'habituer à (*to get used to*)
être à (*to belong to*)	s'intéresser à (*to be interested in*)
faire attention à (*to pay attention to*)	penser à (*to think about, to have on one's mind*)

Cette montre est à **moi**.
This watch belongs to me.

Personne ne s'intéresse à **elle**.
No one is interested in her.

- Whereas indirect object pronouns are placed in front of the verb and replace both the preposition and the noun, disjunctive pronouns follow the preposition and replace only the noun.

Indirect object pronoun	Disjunctive pronoun
Je vous ai téléphoné.	J'ai pensé à vous.
I called you.	*I thought about you.*

ATTENTION!

In English, to emphasize the subject or object of a verb, you can pronounce the pronoun with added stress. In French, add a disjunctive pronoun.

Tu n'en sais rien, **toi**!

You don't know anything about it.

On ne les a pas punis, **eux**.

We didn't punish them.

ATTENTION!

Penser de means *to think of*, as in *to have an opinion*. It is not interchangeable with **penser à**. Use disjunctive pronouns after **penser de**.

Qu'est-ce que tu penses d'eux?

What do you think of them?

Mise en pratique

1 **À compléter** Trouvez les pronoms disjoints correspondants pour compléter les phrases.

1. Olivier a visité le musée avec _____ (*them*).

2. Maman est allée à la pharmacie pour _____ (*her*).

3. Ma copine connaît ce quartier mieux que _____ (*me*).

4. Je me suis assis derrière _____ (*them*, fem.).

5. Ma nièce a couru après _____ (*him*).

6. C'est _____ (*you*, fam.) qui as préparé les tartes, n'est-ce pas?

7. Voici Robert et Lise. Vous vous souvenez d'_____ (*them*)?

8. Caroline est française, mais _____ (*us*), nous sommes suisses.

9. Est-ce qu'on va aller chez _____ (*you*, formal)?

10. Ma demi-sœur n'a que trois ans, mais elle peut s'habiller _____ (*herself*).

2 **À remplacer** Remplacez les mots soulignés par des pronoms disjoints.

1. Je suis allée à la fête avec <u>Jean-Pierre</u>.

2. Tu as étudié chez <u>Denise</u>?

3. Qui vient avec <u>ton époux et toi</u>?

4. Elle partage un appartement avec <u>ses sœurs jumelles</u>.

5. C'est <u>Paul</u> qui n'a plus vingt ans.

6. Il faut faire attention à <u>tes parents</u>.

7. Ces chiens sont à <u>Michèle et à moi</u>.

8. Mon beau-fils s'intéresse à <u>Mireille</u>.

3 **Votre famille** Parlez de votre famille à l'aide des prépositions de la liste et des pronoms disjoints.

> **Modèle** Ma mère est toujours occupée, alors je fais souvent des courses pour elle.

à	entre
à côté de	pour
avec	sans
chez	?
de	

6.5

Possessive pronouns

- Whereas possessive adjectives modify nouns, possessive pronouns replace them.

Possessive adjective	Possessive pronoun
—C'est **mon** frère qui t'a téléphoné?	—Non, c'est **le mien** qui m'a téléphoné.
—*Is it my brother who called you?*	—*No, it's mine who called me.*

Tu m'as déjà donné mon cadeau. Voici **le tien**.

ATTENTION!

Notice the **accent circonflexe** on **nôtre(s)** and **vôtre(s)**, which indicates that the **ô** is pronounced as a closed **o**, like **-eau** in the word **beau**. The **o** in the possessive adjectives **votre** and **notre**, however, is pronounced as an open **o**, like the **o** in the word **donne**.

- Possessive pronouns agree in gender and number with the nouns they replace. Like possessive adjectives, they also change forms according to the possessor.

	singular		plural	
	masculine	**feminine**	**masculine**	**feminine**
mine	**le mien**	**la mienne**	**les miens**	**les miennes**
yours	**le tien**	**la tienne**	**les tiens**	**les tiennes**
his, hers, its	**le sien**	**la sienne**	**les siens**	**les siennes**
ours	**le nôtre**	**la nôtre**	**les nôtres**	**les nôtres**
yours	**le vôtre**	**la vôtre**	**les vôtres**	**les vôtres**
theirs	**le leur**	**la leur**	**les leurs**	**les leurs**

- **Le sien**, **la sienne**, **les siens**, and **les siennes** can mean *his*, *hers*, or *its*. The form is determined by the gender and number of the noun possessed, not the possessor.

- Notice that possessive pronouns include definite articles. When combined with the prepositions **à** and **de**, the usual contractions must be formed.

Mme Michelin a parlé à mes parents et **aux tiens**.	Je me souviens de mon premier chien. Vous souvenez-vous **du vôtre**?
Mme Michelin spoke to my parents and to yours.	*I remember my first dog. Do you remember yours?*

- Possessive pronouns can also replace possessive structures with **de**.

Les voitures des voisins sont belles.	**Les leurs** sont belles.
The neighbors' cars are beautiful.	*Theirs are beautiful.*
La grand-mère d'Ahmed a 92 ans.	**La sienne** a 92 ans.
Ahmed's grandmother is 92 years old.	*His is 92 years old.*

Mise en pratique

1 **À transformer** Donnez le pronom possessif qui correspond.

> **Modèle** **le beau-frère de Suzanne**
> le sien

1. les parents de mes cousins
2. mon enfance
3. votre caractère
4. tes ancêtres
5. nos neveux
6. l'épouse de Franck
7. mes jumelles
8. leur voiture

2 **À compléter** Employez des pronoms possessifs pour compléter ces phrases.

> **Modèle** **J'habite avec mes grands-parents, mais tu n'habites pas**
> **avec _____.**

1. Tu as ton vélo et j'ai _____.
2. Elle s'occupe de ses enfants et nous nous occupons _____.
3. On peut prendre mon camion ou vous pouvez prendre _____.
4. Nous avons besoin de nos congés et eux, ils ont besoin _____.
5. Je m'entends bien avec ma famille. Tu t'entends bien avec _____?
6. Moi, j'aime bien mon professeur, mais Valérie, elle n'aime pas _____.

3 **À qui est...?** Écrivez des questions et répondez-y par oui ou par non à l'aide des éléments donnés. Utilisez des pronoms possessifs.

> **Modèle** **vous / disques compacts / elle**
> —Ces disques compacts sont à vous?
> —Non, ce sont les siens.

1. tu / photos / je
_____
_____

2. nous / ordinateur / elles
_____
_____

3. je / voiture / tu
_____
_____

4. ils / valises / nous
_____
_____

7.4

Past participles used as adjectives

- You may have noticed that the past participles of verbs can function as adjectives.

Nous sommes **mariés**.

- When a past participle is used as an adjective, it agrees in gender and number with the noun it modifies. Notice the different adjective forms based on the past participle of **construire**.

Cet immeuble est **construit** en briques.
This building is built out of bricks.

Ces immeubles sont **construits** en briques.
These buildings are built out of bricks.

Cette maison est **construite** en briques.
This house is built out of bricks.

Ces maisons sont **construites** en briques.
These houses are built out of bricks.

- Like other adjectives, past participles may follow a form of the verb **être** or they may be placed after the noun they modify.

La porte est **ouverte**.
The door is open.

Fermez cette porte **ouverte**.
Close that open door.

- Compare the meanings of these verbs with their past participles when used as adjectives. Notice that past participles often correspond to English words ending in *-ed*.

Infinitive		Past participle	
s'agenouiller	*to kneel*	**agenouillé(e)**	*kneeling*
s'asseoir	*to sit*	**assis(e)**	*seated*
couvrir	*to cover*	**couvert(e)**	*covered*
décevoir	*to disappoint*	**déçu(e)**	*disappointed*
écrire	*to write*	**écrit(e)**	*written*
fatiguer	*to tire*	**fatigué(e)**	*tired*
fermer	*to close*	**fermé(e)**	*closed*
se fiancer	*to become engaged*	**fiancé(e)**	*engaged*
se marier	*to marry*	**marié(e)**	*married*
ouvrir	*to open*	**ouvert(e)**	*open*
payer	*to pay*	**payé(e)**	*paid*
peindre	*to paint*	**peint(e)**	*painted*
prendre	*to take*	**pris(e)**	*taken*
préparer	*to prepare*	**préparé(e)**	*prepared*
réparer	*to repair*	**réparé(e)**	*repaired*
terminer	*to finish*	**terminé(e)**	*finished*

ATTENTION!

In certain expressions, some past participles are used as prepositions. In this case, they are placed in front of the noun and are invariable.

attendu *considering*

étant donné *given*

excepté *except*

passé *past, beyond*

vu *given, in view of*

y compris *including*

Vu toutes les solutions possibles, on atteindra le but.

Given all the possible solutions, we'll reach the goal.

Mise en pratique

1

À compléter Utilisez le participe passé des verbes entre parenthèses pour compléter ces phrases. Faites les accords nécessaires.

1. Pardon, madame, est-ce que cette chaise est _____ (prendre)?

2. Quand Mylène a entendu les nouvelles, elle a été _____ (décevoir).

3. Après la tempête, nos maisons étaient _____ (couvrir) de neige.

4. Delphine et Rachid sont _____ (marier).

5. Il est sept heures et le magasin est _____ (fermer).

6. Cette lettre est _____ (écrire) à la main.

7. Marc était _____ (s'agenouiller) quand il lui a demandé de l'épouser.

8. Je suis heureux parce que toutes mes dettes sont _____ (payer)!

2

Descriptions Décrivez ces photos à l'aide du participe passé des verbes suivants.

s'asseoir	se fiancer	réparer
fatiguer	préparer	terminer

1. Ces lycéens sont _____.

2. Cet homme et cette femme sont _____.

3. Il est 10h00. Ce cours est _____.

4. Micheline est très _____.

5. Les plats ont été _____ et sont sur la table.

6. Votre voiture est _____, monsieur.

7.5 Expressions of time

- To say someone has been doing something *for* an amount of time or *since* a certain point in time, you can use the present tense along with **depuis**.

  Leyla étudie le français **depuis** un an.
  Leyla has been studying French for one year.

  Nous habitons Nice **depuis** 2005.
  We have lived in Nice since 2005.

- When combined with **que**, these expressions can be used instead of **depuis** to convey similar meanings. Notice the different word order.

  Ça fait deux semaines **que** Chantal est serveuse.
  Il y a deux semaines **que** Chantal est serveuse.
  Voilà deux semaines **que** Chantal est serveuse.
  Chantal has been a waitress for two weeks.

- When talking about the past, **il y a** + [*time expression*] means *ago*.

  Corinne a visité Paris **il y a six mois**.
  Corinne visited Paris six months ago.

  Il y a 20 ans, cette frontière n'existait pas.
  Twenty years ago, this border didn't exist.

- To talk about something that occurred in the past *for* a certain amount of time, but is no longer occurring, use **pendant** + [*time expression*].

  Elle a habité chez Karine **pendant six mois**.
  She lived at Karine's for six months.

  Pendant neuf ans ils ont étudié ces étoiles.
  For nine years they studied those stars.

- To ask for how long something that is no longer going on took place in the past, use **pendant combien de temps?** (*for how long?*). In this case, the verb is in the **passé composé**.

  Pendant combien de temps a-t-il travaillé pour vous?
  For how long did he work for you?

  Il est resté dans le laboratoire **pendant combien de temps**?
  For how long did he stay in the lab?

- To ask for how long something *has gone on* or *has been going on* that is *still going on*, use **depuis quand?** (*since when?*) or **depuis combien de temps?** (*for how long?*). The verb should be in the present tense.

  Depuis quand est-ce que tu as cet ordinateur portable?
  Since when have you had that laptop?

  Depuis combien de temps assistes-tu à ce cours?
  For how long have you attended this class?

- The **passé composé** may be used with **depuis** to say that something has *not* occurred for an amount of time.

  Mon copain ne m'a pas téléphoné **depuis** quatre jours.
  My friend has not called me for four days.

  Nous n'avons pas regardé la télé **depuis** le week-end dernier.
  We haven't watched TV since last weekend.

ATTENTION!

Note that unlike English, to talk about something that *has gone on* or *has been going on* in the past and is *still* going on, French uses the present tense.

ATTENTION!

The prepositions **depuis**, **pendant**, and **pour** can each mean *for*, but they are not interchangeable. Use **pour** with the present tense to talk about the planned duration of an action.

Il part pour six mois.
He's leaving for six months.

Mise en pratique

1 **À compléter** Complétez ces phrases. Employez les expressions **depuis**, **pendant**, **il y a** ou **pour**.

1. _____ un an que j'ai cet appareil photo numérique.

2. Mes parents ont acheté des vêtements _____ mon frère et moi.

3. Calista a vécu en France _____ cinq ans.

4. _____ son arrivée, Florent est déprimé.

5. Nous avons écouté de la musique _____ trois heures, hier soir.

6. Manger léger (*light*), c'est bon _____ la santé.

7. Ma fille n'a pas été malade _____ un an!

8. Cet été, je pars à Bruxelles _____ trois mois.

2 **Depuis quand?** Parlez des thèmes suivants à l'aide des expressions de la liste.

> **Modèle** **habiter cette ville**
>
> Ça fait trois ans que j'habite cette ville.

> il y a   ça fait   voilà

1. habiter cette ville

2. être lycéen(ne) ici

3. avoir un permis de conduire

4. connaître son/sa meilleur(e) ami(e)

5. étudier le français

3 **Et hier?** Parlez des activités suivantes. Utilisez le mot **pendant** dans vos réponses.

> **Modèle** **étudier**
>
> J'ai étudié pendant deux heures.

1. étudier

2. être sur le portable

3. regarder la télévision

4. surfer sur le web

5. faire du sport

4 **Et quoi d'autre?** Quels sont vos passe-temps? Depuis quand? Qu'avez-vous fait par le passé? Pendant combien de temps? Parlez de vos centres d'intérêt.

> **Modèle** **jouer au football**
>
> Je joue au football depuis six ans.

1. jouer au football, au basket, au volley...

2. chanter dans un chœur

3. jouer du piano, du violon, de la guitare...

4. se spécialiser dans...

5. sortir avec...

8.4

Prepositions with infinitives

- You are already familiar with many verbs that can be followed directly by another verb. Only the first verb in a clause is conjugated. The rest are in the infinitive form.

BLOC-NOTES

To review verbs that can be followed directly by an infinitive, see **Structures 8.1, pp. 274–275**.

> J'**aime jouer** à la pétanque.
> *I like to play petanque.*

> Tu **vas aller faire** un bowling?
> *Are you going to go bowling?*

- Several verbs require the preposition **à** before an infinitive.

> Marithé **apprend à** faire de l'alpinisme.
> *Marithé learns to mountain climb.*

> Ils **se mettent à** jouer aux fléchettes.
> *They begin to play darts.*

- These verbs take the preposition **à** before an infinitive.

aider à	*to help to*	**s'habituer à**	*to get used to*
s'amuser à	*to pass time by*	**hésiter à**	*to hesitate to*
apprendre à	*to learn to; to teach to*	**inviter à**	*to invite to*
arriver à	*to manage to*	**se mettre à**	*to begin to*
commencer à	*to begin to*	**réussir à**	*to succeed in*
continuer à	*to continue to*	**tenir à**	*to insist on*
encourager à	*to encourage to*		

- Several verbs require the preposition **de** before an infinitive.

ATTENTION!

Do not confuse the preposition **à** that precedes indirect objects with the prepositions **à** and **de** required before an infinitive.

On apprend à nager à Claude.

We're teaching Claude to swim.

Mes parents défendent à mon frère de conduire.

My parents forbid my brother to drive.

accepter de	*to accept to*	**finir de**	*to finish*
arrêter de	*to stop*	**s'occuper de**	*to take care of*
choisir de	*to choose to*	**oublier de**	*to forget to*
conseiller de	*to advise to*	**permettre de**	*to permit to*
décider de	*to decide to*	**promettre de**	*to promise to*
demander de	*to ask to*	**refuser de**	*to refuse to*
dire de	*to tell to*	**rêver de**	*to dream about*
empêcher de	*to prevent from*	**risquer de**	*to risk*
essayer de	*to try to*	**se souvenir de**	*to remember to*
être obligé(e) de	*to be required to*	**venir de**	*to have just*

> Il **refuse de s'arrêter de** fumer.
> *He refuses to stop smoking.*

> Attention! Vous **risquez de** tomber!
> *Careful! You risk falling!*

- Several expressions with **avoir** also take the preposition **de** before an infinitive.

avoir besoin de	*to need to*	**avoir peur de**	*to be afraid to*
avoir envie de	*to feel like*	**avoir raison de**	*to be right to*
avoir hâte de	*to be impatient to*	**avoir tort de**	*to be wrong in (doing something)*
avoir l'intention de	*to intend to*		

Mise en pratique

1

À compléter Complétez ce paragraphe. Ajoutez les prépositions qui conviennent. S'il ne faut pas de préposition, mettez un X.

La semaine dernière, ma cousine Julie a reçu un appel de Florence, sa copine mauricienne. Florence l'a invitée (1) _____ venir visiter l'île Maurice. Mon oncle et ma tante lui ont permis (2) _____ y aller et Julie n'a pas hésité (3) _____ accepter l'invitation. Elle s'est tout de suite mise (4) _____ faire des projets pour le voyage. Elle adore (5) _____ voyager et elle rêve (6) _____ visiter un pays francophone depuis longtemps. Maintenant, elle n'arrête pas (7) _____ parler de son voyage. Elle m'a promis (8) _____ me rapporter un beau souvenir. Alors, j'essaie (9) _____ être compréhensive, mais je commence (10) _____ en avoir marre! J'aimerais bien (11) _____ aller en vacances, moi aussi. Je suis peut-être un peu jalouse, mais il faut (12) _____ penser aux autres quand même!

2

À inventer Faites des phrases originales à l'aide des éléments de chaque colonne. N'oubliez pas d'ajouter des prépositions, s'il le faut.

A	B	C
je	apprendre	aller au parc d'attractions
tu	avoir peur	applaudir
les élèves	essayer	bavarder
mes amis et moi	finir	faire de l'alpinisme
mes parents	rêver	faire de la sculpture
mon/ma meilleur(e) ami(e)	réussir	faire du sport
?	souhaiter	se promener
	vouloir	siffler
	?	voyager à l'étranger
		?

3

Questions Répondez à ces questions.

1. Qu'est-ce que vos parents vous encouragent à faire?
2. Qu'est-ce que vous avez promis à vos parents de ne jamais faire?
3. Qu'est-ce que vos professeurs vous ont demandé de faire cette semaine?
4. Qu'est-ce qu'on vous a invité(e) à faire ce week-end?
5. Qu'est-ce que vous rêvez de faire un jour?
6. Qu'est-ce que vous avez appris à faire récemment?
7. Qu'est-ce que vous êtes obligé(e) de faire la semaine prochaine?
8. Qu'est-ce que vous allez commencer à faire ce week-end?

8.5

The subjunctive after indefinite antecedents and in superlative statements

The subjunctive after indefinite antecedents

- Use the subjunctive in a subordinate clause when the antecedent in the main clause is unknown or nonexistent. If the antecedent is known and specific, use the indicative.

Subjunctive: non-specific		Indicative: specific
Je cherche un ordinateur qui puisse ouvrir mes documents plus vite. *I'm looking for a computer that can open my documents faster.*	*but*	**Voici l'ordinateur qui peut ouvrir mes documents plus vite.** *Here's the computer that can open my documents faster.*
L'équipe a besoin de joueurs qui aient déjà été professionnels. *The team needs players who have already been professionals.*	*but*	**L'équipe vient de trouver cinq joueurs qui ont déjà été professionnels.** *The team just found five players who have already been professionals.*

- The subjunctive is used in indefinite structures that correspond to several English words ending in *-ever.*

quoi que...	*whatever...*
où que...	*wherever...*
qui que...	*who(m)ever...*

Quoi que tu fasses, n'oublie pas d'obtenir des billets.

Whatever you do, don't forget to get tickets.

Qui que ce soit au téléphone, ne répondez pas encore.

Whoever it is on the phone, don't answer it yet.

The subjunctive in superlative statements

- In subordinate clauses following superlative statements, use the subjunctive when expressing an opinion. When stating a fact, use the indicative.

L'île de la Réunion a les plages **les plus agréables que nous ayons visitées.**

Reunion Island has the most pleasant beaches that we visited.

but

La tour Eiffel est **le plus grand** monument **qu'on a construit** à Paris.

The Eiffel Tower is the tallest monument ever built in Paris.

- Some absolute statements are considered superlatives. Use the subjunctive in the subordinate clause after a main clause containing one of these expressions: **le/la/les seul(e)(s)** (*the only*), **ne... personne** (*nobody*), **ne... rien** (*nothing*), and **ne... que** (*only*).

Il **n'**y a **personne qui puisse** m'étonner.

There's nobody who can surprise me.

Houda est **la seule qui fasse** du ski.

Houda is the only one who skis.

Mise en pratique

1 **À compléter** Complétez les phrases à l'aide des expressions de la liste.

> où que (qu')   qui que (qu')   quoi que (qu')

1. _____ ce soit qui sonne à la porte, n'ouvrez pas!
2. _____ nous cherchions, nous ne trouvons pas nos clés.
3. _____ il fasse, son chien ne vient pas quand il l'appelle.
4. _____ tu dises, il ne faut pas porter de bermuda au restaurant.
5. _____ vous alliez au Louvre, vous verrez toujours de grandes œuvres d'art.

2 **Subjonctif ou indicatif?** Choisissez la forme du verbe qui convient le mieux.

1. «Papa» est le seul mot que ma fille (a / ait) dit jusqu'à maintenant.
2. Nous aimons bien le nouvel hypermarché qui (vend / vende) une plus grande variété de légumes.
3. La Suisse est le pays le plus propre qu'il y (a / ait) en Europe.
4. Elles cherchent un restaurant qui (sert / serve) de la cuisine japonaise.
5. Mon frère Henri est la seule personne qui me (comprend / comprenne).
6. Tu vas lire le roman d'Alexandre Jardin qui (est / soit) sorti cette semaine?
7. Vous voudriez élire un maire qui (sait / sache) prendre de bonnes décisions pour votre ville.
8. Il n'y a personne qui (connaît / connaisse) la bonne réponse.

3 **Mon opinion** Donnez votre opinion pour compléter chaque phrase.

> **Modèle** _____ **est le meilleur plat (que / qu' / qui)** _____.
> Le poisson est le meilleur plat qu'on serve au restaurant.

1. _____ est le plus mauvais film (que / qu' / qui) _____.
2. _____ est la seule personne (que / qu' / qui) _____.
3. _____ est le cours le moins intéressant (que / qu' / qui) _____.
4. _____ est la plus jolie actrice (que / qu' / qui) _____.
5. _____ sont les vêtements les plus confortables (que / qu' / qui) _____.
6. _____ est le plus beau pays (que / qu' / qui) _____.
7. _____ est le meilleur professeur (que / qu' / qui) _____.
8. _____ sont les voitures les plus rapides (que / qu' / qui) _____.
9. _____ est le styliste le plus chic (que / qu' / qui) _____.
10. _____ est la plus forte équipe de basket (que / qu' / qui) _____.

9.4

Savoir vs. *connaître*

- **Savoir** and **connaître** both mean *to know*, but they are used differently.

savoir	
je **sais**	nous **savons**
tu **sais**	vous **savez**
il/elle/on **sait**	ils/elles **savent**

Mon oncle est vendeur dans une épicerie, tu **sais**.

connaître	
je **connais**	nous **connaissons**
tu **connais**	vous **connaissez**
il/elle/on **connaît**	ils/elles **connaissent**

Vous **connaissez** Natifah?
Elle est propriétaire de ce restaurant.

- **Savoir** means *to know a fact* or *to know how to do something*.

Il **sait** économiser.	**Savez-vous** où se trouve le distributeur?
He knows how to save.	*Do you know where the ATM is located?*

- **Connaître** means *to know* or *to be familiar with a person, place, or thing.*

Marc **connaît** un bon comptable.	Nous **connaissons** bien ce grand magasin.
Marc knows a good accountant.	*We know this department store well.*

- In the **passé composé**, **se connaître** means *met for the first time*.

Ils **se sont connus** en mai.	Nous **nous sommes connues** au bureau.
They met in May.	*We met at the office.*

- In the **passé composé**, **savoir** means *found out*.

Nous **avons su** qu'il avait beaucoup de dettes.	Elles **ont su** que leur père était au chômage.
We found out that he had a lot of debts.	*They found out their father was unemployed.*

- Note the meaning of **savoir** when it is negated in the **conditionnel**. In this context, **ne** is often used without **pas**. This particular usage is used mostly in literary French.

Il **ne saurait** vivre sans toi!	Je **ne saurais** vous le dire.
He wouldn't know how to live without you!	*I couldn't tell you.*

ATTENTION!

The verb **reconnaître** (*to recognize*) is conjugated like **connaître: je reconnais, tu reconnais, il/elle reconnaît, nous reconnaissons, vous reconnaissez, ils/elles reconnaissent**. Its past participle is **reconnu**.

Mise en pratique

1 **À compléter** Décidez s'il faut employer **savoir** ou **connaître**.

1. Est-ce que vous _____ où se trouve la bibliothèque?

2. François _____ conduire.

3. Nous nous sommes _____ il y a deux ans.

4. _____-tu la date de son anniversaire?

5. Ils _____ jouer à la pétanque.

6. Nous _____ où Marc habite.

7. Vous _____ bien la ville?

8. Tu ne _____ pas pourquoi il est venu?

9. Christian _____ bien Bruxelles.

10. Quand est-ce qu'elle a _____ ce qui s'était passé?

11. Est-ce que tu _____ quelqu'un qui habite en Afrique?

12. Mon frère ne _____ pas passer l'aspirateur.

2 **À assembler** Faites des phrases en assemblant les éléments des colonnes.

A	B	C
je	connaître	parler français
tu	ne pas connaître	la ville de Washington
mon prof de français	savoir	faire une mousse au chocolat
mon/ma meilleur(e) ami(e)	ne pas savoir	faire le ménage
mon/ma frère/sœur		jouer de la guitare
le président		nager
mes parents		bien chanter
?		une personne célèbre
		naviguer sur Internet
		ce quartier
		?

3 **Qui et quoi** Choisissez la forme de **savoir** ou de **connaître** qui convient pour décrire votre famille, vos amis ou des personnes célèbres.

Modèle **faire la cuisine**

Mes frères savent faire la cuisine.

1. faire du ski

2. parler une langue étrangère

3. réparer une voiture

4. une actrice célèbre

5. un homme politique

6. danser

7. un bon restaurant

8. cette ville

9. jouer au billard

10. où se trouve un centre commercial

11. à quelle heure ferme la bibliothèque

12. bien étudier

9.5

Faire causatif

- The verb **faire** is often used as a helping verb along with an infinitive to mean *to have something done.*

> J'**ai fait réparer** ma voiture.
> *I had my car repaired.*

- **Faire causatif** can also mean *to cause something to happen* or *to make someone do something.*

> Ce film me **fait pleurer**.
> *This movie makes me cry.*

> Nous vous **faisons perdre** votre temps?
> *Are we making you waste your time?*

- When the infinitive that follows the verb **faire** takes only one object, it is always a direct object. Note, however, that pronouns are placed before the form of **faire**, rather than the infinitive.

> Le propriétaire **fait travailler son fils**.
> *The owner makes his son work.*

> Le propriétaire **le fait travailler**.
> *The owner makes him work.*

> Tu **fais manger la soupe à tes enfants**.
> *You make your children eat the soup.*

> Tu **la leur fais manger**.
> *You make them eat it.*

- The reflexive verb **se faire** means *to have something done for* or *to oneself.*

> Tu **t'es fait couper** les cheveux!
> *You had your hair cut!*

- **Faire causatif** often has idiomatic meanings that do not translate literally as *to do* or *to make.*

faire bouillir	*to boil*	**faire savoir**	*to inform*
faire circuler	*to circulate*	**faire sortir**	*to show someone out*
faire cuire	*to cook*	**faire suivre**	*to forward*
faire entrer	*to show someone in*	**faire tomber**	*to drop*
faire fondre	*to melt*	**faire venir**	*to summon*
faire remarquer	*to point out*	**faire voir**	*to show, to reveal*

- While **faire** is used with verbs to mean *to make someone do something*, it is not used with adjectives. Use **rendre** with adjectives.

> Cette crise économique me **rend** triste.
> *This economic crisis makes me sad.*

> Les dettes **rendent** la vie difficile.
> *Debts make life difficult.*

ATTENTION!

In the **faire causatif** construction, the infinitive phrase introduced by **faire** functions as its direct object. Therefore, the past participle **fait** never agrees with a preceding direct object pronoun.

Il a fait licencier les employés.
He had the employees laid off.

Il les a fait licencier.
He had them laid off.

Mise en pratique

1 **Les phrases** Assemblez les éléments pour faire des phrases.

> **Modèle** **Nous étudions. / le professeur**
> Le professeur nous fait étudier.

1. Leurs employés travaillent. / les gérants
2. Je pleure. / Élodie
3. L'entreprise signe des contrats. / la consultante
4. Mes sœurs font la cuisine. / mes parents
5. Nous avons vu ses photos. / Séverine
6. Tu as remarqué le problème. / Daniel
7. Je suis entré dans le salon. / tu
8. Il tape des lettres. / le cadre
9. Je suis venu. / la présidente de l'université
10. Tu fais la vaisselle. / ta mère

2 **À compléter** Décidez s'il faut employer **faire** ou **rendre**.

1. Les films romantiques me _____ heureuse.
2. Les histoires tristes me _____ pleurer.
3. Leur patron les _____ furieux.
4. Cet article me _____ réfléchir.
5. Cette bande dessinée me _____ rire.
6. Toi, tu me _____ fou!

3 **Questions** Répondez à ces questions.

1. Qui vous fait étudier?
2. Qu'est-ce qui vous fait rire?
3. Qu'est-ce qui vous rend triste?
4. Qu'est-ce qui vous fait éternuer?
5. Qu'est-ce qui vous rend malade?
6. Qu'est-ce qui vous fait perdre patience?
7. Qu'est-ce qui vous rend heureux/heureuse?
8. Vous coupez-vous les cheveux vous-même ou vous les faites-vous couper?
9. Réparez-vous votre voiture vous-même ou la faites-vous réparer?
10. Si vous en aviez la possibilité, que feriez-vous faire à votre professeur de français?

10.4 # Indirect discourse

- To tell what someone else says or said, you can use a direct quote or you can use indirect discourse.

Direct discourse
Marc dit: «Je ne veux pas chasser.»
Marc says, "I don't want to hunt."

Indirect discourse
Marc dit qu'il ne veut pas chasser.
Marc says that he doesn't want to hunt.

- Indirect discourse usually includes a verb related to speech, such as **crier**, **demander**, **dire**, **expliquer**, **répéter**, or **répondre**.

> Solange **explique** que l'ouragan a causé des inondations.
> *Solange is explaining that the hurricane caused flooding.*

- When relating what someone said *in the past*, the tense of the verb in the indirect statement differs from that of the verb in the direct statement.

Direct: present tense
Abdel a dit: «La rivière **est** polluée.»
Abdel said, "The river is polluted."

Indirect: imparfait
Abdel a dit que la rivière **était** polluée.
Abdel said that the river was polluted.

Direct: passé composé
Tu as crié: «Un singe **a pris** mon appareil photo!»
You yelled, "A monkey took my camera!"

Indirect: plus-que-parfait
Tu as crié qu'un singe **avait pris** ton appareil photo.
You yelled that a monkey had taken your camera.

Direct: futur simple
Ils ont répété: «Une sécheresse **menacera** les poissons.»
They repeated, "A drought will threaten the fish."

Indirect: conditionnel
Ils ont répété qu'une sécheresse **menacerait** les poissons.
They repeated that a drought would threaten the fish.

- Even when the introductory statement is in the past, if the **imparfait** or the **plus-que-parfait** is used in the direct statement, then it is also used in the indirect statement.

Direct: imparfait
Houda a dit: «J'**utilisais** des produits renouvelables.»
Houda said, "I used to use renewable products."

Indirect: imparfait
Houda a dit qu'elle **utilisait** des produits renouvelables.
Houda said that she used to use renewable products.

Direct: plus-que-parfait
Nous avons demandé: «Vous **aviez vu** des lions?»
We asked, "Had you seen lions?"

Indirect: plus-que-parfait
Nous avons demandé si vous **aviez vu** des lions.
We asked if you had seen lions.

ATTENTION!

If the introductory statement is in the present, the **futur simple**, the imperative, or the **conditionnel**, the tense of the verb in the indirect statement is the same as that of the verb in the direct statement.

Vous direz: «L'ouragan est imminent.»

You will say, "The hurricane is imminent."

Vous direz que l'ouragan est imminent.

You will say that the hurricane is imminent.

ATTENTION!

Note that a question reported through indirect discourse includes a clause that begins with **si** instead of **que**.

On demande toujours: «Économisez-vous de l'énergie?»

People always ask, "Do you save energy?"

On demande toujours si nous économisons de l'énergie.

People always ask if we save energy.

Mise en pratique

1 **Direct ou indirect?** Ces phrases sont-elles écrites au discours direct ou indirect?

1. Samuel répond toujours que tout va bien.

2. Caroline répétait: «Je ne comprends pas la question.»

3. Le prof nous a dit que le cours commencerait à une heure.

4. Tante Habiba a crié: «Bonjour les enfants!»

5. Coralie m'a demandé si j'avais dix euros.

2 **À transformer** Transformez ces phrases en les mettant au discours indirect.

Modèle **Michèle dit: «Je suis malade.»**
Michèle dit qu'elle est malade.

1. Françoise dit: «Je vois une araignée!»

2. Mariam me demande: «Tu gardes ta sœur?»

3. Louise expliquera: «Ces singes habitaient dans la forêt tropicale.»

4. Édouard dit: «Vous n'aurez pas faim.»

5. Mes parents répondront: «Tu as fait attention à la consommation d'énergie.»

6. Nadège répète: «Je n'aime pas les cochons.»

3 **Au passé** Transformez ces phrases en les mettant au discours indirect. Cette fois, vous parlez de choses qui ont été dites hier.

Modèle **Michèle a dit: «Je suis malade.»**
Michèle a dit qu'elle était malade.

1. Isabelle a dit: «J'ai déjà mangé.»

2. Karine a crié: «J'ai faim!»

3. Manon a demandé: «Où sont les toilettes?»

4. Daniel a expliqué: «Ils seront en retard ce soir.»

5. Nos amis ont répété: «Nous avons déjà vu ce film!»

6. Nathalie a répondu: «Je ne sais pas où sont les clés.»

10.5 The passive voice

- The passive voice consists of a form of **être** followed by a past participle which agrees in gender and number with the subject.

Active voice	Passive voice
Les ours **mangent** les poissons.	Les poissons **sont mangés** par les ours.
Bears eat fish.	*Fish are eaten by bears.*

- In the active voice, word order is normally [*subject*] + [*verb*] + [*object*].

SUBJECT	VERB	OBJECT
L'incendie	**a détruit**	**les forêts.**
The fire	*destroyed*	*the forests.*

- The passive voice places the focus on what happened rather than on the agent (the person or thing that performs an action). Word order changes to [*subject*] + [*verb*] + [*agent*], and the direct object of an active sentence becomes the subject in the passive voice.

SUBJECT	VERB	AGENT
Les forêts	**ont été détruites**	**par l'incendie.**
The forests	*were destroyed*	*by the fire.*

- The verb **être** can be used in different tenses with the passive voice. Note that the past participle always agrees with the subject of **être**.

  L'eau **est contaminée** par l'usine.
  The water is contaminated by the factory.

  L'eau **a été contaminée** par l'usine.
  The water was contaminated by the factory.

  L'eau **sera contaminée** par l'usine.
  The water will be contaminated by the factory.

- In a passive sentence, the agent is not necessarily mentioned at all.

  La forêt **a été détruite**.   Les poissons **seront mangés**.
  The forest was destroyed.   *The fish will be eaten.*

- If you want to mention the agent, you usually use **par** (*by*).

  La couche d'ozone est menacée **par** la pollution.
  The ozone layer is threatened by pollution.

- With certain verbs that convey a state resulting from an event or that express a feeling or a figurative sense, use **de** instead of **par**. Such verbs include **admirer**, **aimer**, **couvrir**, **craindre**, **détester**, and **entourer**.

  Le toit était couvert **de** neige.   Les peintures sont admirées **des** visiteurs.
  The roof was covered with snow.   *The paintings are admired by the visitors.*

ATTENTION!

The passive voice is not appropriate in some types of formal writing. Nevertheless, it has some useful applications, such as when you want to place emphasis on the event rather than on the agent or when the agent is unknown. Journalists and scientists often use the passive voice.

ATTENTION!

You can avoid mentioning an agent without using the passive voice by using the pronoun **on**.

On protège l'environnement.

The environment is protected (by someone).

Mise en pratique

1 **Voix active ou passive?** Ces phrases sont-elles à la voix active ou passive?

1. Le village a été détruit par un tremblement de terre.

2. Les policières ont prévenu le public.

3. Les hommes ont chassé les lions.

4. Les pluies acides sont causées par la pollution.

5. La forêt est protégée par les écologistes.

6. Jamel et Philippe ont vu le film.

7. On chasse les ours.

8. Le château est entouré d'un mur.

2 **À transformer** Transformez ces phrases en les mettant à la voix passive.

1. Tom Selleck interprète Dwight Eisenhower dans un film.

2. Léonard de Vinci a peint ces magnifiques tableaux.

3. On a détruit le mur de Berlin en 1989.

4. Alexander Fleming a découvert la pénicilline.

5. On a célébré le bicentenaire des États-Unis en 1976.

6. Jonas Salk a mis au point un vaccin contre la polio.

3 **Et les femmes?** Transformez ces phrases en les mettant à la voix active.

1. La Résistance a été soutenue par l'action de Joséphine Baker.

2. Certains avions ont été pilotés par Amelia Earhart.

3. La série *Harry Potter* a été écrite par J. K. Rowling.

4. Helen Keller a été aidée par Anne Sullivan.

5. Beaucoup de matchs sont gagnés par Serena Williams.

6. Des thèmes vietnamiens sont choisis par Nguyen Dieu Thuy pour ses peintures.

Dialogues des courts métrages

LEÇON 1

Court métrage: *Tout le monde dit je t'aime*

Réalisatrice: Cécile Ducrocq
Pays: France

MARION Regarde ce qu'il m'a envoyé. Qu'est-ce que je réponds?

JOSÉPHINE Ben, franchement c'est n'importe quoi de dire ça.

MARION Ah bon?

JOSÉPHINE Et, uh tu n'oublieras pas de me rapporter mon maillot demain?

MARION Pourquoi tu dis ça?

JOSÉPHINE Pourquoi je dis quoi?

MARION Que c'est n'importe quoi de dire ça.

JOSÉPHINE Ben, vous venez juste de commencer que… il te dit déjà «je t'aime.» Qu'est-ce qu'il en sait?

MARION On n'est pas obligé d'attendre des mois pour se le dire.

JOSÉPHINE Oui mais vous n'êtes pas obligés de vous le dire maintenant non plus. Ça fait combien de temps que vous êtes ensemble? C'était quand déjà? Mercredi midi?

MARION Oui. Ça fait dix jours quand même.

JOSÉPHINE Dix jours, c'est rien.

MARION Et alors c'est quoi le problème?

JOSÉPHINE Ben, le problème c'est qu'il a gâché le mot.

MARION Mais il pourra me le dire encore.

JOSÉPHINE Vous allez passer votre temps à vous dire «je t'aime, je t'aime, je t'aime»?

MARION Non.

JOSÉPHINE En plus, il ne te le dit même pas. Il l'écrit. Il aurait pu te le dire en face. Ce n'est pas le truc qu'on balance comme ça sur un texto. Bon, je vais chercher mes affaires. J'arrive. Voilà.

MARION Moi, je ne suis pas d'accord. C'est beau de l'écrire. Ça a plus de force. Ça m'aurait gênée qu'il le dise devant moi. De l'entendre. De le voir. Et puis, je n'aurais pas su quoi répondre. Il aurait fallu que je lui réponde tout de suite. Il aurait attendu ma réaction. Là, c'est plus doux. C'est respectueux. Je peux en faire ce que je veux. En plus, le texto, je peux le garder. Je peux le relire. Après il pourra me le redire. Ce sera comme une nouvelle fois.

JOSÉPHINE Mais c'est ça le problème. C'est qu'on le dit une fois. Puis une autre. Puis encore une autre. On le dit un milliard de fois. Tout le monde dit «je t'aime,» et ça veut plus rien dire.

MARION Ben, moi, c'était la première fois. On te l'a déjà dit, toi? Alors, on te l'a déjà dit?

JOSÉPHINE Non, on ne me l'a jamais dit, mais ce n'est pas ça le problème. Moi, je préfère qu'on ne me le dise pas, plutôt qu'on me le dise comme ça.

MARION Moi, ça m'a fait plaisir qu'il me le dise.

JOSÉPHINE En tout cas, ne te fais pas d'illusion. Ce n'est pas parce qu'il te dit «je t'aime» qu'il t'aime. Il n'y a aucune garantie.

MARION Si. Sinon, il ne me l'aurait pas dit. Il n'était pas obligé de me le dire. S'il me le dit, c'est qu'il le pense.

JOSÉPHINE Non, il te le dit à un moment donné. Maintenant peut-être qu'il ne le pense plus. Il est peut-être passé à autre-chose.

MARION Oui, ben, à ce moment-là, on peut dire ça de tout. Je ne sais pas, bon, on dit un truc… «je vais partir en vacances à Noël avec toi» ou bien «je te file mon poisson rouge» et après, on ne le fait plus. À ce moment-là on ne croit plus personne. On ne croit plus rien. Et plus rien ne veut rien dire.

JOSÉPHINE Mais, là, ce n'est pas la même chose. «Je t'aime,» c'est une pensée. Il te dit «je t'aime.» Il le pense peut-être. Mais cette pensée, elle peut disparaître aussitôt. Tandis que ton poisson rouge, lui, il est là. Il existe.

MARION Si c'est comme tu dis, je ne vois pas pourquoi il m'aurait dit «je t'aime.» Je ne lui ai rien demandé.

JOSÉPHINE Il te l'a dit pour que tu lui répondes «Moi aussi.» Parce qu'il n'y a pas d'autres réponses possibles. Tu ne vas pas lui dire «merci» ou «pas moi» ou rien répondre. Tu es obligée de lui dire «je t'aime.» Tu es coincée.

MARION Non, je ne comprends pas. Alors, on ne dit jamais «je t'aime»?

JOSÉPHINE Non, on ne dit jamais «je t'aime.» À part si c'est quelque chose qui dure depuis longtemps. Quelque chose dont on est sûr et qui durera toujours. «Je t'aime,» ça ne veut rien dire. Ça n'existe pas.

MARION Mais si, ça veut dire quelque chose. Ça veut forcément dire quelque chose.

JOSÉPHINE Non, je suis désolée mais «je t'aime» ça ne veut rien dire. Je ne saurais pas t'expliquer pourquoi mais j'en suis sûre. Je le sais. C'est comme une parole magique. Ça ne veut rien dire.

MARION Bon, ben, à demain.

JOSÉPHINE Oui, à demain.

MARION Eh, Jo! Je t'aime!

JOSÉPHINE Moi aussi!

MARION Joséphine, je t'aime!

JOSÉPHINE Marion, je t'aime!

MARION Joséphine, je t'aime!

JOSÉPHINE Je t'aime!

MARION Je t'aime, Joséphine!

JOSÉPHINE Moi aussi!

LEÇON 2

Court métrage: *J'attendrai le suivant…*

Réalisateur: Philippe Orreindy
Pays: France

ANTOINE Mesdames, Mesdemoiselles… Messieurs, bonsoir. Excusez-moi de vous déranger… Je sais bien que vous êtes énormément sollicités à l'heure actuelle. Tout d'abord, je m'en excuse… et puis, je me présente. Je m'appelle Antoine et j'ai 29 ans. Rassurez-vous, je ne vais pas vous demander d'argent. Ce qui m'amène à vous ce soir, eh bien, c'est que j'ai lu récemment, dans un magazine qu'il y avait en France près de 5 millions de femmes célibataires. Où sont-elles? Ça fait bientôt trois ans et demi que je suis tout seul. Je n'ai pas honte de le dire… Mais j'en ai marre! Pour passer ses soirées devant son micro-onde, pour regarder ses programmes débiles à la télé, ce n'est pas une vie. Minitel, Internet… pour se faire poser des lapins… Ça ne m'intéresse pas! Je suis informaticien… je gagne bien ma vie… 2.600 euros par mois… je suis assez sportif… je fais bien la cuisine… Vous pouvez rire, vous pouvez rire… Moi, je crois au bonheur. Je cherche simplement une femme, ou bien une jeune femme… de 18 à 55 ans, voilà, qui aurait, elle aussi, du mal à rencontrer quelqu'un… par les voies normales… et qui voudrait, pourquoi pas… partager quelque chose de sincère avec quelqu'un. Voilà… Si l'une d'entre vous se sent intéressée… eh bien, elle peut descendre discrètement à la station suivante… Je la rejoindrai sur le quai.

HOMME Mais arrêtez vos salades, là! Restez célibataire! Moi, ça fait cinq ans que je suis marié avec une emmerdeuse! Si vous voulez, je vous donne son numéro de téléphone au boulot… Elle est coiffeuse. Vous l'appelez, vous voyez avec elle… Mais il ne faudra pas venir vous plaindre après, hein!…
ANTOINE C'est très aimable à vous, Monsieur, mais je ne cherche pas la femme d'un autre. Ou alors, il faudrait peut-être lui demander son avis, non?
HOMME Mais non! Elle est d'accord, j'en suis sûr! Il n'y a que l'argent qui l'intéresse! Et je crois que vous en avez, vous, non?
ANTOINE Je cherche l'amour, moi, Monsieur, je ne cherche pas un marché!
HOMME Oh là là, eh, vous êtes mal barré dans la vie, vous, hein! Il va falloir que vous en fassiez des rames de métro!
ANTOINE Excusez ce monsieur, qui, je pense, ne connaîtra jamais l'amour.
HOMME Abruti!
ANTOINE C'est ça… C'est ça… Mesdemoiselles, je réitère ma proposition. S'il y en a une parmi vous qui est sensible à ma vision de l'amour, eh bien, qu'elle descende… Mademoiselle, c'était un sketch.

ANTOINE Si le spectacle vous a plu…
HOMME …une petite pièce sera la bienvenue.

LEÇON 3

Court métrage: *Le Technicien*

Réalisateur: Simon-Olivier Fecteau
Pays: Canada

CLIENT C'est ma TV. Elle est toute brisée. Elle est toute brisée.
TECHNICIEN OK. OK. Ben, si vous me laissez entrer, on va regarder ça.
CLIENT Regarde!

Jour 238 de cette guerre qui, jusqu'à présent, a fait des milliers de victimes...

CLIENT Voilà...
TECHNICIEN Ben, écoutez, c'est une vieille TV. C'est normal, c'est un peu flou.
CLIENT Non, non, non, regarde!

Depuis 2005, l'incidence des cancers s'est accrue de 35% pour les hommes et de 43% pour les femmes...

CLIENT Et ça?

La crise économique mondiale frappe à tous les niveaux. Les PME sont particulièrement touchées par cette décroissance qui a pris le secteur...

CLIENT Et ça?

La famine en Éthiopie touche des millions d'enfants entraînant chez plusieurs la malnutrition grave ou même la mort. L'Éthiopie a une longue histoire...

CLIENT Regarde!

Émilie aurait été aperçue pour la dernière fois près du parc Wilbrod à l'angle des rues Lanouette...

CLIENT Peux-tu me réparer ma TV?

... et les affiches sont distribuées un peu partout...

TECHNICIEN Écoutez, euh... c'est pas le genre d'affaires qu'on prend, juste... Y a pas de formation qui... qui...
CLIENT Peux-tu la réparer?
TECHNICIEN Bien... On va regarder si c'est pas un problème technique. Peut-être les câbles...

Ça va très mal, cette année... Randy Furby va pouvoir faire une croix sur son rêve olympique...

TECHNICIEN Ouais, ben, comme je pensais, c'est pas le câble, hein. Tout est bon au *reset*. Je peux toujours aller vérifier dehors aussi.

Pour Furby, cette année, ça va mal, ça va très mal...

Nous avons, dans la région... nous avons des images en direct. On voit ici ce que l'on croit être le repaire d'Abdu Al-Maoud, le chef de la rébellion sudiste alors que... Attendez, on m'informe qu'un homme, oui, on le voit à l'écran, un homme inconnu semble faire son chemin à travers les balles. Il se protège et il entre à l'intérieur du repaire. Il semble discuter avec quelqu'un et il est prêt à ressortir de l'édifice. Il semble être en compagnie d'Abdu Al-Maoud qui agite un drapeau blanc. Mesdames et messieurs, c'est absolument incroyable. Le chef des sudistes offrirait sa reddition, se rendrait. C'est un conflit quasi-centenaire qui serait réglé. Nous assistons à un jour véritablement historique. Maintenant, l'information qui demeure, c'est de connaître l'identité de cet homme...

Aujourd'hui, à la bourse mondiale, le NASDAQ a affiché une hausse saisissante de 2400 points et qui semble avoir redémarré l'économie mondiale. Aucun analyste n'est en mesure d'expliquer cette hausse. Par ailleurs, la devise d'Éthiopie a également fait un gain historique de 1200%, ce qui a propulsé le pays le plus pauvre au rang des plus riches en une après-midi.

On aurait peut-être trouvé un remède... On soupçonne cet individu d'être à l'origine de cette découverte extraordinaire...

Complètement raté! Mais, mais... Ils reçoivent l'aide d'un balayeur et... c'est réussi! Furby s'en va aux Olympiques!

—J'étais tombée dans un trou dans la forêt et puis il y a un monsieur qui m'a sortie.
—Et il est où, ce monsieur?
—Là-bas.

Mesdames et messieurs, nous apprenons à l'instant qu'un tsunami a frappé la côte ouest du Japon.

CLIENT T'as pas fini.

La secousse sismique d'une magnitude de 9,3 sur l'échelle de Richter s'est produite...

LEÇON 4

Court métrage: *L'Hiver est proche*

Réalisateur: Hugo Chesnard
Pays: France

DIO Tu vas faire l'expulsion, Madame?

LOUISE Vous allez devoir partir.

DIO Oh, le gentil cheval, hein? Très gentil. Ne sois pas méchant. Moi, je ne suis pas méchant avec toi, hein? Tu es gentil et moi aussi, hein? Ah, voilà. Il est à toi, le cheval ou à ton patron?

LOUISE Il est à mon patron.

DIO Andalouse. Andalou. Moi, petit, j'avais la même. Il y a plein de chevaux comme ça dans mon pays. Tous grands et forts.

LOUISE Il ne faut pas rester ici, Monsieur. Les riverains ont appelé la police.

COLLÈGUE [*in Romani*] Qu'est-ce qui s'est passé?

DIO Ce n'est pas juste. Il m'a filé un chèque.

COLLÈGUE [*in Romani*] Un chèque? Mais non!

DIO [*in Romani*] À cause d'une nouvelle loi, il ne peut pas nous payer en espèces. Il nous faut un compte bancaire.

CITOYEN 1 Ils arrachent les câbles, donc les câbles tout neufs, une installation électrique qu'on a posé, ils les ont arrachés carrément… Donc pour bloquer les portes j'ai une machine-outil; ils l'ont démontée, l'ont mis en petits bouts et ils l'ont l'embarquée. J'ai mis une porte de service toute neuve derrière; ils l'ont fracassé…

CITOYEN 2 …c'est bien beau de les accuser mais si vous ne portez pas plainte…

CITOYEN 1 Mais, je porte plainte…

CITOYENNE Aujourd'hui ils sont deux cents, demain ils sont trois cents, après quatre cents… Ça va aller où comme ça?

CITOYEN 2 Ils partent. Ils n'ont rien à faire ici, je regrette.

CITOYEN 3 Quelqu'un les a déjà mis dehors pour qu'ils soient arrivés ici. Pourquoi déplacer le problème?

CITOYEN 2 Et ben, alors? […] Qui paie l'eau ici? Vous? Vous?

CITOYEN 3 Mais ça vous dérange franchement qu'ils vont prendre quelques litres d'eau? Il y a vingt personnes…

CITOYEN 2 Vingt personnes!? […]

PATRON Je vous présente Louise. C'est elle qui couvre le secteur.

AGENT DE POLICE Bon appétit.

LOUISE Merci.

AGENT DE POLICE Vous les avez vus?

LOUISE Mais oui.

AGENT DE POLICE Ils sont comment?

PATRON Louise, on va avoir besoin de photos du campement.

LOUISE Mais j'en viens là.

PATRON La police veut intervenir rapidement.

LOUISE C'est ma pause déj.

PATRON S'il te plaît.

CITOYEN 2 Je vais les sortir. On va y aller, on va les virer, et c'est clair et net, les dégager d'ici…

DIO Madame! Tu fais quoi ici?

LOUISE Euh… je… je dois prendre des photos. C'est pour la préfecture.

DIO Pourquoi?

LOUISE Vous ne pouvez pas rester ici. C'est une forêt qui ne vous appartient pas. Et les gens qui habitent à côté se plaignent.

DIO Pourquoi?

LOUISE Parce que c'est illégal. Vous avez vu, vous avez tout saboté là.

DIO Faites voir.

LOUISE Il n'est pas à moi.

DIO Tu me prends une photo, je ne peux pas regarder? N'aie pas peur, je te le rends.

DIO Je suis beau gosse, hein?

LOUISE Non, non, s'il te plaît.

DIO Les enfants! Venez faire la photo.

LOUISE Excuse-moi, rends-le-moi, il n'est pas à moi là, l'appareil.

DIO Allez! Allez, venez! Allez, on sourit! Souriez, Souriez, tous, tous! Allez. Et maintenant faire fâché. […] Madame, prends-nous une photo s'il te plaît.

LOUISE OK. Mais, mettez-vous un peu plus près là alors.

DIO Allez, un peu plus serré.

LOUISE Regardez-moi. Regardez-moi.

DIO [*unintelligible*]

LOUISE Oh, c'est bon là. OK ça va là, non?

DIO Allez voir les photos. Allez-y.

ENFANTS …voir la photo! Photo! …

LOUISE Ça va, ça va, je vous montre; c'est moi qui vous montre. Attend. Doucement, doucement, c'est moi qui te montre. Attend. Alors…

LOUISE Ah non, ne touche pas, ne touche pas, doucement….

DIO Madame, je peux avoir ton appareil s'il te plaît?

LOUISE Pour quoi faire?

DIO Pour mettre les photos sur mon ordi.

LOUISE Tu as un ordi?

DIO Bien sûr j'ai un ordi. Deux minutes et je te le rends.

LOUISE Bon, ben d'accord.

DIO N'aie pas peur. Merci.

LOUISE Je n'ai pas peur.

DIO Madame! Ton appareil, il est trop vieux. Il est pourri.

LOUISE Non, il n'est pas pourri.

DIO Tiens. Je t'écris mon mail. Tu peux m'envoyer les photos?

LOUISE Bon, OK.

DIO Tu sais le faire?

LOUISE Oui, je sais faire.

DIO Merci… Pourquoi tu mets tes bonnes chaussures, hein? Va, mettre les autres. Allez, va!

LOUISE C'est…c'est ton fils?

DIO Oui. C'est mon fils.

LOUISE Il est mignon.

DIO Merci. Lui, il est Verbagan. Moi, Dio. Et toi, comment?

LOUISE Louise.

DIO Louise. Toi aussi, tu as des enfants, un mari? Tu veux un bon mari? Moi, je te trouve…

LOUISE Tu parles de toi, là?

DIO Mais non. Moi, j'ai déjà une femme plus jeune.

LOUISE Ah. Bon, ben merci, c'est sympathique.

DIO Bon Louise, tu es mon amie. Tu veux prendre les photos? Va, prends les photos. Tu peux les prendre. La grand-mère, la marmite, la baraque, tout… Allez. Va, prends les photos. Va.

LOUISE Non, mais écoute. La police va arriver. Ils vont vous expulser. Ils vont prendre toutes vos affaires et vous séparer. Vous ne pouvez pas rester ici.

DIO Louise, comment?

LOUISE Rivière.

DIO Rivière?

LOUISE Bon, mais qu'est-ce que tu fais là?

DIO Écoute. J'ai un chèque. Une fois que tu as le liquide, tu me le donnes.

LOUISE Ah, non, c'est hors de question.

DIO S'il te plaît, parce que, moi, je n'ai pas de compte en banque. S'il te plaît Louise, écoute, il n'y a pas de risque pour toi. S'il te plaît, prends-le! S'il te plaît! Écoute! Moi, je n'ai pas de compte en banque.

LOUISE Je ne peux pas faire ça.

DIO Mais écoute! S'il te plaît! Parce que moi, je n'ai pas de compte en banque. S'il te plaît, prends-le. Il n'y a pas de risque pour toi. S'il te plaît. Prends-le. Il n'y a pas de risque pour toi. Une fois que tu auras le liquide, tu me le donneras.

LOUISE Si j'accepte, vous partirez?

DIO Oui, je pars. Merci.

PATRON Mais qu'est-ce que tu faisais?

LOUISE On a parlé.

PATRON Donne-moi l'appareil.

LOUISE C'est pour quand?

PATRON Là, maintenant.

POLICE Comme vous le savez, on va effectuer l'évacuation d'un camp de Roms. Il y a quatre familles. Une trentaine de personnes en comptant les enfants. À cette heure de la journée tout le monde sera là. Il n'y a pas d'individu dangereux, pas de problème particulier. Mais vigilance. Concernant l'intervention maintenant. Ils ont été localisés ici, au niveau de la route de la chasse. À la borne quatre-vingt-cinq il y a un petit chemin … à cinq cent mètres, ils sont là. Alors, évidemment si on arrive par là ils vont fuir par ici. Donc, on va rejoindre la compagnie deux cent trente-deux. Ils auront les tractos. Ils sont sur place. On va faire deux groupes, OK? On va partir d'ici, on prend comme ça.

LOUISE La police va arriver. Tu dois partir. Tu comprends ce que je dis? La police va arriver.

LOUISE Madame. Il faut partir. Il faut prendre l'enfant…. Il faut partir, OK Madame? Madame, vous m'écoutez?

LOUISE Tiens! Le liquide, là. Tu m'entends? Ils vont arriver, les policiers! Ils vont vous séparer, séparer de vos enfants!

DIO Merci. Au revoir.

LOUISE Mais il faut partir! Vous m'entendez? Ils vont arriver et vous séparer de vos enfants. Ils vont prendre vos affaires. Monsieur, écoutez-moi!

DIO [*unintelligible*]

LOUISE Quoi?

DIO On reste. Partir? Partir où? Hein, où? Ton boulot, c'est quoi? Tu prends les photos pour qui? Tu donnes des papiers d'expulsion, hein? Casse-toi! Tu as expulsé nos enfants?

LOUISE Mais, j'essaie de vous aider.

DIO Dégage! Casse-toi d'ici! Non, casse-toi, dégage!

LOUISE …mais prenez vos affaires…

DIO Allez, dégage! Casse-toi! Allez! Va-t-en! Dégage!

LEÇON 5

Court métrage: *Samb et le commissaire*

Réalisateur: Olivier Sillig
Pays: Suisse

Depuis 1994, suite à une décision du peuple suisse, le 1er août, jour de la fête nationale, est férié. Évidemment certains services assurent une permanence.

VOIX C'est normal, les gens, ils en ont marre. Il faut toujours que ce soit eux.

COMMISSAIRE Mais je sais! Ils sont de plus en plus nombreux. Mais enfin! Appeler les flics pour un gamin! Non! À cette station-service, ils... ils exagèrent! Vraiment! Tiens! Envoyez-le-moi! Entrez!

VOIX Voilà le client, Commissaire.

COMMISSAIRE Oui, merci. Alors, c'est vrai ce qu'on dit? Vous êtes tous des voleurs? Incroyable! Incroyable! À ton âge, tu es déjà un voleur! Eh ben! vous êtes jolis! Assieds-toi! Assieds-toi, nomdebleu! Bon! Alors? Tu t'appelles comment? Ton nom? Non! non! non! non! Te, te, te, te! Te! Juste ton nom. Je vous connais, vous êtes des bavards terribles, vous! Alors, ton nom? Comment t'appelles-tu? Tu t'appelles comment? Tu ne veux pas parler? Quel âge as-tu? Il ne sait pas son âge! Écoute! Tu vois, moi, je m'appelle Knöbel, Commissaire Knöbel. Et toi? Tu ne sais pas dire ton nom. C'est dingue! Vingt francs. Vingt francs! Porter plainte pour vingt balles! Il faut vraiment que les gens en aient marre de vous, hein! Et tes parents? Ils sont où aujourd'hui, tes parents? Ah! Eux aussi, ils sont allés apprendre l'hymne national! Alors quoi?

VOIX Ça ne répond nulle part. C'est férié aujourd'hui.

COMMISSAIRE Férié! Férié! Mais ce que les gens sont patriotes aujourd'hui! Alors, c'est comment, ton nom? Hein? Ben, attends! Je ne veux pas te manger! Je veux juste voir s'il y a ton nom sur le collier! Je roque. Knöbel! Oui, oui! Petit roque. Nimzo-Indienne? Je... Oui, oui, je crois, oui! Salut! Knöbel. Des carottes. Oui. Trois citrons. De la «Saint-Marc». Du pain. Oui. Ah! Ben oui, maman, oui, c'est jour férié, tout est fermé. Mais non, ce n'est pas grave. Oui, à tout à l'heure, maman. Mais, dis donc! Tu dois avoir faim, toi! Apportez à manger au gamin!

VOIX Tout est fermé.

COMMISSAIRE Tout est fermé, tout est fermé! Et alors, en face?

COMMISSAIRE Mange! Mais mange! Il y a sans doute du porc là-dedans! Les musulmans ne mangent pas de porc! Vous devriez savoir ça! Il faut s'adapter, nomdebleu! Les Africains sont musulmans! L'Islam! Ah! C'est tout ce que j'ai trouvé! Mais enfin au moins, tu connais!

SAMB Monsieur! Je m'appelle Samb. Samb. Et toi? Non! non! Juste votre nom!

COMMISSAIRE Knöbel. Commissaire Knöbel.

SAMB Non! Non! Votre nom! Votre vrai nom!

COMMISSAIRE Aah! Hugo. Avec un H.

SAMB Et votre papa?

COMMISSAIRE François, Louis.

SAMB En un seul mot ou en deux mots?

COMMISSAIRE François, virgule, Louis. Ouais, c'est... c'est presque ça.

SAMB Et le nom de votre maman?

COMMISSAIRE Louise, Irène, Augustine, née Roulet.

SAMB Roulet?

COMMISSAIRE Oui, c'est son nom de jeune fille. Ça veut dire qu'avant, elle s'appelait Roulet. Et maintenant, elle s'appelle Knöbel. Comme mon père, comme mon papa. Comme moi.

SAMB Parce qu'elle est encore en vie, votre maman?

COMMISSAIRE Ben ouais, bien sûr!

SAMB Et votre papa aussi?

COMMISSAIRE Ben oui! Aussi.

SAMB Vous avez de la chance.

COMMISSAIRE De la chance?

SAMB Oui, mes parents à moi, ils sont morts! Kakachnikov! Et puis... mon oncle, ma tante, Bassala, Anny, Isamfam. Ils se sont mis à tirer sur moi. Mais j'ai réussi à me cacher. Quand je suis revenu, ils avaient foutu le feu à tout! Tout brûlait. Même mon ballon! Il n'y avait plus rien!

COMMISSAIRE Les parents! Quels parents? Bon! J'arrive. Ah! c'est vous les parents? Messieurs dames! Bon, ce n'est pas grave. Ce n'est pas grave du tout! Ce n'est qu'un gamin, nomdebleu! C'est, c'est un môme, hein?... Bon! Pour ce qui est de la plainte, là, on laisse tomber, on écrase!
SAMB Eh! Mon ballon!
COMMISSAIRE *Ton* ballon!

LEÇON 6

Court métrage: *De l'autre côté*

Réalisateur: Nassim Amaouche
Pays: Algérie/France

PÈRE Le bouchon! Tu as compris? Je vais t'expliquer. Soulève le bouchon et baisse le bouchon! Regarde! Toc, toc, toc, toute la nuit, elles restent, les gouttes! Toc, toc, toc, il y en a marre! Tu as compris? Il y en a marre! Regarde! Monte et descend toute la nuit!

MALIK Ah, c'est ça qui fait toc, toc, toc! Tu vois, je le savais. Je l'ai entendu, tout ça! hop! hop! toc! toc! Mais bientôt, je vais le faire bien! hop! hop! hop!

MÈRE Malik!

MALIK Ouais, ouais! Qu'est-ce qu'il y a? Qu'est-ce qu'il y a encore?

MÈRE Ton frère, il va arriver pour la fête.

MALIK Il n'est pas encore mort, celui-là?

MÈRE Il t'a pris la chambre, aussi.

MALIK Et je vais dormir où, moi?

MÈRE Avec le petit!

MALIK Non, s'il te plaît! Ne me fais pas ça! Il va me soûler encore avec ses lapins! Je veux un jaune, je veux un rouge, un lapin vert, un lapin…! En plus, il pue, ton môme! J'en ai marre!

PÈRE Tu as compris?

(Malik: Vas-y, toi, avec tes toc, toc, toc chelous, là!)

MÈRE Samir!

SAMIR Tu es toute seule?

MÈRE Ton père, il est sorti. Il va acheter le pain, il va arriver, hein… Ça va?

SAMIR Mmm… Ça va, ça n'a pas trop changé.

MÈRE Ah oui. On a fait un peu la peinture et tout ça.

SAMIR Et Malik, il est où?

MÈRE Oh, Malik il traîne toujours au café, avec les voyous! Il ne change pas! Je suis contente, mon fils…

SAMIR Et le petit, ça va?

MÈRE Oui, il dort. Il est fatigué un petit peu. Tu as maigri.

SAMIR Bah, je mange plus comme avec toi!

MÈRE Mais j'ai téléphoné chez toi. Je suis tombée sur une fille qui était très gentille.

SAMIR Ouais, elle m'a dit que tu avais appelé.

MÈRE Comment elle s'appelle?

SAMIR Julie.

MÈRE Julie! Oh! Amène-la, s'il te plaît, amène-la!

SAMIR Ouais, je la ramènerai, un jour.

MÈRE Amène-la!

SAMIR Tiens, c'est pour la fête. Vous faites ça où?

MÈRE Chez Farida. On fait une petite fête entre les amis, la famille, un petit orchestre. C'est bien.

SAMIR Je la ramènerai. Mais…

MÈRE Attends, attends! Ça, le jour où elle vient, Julie, on fait ça. Moi, j'achète une belle robe et pour ton père, un beau costume, cravate. Mais Malik, il sort!

SAMIR Qu'est-ce que tu me racontes là? Je ne te demande pas de te déguiser ni de cacher Malik!

MÈRE J'ai dit qu'il faut aller au centre!

PÈRE Je sais, je sais, le centre, il est fermé! Il y a rien que ça, il n'y a pas le choix!

SAMIR Non, mais, ça va. Il est très bien, celui-là!

PÈRE Ça va, toi?

SAMIR Ça va bien, papa?

PÈRE Oui, ça va, oui.

SAMIR C'est la forme?

PÈRE Ouais, ça va… ça va…

SAMIR Ça va mieux, ta jambe?

PÈRE Ça va, ça va… L'hiver, quand il fait froid, ça me fait mal… Mais l'été, ça va…

MÈRE Ils vont lui couper la pension parce qu'il traîne, il traîne, il traîne avec les papiers! Tu ne peux pas l'aider, ton père?

SAMIR Mais si, bien sûr.

PÈRE Arrête un peu, toi, avec les papiers! Toujours pension! Papiers! Pension! Oh! Arrête. Je vais les faire, ces papiers, ça va!

SAMIR Non, mais, je peux t'aider si tu veux, ça ne me dérange pas.

PÈRE Non, non. Ça va, merci. Alors, tu as mis la robe pour aider les voyous, maintenant?

SAMIR Ben ouais, hein. Je commence… Je suis stagiaire et… je suis commis d'office…

PÈRE Ouais, ouais, d'office.

SAMIR Tu sais, quand les gens, ils n'ont pas d'argent pour…

PÈRE Je sais, je sais, je sais qu'est-ce que c'est «d'office». Je sais.

SAMIR Bon. Je vais aller voir le petit.

ABDEL Non! Le retour! Samir! Bien?

SAMIR Tu as changé ton carrosse?

ABDEL Ben, ouais, dis donc. Ils me l'ont explosé, les petits, à monter dessus tout le temps!

SAMIR Comment ça va, Abdel?

ABDEL Ça va? Bien? Et toi, tranquille?

SAMIR Tranquille, ouais.

ABDEL Ça me fait plaisir! Tu es frais, là! Je parie que tu as pris un appart' et tout?

SAMIR Oui, un petit truc. Il faudrait que vous passiez.

ABDEL On va passer, dès qu'on aura le temps. Tu sais, en ce moment… Tu as appris pour Stéphane?

SAMIR Je sais. Sa mère, elle m'a donné son numéro d'écrou. Je vais m'occuper de son dossier.

ABDEL Ne t'occupe de rien! Franchement, les mecs, ils font n'importe quoi! Ils croient que…

MANU Alors, Samir, tu vas bien? La forme?

SAMIR Alors, Manu?

MANU Ça va, la petite… Alors, Abdel, ça va? La forme?

SAMIR Comment tu vas, toi? Tu as grandi, toi. Oh! Elle a poussé, hein!

MANU Tu as vu, elle grandit tous les jours, trois centimètres, je sais pas! Alors, tu es là pour la fête!

ABDEL Manu, explique-moi un truc… Ta fille, à chaque fois qu'elle me voit, elle a le syndrome fauteuil! J'ai mal au pied!

MANU Abdel, tu la connais.

ABDEL Tu as mal au pied?

MANU Elle a une entorse! Allez, c'est bon.

ABDEL Allez, arrête le cinéma et monte! Bon, Manu je te l'embarque!

MANU Tu essaies de ne pas être trop long, Abdel!

ABDEL Tranquille. Comme d'hab'!

MANU Mais non, pas comme d'hab', pas comme d'hab'! Là, ce coup-ci, il y a sa mère qui l'attend! Je compte sur toi!

ABDEL Pas de problème. Samir, je te vois après, le jeune homme, à la soirée. [Ne] t'inquiète [pas]! Bon, Manu! [Ne] t'inquiète [pas]! Ça va, les gars? Bien?

JEUNE Eh! Abdel! Fais attention au virage du 37!

ABDEL Rentre chez toi avec tes blagues à deux francs!

JEUNE C'est pour ton bien!

PETITE FILLE Toboggan!

MALIK Oh! Le grand frère! Ça va? Tu vas bien?

SAMIR Comment tu vas?

MALIK Maman, elle t'a mis des draps propres…

SAMIR J'aurais pu dormir avec le petit.

MALIK Non, mais attends, tu rigoles! C'est encore ta chambre! Je prends juste une chemise et je m'en vais! En plus, si tu pues toujours autant des pieds, tu vas le tuer, le môme! Allez, à tout à l'heure!

SAMIR Bonne nuit, Malik.

SAMIR Salut crapule!

GARÇON Samir!

SAMIR Comment ça va?

GARÇON Ils m'ont coupé la zézette!

SAMIR Non! En entier?

GARÇON Non, il m'en reste un peu, quand même! Pourquoi ils m'ont fait ça?

SAMIR Ben, je ne sais pas. Maintenant, tu deviens un homme!

GARÇON Et à l'école, ils ne sont pas des hommes alors?

SAMIR Si, mais un peu moins que toi… Mais ne t'inquiète pas. Le plus dur, il est passé. Maintenant, samedi, il va y avoir une grande fête avec des gens que tu ne connais pas qui vont te donner plein d'argent! Tu pourras t'acheter plein de cadeaux.

GARÇON Je sais. Malik, il m'a dit. Avec cet argent, je vais pouvoir m'acheter une ferme, des lapins, des coqs, et puis surtout des lapins! Mais je vais quand même prendre un lion parce que Malik, il a dit que son chien, il allait bouffer mes lapins!

SAMIR N'écoute pas Malik! Mais le lion, c'est une très bonne idée pour te défendre! Allez, au lit! Va te coucher! À demain!

MÈRE Laisse, laisse, laisse, laisse, laisse-moi faire! Donne! Donne!

PÈRE Qu'est-ce qui te fait rire, toi? Pourquoi tu rigoles? Allez, dis-moi, pourquoi tu rigoles?

MALIK Ce n'est pas moi qui rigole!

PÈRE Si, tu rigoles!

MALIK Arrête de rigoler, toi!

PÈRE Allez, dis-moi pourquoi tu rigoles.

SAMIR Non, mais, tu peux laisser. Ça ne me dérange pas.

PÈRE Non, de toute façon, ça sert à rien de le voir. C'est idiot, ça.

SAMIR Si, j'aime bien. Je regarde de temps en temps, ce n'est pas mal.

PÈRE Ah, oui? Tu t'intéresses à ça?

SAMIR Ben, de temps en temps, je regarde à la maison, quand j'ai le temps.

PÈRE De toute façon, moi, ça ne m'intéresse pas.

SAMIR Il s'est passé quoi depuis la dernière fois, là, depuis la semaine dernière?

PÈRE Ben, la blonde a laissé tomber son mari… elle est partie avec un autre.

MALIK Mais qu'est-ce que tu racontes! Elle est toujours avec le grand du premier épisode!

PÈRE Quel grand?

MALIK Le grand du premier épisode!

PÈRE Ah, oui?

MALIK Il ne regarde pas! Tu as vu comme il nous fait son cinéma, celui-là! Tu fais ton cinéma parce qu'il est là!

PÈRE Qu'est-ce tu parles [racontes], toi?

MALIK Tu es un malin, toi!

PÈRE Qu'est-ce tu parles [racontes]?

MALIK En vérité, sur la tête de ma mère, il kiffe sur elle! Il kiffe! Il kiffe! Tu aimes bien les bonnes…

PÈRE Allez! Va, va! Hier soir, tu as encore oublié le bouchon! Va, va! Il ne faut pas l'écouter, lui! Il est malade!

PÈRE Allô?

FONCTIONNAIRE Oui, j'écoute.

PÈRE Bonjour, monsieur. Voilà, je m'appelle Boujira. Je vous téléphone au sujet d'un dossier. Voilà, j'ai retrouvé la feuille… Elle est là!

FONCTIONNAIRE Oui. Attendez, attendez… Vous avez dû avoir mon collègue… C'est pour une pension d'invalidité?

PÈRE Voilà, c'est ça, oui.

FONCTIONNAIRE Rappelez-moi votre nom?

PÈRE Boujira.

FONCTIONNAIRE Une minute, s'il vous plaît… Ah! Ben oui. Effectivement, il manque la B110.

PÈRE Oui, parce que je me suis trompé. Au lieu de vous envoyer la bleue, je vous ai envoyé la rouge.

FONCTIONNAIRE Mais non, mais, la rouge, vous la conservez! Dites-moi, votre dossier, vous l'avez rempli vous-même?

PÈRE Oui, oui, moi-même, oui.

FONCTIONNAIRE Eh ben, vous avez de la chance d'être tombé sur mon collègue! Les dossiers comme celui-ci, moi, je les renvoie à l'expéditeur! Non, mais, vous vous rendez compte qu'on passe parfois une heure à déchiffrer l'écriture? On reçoit vingt dossiers par jour! Faites le calcul! Bon, que vous ne sachiez pas très bien écrire, je comprends tout à fait. Mais quand même, faites un effort! Appliquez-vous un minimum ou faites-vous aider!

PÈRE Oui, parce que voilà, j'ai fait les cases avec un stylo blanc à la fin.

FONCTIONNAIRE Allez, ce n'est pas grave. Renvoyez-moi l'attestation… et la feuille bleue cette fois, hein?

PÈRE Oui, monsieur, oui. Merci.

FONCTIONNAIRE Au revoir.

PÈRE Au revoir, monsieur, bonne journée.

SAMIR C'était la sécu?

PÈRE Oui.

SAMIR Et ils te reçoivent toujours comme ça?

PÈRE Ah! Ils sont braves avec moi.

SAMIR Ah, tu trouves? Ils te parlent comme à un gamin et ça ne te pose pas de problèmes?

PÈRE Non, mais ils sont sympas. De toute façon, c'est moi qui ai rempli tout ça avec le blanc…

SAMIR Et alors? Ce n'est pas ton professeur, et tu n'as pas 10 ans pour qu'il te parle comme ça, celui-là!

PÈRE Ce n'est pas grave…

SAMIR Bientôt, il va te donner des devoirs à faire, c'est ça?

PÈRE Mais non, ce n'est pas grave!

SAMIR Bien sûr que c'est grave! Mais si, c'est grave! Tu te fais humilier et en plus, tu le remercies! Pourquoi tu rampes toujours comme ça! D'où elle vient, ta honte? Explique-moi, papa! D'où elle vient? Tu sais pourquoi il te parle comme ça, ce mec-là? Parce qu'il l'a sentie, ta honte! Tu commences à me respecter comme tu respectes cet abruti au téléphone! Mais je n'en veux pas de ce respect-là, papa! C'est quoi votre truc, là? Vous croyiez que j'allais vous mépriser, c'est ça?

JEUNE Ça va, Samir?

SAMIR Ça va?

MALIK Il est là, le petit?

SAMIR Non, il est à la salle avec les parents.

MALIK Dépêche-toi! Dépêche-toi! Dépêche-toi!

SAMIR Qu'est-ce que c'est que ça?

MALIK C'est [Ce sont] des lapins pour le petit. Comme ça, il me casse plus les…! Ah! Voilà! Je veux des lapins! Je veux des lapins! Comme ça, il me casse plus les pieds! Je suis content! Hein, ma caille? Quoi, qu'est-ce qu'il y a?

SAMIR Ben, rien.

MALIK Comme tu m'as parlé! Tu es comme ça. Tu ne te reconnais pas? Non, mais, il croit qu'on les a tapés! On ne les a pas tapés! Hein?

SAMIR J'ai dit ça, moi?

MALIK Tu me regardais comme ça! Attends! On a frappé, on a frappé [chez le] mec! Tu crois qu'on les a tapés?

AMIS Mais, bien sûr qu'on les a volés!

MALIK Ah ouais, on les a volés… Vous êtes graves, vous! Eh! Samir! Viens voir, je te dis!

ABDEL Moi, je suis d'accord avec toi là-dessus. Franchement, il n'y a pas de problème. Mais lui, il…

MALIK Allez, il faut y aller, maintenant.

ABDEL Ouais. On se voit tout à l'heure, de toute façon.

MALIK Eh! Mets une chemise, mets un costume, un truc bien!

ABDEL Ça va! On n'est pas des sauvages, quand même! On sait s'habiller!

MALIK N'oublie pas les tunes pour le petit!

ABDEL C'est à lui qu'il faut le dire pour la tune!

MALIK Il faut des tunes, ce soir! Et mets une chemise, et enlève-moi ton blouson.

SAMIR Sinon, tu es toujours avec Stéphanie?

MALIK Ouais. Mais elle me soûle en ce moment, grave. Mais bon, je crois que c'est ce que je kiffe. Et toi?

SAMIR Bof.

MALIK Quoi, bof? Arrête de mentir. Maman m'a dit qu'elle avait eu une meuf au téléphone.

SAMIR Tu connais maman… elle s'emballe vite.

MALIK Arrête! Un avocat, ça peut bander! Je n'aurais jamais cru!

SAMIR Espèce de bouffon! Et le boulot, alors, comment ça se passe?

MALIK Ça va. Toujours dans les inventaires. En plus, là, c'est la période, il y a beaucoup de boulot. Mais bon, ça va. Pas très intéressant, mais au moins, je ne m'encroûte pas dans la même boîte… ça, c'est bien.

SAMIR Il doit y avoir un truc pour toi au cabinet, je crois… coursier. Bon, ça va, c'est tranquille et en plus, ce n'est pas très, très compliqué.

MALIK Parce que si c'était compliqué, tu ne me l'aurais jamais proposé… con comme je suis!

SAMIR Qu'est-ce que tu me racontes là!

MALIK Rien. Ne te retourne pas, Samir! Fonce! Tu ne dois rien à personne. Moi, ça va. La dernière fois chez le boucher, papa a fait tomber ta photo par terre, tu sais, celle où tu es sapé comme une gonzesse, avec ta robe. Maman m'a dit que ce n'est pas la première fois, en plus, qu'il fait tomber son portefeuille devant les gens. Regardez mon fils comme il est beau! Il a mis 30 ans à construire sa vengeance. Et je crois qu'elle ressemble beaucoup à ta gueule. Comment ça doit être dur de passer de l'autre côté… Lourd à porter… Avec tous ces cravatés qui te regardent sûrement comme un objet exotique quand tu es avec eux. Tu crois que je ne vois pas? Et les parents… Quand tu reviens, qu'ils ne savent même plus comment te prendre… Eh ouais. Mais, dis-toi que c'est un luxe de te prendre la tête dessus! Tu sais, ça? Maintenant, tu y es, de l'autre côté. Que tu le veuilles ou pas, tu y es et tu n'as pas mille questions à te poser! Il n'a pas gueulé de la journée. J'ai été voir maman, elle m'a tout raconté…

PÈRE Il faut vous dépêcher! Il y a la mère qui attend!

MALIK Ouais, c'est bon! Vas-y! Dépêche-toi, toi! Il n'est pas beau, ton fils?

PÈRE Ton père, il est beau. Moi, je suis l'original. Toi, tu n'es rien que la photocopie!

MALIK Ah bon. Je ne suis pas beau, moi?

PÈRE Ah! Tu es beau.

MALIK C'est toi le plus beau!

PÈRE Où il est, ton frère?

MALIK Dans la salle de bain, là-bas. Vas-y! Dépêchez-vous, on y va!

PÈRE Samir, il faut se dépêcher. Il y a ta mère qui nous attend.

SAMIR Je sais… mais il n'y a que ça comme rasoir?

PÈRE Laisse, laisse! Tu vas te couper! Tu sais, ton frère, il ne se rase pas. Il a la peau de bébé.

MALIK On y va quand vous voulez!

LEÇON 7

Court métrage: *Le Manie-Tout*

Réalisateur: Georges le Piouffle
Pays: France

MARTIN Vas-y, lance, ouais vas-y… Lance!
MÈRE L'avion de 8h30 vient d'atterrir… Nous informons Martin qu'il ferait bien de se dépêcher…

MAÎTRESSE Les chevaux affolés, virgule, les chevaux affolés…

MARTIN C'est mon cartable.
MANIE-TOUT Comment tu t'appelles?
MARTIN Martin.
MANIE-TOUT Et ton cartable, il s'appelle comment?
MARTIN Mais il n'a pas de nom, c'est un cartable.
MANIE-TOUT Chaque chose a un nom… Il suffit de le trouver. Orcus! Allez hop!
MARTIN Au revoir. Allez, Orcus, allez viens.

MÈRE Tu as encore traîné… Ton frère t'attend… Dépêche-toi. Donne-moi ton cartable.
MARTIN Et puis d'abord, c'est Orcus.
BASILE Ouais, je suis là, viens! Ouais, super!
PÈRE Ouh la la, j'ai attrapé un gros poisson, mon gros poisson. Martin, tu sors s'il te plaît!
MARTIN Déjà?
PÈRE Et oui, déjà!
MARTIN C'est qui qui est devant?
BASILE C'est moi.
MARTIN Oh tu es là?
BASILE Ouais, je te grille.
MARTIN C'est toujours toi qui gagnes.
PÈRE Allez, ça suffit les extra-terrestres. Allez, décollage immédiat pour Uranus, le compte-à-rebours a commencé: 4,3,2,1…
MARTIN Orcus, allez viens Orcus! Je t'assure, je l'ai vu marcher!
BASILE Tu es sûr qu'il s'appelle Arcus?
MARTIN Non, c'est Orcus.

MANIE-TOUT Et Orcus, qu'est-ce que tu en as fait?
MARTIN Il se repose. Et vous pourrez le faire marcher après?
MANIE-TOUT Allez Ahurin… Et voilà. Oh! Un œuf! Il est gentil, l'oiseau. Un œuf, tout petit et invisible, mais c'est un vrai!
MARTIN Et vous pouvez tout faire bouger?
MANIE-TOUT Tout ce qui a un nom.
MARTIN Tout ce qui a un nom…

MARTIN C'est par ici, dépêche-toi! Regarde, c'est lui le MANIE-TOUT. Maman, elle dit que tous ses muscles, ils sont dans sa tête.
BASILE Regarde, ouaaaaaaa, c'est des vraies dents. Tu as vu les grandes oreilles?
MANIE-TOUT Je ne peux pas le faire marcher.
MARTIN Mais si, il a un nom, il s'appelle Basile.
BASILE Bah, qu'est-ce qu'il fait?
MARTIN C'est quoi, ça?
MANIE-TOUT Retenez-le avec les mains. Attention, je coupe!
MARTIN Ça va?
BASILE Ouais, c'est bizarre…

LEÇON 8

Court métrage: *Le Ballon prisonnier*

Réalisateur: Cyril Gelblat
Pays: France

DYLAN 1, 2, 3, 4… 1, 2, 3, 4, 5, 6, 7, 8, 9, 10, 11, 12, 13
(À lui-même: Ouais, il a le ballon… Il en dribble 1, 2. Ouais. Il continue son action, il déborde. Zidane qui passe à Dylan Belgazi… Talonnade… Thierry Henry… qui accélère et But! Ouais!)
Ouais! Ouais!
Eh, Dylan, Dylan! Qu'est ce que vous ressentez après cette victoire? Oui, euh, je suis très content, mais c'est avant tout la victoire d'un groupe, et à partir de là, on a répondu présent dans les duels, et voilà, quoi… On parle de vous dans les plus grands clubs. Oui, c'est vrai, il y a des contacts, mais, euh… je suis encore sous contrat avec l'ASPTT Nice et rien n'est fait.
MÈRE Dylan! Tu rentres, on va dîner!

DYLAN Maman, je peux avoir du poulet?
PÈRE Mais tu fais exprès ou quoi? Qu'est-ce que je t'ai dit? Les veilles de match, c'est féculents et sucres lents, sinon tu as les jambes coupées et tu ne cours pas.
MÈRE Enfin, ça va, il peut quand même manger une cuisse de poulet la veille d'un match!
PÈRE Ne fais pas l'idiot, Dylan, demain c'est [ce ne sont] pas des rigolos en face, si tu sors du lot, ils vont te contacter. Alors, tu manges tes pâtes.

MÈRE Translate in English. Caterpillar.
DYLAN Mille-pattes.
MÈRE Très bien. Goat.
DYLAN Euh… Contrarié.
MÈRE Ah non, ça, c'est chèvre. Alors, vas-y, contrarié.
DYLAN Euh… Worri-ed.
MÈRE Non. Wooorried.
DYLAN Worried.
MÈRE Worried.
DYLAN Worried.
MÈRE Très bien. Bon allez, finis tes mots et commence les verbes.
PÈRE Eh! Dylan, Dylan, dans quelle main? Gagné. Si tu marques un but demain, tu en auras 5 de plus. OK?
MÈRE Bon, Dylan, va réviser tes verbes dans ta chambre, mon cœur. Non, mais, tu ne veux pas un peu arrêter de lui bourrer le crâne avec ça? Il y en a combien, un sur cent qui finit professionnel. Pourquoi ça serait lui?
PÈRE Oui, c'est ça, vas-y, décourage-le, toi. Je n'ai pas dit que je voulais qu'il soit professionnel, j'ai juste dit qu'on allait tout faire pour, c'est tout. Demain, il y aura tous les recruteurs, c'est l'OGC Nice en face. Dans 3 ans, il a l'âge du centre de formation, c'est maintenant que ça se joue.
MÈRE Et qu'est-ce qu'il fera de ses 10 doigts si ça se passe pas comme tu le dis?
PÈRE Mais arrête de parler de ce que tu ne connais pas! Attends, dans tous les centres de formation, ils étudient maintenant. Qu'est ce que tu crois, toi? C'est [Ce ne sont] plus des débiles mentaux, les joueurs. C'est fini, ça.
MÈRE Ah bon?
PÈRE Ben ouais. Puis, de toute façon, il n'est pas question qu'il en sorte avec rien dans la tête. À 35 ans, il est fini, le joueur de foot. Regarde les joueurs, quand ils arrêtent, ils sont tous, je ne sais pas moi, commentateurs à CANAL+ ou euh…
MÈRE Ou quoi? Non mais, ou quoi?
PÈRE Eh ben, tout ça, quoi.
Allez, Dylan. 9 heures. Tu te couches.
DYLAN Mais je ne suis pas fatigué.
PÈRE Ce n'est pas le problème que tu sois fatigué ou pas, petit bonhomme. C'est l'heure. Allez. Au dodo. Bon, on reprend. Tu mets le pied, hein? Dans tous les duels et agressif, hein? Et sur tous les ballons. Et s'il y a un coup franc ou un penalty, ben, tu t'imposes pour le tirer.

MÈRE Mais puisqu'il te dit que c'est Djibrill qui joue les coups-francs.

PÈRE Attends, tu frappes mieux que Djibrill. Attends, je ne vois pas pourquoi c'est toujours lui qui les tire. Ça va, Djibrill il est capitaine, il est numéro 10, il ne veut pas jouer tout seul aussi.

MÈRE C'est vrai! Pourquoi ce n'est pas toi qui est le numéro 10?

DYLAN Parce que je suis attaquant et l'attaquant, il a le 9.

PÈRE Ouais, c'est ça. Je vais te dire, moi, pourquoi il ne l'a pas. C'est parce que le père de Djibrill, il est pote avec l'entraîneur, c'est tout. Hein, depuis 10 ans qu'ils bossent ensemble au tri. C'est même lui qui l'a fait rentrer à la CGT, le père à Djibrill.

ENTRAÎNEUR 1 Salut, les gars!

ENFANTS Salut!

ENTRAÎNEUR 1 Bon, allez! Les photos, les albums, on arrête, là, maintenant, hein. Et on se concentre. Bon, je n'ai pas besoin de vous faire un dessin, vous savez contre qui on joue, aujourd'hui, hein? Entre les Postes et l'OGC NICE, c'est trente ans de concurrence derrière. C'est un peu les pros contre les amateurs, là. Alors, si vous avez une revanche à prendre, c'est maintenant.

ENTRAÎNEUR 2 Allez, les gars! De l'agressivité! On va au charbon!

ENTRAÎNEUR 1 Bon, ce n'est pas compliqué, ils sont plus grands que vous, alors surtout, vous ne jouez pas en l'air, sinon ils vont vous bouffer, les gars. Leur point faible, c'est leur gardien, alors je veux que vous provoquiez des fautes, d'accord? Djibrill, c'est toi qui tire les coups francs. Hein, petit? Allez! Yazid, Julien, costauds en défense, je ne veux rien voir passer, d'accord? Dylan, tu joues en pointe. Alors, devant, tu pivotes, tu percutes et tu provoques des fautes. OK? Leur libero, le grand noir, là, c'est un tout bon, lui. Il est pour toi. Il monte souvent sur les corners, alors tu ne le lâches pas, Dylan. Ce n'est pas compliqué, quand il va pisser, tu vas pisser avec lui. OK? Bon, allez! De l'énergie, là! Oh! Réveillez-vous un peu, là! Oh! Qu'est-ce que c'est que ça?

PÈRE Dylan, tu as compris? S'il va pisser, tu vas pisser avec lui. Allez, Dylan!

PÈRE Regarde-le. Le type, là, il mesure combien?

AUTRE PÈRE Oh, il est grand.

PÈRE Il mesure 1m60 déjà.

AUTRE PÈRE Non, mais c'est bon, on va y arriver.

ENTRAÎNEUR 1 Djibrill, à l'extérieur! Yazid, tu montes. Ouais, voilà. Très bien. Monte! Monte! Mets le pied! Julien, monte! Allez! Va, va, va! Tu gardes le ballon! Allez! Va! C'est bien! Garde le ballon! Dylan, tu le prends!

PÈRE Reviens, reviens, reviens! Allez, allez, allez! Mets le pied, mets le pied!

AUTRE PÈRE Mais, vas-y!

ENTRAÎNEUR 1 C'est bien! Djibrill, monte!

PÈRE Voilà, cours, cours! Dylan! Ne le lâche pas! Ne le lâche pas, on te dit! Reste en pointe, reste en pointe! Mais qu'est-ce que tu fais?

ENTRAÎNEUR 1 Dylan! Qu'est-ce que tu fais?

PÈRE Tu regardes!

ENTRAÎNEUR 1 Bon, allez les gars, corner! Allez! Chacun le sien, les gars! Voilà! Dylan!

PÈRE Ne le lâche pas! Dylan!

ENTRAÎNEUR 1 Allez asseyez-vous, tranquille, tranquille… On se détend, on se relaxe… Venez boire un peu. Voilà. On n'est mené que 1-0, hein? C'est rattrapable. Ce n'est pas très grave. Alors on ne se laisse pas aller, les gars! D'accord? Jouez davantage sur les ailes, jouez davantage sur Julien. OK? Et pressez-moi les défenseurs latéraux. Hein, ils ne savent pas jouer au ballon, ces deux-là. Bon, eh! Et qu'est ce qu'il se passe en attaque, là! Hein? Franchement. Il faut provoquer! On dirait des gonzesses avec un ballon, là. Je ne comprends pas très bien! Parce que c'est [ce sont] des hommes en face, comme vous. Alors, montrez-moi ce que vous avez dans le ventre! Bon, Jeff, tu vas remplacer Dylan en pointe. Tu joues en pivot. Libère les espaces pour Djibrill. D'accord? Et le grand black, tu ne me le lâches pas d'une semelle. OK? On a compris? C'est bon? Allez, on y va! C'est pour l'avenir qu'on se motive! Allez, les gars! Allez! On se motive, là!

ÉQUIPE On a gagné! On a gagné! Pour Djibrill Hip hip hip hourra! Hip hip hip hourra! A tchic, a tchic, a tchic, aïe aïe aïe! A tchic aïe, a tchic aïe!

LEÇON 9

Court métrage: *Bonne nuit Malik*

Réalisateur: Bruno Danan
Pays: France

MALIK La petite Juliette, elle est toujours amoureuse de toi?
BILAL N'importe quoi…
MALIK Allez, elle m'a dit, la prof, que vous vous étiez fait des bisous…
BILAL N'importe quoi!
MALIK Ce n'est pas vrai?
BILAL Non.
MALIK Vas-y, montre-moi comment elle t'a fait un bisou…
BILAL Et toi… Tu n'as même pas de copine et tu parles avec moi…
MALIK Je n'ai pas de copine parce que je ne sais pas faire de bisous. Vas-y, montre-moi comment tu fais des bisous, comme ça je vais apprendre et j'aurai une copine après.
BILAL Arrête, je n'en ai pas fait de bisous!
MALIK Vas-y, fais-le moi s'il te plaît!
BILAL Non, je n'ai pas fait de bisous!
MALIK Attends… Comment elle t'a fait? Elle t'a fait comme ça?
BILAL Arrête, mais non, mais non….
MALIK Vas-y, elle t'a fait comme ça?
BILAL Mais je ne sais pas!
MALIK Vas-y, vas-y…
BILAL Mais je te jure, elle ne m'a pas fait de bisous.
MALIK Mais si, arrête… Elle t'a vu, la prof. Elle me l'a dit!
BILAL C'est une menteuse…
MALIK Eh! Regarde, comme ça! Vous vous êtes regardés droit dans les yeux… Attends, je t'explique comment elle a fait… Vous vous êtes regardés droit dans les yeux… Après, toi, tu as fait… Et elle, elle est venue et elle a fait…

MALIK «Elles sont parties?»
BILAL Féminin?
MALIK Féminin quoi?
BILAL Féminin pluriel?
MALIK Ben oui! Et ça se termine comment alors? «i»… Cherche, écris-le… «i»… oui, «ie».
BILAL Ah oui! «ies».
MALIK Ben ouais, ce n'est pas compliqué! Bon, j'y vais… N'oublie pas de te brosser les dents…

PATRON Ouais, c'est bon ceux-là. Tu les repères… C'est des habitués.
MALIK Bonsoir.
CLIENTE Bonsoir.
MALIK Bonne soirée…

CLIENT Allez, soyez sympa, quoi! J'ai travaillé toute la journée, j'ai envie de me détendre un peu…
MALIK Écoutez, moi aussi je travaille… Désolé.

MALIK Désolé, messieurs dames. Ce n'est pas possible pour ce soir… Bonne soirée.

PATRON Merci… Bon ben, c'était du bon boulot ce soir… Tu sais t'y prendre, ça va… Il ne devrait pas y avoir de problème pour la suite. Tiens.
MALIK Merci.
PATRON Bon, à demain alors?
MALIK Tchao.
PATRON Bonsoir.

BILAL Malik…

MALIK Chut… Tais-toi, rendors-toi…

ENTRAÎNEUR Lève bien tes bras…Voilà… Regarde ce qui se passe… Feinte-le, feinte-le un peu… Voilà… Lève les bras… On ne pousse pas… Bouge, bouge…

ENTRAÎNEUR Ça va? C'est bon? Ça va aller?

PARTENAIRE Ouais, ça va…

ENTRAÎNEUR Ok, retire le casque… Bon, bien les gars, bon crochet en tous cas. Super, ok, ça va aller, maintenant récup'. C'est parti, vous retirez les gants et vous allez en récup'.

PARTENAIRE Bravo.

MALIK Merci.

ENTRAÎNEUR Ok, deux autres… On y va. Messieurs, en garde, protège-dents… tous les deux… Allez!

MALIK Vas-y, tape…

BILAL Arh!

MALIK Arh quoi?!

BILAL Jérémy raconte ses vacances à la mer, alors moi je ne sais pas trop… Comme on avait fait une sortie au zoo avec l'école, j'ai pensé faire quelque chose sur les animaux… Tu crois que c'est bien, toi, une poésie sur les animaux?

MALIK Ben… Ouais, c'est bien les animaux… Mais, à mon avis, c'est mieux si tu racontes quelque chose sur toi… Tu vois, tu parles de toi, je ne sais pas, de tes potes, d'où tu habites… Tu vois, c'est plus original… Non?... Et puis, si tu essaies de le faire en plus avec des rimes… C'est…. Tu vois?

BILAL C'est dur les rimes. Même la professeur, elle a dit qu'on n'était pas obligé.

MALIK Ce n'est pas, d'abord, la professeur, c'est le professeur.

BILAL Oui. Même le professeur, elle a dit qu'on n'est pas obligé.

MALIK Ben, on n'est pas obligé! Mais justement, c'est ça qui fera ton originalité! Et forcément, ce sera beaucoup mieux!

BILAL Je ne sais pas trop…

MALIK Tu n'es pas convaincu? Mais essaye! Tu vas cartonner, tu vas voir!

MALIK Bonsoir… Ça va?... Bonne soirée…

COUPLE Bonsoir.

MALIK Bonsoir… Vous êtes tous les trois ensemble?

COUPLE Heu… Ouais!

MALIK Désolé, ce ne sera pas possible pour ce soir…

FEMME Ah oui, mais on doit rejoindre des gens à l'intérieur.

MALIK Désolé.

FEMME C'est quoi, ce délire?

HOMME Écoutez, je vous promets que c'est vrai. On est avec trois amis, on a passé la soirée ensemble. Ils ont dû arriver il y a une dizaine de minutes, pas plus…

MALIK N'insistez pas, c'est négatif.

FEMME Mais puisqu'on vous dit qu'on est en train de fêter un anniversaire, il y a des gens qui nous attendent à l'intérieur. C'est fou! Pourquoi on ne peut pas entrer?!

MALIK Il est tard, je ne vous connais pas, et je ne laisse entrer que les habitués.

HOMME Ah, moi, je suis déjà venu une fois!

MALIK D'accord… Alors, l'ancien portier ne travaille plus ici, je suis le nouveau portier et je ne vous connais pas… D'accord?!

FEMME Bon… et on fait quoi alors?

AMI DU COUPLE Pourquoi tu ne dis pas que c'est parce que je suis là?

MALIK Ce n'est pas le problème. Le truc ici, c'est que c'est un club privé.

AMI DU COUPLE Une boîte privée qui n'accepte pas les arabes?

MALIK Un club privé, c'est tout!

AMI DU COUPLE On n'a pas de baskets, on est bien habillé, on doit rejoindre du monde… Qu'est-ce qui te gêne à part ma gueule?

MALIK J'ai des consignes. Je ne laisse entrer que les habitués.

FEMME Comment tu sais qu'on est habitué ou pas puisque tu es nouveau?

HOMME Attends s'il te plaît… Voilà, si c'est ça, c'est vraiment un bon ami, on a fait nos études ensemble, il n'y a pas plus sympa que lui et il n'y aura aucun problème, d'accord?

AMI DU COUPLE Attends, qu'est-ce que tu dis, là? Je suis le bicot qui ne tâche pas, c'est ça? Tu n'as rien à lui dire, moi je suis comme je suis… Si monsieur ne veut pas, c'est qu'il a ses consignes!

MALIK Si je ne veux pas, pourquoi tu insistes?!… Écoute, je n'ai rien contre toi, ok? Si je te laisse entrer, je perds mon boulot. Je suis à l'essai ici.

AMI DU COUPLE Et c'est quoi ton boulot, de ne pas me reconnaître?… De quoi tu as peur, là?

MALIK Tu arrêtes de foutre ton bordel et tu dégages! Putain, mais tu dégages, je t'emmerde, ok!! Tu arrêtes!

PATRON Oh! Oh! Ce n'est pas bientôt fini votre bordel, là! Et toi, tu te casses! Tu te casses, tu n'as rien à faire ici, tu es trop excité, ok!

AMI DU COUPLE Qu'est-ce que tu crois, tu ne vois pas qu'on se sert de toi, non?!

PATRON Vous, vous pouvez rentrer si vous voulez rejoindre vos amis.

FEMME Non mais tu crois qu'on va le laisser tout seul?! Allez, viens, on se casse!

PATRON Et ben, cassez-vous!

AMI DU COUPLE *phrase en arabe*

PATRON Et toi, je ne veux plus te voir ici, tu as compris?!

AMI DU COUPLE *phrase en arabe*

PATRON Vas-y, rentre!

PATRON Mais qu'est-ce que tu fais ce soir?! Tu t'es fait bouffer… Tu es frappé ou quoi?! Tu n'as pas à te poser de questions: «Bonsoir. Vous, vous rentrez. Lui, non». Après, ils décident. Tu ne parles pas, tu ne réfléchis pas, tu n'hésites pas et tu fermes ta gueule! Tu es payé pour faire un boulot, tu le fais, point barre!… D'autant plus que tu aurais pu te faire bouffer si c'était un vrai malade, le mec… Tu le connais?… Tu le connais ou quoi?!

MALIK Non, je ne le connais pas…

PATRON Vas-y, va fumer une cigarette, va…

BILAL Malik!

MALIK Il est trop tôt, rendors-toi!

BILAL Non, c'est 7h30, je me lève. C'est pour ma poésie. Je peux te la réciter.

MALIK Non mais, vas-y, laisse tomber, je suis crevé. Tu me la réciteras demain.

BILAL S'il te plaît, je la connais bien en plus. Il faut que je la récite devant la classe aujourd'hui.

MALIK Bon ben, vas-y.

BILAL C'est une chauve-souris, il dort le jour et vit la nuit.
　　　Quand il va travailler, moi, je vais me coucher.
　　　C'est un grand zèbre bizarre,
　　　il a une chemise blanche sous une veste noire.
　　　Sur ses cheveux, il met de drôles de lotions.
　　　Je ne le reconnais plus, c'est comme un caméléon.
　　　Quand il sort du bâtiment, il croise un angora.
　　　Je ne sais pas où il va, je donne ma langue au chat.
　　　Mon grand frère, ce n'est pas comme un hibou, ou encore une chouette,
　　　mais, si vous le connaissez, vous verrez qu'il est chouette.

… Tu dors?… Bonne nuit Malik.

LEÇON 10

Court métrage: *L'Homme qui plantait des arbres*

Réalisateur: Frédéric Back
Pays: Québec (Canada)

D'après Jean Giono, *L'Homme qui plantait des arbres,* © Éditions Gallimard

NARRATEUR Il y a bien des années, je faisais une longue course à pied, sur des hauteurs absolument inconnues des touristes, dans cette très vieille région des Alpes qui pénètre en Provence. [...] C'était, au moment où j'entrepris ma longue promenade dans ces déserts, des landes nues et monotones, vers 1.200 ou 1.300 mètres d'altitude. Il n'y poussait que des lavandes sauvages.

Je traversais ce pays dans sa plus grande largeur et, après trois jours de marche, je me trouvais dans une désolation sans exemple. Je campais à côté d'un squelette de village abandonné. Je n'avais plus d'eau depuis la veille et il me fallait en trouver. Ces maisons agglomérées, en ruine, comme un vieux nid de guêpes, me firent penser qu'il avait dû y avoir là, dans le temps, une fontaine ou un puits. Il y avait bien une fontaine, mais sèche. Les cinq à six maisons, sans toiture, rongées de vent et de pluie, la petite chapelle au clocher écroulé, étaient rangées comme le sont les maisons et les chapelles dans les villages vivants. Mais toute la vie avait disparu.

C'était un beau jour de juin avec un grand soleil, mais sur ces terres sans abri et hautes dans le ciel, le vent soufflait avec une brutalité insupportable. Ses grondements dans les carcasses des maisons étaient ceux d'un fauve dérangé dans son repas. Il me fallut lever le camp. À cinq heures de marche de là, je n'avais toujours pas trouvé d'eau et rien ne pouvait me donner l'espoir d'en trouver. C'était partout la même sécheresse, les mêmes herbes ligneuses. Il me sembla apercevoir, dans le lointain, une petite silhouette noire, debout. Je la pris pour le tronc d'un arbre solitaire. À tout hasard, je me dirigeai vers elle. C'était un berger! Une trentaine de moutons couchés sur la terre brûlante se reposaient près de lui.

Il me fit boire à sa gourde. Un peu plus tard, il me conduisit à sa bergerie, dans une ondulation du plateau. Il tirait son eau, excellente, d'un trou naturel, très profond, au-dessus duquel il avait installé un treuil rudimentaire.

Cet homme parlait peu. C'est le fait des solitaires. Mais on le sentait sûr de lui et confiant dans cette assurance. C'était insolite, dans ce pays dépouillé de tout. Il n'habitait pas une cabane mais une vraie maison en pierre où l'on voyait très bien comment son travail personnel avait rapiécé la ruine qu'il avait trouvée là à son arrivée. Son toit était solide et étanche. Le vent qui le frappait faisait sur les tuiles le bruit de la mer sur les plages. Son ménage était en ordre, son parquet balayé, son fusil graissé. La soupe bouillait sur le feu. Je remarquai alors qu'il était aussi rasé de frais, que tous ses boutons étaient solidement cousus, que ses vêtements étaient reprisés avec le soin minutieux qui rend les reprises invisibles.

Il me fit partager sa soupe. Comme après, je lui offrais ma blague à tabac, il me dit qu'il ne fumait pas. Son chien, silencieux comme lui, était bienveillant, sans bassesse.

Il avait été entendu que je passerais la nuit là, le village le plus proche étant encore à plus d'une journée et demie de marche. Je connaissais parfaitement le caractère des rares villages de cette région. Il y en a quatre ou cinq dispersés loin les uns des autres sur les flancs de ces hauteurs, dans les taillis de chênes blancs à la toute extrémité des routes carrossables. Ils sont habités par des bûcherons qui font du charbon de bois. Ce sont des endroits où l'on vit mal. Les familles, serrées les unes contre les autres dans ce climat qui est d'une rudesse excessive, aussi bien l'été que l'hiver, exaspèrent leur égoïsme en vase clos. L'ambition irraisonnée s'y démesure, dans le désir continu de s'échapper de cet endroit. Les hommes vont porter leur charbon à la ville, puis retournent. Les plus solides qualités craquent sous cette perpétuelle douche écossaise. Les femmes mijotent des rancœurs. Il y a concurrence sur tout, aussi bien pour la vente du charbon de bois que pour le banc à l'église, pour les vertus qui se combattent entre elles, pour les vices qui se combattent entre eux, et pour la mêlée générale des vices et des vertus, sans repos. Par là-dessus, le vent, également sans repos, irrite les nerfs. Il y a des épidémies de suicides et de nombreux cas de folie, presque toujours meurtriers.

Le berger, qui ne fumait pas alla chercher un petit sac et déversa sur la table un tas de glands. Il se mit à les examiner un après l'autre avec beaucoup d'attention, séparant les bons des mauvais. Je fumais ma pipe. Je proposai de l'aider. Il me dit que c'était son affaire. En effet: voyant le soin qu'il mettait à ce travail, je n'insistai pas. Ce fut toute notre conversation. Quand il eut du côté des bons un tas de glands assez gros, il les compta par paquet de dix. Ce faisant, il éliminait encore les petits fruits ou ceux qui étaient légèrement fendillés, car il les examinait de fort près. Quand il eut ainsi devant lui cent glands parfaits, il s'arrêta et nous allâmes nous coucher.

La société de cet homme donnait la paix. Je lui demandai le lendemain la permission de me reposer tout le jour chez lui. Il trouva [cela] tout naturel, ou, plus exactement, il me donna l'impression que rien ne pouvait le déranger. Ce repos ne m'était pas absolument obligatoire, mais j'étais intrigué et je voulais en savoir plus. Il fit sortir son troupeau et le mena à la pâture. Avant de partir, il trempa dans un seau d'eau le petit sac où il avait mis les glands soigneusement choisis et comptés.

Je remarquai qu'en guise de bâton, il emportait une tringle de fer grosse comme le pouce et longue d'environ un mètre cinquante. Je fis celui qui se promène en se reposant et je suivis une route parallèle à la sienne. La pâture de ses bêtes était dans un fond de combe. Il laissa le petit troupeau à la garde du chien, et monta vers l'endroit où je me tenais. J'eus peur qu'il vînt pour me reprocher mon indiscrétion, mais pas du tout. C'était sa route et il m'invita à l'accompagner si je n'avais rien de mieux à faire. Il allait à deux cents mètres de là, sur la hauteur.

Arrivé à l'endroit où il désirait aller, il se mit à planter sa tringle de fer dans la terre. Il faisait ainsi un trou, dans lequel il mettait un gland, puis il rebouchait le trou. Il plantait des chênes! Je lui demandai si la terre lui appartenait. Il me répondit que non. Savait-il à qui elle était? Il ne le savait pas. Il supposait que c'était une terre communale ou peut-être était-elle la propriété de gens qui ne s'en souciaient pas? Lui ne se souciait pas de connaître les propriétaires. Il planta ainsi ses cent glands avec un soin extrême.

Après le repas de midi, il recommença à trier sa semence. Je mis, je crois, assez d'insistance dans mes questions puisqu'il y répondit. Depuis trois ans, il plantait des arbres dans cette solitude. Il en avait planté cent mille. Sur les cent mille, vingt mille étaient sortis. Sur ces vingt mille, il comptait encore en perdre la moitié, du fait des rongeurs ou de tout l'imprévisible dessein de la Providence. Restaient dix mille chênes qui allaient pousser dans cet endroit où il n'y avait rien auparavant.

C'est à ce moment-là que je me souciai de l'âge de cet homme. Il avait visiblement plus de cinquante ans. Cinquante-cinq, me dit-il. Il s'appelait Elzéard Bouffier. Il avait possédé une ferme dans les plaines. Il y avait réalisé sa vie. Il avait perdu son fils unique, puis sa femme. Il s'était retiré dans la solitude où il prenait plaisir à vivre lentement, avec ses brebis et son chien. Il avait jugé que ce pays mourait par manque d'arbres. Il ajouta que, n'ayant pas d'occupations très importantes, il avait résolu de remédier à cet état de choses.

[Mon jeune âge me forçait] à imaginer l'avenir en fonction de moi-même et d'une certaine recherche du bonheur. Je lui dis que, dans trente ans, ces dix mille chênes seraient magnifiques. Il me répondit très simplement que si Dieu lui prêtait vie, dans trente ans, il en aurait planté tellement d'autres que ces dix mille seraient comme une goutte d'eau dans la mer.

Il étudiait déjà la reproduction des hêtres et il en avait, près de sa maison, une pépinière issue des faines. Les sujets qu'il avait protégés de ses moutons étaient de toute beauté. Il pensait également à des bouleaux pour les fonds où, me dit-il, une certaine humidité dormait à quelques mètres de la surface du sol.

Nous nous séparâmes le lendemain.

L'année d'après, il y eut la guerre de 1914, dans laquelle je fus engagé pendant cinq ans. Un soldat d'infanterie ne pouvait guère y réfléchir à des arbres.

Sorti de la guerre, je me trouvai à la tête d'une prime de démobilisation minuscule, mais avec le grand désir de respirer un peu d'air pur. C'est sans idée préconçue, sauf celle-là, que je repris le chemin de ces contrées désertes.

Le pays n'avait pas changé. Toutefois, au-delà du village mort, j'aperçus dans le lointain une sorte de brouillard gris qui recouvrait les hauteurs comme un tapis. Depuis la veille, je m'étais remis à penser à ce berger planteur d'arbres. «Dix mille chênes, me disais-je, occupent vraiment un très large espace».

J'avais vu mourir trop de monde pendant cinq ans pour ne pas imaginer facilement la mort d'Elzéard Bouffier. D'autant que, lorsqu'on en a vingt, on considère les hommes de cinquante comme des vieillards à qui il ne reste plus qu'à mourir. Il n'était pas mort! Il avait changé de métier! Il ne possédait plus que quatre brebis, mais, par contre, une centaine de ruches. Il s'était débarrassé des moutons qui mettaient en péril ses plantations d'arbres. Il ne s'était pas du tout soucié de la guerre. Il avait imperturbablement continué à planter.

Les chênes de 1910 avaient alors dix ans et étaient plus hauts que moi et que lui. Le spectacle était impressionnant. J'étais littéralement privé de parole! Et comme lui ne parlait pas, nous passâmes tout le jour en silence à nous promener dans sa forêt. Elle avait, en trois tronçons, onze kilomètres de long et trois kilomètres dans sa plus grande largeur. Quand on se souvenait que tout était sorti des mains et de l'âme de cet homme, sans moyen technique, on comprenait que les hommes pourraient être aussi efficaces que Dieu dans d'autres domaines que la destruction.

Il avait suivi son idée, et les hêtres qui m'arrivaient aux épaules, répandus à perte de vue, en témoignaient. Les chênes étaient drus et avaient dépassé l'âge où ils étaient à la merci des rongeurs. Quant aux desseins de la Providence elle-même, pour détruire l'œuvre créée, il lui faudrait avoir désormais recours aux cyclones. Il me montra d'admirables bosquets de bouleaux qui dataient de cinq ans, c'est-à-dire de 1915, de l'époque où je combattais à Verdun. Il leur avait fait occuper tous les fonds où il soupçonnait, avec juste raison, qu'il y avait de l'humidité presque à fleur de terre. Ils étaient tendres comme des adolescents, et très décidés.

La création avait l'air, d'ailleurs, de s'opérer en chaîne. Il ne s'en souciait pas. Il poursuivait obstinément sa tâche très simple. Mais en redescendant par le village, je vis couler de l'eau dans des ruisseaux qui, de mémoire d'homme, avaient toujours été à sec. C'était la plus formidable opération de réaction qu'il m'ait été donné de voir. Ces ruisseaux secs avaient jadis porté de l'eau dans des temps très anciens. Certains de ces villages tristes dont j'ai parlé au début de mon récit s'étaient construits sur les emplacements d'anciens villages gallo-romains dont il restait encore des traces, dans lesquelles les archéologues avaient fouillé et ils avaient trouvé des hameçons à des endroits où, au vingtième siècle, on était obligé d'avoir recours à des citernes pour avoir un peu d'eau.

Le vent aussi dispersait certaines graines. En même temps que l'eau réapparut, réapparaissaient les saules, les osiers, les prés, les jardins, les fleurs et une certaine façon de vivre.

Mais la transformation s'opérait si lentement qu'elle entrait dans l'habitude sans provoquer d'étonnement. Les chasseurs qui montaient dans les solitudes à la poursuite des lièvres ou des sangliers avaient bien constaté le foisonnement des petits arbres, mais ils l'avaient mis sur le compte des malices naturelles de la terre. C'est pourquoi personne ne touchait à l'œuvre de cet homme. Si on l'avait soupçonné, on l'aurait contrarié. Il était insoupçonnable. Qui aurait pu imaginer, dans les villages et les administrations, une telle obstination dans la générosité la plus magnifique?

À partir de 1920, je ne suis jamais resté plus d'un an sans rendre visite à Elzéard Bouffier. Je ne l'ai jamais vu fléchir ni douter. Et pourtant, Dieu sait si Dieu même y pousse! Je n'ai pas fait le compte de ses déboires. On imagine bien, cependant, que pour une réussite semblable, il a fallu vaincre l'adversité. Que, pour assurer la victoire d'une telle passion, il a fallu lutter avec le désespoir. [...]

Pour avoir une idée à peu près exacte de ce caractère exceptionnel, il ne faut pas oublier qu'il s'exerçait dans une solitude totale… Si totale que, vers la fin de sa vie, il avait perdu l'habitude de parler. Ou, peut-être, n'en voyait-il pas la nécessité?

En 1933, il reçut la visite d'un garde-forestier éberlué! Ce fonctionnaire lui intima l'ordre de ne pas faire de feu dehors, de peur de mettre en danger la croissance de cette «*forêt naturelle*». C'était la première fois, lui dit cet homme naïf, qu'on voyait une forêt pousser toute seule. [...]

En 1935, une véritable délégation administrative vint examiner la «forêt naturelle». Il y avait un grand personnage des Eaux et Forêts, un député, des techniciens. On prononça beaucoup de paroles inutiles. On décida de faire quelque chose et, heureusement, on ne fit rien, sinon la seule chose utile: mettre la forêt sous la sauvegarde de l'État et interdire qu'on vienne y charbonner. Car il était impossible de n'être pas subjugué par la beauté de ces jeunes arbres en pleine santé. Et elle exerça son pouvoir de séduction sur le député lui-même.

J'avais un ami, parmi les capitaines forestiers, qui était de la délégation. Je lui expliquai le mystère. Un jour de la semaine d'après, nous allâmes tous les deux à la recherche d'Elzéard Bouffier. Nous le trouvâmes en plein travail, à vingt kilomètres de l'endroit où avait eu lieu l'inspection.

Ce capitaine forestier n'était pas mon ami pour rien. Il connaissait la valeur des choses. J'offris les quelques œufs que j'avais apportés en présent. Nous partageâmes notre casse-croûte en trois et quelques heures passèrent dans la contemplation muette du paysage.

Le côté d'où nous venions était couvert d'arbres de six à sept mètres de haut. Je me souvenais de l'aspect du pays en 1913… Le désert. Le travail paisible et régulier, l'air vif des hauteurs, la frugalité et surtout la sérénité de l'âme avaient donné à ce vieillard une santé presque solennelle. C'était un athlète de Dieu. Je me demandais combien d'hectares il allait encore couvrir d'arbres?

Avant de partir, mon ami fit simplement une brève suggestion à propos de certaines essences auxquelles le terrain d'ici paraissait devoir convenir. Il n'insista pas, pour la bonne raison, me dit-il après, que [«Ce bonhomme en sait plus que moi»]. Au bout d'une heure de marche, l'idée ayant fait son chemin en lui, il ajouta: «Il en sait beaucoup plus que tout le monde. Il a trouvé un fameux moyen d'être heureux!» C'est grâce à ce capitaine que, non seulement la forêt, mais le bonheur de cet homme furent protégés [...]

L'œuvre ne courut un risque grave que pendant la guerre de 1939. Les automobiles marchant alors au gazogène, on n'avait jamais assez de bois. On commença à faire des coupes dans les chênes de 1910, mais ces quartiers sont si loin de tous réseaux routiers que l'entreprise se révéla très mauvaise au point de vue financier. On l'abandonna. Le berger n'avait rien vu. Il était à trente kilomètres de là, continuant paisiblement sa besogne, ignorant la guerre de [19]39, comme il avait ignoré la guerre de [19]14.

J'ai vu Elzéard Bouffier pour la dernière fois en juin 1945. Il avait alors quatre-vingt-sept ans. J'avais donc repris la route du désert, mais maintenant, malgré le délabrement dans lequel la guerre avait laissé ce pays, il y avait un car qui faisait le service entre la vallée de la Durance et la montagne. Je mis sur le compte de ce moyen de transport relativement rapide le fait que je ne reconnaissais plus les lieux de mes premières promenades. J'eus besoin d'un nom de village pour conclure que j'étais bien cependant dans cette région jadis en ruines et désolée. Le car me débarqua à Vergons.

En 1913, ce hameau de dix à douze maisons avait trois habitants. Ils étaient sauvages, se détestaient, vivaient de chasse au piège. [...] Leur condition était sans espoir.

Tout était changé. L'air lui-même. Au lieu des bourrasques sèches et brutales qui m'accueillaient jadis, soufflait une brise souple chargée d'odeurs. Un bruit semblable à celui de l'eau venait des hauteurs. C'était celui du vent dans les forêts. Enfin, chose plus étonnante, j'entendis le vrai bruit de l'eau coulant dans un bassin. Je vis qu'on avait fait une fontaine, qu'elle était abondante et, ce qui me toucha le plus: on avait planté près d'elle un tilleul, symbole incontestable d'une résurrection.

Par ailleurs, Vergons portait les traces d'un travail pour l'entreprise duquel l'espoir est nécessaire. L'espoir était donc revenu. On avait déblayé les ruines, abattu les pans de murs délabrés. Les maisons neuves, crépies de frais, étaient entourées de jardins potagers où poussaient, mélangés mais alignés, les légumes et les fleurs, les choux et les rosiers, les poireaux et les gueules-de-loup, les céleris et les anémones. C'était désormais un endroit où l'on avait envie d'habiter.

À partir de là, je fis mon chemin à pied. La guerre dont nous sortions à peine n'avait pas permis l'épanouissement complet de la vie, mais Lazare était hors du tombeau. Sur les flancs abaissés de la montagne, je voyais de petits champs d'orge et de seigle en herbe. Au fond des étroites vallées, quelques prairies verdissaient.

Il n'a fallu que les huit ans qui nous séparent de cette époque pour que tout le pays resplendisse de santé et d'aisance. Sur l'emplacement des ruines que j'avais vues en 1913 s'élèvent maintenant des fermes propres, bien crépies, qui dénotent une vie heureuse et confortable. Les vieilles sources, alimentées par les pluies et les neiges que retiennent les forêts, se sont remises à couler. À côté de chaque ferme, dans des bosquets d'érables, les bassins des fontaines débordent sur des tapis de menthe fraîche. Les villages se sont reconstruits peu à peu. Une population venue des plaines où la terre se vend cher s'est fixée dans le pays, y apportant de la jeunesse, du mouvement, de l'esprit d'aventure. On rencontre dans les chemins des hommes et des femmes bien nourris, des garçons et des filles qui savent rire et ont repris goût aux fêtes campagnardes. Si on compte l'ancienne population, méconnaissable depuis qu'elle vit avec douceur, et les nouveaux venus, plus de dix mille personnes doivent leur bonheur à Elzéard Bouffier.

Quand je réfléchis qu'un homme seul, réduit à ses simples ressources physiques et morales, a suffi pour faire surgir du désert ce pays de Canaan, je trouve que, malgré tout, la condition humaine est admirable. Mais, quand je fais le compte de tout ce qu'il a fallu de constance dans la grandeur d'âme et d'acharnement dans la générosité pour obtenir ce résultat, je suis pris d'un immense respect pour ce vieux paysan sans culture qui a su mener à bien cette œuvre digne de Dieu.

Elzéard Bouffier est mort paisiblement en 1947, à l'hospice de Banon.

Guide to the Verb List and Tables

The list of verbs below includes irregular, reflexive, and spelling-change verbs introduced as active vocabulary in **Portails 2**. Each verb is followed by a model verb that has the same conjugation pattern. The number in parentheses indicates where in the verb tables (pages 440–450) you can find the model verb. Regular -**er**, -**ir**, and -**re** verbs are conjugated like **parler** (1), **finir** (2), and **vendre** (3), respectively. The phrase "**p.c.** with **être**" after a verb means that it is conjugated with **être** in the **passé composé** and other compound tenses. Reminder: All reflexive (pronominal) verbs use **être** as their auxiliary verb, and they are alphabetized under the non-reflexive infinitive.

accueillir like ouvrir (34)

s'acharner like se laver (4)

acheter (7)

s'adapter like se laver (4)

s'adresser like se laver (4)

agacer like commencer (9)

aller (13); **p.c.** with **être**

s'améliorer like se laver (4)

amener like acheter (7)

s'amuser like se laver (4)

apercevoir like recevoir (40)

s'apercevoir like recevoir (40) except **p.c.** with **être**

appartenir like tenir (48)

appeler (8)

apprendre like prendre (39)

s'appuyer like employer (10) except **p.c.** with **être**

s'arrêter like se laver (4)

arriver like parler (1) except **p.c.** with **être**

s'asseoir (14); **p.c.** with **être**

s'assimiler like se laver (4)

s'associer like se laver (4)

atteindre like éteindre (26)

s'attendre like vendre (3) except **p.c.** with **être**

avancer like commencer (9)

avoir (5)

se balancer like commencer (9) except **p.c.** with **être**

balayer like employer (10) except **y** to **i** change optional

se battre (15); **p.c.** with **être**

se blesser like se laver (4)

boire (16)

se brosser like se laver (4)

se casser like se laver (4)

célébrer like préférer (12)

se coiffer like se laver (4)

combattre like se battre (15) except **p.c.** with **avoir**

commencer (9)

se comporter like se laver (4)

comprendre like prendre (39)

conduire (17)

connaître (18)

se connecter like se laver (4)

se consacrer like se laver (4)

considérer like préférer (12)

construire like conduire (17)

convaincre like vaincre (49)

se coucher like se laver (4)

se couper like se laver (4)

courir (19)

couvrir like ouvrir (34)

craindre like éteindre (26)

croire (20)

se croiser like se laver (4)

déblayer like employer (10)

se débrouiller like se laver (4)

se décourager like manger (11) except **p.c.** with **être**

découvrir like ouvrir (34)

décrire like écrire (23)

se demander like se laver (4)

déménager like manger (11)

se dépasser like se laver (4)

se dépêcher like se laver (4)

se déplacer like commencer (9)

déranger like manger (11)

se dérouler like se laver (4)

descendre like vendre (3) except **p.c.** with **être**; **p.c.** with **avoir** if takes a direct object

se déshabiller like se laver (4)

se détendre like vendre (3) except **p.c.** with **être**

détruire like conduire (17)

devenir like venir (51); **p.c.** with **être**

devoir (21)

dire (22)

diriger like manger (11)

disparaître like connaître (18)

se disputer like se laver (4)

se divertir like finir (2) except **p.c.** with **être**

divorcer like commencer (9)

dormir like partir (35) except **p.c.** with **avoir**

se douter like se laver (4)

écrire (23)

effacer like commencer (9)

élever like acheter (7)

élire like lire (30)

s'embrasser like se laver (4)

emménager like manger (11)

emmener like acheter (7)

émouvoir (24)

employer (10)

s'endormir like partir (35); **p.c.** with **être**

enlever like acheter (7)

s'énerver like se laver (4)

s'enfoncer like commencer (9) except **p.c.** with **être**

s'engager like manger (11) except **p.c.** with **être**

ennuyer like employer (10)

s'ennuyer like employer (10) except **p.c.** with **être**

s'enrichir like finir (2) except **p.c.** with **être**

s'entendre like vendre (3) except **p.c.** with **être**

s'étonner like se laver (4)

s'entourer like se laver (4)

entreprendre like prendre (39)

entrer like parler (1) except **p.c.** with **être**

entretenir like tenir (48)

s'entretenir like tenir (48) except **p.c.** with **être**

envoyer (25)

épeler like appeler (8)

espérer like préférer (12)

essayer like employer (10) except **y** to **i** change optional

essuyer like employer (10)

s'établir like finir (2) except **p.c.** with **être**

éteindre (26)

s'étendre like vendre (3) except p.c. with être

être (6)

s'excuser like se laver (4)

exiger like manger (11)

se fâcher like se laver (4)

faire (27)

falloir (28)

se fiancer like commencer (9) except p.c. with être

finir (2)

forcer like commencer (9)

se fouler like se laver (4)

fuir (29)

s'habiller like se laver (4)

s'habituer like se laver (4)

harceler like acheter (7)

s'informer like se laver (4)

s'inquiéter like préférer (12) except p.c. with être

s'inscrire like écrire (23) except p.c. with être

s'installer like se laver (4)

interdire like dire (22) except vous interdisez (present) and interdisez (imperative)

s'intégrer like préférer (12) except p.c. with être

s'intéresser like se laver (4)

s'investir like finir (2) except p.c. with être

jeter like appeler (8)

se lancer like commencer (9) except p.c. with être

se laver (4)

lever like acheter (7)

se lever like acheter (7) except p.c. with être

se libérer like se laver (4)

lire (30)

loger like manger (11)

maintenir like tenir (48)

manger (11)

se maquiller like se laver (4)

se marier like se laver (4)

se méfier like se laver (4)

menacer like commencer (9)

mener like acheter (7)

mentir like partir (35) except p.c. with avoir

mettre (31)

se mettre like mettre (31) except p.c. with être

monter like parler (1) except p.c. with être; p.c. with avoir if takes a direct object

se moquer like se laver (4)

mourir (32); p.c. with être

nager like manger (11)

naître (33); p.c. with être

nettoyer like employer (10)

nuire like conduire (17)

obtenir like tenir (48)

s'occuper like se laver (4)

offrir like ouvrir (34)

s'orienter like se laver (4)

ouvrir (34)

paraître like connaître (18)

parcourir like courir (19)

parler (1)

partager like manger (11)

partir (35); p.c. with être

parvenir like venir (51)

passer like parler (1) except p.c. with être

payer like employer (10) except y to i change optional

se peigner like se laver (4)

percevoir like recevoir (40)

permettre like mettre (31)

peser like acheter (7)

placer like commencer (9)

se plaindre like éteindre (26) except p.c. with être

plaire (36)

pleuvoir (37)

plonger like manger (11)

posséder like préférer (12)

pouvoir (38)

prédire like dire (22) except vous prédisez (present) and prédisez (imperative)

préférer (12)

prendre (39)

prévenir like venir (51) except p.c. with avoir

prévoir like voir (53)

produire like conduire (17)

projeter like appeler (8)

se promener like acheter (7) except p.c. with être

promettre like mettre (31)

protéger like préférer (12) except takes e between g and vowels a and o

provenir like venir (51)

ranger like manger (11)

rappeler like appeler (8)

se rappeler like appeler (8) except p.c. with être

se raser like se laver (4)

se rassurer like se laver (4)

se rebeller like se laver (4)

recevoir (40)

se réconcilier like se laver (4)

reconnaître like connaître (18)

réduire like conduire (17)

régner like préférer (12)

rejeter like appeler (8)

rejoindre (41)

se relever like acheter (7) except p.c. with être

remplacer like commencer (9)

renouveler like appeler (8)

rentrer like parler (1) except p.c. with être

renvoyer like envoyer (25)

répéter like préférer (12)

se reposer like se laver (4)

reprendre like prendre (39)

résoudre (42)

ressentir like partir (35) except p.c. with avoir

rester like parler (1) except p.c. with être

retenir like tenir (48)

retourner like parler (1) except p.c. with être

se retourner like se laver (4)

retransmettre like mettre (31)

se réunir like finir (2) except p.c. with être

se réveiller like se laver (4)

revenir like venir (51); p.c. with être

revoir like voir (53)

se révolter like se laver (4)

rire (43)

rompre (44)

savoir (45)

se sécher like préférer (12) except p.c. with être

séduire like conduire (17)

sentir like partir (35) except p.c. with avoir

servir like partir (35) except p.c. with avoir

se servir like partir (35); p.c. with être

sortir like partir (35); p.c. with être

se soucier like se laver (4)

souffrir like ouvrir (34)

soulager like manger (11)

soulever like acheter (7)

sourire like rire (43)

soutenir like tenir (48)

se souvenir like venir (51); p.c. with être

subvenir like venir (51) except p.c. with avoir

suffire like lire (30)

suggérer like préférer (12)

suivre (46)

surprendre like prendre (39)

survivre like vivre (52)

se taire (47)

télécharger like manger (11)

tenir (48)

tomber like parler (1) except p.c. with être

traduire like conduire (17)

se tromper like se laver (4)

se trouver like se laver (4)

vaincre (49)

valoir (50)

vendre (3)

venir (51); p.c. with être

vivre (52)

voir (53)

vouloir (54)

voyager like manger (11)

Regular verbs

Infinitive		INDICATIVE				CONDITIONAL	SUBJUNCTIVE	IMPERATIVE
Present participle Past participle Past infinitive	Subject Pronouns	Present	Passé simple	Imperfect	Future	Present	Present	
1 parler	je	parle	parlai	parlais	parlerai	parlerais	parle	
(to speak)	tu	parles	parlas	parlais	parleras	parlerais	parles	parle
	il/elle/on	parle	parla	parlait	parlera	parlerait	parle	
parlant	nous	parlons	parlâmes	parlions	parlerons	parlerions	parlions	parlons
parlé	vous	parlez	parlâtes	parliez	parlerez	parleriez	parliez	parlez
avoir parlé	ils/elles	parlent	parlèrent	parlaient	parleront	parleraient	parlent	
2 finir	je	finis	finis	finissais	finirai	finirais	finisse	
(to finish)	tu	finis	finis	finissais	finiras	finirais	finisses	finis
	il/elle/on	finit	finit	finissait	finira	finirait	finisse	
finissant	nous	finissons	finîmes	finissions	finirons	finirions	finissions	finissons
fini	vous	finissez	finîtes	finissiez	finirez	finiriez	finissiez	finissez
avoir fini	ils/elles	finissent	finirent	finissaient	finiront	finiraient	finissent	
3 vendre	je	vends	vendis	vendais	vendrai	vendrais	vende	
(to sell)	tu	vends	vendis	vendais	vendras	vendrais	vendes	vends
	il/elle/on	vend	vendit	vendait	vendra	vendrait	vende	
vendant	nous	vendons	vendîmes	vendions	vendrons	vendrions	vendions	vendons
vendu	vous	vendez	vendîtes	vendiez	vendrez	vendriez	vendiez	vendez
avoir vendu	ils/elles	vendent	vendirent	vendaient	vendront	vendraient	vendent	

Reflexive (Pronominal)

Infinitive		INDICATIVE				CONDITIONAL	SUBJUNCTIVE	IMPERATIVE
Present participle Past participle Past infinitive	Subject Pronouns	Present	Passé simple	Imperfect	Future	Present	Present	
4 se laver	je	me lave	me lavai	me lavais	me laverai	me laverais	me lave	
(to wash oneself)	tu	te laves	te lavas	te lavais	te laveras	te laverais	te laves	lave-toi
	il/elle/on	se lave	se lava	se lavait	se lavera	se laverait	se lave	
se lavant	nous	nous lavons	nous lavâmes	nous lavions	nous laverons	nous laverions	nous lavions	lavons-nous
lavé	vous	vous lavez	vous lavâtes	vous laviez	vous laverez	vous laveriez	vous laviez	lavez-vous
s'être lavé(e)(s)	ils/elles	se lavent	se lavèrent	se lavaient	se laveront	se laveraient	se lavent	

Auxiliary verbs: *avoir* and *être*

Infinitive / Present participle / Past participle / Past infinitive		INDICATIVE				CONDITIONAL	SUBJUNCTIVE	IMPERATIVE
	Subject Pronouns	Present	Passé simple	Imperfect	Future	Present	Present	
avoir *(to have)*	j'	ai	eus	avais	aurai	aurais	aie	
	tu	as	eus	avais	auras	aurais	aies	aie
	il/elle/on	a	eut	avait	aura	aurait	ait	
ayant	nous	avons	eûmes	avions	aurons	aurions	ayons	ayons
eu	vous	avez	eûtes	aviez	aurez	auriez	ayez	ayez
avoir eu	ils/elles	ont	eurent	avaient	auront	auraient	aient	
être *(to be)*	je (j')	suis	fus	étais	serai	serais	sois	
	tu	es	fus	étais	seras	serais	sois	sois
	il/elle/on	est	fut	était	sera	serait	soit	
étant	nous	sommes	fûmes	étions	serons	serions	soyons	soyons
été	vous	êtes	fûtes	étiez	serez	seriez	soyez	soyez
avoir été	ils/elles	sont	furent	étaient	seront	seraient	soient	

Compound tenses

Subject pronouns	INDICATIVE					CONDITIONAL		SUBJUNCTIVE	
	Passé composé		Pluperfect		Future perfect	Past		Past	
j'	ai		avais		aurai	aurais		aie	
tu	as		avais		auras	aurais		aies	
il/elle/on	a	parlé	avait	parlé	aura	aurait	parlé	ait	parlé
nous	avons	fini	avions	fini	aurons	aurions	fini	ayons	fini
vous	avez	vendu	aviez	vendu	aurez	auriez	vendu	ayez	vendu
ils/elles	ont		avaient		auront	auraient		aient	
je (j')	suis		étais		serai	serais		sois	
tu	es		étais		seras	serais		sois	
il/elle/on	est	allé(e)(s)	était	allé(e)(s)	sera	serait	allé(e)(s)	soit	allé(e)(s)
nous	sommes		étions		serons	serions		soyons	
vous	êtes		étiez		serez	seriez		soyez	
ils/elles	sont		étaient		seront	seraient		soient	

Verbs with spelling changes

Infinitive		INDICATIVE				CONDITIONAL	SUBJUNCTIVE	IMPERATIV
Present participle Past participle Past infinitive	Subject Pronouns	Present	Passé simple	Imperfect	Future	Present	Present	
7 acheter	j'	achète	achetai	achetais	achèterai	achèterais	achète	
(to buy)	tu	achètes	achetas	achetais	achèteras	achèterais	achètes	achète
	il/elle/on	achète	acheta	achetait	achètera	achèterait	achète	
achetant	nous	achetons	achetâmes	achetions	achèterons	achèterions	achetions	achetons
acheté	vous	achetez	achetâtes	achetiez	achèterez	achèteriez	achetiez	achetez
avoir acheté	ils/elles	achètent	achetèrent	achetaient	achèteront	achèteraient	achètent	
8 appeler	j'	appelle	appelai	appelais	appellerai	appellerais	appelle	
(to call)	tu	appelles	appelas	appelais	appelleras	appellerais	appelles	appelle
	il/elle/on	appelle	appela	appelait	appellera	appellerait	appelle	
appelant	nous	appelons	appelâmes	appelions	appellerons	appellerions	appelions	appelons
appelé	vous	appelez	appelâtes	appeliez	appellerez	appelleriez	appeliez	appelez
avoir appelé	ils/elles	appellent	appelèrent	appelaient	appelleront	appelleraient	appellent	
9 commencer	je	commence	commençai	commençais	commencerai	commencerais	commence	
(to begin)	tu	commences	commenças	commençais	commenceras	commencerais	commences	commence
	il/elle/on	commence	commença	commençait	commencera	commencerait	commence	
commençant	nous	commençons	commençâmes	commencions	commencerons	commencerions	commencions	commençor
commencé	vous	commencez	commençâtes	commenciez	commencerez	commenceriez	commenciez	commencez
avoir commencé	ils/elles	commencent	commencèrent	commençaient	commenceront	commenceraient	commencent	
10 employer	j'	emploie	employai	employais	emploierai	emploierais	emploie	
(to use; to employ)	tu	emploies	employas	employais	emploieras	emploierais	emploies	emploie
	il/elle/on	emploie	employa	employait	emploiera	emploierait	emploie	
employant	nous	employons	employâmes	employions	emploierons	emploierions	employions	employons
employé	vous	employez	employâtes	employiez	emploierez	emploieriez	employiez	employez
avoir employé	ils/elles	emploient	employèrent	employaient	emploieront	emploieraient	emploient	
11 manger	je	mange	mangeai	mangeais	mangerai	mangerais	mange	
(to eat)	tu	manges	mangeas	mangeais	mangeras	mangerais	manges	mange
	il/elle/on	mange	mangea	mangeait	mangera	mangerait	mange	
mangeant	nous	mangeons	mangeâmes	mangions	mangerons	mangerions	mangions	mangeons
mangé	vous	mangez	mangeâtes	mangiez	mangerez	mangeriez	mangiez	mangez
avoir employé	ils/elles	mangent	mangèrent	mangeaient	mangeront	mangeraient	mangent	
12 préférer	je	préfère	préférai	préférais	préférerai	préférerais	préfère	
(to prefer)	tu	préfères	préféras	préférais	préféreras	préférerais	préfères	préfère
	il/elle/on	préfère	préféra	préférait	préférera	préférerait	préfère	
préférant	nous	préférons	préférâmes	préférions	préférerons	préférerions	préférions	préférons
préféré	vous	préférez	préférâtes	préfériez	préférerez	préféreriez	préfériez	préférez
avoir préféré	ils/elles	préfèrent	préférèrent	préféraient	préféreront	préféreraient	préfèrent	

Irregular verbs

Infinitive		INDICATIVE				CONDITIONAL	SUBJUNCTIVE	IMPERATIVE
Present participle Past participle Past infinitive	Subject Pronouns	Present	Passé simple	Imperfect	Future	Present	Present	
aller	je (j')	vais	allai	allais	irai	irais	aille	
(to go)	tu	vas	allas	allais	iras	irais	ailles	va
	il/elle/on	va	alla	allait	ira	irait	aille	
allant	nous	allons	allâmes	allions	irons	irions	allions	allons
allé	vous	allez	allâtes	alliez	irez	iriez	alliez	allez
être allé(e)(s)	ils/elles	vont	allèrent	allaient	iront	iraient	aillent	
s'asseoir	je	m'assieds	m'assis	m'asseyais	m'assiérai	m'assiérais	m'asseye	
(to sit down,	tu	t'assieds	t'assis	t'asseyais	t'assiéras	t'assiérais	t'asseyes	assieds-toi
to be seated)	il/elle/on	s'assied	s'assit	s'asseyait	s'assiéra	s'assiérait	s'asseye	
s'asseyant	nous	nous asseyons	nous assîmes	nous asseyions	nous assiérons	nous assiérions	nous asseyions	asseyons-nous
assis	vous	vous asseyez	vous assîtes	vous asseyiez	vous assiérez	vous assiériez	vous asseyiez	asseyez-vous
s'être assis(e)(s)	ils/elles	s'asseyent	s'assirent	s'asseyaient	s'assiéront	s'assiéraient	s'asseyent	
se battre	je	me bats	me battis	me battais	me battrai	me battrais	me batte	
(to fight)	tu	te bats	te battis	te battais	te battras	te battrais	te battes	bats-toi
	il/elle/on	se bat	se battit	se battait	se battra	se battrait	se batte	
se battant	nous	nous battons	nous battîmes	nous battions	nous battrons	nous battrions	nous battions	battons-nous
battu	vous	vous battez	vous battîtes	vous battiez	vous battrez	vous battriez	vous battiez	battez-vous
s'être battu(e)(s)	ils/elles	se battent	se battirent	se battaient	se battront	se battraient	se battent	
boire	je	bois	bus	buvais	boirai	boirais	boive	
(to drink)	tu	bois	bus	buvais	boiras	boirais	boives	bois
	il/elle/on	boit	but	buvait	boira	boirait	boive	
buvant	nous	buvons	bûmes	buvions	boirons	boirions	buvions	buvons
bu	vous	buvez	bûtes	buviez	boirez	boiriez	buviez	buvez
avoir bu	ils/elles	boivent	burent	buvaient	boiront	boiraient	boivent	
conduire	je	conduis	conduisis	conduisais	conduirai	conduirais	conduise	
(to drive; to lead)	tu	conduis	conduisis	conduisais	conduiras	conduirais	conduises	conduis
	il/elle/on	conduit	conduisit	conduisait	conduira	conduirait	conduise	
conduisant	nous	conduisons	conduisîmes	conduisions	conduirons	conduirions	conduisions	conduisons
conduit	vous	conduisez	conduisîtes	conduisiez	conduirez	conduiriez	conduisiez	conduisez
avoir conduit	ils/elles	conduisent	conduisirent	conduisaient	conduiront	conduiraient	conduisent	
connaître	je	connais	connus	connaissais	connaîtrai	connaîtrais	connaisse	
(to know, to be	tu	connais	connus	connaissais	connaîtras	connaîtrais	connaisses	connais
acquainted with)	il/elle/on	connaît	connut	connaissait	connaîtra	connaîtrait	connaisse	
connaissant	nous	connaissons	connûmes	connaissions	connaîtrons	connaîtrions	connaissions	connaissons
connu	vous	connaissez	connûtes	connaissiez	connaîtrez	connaîtriez	connaissiez	connaissez
avoir connu	ils/elles	connaissent	connurent	connaissaient	connaîtront	connaîtraient	connaissent	
courir	je	cours	courus	courais	courrai	courrais	coure	
(to run)	tu	cours	courus	courais	courras	courrais	coures	cours
	il/elle/on	court	courut	courait	courra	courrait	coure	
courant	nous	courons	courûmes	courions	courrons	courrions	courions	courons
couru	vous	courez	courûtes	couriez	courrez	courriez	couriez	courez
avoir couru	ils/elles	courent	coururent	couraient	courront	courraient	courent	

Irregular verbs (continued)

Infinitive	Subject Pronouns	INDICATIVE				CONDITIONAL	SUBJUNCTIVE	IMPERATIVE
Present participle Past participle Past infinitive		Present	Passé simple	Imperfect	Future	Present	Present	
20 croire	je	crois	crus	croyais	croirai	croirais	croie	
(to believe)	tu	crois	crus	croyais	croiras	croirais	croies	crois
	il/elle/on	croit	crut	croyait	croira	croirait	croie	
croyant	nous	croyons	crûmes	croyions	croirons	croirions	croyions	croyons
cru	vous	croyez	crûtes	croyiez	croirez	croiriez	croyiez	croyez
avoir cru	ils/elles	croient	crurent	croyaient	croiront	croiraient	croient	
21 devoir	je	dois	dus	devais	devrai	devrais	doive	
(to have to;	tu	dois	dus	devais	devras	devrais	doives	dois
to owe)	il/elle/on	doit	dut	devait	devra	devrait	doive	
devant	nous	devons	dûmes	devions	devrons	devrions	devions	devons
dû	vous	devez	dûtes	deviez	devrez	devriez	deviez	devez
avoir dû	ils/elles	doivent	durent	devaient	devront	devraient	doivent	
22 dire	je	dis	dis	disais	dirai	dirais	dise	
(to say, to tell)	tu	dis	dis	disais	diras	dirais	dises	dis
	il/elle/on	dit	dit	disait	dira	dirait	dise	
disant	nous	disons	dîmes	disions	dirons	dirions	disions	disons
dit	vous	dites	dîtes	disiez	direz	diriez	disiez	dites
avoir dit	ils/elles	disent	dirent	disaient	diront	diraient	disent	
23 écrire	j'	écris	écrivis	écrivais	écrirai	écrirais	écrive	
(to write)	tu	écris	écrivis	écrivais	écriras	écrirais	écrives	écris
	il/elle/on	écrit	écrivit	écrivait	écrira	écrirait	écrive	
écrivant	nous	écrivons	écrivîmes	écrivions	écrirons	écririons	écrivions	écrivons
écrit	vous	écrivez	écrivîtes	écriviez	écrirez	écririez	écriviez	écrivez
avoir écrit	ils/elles	écrivent	écrivirent	écrivaient	écriront	écriraient	écrivent	
24 émouvoir	j'	émeus	émus	émouvais	émouvrai	émouvrais	émeuve	
(to move)	tu	émeus	émus	émouvais	émouvras	émouvrais	émeuves	émeus
	il/elle/on	émeut	émut	émouvait	émouvra	émouvrait	émeuve	
émouvant	nous	émouvons	émûmes	émouvions	émouvrons	émouvrions	émouvions	émouvons
ému	vous	émouvez	émûtes	émouviez	émouvrez	émouvriez	émouviez	émouvez
avoir ému	ils/elles	émeuvent	émurent	émouvaient	émouvront	émouvraient	émeuvent	
25 envoyer	j'	envoie	envoyai	envoyais	enverrai	enverrais	envoie	
(to send)	tu	envoies	envoyas	envoyais	enverras	enverrais	envoies	envoie
	il/elle/on	envoie	envoya	envoyait	enverra	enverrait	envoie	
envoyant	nous	envoyons	envoyâmes	envoyions	enverrons	enverrions	envoyions	envoyons
envoyé	vous	envoyez	envoyâtes	envoyiez	enverrez	enverriez	envoyiez	envoyez
avoir envoyé	ils/elles	envoient	envoyèrent	envoyaient	enverront	enverraient	envoient	
26 éteindre	j'	éteins	éteignis	éteignais	éteindrai	éteindrais	éteigne	
(to turn off)	tu	éteins	éteignis	éteignais	éteindras	éteindrais	éteignes	éteins
	il/elle/on	éteint	éteignit	éteignait	éteindra	éteindrait	éteigne	
éteignant	nous	éteignons	éteignîmes	éteignions	éteindrons	éteindrions	éteignions	éteignons
éteint	vous	éteignez	éteignîtes	éteigniez	éteindrez	éteindriez	éteigniez	éteignez
avoir étient	ils/elles	éteignent	éteignirent	éteignaient	éteindront	éteindraient	éteignent	

Infinitive		INDICATIVE				CONDITIONAL	SUBJUNCTIVE	IMPERATIVE
Present participle Past participle Past infinitive	Subject Pronouns	Present	Passé simple	Imperfect	Future	Present	Present	
faire	je	fais	fis	faisais	ferai	ferais	fasse	
(to do; to make)	tu	fais	fis	faisais	feras	ferais	fasses	fais
	il/elle/on	fait	fit	faisait	fera	ferait	fasse	
faisant	nous	faisons	fîmes	faisions	ferons	ferions	fassions	faisons
fait	vous	faites	fîtes	faisiez	ferez	feriez	fassiez	faites
avoir fait	ils/elles	font	firent	faisaient	feront	feraient	fassent	
falloir	il	faut	fallut	fallait	faudra	faudrait	faille	
(to be necessary)								
fallu								
avoir fallu								
fuir	je	fuis	fuis	fuyais	fuirai	fuirais	fuie	
(to flee)	tu	fuis	fuis	fuyais	fuiras	fuirais	fuies	fuis
	il/elle/on	fuit	fuit	fuyait	fuira	fuirait	fuie	
fuyant	nous	fuyons	fuîmes	fuyions	fuirons	fuirions	fuyions	fuyons
fui	vous	fuyez	fuîtes	fuyiez	fuirez	fuiriez	fuyiez	fuyez
avoir fui	ils/elles	fuient	fuirent	fuyaient	fuiront	fuiraient	fuient	
lire	je	lis	lus	lisais	lirai	lirais	lise	
(to read)	tu	lis	lus	lisais	liras	lirais	lises	lis
	il/elle/on	lit	lut	lisait	lira	lirait	lise	
lisant	nous	lisons	lûmes	lisions	lirons	lirions	lisions	lisons
lu	vous	lisez	lûtes	lisiez	lirez	liriez	lisiez	lisez
avoir lu	ils/elles	lisent	lurent	lisaient	liront	liraient	lisent	
mettre	je	mets	mis	mettais	mettrai	mettrais	mette	
(to put)	tu	mets	mis	mettais	mettras	mettrais	mettes	mets
	il/elle/on	met	mit	mettait	mettra	mettrait	mette	
mettant	nous	mettons	mîmes	mettions	mettrons	mettrions	mettions	mettons
mis	vous	mettez	mîtes	mettiez	mettrez	mettriez	mettiez	mettez
avoir mis	ils/elles	mettent	mirent	mettaient	mettront	mettraient	mettent	
mourir	je	meurs	mourus	mourais	mourrai	mourrais	meure	
(to die)	tu	meurs	mourus	mourais	mourras	mourrais	meures	meurs
	il/elle/on	meurt	mourut	mourait	mourra	mourrait	meure	
mourant	nous	mourons	mourûmes	mourions	mourrons	mourrions	mourions	mourons
mort	vous	mourez	mourûtes	mouriez	mourrez	mourriez	mouriez	mourez
être mort(e)(s)	ils/elles	meurent	moururent	mouraient	mourront	mourraient	meurent	
naître	je	nais	naquis	naissais	naîtrai	naîtrais	naisse	
(to be born)	tu	nais	naquis	naissais	naîtras	naîtrais	naisses	nais
	il/elle/on	naît	naquit	naissait	naîtra	naîtrait	naisse	
naissant	nous	naissons	naquîmes	naissions	naîtrons	naîtrions	naissions	naissons
né	vous	naissez	naquîtes	naissiez	naîtrez	naîtriez	naissiez	naissez
être né(e)(s)	ils/elles	naissent	naquirent	naissaient	naîtront	naîtraient	naissent	

Irregular verbs (continued)

Infinitive		INDICATIVE				CONDITIONAL	SUBJUNCTIVE	IMPERATIVE
Present participle Past participle Past infinitive	Subject Pronouns	Present	Passé simple	Imperfect	Future	Present	Present	
34 ouvrir	j'	ouvre	ouvris	ouvrais	ouvrirai	ouvrirais	ouvre	
(to open)	tu	ouvres	ouvris	ouvrais	ouvriras	ouvrirais	ouvres	ouvre
	il/elle/on	ouvre	ouvrit	ouvrait	ouvrira	ouvrirait	ouvre	
ouvrant	nous	ouvrons	ouvrîmes	ouvrions	ouvrirons	ouvririons	ouvrions	ouvrons
ouvert	vous	ouvrez	ouvrîtes	ouvriez	ouvrirez	ouvririez	ouvriez	ouvrez
avoir ouvert	ils/elles	ouvrent	ouvrirent	ouvraient	ouvriront	ouvriraient	ouvrent	
35 partir	je	pars	partis	partais	partirai	partirais	parte	
(to leave)	tu	pars	partis	partais	partiras	partirais	partes	pars
	il/elle/on	part	partit	partait	partira	partirait	parte	
partant	nous	partons	partîmes	partions	partirons	partirions	partions	partons
parti	vous	partez	partîtes	partiez	partirez	partiriez	partiez	partez
être parti(e)(s)	ils/elles	partent	partirent	partaient	partiront	partiraient	partent	
36 plaire	je	plais	plus	plaisais	plairai	plairais	plaise	
(to please)	tu	plais	plus	plaisais	plairas	plairais	plaises	plais
	il/elle/on	plaît	plut	plaisait	plaira	plairait	plaise	
plaisant	nous	plaisons	plûmes	plaisions	plairons	plairions	plaisions	plaisons
plu	vous	plaisez	plûtes	plaisiez	plairez	plairiez	plaisiez	plaisez
avoir plu	ils/elles	plaisent	plurent	plaisaient	plairont	plairaient	plaisent	
37 pleuvoir	il	pleut	plut	pleuvait	pleuvra	pleuvrait	pleuve	
(to rain)								
pleuvant								
plu								
avoir plu								
38 pouvoir	je	peux	pus	pouvais	pourrai	pourrais	puisse	
(to be able)	tu	peux	pus	pouvais	pourras	pourrais	puisses	
	il/elle/on	peut	put	pouvait	pourra	pourrait	puisse	
pouvant	nous	pouvons	pûmes	pouvions	pourrons	pourrions	puissions	
pu	vous	pouvez	pûtes	pouviez	pourrez	pourriez	puissiez	
avoir pu	ils/elles	peuvent	purent	pouvaient	pourront	pourraient	puissent	
39 prendre	je	prends	pris	prenais	prendrai	prendrais	prenne	
(to take)	tu	prends	pris	prenais	prendras	prendrais	prennes	prends
	il/elle/on	prend	prit	prenait	prendra	prendrait	prenne	
prenant	nous	prenons	prîmes	prenions	prendrons	prendrions	prenions	prenons
pris	vous	prenez	prîtes	preniez	prendrez	prendriez	preniez	prenez
avoir pris	ils/elles	prennent	prirent	prenaient	prendront	prendraient	prennent	
40 recevoir	je	reçois	reçus	recevais	recevrai	recevrais	reçoive	
(to receive)	tu	reçois	reçus	recevais	recevras	recevrais	reçoives	reçois
	il/elle/on	reçoit	reçut	recevait	recevra	recevrait	reçoive	
recevant	nous	recevons	reçûmes	recevions	recevrons	recevrions	recevions	recevons
reçu	vous	recevez	reçûtes	receviez	recevrez	recevriez	receviez	recevez
avoir reçu	ils/elles	reçoivent	reçurent	recevaient	recevront	recevraient	reçoivent	

Infinitive		INDICATIVE				CONDITIONAL	SUBJUNCTIVE	IMPERATIVE
Present participle Past participle Past infinitive	Subject Pronouns	Present	Passé simple	Imperfect	Future	Present	Present	
rejoindre	je	rejoins	rejoignis	rejoignais	rejoindrai	rejoindrais	rejoigne	
(to join)	tu	rejoins	rejoignis	rejoignais	rejoindras	rejoindrais	rejoignes	rejoins
	il/elle/on	rejoint	rejoignit	rejoignait	rejoindra	rejoindrait	rejoigne	
rejoignant	nous	rejoignons	rejoignîmes	rejoignions	rejoindrons	rejoindrions	rejoignions	rejoignons
rejoint	vous	rejoignez	rejoignîtes	rejoigniez	rejoindrez	rejoindriez	rejoigniez	rejoignez
avoir rejoint	ils/elles	rejoignent	rejoignirent	rejoignaient	rejoindront	rejoindraient	rejoignent	
résoudre	je	résous	résolus	résolvais	résoudrai	résoudrais	résolve	
(to solve)	tu	résous	résolus	résolvais	résoudras	résoudrais	résolves	résous
	il/elle/on	résout	résolut	résolvait	résoudra	résoudrait	résolve	
résolvant	nous	résolvons	résolûmes	résolvions	résoudrons	résoudrions	résolvions	résolvons
résolu	vous	résolvez	résolûtes	résolviez	résoudrez	résoudriez	résolviez	résolvez
avoir résolu	ils/elles	résolvent	résolurent	résolvaient	résoudront	résoudraient	résolvent	
rire	je	ris	ris	riais	rirai	rirais	rie	
(to laugh)	tu	ris	ris	riais	riras	rirais	ries	ris
	il/elle/on	rit	rit	riait	rira	rirait	rie	
riant	nous	rions	rîmes	riions	rirons	ririons	riions	rions
ri	vous	riez	rîtes	riiez	rirez	ririez	riiez	riez
avoir ri	ils/elles	rient	rirent	riaient	riront	riraient	rient	
rompre	je	romps	rompis	rompais	romprai	romprais	rompe	
(to break)	tu	romps	rompis	rompais	rompras	romprais	rompes	romps
	il/elle/on	rompt	rompit	rompait	rompra	romprait	rompe	
rompant	nous	rompons	rompîmes	rompions	romprons	romprions	rompions	rompons
rompu	vous	rompez	rompîtes	rompiez	romprez	rompriez	rompiez	rompez
avoir rompu	ils/elles	rompent	rompirent	rompaient	rompront	rompraient	rompent	
savoir	je	sais	sus	savais	saurai	saurais	sache	
(to know)	tu	sais	sus	savais	sauras	saurais	saches	sache
	il/elle/on	sait	sut	savait	saura	saurait	sache	
sachant	nous	savons	sûmes	savions	saurons	saurions	sachions	sachons
su	vous	savez	sûtes	saviez	saurez	sauriez	sachiez	sachez
avoir su	ils/elles	savent	surent	savaient	sauront	sauraient	sachent	
suivre	je	suis	suivis	suivais	suivrai	suivrais	suive	
(to follow)	tu	suis	suivis	suivais	suivras	suivrais	suives	suis
	il/elle/on	suit	suivit	suivait	suivra	suivrait	suive	
suivant	nous	suivons	suivîmes	suivions	suivrons	suivrions	suivions	suivons
suivi	vous	suivez	suivîtes	suiviez	suivrez	suivriez	suiviez	suivez
avoir suivi	ils/elles	suivent	suivirent	suivaient	suivront	suivraient	suivent	
se taire	je	me tais	me tus	me taisais	me tairai	me tairais	me taise	
(to be quiet)	tu	te tais	te tus	te taisais	te tairas	te tairais	te taises	tais-toi
	il/elle/on	se tait	se tut	se taisait	se taira	se tairait	se taise	
se taisant	nous	nous taisons	nous tûmes	nous taisions	nous tairons	nous tairions	nous taisions	taisons-nous
tu	vous	vous taisez	vous tûtes	vous taisiez	vous tairez	vous tairiez	vous taisiez	taisez-vous
s'être tu(e)(s)	ils/elles	se taisent	se turent	se taisaient	se tairont	se tairaient	se taisent	

Irregular verbs (continued)

Infinitive	INDICATIVE					CONDITIONAL	SUBJUNCTIVE	IMPERATIVE
Present participle Past participle Past infinitive	Subject Pronouns	Present	Passé simple	Imperfect	Future	Present	Present	
48 tenir	je	tiens	tins	tenais	tiendrai	tiendrais	tienne	
(to hold)	tu	tiens	tins	tenais	tiendras	tiendrais	tiennes	tiens
	il/elle/on	tient	tint	tenait	tiendra	tiendrait	tienne	
tenant	nous	tenons	tînmes	tenions	tiendrons	tiendrions	tenions	tenons
tenu	vous	tenez	tîntes	teniez	tiendrez	tiendriez	teniez	tenez
avoir tenu	ils/elles	tiennent	tinrent	tenaient	tiendront	tiendraient	tiennent	
49 vaincre	je	vaincs	vainquis	vainquais	vaincrai	vaincrais	vainque	
(to defeat)	tu	vaincs	vainquis	vainquais	vaincras	vaincrais	vainques	vaincs
	il/elle/on	vainc	vainquit	vainquait	vaincra	vaincrait	vainque	
vainquant	nous	vainquons	vainquîmes	vainquions	vaincrons	vaincrions	vainquions	vainquons
vaincu	vous	vainquez	vainquîtes	vainquiez	vaincrez	vaincriez	vainquiez	vainquez
avoir vaincu	ils/elles	vainquent	vainquirent	vainquaient	vaincront	vaincraient	vainquent	
50 valoir	je	vaux	valus	valais	vaudrai	vaudrais	vaille	
(to be worth)	tu	vaux	valus	valais	vaudras	vaudrais	vailles	vaux
	il/elle/on	vaut	valut	valait	vaudra	vaudrait	vaille	
valant	nous	valons	valûmes	valions	vaudrons	vaudrions	valions	valons
valu	vous	valez	valûtes	valiez	vaudrez	vaudriez	valiez	valez
avoir valu	ils/elles	valent	valurent	valaient	vaudront	vaudraient	vaillent	
51 venir	je	viens	vins	venais	viendrai	viendrais	vienne	
(to come)	tu	viens	vins	venais	viendras	viendrais	viennes	viens
	il/elle/on	vient	vint	venait	viendra	viendrait	vienne	
venant	nous	venons	vînmes	venions	viendrons	viendrions	venions	venons
venu	vous	venez	vîntes	veniez	viendrez	viendriez	veniez	venez
être venu(e)(s)	ils/elles	viennent	vinrent	venaient	viendront	viendraient	viennent	
52 vivre	je	vis	vécus	vivais	vivrai	vivrais	vive	
(to live)	tu	vis	vécus	vivais	vivras	vivrais	vives	vis
	il/elle/on	vit	vécut	vivait	vivra	vivrait	vive	
vivant	nous	vivons	vécûmes	vivions	vivrons	vivrions	vivions	vivons
vécu	vous	vivez	vécûtes	viviez	vivrez	vivriez	viviez	vivez
avoir vécu	ils/elles	vivent	vécurent	vivaient	vivront	vivraient	vivent	
53 voir	je	vois	vis	voyais	verrai	verrais	voie	
(to see)	tu	vois	vis	voyais	verras	verrais	voies	vois
	il/elle/on	voit	vit	voyait	verra	verrait	voie	
voyant	nous	voyons	vîmes	voyions	verrons	verrions	voyions	voyons
vu	vous	voyez	vîtes	voyiez	verrez	verriez	voyiez	voyez
avoir vu	ils/elles	voient	virent	voyaient	verront	verraient	voient	
54 vouloir	je	veux	voulus	voulais	voudrai	voudrais	veuille	
(to want, to wish)	tu	veux	voulus	voulais	voudras	voudrais	veuilles	veuille
	il/elle/on	veut	voulut	voulait	voudra	voudrait	veuille	
voulant	nous	voulons	voulûmes	voulions	voudrons	voudrions	voulions	veuillons
voulu	vous	voulez	voulûtes	vouliez	voudrez	voudriez	vouliez	veuillez
avoir voulu	ils/elles	veulent	voulurent	voulaient	voudront	voudraient	veuillent	

Vocabulaire

Guide to Vocabulary

This glossary contains the words and expressions listed on the **Vocabulaire** page found at the end of each lesson of **Portails 2**. The number following an entry indicates the lesson where the term was introduced or considered.

Abbreviations used in this glossary

adj.	adjective	*disj.*	disjunctive	*interj.*	interjection	*part.*	partitive	*rel.*	relative
adv.	adverb	*d.o.*	direct object	*interr.*	interrogative	*p.p.*	past participle	*sing.*	singular
art.	article	*f.*	feminine	*inv.*	invariable	*pl.*	plural	*sub.*	subject
comp.	comparative	*fam.*	familiar	*i.o.*	indirect object	*poss.*	possessive	*super.*	superlative
conj.	conjunction	*form.*	formal	*m.*	masculine	*prep.*	preposition	*v.*	verb
def.	definite	*imp.*	imperative	*n.*	noun	*pron.*	pronoun		
dem.	demonstrative	*indef.*	indefinite	*obj.*	object	*refl.*	reflexive		

Français–Anglais

A

à *prep.* at, in, to; **5**
  À bientot. See you soon.
  à ce moment-là *adv.* at that moment **3**
  à condition de *prep.* provided (that) **7**
  à condition que *conj.* on the condition that, provided that **7**
  à côté de *prep.* next to
  À demain. See you tomorrow.
  à droite (de) *prep.* to the right (of)
  à gauche (de) *prep.* to the left (of)
  à … heure(s) at … (o'clock)
  à la radio on the radio
  à la télé(vision) on television
  à l'étranger abroad, overseas
  à mi-temps half-time *(job)*
  à moins de *prep.* unless **7**
  à moins que *conj.* unless **7**
  à part apart from, except for **1**
  à partir de *prep.* from **7**
  à plein temps full-time *(job)*
  À plus tard. See you later.
  À quelle heure? What time?; When?
  À qui? To whom?
  À table! Let's eat! Food is on!
  à temps partiel part-time *(job)*
  À tout à l'heure. See you later.
  à travers de *prep.* throughout
  au bout (de) *prep.* at the end (of)
  au chômage *adj.* unemployed **9**
  au contraire on the contrary
  au fait by the way
  au printemps in the spring
  Au revoir. Good-bye.
  au secours help
  au sujet de on the subject of, about

abîmé(e) *adj.* damaged **9**
abolir *v.* to abolish
abonné(e) *m., f.* subscriber **9**
abonnement *m.* subscription **7**
aborder *v.* to tackle; to approach
abriter *v.* to provide a habitat for **10**
absolument *adv.* absolutely
abus de pouvoir *m.* abuse of power **4**
abuser *v.* to abuse **4**
accablé(e) *adj.* overwhelmed **1**
accéder *v.* to access **5**
accident *m.* accident
  avoir un accident to have/to be in an accident
accompagner *v.* to accompany
accoucher *v.* to give birth
acharnement *m.* determination **10**
acharner: s'acharner sur *v.* to persist relentlessly **5**
acheter *v.* to buy **1**
acteur *m.* actor
actif/active *adj.* active **2**
activement *adv.* actively
activiste *m., f.* militant activist **4**
actrice *f.* actress
actualisé(e) *adj.* updated **3**
actualité *f.* current events **3**
adapter: s'adapter *v.* to adapt **5**
addition *f.* check, bill
adhérent(e) *m., f.* member **9**
adieu farewell
admirer *v.* to admire **8**
ADN *m.* DNA **7**
adolescence *f.* adolescence
ado(lescent)(e) *m., f.* adolescent **6**
adopter *v.* to adopt **6**
adorer *v.* to love
  s'adorer *v.* to adore one another
  J'adore… I love…

adoucir *v.* to soften **6**
adresse *f.* address
  adresse e-mail *f.* e-mail address **7**
adresser: s'adresser la parole *v.* to speak to one another **7**
aérobic *m.* aerobics
  faire de l'aérobic *v.* to do aerobics
aéroport *m.* airport
affaires *f.* belongings **6**
affaires *f., pl.* business
affectueux/affectueuse *adj.* affectionate **1**
affiche *f.* poster
afficher *v.* to post
affolé(e) *adj.* distraught **7**
affronter *v.* to face **6**
afin que *conj.* in order that **7**
agacer *v.* to annoy **1**
âge *m.* age
  âge adulte *m.* adulthood **6**
agence de voyages *f.* travel agency
agent *m.* officer; agent
  agent de police *m.* police officer **2**
  agent de voyages *m.* travel agent
  agent immobilier *m.* real estate agent
agir *v.* to take action **7**
  il s'agit de it's a matter of; it's about
agiter *v.* to shake **10**
agréable *adj.* pleasant
agriculteur/agricultrice *m., f.* farmer
aider (à) *v.* to help *(to do something)*;
  s'aider *v.* to help one another
aie (avoir) *imp. v.* have
ail *m.* garlic
aimer *v.* to like **1**; to love **1**
  s'aimer (bien) *v.* to love (like) one another

aimer mieux to prefer
aimer que... to like that...
J'aime bien... I really like...
Je n'aime pas tellement... I don't
    like ... very much.
aîné(e) *adj.* elder
ainsi *adv.* thus **2**
air *m.* air
    en plein air *adj.* outdoors **10**
algérien(ne) *adj.* Algerian
aliment *m.* (type or kind of) food **6**
alimentaire *adj.* related to food **6**
Allemagne *f.* Germany
allemand(e) *adj.* German
aller *v.* to go **1**
    s'en aller *v.* to go/fade away
    aller de l'avant *v.* to forge ahead **5**
    aller à la pêche to go fishing
    aller aux urgences to go to the
        emergency room
    aller avec to go with
    aller-retour *adj.* round-trip
    billet aller-retour *m.* round-trip
        ticket
    Allons-y! Let's go!
    Ça va? What's up?; How are
        things?
    Comment allez-vous? *form.* How
        are you?
    Comment vas-tu? *fam.* How are
        you?
    Je m'en vais. I'm leaving.
    Je vais bien/mal. I am doing well/
        badly.
    J'y vais. I'm going/coming.
    Nous y allons. We're going/
        coming.
allergie *f.* allergy
Allez. Come on.
alliance *f.* wedding ring **6**
allô *(on the phone)* hello
allumer *v.* to turn on;
    s'allumer *v.* to light up
alors *adv.* so; then; at that moment
alpinisme *m.* mountain climbing **8**
amants *m.* lovers
ambiance *f.* atmosphere **2**
âme sœur *f.* soul mate **1**
améliorer *v.* to improve **2**
    s'améliorer *v.* to better oneself **5**
amende *f.* fine
amener *v.* to bring *(someone)* **1**
américain(e) *adj.* American
    football américain *m.* football
ami(e) *m., f.* friend
    petit(e) ami(e) *m., f.* boyfriend/
        girlfriend
amitié *f.* friendship **1**
amour *m.* love
    tomber amoureux/amoureuse
        (de) to fall in love (with) **1**
amour-propre *m.* self-esteem **6**
amusant(e) *adj.* fun

amuser *v.* to amuse **2**;
    s'amuser *v.* to play; to have fun **2**
    s'amuser à *v.* to pass time by
an *m.* year
analphabète *adj.* illiterate **4**
ancêtre *m., f.* ancestor **1**
ancien(ne) *adj.* ancient, old; former **2**
ange *m.* angel
anglais(e) *adj.* English
angle *m.* corner
Angleterre *f.* England
animal *m.* animal
animateur/animatrice de radio *m.,*
    f. radio presenter **3**
animé(e) *adj.* lively **2**
année *f.* year
    cette année this year
anniversaire *m.* birthday
    C'est quand l'anniversaire de... ?
        When is ...'s birthday?
    C'est quand ton/votre
        anniversaire? When is your
        birthday?
annuler (une réservation) *v.* to
    cancel (a reservation)
anorak *m.* ski jacket, parka
antimatière *f.* antimatter **7**
antipathique *adj.* unpleasant
anxieux/anxieuse *adj.* anxious **1**
août *m.* August
apercevoir *v.* to catch sight of **2**;
    to perceive **9**
    s'apercevoir *v.* to realize **2, 8**
    aperçu (apercevoir) *p.p.* seen,
        caught sight of
apparaître *v.* to appear **1**
appareil *m.* (on the phone) telephone
    appareil (électrique/ménager) *m.*
        (electrical/household) appliance
    appareil photo (numérique) *m.*
        (digital) camera **7**
    C'est M./Mme/Mlle ... à
        l'appareil. It's Mr./Mrs./Miss ...
        on the phone.
    Qui est à l'appareil? Who's
        calling, please?
appartement *m.* apartment
appartenir (à) *v.* to belong (to) **5**
appeler *v.* to call **1**;
    s'appeler *v.* to be named, to be
        called
    Comment t'appelles-tu? *fam.*
        What is your name?
    Comment vous appelez-vous?
        form. What is your name?
    Je m'appelle... My name is...
applaudir *v.* to applaud **8**
applaudissement *m.* applause
apporter *v.* to bring, to carry
    (something)
apprendre (à) *v.* to teach; to learn *(to
    do something)*
apprentissage *m.* learning **5**

appris (apprendre) *p.p., adj.* learned
approuver une loi *v.* to pass a law **4**
appuyer: s'appuyer sur *v.* to rely on
après *prep.* after **8**
    après que *conj.* after **7**
après-demain *adv.* day after
    tomorrow
après-midi *m.* afternoon
    cet après-midi this afternoon
    de l'après-midi in the afternoon
    demain après-midi *adv.* tomorrow
        afternoon
    hier après-midi *adv.* yesterday
        afternoon
araignée *f.* spider **10**
arbitre *m.* referee **8**
arbre *m.* tree
arc-en-ciel *m.* rainbow **10**
archipel *m.* archipelago **10**
architecte *m., f.* architect
argent *m.* money
    dépenser de l'argent *v.* to spend
        money
    déposer de l'argent *v.* to deposit
        money
    retirer de l'argent *v.* to withdraw
        money
argent *m.* silver **2**
argument de vente *m.* selling point
arme *f.* weapon **4**
armée *f.* army **4**
armoire *f.* armoire, wardrobe
arrêt d'autobus (de bus) *m.* bus stop **2**
arrêter (de faire quelque chose) *v.*
    to stop (doing something)
    s'arrêter *v.* to stop (oneself) **2**
arrière-grand-mère *f.*
    great-grandmother **6**
arrière-grand-père *m.*
    great-grandfather **6**
arrivée *f.* arrival
arriver (à) *v.* to arrive; to manage
    (to do something) **3**
art *m.* art
    beaux-arts *m., pl.* fine arts
artifice: feu d'artifice *m.* fireworks
    display **2**
artiste *m., f.* artist
asperge *f.* asparagus **6**
aspirateur *m.* vacuum cleaner
    passer l'aspirateur to vacuum
aspirine *f.* aspirin
asseoir: s'asseoir *v.* to sit **9**
asservissement *m.* enslavement **4**
Asseyez-vous! (s'asseoir) *imp. v.*
    Have a seat!
assez *adv.* (*before adjective or
    adverb*) pretty; quite **2**
    assez (de) (*before noun*) enough
        (of) **5**
    pas assez (de) not enough (of)
assiette *f.* plate
assimilation *f.* assimilation **5**

assimiler: s'assimiler à *v.* to blend in **1**

assis (s'asseoir) *p.p., adj.* (*used as past participle*) sat down; (*used as adjective*) sitting, seated

assister *v.* to attend

associer: s'associer à *v.* to join forces with

assurance (maladie/vie) *f.* (health/life) insurance

astronaute *m., f.* astronaut **7**

astronome *m., f.* astronomer **7**

atelier *m.* workshop **7**

athlète *m., f.* athlete

attacher *v.* to attach

  attacher sa ceinture de sécurité to buckle one's seatbelt

atteindre *v.* to reach

attendre *v.* to wait for **2**

  s'attendre à quelque chose *v.* to expect something **2, 3**

attendrissant(e) *adj.* endearing

attention *f.* attention

  faire attention (à) *v.* to pay attention (to)

  attention: attirer l'attention (sur) *v.* to draw attention to

atterrir *v.* to land **7**

attirer *v.* to attract **5**

  attirer l'attention sur *v.* to draw attention to **3**

au (à + le) *prep.* to/at the

au cas où *conj.* in case **10**

auberge de jeunesse *f.* youth hostel

aucun(e) *adj.* no; *pron.* none

  ne... aucun(e) none, not any

audace *f.* boldness

auditeur/auditrice *m., f.* (radio) listener **3**

augmentation (de salaire) *f.* raise (in salary) **9**

augmenter *v.* to grow **5**

aujourd'hui *adv.* today **2**

auquel (à + lequel) *pron., m., sing.* which one

aussi *adv.* too, as well; as

  Moi aussi. Me too.

  aussi... que (*used with an adjective*) as ... as **7**

aussitôt que *conj.* as soon as **7**

autant *adv.* so much/many **2**

  autant de ... que *adv.* (*used with noun to express quantity*) as much/as many ... as

auteur/femme auteur *m., f.* author

autobus *m.* bus **2**

  arrêt d'autobus *m.* bus stop **2**

  prendre un autobus to take a bus

automne *m.* fall

  à l'automne in the fall

autoritaire *adj.* bossy **6**

autoroute *f.* highway

autour (de) *prep.* around

autre *adj.* another **2**; different **2**; other **4**

autrefois *adv.* in the past

aux (à + les) to/at the

auxquelles (à + lesquelles) *pron., f., pl.* which ones

auxquels (à + lesquels) *pron., m., pl.* which ones

avance *f.* advance

  en avance *adv.* early

avancé(e) *adj.* advanced **7**

avancer *v.* to advance, to move forward **1**

avant (de/que) *adv.* before **7**

avant-hier *adv.* day before yesterday

avec *prep.* with

  Avec qui? With whom?

avenir *m.* future

aventure *f.* adventure

  film d'aventures *m.* adventure film

avenue *f.* avenue

avion *m.* airplane

  prendre un avion *v.* to take a plane

avis *n.* opinion **1**

avocat(e) *m., f.* lawyer **4**

avoir *v.* to have **1**

  aie *imp. v.* have

  avoir besoin (de) to need (*something*)

  avoir chaud to be hot

  avoir confiance en soi to be confident **1**

  avoir de la chance to be lucky

  avoir de l'influence (sur) to have influence (over) **4**

  avoir des dettes to be in debt **9**

  avoir des préjugés to be prejudiced **5**

  avoir des relations to have connections **9**

  avoir envie (de) to feel like (*doing something*)

  avoir faim to be hungry

  avoir froid to be cold

  avoir honte (de) to be ashamed (of) **1**; to be embarrassed (of) **1**

  avoir le mal du pays to be homesick **5**

  avoir le trac to have stage fright **3**

  avoir mal to have an ache

  avoir mal au cœur to feel nauseated

  avoir peur (de/que) to be afraid (of/that) **2**

  avoir raison to be right

  avoir soif to be thirsty

  avoir sommeil to be sleepy

  avoir tort to be wrong

  avoir un accident to have/to be in an accident

  avoir un compte bancaire to have a bank account

  en avoir marre to be fed up

avouer *v.* to admit

avril *m.* April

ayez (avoir) *imp. v.* have

ayons (avoir) *imp. v.* let's have

bac(calauréat) *m.* an important exam taken by high-school students in France

bague *f.* ring **3**

  bague de fiançailles *f.* engagement ring **6**

baguette *f.* baguette

baignoire *f.* bathtub

bain *m.* bath

  salle de bains *f.* bathroom

baisser *v.* to decrease **5**

balai *m.* broom

balancer *v.* to fling, to throw (out) (*fam.*) **1**

balancer: se balancer *v.* to swing **10**

balayer *v.* to sweep **1**

balcon *m.* balcony

ballon *m.* ball **8**

banane *f.* banana

banc *m.* bench

bancaire *adj.* banking

  avoir un compte bancaire *v.* to have a bank account

bande dessinée (B.D.) *f.* comic strip

bande *f.* gang **5**

  bande originale *f.* sound track **3**

banlieue *f.* suburb **2**; outskirts **2**

banque *f.* bank

banqueroute *f.* bankruptcy **9**

banquier/banquière *m., f.* banker

barbant *adj.*,

  barbe *f.* drag

barrière de corail *f.* barrier reef **10**

bas(se) *adj.* low **2**

basculer *v.* to tip over **4**

baseball *m.* baseball

basket(-ball) *m.* basketball

baskets *f.* tennis shoes **8**

bateau *m.* boat **4**

  bateau-mouche *m.* riverboat

  prendre un bateau *v.* to take a boat

bâtiment *m.* building

batterie *f.* drums **2**

battre: se battre *v.* to fight **8**

bavard(e) *m., f.* chatterbox **5**

bavarder *v.* to chat **8**

beau (belle) *adj.* handsome; beautiful **1**

  faire quelque chose de beau *v.* to be up to something interesting

  Il fait beau. The weather is nice.

beaucoup (de) *adv.* a lot **2**, (of)

  Merci (beaucoup). Thank you (very much).

beau-fils *m.* son-in-law **6**; stepson **6**

beau-frère *m.* brother-in-law **6**

beau-père *m.* father-in-law; stepfather **6**

beaux-arts *m., pl.* fine arts

belge *adj.* Belgian

Belgique *f.* Belgium

belle *adj., f.* (*feminine form of* **beau**) beautiful
belle-fille *f.* daughter-in-law **6**; stepdaughter **6**
belle-mère *f.* mother-in-law; stepmother **6**
belle-sœur *f.* sister-in-law **6**
bénéfice *m.* profit **9**
bénéficier de *v.* to enjoy **5**
berger/bergère *m., f.* shepherd(ess) **10**
besoin *m.* need
  avoir besoin (de) to need (*something*)
bête *adj.* stupid **4**
béton *m.* concrete **2**
beurre *m.* butter
bibliothèque *f.* library
bien *adv.* well **2**
  bien des *adj.* many **5**
  bien que *conj.* although **7**
  bien sûr *adv.* of course
  Je vais bien. I am doing well.
  Très bien. Very well.
bien-être *m.* well-being **10**
bientôt *adv.* soon **2**
  À bientôt. See you soon.
bienvenu(e) *adj.* welcome
bifurquer *v.* to turn off course **4**; to change direction **4**
bijouterie *f.* jewelry store
bilingue *adj.* bilingual **1**
billard *m.* pool **8**
billet *m.* (*travel*) ticket; (*money*) bills, notes
  billet aller-retour *m.* round-trip ticket
billet *m.* ticket **8**
bio(logique) *adj.* organic **6**
biochimique *adj.* biochemical **7**
biologie *f.* biology
biologiste *m., f.* biologist **7**
biscuit *m.* cookie
blague *f.* joke
blanc(he) *adj.* white **2**
blessé(e) *m., f.* injured person **2**
blesser: (se) blesser *v.* to injure (oneself) **8**; to get hurt **8**
blessure *f.* injury, wound
bleu(e) *adj.* blue
blond(e) *adj.* blonde
blouson *m.* jacket
bœuf *m.* beef
boire *v.* to drink **3**
bois *m.* wood
boisson (gazeuse) *f.* (carbonated) drink/beverage
boîte *f.* box; can **5**; box **5**
  boîte aux lettres *f.* mailbox
  boîte de conserve *f.* can (of food)
boiter *v.* to limp
bol *m.* bowl
bon(ne) *adj.* kind; good **2**
  bon marché *adj.* inexpensive
  Il fait bon. The weather is good/warm.

bonbon *m.* candy
bonheur *m.* happiness
Bonjour. Good morning.; Hello.
Bonsoir. Good evening.; Hello.
bonté *f.* kindness
bouche *f.* mouth
boucherie *f.* butcher's shop
boue *f.* mud
bouger *v.* to move **5**
bougonner *v.* to grumble **6**
boulangerie *f.* bread shop, bakery
boules *f.* petanque **8**
boulevard *m.* boulevard
  suivre un boulevard *v.* to follow a boulevard
bouleverser *v.* to upset **6**
boulot *m.* job **9**
bouquet de la mariée *m.* bouquet **6**
bourse *f.* scholarship, grant
bout *m.* end
  au bout (de) *prep.* at the end (of)
bouteille (de) *f.* bottle (of) **5**
boutique *f.* boutique, store
boxe *f.* boxing **9**
brancher *v.* to plug in, to connect
bras *m.* arm
brasserie *f.* restaurant
bref/brève *adj.* brief **2**
Brésil *m.* Brazil
brésilien(ne) *adj.* Brazilian
brevet d'invention *m.* patent **7**
bricoler *v.* to tinker; to do odd jobs
brièvement *adv.* briefly **2**
brillant(e) *adj.* bright
bronzer *v.* to tan
brosse (à cheveux/à dents) *f.* (hair/tooth) brush
brosser: se brosser *v.*
  (les cheveux/les dents) *v.* to brush one's (hair/teeth) **2**
brûler *v.* to burn **5**
bruit *m.* noise **1**
brun(e) *adj.* (*hair*) dark
bruyamment *adv.* noisily **2**
bruyant(e) *adj.* noisy **2**
bu (boire) *p.p.* drunk
bûcheron *m.* lumberjack **10**
budget *m.* budget **9**
bureau *m.* desk; office
  bureau de poste *m.* post office
bus *m.* bus
  arrêt d'autobus (de bus) *m.* bus stop
  prendre un bus *v.* to take a bus
but *m.* goal **5**

C

c'est... it/that is...
  C'est de la part de qui? On behalf of whom?
  C'est le 1er (premier) octobre. It is October first.

C'est M./Mme/Mlle ... (à l'appareil). It's Mr./Mrs./Miss ... (on the phone).
C'est quand l'anniversaire de... ? When is ...'s birthday?
C'est quand ton/votre anniversaire? When is your birthday?
Qu'est-ce que c'est? What is it?
ça *pron.* that; this; it
  Ça dépend. It depends.
  Ça ne nous regarde pas. That has nothing to do with us.; That is none of our business.
  Ça suffit. That's enough. **4**
  Ça te dit? Does that appeal to you?
  Ça va? What's up?; How are things?
  ça veut dire that is to say
  Comme ci, comme ça. So-so.
cadeau *m.* gift
  paquet cadeau wrapped gift
cadet(te) *adj.* younger
cadre *m.* executive **9**
cadre/femme cadre *m., f.* executive
café *m.* café; coffee
  terrasse de café *f.* café terrace
  cuillère à café *f.* teaspoon
cafetière *f.* coffeemaker
cahier *m.* notebook
calculatrice *f.* calculator
calepin *m.* notebook **2**
calme *adj.* calm; *m.* calm
camarade de classe *m., f.* classmate
caméra vidéo *f.* camcorder
caméscope *m.* camcorder
camionnette *f.* small truck or van **9**
campagne *f.* country(side)
  pain de campagne *m.* country-style bread
  pâté (de campagne) *m.* pâté, meat spread
camping *m.* camping
  faire du camping *v.* to go camping
Canada *m.* Canada
canadien(ne) *adj.* Canadian **2**
canapé *m.* couch
candidat(e) *m., f.* candidate; applicant
cantine *f.* (school) cafeteria
capitaine *m.* captain **8**
capitale *f.* capital
capot *m.* hood
caprice *m.* whim **6**
capter *v.* to get a signal
car *conj.* for; because **4**
caractère *m.* character, personality **6**
carafe (d'eau) *f.* pitcher (of water)
carie *f.* cavity
carotte *f.* carrot
carré(e) *adj.* square **4**
carrefour *m.* intersection
carrière *f.* career
cartable *m.* school bag **7**

carte *f.* card **8**
  carte de crédit *f.* credit card **9**
  carte de retrait *f.* ATM card **9**
  cartes (à jouer) *f.* (playing) cards **8**
carte *f.* map; menu; card
  payer par carte (bancaire/de crédit) *v.* to pay with a (debit/credit) card **9**
  carte postale *f.* postcard
  cartes *f. pl.* (playing) cards
cas: au cas où *conj.* in case **10**
caserne de pompiers *f.* fire station **2**
casque *f.* **à écouteurs** *m., pl.* headphones
casquette *f.* (baseball) cap
casse-cou *m.* daredevil **8**
casser: se casser *v.* to break; to scram **4**
cassette vidéo *f.* videotape
catastrophe *f.* catastrophe
catastrophe naturelle *f.* natural disaster **2**
cauchemar *m.* nightmare
cause *f.* cause **5**
causer *v.* to chat **9**
cave *f.* basement, cellar
ce *dem. adj., m., sing.* this; that
  ce matin this morning
  ce mois-ci this month
  Ce n'est pas grave. It's no big deal.
  ce soir this evening
  ce sont... those are...
  ce week-end this weekend
céder à *v.* to give in to **6**
ceinture *f.* belt
  attacher sa ceinture de sécurité *v.* to buckle one's seatbelt
célèbre *adj.* famous
célébrer *v.* to celebrate
célibataire *adj.* single **1**
celle *pron., f., sing.* this one; that one; the one
celles *pron., f., pl.* these; those; the ones
cellule *f.* cell **7**
celui *pron., m., sing.* this one; that one; the one
censure *f.* censorship **3**
cent *m.* one hundred
  cent mille *m.* one hundred thousand
  cent un *m.* one hundred one
  cinq cents *m.* five hundred
centième *adj.* hundredth
centrale nucléaire *f.* nuclear plant
centre commercial *m.* shopping center, mall
centre de formation *m.* sports training school **8**
centre-ville *m.* city/town center, downtown **2**
cependant *adv.* yet
certain(e) *adj.* certain **4**

Il est certain que... It is certain that...
Il n'est pas certain que... It is uncertain that...
certainement *adv.* certainly **3**
cerveau *m.* brain
ces *dem. adj., m., f., pl.* these; those
c'est-à-dire that is to say **7**
cet *dem. adj., m., sing.* this; that
  cet après-midi this afternoon
cette *dem. adj., f., sing.* this; that
  cette année this year
  cette semaine this week
ceux *pron., m., pl.* these; those; the ones
chacun(e) *pron.* each one
chagrin *m.* sorrow; affliction **3**
chaîne (de télévision) *f.* (television) channel
chaîne *f.* network **3**
  chaîne montagneuse *f.* mountain range **10**
chaise *f.* chair
chambre *f.* bedroom
  chambre (individuelle) *f.* (single) room
champ *m.* field
champignon *m.* mushroom
chance *f.* luck
  avoir de la chance *v.* to be lucky
chanson *f.* song
chantage *m.* blackmail **2**
  faire du chantage to blackmail **4**
chanter *v.* to sing
chanteur/chanteuse *m., f.* singer
chaos *m.* chaos **5**
chapeau *m.* hat
chaque *adj.* each **4**, every single **4**
charbon (de bois) *m.* char(coal) **10**
charcuterie *f.* delicatessen
charmant(e) *adj.* charming **1**
chasse *f.* hunt
chasser *v.* to hunt **10**
chat *m.* cat
châtain *adj.* (hair) brown **2**
châtiment *m.* punishment **5**
chaud *m.* heat
  avoir chaud *v.* to be hot
  Il fait chaud. (weather) It is hot.
chauffeur de taxi/de camion *m.* taxi/truck driver
chaussette *f.* sock
chaussure *f.* shoe
chef d'entreprise *m.* head of a company **9**
chef-d'œuvre *m.* masterpiece
chemin *m.* path; way
  suivre un chemin *v.* to follow a path
chemise (à manches courtes/longues) *f.* (short-/long-sleeved) shirt
chemisier *m.* blouse
chêne *m.* oak tree **10**
chèque *m.* check

compte-chèques *m.* checking account
  payer par chèque *v.* to pay by check
cher/chère *adj.* dear **2**; expensive **2**
chercher *v.* to look for
  chercher un/du travail to look for a job/work
chercheur/chercheuse *m., f* researcher **7**
chéri(e) *adj.* dear, beloved, darling
cheval *m.* horse
  faire du cheval *v.* to go horseback riding
cheveux *m., pl.* hair
  brosse à cheveux *f.* hairbrush
  cheveux blonds blond hair
  cheveux châtains brown hair
  se brosser les cheveux *v.* to brush one's hair
cheville *f.* ankle
  se fouler la cheville *v.* to twist/sprain one's ankle
chez *prep.* at the place or home of **5**
  passer chez quelqu'un *v.* to stop by someone's house
chic *adj.* chic
chien *m.* dog
chiffre *m.* figure **9**; number **9**
chimie *f.* chemistry
chimiste *m., f.* chemist **7**
Chine *f.* China
chinois(e) *adj.* Chinese
choc culturel *m.* culture shock **1**
chocolat (chaud) *m.* (hot) chocolate
chœur *m.* choir, chorus
choisir *v.* to choose **3**
chômage *m.* unemployment
  être au chômage *v.* to be unemployed
chômage *m.* unemployment **9**
  au chômage *adj.* unemployed **9**
chômeur/chômeuse *m., f.* unemployed person
chômeur/chômeuse *m., f.* unemployed person **9**
chose *f.* thing
  quelque chose *m.* something; anything
chouette *adj.* great **8**; cool **8**
chronique *f.* column **3**
chrysanthèmes *m., pl.* chrysanthemums
chuchoter *v.* to whisper **6**
chut shh
-ci (used with demonstrative adjective **ce** and noun or with demonstrative pronoun **celui**) here
  ce mois-ci this month
ciel *m.* sky
cinéma (ciné) *m.* cinema **2**, movie theater **2**, movies
cinq *m.* five
cinquante *m.* fifty

cinquième *adj.* fifth
circulation *f.* traffic **2**
cirque *m.* circus **3**
citadin(e) *m., f.* city/town dweller **2**
cité *f.* low-income housing development **6**
citoyen(ne) *m., f.* citizen **2**
citron *m.* lemon **6**; *adj.* lemon **2**
citron vert *m.* lime **6**
clair(e) *adj.* clear
Il est clair que… It is clear that…
classe *f.* (*group of students*) class
camarade de classe *m., f.* classmate
salle de classe *f.* classroom
clavier *m.* keyboard
clé *f.* key
client(e) *m., f.* client; guest
clip vidéo *m.* music video **3**
cloner *v.* to clone **7**
clous *m.* crosswalk **2**
club *m.* team **8**
club sportif *m.* sports club **8**
cochon *m.* pig **10**
cœur *m.* heart
avoir mal au cœur to feel nauseated
coffre *m.* trunk
se coiffer *v.* to do one's hair
coiffeur/coiffeuse *m., f.* hairdresser
coin *m.* corner
colère *f.* anger **4**
se mettre en colère contre to get angry with **1**
colis *m.* package
collège *m.* middle school **5**
colocataire *m, f.* roommate (*in an apartment*) **2**; cotenant **2**
colon *m.* colonist **4**
combattre *v.* to fight **4**
Combien (de)… ? *adv.* How much/ many… ?
Combien coûte… ? How much is... ?
combiné *m.* receiver
combustible *m.* fuel **10**
comédie (musicale) *f.* comedy (musical) **8**
comédien(ne) *m., f.* actor **3**
commander *v.* to order
comme *adv.* how; like, as
Comme ci, comme ça. So-so.
commencer (à) *v.* to begin (*to do something*)
commencer *v.* to begin **1**
comment *adv.* how
Comment? *adv.* What?
Comment allez-vous?, *form.* How are you?
Comment t'appelles-tu? *fam.* What is your name?
Comment vas-tu? *fam.* How are you?
Comment vous appelez-vous? *form.* What is your name?
commérages *m.* gossip **1**

commerçant(e) *m., f.* shopkeeper
commissaire (de police) *m.* (police) commissioner **5**
commissariat de police *m.* police station **2**
commode *f.* dresser, chest of drawers
communication *f.* communication **3**
compagne/compagnon *f., m.* companion **6**
compétent(e) *adj.* competent **9**
complet/complète *adj.* full (no vacancies); complete **2**; sold out **8**
complexe d'infériorité *m.* inferiority complex **6**
comportement *m.* behavior **3**
comporter: se comporter *v.* to behave **3**, to act **3**
composer (un numéro) *v.* to dial (a number)
compositeur *m.* composer
compréhensif/compréhensive *adj.* understanding **6**
compréhension *f.* understanding **5**
comprendre *v.* to understand
compris (comprendre) *p.p., adj.* understood; included
comptable *m., f.* accountant **9**
compte d'épargne *m.* savings account **9**
compte *m.* account (at a bank)
avoir un compte bancaire *v.* to have a bank account
compte-chèques *m.* checking account **9**
compte d'épargne *m.* savings account
se rendre compte *v.* to realize
compter *v.* to expect to **8**
compter sur *v.* to rely on **1**
compter sur quelqu'un *v.* to count on someone
concert *m.* concert
concurrence *f.* competition **8**
condition *f.* condition
à condition de *prep.* provided (that) **7**
à condition que *conj.* on the condition that..., provided that... **7**
conducteur/conductrice *m., f.* driver **2**
conduire *v.* to drive **3**
conduit (conduire) *p.p., adj.* driven
conduite *f.* behavior **2**
confiance *f.* confidence **1**
avoir confiance en soi to be confident **1**
faire confiance (à quelqu'un) to trust (someone) **1**
confier *v.* to confide **6**; to entrust **6**
confiture *f.* jam
conformiste *adj.* conformist **5**
confusément *adv.* confusedly **2**
congé *m.* time off, leave
jour de congé *m.* day off
prendre un congé *v.* to take time off

congélateur *m.* freezer
connaissance *f.* acquaintance
faire la connaissance de *v.* to meet (*someone*)
connaître *v.* to know, to be familiar with **3**;
se connaître *v.* to know one another
connecté(e) *adj.* connected
être connecté(e) avec quelqu'un *v.* to be online with someone
connu (connaître) *p.p., adj.* known; famous
consacrer: se consacrer à *v.* to dedicate oneself to **4**
conseil *m.* (piece of) advice **1**
conseiller/conseillère *m., f.* consultant; advisor **9**
conservateur/conservatrice *adj.* conservative **2, 4**; *m.* preservative **6**
considérer *v.* to consider **1**
consignes *f pl.* instructions **9**
console de jeux *f.* game console
consommation d'énergie *f.* energy consumption **10**
constamment *adv.* constantly
constater *v.* to observe, to notice
construire *v.* to build, to construct **2**
consultant(e) *m., f.* consultant **9**
consulter *v.* to consult **9**
contaminé(e) *adj.* contaminated **10**
être contaminé(e) to be contaminated **10**
conte *m.* tale
content(e) *adj.* happy **6**
être content(e) que *v.* to be happy that…
continuer (à) *v.* to continue (*doing something*)
contraire *adj.* contrary
au contraire on the contrary
contraire à l'éthique *adj.* unethical **7**
contrarié(e) *adj.* upset **1**
contrarier *v.* to thwart **7**
contribuer (à) *v.* to contribute **7**
controverse *f.* controversy
convaincre *v.* to convince **3**
copain/copine *m., f.* friend
corail (les coraux) *m.* coral **10**
corbeille (à papier) *f.* wastebasket
corps *m.* body
correcteur orthographique *m.* spell check **7**
costume *m.* (*man's*) suit
côte *f.* coast
coton *m.* cotton
cou *m.* neck
couche d'ozone *f.* ozone layer **10**
trou dans la couche d'ozone *m.* hole in the ozone layer
couche sociale *f.* social level **5**
coucher: se coucher *v.* to go to bed **2**
couler *v.* to flow; to run (water)
couleur *f.* color

De quelle couleur... ? What color... ?

couloir *m.* hallway

coup franc *m.* free kick **8**

coupable *adj.* guilty **4**

couper de *v.* to cut off from **7**

se couper *v.* to cut oneself **2**

couple *m.* couple

courage *m.* courage **5**

courageux/courageuse *adj.* courageous, brave

couramment *adv.* fluently

courir *v.* to run **3**

courrier *m.* mail

cours *m.* class, course **3**

cours d'art dramatique *m.* drama course **3**

course *f.* errand

faire les courses *v.* to go (grocery) shopping

course *f.* race **8**

court(e) *adj.* short **2**

à court terme *adj.* short-term **9**

chemise à manches courtes *f.* short-sleeved shirt

couru (courir) *p.p.* run

cousin(e) *m., f.* cousin

couteau *m.* knife

coûter *v.* to cost

coûter cher *v.* to cost a lot **2**

Combien coûte... ? How much is... ?

couvert (couvrir) *p.p.* covered

couverture *f.* blanket, cover **3**

couvrir *v.* to cover **4**

covoiturage *m.* carpooling

craindre *v.* to fear **6**

crainte: de crainte que *conj.* for fear that **7**

cravate *f.* tie

crayon *m.* pencil

créer *v.* to create **7**

crème *f.* cream **2**; *adj.* cream **2**

crème à raser *f.* shaving cream

crêpe *f.* crêpe

crevé(e) *adj.* deflated; blown up

pneu crevé *m.* flat tire

crier *v.* to yell

crime *m.* crime **4**

criminel(le) *m., f.* criminal **4**

crise *f.* crisis **9**

crise d'hystérie *f.* nervous breakdown

crise économique *f.* economic crisis **9**

critique *f.* review; criticism

croire (que) *v.* to believe (that) **3**

ne pas croire que... to not believe that...

croisement *m.* intersection **2**

croissant *m.* croissant

croissant(e) *adj.* growing

population croissante *f.* growing population

croyance *f.* belief **4**

cru (croire) *p.p.* believed

cruauté *f.* cruelty **4**

cruel(le) *adj.* cruel **2**

cuillère (à soupe/à café) *f.* (soup/tea)spoon

cuir *m.* leather

cuisine *f.* cooking; kitchen

cuisiner *v.* to cook

faire la cuisine *v.* to cook

cuisinier/cuisinière *m., f.* cook

cuisinière *f.* stove

cuisse *f.* thigh

curieux/curieuse *adj.* curious

curiosité *f.* curiosity **7**

curriculum vitæ (C.V.) *m.* résumé

cyberespace *m.* cyberspace **7**

cyclone *m.* hurricane **2**

D

d'abord *adv.* first **2**

d'accord *(tag question)* all right?; *(in statement)* okay

être d'accord to be in agreement

d'autres *m., f.* others

d'habitude *adv.* usually

danger *m.* danger **10**

dangereux/dangereuse *adj.* dangerous **2**

dans *prep.* in **5**; inside **5**

danse *f.* dance

danser *v.* to dance

danseur/danseuse *m., f.* dancer

date *f.* date

Quelle est la date? What is the date?

dauphin *m.* dolphin **10**

de l' *part. art., m., f., sing.* some

de la *part. art., f., sing.* some

de/d' *prep.* from; of **7**

de crainte que *conj.* for fear that **7**

de l'après-midi in the afternoon

de laquelle *pron., f., sing.* which one

de nouveau *adv.* again **8**

de peur de *prep.* for fear of **7**

de peur que *conj.* for fear that **7**

de pointe cutting edge **7**

De quelle couleur... ? What color... ?

De rien. You're welcome.

de taille moyenne of medium height

de temps en temps *adv.* from time to time

débarrasser la table *v.* to clear the table

débile *adj.* moronic **2**

déblayer *v.* to clear away **10**

déboisement *m.* deforestation

débrouiller: se débrouiller *v.* to figure it out; to manage

début *m.* beginning; debut

débuter *v.* to begin **6**

décédé(e) *adj.* deceased

décembre *m.* December

déchets *m.* trash **10**

déchets toxiques *m., pl.* toxic waste

déchirer *v.* to tear **8**

décider (de) *v.* to decide (*to do something*);

se décider *v.* to make up one's mind **6**

déclencher *v.* to cause

décourager: se décourager *v.* to lose heart **5**

découvert (découvrir) *p.p.* discovered

découverte (capitale) *f.* (breakthrough) discovery **7**

découvrir *v.* to discover **4**

décrire *v.* to describe **6**

décrit (décrire) *p.p., adj.* described

décrocher *v.* to pick up

déçu(e) *adj.* disappointed **4**

dedans *adv.* inside **2, 8**

défaite *f.* defeat **4**

défaut *m.* flaw **3**

défavorisé(e) *adj.* underprivileged **5**

défendre *v.* to defend **4**

défi *m.* challenge **5**

défilé *m.* parade **2**

déforestation *f.* deforestation **10**

degrés *m., pl.* (*temperature*) degrees

Il fait ... degrés. (*to describe weather*) It is ... degrees.

dehors *adv.* outside **2**

déjà *adv.* already **2**

déjeuner *m.* lunch; *v.* to eat lunch

délicieux/délicieuse *delicious*

demain *adv.* tomorrow **2**

À demain. See you tomorrow.

après-demain *adv.* day after tomorrow

demain matin/après-midi/soir *adv.* tomorrow morning/afternoon/evening

demande *f.* proposal **6**

faire une demande en mariage to propose **6**

demander *v.* to ask for **2**;

se demander *v.* to wonder **2**

demander (à) *v.* to ask (someone), to make a request (of someone)

demander que... *v.* to ask that...

demander un prêt to apply for a loan **9**

démarrer *v.* to start up

déménager *v.* to move **6**

demie half

et demie half past ... (o'clock)

demi-frère *m.* half-brother, stepbrother **6**

demi-sœur *f.* half-sister, stepsister **6**

démissionner *v.* to quit, to resign **9**

démocratie *f.* democracy **4**

dent *f.* tooth

brosse à dents *f.* toothbrush

se brosser les dents *v.* to brush one's teeth
dentifrice *m.* toothpaste
dentiste *m., f.* dentist
départ *m.* departure
dépasser: se dépasser *v.* to go beyond one's limits; to go over; to pass **8**
dépaysement *m.* change of scenery **1**; disorientation **1**
dépêcher: se dépêcher *v.* to hurry **2, 7**
dépense *f.* expenditure, expense
dépenser *v.* to spend
  dépenser de l'argent *v.* to spend money
dépenses *f.* expenses **9**
déplacer: se déplacer *v.* to move, to change location
déposer *v.* to deposit **9**
  déposer de l'argent *v.* to deposit money
déprimé(e) *adj.* depressed **1**
depuis *adv.* since; for
député(e) *m.,* f. deputy (politician) **4**; representative **4**
déranger *v.* to bother **6**; to disturb **6**
dernier/dernière *adj.* last **2**; final **2**
  lundi (mardi, etc.) dernier *last* Monday (Tuesday, etc.) **3**
dernièrement *adv.* lastly, finally
dérouler: se dérouler *v.* to take place **6**
derrière *prep.* behind **5**
des (de + les) *m., f., pl.* of the
des *part. art., m., f., pl.* some
dès que *adv.* as soon as **7**
désabusé(e) *adj.* disillusioned
désagréable *adj.* unpleasant
descendre *v.* to go down **2**; to get off **2**
  descendre (de) *v.* to go downstairs; to get off; to take down
désert *m.* desert
désespéré(e) *adj.* desperate
désespoir *m.* despair **7**
déshabiller: se déshabiller *v.* to undress **2**
désirer *v.* to want (that); to desire **6**; to want to **8**
désolé(e) *adj.* sorry **6**
  être désolé(e) que to be sorry that…
désormais *adv.* now **3**
desquelles (de + lesquelles) *pron., f., pl.* which ones
desquels (de + lesquels) *pron., m., pl.* which ones
dessert *m.* dessert
dessin animé *m.* cartoon
dessiner *v.* to draw
détendre: se détendre *v.* to relax **2**
détester *v.* to hate **8**
  Je déteste… I hate…
détruire *v.* to destroy **7**

détruit (détruire) *p.p., adj.* destroyed
dette *f.* debt **9**
  avoir des dettes to be in debt **9**
deuil *m.* bereavement; grief **1**
deux *m.* two
deuxième *adj.* second
devant *prep.* in front of **5**
développement *m.* development **5**
développer *v.* to develop
devenir *v.* to become **3**
deviner *v.* to guess **5**
devoir *m.* homework; *v.* to have to, must **3**; to owe **9**
dialogue *m.* dialog **5**
dictature *f.* dictatorship **4**
dictionnaire *m.* dictionary **1**
différemment *adv.* differently
différence *f.* difference
différent(e) *adj.* different
difficile *adj.* difficult
dimanche *m.* Sunday
dîner *m.* dinner; *v.* to have dinner
diplôme *m.* diploma, degree
dire *v.* to say **3**;
  se dire *v.* to tell one another
  Ça te dit? Does that appeal to you?
  ça veut dire that is to say
  dire au revoir to say goodbye **5**
  veut dire *v.* means, signifies
direct: en direct *adj., adv.* live **3**
diriger *v.* to manage **9**; to run **9**
discret/discrète *adj.* discreet; unassuming
discuter *v.* discuss
disparaître *v.* to disappear **1**
disparu *m.* missing person **2**
disposé(e) (à) *adj.* willing (to) **9**
disposer de *v.* to have at one's disposal
disputer: se disputer (avec) *v.* to argue (with)
disque dur *m.* hard drive
dissertation *f.* essay
distance *f.* distance **5**
  formation à distance *f.* distance learning **5**
distributeur automatique/de billets *m.* ATM **9**
dit (dire) *p.p., adj.* said
diversité *f.* diversity **5**
divertir *v.* to entertain **3**
  se divertir *v.* to have a good time **8**
divertissant(e) *adj.* entertaining **8**
divertissement *m.* entertainment **3**
divorce *m.* divorce
divorcé(e) *adj.* divorced
divorcer *v.* to divorce **1**
dix *m.* ten
dix-huit *m.* eighteen
dixième *adj.* tenth
dix-neuf *m.* nineteen
dix-sept *m.* seventeen
documentaire *m.* documentary **3**
doigt *m.* finger
doigt de pied *m.* toe

domaine *m.* field
dommage *m.* harm
  Il est dommage que… It's a shame that…
donc *adv.* so **2**, therefore **2**
donner (à) *v.* to give (*to someone*)
donner *v.* to give **2**;
  se donner *v.* to give one another
  donner des indications to give directions **2**
dont *rel. pron.* of which; of whom; whose; that **9**
dormir *v.* to sleep **4**
  dormir à la belle étoile to sleep outdoors **2**
dos *m.* back
  sac à dos *m.* backpack
douane *f.* customs
doucement *adv.* gently **2**
douche *f.* shower
  prendre une douche *v.* to take a shower
doué(e) *adj.* talented, gifted **6**
douleur *f.* pain **1**; suffering **1**
douter *v.* to doubt (that) **2**;
  se douter (de) *v.* to suspect **2, 4**
douteux/douteuse *adj.* doubtful
  Il est douteux que… It is doubtful that…
doux/douce *adj.* sweet; soft **2**
douze *m.* twelve
draguer *v.* to flirt **1**
dramaturge *m.* playwright
drame (psychologique) *m.* (psychological) drama
drapeau *m.* flag **4**
draps *m., pl.* sheets
droits de l'homme *m.* human rights **4**
droite *f.* the right (side)
  à droite de *prep.* to the right of
drôle *adj.* funny
du *part. art., m., sing.* some
  du (de + le) *m., sing.* of the
dû (devoir) *p.p., adj.* (*used with infinitive*) had to; (*used with noun*) due, owed
dû/due à *adj.* due to **5**
duel *m.* one-on-one **8**
duper *v.* to trick **2**
duquel (de + lequel) *pron., m., sing.* which one

E

eau (minérale) *f.* (mineral) water
  carafe d'eau *f.* pitcher of water
écart *m.* discrepancy **5**; gap **5**
s'échapper de *v.* to escape from **6**
écharpe *f.* scarf
échecs *m., pl.* chess
échelle *f.* ladder **7**
échouer *v.* to fail
éclair *m.* éclair
écœurer: s'écœurer *v.* to sicken oneself; to become nauseated **1**

école *f.* school
écologie *f.* ecology
écologique *adj.* ecological
économe *adj.* thrifty 1
économie *f.* economics
économies *f.* savings 9
économiser *v.* to save 9
écotourisme *m.* ecotourism
écouter *v.* to listen (to) 8
écran *m.* screen 3
écraser *v.* to crush; to run over
écrire *v.* to write 3;
  s'écrire *v.* to write one another
écrit (écrire) *p.p., adj.* written
écrivain(e) *m., f.* writer
écureuil *m.* squirrel
édifice *m.* building 2
éditeur/éditrice *m., f.* publisher 3
éducation physique *f.* physical
  education
effacer *v.* to erase 7
effet de serre *m.* greenhouse effect
effets spéciaux *m.* special effects 3
efficace *adj.* efficient 5
effort *m.* effort 5
effrayant(e) *adj.* frightening 7
effrayer *v.* to frighten 6
égal(e) *adj.* equal 4
égaler *v.* to equal
égalité *f.* equality 4
église *f.* church
égocentrique *adj.* egocentric 3
égoïste *adj.* selfish 6
Eh! *interj.* Hey!
élection *f.* election 4
  gagner les élections to win
    elections 4
  perdre les élections to lose
    elections 4
électricien/électricienne *m., f.*
  electrician
électrique *adj.* electric
  appareil électrique/ménager *m.*
    electrical/household appliance
élégant(e) *adj.* elegant
élevé *adj.* high
élève *m., f.* pupil, student
élevé(e) *p.p.* raised
  bien élevé(e) *adj.* well-mannered 6
  mal élevé(e) *adj.* bad-mannered 6
élever (des enfants) *v.* to raise
  (children) 6
élire *v.* to elect 4
elle *pron., f.* she; it; her
  elle est… she/it is…
elles *pron., f.* they; them
  elles sont… they are…
e-mail *m.* e-mail
emballage (en plastique) *m.*
  (plastic) wrapping/packaging
embaucher *v.* to hire 9
embouteillage *m.* traffic jam 2
embrasser: s'embrasser *v.* to kiss
  one another
embrayage *m.* (*automobile*) clutch

émigré(e) *m., f.* emigrant 5
émigrer *v.* to emigrate 1
émission (de télévision) *f.*
  (television) program
emménager *v.* to move in
emmener *v.* to take (*someone*) 1
émotif/émotive *adj.* emotional
émouvant(e) *adj.* moving 8
émouvoir *v.* to move 3
empêcher (de) *v.* to stop 2; to keep
  from (doing something) 2
empirer *v.* to get worse 10
emploi *m.* job 9
  emploi à mi-temps/à temps
    partiel *m.* part-time job
  emploi à plein temps *m.* full-time
    job
  solliciter un emploi to apply for a
    job 9
employé(e) *m., f.* employee 9
employer *v.* to use, to employ
emprisonner *v.* to imprison 4
emprunt *m.* loan 9
  faire un emprunt to take out a
    loan 9
emprunter *v.* to borrow
en *prep.* in 5; at 5
  en attendant de *prep.* waiting to 7
  en attendant que *conj.* waiting
    for 7
  en automne in the fall
  en avance *early*
  en avoir marre to be fed up
  en désordre messy, untidy 7
  en direct *adj., adv.* live 3
  en effet indeed; in fact
  en été in the summer
  en face (de) *prep.* facing, across
    (from)
  en faillite *adj.* bankrupt 9
  en fait in fact
  en général *adv.* in general
  en hiver in the winter
  en moyenne on average 3
  en outre *adv.* in addition
  en plein air in fresh air 10
  en pointe *adv.* forward 8,
    up front 8
  en retard late
  en sécurité *adj.* sure 2
  en tout cas in any case
  en vacances on vacation
  en voie d'extinction *adj.*
    endangered 10
  être en ligne to be online
en *pron.* some of it/them; about it/
  them; of it/them; from it/them
  Je vous en prie. *form.* Please.;
    You're welcome.
  Qu'en penses-tu? What do you
    think about that?
encadrement *m.* supervisory staff 9
enceinte *adj.* pregnant
Enchanté(e). Delighted.
encore *adv.* again; still 2

s'endormir *v.* to fall asleep, to go
  to sleep
endroit *m.* place
énergie *f.* energy 10
  énergie (nucléaire/solaire) *f.*
    (nuclear/solar) energy
énerver *v.* to annoy 1;
  s'énerver *v.* to get worked up, to
    become upset
enfance *f.* childhood 6
enfant *m., f.* child
  enfant unique *m., f.* only child 6
enfin *adv.* finally, at last 2
enfler *v.* to swell
enfoncer: s'enfoncer *v.* to drown
engager: s'engager (envers
  quelqu'un) *v.* to commit (to
  someone) 1; to get involved 3
engloutir *v.* to swallow 2
enjeu *m.* stake 5
enlever la poussière *v.* to dust
enlever *v.* to kidnap 4
ennuyer *v.* to bore 1; to bother 2;
  s'ennuyer *v.* to get bored 2
ennuyeux/ennuyeuse *adj.* boring
énorme *adj.* enormous, huge
énormément *adv.* enormously 2
enquête *f.* investigation
enquêter (sur) *v.* to research 3; to
  investigate 3
enregistrer *v.* to record 3
enregistreur DVR *m.* DVR
enrichir: s'enrichir *v.* to become
  rich 5
enseigne *f.* store name 3
enseignement *m.* education 5
enseigner *v.* to teach
ensemble *adv.* together
ensuite *adv.* then, next 2
entendre *v.* to hear 2;
  s'entendre bien *v.* to get along
    well 1
enthousiaste *adj.* enthusiastic 1;
  excited 1
entourer: s'entourer de *v.* to
  surround oneself with 9
entracte *m.* intermission
entraide *f.* mutual aid 9
entraîneur *m.* coach 8
entre *prep.* between
entrée *f.* appetizer, starter
entrepôt *m.* warehouse 9
entreprendre *v.* to undertake 9
entrepreneur/entrepreneuse *m., f.*
  entrepreneur 9
entreprise (multinationale) *f.*
  (multinational) company 9;
  firm, business
  monter une entreprise to create a
    company 9
entrer *v.* to enter 3
entretenir: s'entretenir (avec) *v.* to
  talk 2, to converse 2
entretien *m.* interview 3

entretien d'embauche *m.* job interview

passer un entretien *to* have an interview

envahir *v.* to invade 3

enveloppe *f.* envelope

envie *f.* desire, envy

avoir envie (de) *to* feel like (*doing something*)

environnement *m.* environment 10

envisager *v.* to envision 7

envoyé(e) spécial(e) *m., f.* correspondent 3

envoyer (à) *v.* to send (*to someone*) 1

épais(se) *adj.* thick 9

épanouissement *m.* development 10

épargne *f.* savings

compte d'épargne *m.* savings account

épeler *v.* to spell 1

épicerie *f.* grocery store

épinards *m.* spinach 6

épouser *v.* to marry

épouvantable *adj.* dreadful

Il fait un temps épouvantable. The weather is dreadful.

époux/épouse *m., f.* spouse 6; husband/wife 6

épuisé(e) *adj.* exhausted 9

épuiser *v.* to use up 10

équipe *f.* team

érosion *f.* erosion 10

escalader *v.* to climb 8, to scale 8

escalier *m.* staircase

escargot *m.* escargot, snail

esclavage *m.* slavery 4

esclave *m., f.* slave 4

espace *m.* space 7

Espagne *f.* Spain

espagnol(e) *adj.* Spanish

espèce (menacée) *f.* (endangered) species

espèces *m.* cash

espérer *v.* to hope 1

espionner *v.* to spy 4

esprit *m.* spirit 1

essayer *v.* to try 1

essence *f.* gas

réservoir d'essence *m.* gas tank

voyant d'essence *m.* gas warning light

essentiel(le) *adj.* essential 6

Il est essentiel que… It is essential that…

essuie-glace *m.* **(essuie-glaces** *pl.*) windshield wiper(s)

essuyer (la vaiselle/la table) *v.* to wipe (*the dishes/the table*)

est *m.* east

Est-ce que… ? (*used in forming questions*)

estropié(e) *m., f.* cripple

et *conj.* and

Et toi? *fam.* And you?

Et vous? *form.* And you?

établir: s'établir *v.* to settle 5

étage *m.* floor

étagère *f.* shelf

étape *f.* stage

état d'âme *m.* qualm; feeling 1

États-Unis *m., pl.* United States

été (être) *p.p.* been

été *m.* summer

en été in the summer

éteindre *v.* to turn off

étendre: s'étendre *v.* to spread 2

éternuer *v.* to sneeze 7

éthique *adj.* ethical 7

étoile *f.* star

étoile (filante) *f.* (shooting) star 7

étonnant(e) *adj.* surprising 6

étonné(e) *adj.* surprised 6

étonner: s'étonner *v.* to be amazed 8

étranger *m.* (*places that are*) abroad, overseas

à l'étranger abroad, overseas

étranger/étrangère *m., f.* foreigner 2; stranger 2

étranger/étrangère *adj.* foreign

langues étrangères *f., pl.* foreign languages

étrangler *v.* to strangle

être *v.* to be 1

être à la une to be on the front page 3

être bien/mal payé(e) to be well/badly paid

être connecté(e) avec quelqu'un to be online with someone

être contaminé(e) to be contaminated 10

être désolé(e) to be sorry 6

être en ligne avec to be online with

être en pleine forme to be in good shape

être perdu(e) to be lost 2

être pris(e) to be busy, taken up 6

être promu(e) to be promoted 9

être sous pression to be under pressure 9

études (supérieures) *f., pl.* studies; (higher) education

étudiant(e) *m., f.* student

étudier *v.* to study

eu (avoir) *p.p.* had

eux *disj. pron., m., pl.* they, them

évadé(e) *adj.* escaped 4

événement *m.* event 3

évidemment *adv.* obviously, evidently; of course

évident: Il est évident que It is evident that…

évier *m.* sink

éviter (de) *v.* to avoid (*doing something*)

évoluer *v.* to evolve

évoquer *v.* to make think of 9

exactement *adv.* exactly

examen *m.* exam; test

être reçu(e) à un examen *v.* to pass an exam

passer un examen *v.* to take an exam

exclu(e) *adj.* excluded 5

Excuse-moi. *fam.* Excuse me.

exercice *m.* exercise

faire de l'exercice *v.* to exercise

exhorter *v.* to urge 10

exigeant(e) *adj.* demanding 6

profession (exigeante) *f.* a (demanding) profession

exiger *v.* to demand 6, 9

exiger (que) *v.* to demand (that)

exigu(ë) *m., f.* small 2

expérience (professionnelle) *f.* (professional) experience

expérience *f.* experiment 7

expliquer *v.* to explain

explorer *v.* to explore 7

exposition *f.* exhibition 8; art show 8

exprès *adv.* on purpose 4

faire exprès to do it on purpose 4

extinction *f.* extinction

en voie d'extinction *adj.* endangered 10

extrait *m.* excerpt 3

extraterrestre *m., f.* alien 7

F

fâché(e) *adj.* angry 1; mad 1

fâcher: se fâcher (contre) *v.* to get angry (with) 2

facilement *adv.* easily

facteur *m.* mailman

faible *adj.* weak

faiblir *v.* to weaken 10

faillite: en faillite *adj.* bankrupt 9

faim *f.* hunger

avoir faim *v.* to be hungry

fainéant(e) *m., f.* lazybones 9

faire *v.* to do; to make 1

faire attention (à) *v.* to pay attention (to)

faire carrière (dans) to pursue a career (in) 9

faire confiance (à quelqu'un) to trust (someone) 1

faire de l'aérobic *v.* to do aerobics

faire de l'exercice *v.* to exercise

faire de la gym *v.* to work out

faire de la musique *v.* to play music

faire de la peinture *v.* to paint

faire de la planche à voile *v.* to go windsurfing

faire de la plongée (sous-marine/avec tuba) *v.* to dive/snorkel 10

faire des projets *v.* to make plans

faire du camping *v.* to go camping

faire du chantage to blackmail 4

faire du cheval *v.* to go horseback riding

faire du jogging *v.* to go jogging
faire du shopping *v.* to go shopping
faire du ski *v.* to go skiing
faire du sport *v.* to do sports
faire du vélo *v.* to go bike riding
faire exprès *v.* to do it on purpose **4**
faire la connaissance de *v.* to meet (*someone*)
faire la cuisine *v.* to cook
faire la fête *v.* to celebrate
faire la lessive *v.* to do the laundry
faire la poussière *v.* to dust
faire la queue *v.* to wait in line **8**
faire la vaisselle *v.* to do the dishes
faire match nul *v.* to tie (a game) **8**
faire le lit *v.* to make the bed
faire le ménage *v.* to do the housework
faire le plein *v.* to fill the tank
faire les courses *v.* to run errands
faire les musées *v.* to go to museums
faire les valises *v.* to pack one's bags
faire mal *v.* to hurt
faire passer *v.* to spread (the word) **8**
faire plaisir à quelqu'un *v.* to please someone
faire quelque chose de beau *v.* to be up to something interesting
faire sa toilette *v.* to wash up
faire sans *v.* to do without **5**
faire un effort *v.* to make an effort **5**
faire un emprunt *v.* to take out a loan **9**
faire un séjour *v.* to spend time (somewhere)
faire un tour (en voiture) *v.* to go for a walk (drive)
faire une déclaration d'amour to declare one's love **1**
faire une demande en mariage *v.* to propose **6**
faire une expérience *v.* to carry out an experiment **7**
faire une piqûre *v.* to give a shot
faire une promenade *v.* to go for a walk
faire une randonnée *v.* to go for a hike
faire visiter *v.* to give a tour
fait (faire) *p.p., adj.* done; made
faits divers *m.* news items **3**
falaise *f.* cliff
falloir *v.* to be necessary **6**; to have to **9**
  Il faut que… One must… **6**; It is necessary that… **6**
fallu (falloir) *p.p.* (*used with infinitive*) had to…
  Il a fallu… It was necessary to…

famille *f.* family
famille monoparentale/nombreuse/recomposée single-parent/large/blended family **6**
fan (de) *m., f.* fan (of) **8**
fanfare *f.* marching band **2**
fascinant(e) *adj.* fascinating **9**
fatigué(e) *adj.* tired
faut (falloir) *v.* (*used with infinitive*) is necessary to…
  Il a fallu… It was necessary to…
  Il fallait… One had to…
  Il faut que… One must…/It is necessary that…
faute *f.* foul **8**
fauteuil *m.* armchair
fauteuil rolant *m.* wheelchair **7**
faux/fausse *adj.* false **2**; wrong **2**
favori(te) *adj.* favorite **2**
fax *m.* fax (machine)
félicitations congratulations
femme *f.* woman; wife
  femme au foyer housewife
  femme auteur author
  femme cadre executive
  femme d'affaires businesswoman **9**
  femme peintre painter
  femme politique politician **4**
  femme pompier firefighter
fenêtre *f.* window
fer à repasser *m.* iron
férié(e) *adj.* holiday **5**
  jour férié *m.* holiday
ferme *f.* farm **10**
fermé(e) *adj.* closed
fermer *v.* to close; to shut off
festival (festivals pl.) *m.* festival
fête *f.* party; celebration
  fête foraine *f.* carnival **2**
  faire la fête *v.* to celebrate
fêter *v.* to celebrate **8**
feu (tricolore) *m.* traffic light **2**
feu d'artifice *m.* fireworks display **2**
feu de signalisation *m.* traffic light
feuillage *m.* foliage **10**
feuille de papier *f.* sheet of paper
feuilleton *m.* soap opera **3**; series **3**
février *m.* February
facile *adj.* easy
fiançailles *f.* engagement **6**
fiancé(e) *adj.* engaged
fiancé(e) *m., f.* fiancé
fiancer: se fiancer *v.* to get engaged **1**
fichier *m.* file
fidèle *adj.* faithful **1**
fier/fière *adj.* proud **2**
fierté *f.* pride
fièvre *f.* fever
  avoir de la fièvre *v.* to have a fever
filer *v.* to give (*fam.*) **1**
filet (de pêche) *m.* (fishing) net **10**
fille *f.* girl; daughter
  fille unique *f.* only child **6**
film *m.* movie **3**

film (d'aventures, d'horreur, de science-fiction, policier) *m.* (adventure, horror, science-fiction, crime) film
sortir un film to release a movie **3**
fils *m.* son
  fils unique *m.* only child **6**
fin *f.* end
finalement *adv.* finally **3**
financier/financière *adj.* financial **9**
fini (finir) *p.p., adj.* finished, done, over
finir (de) *v.* to finish (doing something)
fléchettes *f.* darts **8**
fleur *f.* flower
fleuve *m.* river **10**
flic *m.* cop **5**
foire *f.* fair **2**
fois *f.* time
  deux fois *adv.* twice **3**
  une fois *adv.* once **3**
  une fois que *conj.* once **10**
fonctionner *v.* to work, to function
fondamental(e) *adj.* basic **7**
fonds *m.* funds
fontaine *f.* fountain
foot(ball) *m.* soccer
  football américain *m.* football
forcer *v.* to force **1**
forêt (tropicale) *f.* (rain) forest **10**
forfait *m.* phone plan; fixed rate **3**
formateur/formatrice *m., f.* trainer
formation *f.* education; training **9**
  formation à distance *f.* distance learning **5**
forme *f.* shape; form
  être en pleine forme *v.* to be in good shape
formidable *adj.* great
formulaire *m.* form
  remplir un formulaire to fill out a form
fort(e) *adj.* strong
fossé des générations *m.* generation gap **6**
fou/folle *adj.* crazy **2**
foulard *m.* headscarf **6**
foule *f.* (the) masses; crowd **4**; mob **4**
fouler: se fouler (la cheville) *v.* to twist/to sprain one's (ankle)
four (à micro-ondes) *m.* (microwave) oven
fourchette *f.* fork
frais/fraîche *adj.* fresh; cool **2**
  Il fait frais. (*weather*) It is cool.
fraise *f.* strawberry
franc/franche *adj.* frank **1, 2**
français(e) *adj.* French
France *f.* France
franchement *adv.* frankly, honestly
frappant(e) *adj.* striking **3**
frapper *v.* to knock; to hit
freiner *v.* to brake

freins *m., pl.* brakes
fréquenter *v.* to frequent; to visit
frère *m.* brother
    beau-frère *m.* brother-in-law
    demi-frère *m.* half-brother,
        stepbrother
frigo *m.* refrigerator
frisé(e) *adj.* curly
frisson *m.* thrill 8
frites *f., pl.* French fries
froid *m.* cold
    avoir froid to be cold
    Il fait froid. (*weather*) It is cold.
fromage *m.* cheese
fromagerie *f.* cheese store 6
front *m.* forehead
frontière *f.* border 5
fruit *m.* fruit
fruits de mer *m., pl.* seafood
fuir *v.* to flee 1
fumé(e) *adj.* smoked 6
funérailles *f., pl.* funeral
furieux/furieuse *adj.* furious
    être furieux/furieuse que *v.* to be
        furious that…
fusée *f.* rocket

G

gâcher *v.* to spoil 1
gagner *v.* to win; to earn 4
    gagner les élections to win
        elections 4
    gagner sa vie to earn a living 9
gamin(e) *m., f.* kid 5
gamme de produits *f.* line of
    products
gant *m.* glove
garage *m.* garage
garer: se garer *v.* to park
garanti(e) *adj.* guaranteed
garçon *m.* boy
garde des enfants *f.* (child) custody 6
garder la ligne *v.* to stay slim
gare (routière) *f.* train station (bus
    station)
gaspillage *m.* waste 10
gaspiller *v.* to waste 10
gâteau *m.* cake
gâter *v.* to spoil 6
gauche *f.* the left (side)
    à gauche (de) *prep.* to the left (of)
gazeux/gazeuse *adj.* carbonated,
    fizzy
    boisson gazeuse *f.* carbonated
        drink/beverage
gêne *f.* embarrassment 6
gène *m.* gene 7
gêné(e) *adj.* embarrassed 2
gêner *v.* to bother 1; to embarrass 1
généreux/généreuse *adj.* generous
génétique *f.* genetics 7
génial(e) *adj.* great 1; terrific 1
genou *m.* knee
genre *m.* genre

gens *m., pl.* people
gentil(le) *adj.* nice 2
gentiment *adv.* nicely 2; kindly 2
géographie *f.* geography
gérant(e) responsable *m., f.*
    manager 9
gérer *v.* to manage 9; to run 9
gestion *f.* business administration
glace *f.* ice cream
glaçon *m.* ice cube
gland *m.* acorn 10
glissement de terrain *m.* landslide
glisser *v.* to glide 8
golf *m.* golf
gorge *f.* throat
goûter *m.* afternoon snack; *v.* to taste
gouvernement *m.* government 4
gouverner *v.* to govern 4
grâce à *prep.* thanks to 1
grand(e) *adj.* big 2; tall 2; great 2
    grand magasin *m.* department
        store 9
grandir *v.* to grow up
grand-mère *f.* grandmother
grand-oncle *m.* great-uncle 6
grand-père *m.* grandfather
grands-parents *m., pl.* grandparents
grand-tante *f.* great-aunt 6
gras/grasse *adj.* fat, plump 4
gratin *m.* gratin
gratte-ciel *m.* skyscraper 2
gratuit(e) *adj.* free
grave *adj.* serious
    Ce n'est pas grave. It's okay.; No
        problem.
gravité *f.* gravity 7
grec/grecque *adj.* Greek 2
grillé(e) *adj.* grilled 6, broiled 6
grille-pain *m.* toaster
grimper à *v.* to climb 8
grippe *f.* flu
gris(e) *adj.* gray
gronder *v.* to scold 6
gros(se) *adj.* fat 2
grossir *v.* to gain weight
grotte *f.* cave 3
groupe *m.* musical group 8; band 8
guérir *v.* to get better; to cure 7,
    to heal 7
guerre *f.* war
    guerre (civile) *f.* (civil) war 4
    guerre de Sécession *f.* American
        Civil War 4
guitare *f.* guitar
gym *f.* exercise
    faire de la gym *v.* to work out
gymnase *m.* gym

H

habiller: s'habiller *v.* to get dressed 2
habitat *m.* habitat
    sauvetage des habitats *m.* habitat
       preservation

habitation *f.* housing 2
habiter (à) *v.* to live (in/at)
habituer: s'habituer à *v.* to get used
    to 2
haine *f.* hatred 4
harceler *v.* to harass 9
haricots verts *m., pl.* green beans
haut(e) *adj.* high 2
hebdomadaire *m.* weekly magazine 3
hégémonie *f.* hegemony
Hein? *interj.* Huh?; Right?
herbe *f.* grass
hériter *v.* to inherit 6
hésiter (à) *v.* to hesitate (*to do*
    something)
heure(s) *f.* hour, o'clock; time
    à … heure(s) at … (o'clock)
    À quelle heure? What time?;
       When?
    À tout à l'heure. See you later.
    Quelle heure avez-vous? *form.*
       What time do you have?
    Quelle heure est-il? What time
       is it?
heureusement *adv.* fortunately,
    happily 2
heureux/heureuse *adj.* happy 2
    être heureux/heureuse que …
       to be happy that…
hier (matin/après-midi/soir) *adv.*
    yesterday (morning/afternoon/
    evening) 2
    avant-hier *adv.* day before
       yesterday
    hier (matin, soir, etc.) *adv.*
       yesterday (morning, evening,
       etc.) 3
histoire *f.* history; story 1
hiver *m.* winter
    en hiver in the winter
homme *m.* man
    homme d'affaires *m.* businessman 9
    homme politique *m.* politician 4
honnête *adj.* honest 1
honte *f.* shame 1
    avoir honte (de) *v.* to be ashamed
       (of) 1; to be embarrassed (of) 1
hôpital *m.* hospital
horaire *m.* schedule 9
horloge *f.* clock
hors-d'œuvre *m.* hors d'oeuvre,
    appetizer
hôte/hôtesse *m., f.* host
hôtel de ville *m.* city/town hall 2
hôtel *m.* hotel
hôtelier/hôtelière *m., f.* hotel keeper
huile *f.* oil
    huile *f.* (automobile) oil
    huile d'olive *f.* olive oil
    vérifier l'huile to check the oil
    voyant d'huile *m.* oil warning
       light
huit *m.* eight
huitième *adj.* eighth
huître *f.* oyster 10

humain(e) *adj.* human **1**
humanité *f.* humankind **5**
humeur *f.* mood
  être de bonne/mauvaise
    humeur *v.* to be in a good/bad
    mood
hurler *v.* to shout **7**
hypermarché *m.* large supermarket **6**

I

ici *adv.* here **2**
idéaliste *adj.* idealistic **1**
idée *f.* idea
il *sub. pron.* he; it
  il est… he/it is…
  Il n'y a pas de quoi. It's nothing.;
    You're welcome.
  Il vaut mieux que… It is better
    that…
Il faut (falloir) *v.* (*used with*
    infinitive) It is necessary to…
  Il a fallu… It was necessary to…
  Il fallait… One had to…
  Il faut (que)… One must…/It is
    necessary that…
il y a there is/are
  il y a eu there was/were
  il y avait there was/were
  Qu'est-ce qu'il y a? What is it?;
    What's wrong?
  Y a-t-il… ? Is/Are there… ?
il y a… (*used with an expression of*
    time) … ago
île *f.* island
ils *sub. pron., m., pl.* they
  ils sont… they are…
immédiatement *adv.* immediately **3**
immeuble *m.* building
immigration *f.* immigration **5**
immigré(e) *n.* immigrant **5**
immigrer *v.* to immigrate **1**
impartial(e) *adj.* impartial **3;**
  unbiased **3**
impatient(e) *adj.* impatient
imperméable *m.* rain jacket
important(e) *adj.* important **6**
  Il est important que… It is
    important that…
impossible *adj.* impossible **7**
  Il est impossible que… It is
    impossible that…
imprimante *f.* printer
imprimer *v.* to print
inattendu(e) *adj.* unexpected **2**
incendie *m.* fire **10**
  prévenir l'incendie to prevent a
    fire
incertitude *f.* uncertainty **5**
incompétent(e) *adj.* incompetent **9**
incontournable *adj.* to be reckoned
  with
incroyable *adj.* incredible
indépendamment *adv.* independently
indépendant(e) *adj.* independent

indications *f.* directions **2**
  donner des indications to give
    directions **2**
indice *m.* clue, indication **4**
indiquer *v.* to indicate
indispensable *adj.* essential,
  indispensable **6**
  Il est indispensable que… It is
    essential that…
individualité *f.* individuality **5**
  perte de l'individualité *f.* loss of
    individuality **5**
individuel(le) *adj.* single, individual
  chambre individuelle *f.* single
    (hotel) room
inégal(e) *adj.* unequal **4**
inégalité *f.* inequality **4**
inférieur(e) *adj.* inferior **2**
infidèle *adj.* unfaithful **1**
infirmier/infirmière *m., f.* nurse
influence *f.* influence **4**
  avoir de l'influence (sur) to have
    influence (over) **4**
influent(e) *adj.* influential **3**
informations (infos) *f., pl.* news
informatique *f.* computer science **7**
informer: s'informer (par les
    médias) *v.* to keep oneself
    informed (through the media) **3**
ingénieur *m.* engineer **7**
ingrat(e) *adj.* thankless **9**
inhabituel(le) *adj.* unusual **9**
injuste *adj.* unfair **4**
injustice *f.* injustice **4**
innovant(e) *adj.* innovative **7**
innovation *f.* innovation **7**
inondation *f.* flood **10**
inoubliable *adj.* unforgettable **1**
inquiet/inquiète *adj.* worried **1, 2**
inquiéter: s'inquiéter *v.* to worry **2**
inscrire: s'inscrire *v.* to enroll **6**
insensible *adj.* insensitive **2**
instabilité *f.* instability **5**
installer: s'installer *v.* to settle **5**
instrument *m.* instrument
insuffisant(e) *adj.* insufficient **10**
insupportable *adj.* unbearable **6**
intégration *f.* integration **5**
intégrer: s'intégrer (à un groupe) *v.*
  to belong (to a group) **1**
intellectuel(le) *adj.* intellectual **6;**
  adj. intellectual **2**
intelligent(e) *adj.* intelligent
interdire *v.* to forbid, to prohibit
intéressant(e) *adj.* interesting
intéresser: s'intéresser (à) *v.* to be
  interested (in) **2**
internaute *m., f.* Internet user, net
  surfer **7**
interview *f.* interview **3**
inutile *adj.* useless
inventer *v.* to invent **7**
invention *f.* invention **7**
investir *v.* to invest **9;**
  s'investir *v.* to put oneself into

invité(e) *m., f.* guest
inviter *v.* to invite
irlandais(e) *adj.* Irish
Irlande *f.* Ireland
Italie *f.* Italy
italien(ne) *adj.* Italian

J

jadis *adv.* formerly **10,** in the past **10**
jaloux/jalouse *adj.* jealous **1**
jamais *adv.* never **2**
  ne… jamais never, not ever
jambe *f.* leg
jambon *m.* ham
janvier *m.* January
Japon *m.* Japan
japonais(e) *adj.* Japanese
jardin *m.* garden; yard
  jardin public *m.* public garden **2**
jaune *adj.* yellow
je/j' *sub. pron.*
  Je vous en prie. *form.* Please.;
    You're welcome.
jean *m., sing.* jeans
jetable *adj.* disposable **10**
jeter *v.* to throw; to throw away **10**
jeu *m.* game **8**
  jeu de société *m.* board game **8**
  jeu télévisé *m.* game show **7**
  jeu vidéo (des jeux vidéo) *m.*
    video game(s)
jeudi *m.* Thursday
jeune *adj.* young **2**
  jeunes mariés *m., pl.* newlyweds
jeunesse *f.* youth **6**
  auberge de jeunesse *f.* youth
    hostel
jogging *m.* jogging
  faire du jogging *v.* to go jogging
joie *f.* joy
joli(e) *adj.* handsome; beautiful;
  pretty **2**
jouer (à/de) *v.* to play (a sport/a
  musical instrument)
  jouer au bowling to go bowling **8**
  jouer un rôle *v.* to play a role
joueur/joueuse *m., f.* player
jour *m.* day
  jour de congé *m.* day off
  jour férié *m.* holiday **5**
  Quel jour sommes-nous? What
    day is it?
journal *m.* newspaper; journal **3**
journaliste *m., f.* journalist **3**
journée *f.* day
juge *m., f.* judge **4**
juger *v.* to judge **4**
juillet *m.* July
juin *m.* June
jumeaux/jumelles *m., f.* twin
  brothers/sisters **6**
jungle *f.* jungle
jupe (plissée) *f.* (pleated) skirt

juré(e) *m., f.* juror **4**
jus (d'orange/de pomme) *m.* (orange/apple) juice
jusqu'à (ce que) *prep.* until **7**
juste *adv.* just; right **4**
  juste à côté *right* next door
justice *f.* justice **4**

K

kidnapper *v.* to kidnap **4**
kilo(gramme) *m.* kilo(gram) **5**
kiosque *m.* kiosk

L

l' *def. art., m., f. sing.* the; *d.o. pron., m., f.* him; her; it
l'un(e) à l'autre to one another
l'un(e) l'autre one another
-là *(used with demonstrative adjective* **ce** *and noun or with demonstrative pronoun* **celui***)* there
la *def. art., f. sing.* the; *d.o. pron., f.* her; it
là(-bas) (over) there **2**
laboratoire *m.* laboratory
lac *m.* lake
lâcher *v.* to let go **8**
lagon *m.* lagoon **10**
laid(e) *adj.* ugly
laine *f.* wool
laisser *v.* to let, to allow **8**
  laisser tranquille *v.* to leave alone
  laisser un message *v.* to leave a message
  laisser un pourboire *v.* to leave a tip
lait *m.* milk
laitue *f.* lettuce
lampe *f.* lamp
lancement *m.* launch
lancer *v.* to throw **1, 7**; to launch, to open (an application/program) **5**
langue *f.* language **5**
  langues (étrangères) *f., pl.* (foreign) languages
  langue maternelle *f.* native language **5**
  langue officielle *f.* official language **5**
langueur *f.* listlessness **1**
lapin *m.* rabbit **1**
  poser un lapin (à quelqu'un) to stand (someone) up **1**
laquelle *pron., f., sing.* which one
  à laquelle *pron., f., sing.* which one
  de laquelle *pron., f., sing.* which one
large *adj.* loose; big
larme *f.* tear **1**
las/lasse *adj.* weary
lavabo *m.* bathroom sink

lave-linge *m.* washing machine
laver *v.* to wash
  se laver (les mains) *v.* to wash oneself (one's hands) **2**
laverie *f.* laundromat
lave-vaisselle *m.* dishwasher
le *def. art., m. sing.* the; *d.o. pron.* him; it
le/la meilleur(e) *adj.* the best **7**
légume *m.* vegetable
lendemain *m.* next day
lent(e) *adj.* slow
lentement *adv.* slowly
lequel *pron., m., sing.* which one
  auquel (à + lequel) *pron., m., sing.* which one
  duquel (de + lequel) *pron., m., sing.* which one
les *def. art., m., f., pl.* the; *d.o. pron., m., f., pl.* them
lesquelles *pron., f., pl.* which ones
  auxquelles (à + lesquelles) *pron., f., pl.* which ones
  desquelles (de + lesquelles) *pron., f., pl.* which ones
lesquels *pron., m., pl.* which ones
  auxquels (à + lesquels) *pron., m., pl.* which ones
  desquels (de + lesquels) *pron., m., pl.* which ones
lessive *f.* laundry
  faire la lessive *v.* to do the laundry
lettre *f.* letter
  boîte aux lettres *f.* mailbox
  lettre de motivation *f.* letter of application
  lettre de recommandation *f.* letter of recommendation, reference letter
  lettres *f., pl.* humanities
leur *i.o. pron., m., f., pl.* them
leur(s) *poss. adj., m., f.* their
lever *v.* to lift **1**;
  se lever *v.* to get up, to get out of bed **2**
lézarder au soleil *v.* to bask in the sun **8**
liaison *f.* affair; relationship
libéral(e) *adj.* liberal **4**
libérer: se libérer *v.* to free oneself **4**
liberté *f.* freedom **3, 4**
  liberté de la presse *f.* freedom of the press **3**
librairie *f.* bookstore
libre *adj.* available
licencier *v.* to lay off **9**; to fire **9**
lié(e) *adj.* close-knit **6**
lien *m.* link, connection **2**
lieu *m.* place
ligne *f.* figure, shape
  garder la ligne *v.* to stay slim
limitation de vitesse *f.* speed limit
limonade *f.* lemon soda

linge *m.* laundry
  lave-linge *m.* washing machine
  sèche-linge *m.* clothes dryer
lion *m.* lion **10**
lire *v.* to read **3**
lit *m.* bed
  faire le lit *v.* to make the bed
litre *m.* liter **5**
littéraire *adj.* literary
littérature *f.* literature
livre *m.* book
logement *m.* housing **2**
logiciel *m.* software, program
loi *f.* law **4**
  approuver une loi to pass a law **4**
loin de *prep.* far from
lointain(e) *adj.* distant
loisir *m.* leisure activity
  loisirs *m.* leisure **8**; recreation **8**
long(ue) *adj.* long **2**
  à long terme *adj.* long-term **9**
  chemise à manches longues *f.* long-sleeved shirt
longtemps *adv.* for a long time **3**
lorsque *conj.* when **7**
louer *v.* to rent
loyer *m.* rent **7**
lu (lire) *p.p.* read
lui *pron., sing.* he; him; *i.o. pron.* (attached to imperative) to him/her
lundi *m.* Monday
Lune *f.* Moon **10**
lunettes (de soleil) *f., pl.* (sun) glasses
lutte *f.* fight
lutter *v.* to fight **5**; to struggle **5**
luxe *m.* luxury **5**
lycée *m.* high school
lycéen(ne) *m., f.* high school student

M

ma *poss. adj., f., sing.* my
Madame *f.* Ma'am; Mrs.
Mademoiselle *f.* Miss
magasin *m.* store
  grand magasin *m.* department store
magazine *m.* magazine
magicien(ne) *m., f.* magician **7**
magnétophone *m.* tape recorder
magnétoscope *m.* videocassette recorder (VCR)
mai *m.* May
maigre *adj.* thin, scrawny **4**
maigrir *v.* to lose weight
maillot *m.* jersey **8**
maillot de bain *m.* swimsuit, bathing suit
main *f.* hand
  sac à main *m.* purse, handbag
maintenant *adv.* now **2**
maintenir *v.* to maintain **4**
maire *m.* mayor **2**

mairie *f.* town/city hall; mayor's office
mais *conj.* but
  mais non (but) of course not; no
maison *f.* house
  rentrer à la maison *v.* to return home
mal *adv.* badly **2**
  Je vais mal. I am doing badly.
  le plus mal *super. adv.* the worst **7**
  se porter mal *v.* to be doing badly
mal *m.* illness; ache, pain
  avoir mal *v.* to have an ache
  avoir mal au cœur *v.* to feel nauseated
  faire mal *v.* to hurt
malade *adj.* sick, ill
  tomber malade *v.* to get sick
maladie *f.* illness
  assurance maladie *f.* health insurance
malheureusement *adv.* unfortunately, unhappily
malheureux/malheureuse *adj.* unhappy
malhonnête *adj.* dishonest **1**
maltraitance *f.* abuse **5**
manche *f.* sleeve
  chemise à manches courtes/ longues *f.* short-/long-sleeved shirt
mangeable *adj.* edible **4**
manger *v.* to eat **1**
  salle à manger *f.* dining room
manier *v.* to handle, to wield **7**
manifestation *f.* demonstration **2**
manque *m.* lack **5**
manquer à *v.* to miss **5**
manteau *m.* coat
maquillage *m.* makeup
  se maquiller *v.* to put on makeup **2**
marchand de journaux *m.* newsstand
marché *m.* deal **2**
  marché (boursier) *m.* (stock) market **9**
  bon marché *adj.* inexpensive
marcher *v.* to walk (*person*); to work (*thing*)
mardi *m.* Tuesday
mari *m.* husband
mariage *m.* marriage; wedding (*ceremony*) **1**
  faire une demande en mariage to propose **6**
marié *m.* groom **6**
marié(e) *adj.* married
mariée *f.* bride **6**
  robe de mariée *f.* wedding gown **6**
marier: se marier avec *v.* to marry **1**
mariés *m., pl.* married couple
  jeunes mariés *m., pl.* newlyweds
marocain(e) *adj.* Moroccan
marquant(e) *adj.* striking **3**

marque *f.* brand **3**
marquer (un but/un point) *v.* to score (a goal/a point) **8**
marre: en avoir marre (de) to be fed up (with) **1**
marron *adj., inv.* (not for hair) brown **2**
marron *m.* chestnut **2**
mars *m.* March
martiniquais(e) *adj.* from Martinique
match *m.* game
matériau *m.* material
maternel(le) *adj.* maternal
mathématicien(ne) *m., f.* mathematician **7**
mathématiques (maths) *f., pl.* mathematics
matière première *f.* raw materia
matin *m.* morning
  ce matin *adv.* this morning
  demain matin *adv.* tomorrow morning
  hier matin *adv.* yesterday morning
matinée *f.* morning
maturité *f.* maturity **6**
mauvais(e) *adj.* bad **2**
  Il fait mauvais. The weather is bad.
  le/la plus mauvais(e) *super. adj.* the worst **7**
  plus mauvais(e) *adj.* worse **7**
mayonnaise *f.* mayonnaise
me/m' *pron., sing.* me; myself
mécanicien(ne) *m.,f.* mechanic
méchant(e) *adj.* mean
médecin *m.* doctor
médias *m.* media **3**
médicament (contre/pour) *m.* medication (against/for)
méfier: se méfier de *v.* to be distrustful/wary of **2**, to distrust **2**
meilleur(e) *comp. adj.* better **2**
  le/la meilleur(e) *super. adj.* the best
mélancolique *adj.* melancholic
mélange *m.* mix **1**
mêler *v.* to mix **10**
membre *m.* member **9**
même *adj.* even; same **2**; very **2**
-même(s) *pron.* -self/-selves
menace *f.* threat **4**
menacé(e) *adj.* endangered
  espèce menacée *f.* endangered species
menacer *v.* to threaten **1**
ménage *m.* household **6**
  faire le ménage *v.* to do housework
ménager/ménagère *adj.* household
  appareil ménager *m.* household appliance
  tâche ménagère *f.* household chore
mener *v.* to lead **1, 5**
mensuel *m.* monthly magazine **3**
mention *f.* distinction

mentir *v.* to lie **1**
menu *m.* menu
mépriser *v.* to have contempt for **6**
mer *f.* sea **10**
Merci (beaucoup). Thank you (very much).
mercredi *m.* Wednesday
mère *f.* mother
  belle-mère *f.* mother-in-law; stepmother
mériter *v.* to deserve **1**; to be worth **1**
mes *poss. adj., m., f., pl.* my
message *m.* message
  laisser un message *v.* to leave a message
  message publicitaire *m.* advertisement **3**
messagerie *f.* voicemail
mesure: prendre des mesures pour to take action to
métaphore *f.* metaphor **4**
météo *f.* weather
métier *m.* profession
métro *m.* subway **2**
  rame de métro *f.* subway train **2**
  station de métro *f.* subway station **2**
metteur en scène *m.* director (*of a play*)
mettre *v.* to put, to place **2**;
  se mettre *v.* to put (*something*) on (yourself)
  mettre au point to develop
  mettre la table to set the table
  se mettre à *v.* to begin **2**
  se mettre en colère contre to get angry with **1**
meuble *m.* piece of furniture
mexicain(e) *adj.* Mexican
Mexique *m.* Mexico
Miam! *interj.* Yum!
micro-onde *m.* microwave oven
  four à micro-ondes *m.* microwave oven
midi *m.* noon
  après-midi *m.* afternoon
mieux *adv.* better **2**
  aimer mieux *v.* to prefer
  Il vaut mieux que It is better that… **6**
  le mieux *super. adv.* the best **7**
  se porter mieux *v.* to be doing better
mignon(ne) *adj.* cute **2**
militant(e) *m., f.* activist **4**
mille *m.* one thousand
  cent mille *m.* one hundred thousand
milliardaire *m., f.* billionaire **3**
million, un *m.* one million
  deux millions *m.* two million
minuit *m.* midnight
miroir *m.* mirror
mis (mettre) *p.p.* put, placed
mise en marche *f.* start-up **7**

miser sur *v.* to count on
se mobiliser *v.* to rally 3
mode *f.* fashion
modéré(e) *adj.* moderate 4
modernité *f.* modernity 10
modeste *adj.* modest
mœurs *f.* customs 4, habits 4
moi *disj. pron., sing.* I, me; *pron.*
　　(*attached to an imperative*) to
　　me, to myself
　Moi aussi. Me too.
　Moi non plus. Me neither.
moins *adv.* before … (o'clock); less 7
　à moins de *prep.* unless 7
　à moins que *conj.* unless 7
moins (de) *adv.* less (of); fewer
　le/la moins *super. adv.* (*used with
　　verb or adverb*) the least
　le moins de… (*used with noun to
　　express quantity*) the least…
　moins de… que… (*used with
　　noun to express quantity*) less…
　　than…
mois *m.* month
　ce mois-ci this month
moitié *f.* half 5
môme *m., f.* kid 5
moment *m.* moment
mon *poss. adj., m., sing.* my
monarchie absolue *f.* absolute
　　monarchy 4
monde *m.* world
mondialisation *f.* globalization 5
monnaie *f.* change, coins; money
Monsieur *m.* Sir; Mr.
montagne *f.* mountain
montée d'adrénaline *f.* adrenaline
　　rush 8
monter *v.* to go up, to come up; to
　　get in/on, to ascend 3
　**monter (dans une voiture, dans
　　un train)** *v.* to get (in a car, on a
　　train) 2
　monter une entreprise to create a
　　company 9
montre *f.* watch
montrer (à) *v.* to show (*to someone*)
morale *f.* moral 4
morceau (de) *m.* piece, bit (of)
mort (mourir) *p.p., adj.* (*as past
　　participle*) died; (*as adjective*)
　　dead
mort *f.* death 6
mot de passe *m.* password 7
moteur *m.* engine
　moteur de recherche *m.* search
　　engine 7
mouchoir *m.* handkerchief 8
mourir *v.* to die 3
moutarde *f.* mustard
mouton *m.* sheep 10
moyen(ne) *adj.* medium
　de taille moyenne of medium
　　height
　en moyenne on average 3

moyens de communication *m.*
　　media 3
MP3 *m.* MP3
muet(te) *adj.* mute 2
multinationale *f.* multinational
　　company 3
mur *m.* wall
mûr(e) *adj.* mature 1
musée *m.* museum 2
　faire les musées *v.* to go to
　　museums
musical(e) *adj.* musical
　comédie musicale *f.* musical
musicien(ne) *m., f.* musician 8
musique: faire de la musique *v.* to
　　play music

N

nager *v.* to swim
naïf/naïve *adj.* naïve 2
naissance *f.* birth 6
naître *v.* to be born 3
nappe *f.* tablecloth
natalité *f.* birthrate 5
nationalité *f.* nationality
　Je suis de nationalité I am of …
　　nationality.
　Quelle est ta nationalité? *fam.*
　　What is your nationality?
　**Quelle est votre
　　nationalité?** *fam., pl., form.*
　　What is your nationality?
nature *f.* nature
naturel(le) *adj.* natural
　ressource naturelle *f.* natural
　　resource
naturellement *adv.* naturally 2
navette spatiale *f.* space shuttle
naviguer sur Internet/le web to
　　search the Web 3
né (naître) *p.p., adj.* born
ne/n' no, not
　ne… aucun(e) none, not any
　ne… jamais never, not ever
　ne… ni… ni… neither… nor…
　ne… pas no, not
　ne… personne nobody, no one
　ne… plus no more, not anymore
　ne… que only
　ne… rien nothing, not anything
　N'est-ce pas? (*tag question*) Isn't it?
nécessaire *adj.* necessary 6
　Il est nécessaire que… It is
　　necessary that…
nécessiter *v.* to require 6
neiger *v.* to snow
　Il neige. It is snowing.
nerveusement *adv.* nervously
nerveux/nerveuse *adj.* nervous
net(te) *adj.* clean 2
nettoyer *v.* to clean 1
neuf *m.* nine
neuvième *adj.* ninth
neveu *m.* nephew 6

nez *m.* nose
ni *nor*
　ne… ni… ni… neither… nor
nièce *f.* niece 6
niveau *m.* level
niveau de vie *m.* standard of living 5
noblesse *f.* nobility 4
noir(e) *adj.* black
nombreux/nombreuse *adj.*
　　numerous 5
non no
　mais non (but) of course not; no
non-conformiste *adj.* nonconformist 5
nord *m.* north
nos *poss. adj., m., f., pl.* our
nostalgie *f.* nostalgia 10
note *f.* (*academics*) grade
notoriété *f.* fame 3
notre *poss. adj., m., f., sing.* our
noueux/noueuse *adj.* gnarled 10
nourrir *v.* to feed
nourriture *f.* food, sustenance
nous *pron.* we; us; ourselves
nouveau/nouvelle *adj.* new 2
nouveauté *f.* development
nouvelle vague *f.* new wave 1
nouvelles *f., pl.* news
　**nouvelles locales/
　　internationales** *f.* local/
　　international news 3
novembre *m.* November
nuage de pollution *m.* pollution
　　cloud; smog 10
nuageux/nuageuse *adj.* cloudy
　Le temps est nuageux. It is
　　cloudy.
nucléaire *adj.* nuclear
　centrale nucléaire *f.* nuclear
　　plant
　énergie nucléaire *f.* nuclear
　　energy
nuire à *v.* to harm 10
nuisible *adj.* harmful 10
nuit *f.* night
　boîte de nuit *f.* nightclub
nul(le) *adj.* useless
nulle part *adv.* nowhere 2
numéro *m.* (*telephone*) number
　composer un numéro *v.* to dial
　　a number
　recomposer un numéro *v.* to
　　redial a number

O

objet *m.* object
obliger *v.* to force, to require 6
obsédé(e) *adj.* obsessed 7
obtenir *v.* to get, to obtain
　obtenir des billets *v.* to get
　　(tickets) 8
　obtenir un prêt *v.* to secure a loan 9
occupé(e) *adj.* busy
occuper *v.* to take care (*of something*),
　　to see to

octobre *m.* October
œil (les yeux) *m.* eye (eyes)
œuf *m.* egg
œuvre *f.* artwork, piece of art
  chef-d'œuvre *m.* masterpiece
  hors-d'œuvre *m.* hors d'oeuvre, starter
offert (offrir) *p.p.* offered
office du tourisme *m.* tourist office
offrir *v.* to offer **4**
oignon *m.* onion
oiseau *m.* bird
olive *f.* olive
  huile d'olive *f.* olive oil
ombre *f.* shadow **3**
omelette *f.* omelette
on *sub. pron., sing.* one (we)
  on y va let's go
oncle *m.* uncle
onze *m.* eleven
onzième *adj.* eleventh
opéra *m.* opera
opprimé(e) *adj.* oppressed **4**
optimiste *adj.* optimistic
or *m.* gold **2**
orageux/orageuse *adj.* stormy
  Le temps est orageux. It is stormy.
orange *adj. inv.* orange **2**; *f.* orange **2**
orchestre *m.* orchestra
ordinateur *m.* computer; portable laptop **7**
ordonnance *f.* prescription
ordre public *m.* public order **4**
ordures *f., pl.* trash
  ramassage des ordures *m.* garbage collection
oreille *f.* ear
oreiller *m.* pillow
organiser (une fête) *v.* to organize/to plan (a party)
orgueilleux/orgueilleuse *adj.* proud **1**
orienter: s'orienter *v.* to get one's bearings
origine *f.* heritage
  Je suis d'origine… I am of… heritage.
orphelin(e) *m., f.* orphan **6**
orteil *m.* toe
oser *v.* to dare to **8**
où *adv., rel. pron.* where **9**; when **9**
ou *or*
ouais *adv.* yeah
oublier (de) *v.* to forget (*to do something*)
ouest *m.* west
oui *adv.* yes
ouragan *m.* hurricane **10**
ours *m.* bear **10**
outil *m.* tool **7**
outre *prep.* besides
  en outre *adv.* in addition

ouvert (ouvrir) *p.p., adj.* (*as past participle*) opened; (*as adjective*) open
ouvrier/ouvrière *m., f.* worker, laborer
ouvrir *v.* to open **3**
ovni *m.* U.F.O. **7**
ozone *m.* ozone
  trou dans la couche d'ozone *m.* hole in the ozone layer

P

pacifique *adj.* peaceful **4**
page d'accueil *f.* home page
page sportive *f.* sports page **3**
pain (de campagne) *m.* (country-style) bread
paix *f.* peace **4**
palais de justice *m.* courthouse **2**
paniquer *v.* to panic
panne *f.* breakdown, malfunction
  tomber en panne *v.* to break down
panneau *m.* road sign **2**
  panneau d'affichage *m.* billboard **2**
pantalon *m., sing.* pants
pantoufle *f.* slipper
papeterie *f.* stationery store
papier *m.* paper
  corbeille à papier *f.* wastebasket
  feuille de papier *f.* sheet of paper
paquet *m.* package **5**
  paquet cadeau *m.* wrapped gift
par *prep.* by, through; on
  par jour/semaine/mois/an per day/week/month/year
  par rapport à *prep.* compared to
  par terre on the ground **1**
parabole *f.* satellite dish **7**
paraître *v.* to seem, to appear
parapente *m.* paragliding **8**
parapluie *m.* umbrella
parc *m.* park
  parc d'attractions *m.* amusement park **8**
parce que *conj.* because
parcourir *v.* to go across **8**
parcours *m.* career
Pardon. Pardon (me).
Pardon? What?
pare-brise *m.* windshield
pare-chocs *m.* bumper
pareil(le) *adj.* similar **5**; alike **5**
parent(e) *m., f.* relative **6**
parents *m., pl.* parents
paresseux/paresseuse *adj.* lazy
parfait(e) *adj.* perfect
parfois *adv.* sometimes **2**
parking *m.* parking lot
parler (à) *v.* to speak (to);
  se parler *v.* to speak to one another
  parler (au téléphone) *v.* to speak (on the phone)

parler bas/fort *v.* to speak loudly/softly **2**
paroi *f.* wall **3**
partage des richesses *m.* distribution of wealth **5**
partager *v.* to share **1**
parti politique *m.* political party **4**
partial(e) *adj.* partial **3**; biased **3**
particule *f.* particle **7**
partie *f.* game **8**; match **8**
partir *v.* to leave **3**
  à partir de *prep.* from **1**
  partir en vacances *v.* to go on vacation
partout *adv.* everywhere **2**
parvenir à *v.* to attain **5**; to achieve **5**
pas (de) *adv.* no, none
  ne… pas no, not
  pas de problème no problem
  pas du tout not at all
  pas encore not yet
  Pas mal. Not badly.
passager/passagère *m., f.* passenger **2**; *adj.* fleeting **1**
passeport *m.* passport
passer *v.* to pass by; to spend time **3**
  passer (devant) *v.* to go past **2**
  passer chez quelqu'un *v.* to stop by someone's house
  passer l'aspirateur *v.* to vacuum
  passer un examen *v.* to take an exam
passe-temps *m.* pastime, hobby **6**
passionnant(e) *adj.* exciting **4**
pâté (de campagne) *m.* pâté, meat spread
paternel(le) *adj.* paternal
pâtes *f., pl.* pasta
patiemment *adv.* patiently **2**
patient(e) *m., f.* patient; *adj.* patient
patienter *v.* to wait (on the phone), to be on hold
patiner *v.* to skate
patinoire *f.* skating rink **8**
pâtisserie *f.* pastry shop, bakery, pastry
patrie *f.* homeland **6**
patrimoine culturel *m.* cultural heritage **5**
patron(ne) *m., f.* boss
patte *f.* paw **4**
pauvre *adj.* poor **2**; unfortunate **2**
pauvreté *f.* poverty **9**
payé (payer) *p.p., adj.* paid
  être bien/mal payé(e) *v.* to be well/badly paid
payer *v.* to pay **1**
  payer en espèces *v.* to pay in cash
  payer par carte (bancaire/de crédit) *v.* to pay with a (debit/credit) card **9**
  payer par chèque *v.* to pay by check

pays *m.* country
paysage *m.* landscape **10;** scenery **10**
peau *f.* skin
pêche *f.* fishing; peach
  aller à la pêche *v.* to go fishing
pêcher *v.* to fish **10**
peigne *m.* comb
peigner: se peigner *v.* to comb **2**
peine *f.* sorrow; grief **1**
  Ce n'est pas la peine que… It is
    not worth the effort… **6**
peintre/femme peintre *m., f.* painter
peinture *f.* painting
pendant (que) *prep.* during, while
  pendant (*with time*
    expression) *prep.* for
  pendant une heure (un mois, etc.)
    adv. for an hour (a month, etc.) **3**
pénible *adj.* tiresome
pensée *f.* a thought **1**
penser (que) *v.* to think (that); to
  intend to **8**
  ne pas penser que… to not think
    that…
  Qu'en penses-tu? What do you
    think about that?
pension *f.* benefits **6**
pépinière *f.* nursery **10**
percevoir *v.* to perceive **9**
perdre *v.* to lose **4**
  perdre les élections to lose
    elections **4**
  perdre son temps *v.* to lose/to
    waste time
perdu *p.p., adj.* lost
  être perdu(e) to be lost **2**
père *m.* father
  beau-père *m.* father-in-law;
    stepfather
  père célibataire *m.* single father **6**
perle *f.* pearl **10**
permettre (de) *v.* to allow (*to do*
  something)
permis (permettre) *p.p., adj.*
  permitted, allowed
permis *m.* permit; license
  permis de conduire *m.* driver's
    license
permissif/permissive *adj.*
  permissive **6**
persévérance *f.* perserverance **5**
personnage *m.* character (in a story
  or play) **8**
  personnage (principal) *m.* (main)
    character
personne *f.* person; *pron.* no one
  ne… personne nobody, no one
personnifier *v.* to personify **4**
perte *f.* loss **9**
  perte de l'individualité *f.* loss of
    individuality **5**
peser *v.* to weigh **1**
pessimiste *adj.* pessimistic

pétanque *f.* petanque **8**
petit(e) *adj.* small; short (*stature*) **2**
  petit(e) ami(e) *m., f.* boyfriend/
    girlfriend
petit-déjeuner *m.* breakfast
petite-fille *f.* granddaughter **6**
petit-fils *m.* grandson **6**
petits pois *m., pl.* peas
petits-enfants *m., pl.* grand-children
peu *adv.* little; not much (of) **2**
  peu (de) *m.* few **5;** a little (of) **5**
peu mûr(e) *adj.* immature **1**
peuplé(e) *adj.* populated **2**
  (peu/très) peuplé(e) *adj.*
    (sparsely/ densely) populated **2**
peupler *v.* to populate **2**
peur *f.* fear **4**
  avoir peur (de/que) *v.* to be afraid
    (of/that) **2**
  de peur de *prep.* for fear of **7**
  de peur que *conj.* for fear that **7**
  vaincre ses peurs to confront
    one's fears **8**
peut-être *adv.* maybe, perhaps **2**
phares *m., pl.* headlights
pharmacie *f.* pharmacy
pharmacien(ne) *m., f.* pharmacist
philosophie *f.* philosophy
photo(graphie) *f.* photo(graph)
photographe *m., f.* photographer **3**
physique *f.* physics
piano *m.* piano
pièce *f.* room
pièce (de théâtre) *f.* (theater) play **8**
pièces de monnaie *f., pl.* change
pied *m.* foot
piégé(e) *p.p.* trapped **2**
pierre *f.* stone
piéton(ne) *m., f.* pedestrian **2**
pilule *f.* pill
pique-nique *m.* picnic
piqûre *f.* shot, injection
  faire une piqûre *v.* to give a shot
pis *adv.* worse **7**
  le pis *adv.* the worst **7**
piscine *f.* pool
placard *m.* closet; cupboard
place *f.* square; place; plaza **2;** *f.* seat
placer *v.* to place
plage *f.* beach
plaindre: se plaindre *v.* to complain **2**
plaire *v.* to please **6**
plaisir *m.* pleasure, enjoyment
  faire plaisir à quelqu'un *v.* to
    please someone
plan *m.* map
  utiliser un plan *v.* to use a map
planche à voile *f.* windsurfing
  faire de la planche à voile *v.* to
    go windsurfing
planète *f.* planet
  sauver la planète *v.* to save the
    planet

plainte: porter plainte to file a
  complaint **7**
plaire *v.* to please **6**
plante *f.* plant
plastique *m.* plastic
  emballage en plastique *m.* plastic
    wrapping/packaging
plat (principal) *m.* (main) dish
plein air *m.* outdoor, open-air
plein(e) *adj.* full **2**
pleine forme *f.* good shape, good
  state of health
  être en pleine forme *v.* to be in
    good shape
pleurer *v.* to cry **1**
pleuvoir *v.* to rain **3**
  Il pleut. It is raining.
plombier *m.* plumber
plonger *v.* to dive **1**
plu (pleuvoir) *p.p.* rained
pluie acide *f.* acid rain **10**
plupart *f., pron.* most (of them) **4**
plus *adv.* (*used in comparatives,*
  superlatives, and expressions of
  quantity) more **7**
  le/la plus … *super. adv.* (*used*
    with adjective) the most
  le/la plus mauvais(e) *super. adj.*
    the worst
  le plus *super. adv.* (*used with verb*
    or adverb) the most
  le plus de… (*used with noun to*
    express quantity) the most…
  le plus mal *super. adv.* the worst
  les plus vifs those who reacted the
    fastest **2**
  ne… plus no more, not anymore
  plus… que (*used with adjective*)
    more… than
  plus de more of
  plus de… que (*used with noun to*
    express quantity) more… than
  plus mal *comp. adv.* worse
  plus mauvais(e) *comp. adj.* worse
plus mal *adv.* worse **7**
plusieurs *adj.* several **4;** *pron.*
  several (of them) **4**
plutôt *adv.* rather
pneu (crevé) *m.* (flat) tire
  vérifier la pression des pneus *v.*
    to check the tire pressure
poème *m.* poem
poésie *f.* poem **9**
poète/poétesse *m., f.* poet
point *m.* (*punctuation mark*) period
pointe: en pointe *adv.* forward **8,**
  up front **8;**
  de pointe cutting edge **7**
poire *f.* pear
poisson *m.* fish **10**
poissonnerie *f.* fish shop
poitrine *f.* chest
poivre *m.* (*spice*) pepper

poivron *m.* (*vegetable*) pepper
polémique *f.* controversy **5**
poli(e) *adj.* polite
police *f.* police (force) **2**
  agent de police *m.* police officer **2**
  commissaire (de police) *m.*
    police commissioner **5**
  commissariat de police *m.* police
    station **2**
  préfecture de police *f.* police
    headquarters **2**
policier *m.* police officer
  film policier *m.* detective film
policière *f.* police officer
poliment *adv.* politely **2**
politique *adj.* political
  femme politique *f.* politician
  homme politique *m.* politician
  sciences politiques (sciences
    po) *f., pl.* political science
politique *f.* policy; politics **4**
polluer *v.* to pollute **10**
pollution *f.* pollution **10**
  nuage de pollution *m.* pollution
    cloud
polyglotte *adj.* multilingual **5**
pomme de terre *f.* potato
pomme *f.* apple
pompier/femme pompier *m., f.*
  firefighter
pont *m.* bridge **2**
population croissante *f.* growing
  population
porc *m.* pork
portable *m.* cell phone **7**
porte *f.* door
porter *v.* to carry; to wear;
  se porter mal/mieux *v.* to be ill/
    better
  porter plainte to file a complaint **7**
  porter un toast (à quelqu'un) to
    propose a toast (to someone) **8**
portier/portière *m., f.* bouncer,
  doorman **9**
portière *f.* car door
portrait *m.* portrait
poser *v.* to pose
  poser sa candidature à/pour to
    apply for **9**
  poser un lapin (à quelqu'un) to
    stand (someone) up **1**
  poser une question (à) *v.* to ask
    (*someone*) a question
posséder *v.* to possess, to own **1**
possible *adj.* possible **6**
  Il est possible que... It is possible
    that...
poste *f.* postal service; post office
  bureau de poste *m.* post office
poste *m.* position **9**, job **9**
poster une lettre *v.* to mail a letter
postuler *v.* to apply
potable *adj.* drinkable **10**
pote *m., f.* friend, buddy **9**

poulet *m.* chicken
pour *prep.* for **7**; in order to **7**
  pour qui? for whom?
  pour rien for no reason
  pour que *conj.* so that **7**
pourboire *m.* tip
  laisser un pourboire *v.* to leave
    a tip
pourquoi? *adv.* why?
pourtant *adv.* though; however
pourvu que *conj.* provided that **7**
pousser *v.* to grow **10**
poussière *f.* dust
  enlever/faire la poussière *v.* to
    dust
poussiéreux/poussiéreuse *adj.*
  dusty **7**
pouvoir *m.* power; *v.* to be able to,
  v. can **3**
  Il se peut que... It's possible
    that... **7**
  pouvoir se regarder dans une
    glace to be able to live with
    oneself **9**
pratiquer *v.* to play regularly, to
  practice
précarité *f.* lack of financial
  security **9**
précisément *adv.* precisely **2**
prédire *v.* to predict **5, 7**
préfecture de police *f.* police
  headquarters **2**
préférer *v.* to prefer **1**
  préférer (que) *v.* to prefer (that)
préféré(e) *adj.* favorite, preferred
préjugé *m.* prejudice **5**
  avoir des préjugés to be
    prejudiced **5**
premier *m.* the first (*day of the*
  month)
  C'est le 1er (premier) octobre. It
    is October first.
premier/première *adj.* first **2**
première *f.* premiere **3**
prendre *v.* to take **3**; to have **3**
  prendre des mesures pour *v.* to
    take action to
  prendre sa retraite *v.* to retire
  prendre un train/avion/taxi/
    autobus/bateau *v.* to take a
    train/plane/taxi/bus/boat
  prendre un congé *v.* to take time
    off
  prendre une douche *v.* to take a
    shower
  prendre (un) rendez-vous *v.* to
    make an appointment
  prendre une photo(graphe) *v.* to
    take a photo(graph)
  prendre un verre to have a drink **8**
préparer *v.* to prepare (for);
  se préparer (à) *v.* to get ready; to
    prepare (*to do something*)

près (de) *prep.* close (to), near
  tout près (de) very close (to)
présenter *v.* to present, to introduce
  Je te présente... *fam.* I would
    like to introduce... to you.
  Je vous présente... *fam., form.* I
    would like to introduce... to you.
préservation *f.* protection
préserver *v.* to preserve **10**
président(e) *m., f.* president **4**
presque *adv.* almost **3**
presse *f.* press **3**
  liberté de la presse *f.* freedom of
    the press **3**
  presse à sensation *f.* tabloid(s) **3**
pressé(e) *adj.* hurried
pression *f.* pressure **9**
  être sous pression to be under
    pressure **9**
  vérifier la pression des pneus to
    check the tire pressure
prêt *m.* loan **9**
  demander un prêt to apply for a
    loan **9**
  obtenir un prêt to secure a loan **9**
prêt(e) *adj.* ready
prétendre *v.* to claim to **8**
prêter (à) *v.* to lend (to someone) **9**
prévenir *v.* to prevent, to tell; to
  warn **10**
  prévenir l'incendie *v.* to prevent a
    fire
prévoir *v.* to predict
prévu(e) *adj.* foreseen **5**
prime *f.* bonus
principal(e) *adj.* main, principal
  personnage principal *m.* main
    character
  plat principal *m.* main dish
principes *m.* principles **5**
printemps *m.* spring
  au printemps in the spring
pris (prendre) *p.p., adj.* taken
prise de conscience *f.* realization
privé(e) *adj.* private **2**
prix *m.* price
probable: peu probable *adj.*
  unlikely **7**
probablement *adv.* probably **2**
problème *m.* problem
procédé *m.* process
proche *m., f.* close friend/family
  member
prochain(e) *adj.* next **2**; following **2**
produire *v.* to produce
produit (produire) *p.p., adj.*
  produced
produit *m.* product
professeur *m.* teacher, professor
profession (exigeante) *f.*
  (demanding) profession
professionnel(le) *adj.* professional
  expérience professionnelle *f.*
    professional experience

profit *m.* benefit 9
  retirer un profit de to get benefit out of 9
profiter (de) *v.* to take advantage (of); to enjoy 9; to benefit from 9
profondément *adv.* profoundly 2
programme *m.* program
  programme spatial *m.* space program
projet *m.* project
  faire des projets *v.* to make plans
projeter *v.* to plan 1, 5
promenade *f.* walk, stroll
  faire une promenade *v.* to go for a walk
promener: se promener *v.* to take a stroll/walk 8
promettre *v.* to promise
promis (promettre) *p.p., adj.* promised
promotion *f.* promotion
promu(e): être promu(e) to be promoted 9
proposer (que) *v.* to propose (that) 6
  proposer une solution *v.* to propose a solution
propre *adj.* own 2; clean 2
propriétaire *m., f.* owner 9
prospère *adj.* successful 9; flourishing 9
protecteur/protectrice *adj.* protective 2
protection *f.* protection
protégé(e) *adj.* protected 10
protéger *v.* to protect 10
prouver *v.* to prove 7
prudent(e) *adj.* prudent 1
pseudo(nyme) *m.* username 7
psychologie *f.* psychology
psychologique *adj.* psychological
psychologue *m., f.* psychologist
pu (pouvoir) *p.p.* (*used with infinitive*) was able to
public/publique *adj.* public 2
publicité (pub) *f.* advertisement 3; advertising 3
publier *v.* to publish 3
puce (électronique) *f.* (electronic) chip 7
puis *adv.* then
puiser *v.* to draw from 10
puisque *conj.* since
puissant(e) *adj.* powerful 4
pull *m.* sweater
punir *v.* to punish 6
punition *f.* punishment 4
pur(e) *adj.* pure 10; clean 10

Q

quand *adv.* when
  C'est quand l'anniversaire de …? When is …'s birthday?

  C'est quand ton/votre anniversaire? When is your birthday?
quand *conj.* when 7
  quand même nevertheless, anyway 1
quarante *m.* forty
quart *m.* quarter
  et quart a quarter after… (o'clock)
quartier *m.* area, neighborhood 2
quatorze *m.* fourteen
quatre *m.* four
  quatre-vingts *m.* eighty
  quatre-vingt-dix *m.* ninety
quatrième *adj.* fourth
que *adv.* only
  ne… que only
que/qu' *rel. pron.* that; which 9; *conj.* than
  plus/moins … que (*used with adjective*) more/less … than
  plus/moins de … que (*used with noun to express quantity*) more/less … than
que/qu'…? *interr. pron.* what?
  Qu'en penses-tu? What do you think about that?
  Qu'est-ce que c'est? What is it?
  Qu'est-ce qu'il y a? What is it?; What's wrong?
québécois(e) *adj.* from Quebec
quel(le)(s)? *interr. adj.* which?; what?
  À quelle heure? What time?; When?
  Quel jour sommes-nous? What day is it?
  Quelle est la date? What is the date?
  Quelle est ta nationalité? *fam.* What is your nationality?
  Quelle est votre nationalité? *form.* What is your nationality?
  Quelle heure avez-vous? *form.* What time do you have?
  Quelle heure est-il? What time is it?
  Quelle température fait-il? (*weather*) What is the temperature?
  Quel temps fait-il? What is the weather like?
quelqu'un *pron.* someone 4
quelque *adj.* some 4
quelque chose *m.* something; anything 4
  Quelque chose ne va pas. Something's not right.
quelque part *adv.* somewhere 2
quelquefois *adv.* sometimes
quelques-un(e)s *pron.* some 4, a few (of them) 4
question *f.* question

poser une question (à) to ask (*someone*) a question
queue *f.* line
  faire la queue *v.* to wait in line
qui *rel. pron.* who 9; whom 9; that 9
qui? *interr. pron.* who?; whom?; *rel. pron.* who, that
  à qui? to whom?
  avec qui? with whom?
  C'est de la part de qui? On behalf of whom?
  Qui est à l'appareil? Who's calling, please?
  Qui est-ce? Who is it?
quinze *m.* fifteen
quitter (la maison) *v.* to leave (the house) 1; to leave behind;
  se quitter *v.* to leave one another
  Ne quittez pas. Please hold.
  quitter quelqu'un to leave someone 1
quoi? *interr.* pron. what?
  Il n'y a pas de quoi. It's nothing.; You're welcome.
  quoi que ce soit whatever it may be
quoique *conj.* although 7
quotidien(ne) *adj.* daily 2

R

rabat-joie *m.* killjoy 8, party pooper 8
raccrocher *v.* to hang up
racine *f.* root 6
raconter (une histoire) *v.* to tell (a story) 9
radio *f.* radio 3
  à la radio on the radio
  animateur/animatrice de radio *m., f.* radio presenter 3
  station de radio *f.* radio station 3
raffermi(e) *adj.* strengthened 10
raffoler de *v.* to be crazy about 5
raide *adj.* straight
raisin *m.* grape 6
  raisin sec *m.* raisin 6
raison *f.* reason; right
  avoir raison *v.* to be right
ramassage des ordures *m.* garbage collection
rame de métro *f.* subway train 2
randonnée *f.* hike
  faire une randonnée *v.* to go for a hike
ranger *v.* to tidy up, to put away 1
rapide *adj.* fast
rapidement *adv.* quickly
rappeler *v.* to recall 1; to call back 1
rapport *m.* relation 6
rapporter *v.* to bring back 1
rarement *adv.* rarely 2
raser: se raser *v.* to shave 2
rasoir *m.* razor
rassembler *v.* to gather 2

rassurer: se rassurer *v.* to reassure oneself

ravi(e) *adj.* delighted **6**

ravissant(e) *adj.* beautiful; delightful

réagir *v.* to react

réalisateur/réalisatrice *m., f.* director (*of a movie*) **3**

réaliser (un rêve) *v.* to fulfill (a dream) **5**

rebelle *adj.* rebellious **6**

reboisement *m.* reforestation

récemment *adv.* recently **3**

récent(e) *adj.* recent

réception *f.* reception desk

recettes et dépenses *f.* receipts and expenses **9**

recevoir *v.* to receive **3**

réchauffement climatique *m.* global warming **10**

réchauffement de la Terre *m.* global warming

recharger *v.* to charge (battery)

recherche *f.* research **7**

recherche appliquée *f.* applied research **7**

recherche fondamentale *f.* basic research **7**

rechercher *v.* to search for, to look for

récif de corail *m.* coral reef **10**

récolte *f.* harvest **10**

récolter *v.* to harvest **10**

recommandation *f.* recommendation

recommander *v.* to recommend **6**

recommander (que) *v.* to recommend (that)

recomposer (un numéro) *v.* to redial (a number)

réconcilier: se réconcilier *v.* to make up

reconnaître *v.* to recognize **6**

reconnu (reconnaître) *p.p., adj.* recognized

reçu (recevoir) *p.p., adj.* received; *m.* receipt

être reçu(e) à un examen to pass an exam

récupérer *v.* to recover; to rest **9**

recyclage *m.* recycling

recycler *v.* to recycle

rédacteur/rédactrice *m., f.* editor **3**

redémarrer *v.* to restart, to start again

redoubtable *adj.* formidable **3**

réduire *v.* to reduce

réduit (réduire) *p.p., adj.* reduced

référence *f.* reference

réfléchir (à) *v.* to think (about), to reflect (on)

refuser (de) *v.* to refuse (*to do something*)

regarder *v.* to watch **8;**

se regarde *v.* to look at oneself; to look at each other

Ça ne nous regarde pas. That has nothing to do with us.; That is none of our business.

régime *m.* diet

être au régime *v.* to be on a diet

régime totalitaire *m.* totalitarian regime **4**

région *f.* region

règle *f.* rule **5**

régler *v.* to adjust **7**

regretter (que) *v.* to regret (that) **6**

réitérer *v.* to reiterate **2**

rejeter *v.* to reject **1, 5**

rejoindre *v.* to join **1**

relation *f.* relationship

avoir des relations to have connections **9**

relation amicale *f.* friendship **1**

relever: se relever *v.* to get up again

rembourser *v.* to reimburse **9**

remercier *v.* to thank **6**

remplacer *v.* to replace

remplir (un formulaire) *v.* to fill out (a form)

remuer *v.* to move **10**

rémunérer *v.* to pay

rencontrer *v.* to meet;

se rencontrer *v.* to meet one another, to make each other's acquaintance

rendez-vous *m.* date; appointment **1**

prendre (un) rendez-vous *v.* to make an appointment

rendre (à) *v.* to give back, to return (to)

rendre visite (à) *v.* to visit

se rendre compte de *v.* to realize **2**

se rendormir *v.* to go back to sleep **9**

renouvelable *adj.* renewable **10**

renouveler *v.* to renew **1**

rentrer (à la maison) *v.* to return (home) **3**

rentrer (dans) *v.* to hit

renverser *v.* to overthrow **4**

renvoyer *v.* to dismiss, to let go

réparer *v.* to repair

repartir *v.* to go back

repas *m.* meal

repasser *v.* to take again

repasser (le linge) *v.* to iron (the laundry)

fer à repasser *m.* iron

répéter *v.* to repeat; to rehearse **1**

répondeur (téléphonique) *m.* answering machine

répondre (à) *v.* to respond, to answer (to)

reportage *m.* news report **3**

reporter *m.* reporter (male or female) **3**

reposer: se reposer *v.* to rest **2**

repousser les limites to push boundaries **7**

reprendre *v.* to pick up again; to resume

requin *m.* shark **10**

rescapé *m.* survivor **2**

réseau (social) *m.* (social) network **3**

réservation *f.* reservation

annuler une réservation *v.* to cancel a reservation

réservé(e) *adj.* reserved

réserver *v.* to reserve

réservoir d'essence *m.* gas tank

responsable *m., f.* supervisor

résoudre *v.* to solve **10**

respecter *v.* to respect **6**

respectueux/respectueuse *adj.* respectful **1**

respirer *v.* to breathe **10**

responsabilité *f.* responsibility **1**

ressembler (à) *v.* to resemble **6**, to look like **6**

ressentir *v.* to feel **1**

ressource *f.* resource **10**

ressource naturelle *f.* natural resource

restaurant *m.* restaurant

rester *v.* to stay **3**

résultat *m.* result

retenir *v.* to keep, to retain; to hold something back **7**

retirer (de l'argent) *v.* to withdraw (money); to take off **9**

retirer (un profit, un revenu) de to get (benefit, income) out of **9**

retourner *v.* to return **3;**

se retourner *v.* to turn over **10**

retournement *m.* turnaround, change of heart **6**

retraite *f.* retirement

prendre sa retraite *v.* to retire

retraité(e) *m., f.* retired person

retransmettre *v.* to broadcast **3**

retrouver *v.* to find (again); to meet up with;

se retrouver *v.* to meet one another (*as planned*)

rétroviseur *m.* rear-view mirror

réunion *f.* meeting **9**

réunir: se réunir *v.* to get together **2**

réussir (à) *v.* to succeed (*in doing something*) **7**

réussite *f.* success **9**

revanche *f.* revenge **8**

rêve *m.* dream **5**

réveil *m.* alarm clock

réveiller: se réveiller *v.* to wake up **2**

revendication *f.* demand **9**

revendiquer *v.* to demand **5**

revenir *v.* to come back **3**

revenu *m.* income **9**

retirer un revenu de to get income out of **9**

rêver (de) *v.* to dream about **1**

rêveur/rêveuse *adj.* full of dreams **2**

revoir *v.* to see again **9**

Au revoir. Good-bye.

révolter: se révolter *v.* to rebel **4**

révolutionnaire *adj.* revolutionary **7**

revu (revoir) *p.p.* seen again
rez-de-chaussée *m.* ground floor
rhume *m.* cold
ri (rire) *p.p.* laughed
richesses *f.* wealth 5
   partage des richesses *m.*
     distribution of wealth 5
rideau *m.* curtain
rien *m.* nothing
   De rien. You're welcome.
   ne... rien nothing, not anything
   ne servir à rien *v.* to be good for
     nothing
rigoler *v.* to joke (about) 4
rire *v.* to laugh 3
rivière *f.* river 10
riz *m.* rice
robe *f.* dress
   robe de mariée *f.* wedding gown 6
roche *f.* rock 8
rôle *m.* part, role 3
   jouer un rôle *v.* to play a role
roman *m.* novel
rompre *v.* to break up 1
rond-point *m.* rotary 2; roundabout 2
rose *adj.* pink
roue (de secours) *f.* (emergency) tire
rouge *adj.* red
rouler (en voiture) *v.* to drive 2
route *f.* road
roux/rousse *adj.* red-haired 2
rubrique société *f.* lifestyle section 3
ruche *f.* beehive 10
rue *f.* street 2
   suivre une rue *v.* to follow a street
ruelle *f.* alleyway 7
ruisseau *m.* stream 10
rupture *f.* breakup

S

S'il te plaît. *fam.* Please.
S'il vous plaît. *form.* Please.
sa *poss. adj., f., sing.* his; her; its
sable *m.* sand
sac *m.* bag
   sac à dos *m.* backpack
   sac à main *m.* purse, handbag
sain(e) *adj.* healthy
saison *f.* season
salade *f.* salad
salaire (élevé/modeste) *m.* (high/
   low) salary 9
   augmentation de salaire *f.* raise
     in salary
   salaire minimum *m.* minimum
     wage 9
sale *adj.* dirty
salir *v.* to soil, to make dirty
salle *f.* room
   salle à manger *f.* dining room
   salle de bains *f.* bathroom
   salle de classe *f.* classroom

salle de séjour *f.* living/family
   room
salon *m.* formal living room, sitting
   room
   salon de beauté *m.* beauty salon
Salut! Hi!; Bye!
samedi *m.* Saturday
sandwich *m.* sandwich
sans *prep.* without 7
   sans doute *adv.* no doubt 2
   sans que *conj.* without 7
   sans-abri homeless person 2
santé *f.* health
   être en bonne/mauvaise santé *v.*
     to be in good/bad health
saucisse *f.* sausage
sauf *adv.* except 8
saumon *m.* salmon 6
saut à l'élastique *m.* bungee
   jumping 8
sauter *v.* to jump 8
sauvegarder *v.* to save 7
sauver (la planète) *v.* to save (the
   planet) 4
sauvetage des habitats *m.* habitat
   preservation
savoir *v.* to know (*facts*), to know
   how to do something 3
   savoir (que) *v.* to know (that)
   Je n'en sais rien. *I* don't know
     anything about it.
savon *m.* soap
scandale *m.* scandal 4
sciences *f., pl.* science
   sciences politiques (sciences po)
     f., pl. political science
scientifique *m., f.* scientist 7
sculpteur/sculptrice *m., f.* sculptor 7
sculpture *f.* sculpture
se/s' *pron., sing., pl.* (*used with*
   reflexive verb) himself; herself;
   itself; (*used with reciprocal verb*)
   each other
séance *f.* show; screening
sec/sèche *adj.* dry 10
sèche-linge *m.* clothes dryer
sécher: se sécher *v.* to dry oneself
sécheresse *f.* drought 10
secours *m.* help, rescue workers
   Au secours! Help!
secousses *f.* tremors 2
sécurité *f.* security 4, safety 4
   attacher sa ceinture de
     sécurité *v.* to buckle one's
     seatbelt
séduire *v.* to seduce 3; to captivate 3
séduisant(e) *adj.* attractive 1
seize *m.* sixteen
séjour *m.* stay
   faire un séjour *v.* to spend time
     (*somewhere*)
   salle de séjour *f.* living room
sel *m.* salt

semaine *f.* week
   cette semaine this week
sembler *v.* to appear to 8
   Il semble que... It seems that... 7
sénégalais(e) *adj.* Senegalese
sens figuré/littéral *m.* figurative/
   literal sense 10
sensibiliser *v.* to increase awareness 3
sensible *adj.* sensitive 1
sentier *m.* path
sentir bon/mauvais *v.* to smell good/
   bad 2
sentir *v.* to feel; to smell; to sense;
   se sentir *v.* to feel
séparé(e) *adj.* separated
sept *m.* seven
septembre *m.* September
septième *adj.* seventh
sérieux/sérieuse *adj.* serious
serpent *m.* snake
serre *f.* greenhouse
   effet de serre *m.* greenhouse
     effect
serré(e) *adj.* tight
serveur/serveuse *m., f.* server
serviette *f.* napkin
   serviette (de bain) *f.* (bath) towel
servir *v.* to serve 2;
   se servir de *v.* to use 2
ses *poss. adj., m., f., pl.* his; her; its
seul(e) *adj.* only 2; alone 2, 5
seulement *adv.* only
shampooing *m.* shampoo
shopping *m.* shopping
   faire du shopping *v.* to go
     shopping
short *m., sing.* shorts
si *adv.* (*when contradicting a negative*
   statement or question) yes
si *conj.* if 7
siffler *v.* to whistle (at) 8
sifflet *m.* whistle 8
signer *v.* to sign
sincère *adj.* sincere
singe *m.* monkey 10
sinon otherwise 1
site Internet/web *m.* web site 3
six *m.* six
sixième *adj.* sixth
sketch *m.* skit 2
ski *m.* skiing 8
   faire du ski *v.* to go skiing
   station de ski *f.* ski resort
   ski alpin/de fond *m.* downhill/
     cross-country skiing 8
skier *v.* to ski
smartphone *m.* smartphone
SMS *m.* text message
sociable *adj.* sociable
société de consommation *f.*
   consumer society 3
sociologie *f.* sociology
sœur *f.* sister

belle-sœur *f.* sister-in-law
demi-sœur *f.* half-sister, stepsister
soie *f.* silk
soif *f.* thirst
   avoir soif *v.* to be thirsty
soigner *v.* to treat 7; to look after (someone) 7
soin *m.* care
soir *m.* evening
   ce soir *adv.* this evening
   demain soir *adv.* tomorrow evening
   du soir *adv.* in the evening
   hier soir *adv.* yesterday evening
soirée *f.* evening
sois (être) *imp. v.* be
soixante *m.* sixty
soixante-dix *m.* seventy
solaire *adj.* solar
   énergie solaire *f.* solar energy
soldat *m.* soldier 1
soldes *f., pl.* sales
soleil *m.* sun 10
   Il fait (du) soleil. It is sunny.
solliciter *v.* to solicit 2
   solliciter un emploi to apply for a job 9
solution *f.* solution
   proposer une solution *v.* to propose a solution
sommeil *m.* sleep
   avoir sommeil *v.* to be sleepy
somnoler *v.* to doze off 6
son *poss. adj., m., sing.* his; her; its
sonner *v.* to ring; to strike; to sound
sorcier/sorcière *m., f.* magician, wizard 7
sorte *f.* sort, kind
sortie *f.* exit
   sortie dans l'espace *f.* space walk 7
sortir *v.* to go out, to leave; to take out
   s'en sortir to make it 9
   sortir avec *v.* to go out with 1
   sortir la/les poubelle(s) *v.* to take out the trash
   sortir un film to release a movie 3
sou *m.* penny 9
soucier: se soucier (de quelque chose) *v.* to care (about something) 10
soudain *adv.* suddenly 2
souffert (souffrir) *p.p.* suffered
souffler *v.* to blow 8
souffrir *v.* to suffer 4
souhaiter (que) *v.* to wish (that); to hope 6; to wish to 8
soulager *v.* to relieve
soûler *v.* to bug 6; to talk to death 6
soulever *v.* to raise
soumis(e) *adj.* submissive 6
soupe *f.* soup
   cuillère à soupe *f.* soupspoon
source *f.* (aquatic) stream 10

source d'énergie *f.* energy source 10
sourd(e) *adj.* deaf 5
sourire *v.* to smile; *m.* smile
souris *f.* mouse
sous *prep.* under
sous-sol *m.* basement
sous-titres *m.* subtitles 3
sous-vêtement *m.* underwear
soutenir (une cause) *v.* to support (a cause) 3, 5
soutien *m.* support 2
souvenir: se souvenir de *v.* to remember 2
souvent *adv.* often 2
soyez (être) *imp. v.* be
soyons (être) *imp. v.* let's be
spécialisé(e) *adj.* specialized 7
spécialiste *m., f.* specialist
spectacle *m.* show 8; performance 8
spectateur/spectatrice *m., f.* spectator 8
sport *m.* sport(s)
   faire du sport *v.* to do sports
sportif/sportive *adj.* athletic
spot publicitaire *m.* advertisement 3
stade *m.* stadium
stage *m.* internship; professional training
   stage (rémunéré) *m.* (paid) training course
stagiaire *m., f.* trainee
station (de métro) *f.* (subway) station 2
   station de ski *f.* ski resort
   station de métro *f.* subway station 2
   station de radio *f.* radio station 3
   station-service *f.* service station
   station spatiale *f.* space station
statue *f.* statue
steak *m.* steak
stimulant(e) *adj.* challenging 9
stratégie commerciale *f.* marketing strategy
strict(e) *adj.* strict 6
studio *m.* studio (*apartment*)
stylo *m.* pen
su (savoir) *p.p.* known
sucre *m.* sugar
sud *m.* south
suggérer (que) *v.* to suggest (that) 6
suisse *adj.* Swiss
Suisse *f.* Switzerland
suivre *v.* to follow 3
   suivre (un chemin/une rue/un boulevard) *v.* to follow (a path/a street/a boulevard)
sujet *m.* subject
   au sujet de on the subject of; about
supérette *f.* mini-market 6
superficie *f.* surface area 10; territory 10
supermarché *m.* supermarket
supplice *m.* torture

supporter (de) *m.* fan, supporter 8; *v.* to bear, to put up with 6, 10
supposer *v.* to assume 5
supposition *f.* assumption 5
sur *prep.* on 5
sûr(e) *adj.* safe 2; sure, certain 7
   bien sûr of course
   Il est sûr que... It is sure that...
   Il n'est pas sûr que... It is not sure that...
sûrement *adv.* surely 3
sûreté publique *f.* public safety 4
surmonter *v.* to overcome 6
surnom *m.* nickname 6
surpeuplé(e) *adj.* overpopulated 5
surpopulation *f.* overpopulation 5
surprenant(e) *adj.* surprising 6
surpris (surprendre) *p.p., adj.* surprised
   être surpris(e) que... *v.* to be surprised that...
   faire une surprise à quelqu'un *v.* to surprise someone
surtout *adv.* especially; above all 2
surveiller *v.* to keep an eye on 8
survie *f.* survival 7
survivre *v.* to survive 6
sympa(thique) *adj.* nice
symptôme *m.* symptom
syndicat *m.* (*trade*) union 9
système féodal *m.* feudal system 4

T

ta *poss. adj., f., sing.* your
table *f.* table
   À table! Let's eat! Food is ready!
   débarrasser la table *v.* to clear the table
   mettre la table *v.* to set the table
tableau *m.* blackboard; picture; *m.* painting 8
tablette (tactile) *f.* tablet
tâche *f.* task 9
   tâche ménagère *f.* household chore
taille *f.* size; waist
   de taille moyenne of medium height
tailleur *m.* (*woman's*) suit; tailor
tandis que while 1
tant de... *adv.* so many...
   tant que *conj.* as long as 7
tante *f.* aunt
taper *v.* to hit 9
tapis *m.* rug
taquiner *v.* to tease 9
tard *adv.* late 2
   À plus tard. See you later.
tare *f.* defect 4
tarte *f.* pie; tart
tas de *m.* a lot of 5
tasse (de) *f.* cup (of) 5
taxe *f.* tax 9

taxi *m.* taxi
  prendre un taxi *v.* to take a taxi
te/t' *pron., sing., fam.* you; yourself
tee-shirt *m.* tee shirt
tel(le) *adj.* such a(n) **4, 5**
télécharger *v.* to download **7**
télécommande *f.* remote control
téléphone *m.* telephone
  parler au téléphone *v.* to speak
    on the phone
téléphoner (à) *v.* to telephone
  (*someone*);
  se téléphoner *v.* to phone one
    another
télescope *m.* telescope **7**
téléspectateur/téléspectatrice *m.,*
  f. television viewer **3**
télévision *f.* television
  à la télé(vision) on television
  chaîne (de) télévision *f.* television
    channel
tellement *adv.* so much
  Je n'aime pas tellement... I don't
    like… very much.
témoigner de *v.* to be witness to **5**
témoin *m.* witness **5**; witness **6**; best
  man **6**; maid of honor **6**
température *f.* temperature
  Quelle température fait-il? What
    is the temperature?
temps *m. sing.* time **2**
  de temps en temps *adv.* from time
    to time
  **emploi à mi-temps/à temps
    partiel** *m.* part-time job
  emploi à plein temps *m.* full-time
    job
  temps de travail *m.* work schedule **9**
  temps libre *m.* free time
temps *m., sing.* weather
  **Il fait un temps
    épouvantable.** The weather is
    dreadful.
  Le temps est nuageux. It is
    cloudy.
  Le temps est orageux. It is
    stormy.
  Quel temps fait-il? What is the
    weather like?
tenace *adj.* tenacious **10**
tendresse *f.* affection
tendu(e) *adj.* tense **6**
Tenez! (tenir) *imp. v.* Here!
tenir *v.* to hold **4**
tennis *f.* sneakers **8**, tennis shoes **8**
tennis *m.* tennis
tenter *v.* to attempt **8**; to tempt **8**
se terminer *v.* to end **9**
terrain (de foot) *m.* (soccer) field **8**
terrasse (de café) *f.* (café) terrace
Terre *f.* Earth
  réchauffement de la Terre *m.*
    global warming
terre *f.* land **10**

terrorisme *m.* terrorism **4**
terroriste *m., f.* terrorist **4**
tes *poss. adj., m., f., pl.* your
tête *f.* head
texto *m.* text message
thé *m.* tea
théâtre *m.* theater **8**
théorie *f.* theory **7**
thon *m.* tuna
**TIC (Technologies de l'Information
  et de la Communication)** ICT
  (Information and Communication
  Technologies) **5**
ticket *m.* ticket **8**
  ticket de bus/métro *m.* bus/
    subway ticket
Tiens! (tenir) *imp. v.* Here!
tigre *m.* tiger **10**
timbre *m.* stamp
timide *adj.* shy **1**
tiret *m.* (*punctuation mark*) dash;
  hyphen
tiroir *m.* drawer
titre *m.* headline **3**
toi *disj. pron., sing., fam.* you
toi *refl. pron., sing., fam.* (*attached to
  imperative*) yourself
  toi non plus *you* neither
toilette *f.* washing up, grooming
  faire sa toilette to wash up
toilettes *f., pl.* restroom(s)
toit *m.* roof **1**
tolérer *v.* to tolerate **10**
tomate *f.* tomato
tomber *v.* to fall
  **tomber amoureux/amoureuse
    (de)** to fall in love (with) **1**
  tomber en panne *v.* to break down
  tomber/être malade *v.* to get/be
    sick
  tomber sur quelqu'un *v.* to run
    into someone
ton *m.* tone **10**
ton *poss. adj., m., sing.* your
tort *m.* wrong; harm
  avoir tort *v.* to be wrong
tortue *f.* turtle **10**
tôt *adv.* early **2**
toucher *v.* to get/receive (a salary) **9**
toujours *adv.* always **2**
tour *m.* tour
  faire un tour (en voiture) *v.* to go
    for a walk (drive)
tourisme *m.* tourism
  office du tourisme *m.* tourist
    office
tourner *v.* to shoot (a film) **3**; to turn;
  se tourner *v.* to turn (oneself)
    around
tous/toutes *pron.* all (of them) **4**
tousser *v.* to cough
tout *m., sing.* all
  tous les (*used before noun*) all
    the...

tous les jours *adv.* every day
tout le *m., sing.* (*used before noun*)
  all the...
tout le monde *everyone*
toute la *f., sing.* (*used before
  noun*) all the...
toutes les *f., pl.* (*used before
  noun*) all the...
tout *pron.* everything **4**; *adv.* very
  tout à coup *adv.* all of a sudden **3**
  tout de suite *adv.* right away **3**
tout(e) *adv.* (*before adjective or
  adverb*) very, really
  À tout à l'heure. See you later.
  tout à coup suddenly
  tout à fait absolutely; completely
  tout de suite right away
  tout droit straight ahead
  tout d'un coup *adv.* all of a sudden
  tout près (de) really close by,
    really close (to)
tout(e)/tous/toutes (les) *adj.* every
  4, all **4**
toxique *adj.* toxic **10**
  déchets toxiques *m., pl.* toxic
    waste
trac *m.* stage fright **3**
  avoir le trac to have stage fright **3**
traduire *v.* to translate
traduit (traduire) *p.p., adj.* translated
tragédie *f.* tragedy
trahison *f.* betrayal **1**
train *m.* train **2**
  monter dans un train to get on a
    train **2**
traîner *v.* to hang around **6**; to drag **6**
traite des Noirs *f.* slave trade **4**
traiter *v.* to treat
  traiter avec condescendance to
    patronize **6**
trajectoire *f.* path **4**
trajet *m.* trip, journey
tranche *f.* slice
tranquille *adj.* calm; quiet; serene **1**
  laisser tranquille *v.* to leave alone
transports en commun *m.* public
  transportation **2**
travail *m.* work
  chercher un/du travail *v.* to look
    for a job/work
  trouver un/du travail *v.* to find a
    job/work
travail manuel *m.* manual labor **5**
travailler dur *v.* to work hard **2**
travailler *v.* to work
travailleur/travailleuse *adj.*
  hardworking **2**
  **travailleur/travailleuse
    manuel(le)** *m., f.* blue-collar
    worker **6**
travaux *m.* construction **2**
  travers: à travers *prep.*
    throughout **3**
traverser *v.* to cross

treize *m.* thirteen

trembler *v.* to shake **2**

tremblement de terre *m.* earthquake **10**

trente *m.* thirty

très *adv. (before adjective or adverb)* very, really **2**

Très bien. *Very* well.

tressaillement du sol *m.* earth tremor **2**

tribunal *m.* court **4**

triste *adj.* sad

être triste que... *v.* to be sad that…

tristesse *f.* sadness

trois *m.* three

troisième *adj.* third

tromper *v.* to deceive **2**;

se tromper (de) *v.* to be mistaken (about)

trop *adv.* too many/much **2**

trop de too much of **5**

tropical(e) *adj.* tropical

forêt tropicale *f.* tropical forest

trottoir *m.* sidewalk **2**

trou (dans la couche d'ozone) *m.* hole (in the ozone layer)

trou noir *m.* black hole **7**

troupe *f.* company, troupe

troupeau *m.* flock **10**

trouver *v.* to find; to think

trouver un/du travail *v.* to find a job/work

se trouver *v.* to be located **2**

truc *m.* thing

tu *sub. pron., sing., fam.* you

tuer *v.* to kill **4**

<hr>

U

un *m.* (*number*) one

un(e) *indef. art.* a; an

uni(e) *adj.* close-knit **6**

unir *v.* to unite **2**

urbaniser *v.* to urbanize **10**

urbanisme *m.* city/town planning **2**

urgences *f., pl.* emergency room

aller aux urgences *v.* to go to the emergency room

usine *f.* factory

utile *adj.* useful

utiliser (un plan) *v.* to use (a map)

<hr>

V

vacances *f., pl.* vacation

partir en vacances *v.* to go on vacation

vacancier/vacancière *m., f.* vacationer **8**

vache *f.* cow

vaincre *v.* to defeat **4**

vaincre ses peurs to confront one's fears **8**

vaisselle *f.* dishes

faire la vaisselle *v.* to do the dishes

lave-vaisselle *m.* dishwasher

valeur *f.* value **5**

valise *f.* suitcase

faire les valises *v.* to pack one's bags

vallée *f.* valley

valoir *v.* to be worth **6**

valoir la peine to be worth it **8**

variétés *f., pl.* popular music

vaut (valoir) *v.* **Il vaut mieux que** It is better that

vedette (de cinéma) *f.* (movie) star (male or female) **3**

veille *f.* day before **8**

vélo *m.* bicycle

faire du vélo *v.* to go bike riding

velours *m.* velvet

vendeur/vendeuse *m., f.* salesman/ woman **9**

vendre *v.* to sell

vendredi *m.* Friday

vengeance *f.* revenge **5**

venir *v.* to come **3**

venir de *v.* (*used with an infinitive*) to have just

vent *m.* wind

Il fait du vent. It is windy.

ventre *m.* stomach

vérifier (l'huile/la pression des pneus) *v.* to check (the oil/the tire pressure)

véritable *adj.* true, real

vernissage *m.* art exhibit opening **8**

verre (de) *m.* glass (of) **5**

prendre un verre to have a drink **8**

vers *adv.* about

vert(e) *adj.* green

haricots verts *m., pl.* green beans

vestiaires *m.* locker room **8**

vêtements *m., pl.* clothing

sous-vêtement *m.* underwear

vétérinaire *m., f.* veterinarian

veuf/veuve *m., f.* widower/widow **1**; *adj.* widowed **1**

veut dire (vouloir dire) *v.* means, signifies

viande *f.* meat

victime *f.* victim **4**

victoire *f.* victory **4**

victorieux/victorieuse *adj.* victorious **4**

vide *adj.* empty **2**

vidéoclip *m.* music video **3**

vie *f.* life

assurance vie *f.* life insurance

gagner sa vie to earn a living **9**

niveau de vie *m.* standard of living **5**

vie nocturne *f.* nightlife **2**

vieille *adj., f.* (*feminine form of vieux*) old

vieillesse *f.* old age **6**

vieillir *v.* to grow old

vietnamien(ne) *adj.* Vietnamese

vieux/vieille *adj.* old **2**

ville *f.* city; town

vingt *m.* twenty

vingtième *adj.* twentieth

violence *f.* violence **4**

violet(te) *adj.* purple; violet

violon *m.* violin **2**

virer *v.* to fire

virgule *f.* comma **7**

visage *m.* face

visite *f.* visit

rendre visite (à) *v.* to visit (*a person or people*)

visiter *v.* to visit (*a place*)

faire visiter *v.* to give a tour

vite *adv.* fast

vitesse *f.* speed

vivre *v.* to live

vitrine *f.* store window, window display **7**

vivre *v.* to live **1**

vivre (quelque chose) par procuration to live (something) vicariously **8**

vivre quelque chose par l'intermédiaire de quelqu'un to live something vicariously through someone **8**

voici here is/are

voie *f.* lane **2**; road **2**; track **2**; means **2**; channel **2**

voilà there is/are

voir *v.* to see **3**

voisin(e) *m., f.* neighbor

voiture *f.* car **2**

faire un tour en voiture *v.* to go for a drive

monter dans une voiture to get in a car **2**

rouler en voiture *v.* to ride in a car

voix *f.* voice

vol *m.* flight

volaille *f.* poultry **6**

volant *m.* steering wheel

volcan *m.* volcano

voler *v.* to steal **5**; to fly **8**

voleur/voleuse *m., f.* thief **4**

volley(-ball) *m.* volleyball

volontiers *adv.* willingly

vos *poss. adj., m., f., pl.* your

voter *v.* to vote **4**

votre *poss. adj., m., f., sing.* your

vouloir *v.* to want, to mean (*with dire*) **3**

ça veut dire that is to say

en vouloir (à) to have a grudge **5**

s'en vouloir *v.* to be angry with oneself **5**

veut dire *v.* means, signifies

vouloir (que) *v.* to want (that)

voulu (vouloir) *p.p., adj. (used with infinitive)* wanted to… ; *(used with noun)* planned to/for

vous *pron., sing., pl., fam., form.* you; *d.o. pron.* you; yourself, yourselves

voyage *m.* trip

  agence de voyages *f.* travel agency

  agent de voyages *m.* travel agent

voyager *v.* to travel **1**

voyant (d'essence/d'huile) *m.* (gas/oil) warning light

voyou *m.* hoodlum **6**

vrai(e) *adj.* true; real **2**

  Il est vrai que… It is true that…

  Il n'est pas vrai que… It is untrue that…

vraiment *adv.* really

VTT (vélo tout terrain) *m.* mountain bike **8**

vu (voir) *p.p.* seen

W

W.-C. *m., pl.* restroom(s)

wagon *m.* subway car **2**

web *m.* Web **3**

week-end *m.* weekend

  ce week-end this weekend

Y

y *pron.* there; at (*a place*)

  j'y vais I'm going/coming

  nous y allons we're going/coming

  on y va let's go

  Y a-t-il… ? Is/Are there… ?

yaourt *m.* yogurt

yeux (œil) *m., pl.* eyes

Z

zéro *m.* zero

zut *interj.* darn

Anglais–Français

A

a un(e) *indef. art.*
a lot (of) beaucoup (de) *adv.*
able: to be able to pouvoir *v.*
abolish abolir *v.*
about vers *adv.*
   it's about il s'agit de
above: above all surtout *adv.* **2**
abroad à l'étranger
absolute monarchy monarchie absolue *f.* **4**
absolutely absolument *adv.;* tout à fait *adv.*
abuse abus *m.* **4;** maltraitance *f.* **5;** abuser *v.* **4**
   abuse of power abus de pouvoir *m.* **4**
access accéder *v.* **5**
accident accident *m.*
   to have / to be in an accident avoir un accident *v.*
accompany accompagner *v.*
account (at a bank) compte *m.*
   checking account compte-chèques *m.*
   to have a bank account avoir un compte bancaire *v.*
accountant comptable *m., f.* **9**
acid rain pluie acide *f.* **10**
acorn gland *m.* **10**
acquaintance connaissance *f.*
across from en face de *prep.*
act se comporter *v.* **3**
active actif/active *adj.* **2**
actively activement *adv.*
activist militant(e) *m., f.*
   militant activist activiste *m., f.* **4**
actor acteur/actrice *m., f.*
   actor comédien(ne) *m., f.* **3**
achieve parvenir à *v.* **5**
adapt s'adapter *v.* **5**
address adresse *f.* **7**
adjust régler *v.* **7**
administration: business administration gestion *f.*
admire admirer *v* **8**
admit avouer *v.*
adolescence adolescence *f.*
adolescent ado(lescent)(e) *m., f.* **6**
adopt adopter *v.* **6**
adore adorer
   I love… J'adore…
   to adore one another s'adorer *v.*
adrenaline rush montée d'adrénaline *f.* **8**
adulthood âge adulte *m.* **6**
advance avancer *v.*
advanced avancé(e) *adj.* **7**
adventure aventure *f.*
   adventure film film *m.* d'aventures

advertisement message publicitaire *m.,* spot publicitaire *m.,* publicité *f.,* pub *f.* **3**
advertising publicité *f.,* pub *f.* **3**
advice conseil *m.* **1**
advisor conseiller/conseillère *m., f.* **9**
aerobics aérobic *m.*
   to do aerobics faire de l'aérobic *v.*
affair liaison *f.*
affection tendresse *f.*
affectionate affectueux/affectueuse *adj.* **1**
affliction chagrin *m.* **1**
afraid: to be afraid of/that avoir peur de/que *v.* **2**
after après (que) *adv.;* après que *conj.* **7**
afternoon après-midi *m.*
   … (o'clock) in the afternoon … heure(s) de l'après-midi
afternoon snack goûter *m.*
again encore *adv.* **2,** de nouveau *adv.* **8**
age âge *m.*
agent: travel agent agent de voyages *m.*
   real estate agent agent immobilier *m.*
ago *(with an expression of time)* il y a…
agree: to agree (with) être d'accord (avec) *v.*
airport aéroport *m.*
alarm clock réveil *m.*
Algerian algérien(ne) *adj.*
alien extraterrestre *m., f.* **7**
alike pareil(le) *adj.* **5**
alleyway ruelle *f.* **7**
almost presque *adv.* **3**
alone seul(e) *adj.* **2, 5**
   alone: to leave alone laisser tranquille *v.*
already déjà *adv.* **2**
although bien que *conj* **7,** quoique *conj.* **7**
always toujours *adv.* **2**
all right? *(tag question)* d'accord?
all the… *(agrees with noun that follows)* tout le… *m., sing;* toute la… *f., sing;* tous les… *m., pl.;* toutes les… *f., pl.*
all tous/toutes *pron.* **4;** tout(e)/tous/ toutes *adj.* **4**
all tout *m., sing.*
   all of a sudden soudain *adv.;* tout à coup *adv.* **3;** tout d'un coup *adv.*
allergy allergie *f.*
allow *(to do something)* laisser *v.* **8;** permettre (de) *v.*
allowed permis (permettre) *p.p., adj.*
amazed: to be amazed s'étonner *v.* **8**
American américain(e) *adj.*

amuse amuser *v.* **2**
amusement park parc d'attractions *m.* **8**
an un(e) *indef. art.*
ancestor ancêtre *m., f.*
ancient *(placed after noun)* ancien(ne) *adj.* **2**
and et *conj.*
   And you? Et toi?, *fam.;* Et vous? *form.*
angel ange *m.*
anger colère *f.* **4;** fâcher *v.* **2**
angry fâché(e) *adj.* **1**
   to be angry with oneself s'en vouloir *v.* **5**
   to become angry s'énerver *v.*
   to get angry with se mettre en colère contre **1,** se fâcher contre *v.* **2**
animal animal *m.*
ankle cheville *f.*
annoy agacer *v.* **1,** énerver *v.* **1**
another un(e) autre *adj.* **2**
answering machine répondeur téléphonique *m.*
antimatter antimatière *f.* **7**
anxious anxieux/anxieuse *adj.* **1**
apart (from) à part **1**
apartment appartement *m.*
appear apparaître *v.* **3;** paraître *v.;* **to appear** sembler *v.* **8**
appetizer entrée *f.;* hors-d'œuvre *m.*
applaud applaudir *v.* **8**
applause applaudissement *m.*
apple pomme *f.*
appliance appareil *m.*
   electrical/household appliance appareil *m.* électrique/ménager
applicant candidat(e) *m., f.*
applied research recherche appliquée *f.* **7**
apply for poser sa candidature à/ pour **9**
   to apply for a job solliciter un emploi **9**
   to apply for a loan demander un prêt **9**
apply postuler *v.*
appointment rendez-vous *m.*
   to make an appointment prendre (un) rendez-vous *v.*
approach aborder *v*
April avril *m.*
archipelago archipel *m.* **10**
architect architecte *m., f.*
Are there…? Y a-t-il…?
area quartier *m.*
argue *(with)* se disputer (avec) *v.*
arm bras *m.*
armchair fauteuil *m.*
armoire armoire *f.*

army armée *f.* 4
around autour (de) *prep.*
arrival arrivée *f.*
art art *m.*
   artwork, piece of art *m.*, œuvre *f.*
   fine arts beaux-arts *m.*, *pl.*
art exhibit opening vernissage *m.* 8
art show exposition *f.* 8
artist artiste *m., f.*
as (like) comme *adv.*
   as … as *(used with adjective to compare)* aussi … que 7
   as long as tant que *conj.* 7
   as much … as *(used with noun to express comparative quantity)* autant de … que
   as soon as dès que *conj.*, 7, aussitôt que *conj.* 7
ascend monter *v.* 3
ascertain constater *v.* 3
ashamed: to be ashamed (of) avoir honte (de) 1
ask demander *v.* 2
   to ask (someone) demander (à) *v.*
   to ask (someone) a question poser une question (à) *v.*
   to ask that… demander que…
asparagus asperge *f.* 6
aspirin aspirine *f.*
asset atout *m.*
assimilation assimilation *f.* 5
assume supposer *v.* 5
assumption supposition *f.* 5
astronaut astronaute *m., f.* 7
astronomer astronome *m., f.* 7
at à *prep.* 5; en 5
   at … (o'clock) à … heure(s)
   at the doctor's office chez le médecin *prep.*
   at (someone's) house chez… *prep.* 5
   at the end (of) au bout (de) *prep.*
   at last enfin *adv.* 2
   at that moment à ce moment-là 3
athlete athlète *m., f.*
ATM distributeur automatique *m.* 9
ATM card carte de retrait *f.* 9
atmosphere ambiance *f.* 2
attain parvenir à *v.* 5
attempt tenter *v.* 8
attend assister *v.*
attention attention *f.* 3
   to draw attention (to) attirer l'attention (sur)
attract attirer *v.* 5
attractive séduisant(e) *adj.* 1
August août *m.*
aunt tante *f.*
author auteur/femme auteur *m., f.*
autumn automne *m.*
   in autumn en automne
available *(free)* libre *adj.*
avenue avenue *f.*
average: on average en moyenne 3
avoid éviter de *v.*

B

backpack sac à dos *m.*
bad mauvais(e) *adj.* 2
badly mal *adv.* 2
   I am doing badly. Je vais mal.
   to be doing badly se porter mal *v.*
bad-mannered mal élevé(e) *adj.* 6
baguette baguette *f.*
bakery boulangerie *f.*
balcony balcon *m.*
ball ballon *m.* 8
banana banane *f.*
band groupe *m.* 8
bank banque *f.*
   to have a bank account avoir un compte bancaire *v.*
banker banquier/banquière *m., f.*
banking bancaire *adj.*
bankrupt en faillite *adj.* 9
bankruptcy banqueroute *f.* 9
barrier reef barrière de corail *f.* 10
baseball baseball *m.*
baseball cap casquette *f.*
basement sous-sol *m.*; cave *f.*
basic fondamental(e) *adj.* 7
bask in the sun lézarder au soleil *v.* 8
basketball basket(-ball) *m.*
bath bain *m.*
bathing suit maillot de bain *m.*
bathroom salle de bains *f.*
bathtub baignoire *f.*
back dos *m.*
be être *v.* 1; *v.* sois (être) *imp., v.*; soyez (être) *imp. v.*
   to be able pouvoir *v.* 3
   to be able to live with oneself pouvoir se regarder dans une glace 9
   to be afraid avoir peur 2
   to be amazed s'étonner *v.* 8
   to be angry with oneself s'en vouloir *v.* 5
   to be busy être pris(e) 6
   to be confident avoir confiance en soi 1
   to be contaminated être contaminé(e) 10
   to be crazy about raffoler de *v.* 5
   to be distrustful of se méfier de *v.* 2
   to be embarrassed avoir honte (de) 1
   to be homesick avoir le mal du pays 5
   to be in a bad mood être de mauvaise humeur
   to be in bad health être en mauvaise santé
   to be in debt avoir des dettes 9
   to be interested (in) s'intéresser (à) 2
   to be located se trouver *v.* 2
   to be lost être perdu(e) 2
   to be mistaken se tromper *v.* 1, 2

   to be on the front page être à la une 3
   to be prejudiced avoir des préjugés 5
   to be promoted être promu(e) 9
   to be reckoned with incontournable *adj.*
   to be sorry être désolé(e) 6
   to be under pressure être sous pression 9
   to be wary of se méfier de *v.* 2
   to be witness to témoigner de *v.* 5
   to be worth it valoir la peine *v.* 8
   to be wrong se tromper *v.* 1
beach plage *f.*
beans haricots *m.*, *pl.*
   green beans haricots verts *m.*, *pl.*
bear ours *m.* 10; supporter *v.* 6
bearings: to get one's bearings s'orienter *v.*
beautiful beau (belle) *adj.* 2
beauty salon salon *m.* de beauté
because car *conj.* 4; parce que *conj.*
become devenir *v.* 3
   to become rich s'enrichir *v.* 5
bed lit *m.*
   to go to bed se coucher *v.* 2
bedroom chambre *f.*
beef bœuf *m.*
beehive ruche *f.* 10
been été (être) *p.p.*
before avant de *prep.*; avant que *conj.* 7
before *(o'clock)* moins *adv.*
begin *(to do something)* commencer (à) *v.* 1; se mettre à *v.* 2; débuter *v.* 6
beginning début *m.*
behave se comporter *v.* 3
behavior conduite *m.* 3
behind derrière *prep.* 5
Belgian belge *adj.*
Belgium Belgique *f.*
belief croyance *f.* 4
believe (that) croire (que) *v.*
believed cru (croire) *p.p.*
belong (to) appartenir (à) *v.* 5;
   to belong (to a group) s'intégrer (à un groupe) *v.* 1
belongings affaires *f.* 6
belt ceinture *f.*
   to buckle one's seatbelt attacher sa ceinture de sécurité *v.*
bench banc *m.*
benefit from profiter de *v.* 9
   to get benefit out of retirer un profit de 9
benefits pension *f.* 6
bereavement deuil *m.* 1
best: the best le mieux *super. adv.* 7; le/la meilleur(e) *super. adj.* 7
best man témoin *m.* 6
betrayal trahison *f.* 1
better meilleur(e) *comp. adj.*; mieux *comp. adv.* 2

It is better that… Il vaut mieux que/qu'… 6
to be doing better se porter mieux *v.*
to better oneself s'améliorer *v.* 5
to get better *(from illness)* guérir *v.*
between entre *prep.*
beverage (carbonated) boisson *f.* (gazeuse)
biased partial(e) *adj.* 3
bicycle vélo *m.*
to go bike riding faire du vélo *v.*
big grand(e) *adj.* 2; *(clothing)* large *adj.*
bilingual bilingue *adj.* 1
bill (in a restaurant) addition *f.*
billboard panneau d'affichage *m.* 2
billionaire milliardaire *m., f.* 3
bills *(money)* billets *m., pl.*
biochemical biochimique *adj.* 7
biologist biologiste *m., f.* 7
biology biologie *f.*
bird oiseau *m.*
birth naissance *f.* 6
to give birth accoucher *v.*
birthday anniversaire *m.*
birthrate natalité *f.* 5
bit (of) morceau (de) *m.*
black noir(e) *adj.*
black hole trou noir *m.* 7
blackboard tableau *m.*
blackmail faire du chantage *v.* 4
blanket couverture *f.*
blend in s'assimiler à *v.* 1
blonde blond(e) *adj.*
blouse chemisier *m.*
blow souffler *v.* 8
blue bleu(e) *adj.*
blue-collar worker travailleur/travailleuse manuel(le) *m., f.* 6
board game jeu de société *m.* 8
boat bateau *m.* 4
body corps *m.*
boldness audace *f.*
bond *(deep, intimate)* complicité *f.* 1
bonus prime *f.*
book livre *m.*
bookstore librairie *f.*
border frontière *f.* 5
bore ennuyer *v.* 1
bored: to get bored s'ennuyer *v.* 2
boring ennuyeux/ennuyeuse *adj.*
born: to be born naître *v.* 3
born: to be born naître *v.*; né (naître) *p.p., adj.*
borrow emprunter *v.*
boss patron(ne) *m., f.*
bossy autoritaire *adj.* 6
bother gêner *v.* 1, ennuyer *v.* 2; déranger *v.* 1, 6
bottle (of) bouteille (de) *f.* 5
boulevard boulevard *m.*
bouncer portier/portière *m., f.* 9
bouquet bouquet de la mariée *m.* 6
boutique boutique *f.*
bowl bol *m.*

bowling bowling *m.* 8
to go bowling jouer au bowling 8
box boîte *f.* 5
boxing boxe *f.* 9
boy garçon *m.*
boyfriend petit ami *m.*
brain cerveau *m.*
brake freiner *v.*
brakes freins *m., pl.*
brand marque *f.* 3
brave courageux/courageuse *adj.*
Brazil Brésil *m.*
Brazilian brésilien(ne) *adj.*
bread pain *m.*
country-style bread pain *m.* de campagne
bread shop boulangerie *f.*
break down tomber en panne *v.*
break se casser *v.*
break up rompre *v.* 1; *(to leave one another)* se quitter *v.*
breakdown panne *f.*
breakfast petit-déjeuner *m.*
breakup rupture *f.*
breathe respirer *v.* 10
bride mariée *f.* 6
bridge pont *m.* 2
briefly brièvement *adv.* 2
bright brillant(e) *adj.*
bring *(a person)* amener *v.* 1; *(a thing)* apporter *v.*
bring back rapporter *v.* 1
broadcast retransmettre *v.* 3
broiled grillé(e) *adj.* 6
broom balai *m.*
brother frère *m.*
brother-in-law beau-frère *m.* 6
brown marron *adj., inv.*
brown (hair) châtain *adj.* 2
brush (hair/tooth) brosse *f.* (à cheveux/à dents)
to brush one's hair/teeth se brosser les cheveux/les dents *v.* 2
buckle: to buckle one's seatbelt attacher sa ceinture de sécurité *v.*
buddy pote *m., f.* 9
budget budget *m.* 9
bug soûler *v.* 6
build construire *v.* 2
building bâtiment *m.*; édifice *m.* 2; immeuble *m.*
bumper pare-chocs *m.*
bungee jumping saut à l'élastique *m.* 8
bus autobus *m.*
bus stop arrêt d'autobus (de bus) *m.* 2
bus terminal gare *f.* routière
business (profession) affaires *f., pl.*; *(company)* entreprise *f.*
business administration gestion *f.*
businessman homme d'affaires *m.* 9
businesswoman femme d'affaires *f.* 9
busy occupé(e) *adj.*
but mais *conj.*
butcher's shop boucherie *f.*
butter beurre *m.*

buy acheter *v.* 1
by par *prep.*
Bye! Salut! *fam.*

C

cabinet placard *m.*
café café *m.*
café terrace terrasse *f.* de café
cafeteria *(school)* cantine *f.*
cake gâteau *m.*
calculator calculatrice *f.*
calm calme *adj.*; calme *m.*; tranquille *adj.* 1
call appeler *v.* 1
to call back rappeler *v.* 1
call appeler *v.*
camcorder caméra vidéo *f.*; caméscope *m.*
camera appareil photo *m.*
digital camera appareil photo *m.* numérique
camping camping *m.*
to go camping faire du camping *v.*
can (of food) boîte (de conserve) *f.*; boîte *f.* 5; pouvoir *v.* 3
Canada Canada *m.*
Canadian canadien(ne) *adj.* 2
cancel (a reservation) annuler (une réservation) *v.*
candidate candidat(e) *m., f.*
candy bonbon *m.*
cap: baseball casquette *f.*
capital capitale *f.*
captain capitaine *m.* 8
captivate séduire *v.* 3
car voiture *f.* 2
to get in a car monter dans une voiture 2
to ride in a car rouler en voiture *v.*
carbonated drink/beverage boisson *f.* gazeuse
card *(letter)* carte postale *f.*; **cards** *(playing)* cartes *f.* 8
playing cards cartes à jouer *f.* 8
care soin *m.*
to care (about something) se soucier (de quelque chose) *v.* 10
career carrière *f.*; parcours *m.*
to pursue a career (in) faire carrière (dans) 9
careful prudent(e) *adj.* 1
carnival fête foraine *f.* 2
carpooling covoiturage *m.*
carrot carotte *f.*
carry apporter *v.*
to carry out an experiment faire une experience 7
cartoon dessin animé *m.*
case: in any case en tout cas; **in case** au cas où *conj.* 10
cash espèces *m.*
to pay in cash payer en espèces *v.*
cat chat *m.*
catastrophe catastrophe *f.*

catch sight of apercevoir *v.* **2**
cause cause *f.* **5**; raison *f.* **1**; déclencher *v.*
cave grotte *f.* **3**
cavity carie *f.*
celebrate célébrer *v.*, fêter *v.;* faire la fête *v.*
celebration fête *f.*
cell cellule *f.* **7**
cell phone (téléphone) portable *m.* **7**
cellar cave *f.*
censorship censure *f.* **3**
center: city/town center centre-ville *m.*
certain certain(e) *adj.* **4**; sûr(e) *adj.*
   It is certain that… Il est certain que…
   It is uncertain that… Il n'est pas certain que...
certainly certainement *adv.* **3**
chair chaise *f.*
challenge défi *m.* **5**
challenging stimulant(e) *adj.* **9**
change (coins) (pièces *f. pl.* de) monnaie
change changement *m.*
   change of heart retournement **6**
   change of scenery dépaysement *m.* **1**
   to change direction bifurquer *v.* **4**
channel (television) chaîne *f.* (de télévision)
channel voie *f.* **2**
chaos chaos *m.* **5**
character caractère *m.* **6**; *(in a story or play)* personnage *m.* **8**
   main character personnage principal *m.*
charcoal charbon de bois *m.* **10**
charge (battery) recharger *v.*
charming charmant(e) *adj.* **1**
chat bavarder *v.* **8**; causer *v.* **9**
chatterbox bavard(e) *m., f.* **5**
check chèque *m.*; *(bill)* addition *f.*
   to pay by check payer par chèque *v.*
   to check (the oil/the air pressure) vérifier (l'huile/la pression des pneus) *v.*
checking account compte-chèques *m.* **9**
cheek joue *f.*
cheese fromage *m.*
cheese store fromagerie *f.* **6**
chemist chimiste *m., f.* **7**
chemistry chimie *f.*
chess échecs *m., pl.*
chest poitrine *f.*
   chest of drawers commode *f.*
chestnut marron *m.* **2**; marron *adj.* **2**
chic chic *adj.*
chicken poulet *m.*
child enfant *m., f.* **6**
   only child enfant unique *m., f.* **6**; fille/fils unique *m., f.* **6**

childhood enfance *f.* **6**
China Chine *f.*
Chinese chinois(e) *adj.*
chip puce *f.* **7**
choir chœur *m.*
choose choisir *v.* **3**
chorus chœur *m.*
chrysanthemums chrysanthèmes *m., pl.*
church église *f.*
cinema cinéma *m.* **2**
circus cirque *m.* **3**
citizen citoyen(ne) *m., f.* **2**
city ville *f.*
city center centre-ville *m.* **2**
city dweller citadine(e) *m., f.* **2**
city hall hôtel de ville *m.* **2**; mairie *f.*
city planning urbanisme *m.* **2**
civil war guerre civile *f.* **4**
   American Civil War guerre de Sécession *f.* **4**
claim to prétendre *v.* **8**
class *(group of students)* classe *f.;* *(course)* cours *m.*
classmate camarade de classe *m., f.*
classroom salle *f.* de classe
clean nettoyer *v.* **1**; net(te) *adj.* **2**, propre *adj.* **2**; pur(e) *adj.* **10**
clear clair(e) *adj.*
   It is clear that… Il est clair que…
   to clear the table débarrasser la table
clear away déblayer *v.* **10**
client client(e) *m., f.*
cliff falaise *f.*
climb escalader *v.* **8**; grimper à *v.* **8**
clock horloge *f.*
   alarm clock réveil *m.*
clone cloner *v.* **7**
close (to) près (de) *prep.*
   very close (to) tout près (de)
close fermer *v.*
   close friend/family member proche **6**
closed fermé(e) *adj.*
close-knit uni(e) *adj.* **6**; lié(e) *adj.* **6**
closet placard *m.*
clothes dryer sèche-linge *m.*
clothing vêtements *m., pl.*
cloudy nuageux/nuageuse *adj.*
   It is cloudy. Le temps est nuageux.
clue indice *m.* **4**
clutch embrayage *m.*
coach entraîneur *m.* **8**
coal charbon *m.* **10**
coast côte *f.*
coat manteau *m.*
coffee café *m.*
coffeemaker cafetière *f.*
coins pièces *f. pl.* de monnaie
cold froid *m.*
   to be cold avoir froid *v.*
   (weather) **It is cold.** Il fait froid.
cold rhume *m.*
colonist colon *m.* **4**

color couleur *f.*
   What color is… ? De quelle couleur est... ?
column chronique *f.* **3**
comb peigne *m.*; se peigner *v.* **2**
come venir *v.* **3**
   to come back revenir *v.* **3**
Come on. Allez.
comedy comédie *f.* **8**
comic strip bande dessinée (B.D.) *f.*
comma virgule *f.* **7**
commissioner commissaire *m.* **5**
commit (to someone) s'engager (envers quelqu'un) *v.* **1**
companion compagne/compagnon *f., m.* **6**
company *(troop)* troupe *f.*
company entreprise *f.* **9**
compared to par rapport à *prep.*
competent compétent(e) *adj.* **9**
competition concurrence *f.* **8**
complain se plaindre *v.* **2**
complete complet/complète *adj.* **2**
completely tout à fait *adv.*
composer compositeur *m.*
computer ordinateur *m.*
computer science informatique *f.* **7**
concert concert *m.*
concrete béton *m.* **2**
condition condition *f.*
   on the condition that à condition que *conj.* **7**
confide confier *v.* **6**
confident: to be confident avoir confiance en soi **1**
conformist conformiste *adj.* **5**
confront one's fears vaincre ses peurs **8**
confusedly confusément *adv.* **2**
congratulations félicitations
connect brancher *v.*
connection lien *m.* **2**
conservative conservateur/ conservatrice *adj.* **2, 4**
consider considérer *v.* **1**
constantly constamment *adv.*
construct construire *v.*
construction travaux *m. pl.* **2**
consult consulter *v.* **9**
consultant conseiller/conseillère *m., f.*; consultant(e) *m., f.* **9**
consumer society société de consommation *f.* **3**
contaminated: to be contaminated être contaminé(e) **10**
contempt: to have contempt for mépriser *v.* **6**
continue (doing something) continuer (à) *v.*
contribute contribuer (à) *v.* **7**
controversy controverse *f.*, polémique *f.* **5**
converse s'entretenir (avec) *v.* **2**
convince convaincre *v.* **3**

cook cuisiner v.; faire la cuisine v.; cuisinier/cuisinière m., f.
cookie biscuit m.
cooking cuisine f.
cool frais/fraîche adj. 2, chouette adj. 8
cool: *(weather)* **It is cool.** Il fait frais.
cop flic m. 5
coral corail m. (les coraux) 10
coral reef récif de corail m. 10
corner angle m.; coin m.
correspondent envoyé(e) spécial(e) m., f. 3
cost a lot coûter cher v. 2
cost coûter v.
co-tenant colocataire m., f. 2
cotton coton m.
couch canapé m.
cough tousser v.
count (on someone) compter (sur quelqu'un) v.
country pays m.
   country(side) campagne f.
country-style de campagne adj.
couple couple m.
courage courage m. 5
courageous courageux/courageuse adj.
course cours m.
court tribunal m. 4
courthouse palais de justice m. 2
cousin cousin(e) m., f.
cover couverture f. 3; couvrir v. 4
covered couvert(e) (couvrir) p.p.
cow vache f.
crazy fou/folle adj. 2
   to be crazy about raffoler de v. 5
cream crème f. 2; crème adj 2
create créer v. 7
   to create a company monter une entreprise 9
credit card carte f. de crédit
   to pay with a (debit/credit) card payer par carte (bancaire/de crédit) v. 9
crêpe crêpe f.
crime crime m. 4
crime film film policier m.
criminal criminel(le) m., f. 4
cripple estropié(e) m., f.
croissant croissant m.
cross traverser v.
cross-country skiing ski de fond m. 8
crosswalk clous m. pl. 2
crowd foule f. 4
cruel cruel(le) adj. 2
cruelty cruauté f. 4
crush écraser v.
cry pleurer v.
cultural heritage patrimoine culturel m. 5
culture shock choc culturel m. 1
cup (of) tasse (de) f. 5
cupboard placard m.

cure guérir v. 7
curiosity curiosité f. 7
curious curieux/curieuse adj.
curly frisé(e) adj.
currency monnaie f.
current events actualité f. 3
curtain rideau m.
customs douane f.
customs mœurs f. 4
cut oneself se couper v. 2
   to cut off from couper de v. 7
cute mignon(ne) adj. 2
cutting edge de pointe 7
cyberspace cyberespace m. 7

D

daily quotidien(ne) adj. 2
damaged abîmé(e) adj. 9
dance danse f.
   to dance danser v.
danger danger m. 10
dangerous dangereux/dangereuse adj. 2
dare oser v. 8
daredevil casse-cou m. 8
dark (hair) brun(e) adj.
darling chéri(e) adj.
darn zut
darts fléchettes f. 8
dash *(punctuation mark)* tiret m.
date *(day, month, year)* date f.; *(meeting)* rendez-vous m. 1
   to make a date prendre (un) rendez-vous v.
daughter fille f.
daughter-in-law belle-fille f. 6
day jour m.; journée f.
   day after tomorrow après-demain adv.
   day before veille f. 8
   day before yesterday avant-hier adv.
   day off congé m., jour de congé m.
   next day lendemain m.
deaf sourd(e) adj. 5
deal marché m. 2
dear cher/chère adj. 2
death mort f. 6
debt dette f. 9
   to be in debt avoir des dettes 9
deceased décédé(e) adj.
deceive tromper v. 2
December décembre m.
decide (to do something) décider (de) v.
decrease baisser v. 5
dedicate oneself to se consacrer à v. 4
defeat défaite f. 4; vaincre v. 4
defect tare f. 4
defend défendre v. 4
deforestation déboisement m. 10
degree diplôme m.
degrees *(temperature)* degrés m., pl.
   It is... degrees. Il fait... degrés.

delicatessen charcuterie f.
delicious délicieux/délicieuse adj.
delighted ravi(e) adj. 6; Enchanté(e). p.p., adj.
demand (that) exiger (que) v.
demand revendication f. 9; revendiquer v. 5; exiger v. 6, 9
demanding exigeant(e) adj. 6
   demanding profession profession f. exigeante
democracy démocratie f. 4
demonstration manifestation f. 2
dentist dentiste m., f.
department store grand magasin m. 9
departure départ m.
deposit déposer v. 9
   to deposit money déposer de l'argent v.
depressed déprimé(e) adj. 1
deputy député(e) m., f. 4
descend descendre v. 3
describe décrire v. 6
described décrit (décrire) p.p., adj.
desert désert m.
deserve mériter v. 1
desire désirer v. 6
desire envie f.
desk bureau m.
despair désespoir m. 7
desperate désespéré(e) adj.
dessert dessert m.
destroy détruire v. 7
destroyed détruit (détruire) p.p., adj.
detective film film policier m.
determination acharnement m. 10
detest détester v.
   I hate... Je déteste...
develop développer v.; mettre au point v.
development nouveauté f.; développement m. 5; épanouissement m. 10
dial (a number) composer (un numéro) v.
dialog dialogue m. 5
dictatorship dictature f. 4
dictionary dictionnaire m.
die mourir v. 3
died mort (mourir) p.p., adj.
diet régime m.
   to be on a diet être au régime
difference différence f.
different autre adj. 2; différent(e) adj.
differently différemment adv.
difficult difficile adj.
digital camera appareil (photo) numérique m. 7
dining room salle à manger f.
dinner dîner m.
   to have dinner dîner v.
diploma diplôme m.
directions indications f. 2
   to give directions donner des indications v. 2

APPENDICE C

director *(movie)* réalisateur/
réalisatrice *m., f.* **3**; *(play/show)*
metteur en scène *m.*
dirty sale *adj.*
disappear disparaître *v.* **1**
disappointed déçu(e) *adj.* **4**
discover découvrir *v.* **4**
discovered découvert (découvrir) *p.p.*
discovery découverte *f.* **7**
 (breakthrough) discovery
 découverte (capitale) *f.* **7**
discreet discret/discrète *adj.*
discrepancy écart *m.* **5**
discuss discuter *v.*
dish (food) plat *m.*
 to do the dishes faire la vaisselle *v.*
dishonest malhonnête *adj.* **1**
dishwasher lave-vaisselle *m.*
disillusioned désabusé(e) *adj.*
dismiss renvoyer *v.*
disorientation dépaysement *m.* **1**
disposable jetable *adj.* **10**
disposal: to have at one's disposal
 disposer de *v.*
distance learning formation à
 distance *f.* **5**
distant lointain(e) *adj.*
distinction mention *f.*
distraught affolé(e) *adj.* **7**
distrust se méfier de *v.* **2**
distrustful: to be distrustful of se
 méfier de *v.* **2**
disturb déranger *v.* **6**
dive plonger *v.* **1**
diversity diversité *f.* **5**
divorce divorce *m.*
 to divorce divorcer *v.* **1**
divorced divorcé(e) *p.p., adj.*
DNA ADN *m.* **7**
do *(make)* faire *v.* **1**
 to do it on purpose faire
 exprès *v.* **4**
 to do odd jobs bricoler *v.*
 to do without faire sans *v.* **5**
doctor médecin *m.*
documentary documentaire *m.* **3**
dog chien *m.*
dolphin dauphin *m.* **10**
done fait (faire) *p.p., adj.*
door *(building)* porte *f.*;
 (automobile) portière *f.*
doorman (doorkeeper) portier/
 portière *m., f.* **9**
doubt (that)... douter (que)... *v.* **2**
doubtful douteux/douteuse *adj.*
 It is doubtful that... Il est douteux
 que... **7**
downhill skiing ski alpin *m.* **8**
download télécharger *v.* **7**
downtown centre-ville *m.* **2**
doze off somnoler *v.* **6**
drag barbant(e) *adj.;* barbe *f.*
drag traîner *v.* **6**
drama course cours d'art dramatique
 m. **3**

drape rideau *m.*
draw dessiner *v.*
draw tirer *v.*
 to draw attention to attirer
 l'attention sur *v.* **3**
 to draw from puiser *v.* **10**
drawer tiroir *m.*
dreadful épouvantable *adj.*
dream (about) rêver (de) *v.* **1**
dreams, full of rêveur/rêveuse *adj.* **2**
dress robe *f.*
 to dress s'habiller *v.*
dresser commode *f.*
drink boire *v.* **3**
drink (carbonated) boisson *f.*
 (gazeuse)
drinkable potable *adj.* **10**
drive rouler (en voiture) *v.* **2**;
 conduire *v.* **3**
 to go for a drive faire un tour en
 voiture
driven conduit (conduire) *p.p.*
driver (taxi/truck) chauffeur (de
 taxi/de camion) *m.*; conducteur/
 conductrice *m., f.* **2**
driver's license permis *m.* de
 conduire
drought sécheresse *f.* **10**
drown s'enfoncer *v.*
drums batterie *f.* **2**
drunk bu (boire) *p.p.*
dry sec/sèche *adj.* **10**
dry oneself se sécher *v.*
dryer (clothes) sèche-linge *m.*
due dû(e) (devoir) *adj.* **5**
during pendant *prep.*
dust enlever/faire la poussière *v.*
dusty poussiéreux/poussiéreuse
 adj. **7**
DVD player lecteur (de) DVD *m.* **7**
DVR enregistreur DVR *m.*

E

each chaque *adj.* **4**
 each one chacun(e) *pron.*
ear oreille *f.*
early en avance *adv.*; tôt *adv.* **2**
earn gagner *v.*
 earn a living gagner sa vie **9**
Earth Terre *f.*
earth tremor tremblement de terre
 m. **10**
easily facilement *adv.*
east est *m.*
easy facile *adj.*
eat manger *v.* **1**
 to eat lunch déjeuner *v.*
éclair éclair *m.*
ecological écologique *adj.*
ecology écologie *f.*
economic crisis crise économique
 f. **9**
economics économie *f.*
ecotourism écotourisme *m.*

edible mangeable *adj.* **4**
editor rédacteur/rédactrice *m., f.* **3**
education enseignement *m.* **5**;
 formation *f.*
each chaque *adj.*
effect: in effect en effet
effort effort *m.* **5**
 to make an effort faire un effort **5**
egg œuf *m.*
egocentric égocentrique *adj.* **3**
eight huit *m.*
eighteen dix-huit *m.*
eighth huitième *adj.*
eighty quatre-vingts *m.*
eighty-one quatre-vingt-un *m.*
elder aîné(e) *adj.*
elect élire *v.* **4**
election élection *f.* **4**
 to lose elections perdre les
 élections **4**
 to win elections gagner les
 élections **4**
electric électrique *adj.*
 electrical appliance appareil *m.*
 électrique
electrician électricien/électricienne
 m., f.
electronic chip puce électronique *f.* **7**
elegant élégant(e) *adj.*
eleven onze *m.*
eleventh onzième *adj.*
e-mail e-mail *m.*
 e-mail address adresse e-mail *f.* **7**
embarrass gêner *v.* **1**
embarrassed gêné(e) *adj.* **2**
 to be embarrassed avoir honte
 (de) **1**
embarrassment gêne *f.* **6**
emergency room urgences *f., pl.*
 to go to the emergency room
 aller aux urgences *v.*
emigrant émigré(e) *m., f.* **5**
emigrate émigrer *v.* **1**
emotional émotif/émotive *adj.*
employ employer *v.*
employee employé(e) *m., f.* **9**
empty vide *adj.* **2**
end fin *f.*; se terminer *v.* **9**
endangered en voie d'extinction
 adj. **10**; menacé(e) *adj.*
 endangered species espèce *f.*
 menacée
endearing attendrissant(e) *adj.*
energy énergie *f.* **10**
energy consumption consommation
 d'énergie *f.* **10**
energy source source d'énergie *f.* **10**
engaged fiancé(e) *adj.*
engaged: to get engaged se fiancer
 v. **1**
engagement fiançailles *f.* **6**
engagement ring bague de fiançailles
 f. **6**
engine moteur *m.*
engineer ingénieur *m.* **7**

England Angleterre *f.*
English anglais(e) *adj.*
enjoy bénéficier de *v.* **5**
enormous énorme *adj.*
enormously énormément *adv.* **2**
enough (of) assez (de) *adv.* **5**
   not enough (of) pas assez (de)
   that's enough ça suffit **4**
enroll s'inscrire *v.* **6**
enslavement asservissement *m.* **4**
enter entrer *v.* **3**
entertain divertir *v.* **3**
entertaining divertissant(e) *adj.* **8**
entertainment divertissement *m.* **3**
enthusiastic enthousiaste *adj.* **1**
entrepreneur entrepreneur/
   entrepreneuse *m., f.* **9**
entrust confier *v.* **6**
envelope enveloppe *f.*
environment environnement *m.* **10**
envision envisager *v.* **3**
equal égal(e) *adj.* **4**
equal égaler *v.*
equality égalité *f.* **4**
erase effacer *v.* **1, 7**
erosion érosion *f.* **10**
errand course *f.*
escape from s'échapper de *v.* **6**
escaped évadé(e) *adj.* **4**
escargot escargot *m.*
especially surtout *adv.*
essay dissertation *f.*
essential essentiel(le) *adj.* **6**;
   indispensable *adj.* **6**
   It is essential that… Il est
      essentiel/indispensable que…
ethical éthique *adj.* **7**
even même *adv.*
evening soir *m.;* soirée *f.*
   … (o'clock) in the evening …
      heures du soir
event événement *m.* **2**
every chaque *adj.* **4**, tout(e)/tous/
   toutes (les) *adj.* **4**
every day tous les jours *adv.*
everyone tout le monde *m.*
everything tout *pron.* **4**
everywhere partout *adv.* **2**
evidently évidemment *adv.*
evolve évoluer *v.*
exactly exactement *adv.*
exam examen *m.*
except sauf *prep.* **8**
   except for à part **1**
excerpt extrait *m.* **3**
excited enthousiaste *adj.* **1**
exciting passionnant(e) *adj.* **4**
excluded exclu(e) *adj.* **5**
Excuse me. Excuse-moi. *fam.;*
   Excusez-moi. *form.*
executive cadre/femme cadre *m., f.* **9**
exercise exercice *m.*
   to exercise faire de l'exercice *v.*
exhausted épuisé(e) *adj.* **9**
exhibit exposition *f.*

exhibition exposition *f.* **8**
exit sortie *f.*
expect s'attendre à *v.* **2; to
   expect** compter *v.* **8; to expect
   something** s'attendre à quelque
   chose *v.* **3**
expenditure dépense *f.*
expenses dépenses *f.* **9**
expensive cher/chère *adj.* **2**
experiment expérience *f.* **7**
   to carry out an experiment faire
      une expérience **7**
explain expliquer *v.*
explore explorer *v.* **7**
extinction extinction *f.*
eye (eyes) œil (yeux) *m.*

face affronter *v.* **6**
face visage *m.*
facing en face (de) *prep.*
fact: in fact en fait
factory usine *f.*
fade (away) s'en aller *v.*
fail échouer *v.*
fair foire *f.* **2**; juste *adj.* **4**
faithful fidèle *adj.* **1**
false faux/fausse *adj.* **2**
fall automne *m.*
   in the fall en automne
   to fall tomber *v.*
   to fall in love tomber amoureux/
      amoureuse *v.*
   to fall asleep s'endormir *v.*
fall tomber *v.* **1**
   to fall in love (with) tomber
      amoureux/amoureuse (de) **1**
fame notoriété *f.* **3**
family famille *f.*
famous célèbre *adj.;* connu
   (connaître) *p.p., adj.*
fan (of) fan (de) *m., f.* **8**; supporter
   (de) *m.* **8**
far (from) loin (de) *prep.*
farewell adieu *m.*
farm ferme *f.* **10**
farmer agriculteur/agricultrice *m., f.*
fascinating fascinant(e) *adj.* **9**
fashion mode *f.*
   fashion design stylisme de mode
      m.
fast rapide *adj.;* vite *adv.*
fat gros(se) *adj.* **2**; gras(se) *adj.* **4**
father père *m.*
   single father père célibataire **6**
father-in-law beau-père *m.* **6**
favorite favori/favorite *adj.* **2**;
   préféré(e) *adj.*
fax machine fax *m.*
fear peur *f.* **4**; craindre *v.* **6**
   for fear of de peur de *prep.* **7**
   for fear that de peur que *conj.* **7**;
      de crainte que *conj.* **7**

   to confront one's fears vaincre
      ses peurs **8**
   to fear that avoir peur que *v.*
February février *m.*
fed: to be fed up (with) en avoir
   marre (de) **1**
feed nourrir *v.*
feel *(to sense)* sentir *v.; (state of
   being)* se sentir *v.;* ressentir *v.* **1**
   to feel like (doing something)
      avoir envie (de)
   to feel nauseated avoir mal au
      cœur
feeling état d'âme *m.* **1**
festival (festivals) festival (festivals)
   m.
feudal system système féodal *m.* **4**
fever fièvre *f.*
   to have fever avoir de la fièvre *v.*
few (of them) quelques-un(e)s *pron.*
   4; (un) peu de **5**
fiancé fiancé(e) *m., f.*
field *(terrain)* champ *m.; (of study)*
   domaine *m.*
field: (soccer) field terrain (de foot)
   m. **8**
fifteen quinze *m.*
fifth cinquième *adj.*
fifty cinquante *m.*
fight lutte *f.;* combattre *v.* **4**; lutter *v.*
   5; se battre *v.* **8**
figure *(physique)* ligne *f.*
figure chiffre *m.* **9**
   to figure it out se débrouiller *v.*
file fichier *m.*
film film *m.*
   adventure/crime film film *m.*
      d'aventures/policier
film critic critique de cinéma *m., f.* **3**
fill: to fill out a form remplir un
   formulaire *v.*
   to fill the tank faire le plein *v.*
final dernier/dernière *adj.* **2**
finally enfin *adv.* **2**; finalement *adv.*
   3; dernièrement *adv.*
financial financier/financière *adj.* **9**
find (a job/work) trouver (un/du
   travail) *v.*
   to find again retrouver *v.*
fine amende *f.*
fine arts beaux-arts *m., pl.*
finger doigt *m.*
finish (doing something) finir (de) *v.*
fire incendie *m.* **10**; licencier *v.* **9**;
   virer *v.*
fire station caserne de pompiers *f.* **2**
firefighter pompier/femme pompier
   m., f.
fireworks display feu d'artifice *m.* **2**
firm *(business)* entreprise *f.*
first d'abord *adv.* **2**; premier/première
   adj. **2**; premier *m.*
   It is October first. C'est le 1er
      (premier) octobre.
fish poisson *m.* **10**; pêcher *v.* **10**

fish shop poissonnerie *f.*
fishing pêche *f.*
    to go fishing aller à la pêche *v.*
fishing net filet (de pêche) *m.* 10
five cinq *m.*
fixed rate forfait *m.* 3
flag drapeau *m.* 4
flat tire pneu *m.* crevé
flaw défaut *m.* 3
flee fuir *v.* 1
fleeting passager/passagère *adj.* 1
flight *(air travel)* vol *m.*
fling, throw (out) balancer *fam.* 1
flirt draguer *v.* 1
flock troupeau *m.* 10
flood inondation *f.* 10
floor étage *m.*
flourishing prospère *adj.* 9
flow couler *v.*
flower fleur *f.*
flu grippe *f.*
fluently couramment *adv.*
fly voler *v.* 8
foliage feuillage *m.* 10
follow (a path/a street/a boulevard)
    suivre (un chemin/une rue/un
    boulevard) *v.* 3
following prochain(e) *adj.* 2
food *(type or kind of)* aliment *m.* 6;
    (before a noun) alimentaire 6;
    nourriture *f.*
foot pied *m.*
football football américain *m.*
for car *conj.* 4; pour *prep.* 7;
    pendant *prep.*
    for an hour (a month, etc.) pendant
        une heure (un mois, etc.) *adv.* 3
    for fear of de peur de *prep.* 7
    for fear that de peur que *conj.* 7;
        de crainte que *conj.* 7
    For whom? Pour qui?
forbid interdire *v.*
force forcer *v.* 1
force obliger *v.* 6
forehead front *m.*
foreign étranger/étrangère *adj.*
    foreign languages langues *f., pl.*
        étrangères
foreigner étranger/étrangère *m., f.* 2
forest forêt *f.* 10
    tropical forest forêt tropicale *f.* 6
forge: to forge ahead aller de l'avant 5
forget (to do something) oublier
    (de) *v.*
fork fourchette *f.*
form formulaire *m.*
former *(placed before noun)*
    ancien(ne) *adj.* 2
formerly jadis *adv.* 10
formidable redoutable *adj.* 3
forseen prévu(e) *adj.* 5
fortunately heureusement *adv.*
forty quarante *m.*
forward en pointe *adv.* 8
foul faute *f.* 8

fountain fontaine *f.*
four quatre *m.*
fourteen quatorze *m.*
fourth quatrième *adj.*
France France *f.*
frank franc(he) *adj.* 1
frankly franchement *adv.*
free *(at no cost)* gratuit(e) *adj.*
    free time temps libre *m.*
free kick coup franc *m.* 8
free oneself se libérer *v.* 4
freedom liberté *f.* 3
    freedom of the press liberté de la
        presse *f.* 3
freezer congélateur *m.*
French français(e) *adj.*
French fries frites *f., pl.*
frequent (to visit regularly)
    fréquenter *v.*
fresh frais/fraîche *adj.* 2
Friday vendredi *m.*
friend ami(e) *m., f.*; copain/copine
    m., f.; pote *m., f.* 9
friendship relation amicale *f.* 1
frighten effrayer *v.* 6
frightening effrayant(e) *adj.* 7
from à partir de *prep.* 1
from de/d' *prep.*
    from time to time de temps en
        temps *adv.*
front: in front of devant *prep.* 5
fruit fruit *m.*
fuel combustible *m.* 10
fulfill (a dream) réaliser (un rêve) *v.* 5
full *(no vacancies)* complet
    (complète) *adj.*
full plein(e) *adj.* 2
full-time job emploi *m.* à plein temps
fun amusant(e) *adj.*
    to have fun *(doing something)*
        s'amuser (à) *v.* 2
funds fonds *m.*
funeral funérailles *f., pl.*
funny drôle *adj.*
furious furieux/furieuse *adj.*
    to be furious that… être furieux/
        furieuse que… *v.*
future avenir *m.*

G

gain: gain weight grossir *v.*
game *(amusement)* jeu *m.*; *(sports)*
    match *m.*; partie *f.* 8
game console console de jeux *f.*
game show jeu télévisé *m.*
gang bande *f.* 5
gap écart *m.* 5
garage garage *m.*
garbage ordures *f., pl.*
    garbage collection ramassage *m.*
        des ordures
garden jardin *m.*
garlic ail *m.*
gas essence *f.*

gas tank réservoir d'essence *m.*
gas warning light voyant *m.*
    d'essence
gather rassembler *v.* 2
gene gène *m.* 7
generally en général *adv.*
generation gap fossé des générations
    m. 6
generous généreux/généreuse *adj.*
genetics génétique *f.* 7
genre genre *m.*
gentle doux/douce *adj.*
gently doucement *adv.* 2
geography géographie *f.*
German allemand(e) *adj.*
Germany Allemagne *f.*
get (a salary) toucher *v.* 9
    to get a divorce divorcer *v.* 1
    to get a signal capter *v.* 9
    to get along well s'entendre bien 1
    to get along with s'entendre bien
        avec 2
    to get angry with se mettre
        en colère contre 1, se fâcher
        contre *v.* 2
    to get benefit out of retirer un
        profit de 9
    to get bored s'ennuyer *v.* 2
    to get dressed s'habiller *v.* 2
    to get engaged se fiancer *v.* 1
    to get hurt (se) blesser *v.* 8
    to get (in a car, on a train) monter
        (dans une voiture, dans un train)
        v. 2
    to get income out of retirer un
        revenu de 9
    to get involved s'engager *v.* 3
    to get off descendre *v.* 2
    to get (tickets) obtenir (des
        billets) 8
    to get together se réunir *v.* 2
    to get up se lever *v.* 2
    get up again se relever *v.*
    to get used to s'habituer à *v.* 2
    to get worse empirer *v.* 10
get *(to obtain)* obtenir *v.*
gift cadeau *m.*
    wrapped gift paquet cadeau *m.*
gifted doué(e) *adj.* 6
girl fille *f.*
girlfriend petite amie *f.*
give *(to someone)* donner (à) *v.* 2;
    filer *(fam.)* *v.* 1
    to give a shot faire une piqûre *v.*
    to give a tour faire visiter *v.*
    to give back rendre (à) *v.*
    to give birth accoucher *v.* 6
    to give directions donner des
        indications 2
    to give in to céder à *v.* 6
    to give one another se donner *v.*
glass (of) verre (de) *m.* 5
glasses lunettes *f., pl.*
    sunglasses lunettes de soleil *f., pl.*
glide glisser *v.* 8

global warming réchauffement climatique *m.* **10**
globalization mondialisation *f.* **5**
glove gant *m.*
gnarled noueux/noueuse *adj.* **10**
go aller *v.* **1**
  I'm going. J'y vais.
  Let's go! Allons-y ! ; On y va!
  to go (away) s'en aller *v.* **1, 2**
  to go across parcourir *v.* **8**
  to go back repartir *v.*
  to go back (home) rentrer *v.* **3**
  to go back to sleep se rendormir *v.* **9**
  to go beyond one's limits se dépasser *v.* **8**
  to go bowling jouer au bowling **8**
  to go down descendre *v.* **2**
  to go downstairs descendre (de) *v.*
  to go out sortir *v.*
  to go out with sortir avec *v.* **1**
  to go over dépasser *v.*
  to go past passer (devant) *v.* **2**
  to go to bed se coucher *v.* **2**
  to go up monter *v.* **3**
  to go with aller avec *v.*
goal but *m.* **5**
gold or *m.* **2**
golf golf *m.*
good bon(ne) *adj.* **2**
  Good evening. Bonsoir.
  Good morning. Bonjour.
  to be good for nothing ne servir à rien *v.*
  to be in a good mood être de bonne humeur *v.*
  to be in good health être en bonne santé *v.*
  to be in good shape être en pleine forme *v.*
  to be up to something interesting faire quelque chose de beau *v.*
goodbye au revoir **5**
  to say goodbye dire au revoir **5**
gossip commérages *m.* **1**
govern gouverner *v.* **4**
government gouvernement *m.* **4**
grade *(academics)* note *f.*
grandchildren petits-enfants *m., pl.*
granddaughter petite-fille *f.* **6**
grandfather grand-père *m.*
grandmother grand-mère *f.*
grandparents grands-parents *m., pl.*
grandson petit-fils *m.* **6**
grant bourse *f.*
grape raisin *m.* **6**
grass herbe *f.*
gratin gratin *m.*
gravity gravité *f.* **7**
gray gris(e) *adj.*
great formidable *adj.*; génial(e) *adj.* **1**; grand(e) *adj.* **2**; chouette *adj.* **8**
great-aunt grand-tante *f.* **6**

great-grandfather arrière-grand-père *m.* **6**
great-grandmother arrière-grand-mère *f.* **6**
great-uncle grand-oncle *m.* **6**
Greek grec/grecque *adj.* **2**
green vert(e) *adj.*
green beans haricots verts *m., pl.*
greenhouse serre *f.*
  greenhouse effect effet de serre *m.*
grief deuil *m.* **1**; peine *f.* **1**
grilled grillé(e) *adj.* **6**
grocery store épicerie *f.*
groom marié *m.* **6**
groom: to groom oneself *(in the morning)* faire sa toilette *v.*
ground
  ground floor rez-de-chaussée *m.*
  on the ground par terre **1**
grow augmenter *v.* **5**; pousser *v.* **10**
  to grow old vieillir *v.*
  to grow up grandir *v.*
growing population population *f.* croissante
grudge: to have a grudge en vouloir (à) *v.* **5**
grumble bougonner *v.* **6**
guaranteed garanti(e) *p.p., adj.*
guess deviner *v.* **5**
guest invité(e) *m., f.*; client(e) *m., f.*
guilty coupable *adj.* **4**
guitar guitare *f.*
guy mec *m.*
gym gymnase *m.*

habitat habitat *m.*
  habitat preservation sauvetage des habitats *m.*
  provide a habitat for abriter *v.* **10**
habits mœurs *f.* **4**
had eu (avoir) *p.p.*
  had to dû (devoir) *p.p.*
hair cheveux *m., pl.*
  to brush one's hair se brosser les cheveux *v.*
  to do one's hair se coiffer *v.*
hairbrush brosse *f.* à cheveux
hairdresser coiffeur/coiffeuse *m., f.*
half demie *f.*; moitié *f.* **5**
half brother demi-frère *m.* **6**
  half past ... (o'clock) ... et demie
half sister demi-sœur *f.* **6**
half-time job emploi *m.* à mi-temps
hallway couloir *m.*
ham jambon *m.*
hand main *f.*
handbag sac à main *m.*
handkerchief mouchoir *m.* **8**
handle manier *v.* **7**
handsome beau *adj.* **2**
hang around traîner *v.* **6**
hang up raccrocher *v.*

happily heureusement *adv.* **2**
happiness bonheur *m.*
happy heureux/heureuse *adj.* **2**; content(e) *adj.* **6**
  to be happy that... être content(e) que... *v.*; être heureux/heureuse que... *v.*
harass harceler *v.* **9**
hard drive disque (dur) *m.*
hard-working travailleur/travailleuse *adj.* **2**
harm nuire à *v.* **10**
harmful nuisible *adj.* **10**
harvest récolte *f.* **10**; récolter *v.* **10**
hat chapeau *m.*
hate détester *v.* **8**
  I hate... Je déteste...
hatred haine *f.* **4**
have avoir *v.* **1**; aie (avoir) *imp., v.*; ayez (avoir) *imp. v.*; prendre *v.* **3**
  to have a good time se divertir *v.* **8**
  to have a grudge en vouloir (à) *v.* **5**
  to have an ache avoir mal *v.*
  to have at one's disposal disposer de *v.* **7**
  to have connections avoir des relations **9**
  to have contempt for mépriser *v.* **6**
  to have fun s'amuser *v.* **2**
  to have influence (over) avoir de l'influence (sur) **4**
  to have stage fright avoir le trac **3**
  to have to devoir *v.* **3**; falloir *v.* **3**
he il *sub. pron.*
head *(body part)* tête *f.*; *(of a company)* chef *m.* d'entreprise **9**
headache: to have a headache avoir mal à la tête *v.*
headlights phares *m., pl.*
headline gros titre *m.* **3**
headphones casque *f.* à écouteurs *m. pl.*
headscarf foulard *m.* **6**
heal guérir *v.* **7**
health insurance assurance *f.* maladie
health santé *f.*
  to be in good health être en bonne santé *v.*
healthy sain(e) *adj.*
hear entendre *v.* **2**
heart cœur *m.*
heat chaud *m.*
hegemony hégémonie *f.*
help au secours
  to help *(to do something)* aider (à) *v.*
  to help one another s'aider *v.*
hello *(on the phone)* allô; *(in the evening)* Bonsoir.; *(in the morning or afternoon)* Bonjour.
her la/l' *d.o. pron.*; lui *i.o. pron.*; *(attached to an imperative)* -lui *i.o. pron.*

her sa *poss. adj., f., sing.*; ses *poss. adj., m., f., pl.*; son *poss. adj., m., sing.*

here ici *adv.* **2**; *(used with demonstrative adjective* ce *and noun or with demonstrative pronoun* celui*)*; -ci
  Here is.... Voici...
  Here! Tenez! *form., imp. v.*; Tiens! *fam., imp., v.*

heritage patrimoine *m.* **5**
  cultural heritage patrimoine culturel *m.* **5**
  I am of… heritage. Je suis d'origine…

herself *(used with reflexive verb)* se/s' *pron.*

hesitate *(to do something)* hésiter (à) *v.*

Hey! Eh! *interj.*

Hi! Salut! *fam.*

high élevé(e) *adj.*; haut(e) *adj.* **2**

high school lycée *m.*
  high school student lycéen(ne) *m., f.*

higher education études supérieures *f., pl.*

highway autoroute *f.*

hike randonnée *f.*
  to go for a hike faire une randonnée *v.*

him lui *i.o. pron.*; le/l' *d.o. pron.*; *(attached to imperative)* -lui *i.o. pron.*

himself *(used with reflexive verb)* se/s' *pron.*

hire embaucher *v.* **9**

his sa *poss. adj., f., sing.*; ses *poss. adj., m., f., pl.*; son *poss. adj., m., sing.*

history histoire *f.*

hit frapper *v.*; rentrer (dans) *v.*; taper **9**

hobby passe-temps *m.* **6**

hold tenir *v.* **4**
  to hold back retenir *v.* **7**
  to be on hold patienter *v.*

hole in the ozone layer trou dans la couche d'ozone *m.*

holiday jour férié *m.*; férié(e) *adj.*

home *(house)* maison *f.*
  at *(someone's)* **home** chez... *prep.*

home page page d'accueil *f.*

homeland patrie *f.* **6**

homeless person sans-abri **2**

homesick: to be homesick avoir le mal du pays **5**

homework devoir *m.*

honest honnête *adj.* **1**

honestly franchement *adv.*

hood capot *m.*

hoodlum voyou *m.* **6**

hors d'oeuvre hors-d'œuvre *m.*

horse cheval *m.*
  to go horseback riding faire du cheval *v.*

hospital hôpital *m.*

host hôte/hôtesse *m., f.*

hot chaud *m.*
  It is hot *(weather).* Il fait chaud.
  to be hot avoir chaud *v.*

hot chocolate chocolat chaud *m.*

hotel hôtel *m.*
  (single) **hotel room** chambre *f.* (individuelle)

hotel keeper hôtelier/hôtelière *m., f.*

hour heure *f.*

house maison *f.*
  at *(someone's)* **house** chez... *prep.*
  to leave the house quitter la maison *v.*
  to stop by someone's house passer chez quelqu'un *v.*

household ménager/ménagère *adj.* **6**

household appliance appareil *m.* ménager

household chore tâche ménagère *f.*

housewife femme au foyer *f.*

housework: to do the housework faire le ménage *v.*

housing logement *m.* **2**; habitation *f.* **2**

how comme *adv.*; comment? *interr. adv.*
  How are you? Comment allez-vous? *form.*; Comment vas-tu? *fam.*
  How many/How much (of)? Combien (de)?
  How much is... ? Combien coûte... ?

however pourtant *adv.*

huge énorme *adj.*

Huh? Hein? *interj.*

human humain(e) *adj.*

human rights droits de l'homme *m.* **4**

humanities lettres *f., pl.*

humankind humanité *f.* **5**

hundred: one hundred cent *m.*
  five hundred cinq cents *m.*
  one hundred one cent un *m.*
  one hundred thousand cent mille *m.*

hundredth centième *adj.*

hunger faim *f.*

hungry: to be hungry avoir faim *v.*

hunt chasse *f.* **10**
  to hunt chasser *v.*

hurricane cyclone *m.* **2, 10**

hurried pressé(e) *adj.*

hurry se dépêcher *v.* **2, 7**

hurt faire mal *v.*
  to hurt oneself se blesser *v.*

husband mari *m.*; époux *m.* **6**

hyphen *(punctuation mark)* tiret *m.*

I

ice cream glace *f.*

ice cube glaçon *m.*

ICT (Information and Communication Technologies) TIC (Technologies de l'Information et de la Communication) **5**

idea idée *f.*

idealistic idéaliste *adj.* **1**

if si *conj.* **7**

I je *sub. pron.*; moi *disj. pron., sing.*

ill: to become ill tomber malade *v.*

illiterate analphabète *adj.* **4**

illness maladie *f.*

immature peu mûr(e) *adj.* **1**

immediately immédiatement *adv.* **3**; tout de suite *adv.*

immigrant immigré(e) *n.* **5**

immigrate immigrer *v.* **1**

immigration immigration *f.* **5**

impartial impartial(e) *adj.* **3**

impatient impatient(e) *adj.*

important important(e) *adj.* **6**
  It is important that… Il est important que…

impossible impossible *adj.* **7**
  It is impossible that… Il est impossible que...

imprison emprisonner *v.* **4**

improve améliorer *v.* **2**

in dans *prep.* **5**; en *prep.* **5**; à *prep.* **5**
  in addition en outre *adv.*
  in case au cas où *conj.* **10**
  in front of devant *prep.* **5**
  in general en général *adv.* **2**
  in order that afin que *conj.* **7**
  in the past autrefois *adv.*

included compris (comprendre) *p.p., adj.*

income revenu *m.* **9**
  to get income out of retirer un revenu de **9**

incompetent incompétent(e) *adj.* **9**

increase awareness sensibiliser *v.* **3**

incredible incroyable *adj.*

independent indépendant(e) *adj.*

independently indépendamment *adv.*

indicate indiquer *v.*

indication indice *m.* **4**

indispensable indispensable *adj.*

individuality individualité *f.* **5**
  loss of individuality perte de l'individualité *f.* **5**

inequality inégalité *f.* **4**

inexpensive bon marché *adj.*

inferior inférieur(e) *adj.* **2**

inferiority complex complexe d'infériorité *m.* **6**

influence influence *f.* **4**
  to have influence (over) avoir de l'influence (sur) **4**

influential influent(e) *adj.* **3**

inherit hériter *v.* **6**

injection piqûre *f.*
  to give an injection faire une piqûre *v.*

injure (oneself) (se) blesser *v.* **8**

injured person blessé **2**

injury blessure *f.*

injustice injustice *f.* **4**

innovation innovation *f.* **7**
innovative innovant(e) *adj.* **7**
insensitive insensible *adj.* **2**
inside dans *prep.* **5**; dedans *adv.* **2, 8**
instability instabilité *f.* **5**
instructions consignes *f. pl.* **9**
instrument instrument *m.*
insufficient insuffisant(e) *adj.* **10**
insurance (health/life) assurance *f.* (maladie/vie)
integration intégration *f.* **5**
intellectual intellectuel(le) *m., f.* **6**; intellectuel(le) *adj.* **2**
intelligent intelligent(e) *adj.*
intend to penser *v.* **8**
interested: to be interested (in) s'intéresser (à) *v.*
interesting intéressant(e) *adj.*
intermission entracte *m.*
Internet site site Internet *m.* **3**
Internet user internaute *m., f.* **7**
internship stage *m.*
intersection carrefour *m.* **2**
interview entretien *m.* **3**, interview *f.* **3**
  job interview entretien d'embauche *m.*
  to have an interview passer un entretien
introduce présenter *v.*
  I would like to introduce *(name)* **to you.** Je te présente… , *fam.*
  I would like to introduce *(name)* **to you.** Je vous présente… , *form.*
invade envahir *v.* **3**
invent inventer *v.* **7**
invention invention *f.* **7**
invest investir *v.* **9**
investigate enquêter (sur) *v.* **3**
investigation enquête *f.*
invite inviter *v.*
involved: to get involved s'engager *v.*
Ireland Irlande *f.*
Irish irlandais(e) *adj.*
iron fer à repasser *m.*
  to iron *(the laundry)* repasser (le linge) *v.*
island île *f.*
isn't it? *(tag question)* n'est-ce pas?
it: It depends. Ça dépend.
  It is… C'est…
it: it's about il s'agit de
  it's a matter of il s'agit de
Italian italien(ne) *adj.*
Italy Italie *f.*
itself *(used with reflexive verb)* se/s' *pron.*

J

jacket blouson *m.*
jam confiture *f.*
January janvier *m.*
Japan Japon *m.*

Japanese japonais(e) *adj.*
jealous jaloux/jalouse *adj.* **1**
jeans jean *m. sing.*
jersey maillot *m.* **8**
jewelry store bijouterie *f.*
job poste *m.* **9**; emploi *m.* **9**; boulot *m.* **9**
job interview entretien d'embauche *m.* **9**
jogging jogging *m.*
  to go jogging faire du jogging *v.*
join rejoindre *v.* **1**
  to join forces with s'associer à *v.*
joke blague *f.*
joke (about) rigoler *v.* **4**
journalist journaliste *m., f.* **3**
journey trajet *m.*
joy joie *f.*
judge juge *m., f.* **4**; juger *v.* **4**
juice (orange/apple) jus *m.* (d'orange/de pomme)
July juillet *m.*
jump sauter *v.* **8**
June juin *m.*
jungle jungle *f.*
juror juré(e) *m., f.* **4**
just *(barely)* juste *adv.*
justice justice *f.* **4**

K

keep garder *v.*
  to keep an eye on surveiller *v.* **8**
  to keep from (doing something) empêcher (de) *v.* **2**
  to keep oneself informed (through the media) s'informer (par les médias) *v.* **3**
keep retenir *v.*
key clé *f.*
keyboard clavier *m.*
kid gamin(e) *m., f.* **5**, môme *m., f.* **5**
kidnap enlever *v.* **4**, kidnapper *v.* **4**
kill tuer *v.* **4**
killjoy rabat-joie *m.* **8**
kilo(gram) kilo(gramme) *m.* **5**
kind bon(ne) *adj.*
kindly gentiment *adv.* **2**
kindness bonté *f.*
kiosk kiosque *m.*
kiss one another s'embrasser *v.*
kitchen cuisine *f.*
knee genou *m.*
knife couteau *m.*
knock frapper *v.* **1**
know *(as a fact)* savoir *v.*, **3**; *(to be familiar with)* connaître *v.* **3**
  to know one another se connaître *v.*
  I don't know anything about it. Je n'en sais rien.
  to know that… savoir que…
known *(as a fact)* su (savoir) *p.p.*; *(famous)* connu (connaître) *p.p., adj.*

L

labor union syndicat *m.* **9**
laboratory laboratoire *m.*
laborer ouvrier/ouvrière *m., f.*
lack of financial security précarité **9**
ladder échelle *f.* **7**
lagoon lagon *m.* **10**
lake lac *m.*
lamp lampe *f.*
land terre *f.* **10**; atterrir *v.* **7**
landscape paysage *m.* **10**
landslide glissement de terrain *m.*
lane voie *f.* **2**
language langue *f.* **5**
  foreign languages langues *f., pl.* étrangères
  native language langue maternelle *f.* **5**
  official language langue officielle *f.* **5**
laptop ordinateur portable *m.* **7**
last dernier/dernière *adj.* **2**
  at last enfin *adv.* **2**
  last Monday (Tuesday, etc.) lundi (mardi, etc.) dernier *adv.* **3**
lastly dernièrement *adv.*
late *(when something happens late)* en retard *adv.*; *(in the evening, etc.)* tard *adv.* **2**
laugh rire *v.* **3**
laughed ri (rire) *p.p.*
launch lancement *m.*; lancer *v.* **5**
  to launch into se lancer *v.* **5**
laundromat laverie *f.*
laundry: to do the laundry faire la lessive *v.*
law loi *f.* **4**
  to pass a law approuver une loi **4**
lawyer avocat(e) *m., f.* **4**
lay off *(let go)* renvoyer *v.*; licencier *v.* **9**
lazy paresseux/paresseuse *adj.*
lazybones fainéant(e) *m., f.* **9**
lead mener *v.* **1, 5**
learned appris (apprendre) *p.p.*
learning apprentissage *m.* **5**
least moins
  the least… *(used with adjective)* le/la moins… *super. adv.*
  the least… *(used with noun to express quantity)* le moins de…
  the least… *(used with verb or adverb)* le moins… *super. adv.*
leather cuir *m.*
leave partir *v.* **3**; quitter *v.*
  I'm leaving. Je m'en vais.
  to leave alone laisser tranquille *v.*
  to leave behind quitter *v.* **5**
  to leave one another se quitter *v.*
  to leave someone quitter quelqu'un *v.* **1**
left: to the left (of) à gauche (de) *prep.*
leg jambe *f.*

leisure loisir(s) *m.* **8**
leisure activity loisir *m.*
lemon citron *m.* **6**; citron *adj.* **2**
lemon soda limonade *f.*
lend (to someone) prêter (à) *v.*
less moins *adv.* **7**
  less of... *(used with noun to express quantity)* moins de...
  less ... than *(used with noun to compare quantities)* moins de... que
  less... than *(used with adjective to compare qualities)* moins... que
let laisser *v.*
  to let go *(to fire or lay off)* renvoyer *v*
  Let's go! Allons-y!; On y va!
let go lâcher *v.* **8**
letter lettre *f.*
  letter of application lettre *f.* de motivation
  letter of recommendation/ reference lettre *f.* de recommandation
lettuce laitue *f.*
level niveau *m.*
liberal libéral(e) *adj.* **4**
library bibliothèque *f.*
license: driver's license permis *m.* de conduire
lie mentir *v.* **1**
life vie *f.*
life insurance assurance *f.* vie
lifestyle section rubrique société *f.* **3**
lift lever *v.* **1**
light: warning light *(automobile)* voyant *m.*
  oil/gas warning light voyant *m.* d'huile/d'essence
light allumer *v.*
  to light up s'allumer *v.*
like *(as)* comme *adv.*;
  to like aimer *v.* **1**
  I don't like ... very much. Je n'aime pas tellement...
  I really like... J'aime bien...
  to like one another s'aimer bien *v.*
  to like that... aimer que... *v.*
lime citron vert *m.* **6**
limp boiter *v.*
line queue *f.* **8**
  line of products gamme de produits *f.*
  to wait in line faire la queue **8**
link lien *m.*
lion lion *m.* **10**
listen (to) écouter *v.* **8**
listener auditeur/auditrice *m., f.* **3**
listlessness langueur *f.* **1**
liter litre *m.* **5**
literary littéraire *adj.*
literature littérature *f.*
little *(not much)* **(of)** peu (de) *adv.* **2**
little of (un) peu de **5**

live en direct *adj., adv.* **3**
live vivre *v.*
  live (in) habiter (à) *v.*
  to live (something) vicariously vivre (quelque chose) par procuration **8**
  to live something vicariously through someone vivre quelque chose par l'intermédiaire de quelqu'un **8**
live (in) habiter (à) *v.*
lively animé(e) *adj.* **2**
living room *(informal room)* salle de séjour *f.*; *(formal room)* salon *m.*
loan prêt *m.* **9**; emprunt *m.* **9**
  to apply for a loan demander un prêt **9**
  to secure a loan obtenir un prêt **9**
  to take out a loan faire un emprunt **9**
located: to be located se trouver *v.* **2**
locker room vestiaires *m.* **8**
long long(ue) *adj.* **2**
  a long time longtemps *adv.*
  as long as tant que *conj.* **7**
long-term à long terme *adj.* **9**
look *(at one another)* regarder *v.*; *(at oneself)* se regarder *v.*
look for chercher *v.*
  to look after (someone) soigner *v.* **7**
  to look for work/a job chercher du/un travail
  to look like ressembler (à) *v.* **6**
loose *(clothing)* large *adj.*
lose perdre *v.* **4**
  to lose heart se décourager *v.* **5**
  to lose elections perdre les élections **4**
  to lose weight maigrir *v.*
loss perte *f.* **9**
  loss of individuality perte de l'individualité *f.* **5**
lost perdu(e) *adj.* **2**
  to be lost être perdu(e) **2**
lot: a lot beaucoup *adv.* **2**
  a lot of beaucoup de **5**; un tas de **5**
love aimer *v.* **1**
love amour *m.*
  to love adorer *v.*
  I love... J'adore...
  to love one another s'aimer *v.*
  to be in love être amoureux/ amoureuse *v.*
low bas(se) *adj.* **2**
luck chance *f.*
  to be lucky avoir de la chance *v.*
lumberjack bûcheron *m.* **10**
lunch déjeuner *m.*
  to eat lunch déjeuner *v.*
luxury luxe *m.* **5**

M

ma'am Madame. *f.*

machine: answering machine répondeur *m.*
mad fâché(e) *adj.* **1**
  to get mad s'énerver *v.*
made fait (faire) *p.p., adj.*
magazine magazine *m.*
magician magicien(ne) *m., f.* **7**
maid of honor témoin *m.* **6**
mail courrier *m.*
mailbox boîte *f.* aux lettres
mailman facteur *m.*
main character personnage principal *m.*
main dish plat (principal) *m.*
maintain maintenir *v.* **4**
make faire *v.* **1**
  to make an effort faire un effort **5**
  to make it s'en sortir **9**
  to make think of évoquer *v.* **9**
make up se réconcilier *v.*;
  make up one's mind se décider *v.* **6**
makeup maquillage *m.*
  to put on makeup se maquiller *v.* **2**
malfunction panne *f.*
man homme *m.*
manage *(in business)* diriger *v.* **9**; *(to do something)* arriver à *v.*; gérer *v.* **9**, se débrouiller *v.*
manager gérant(e) responsable *m., f.* **9**
manual labor travail manuel *m.* **5**
many (of) beaucoup (de) *adv.*; bien des *adj.* **5**
  How many (of)? Combien (de)?
map *(of a city)* plan *m.*; *(of the world)* carte *f.*
March mars *m.*
marching band fanfare *f.* **2**
market marché *m.* **9**
marketing strategy stratégie commerciale *f.*
marriage mariage *m.* **1**
married marié(e) *adj.*
  married couple mariés *m., pl.*
marry épouser *v.*; se marier avec *v.* **1**
Martinique: from Martinique martiniquais(e) *adj.*
masses foule *f.*
masterpiece chef-d'œuvre *m.*
match partie *f.* **8**
material matériau *m.*
maternal maternel(le) *adj.*
mathematician mathématicien(ne) *m., f.* **7**
mathematics mathématiques (maths) *f., pl.*
matter: it's a matter of il s'agit de
mature mûr(e) *adj.* **1**
maturity maturité *f.* **6**
May mai *m.*
maybe peut-être *adv.* **2**
mayonnaise mayonnaise *f.*
mayor maire *m.* **2**
mayor's office mairie *f.*

me moi *disj. pron., sing.*; (attached to imperative) -moi *pron.*; me/m' *i.o. pron.*; me/m' *d.o. pron.*
  Me too. Moi aussi.
  Me neither. Moi non plus.
meal repas *m.*
mean méchant(e) *adj.*
  to mean *(with dire)* vouloir *v.*
means voie *f.* 2
  that means ça veut dire *v.*
meat viande *f.*
mechanic mécanicien/mécanicienne *m., f.*
media moyens de communication *m.* 3; médias *m.* 3
medication (against/for) médicament (contre/pour) *m.*
meet *(to encounter, to run into)* rencontrer *v.*; *(to make the acquaintance of)* faire la connaissance de *v.*; se rencontrer *v.*; *(planned encounter)* se retrouver *v.*
meeting réunion *f.* 9; rendez-vous *m.*
melancholic mélancolique *adj.*
member membre *m.*; membre *m.* 9; adhérent(e) *m., f.* 9
menu menu *m.*; carte *f.*
message message *m.*
  to leave a message laisser un message *v.*
messy en désordre 7
metaphor métaphore *f.* 4
Mexican mexicain(e) *adj.*
Mexico Mexique *m.*
microwave oven four à micro-ondes *m.*
middle school collège *m.* 5
midnight minuit *m.*
militant activist activiste *m., f.* 4
milk lait *m.*
mineral water eau *f.* minérale
mini-market supérette *f.* 6
minimum wage salaire minimum *m.* 9
mirror miroir *m.*
Miss Mademoiselle *f.*
miss manquer à *v.* 5
missing person disparu 2
mistaken: to be mistaken (about something) se tromper (de) *v.* 1, 2
mix mélange *m.* 1; mêler *v.* 10
mob foule *f.* 4
moderate modéré(e) *adj.* 4
modernity modernité *f.* 10
modest modeste *adj.*
moment moment *m.* 3
  at that moment à ce moment-là 3
monarchy monarchie *f.* 4
  absolute monarchy monarchie absolue *f.* 4
Monday lundi *m.*
money argent *m.*; *(currency)* monnaie *f.*
  to deposit money déposer de l'argent *v.*

monkey singe *m.* 10
month mois *m.*
  this month ce mois-ci
monthly magazine mensuel *m.* 3
Moon Lune *f.* 10
moral morale *f.* 4
more plus *adv.* 7
  more of plus de
  more … than *(used with noun to compare quantities)* plus de… que
  more … than *(used with adjective to compare qualities)* plus… que
morning matin *m.*; matinée *f.*
  this morning ce matin
Moroccan marocain(e) *adj.*
moronic débile *adj.* 2
most plupart *f. pron.* 4; plus
  the most… *(used with adjective)* le/la plus… *super. adv.*
  the most… *(used with noun to express quantity)* le plus de…
  the most… *(used with verb or adverb)* le plus… *super. adv.*
mother mère *f.*
mother-in-law belle-mère *f.* 6
mountain montagne *f.*
mountain bike VTT (vélo tout terrain) *m.* 8
mountain climbing alpinisme *m.* 8
mountain range chaîne montagneuse *f.* 10
mouse souris *f.*
mouth bouche *f.*
move émouvoir *v.* 3; *(to get around)* se déplacer *v.*; bouger *v.* 5; remuer *v.* 10
  to move forward avancer *v.*
  to move in emménager *v.*
  to move out déménager *v.* 1, 6
movie film *m.*
  adventure/horror/science-fiction/crime movie film *m.* d'aventures/d'horreur/de science-fiction/policier
movie star vedette de cinéma *f.* 3
movie theater cinéma (ciné) *m.* 2
moving émouvant(e) *adj.* 8
MP3 MP3 *m.*
much (as much … as) *(used with noun to express quantity)* autant de … que *adv.*
  How much *(of something)***?** Combien (de)?
  How much is…? Combien coûte… ?
  too much of trop de 5
mud boue *f.*
multilingual polyglotte *adj.* 5
multinational company multinationale *f.* 3; entreprise multinationale *f.* 9
museum musée *m.* 2
  to go to museums faire les musées *v.*
mushroom champignon *m.*

music video clip vidéo *m.* 3, vidéoclip *m.* 3
music: to play music faire de la musique
musical comédie *f.* musicale; musical(e) *adj.*
musical group groupe *m.* 8
musician musicien(ne) *m., f.* 8
must *(to have to)* devoir *v.* 3
  One must… Il faut que… 6
mustard moutarde *f.*
mute muet(te) *adj.* 2
mutual aid entraide *f.* 9
my ma *poss. adj., f., sing.* ; mes *poss. adj., m., f., pl.*; mon *poss. adj., m., sing.*
myself me/m' *pron., sing.*; *(attached to an imperative)* -moi *pron.*

N

naïve naïf (naïve) *adj.* 2
name: My name is… Je m'appelle…
named: to be named s'appeler *v.*
napkin serviette *f.*
nationality nationalité *f.*
  I am of … nationality. Je suis de nationalité…
native language langue maternelle *f.* 5
natural naturel(le) *adj.*
natural disaster catastrophe naturelle 2
natural resource ressource naturelle *f.*
naturally naturellement *adv.* 2
nature nature *f.*
nauseate s'écœurer *v.* 1
nauseated: to feel nauseated avoir mal au cœur *v.*
near (to) près (de) *prep.*
  very near (to) tout près (de)
necessary nécessaire *adj.* 6
  It was necessary… *(followed by infinitive or subjunctive)* Il a fallu…
  It is necessary…. *(followed by infinitive or subjunctive)* Il faut que… 6
  It is necessary that… *(followed by subjunctive)* Il est nécessaire que/qu'…
neck cou *m.*
need besoin *m.*
  to need avoir besoin (de) *v.*
neighbor voisin(e) *m., f.*
neighborhood quartier *m.* 2
neither… nor ne… ni… ni… *conj.*
nephew neveu *m.* 6
nervous nerveux/nerveuse *adj.*
nervous breakdown crise d'hystérie *f.*
nervously nerveusement *adv.*
net filet *m.* 10
network chaîne *f.* 3; réseau *m.* 3
  social network réseau social *m.*
never jamais *adv.* 2; ne… jamais *adv.*

nevertheless quand même **1**
new nouveau/nouvelle *adj.* **2**
new wave nouvelle vague *f.* **1**
newlyweds jeunes mariés *m., pl.*
news informations (infos) *f., pl.;*
  nouvelles *f., pl.* **3**
  international news nouvelles
    internationales *f.* **3**
  local news nouvelles locales *f.* **3**
  news items faits divers *m.* **3**
  news report reportage *m.* **3**
newspaper journal *m.* **3**
newsstand marchand de journaux *m.*
next ensuite *adv.;* prochain(e) *adj.*
  next to à côté de *prep.*
next prochain(e) *adj.* **2;** ensuite *adv.* **2**
  next day lendemain *m.*
nice gentil/gentille *adj.* **2;**
  sympa(thique) *adj.*
nicely gentiment *adv.* **2**
nickname surnom *m.* **6**
niece nièce *f.* **6**
night nuit *f.*
nightlife vie nocturne *f.* **2**
nightmare cauchemar *m.*
nine neuf *m.*
nine hundred neuf cents *m.*
nineteen dix-neuf *m.*
ninety quatre-vingt-dix *m.*
ninth neuvième *adj.*
no *(at beginning of statement to*
  indicate disagreement) (mais)
  non; aucun(e) *adj.*
  no more ne… plus
  no problem pas de problème
  no reason pour rien
  no, none pas (de)
no doubt sans doute *adv.* **2**
no one personne *pron.*
nobility noblesse *f.* **4**
nobody ne… personne
noise bruit *m.* **1**
noisily bruyamment *adv.* **2**
noisy bruyant(e) *adj.* **2**
nonconformist non-conformiste *adj.* **5**
none *(not any)* ne… aucun(e)
noon midi *m.*
north nord *m.*
nose nez *m.*
nostalgia nostalgie *f.* **10**
not ne… pas
  not at all pas du tout *adv.*
  Not badly. Pas mal.
  to not believe that ne pas croire
    que *v.*
  to not think that ne pas penser
    que *v.*
  not yet pas encore *adv.*
notebook calepin *m.*
notes billets *m., pl.*
nothing rien *indef. pron.*
  It's nothing. Il n'y a pas de quoi.
notice constater *v.;* s'apercevoir *v.*
novel roman *m.*
November novembre *m.*

now désormais *adv.* **2, 3**
nowhere nulle part *adv.* **2**
nuclear nucléaire *adj.*
nuclear energy énergie nucléaire *f.*
nuclear plant centrale nucléaire *f.*
number chiffre *m.* **9**
numerous nombreux/nombreuse
  adj. **5**
nurse infirmier/infirmière *m., f.*
nursery pépinière *f.* **10**

O

O.R.T.F. Office de la Radio et de la
  Télévision françaises *m.* **2**
o'clock: It's… (o'clock). Il est…
  heure(s).
  at … (o'clock) à … heure(s)
oak tree chêne *m.* **10**
object objet *m.*
oblige obliger *v.*
observe constater *v.* **7**
obsessed obsédé(e) *adj.* **7**
obtain obtenir *v.*
obvious évident(e) *adj.* **7**
  It is obvious that… Il est évident
    que…
obviously évidemment *adv.*
October octobre *m.*
of course bien sûr *adv.;*
  évidemment *adv.*
  of course not *(at beginning*
    of statement to indicate
    disagreement) (mais) non
of de/d' *prep.*
  of medium height de taille
    moyenne *adj.*
  of the du (de + le)
  of which, of whom dont *rel. pron.*
offer offrir *v.* **4**
offered offert (offrir) *p.p.*
office bureau *m.*
  at the doctor's office chez le
    médecin *prep.*
official language langue officielle *f.* **5**
often souvent *adv.* **2**
oil huile *f.*
  automobile oil huile *f.*
  oil warning light voyant *m.* d'huile
  olive oil huile *f.* d'olive
  to check the oil vérifier l'huile *v.*
okay d'accord
old age vieillesse *f.* **6**
old ancien(ne) *adj.* **2;** vieux/vieille
  adj. **2;** *(placed after noun)*
  ancien(ne) *adj.*
olive olive *f.*
olive oil huile *f.* d'olive
omelette omelette *f.*
on sur *prep.* **5**
on average en moyenne **3**
  On behalf of whom? C'est de la
    part de qui?
  on the condition that… à
    condition que **7**

  on television à la télé(vision)
  on the contrary au contraire
  on the radio à la radio
  on the subject of au sujet de
  on vacation en vacances
once une fois *adv.* **3;** une fois que
  conj. **10**
one un *m.*
  one *on sub. pron., sing.*
  one another l'un(e) à l'autre;
    l'un(e) l'autre
  one had to… il fallait…
  One must… Il faut que/qu'…; Il
    faut… *(followed by infinitive*
    or subjunctive)
one million un million *m.*
  one million *(things)* un million
    de…
one-on-one duel *m.* **8**
onion oignon *m.*
online en ligne
  to be online être en ligne *v.*
  to be online (with someone) être
    connecté(e) (avec quelqu'un) *v.*
only ne… que; seulement *adv.;*
  seul(e) *adj.* **2**
open ouvrir *v.* **3;** ouvert(e) *adj.*
  open (an application/program)
    lancer *v.* **7**
opened ouvert (ouvrir) *p.p.*
opera opéra *m.*
opinion avis *m.* **1**
oppressed opprimé(e) *adj.* **4**
optimistic optimiste *adj.*
or ou
orange orange *f.* **2;** orange *adj.* **2**
orator orateur/oratrice *m., f.* **2**
orchestra orchestre *m.*
order commander *v.*
organic bio(logique) *adj.* **6**
organize (a party) organiser (une
  fête) *v.*
orient oneself s'orienter *v.*
orphan orphelin(e) *m., f.* **6**
others d'autres
otherwise sinon **1**
our nos *poss. adj., m., f., pl.;* notre
  poss. adj., m., f., sing.
outdoor *(open-air)* plein air **10**
outside dehors *adv.* **2**
outskirts banlieue *f.* **2**
over fini(e) *adj., p.p.*
over there là-bas *adv.*
overcome surmonter *v.* **6**
overpopulated surpeuplé(e) *adj.* **5**
overpopulation surpopulation *f.* **5**
overseas à l'étranger *adv.*
overthrow renverser *v.* **4**
overwhelmed accablé(e) *adj.* **1**
owe devoir *v.* **9**
owed dû (devoir) *p.p., adj.*
own posséder *v.*
own propre *adj.* **2**
owner propriétaire *m., f.*
oyster huître *f.* **10**

ozone ozone *m.*
  hole in the ozone layer trou dans la couche d'ozone *m.*
  ozone layer couche d'ozone *f.* **10**

P

pack: to pack one's bags faire les valises
package colis *m.;* paquet *m.* **5**
page page *f.* **3**
  sports page page sportive *f.* **3**
  to be on the front page être à la une **3**
paid payé (payer) *p.p., adj.*
  to be well/badly paid être bien/mal payé(e)
paid training course stage rémunéré *m.* **9**
pain douleur *f.* **1**
paint faire de la peinture *v.*
painter peintre/femme peintre *m., f.*
painting peinture *f.;* tableau *m.* **8**
panic paniquer *v.*
pants pantalon *m., sing.*
paper papier *m.*
parade défilé *m.* **2**
paragliding parapente *f.* **8**
Pardon (me). Pardon.
parents parents *m., pl.*
park parc *m.*
  to park se garer *v.*
parka anorak *m.*
parking lot parking *m.*
part rôle *m.* **3**
partial partial(e) *adj.* **3**
particle particule *f.* **7**
part-time job emploi *m.* à mi-temps/à temps partiel *m.*
party fête *f.*
party pooper rabat-joie *m.* **8**
pass dépasser *v.;* passer *v.* **3**
  to pass a law approuver une loi **4**
  to pass an exam être reçu(e) à un examen *v.*
passenger passager/passagère *m., f.* **2**
passport passeport *m.*
password mot de passe *m.* **7**
past passé *m.* **2**
  in the past autrefois *adv.;* jadis *adv.* **10**
pasta pâtes *f., pl.*
pastime passe-temps *m.*
pastry pâtisserie *f.*
pastry shop pâtisserie *f.*
pâté pâté (de campagne) *m.*
paternal paternel(le) *adj.*
path sentier *m.;* chemin *m.;* trajectoire *f.* **4**
patient patient(e) *adj.*
patiently patiemment *adv.* **2**
patronize traiter avec condescendance *v.* **6**
paw patte *f.* **4**
pay payer *v.* **1**; rémunérer *v.*

to pay by check payer par chèque *v.*
to pay in cash payer en espèces *v.*
to pay with a debit/credit card payer par carte bancaire/de crédit *v.* **9**
to pay attention (to) faire attention (à) *v.*
peace paix *f.* **4**
peaceful pacifique *adj.* **4**
peach pêche *f.*
pear poire *f.*
pearl perle *f.* **10**
peas petits pois *m., pl.*
pedestrian piéton(ne) *m., f.* **2**
pen stylo *m.*
pencil crayon *m.*
penny sou *m.* **9**
people gens *m., pl.*
pepper *(spice)* poivre *m.;* *(vegetable)* poivron *m.*
per day/week/month/year par jour/semaine/mois/an
perceive apercevoir *v.* **9**; percevoir *v.* **9**
perfect parfait(e) *adj.*
performance spectacle *m.* **8**
perhaps peut-être *adv.* **2**
period *(punctuation mark)* point *m.*
permissive permissif/permissive *adj.* **6**
permit permis *m.*
permitted permis (permettre) *p.p., adj.*
perseverance persévérance *f.* **5**
persist relentlessly s'acharner sur *v.* **5**
person personne *f.*
personality caractère *m.* **6**
personify personnifier *v.* **4**
pessimistic pessimiste *adj.*
petanque boules *f.* **8**, pétanque *f.* **8**
pharmacist pharmacien(ne) *m., f.*
pharmacy pharmacie *f.*
philosophy philosophie *f.*
phone téléphone *m.* **7**
phone one another se téléphoner *v.*
phone plan forfait *m.* **3**
photo(graph) photo(graphie) *f.*
photographer photographe *m., f.* **3**
physical education éducation physique *f.*
physicist physicien(ne) *m., f.* **7**
physics physique *f.*
piano piano *m.*
pick up décrocher *v.*
pick up again reprendre *v.*
picnic pique-nique *m.*
picture tableau *m.*
pie tarte *f.*
piece (of) morceau (de) *m.*
  piece of furniture meuble *m.*
pig cochon *m.* **10**
pill pilule *f.*
pillow oreiller *m.*
pink rose *adj.*
pitcher (of water) carafe (d'eau) *f.*
place endroit *m.;* lieu *m.*

place placer *v.* **1**
  to take place se dérouler *v.* **6**
plan projeter *v.* **1, 5**
planet planète *f.*
plans: to make plans faire des projets *v.*
plant plante *f.*
plastic plastique *m.*
plastic wrapping emballage en plastique *m.*
plate assiette *f.*
play pièce (de théâtre) *f.* **8**
play s'amuser *v.;* *(a sport/a musical instrument)* jouer (à/de) *v.*
  to play regularly pratiquer *v.*
  to play sports faire du sport *v.*
  to play a role jouer un rôle *v.*
player joueur/joueuse *m., f.*
playing cards cartes à jouer *f.* **8**
playwright dramaturge *m.*
plaza place *f.* **2**
pleasant agréable *adj.*
please: to please (someone) faire plaisir (à quelqu'un) *v.* **6**
  Please. S'il te plaît. *fam.*
  Please. S'il vous plaît. *form.*
  Please. Je vous en prie. *form.*
  Please hold. Ne quittez pas.
pleated plissé(e) *adj.* **8**
plug in brancher *v.*
plumber plombier *m.*
plump gras(se) *adj.* **4**
poem poème *m.;* poésie *f.* **9**
poet poète/poétesse *m., f.*
police police *f.* **;** policier *adj.*
police commissioner commissaire (de police) *m.* **5**
police headquarters préfecture de police *f.* **2**
police officer agent de police *m.* **2**; policier *m.;* policière *f.*
police station commissariat de police *m.* **2**
policy politique *f.*
polite poli(e) *adj.*
politely poliment *adv.* **2**
political party parti politique *m.* **4**
political science sciences politiques (sciences po) *f., pl.*
politician homme/femme politique *m., f.* **4**
politics politique *f.* **4**
pollute polluer *v.* **10**
pollution pollution *f.* **10**
  pollution cloud nuage de pollution *m.*
pool billard *m.* **8**
pool piscine *f.*
poor pauvre *adj.* **2**
popular music variétés *f., pl.*
populate peupler *v.* **2**
populated peuplé(e) *adj.* **2**
  densely populated très peuplé(e) *adj.* **2**

sparsely populated peu peuplé(e) *adj.* **2**
population population *f.*
  growing population population *f.* croissante
pork porc *m.*
portrait portrait *m.*
position *(job)* poste *m.* **9**
possess *(to own)* posséder *v.* **1**
possible possible *adj.* **6**
  It is possible that… Il est possible que…; Il se peut que… **7**
post afficher *v.*
post office bureau de poste *m.*
postal service poste *f.*
postcard carte postale *f.*
poster affiche *f.*
potato pomme de terre *f.*
poultry volaille *f.* **6**
poverty pauvreté *f.* **9**
power pouvoir *m.*
  abuse of power abus de pouvoir *m.* **4**
powerful puissant(e) *adj.* **4**
practice pratiquer *v.* **6**
precisely précisément *adv.* **2**
predict prévoir *v.*; prédire *v.* **5, 7**
prefer aimer mieux *v.*; préférer (que) *v.* **1**
pregnant enceinte *adj.*
prejudiced: to be prejudiced avoir des préjugés **5**
premiere première *f.* **3**
prepare (for) préparer *v.*
  to prepare *(to do something)* se préparer (à) *v.*
prescription ordonnance *f.*
present présenter *v.*
preservation: habitat preservation sauvetage des habitats *m.*
preservative conservateur *m.* **6**
preserve préserver *v.* **10**
president président(e) *m., f.* **4**
press presse *f.* **3**
  freedom of the press liberté de la presse *f.* **3**
pressure pression *f.* **9**
  to check the tire pressure vérifier la pression des pneus *v.*
pretty joli(e) *adj.* **2**; *(before an adjective or adverb)* assez *adv.*
prevent prévenir *v.* **10**
  to prevent a fire prévenir l'incendie *v.*
price prix *m.*
pride fierté *f.*
principal principal(e) *adj.*
principles principes *m.* **5**
print imprimer *v.*
printer imprimante *f.*
private privé(e) *adj.* **2**
probably probablement *adv.* **2**
problem problème *m.*
process procédé *m.*
produce produire *v.*

produced produit (produire) *p.p., adj.*
product produit *m.*
profession métier *m.*; profession *f.*
  demanding profession profession *f.* exigeante
professional professionnel(le) *adj.*
  professional experience expérience professionnelle *f.*
profit bénéfice *m.* **9**
profoundly profondément *adv.* **2**
program programme *m.*; *(software)* logiciel *m.*; *(television)* émission *f.* de télévision **3**
prohibit interdire *v.*
project projet *m.*
promise promettre *v.*
promised promis (promettre) *p.p., adj.*
promoted promu(e) *adj.* **9**
promotion promotion *f.*
propose proposer *v.* **6**; faire une demande en mariage **6**
  to propose a toast porter un toast (à quelqu'un) **8**
propose that… proposer que… *v.*
  to propose a solution proposer une solution *v.*
protect protéger *v.* **10**
protected protégé(e) *adj.* **10**
protection préservation *f.*; protection *f.*
protective protecteur/protectrice *adj.* **2**
proud orgueilleux/orgueilleuse *adj.* **1**; fier/fière *adj.* **2**
prove prouver *v.* **7**
provide a home for abriter *v.* **10**
  provided (that) à condition de *prep.*
  provided that pourvu que *conj.* **7**
psychological psychologique *adj.*
psychological drama drame psychologique *m.*
psychologist psychologue *m., f.*
psychology psychologie *f.*
public public/publique *adj.* **2**
public garden jardin public *m.* **2**
public holiday (jour) férié *m.* **5**
public order ordre public *m.* **4**
public safety sûreté publique *f.* **4**
public transportation transports en commun *m.* **2**
publish publier *v.* **3**
publisher éditeur/éditrice *m., f.* **3**
punish punir *v.* **6**
punishment punition *f.* **4**; châtiment *m.* **5**
pure pur(e) *adj.* **10**
purple violet(te) *adj.*
purse sac à main *m.*
pursue : to pursue a career (in) faire carrière (dans) **9**
push boundaries repousser les limites **7**
put mettre *v.* **2**
  put mis (mettre) *p.p.*

to put (on) (yourself) se mettre *v.*
to put away ranger *v.*
to put oneself into s'investir *v.*
to put on makeup se maquiller *v.* **2**
to put up with supporter *v.* **6, 10**

Q

qualm état d'âme *m.* **1**
quarter quart *m.*
  a quarter after … (o'clock) … et quart
Quebec: from Quebec québécois(e) *adj.*
question question *f.*
  to ask (someone) a question poser une question (à) *v.*
quickly vite *adv.*; rapidement *adv.*
quiet tranquille *adj.* **1**
quit démissionner *v.* **9**
quite *(before an adjective or adverb)* assez *adv.* **2**

R

rabbit lapin *m.*
race course *f.* **8**
radio listener auditeur/auditrice *m., f.* **3**
radio presenter animateur/ animatrice de radio *m., f.* **3**
radio station station de radio *f.* **3**
rain forest forêt tropicale *f.* **10**
rain jacket imperméable *m.*
rain pleuvoir *v.* **3**
  acid rain pluie *f.* acide
  It is raining. Il pleut.
  It was raining. Il pleuvait.
rainbow arc-en-ciel *m.* **10**
rained plu (pleuvoir) *p.p.*
raise (in salary) augmentation (de salaire) *f.* **9**
  to raise soulever *v.*
  to raise (children) élever (des enfants) *v.* **6**
raisin raisin sec *m.* **6**
rally se mobiliser *v.* **3**
rarely rarement *adv.* **2**
rather plutôt *adv.*
ravishing ravissant(e) *adj.*
raw material matière première *f.*
razor rasoir *m.*
reach atteindre *v.*
react réagir *v.*
read lire *v.* **3**; lu (lire) *p.p., adj.*
ready prêt(e) *adj.*
real (true) vrai(e) *adj.*; véritable *adj.* **2**
real estate agent agent immobilier *m.*
realization prise de conscience *f.*
realize se rendre compte de **2**; s'apercevoir *v.* **2**
really vraiment *adv.*; *(before adjective or adverb)* tout(e) *adv.*
  really close by tout près

rear-view mirror rétroviseur *m.*
reason raison *f.* 1
reassure oneself se rassurer *v.* 2
rebel se révolter *v.* 4
rebellious rebelle *adj.* 6
recall rappeler *v.* 1
receipts and expenses recettes et dépenses *f.* 9
receive recevoir *v.* 3
  to receive *(a salary)* toucher *v.* 9
received reçu (recevoir) *p.p., adj.*
receiver combiné *m.*
recent récent(e) *adj.*
recently récemment *adv.* 3
reception desk réception *f.*
reckoned: to be reckoned with incontournable *adj.*
recognize reconnaître *v.* 6
recognized reconnu (reconnaître) *p.p., adj.*
recommend recommander *v.* 6
  recommend that… recommander que… *v.*
recommendation recommandation *f.*
record enregistrer *v.* 3
  (CD, DVD) graver *v.*
recover récupérer *v.* 9
recreation loisir(s) *m.* 8
recycle recycler *v.*
recycling recyclage *m.*
red rouge *adj.*
red-haired roux/rousse *adj.* 2
redial recomposer (un numéro) *v.*
reduce réduire *v.*
reduced réduit (réduire) *p.p., adj.*
referee arbitre *m.* 8
reference référence *f.*
reflect (on) réfléchir (à) *v.*
reforestation reboisement *m.*
refrigerator frigo *m.*
refuse (to do something) refuser (de) *v.*
region région *f.*
regret regretter *v.* 6
  regret that… regretter que…
rehearse répéter *v.* 1
reimburse rembourser *v.* 9
reiterate réitérer *v.* 2
reject rejeter *v.* 1, 5
relation rapport *m.* 6; relation *f.* 6
relationship liaison *f.*; rapport *m.* 6, relation *f.* 6
relative parent(e) *m., f.* 6
relax se détendre *v.* 2
release a movie sortir un film *v.* 3
relieve soulager *v.*
rely on compter sur *v.* 1; s'appuyer sur *v.*
remember se souvenir (de) *v.* 2
remote control télécommande *f.*
renew renouveler *v.* 1
renewable renouvelable *adj.* 10
rent loyer *m.* 7
  to rent louer *v.*
repair réparer *v.*

repeat répéter *v.* 1
replace remplacer *v.* 1
reporter reporter *m.* 3
representative député(e) *m., f.* 4
require nécessiter *v.* 6
rescue workers secours *m.*
research recherche *f.* 7; enquêter (sur) *v.* 3
  applied research recherche appliquée *f.* 7
research rechercher *v.*
researcher chercheur/chercheuse *m., f.* 7
resemble ressembler (à) *v.* 6
reservation réservation *f.*
  to cancel a reservation annuler une réservation
reserve réserver *v.*
reserved réservé(e) *adj.*
resign démissionner *v.*
resort (ski) station *f.* (de ski)
resource ressource *f.* 10
respect respecter *v.* 6
respectful respectueux/respectueuse *m., f.* 1
respond répondre (à) *v.*
responsibility responsabilité *f.* 1
rest se reposer *v.* 2; récupérer *v.* 9
restart redémarrer *v.*
restaurant restaurant *m.*
restroom(s) toilettes *f., pl.*; W.-C. *m., pl.*
result résultat *m.*
résumé curriculum vitæ (C.V.) *m.*
resume reprendre *v.*
retake repasser *v.*
retire prendre sa retraite *v.*
retired person retraité(e) *m., f.*
retirement retraite *f.*
return retourner *v.* 3
  to return (home) rentrer (à la maison) *v.*
revenge vengeance *f.* 5, revanche *f.* 8
review *(criticism)* critique *f.*
revolutionary révolutionnaire *adj.* 7
rice riz *m.*
rich riche *adj.*
  to become rich s'enrichir *v.* 5
ride: to go horseback riding faire du cheval *v.*
  to ride in a car rouler en voiture *v.*
right away tout de suite *adv.* 3
right juste *adv.*
  to the right (of) à droite (de) *prep.*
  to be right avoir raison
  right away tout de suite
  right next door juste à côté
ring bague *f.* 3
  engagement ring bague de fiançailles *f.* 6
  wedding ring alliance *f.* 6
ring sonner *v.*
river fleuve *m.* 10, rivière *f.* 10
riverboat bateau-mouche *m.*
road route *f.*; voie *f.* 2

road sign panneau *m.* 2
rock roche *f.* 8
rocket fusée *f.*
role rôle *m.* 3
roof toit *m.* 1
room pièce *f.*; salle *f.*
  bedroom chambre *f.*
  classroom salle *f.* de classe
  dining room salle *f.* à manger
  single hotel room chambre *f.* individuelle
root racine *f.* 6
rotary rond-point *m.* 2
roundabout rond-point *m.* 2
round-trip aller-retour *adj.*
  round-trip ticket billet *m.* aller-retour
rug tapis *m.*
rule règle *f.* 5
run courir *v.* 3; gérer *v.* 9; diriger *v.* 9; couru (courir) *p.p., adj.*
  to run *(water)* couler *v.*
  to run into someone tomber sur quelqu'un *v.*
  to run over écraser *v.*

S

sad triste *adj.*
  to be sad that… être triste que… *v.*
sadness tristesse *f.*
safe sûr(e) *adj.* 2; en sécurité *adj.* 2
safety sécurité *f.* 4
  public safety sûreté publique *f.* 4
said dit (dire) *p.p., adj.*
salad salade *f.*
salary (a high, low) salaire (élevé, modeste) *m.* 9
sales soldes *f., pl.*
salesman vendeur *m.* 9
saleswoman vendeuse *f.* 9
salmon saumon *m.* 6
salon: beauty salon salon *m.* de beauté
salt sel *m.*
same même *adj.* 2
sand sable *m.*
sandwich sandwich *m.*
sat (down) assis (s'asseoir) *p.p.*
satellite dish parabole *f.* 7
Saturday samedi *m.*
sausage saucisse *f.*
save sauver *v.* 4; sauvegarder *v.* 7; économiser *v.* 9
  save the planet sauver la planète *v.*
savings économies *f.* 9; épargne *f.*
savings account compte d'épargne *m.* 9
say dire *v.* 3
  to say goodbye dire au revoir 5
scale escalader *v.* 8
scandal scandale *m.* 4
scarf écharpe *f.*
scenery paysage *m.* 10

science sciences *f., pl.*
  political science sciences politiques (sciences po) *f., pl.*
scientist scientifique *m., f.* 7
scold gronder *v.* 6
score (a goal/a point) marquer (un but/un point) *v.* 8
scram se casser *v.* 4
scrawny maigre *adj.* 4
screen écran *m.* 3
screening séance *f.*
sculptor sculpteur/femme sculpteur *m., f.*
sculpture sculpture *f.*
schedule horaire *m.* 9
scholarship bourse *f.*
school école *f.*
school bag cartable *m.* 7
sea mer *f.* 10
seafood fruits de mer *m., pl.*
search engine moteur de recherche *m.* 7
search for chercher *v.*
  search the Web naviguer sur Internet/le web *v.* 3; surfer sur Internet/le web *v.* 3
  to search for work/a job chercher du/un travail *v.*
season saison *f.*
seat place *f.*
seatbelt ceinture de sécurité *f.*
  to buckle one's seatbelt attacher sa ceinture de sécurité *v.*
seated assis(e) *p.p., adj.*
second deuxième *adj.*
secure a loan obtenir un prêt 9
security sécurité *f.* 4
seduce séduire *v.* 3
see voir *v.* 3; *(catch sight of)* apercevoir *v.*
  to see again revoir *v.* 9
  See you later. À plus tard.
  See you later. À tout à l'heure.
  See you soon. À bientôt.
  See you tomorrow. À demain.
seem paraître *v.*
  It seems that... Il semble que... 7
seen aperçu (apercevoir) *p.p.*; vu (voir) *p.p.*
  seen again revu (revoir) *p.p.*
self-/-selves même(s) *pron.*
self-esteem amour-propre *m.* 6
selfish égoïste *adj.* 6
sell vendre *v.* 3
seller vendeur/vendeuse *m., f.*
selling point argument de vente *m.*
send envoyer *v.* 1
  to send *(to someone)* envoyer (à) *v.*
  to send a letter poster une lettre
Senegalese sénégalais(e) *adj.*
sense sens *m.* 10
  figurative sense sens figuré *m.* 10
  literal sense sens littéral *m.* 10
sense sentir *v.*

sensitive sensible *adj.* 1
separated séparé(e) *adj.*
September septembre *m.*
series feuilleton *m.* 3
serious grave *adj.*; sérieux/sérieuse *adj.*
serve servir *v.* 2
server serveur/serveuse *m., f.*
service station station-service *f.*
set the table mettre la table *v.*
settle (s')établir *v.* 5; s'installer *v.* 5
seven sept *m.*
seven hundred sept cents *m.*
seventeen dix-sept *m.*
seventh septième *adj.*
seventy soixante-dix *m.*
several plusieurs *adj.* 4
shadow ombre *f.* 3
shake trembler *v.* 10
shame honte *f.*
  It's a shame that... Il est dommage que...
shampoo shampooing *m.*
shape *(state of health)* forme *f.*
share partager *v.* 1
shark requin *m.* 10
shave (oneself) se raser *v.* 2
shaving cream crème à raser *f.*
she elle *pron.*
sheep mouton *m.* 10
sheet of paper feuille de papier *f.*
sheets draps *m., pl.*
shelf étagère *f.*
shepherd(ess) berger/bergère *m., f.* 10
shh chut
shirt (short-/long-sleeved) chemise (à manches courtes/longues) *f.*
shoe chaussure *f.*
shoot (a film) tourner *v.* 3
shopkeeper commerçant(e) *m., f.*
shopping shopping *m.*
  to go shopping faire du shopping *v.*
  to go (grocery) shopping faire les courses *v.*
shopping center centre commercial *m.*
short court(e) *adj.* 2; *(stature)* petit(e) 2
shorts short *m.*
short-term à court terme *adj.* 9
shot (injection) piqûre *f.*
  to give a shot faire une piqûre *v*
show (to someone) montrer (à) *v.*
show spectacle *m.* 8; *(movie or theater)* séance *f.*
shower douche *f.*
shut off fermer *v.*
shy timide *adj.* 1
sick: to get/be sick tomber/être malade *v.*
sicken s'écœurer *v.* 1
sidewalk trottoir *m.* 2
sign signer *v.*
signal: to get a signal capter *v.*

silk soie *f.*
silver argent *m.* 2
similar pareil(le) *adj.* 5
since depuis *adv.*
since puisque *conj.*
sincere sincère *adj.*
sing chanter *v.*
singer chanteur/chanteuse *m., f.*
single *(marital status)* célibataire *adj.* 1
  single hotel room chambre *f.* individuelle
sink évier *m.*; *(bathroom)* lavabo *m.*
sir Monsieur *m.*
sister sœur *f.*
sister-in-law belle-sœur *f.* 6
sit s'asseoir *v.* 9
sit down s'asseoir *v.*
sitting assis(e) *adj.*
six six *m.*
six hundred six cents *m.*
sixteen seize *m.*
sixth sixième *adj.*
sixty soixante *m.*
size taille *f.*
skate patiner *v.*
skating rink patinoire *f.* 8
ski skier *v.*; faire du ski
ski jacket anorak *m.*
ski resort station *f.* de ski
skiing ski *m.*
skin peau *f.*
skirt: (pleated) skirt jupe (plissée) *f.*
skit sketch *m.* 2
sky ciel *m.*
skyscraper gratte-ciel *m.* 2
slave esclave *m., f.* 4
slave trade traite des Noirs *f.* 4
slavery esclavage *m.* 4
sleep dormir *v.* 4; sommeil *m.*
  to go back to sleep se rendormir *v.* 9
  to sleep dormir *v.*
  to sleep outdoors dormir à la belle étoile 2
  to be sleepy avoir sommeil *v.*
sleeve manche *f.*
slice tranche *f.*
slipper pantoufle *f.*
slow lent(e) *adj.*
slowly lentement *adv.* 2
small exigu(ë) *adj.* 2
smartphone smartphone *m.*
smell good/bad sentir bon/mauvais *v.* 2
smile sourire *m.*
  to smile sourire *v.*
smog nuage de pollution *m.* 10
smoked fumé(e) *adj.* 6
snack (afternoon) goûter *m.*
snake serpent *m.*
sneeze éternuer *v.* 7
snow neiger *v.*
  It is snowing. Il neige.
  It was snowing... Il neigeait...

so si; alors *adv.* **2**; donc *adv.* **2**
  so many... tant de... *adj.*
  so much/many autant *adv.* **2**
  so that pour que *conj.* **7**
soap savon *m.*
soap opera feuilleton *m.* **3**
soccer foot(ball) *m.*
soccer field terrain de foot *m.* **8**
sociable sociable *adj.*
social level couche sociale *f.* **5**
sociology sociologie *f.*
sock chaussette *f.*
soft doux/douce *adj.* **2**
soften adoucir *v.* **6**
software logiciel *m.*
soil *(to make dirty)* salir *v.*
solar solaire *adj.*
solar energy énergie solaire *f.*
sold out complet/complète *adj.* **8**
soldier soldat *m.* **1**
solicit solliciter *v.* **2**
solution solution *f.*
solve résoudre *v.* **10**
some de l' *part. art., m., f., sing.*
  some de la *part. art., f., sing.*
  some des *part. art., m., f., pl.*
  some du *part. art., m., sing.*
  some quelques *adj.*
  some *(of it/them)* en *pron.*
some quelques-un(e)s *pron.* **4**;
  quelque *adj.* **4**
someone quelqu'un *pron.* **4**
something quelque chose *m.* **4**
  Something's not right. Quelque
  chose ne va pas.
sometimes parfois *adv.* **2**;
  quelquefois *adv.*
somewhere quelque part *adv.* **2**
son fils *m.*
song chanson *f.*
son-in-law beau-fils *m.* **6**
soon bientôt *adv.* **2**
  as soon as dès que *conj.* **7**;
  aussitôt que *conj.* **7**
sorcerer sorcier/sorcière *m., f.* **7**
sorrow peine *f.* **1**; chagrin *m.* **1**
sorry désolé(e) **6**
  to be sorry that... être désolé(e)
  que... *v.* **6**
sort sorte *f.*
So-so. Comme ci, comme ça.
soul mate âme sœur *f.* **1**
sound sonner *v.*
sound track bande originale *f.* **3**
soup soupe *f.*
soupspoon cuillère à soupe *f.* **1**
south sud *m.*
space espace *m.* **7**
space program programme spatial *m.*
space shuttle navette spatiale *f.*
space station station spatiale *f.*
space walk sortie dans l'espace *f.*
Spain Espagne *f.*
Spanish espagnol(e) *adj.*

speak (on the phone) parler (au
  téléphone) *v.*
  to speak (to) parler (à) *v.*
  to speak to one another se parler *v.*;
  s'adresser la parole *v.* **7**
  speak softly/loudly parler bas/fort
  v. **2**
speaker orateur/oratrice *m., f.* **2**
special effects effets spéciaux *m.* **3**
specialist spécialiste *m., f.*
specialized spécialisé(e) *adj.* **7**
species espèce *f.*
  endangered species espèce *f.*
  menacée
spectator spectateur/spectatrice
  m., f. **8**
speed limit limitation de vitesse *f.*
speed vitesse *f.*
spell épeler *v.* **1**
spell check correcteur
  orthographique *m.* **7**
spend dépenser *v.*
  to spend money dépenser de
  l'argent
  to spend time passer *v.*
  to spend time *(somewhere)* faire
  un séjour
spider araignée *f.* **10**
spinach épinards *m.* **6**
spirit esprit *m.* **1**
spoil gâcher *v.* **6**
spoon cuillère *f.*
sport(s) sport *m.*
  to play sports faire du sport *v.*
sports club club sportif *m.* **8**
sports page page sportive *f.* **3**
sports training school centre de
  formation *m.* **8**
sporty sportif/sportive *adj.*
spouse époux/épouse *m., f.* **6**
sprain one's ankle se fouler la
  cheville
spread s'étendre *v.* **2**
  to spread (the word) faire passer **8**
spring printemps *m.*
  in the spring au printemps
spring *(aquatic)* source *f.* **10**
spy espionner *v.* **4**
square *(place)* place *f.*
square place *f.* **2**; carré(e) *adj.* **4**
squirrel écureuil *m.*
stadium stade *m.*
stage *(phase)* étape *f.*
stage fright trac *m.* **3**
  to have stage fright avoir le trac
  v. **3**
staircase escalier *m.*
stake enjeu *m.* **5**
stamp timbre *m.*
stand (someone) up poser un lapin
  (à quelqu'un) **1**
standard of living niveau de vie *m.* **5**
star étoile *f.*

star: *(movie)* **star** vedette (de cinéma)
  f. **3**; *(shooting)* **star** étoile
  (filante) *f.* **7**
start up démarrer *v.*
start-up mise en marche *f.* **7**
starter entrée *f.*
station station *f.*
  subway station station *f.* de métro
  train station gare *f.*
stationery store papeterie *f.*
statue statue *f.*
stay séjour *m.*; rester *v.* **3**
  to stay slim garder la ligne *v.*
steak steak *m.*
steal voler *v.* **5**
steering wheel volant *m.*
stepbrother demi-frère *m.*
stepdaughter belle-fille *f.* **6**
stepfather beau-père *m.* **6**
stepmother belle-mère *f.* **6**
stepsister demi-sœur *f.*
stepson beau-fils *m.* **6**
still encore *adv.* **2**
stock market marché boursier *m.* **9**
stomach ventre *m.*
  to have a stomach ache avoir
  mal au ventre *v.*
stone pierre *f.*
stop *(doing something)* arrêter (de
  faire quelque chose) *v.*; *(to stop
  oneself)* s'arrêter *v.* **2**
  bus stop arrêt d'autobus (de
  bus) *m.*
  to stop by someone's house passer
  chez quelqu'un *v.*
  to stop from *(doing something)*
  empêcher (de) *v.* **2**
store magasin *m.*; boutique *f.*
  grocery store épicerie *f.*
  store name enseigne *f.* **3**
  store window vitrine *f.* **7**
stormy orageux/orageuse *adj.*
  It is stormy. Le temps est orageux.
story histoire *f.*
stove cuisinière *f.*
straight raide *adj.*
  straight ahead tout droit *adv.*
stranger étranger/étrangère *m., f.*
strangle étrangler *v.*
strawberry fraise *f.*
stream ruisseau *m.* **10**
street rue *f.* **2**
  to follow a street suivre une rue *v.*
strengthened raffermi(e) *adj.* **10**
strict strict(e) *adj.* **6**
striking frappant(e) *adj.* **3**;
  marquant(e) *adj.* **3**
stroll: to take a stroll se promener *v.* **8**
strong fort(e) *adj.*
struggle lutter *v.* **5**
student étudiant(e) *m., f.*; élève *m., f.*
  high school student lycéen(ne)
  m., f.
studies études *f.*
studio *(apartment)* studio *m.*

study étudier *v.*
stupid bête *adj.* **4**
submissive soumis(e) *adj.* **6**
subscriber abonné(e) *m., f.* **9**
subscription abonnement *m.* **7**
subtitles sous-titres *m.* **3**
suburb(s) banlieue *f.* **2**
subway métro *m.*
subway car wagon *m.* **2**
subway station station de métro *f.* **2**
subway train rame de métro *f.* **2**
succeed *(in doing something)* réussir (à) *v.* **9**
success réussite *f.* **9**
successful prospère *adj.* **9**
such a(n) tel(le) *adj.* **4, 5**
sudden: all of a sudden tout à coup *adv.* **3**
suddenly soudain *adv.* **2**; tout à coup *adv.*; tout d'un coup *adv.*
suffer souffrir *v.* **4**
suffered souffert (souffrir) *p.p.*
suffering douleur *f.* **1**
sugar sucre *m.*
suggest (that) suggérer (que) *v.* **6**
suit *(man's)* costume *m.*; *(woman's)* tailleur *m.*
suitcase valise *f.*
summer été *m.*
  in the summer en été
sun soleil *m.* **10**
  to bask in the sun lézarder au soleil *v.* **8**
  It is sunny. Il fait (du) soleil.
Sunday dimanche *m.*
sunglasses lunettes de soleil *f., pl.*
supermarket supermarché *m.*
  large supermarket hypermarché *m.* **6**
supervisor responsable *m., f.*
supervisory staff encadrement *m.* **9**
support soutien *m.* **2**; *support (a cause)* soutenir (une cause) *v.* **3, 5**
supporter supporter (de) *m.* **8**
sure sûr(e) **7**
  It is sure that… Il est sûr que…
  It is unsure that… Il n'est pas sûr que…
surely sûrement *adv.* **3**
surface area superficie *f.* **10**
surprise (someone) faire une surprise (à quelqu'un) *v.*
surprised surpris (surprendre) *p.p., adj.*; étonné(e) *adj.* **6**
  to be surprised that… être surpris(e) que… *v.*
surprising étonnant(e) *adj.* **6**, surprenant(e) *adj.* **6**
surround oneself with s'entourer de *v.* **9**
survival survie *f.* **7**
survive survivre *v.* **6**
survivor rescapé **2**
suspect se douter (de) *v.* **2, 4**

swallow engloutir *v.* **2**
sweater *(with front opening)* gilet *m.* **8**; pull *m.*
sweep balayer *v.* **1**
sweet doux/douce *adj.* **2**
swell enfler *v.*
swim nager *v.*
swimsuit maillot de bain *m.*
swing se balancer *v.* **10**
Swiss suisse *adj.*
Switzerland Suisse *f.*
symptom symptôme *m.*

T

table table *f.*
  to clear the table débarrasser la table *v.*
tablecloth nappe *f.*
tablet tablette (tactile) *f.*
tabloid(s) presse à sensation *f.* **3**
tackle aborder *v.*
take prendre *v.* **3**
  to take a photo(graph) prendre une photo(graphe) *v.*
  to take a shower prendre une douche
  to take a stroll/walk se promener *v.* **8**
  to take a train (plane, taxi, bus, boat) prendre un train (un avion, un taxi, un autobus, un bateau) *v.*
  to take action agir *v.* **7**
  to take action to prendre des mesures pour
  to take advantage of profiter de *v.* **9**
  to take an exam passer un examen *v.*
  to take care (of something) s'occuper (de) *v*
  to take off retirer *v.* **9**
  to take out a loan faire un emprunt **9**
  to take out the trash sortir la/les poubelle(s) *v.*
  to take place se dérouler *v.* **6**
  to take the plunge se lancer *v.* **1**
  to take someone emmener *v.* **1**
  to take time off prendre un congé *v.*
taken up (être) pris(e) *p.p., adj.* **6**
tale conte *m.*
talented *(gifted)* doué(e) *adj.*
talk s'entretenir (avec) *v.* **2**
  to talk to death soûler *v.* **6**
tall grand(e) *adj.* **2**
tan bronzer *v.*
tape recorder magnétophone *m.*
tart tarte *f.*
task tâche *f.* **9**
taste goûter *v.*
tax taxe *f.* **9**
taxi taxi *m.*

tea thé *m.*
teach enseigner *v.*
  to teach *(to do something)* apprendre (à) *v.*
teacher professeur *m.*
team club *m.* **8**; équipe *f.*
tear déchirer *v.* **8**
tear larme *f.* **1**
teaspoon cuillère à café *f.*
tease taquiner *v.* **9**
tee shirt tee-shirt *m.*
teeth dents *f., pl.*
  to brush one's teeth se brosser les dents *v.*
telephone *(receiver)* appareil *m.*
  to telephone *(someone)* téléphoner (à) *v.*
  It's Mr./Mrs./Miss … (on the phone.) C'est M./Mme/Mlle … (à l'appareil.)
telescope télescope *m.* **7**
television télévision *f.*
  television channel chaîne *f.* (de) télévision
  television program émission *f.* de télévision
  television viewer téléspectateur/téléspectatrice *m., f.* **3**
tell (a story) raconter (une histoire) *v.* **9**
tell one another se dire *v.*
temperature température *f.*
tempt tenter *v.* **8**
ten dix *m.*
tenacious tenace *adj.* **10**
tennis tennis *m.*
tennis shoes tennis *f.*
tense tendu(e) *adj.* **6**
tenth dixième *adj.*
terminal (bus) gare *f.* routière
terrace (café) terrasse *f.* de café
terrific génial(e) *adj.* **1**
territory superficie *f.* **10**
terrorism terrorisme *m.* **4**
terrorist terroriste *m., f.* **4**
test examen *m.*
text message texto, SMS *m.*
than que/qu' *conj.*
thank remercier *v.* **6**
  thanks to grâce à *prep.* **1**
  Thank you (very much). Merci (beaucoup).
thankless ingrat(e) *adj.* **9**
that ce/c', ça; que *rel. pron.* **9**; qui *rel. pron.* **9**
  Is that… ? Est-ce… ?
  That's enough. Ça suffit. **4**
  That has nothing to do with us. That is none of our business. Ça ne nous regarde pas.
  that is… c'est…
  that is to say ça veut dire; c'est-à-dire **7**
theater théâtre *m.*
their leur(s) *poss. adj., m., f.*

them les *d.o. pron.*; leur *i.o. pron.,
m., f., pl.*
then alors *adv.* **2**; ensuite *adv.* **2**; puis
adv.; puis
theory théorie *f.* **7**
there là **2**; y *pron.*
  Is there…? Y a-t-il…?
  over there là-bas *adv.* **2**
  (over) there *(used with
demonstrative adjective) ce and
noun or with demonstrative
pronoun celui)* -là
  There is/There are… Il y a…
  There is/There are…. Voilà…
  There was… Il y a eu…; Il y
avait…
therefore donc *conj.*
these/those ces *dem. adj., m., f., pl.*
  these/those celles *pron., f., pl.*
  these/those ceux *pron., m., pl.*
they ils *sub. pron., m.*; elles *sub. and
disj. pron., f.*; eux *disj. pron., pl.*
thick épais(se) *adj.* **9**
thief voleur/voleuse *m., f.* **4**
thigh cuisse *f.*
thin maigre *adj.* **4**
thing chose *f.*; truc *m.*
think (about) réfléchir (à) *v.*
  to think (that) penser (que) *v.*
third troisième *adj.*
thirst soif *f.*
  to be thirsty avoir soif *v.*
thirteen treize *m.*
thirty trente *m.*
thirty-first trente et unième *adj.*
this/that ce *dem. adj., m., sing.*; cet
dem. adj., m., sing.; cette *dem.
adj., f., sing.*
  this afternoon cet après-midi
  this evening ce soir
  this one/that one celle *pron., f.,
sing.*; celui *pron., m., sing.*
  this week cette semaine
  this weekend ce week-end
  this year cette année
those are… ce sont…
though pourtant *adv.*
thought pensée *f.* **1**
thousand: one thousand mille *m.*
  one hundred thousand cent
mille *m.*
threat danger *m.*; menace *f.* **4**
threaten menacer *v.* **1**
three trois *m.*
three hundred trois cents *m.*
thrifty économe *adj.* **1**
thrill frisson *m.* **8**
throat gorge *f.*
throughout à travers *prep.*
throw lancer *v.* **1, 7**; jeter *v.* **1**
  to throw away jeter *v.* **10**
Thursday jeudi *m.*
thus ainsi *adv.* **2**
thwart contrarier *v.* **7**
ticket billet *m.* **8**; ticket *m.* **8**

round-trip ticket billet *m.* aller-
retour
bus/subway ticket ticket de bus/
de métro *m.*
  to get tickets obtenir des billets **8**
tidy up ranger *v.* **1**
tie *(a game)* faire match nul *v.* **8**
tie cravate *f.*
tiger tigre *m.* **10**
tight serré(e) *adj.*
time *(occurence)* fois *f.*; *(general
sense)* temps *m., sing.* **2, 3**
  a long time longtemps *adv.* **3**
  free time temps libre *m.*
  from time to time de temps en
temps *adv.* **2**
  to waste time perdre son temps *v.*
  to have a good time se divertir *v.* **8**
tinker bricoler *v.*
tip pourboire *m.*
  to leave a tip laisser un pourboire *v.*
tip over basculer *v.* **4**
tire pneu *m.*
  flat tire pneu *m.* crevé *(emergency)*
tire roue (de secours) *f.*
  to check the tire pressure
vérifier la pression des pneus *v.*
tired fatigué(e) *adj.*
tiresome pénible *adj.*
to à *prep.*; au (à + le); aux (à + les)
toast toast *m.* **8**
  to propose a toast porter un toast
(à quelqu'un) *v.* **8**
toaster grille-pain *m.*
today aujourd'hui *adv.* **2**
toe orteil *m.*; doigt de pied *m.*
together ensemble *adv.*
  to get together se réunir *v.* **2**
tolerate tolérer *v.* **10**
tomato tomate *f.*
**tomorrow (morning, afternoon,
evening)** demain (matin, après-
midi, soir) *adv.* **2**
  day after tomorrow après-
demain *adv.*
tone ton *m.* **10**
too aussi *adv.*
  too many/much (of) trop (de) **2**
tool outil *m.* **7**
tooth dent *f.*
  to brush one's teeth se brosser les
dents *v.*
toothbrush brosse *f.* à dents
toothpaste dentifrice *m.*
torture supplice *m.*
totalitarian regime régime
totalitaire *m.* **4**
tour tour *m.*
tourism tourisme *m.*
tourist office office du tourisme *m.*
towel (bath) serviette (de bain) *f.*
town ville *f.*
town center centre-ville *m.* **2**
town dweller citadin(e) *m., f.* **2**

town hall hôtel de ville *m.* **2**; mairie *f.*
town planning urbanisme *m.* **2**
toxic toxique *adj.* **10**
toxic waste déchets toxiques *m., pl.*
track voie *f.* **2**
traffic circulation *f.* **2**
traffic jam embouteillage *m.* **2**
traffic light feu (tricolore) *m.* **2**
tragedy tragédie *f.*
train train *m.* **2**; *v.* **6**
  to get on a train monter dans un
train *v.* **2**
train station gare *f.*; station *f.* de train
trainee stagiaire *m., f.*
trainer formateur/formatrice *m., f.*
training formation *f.* **9**
training course stage *m.*
translate traduire *v.*
translated traduit (traduire) *p.p., adj.*
transportation transport *m.* **2**
trapped piégé(e) **2**
trash déchets *m.* **10**
travel agency agence de voyages *f.*
travel agent agent de voyages *m.*
travel voyager *v.* **1**, se déplacer *v.*
treat traiter *v.*; soigner *v.* **7**
tree arbre *m.*
tremors secousses **2**
trick duper *v.* **2**
trip trajet *m.*
trip voyage *m.*
troop *(company)* troupe *f.*
tropical tropical(e) *adj.*
  tropical forest forêt tropicale *f.*
truck: small truck camionnette *f.* **9**
true vrai(e) *adj.* **2**; véritable *adj.*
  It is true that… Il est vrai que…
  It is untrue that… Il n'est pas vrai
que…
truly vraiment *adv.* **2**
trunk coffre *m.*
trust (someone) faire confiance (à
quelqu'un) **1**
try essayer *v.* **1**
Tuesday mardi *m.*
tuna thon *m.*
turn tourner *v.*
  to turn off éteindre *v.*
  to turn off course bifurquer *v.* **4**
  to turn on allumer *v.*
  to turn (oneself) around se
tourner *v.*
  to turn over se retourner *v.* **10**
turnaround retournement *m.* **6**
turtle tortue *f.* **10**
twelve douze *m.*
twentieth vingtième *adj.*
twenty vingt *m.*
twenty-first vingt et unième *adj.*
twenty-second vingt-deuxième *adj.*
twice deux fois *adv.* **3**
twin sisters jumelles *f.* **6**
twin brothers jumeaux *m.* **6;**
twist one's ankle se fouler la
cheville *v.*

two deux *m.*
two hundred deux cents *m.*
two million deux millions *m.*
type genre *m.*

U

U.F.O. ovni *m.* 7
ugly laid(e) *adj.*
umbrella parapluie *m.*
unbearable insupportable *adj.* 6
unbiased impartial(e) *adj.* 3
uncertainty incertitude *f.* 5
uncle oncle *m.*
under sous *prep.*
underpriviliged défavorisé(e) *adj.* 5
understand comprendre *v.*
understanding compréhension *f.* 5
understood compris (comprendre) *p.p., adj.*
undertake entreprendre *v.* 9
underwear sous-vêtement *m.*
undress se déshabiller *v.* 2
unemployed au chômage *adj.* 9
unemployed person chômeur/ chômeuse *m., f.* 9
  to be unemployed être au chômage *v.*
unemployment chômage *m.* 9
unequal inégal(e) *adj.* 4
unethical contraire à l'éthique *adj.* 7
unexpected inattendu(e) *adj.* 2
unfair injuste *adj.* 4
unfaithful infidèle *adj.* 1
unforgettable inoubliable *adj.* 1
unfortunately malheureusement *adv.*
unhappily malheureusement *adv.* 2
unhappy malheureux/malheureuse *adj.*
union syndicat *m.*
unite unir *v.* 2
United States États-Unis *m., pl.*
unless à moins de *prep.* 7; à moins que *conj.* 7
unlikely peu probable *adj.* 7
unpleasant antipathique *adj.;* désagréable *adj.*
untidy en désordre 7
until jusqu'à *prep.;* jusqu'à ce que *conj.* 7
unusual inhabituel(le) *adj.* 9
up front en pointe *adv.* 8
updated actualisé(e) *adj.* 3
upset contrarié(e), *bouleverser adj.* 1, 5
  to become upset s'énerver *v.*
urbanize urbaniser *v.* 10
urge exhorter *v.* 10
us nous *i.o. pron.;* nous *d.o. pron.*
USB drive clé USB *f.*
use employer *v.*
  to use a map utiliser un plan *v.*
use se servir de *v.* 2
  to use up épuiser *v.* 10
useful utile *adj.*
useless inutile *adj.;* nul(le) *adj.*

username pseudo(nyme) 7
usually d'habitude *adv.*

V

vacation vacances *f., pl.*
  vacation day jour de congé *m.*
vacationer vacancier/vacancière *m., f.* 8
vacuum aspirateur *m.*
  to vacuum passer l'aspirateur *v.*
value valeur *f.* 5
valley vallée *f.*
van: small van camionnette *f.* 9
vegetable légume *m.*
velvet velours *m.*
very *(before adjective)* tout(e) *adv.*
  Very well. Très bien.
veterinarian vétérinaire *m., f.*
victim victime *f.* 4
victorious victorieux/victorieuse *adj.* 4
victory victoire *f.* 4
video game jeu vidéo (des jeux vidéo) *m.* 8
videocassette recorder (VCR) magnétoscope *m.*
videotape cassette vidéo *f.*
Vietnamese vietnamien(ne) *adj.*
violence violence *f.* 4
violet violet(te) *adj.*
violin violon *m.* 2
visit visite *f*
  to visit *(a place)* visiter *v.;* *(a person or people)* rendre visite (à) *v.;* *(to visit regularly)* fréquenter *v.*
voice voix *f.*
voicemail messagerie *f.*
volcano volcan *m.*
volleyball volley(-ball) *m.*
vote voter *v.* 4

W

waist taille *f*
wait *(for)* attendre *v.* 2
  to wait *(on the phone)* patienter *v.*
  to wait in line faire la queue 8
  waiting for en attendant que *conj.* 7
wake up se réveiller *v.* 2
walk promenade *f.;* marcher *v.*
  to go for a walk faire une promenade; faire un tour
  to take a walk se promener *v.* 8
wall mur *m.;* paroi *f.* 3
want désirer *v.;* vouloir *v.* 3
  to want to désirer *v.* 8
war guerre *f.*
  civil war guerre civile *f.* 4
warehouse entrepôt *m.* 9
warming: global warming réchauffement de la Terre *m.*
warning light (gas/oil) voyant *m.* (d'essence/d'huile)
wary: to be wary of se méfier de *v.* 2

wash laver *v.*
  to wash oneself (one's hands) se laver (les mains) *v.* 2
  to wash up (in the morning) faire sa toilette *v.*
washing machine lave-linge *m.*
waste gaspillage *m.* 10; gaspiller *v.* 10
waste time perdre son temps *v.*
wastebasket corbeille (à papier) *f.*
watch montre *f.;* regarder *v.* 8
water eau *f.*
  mineral water eau *f.* minérale
way *(by the way)* au fait; *(path)* chemin
we nous *pron.*
weak faible *adj.*
weaken faiblir *v.* 10
wealth richesse *f.* 5
weapon arme *f.* 4
wear porter *v.*
weary las/lasse *adj.*
weather temps *m., sing.;* météo *f.*
  The weather is bad. Il fait mauvais.
  The weather is dreadful. Il fait un temps épouvantable.
  The weather is good/warm. Il fait bon.
  The weather is nice. Il fait beau.
Web web *m.* 3
Web-site site Internet/web *m.* 3
wedding mariage *m.* 1
wedding gown robe de mariée *f.* 6
wedding ring alliance *f.* 6
Wednesday mercredi *m.*
weekend week-end *m.*
  this weekend ce week-end *m.*
weekly magazine hebdomadaire *m* 3
weigh peser *v.* 1
welcome bienvenu(e) *adj.*
  You're welcome. Il n'y a pas de quoi.
well bien *adv.* 2
  I am doing well/badly. Je vais bien/mal.
well-being bien-être *m.* 10
well-mannered bien élevé(e) *adj.* 6
west ouest *m.*
What? Comment? *adv.;* Pardon?; Quoi? *interr. pron.*
  What day is it? Quel jour sommes-nous?
  What is it? Qu'est-ce que c'est? *prep.*
  What is the date? Quelle est la date?
  What is the temperature? Quelle température fait-il?
  What is the weather like? Quel temps fait-il?
  What is your name? Comment t'appelles-tu? *fam.*
  What is your name? Comment vous appelez-vous? *form.*

What is your nationality? Quelle est ta nationalité? *sing., fam.*
What is your nationality? Quelle est votre nationalité? *sing., pl., fam., form.*
What time do you have? Quelle heure avez-vous? *form.*
What time is it? Quelle heure est-il?
What time? À quelle heure?
What do you think about that? Qu'en penses-tu?
What's up? Ça va?
whatever it may be quoi que ce *soit*
What's wrong? Qu'est-ce qu'il y a?
wheelchair fauteuil rolant *m.* **7**
when quand *adv.* **7**; lorsque *conj.* **7**; où *rel. pron.* **9**
When is …'s birthday? C'est quand l'anniversaire de …?
When is your birthday? C'est quand ton/votre anniversaire?
where où *adv., rel. pron.* **9**
which que *rel. pron.* **9**
of which dont *rel. pron.* **9**
which? quel(le)(s)? *adj.*
which one à laquelle *pron., f., sing.*
which one auquel (à + lequel) *pron., m., sing.*
which one de laquelle *pron., f., sing.*
which one duquel (de + lequel) *pron., m., sing.*
which one laquelle *pron., f., sing.*
which one lequel *pron., m., sing.*
which ones auxquelles (à + lesquelles) *pron., f., pl.*
which ones auxquels (à + lesquels) *pron., m., pl.*
which ones desquelles (de + lesquelles) *pron., f., pl.*
which ones desquels (de + lesquels) *pron., m., pl.*
which ones lesquelles *pron., f., pl.*
which ones lesquels *pron., m., pl.*
while tandis que *prep.*
whim caprice *m.* **6**
whisper chuchoter *v.* **6**
whistle sifflet *m.* **8**; siffler *v.* **8**
white blanc(he) *adj.* **2**
who qui *rel. pron.* **9**
who? qui? *interr. pron.*; qui *rel. pron.*
Who is it? Qui est-ce?
Who's calling, please? Qui est à l'appareil?
whom qui *rel. pron.* **9**
of whom dont *rel. pron.* **9**
whom? qui? *interr.*
For whom? Pour qui?
To whom? À qui?
whose dont *rel. pron.* **9**
why? pourquoi? *adv.*
widow veuve *f.* **1**
widowed veuf/veuve *adj.* **1**

widower veuf *m.* **1**
wield manier *v.* **7**
wife femme *f.*; épouse *f.* **6**
willing (to) disposé(e) *adj.* **9**
willingly volontiers *adv.*
win gagner *v.* **4**
to win elections gagner les élections **4**
wind vent *m.*
It is windy. Il fait du vent.
window fenêtre *f.*
window display vitrine *f.* **7**
windshield pare-brise *m.*
windshield wiper(s) essuie-glace (essuie-glaces *pl.*) *m.*
windsurfing planche à voile *f.*
to go windsurfing faire de la planche à voile *v.*
winter hiver *m.*
in the winter en hiver
wipe (the dishes/the table) essuyer (la vaisselle/la table) *v.*
wish vœu *m.* **5**
to wish to souhaiter *v.* **8**
wish that… souhaiter que… *v.*
with avec *prep.*
with whom? avec qui?
withdraw money retirer de l'argent *v.*
without sans *prep.* **7**; sans que *conj.* **7**
witness témoin *m.* **5, 6**
to be witness to témoigner de *v.* **5**
wizard sorcier/sorcière *m., f.* **7**
woman femme *f.*
wonder se demander *v.* **2**
wood bois *m.*
wool laine *f.*
work travail *m.*
to work travailler *v.*; marcher *v.*; fonctionner *v.*
work (hard) travailler (dur) *v.* **2**
work out faire de la gym *v.*
work schedule temps de travail *m.* **9**
worker ouvrier/ouvrière *m., f.*; travailleur/travailleuse *m., f.* **6**
blue-collar worker travailleur/travailleuse manuel(le) *m., f.* **6**
workshop atelier *m.* **7**
world monde *m.*
worried inquiet/inquiète *adj.* **1, 2**
worry s'inquiéter *v.* **2**
worse pire *comp. adj.* **7**; plus mal *comp. adv.* **7**; plus mauvais(e) *comp. adj.* **7**; pis *adv.* **7**
to get worse empirer *v.* **10**
worst: the worst le plus mal *super. adv.* **7**; le/la pire *super. adj.* **7**; le/la plus mauvais(e) *super. adj.* **7**; le pis *adv.* **7**
worth: to be worth mériter *v.* **1**; valoir *v.* **6**
It is not worth the effort… Ce n'est pas la peine que…**6**
to be worth it valoir la peine **8**
wound blessure *f.*

wounded: to get wounded se blesser *v.*
write écrire *v.* **3**
to write one another s'écrire *v.*
writer écrivain(e) *m., f.*
written écrit (écrire) *p.p., adj.*
wrong tort *m.*; faux/fausse *adj.* **2**
to be wrong se tromper *v.*; avoir tort *v.*

Y

yeah ouais
year an *m.*; année *f.*
yell crier *v.*
yellow jaune *adj.*
yes oui; *(when making a contradiction)* si
yesterday (morning/afternoon evening) hier (matin/après-midi/soir) *adv* **2, 3**
day before yesterday avant-hier *adv.*
yet cependant *adv.*
yogurt yaourt *m.*
you toi *disj. pron., sing., fam.*; tu *sub. pron., sing., fam.*; vous *pron., sing., pl., fam., form.*
you neither toi non plus
You're welcome. De rien.
young jeune *adj.* **2**
younger cadet(te) *adj.*
your ta *poss. adj., f., sing.*; tes *poss. adj., m., f., pl.*; ton *poss. adj., m., sing.*; vos *poss. adj., m., f., pl.*; votre *poss. adj., m., f., sing.*
yourself te/t' *refl. pron., sing., fam.*; toi *refl. pron., sing., fam.*; vous *refl. pron., form.*
youth jeunesse *f.* **6**
youth hostel auberge de jeunesse *f.*
Yum! Miam! *interj.*

Z

zero zéro *m.*

A

à
  contractions with **lequel** (1) 25
  with geographical names (8) 279
  with indirect objects (3) 95
  with infinitives (8) (F) 274, 402
adjectives
  comparative (7) 238–239
  demonstrative (F) 386
  descriptive (2) 56
  gender and agreement (2) 56–57
  indefinite (4) 131
  interrogative (1) 25
  past participles used as (F) 398
  position (2) 57
  possessive (F) 382
  superlative (7) 238–239
adverbs
  categories (2) 61
  comparative (7) 239
  formation (2) 60
  position (2) **61, 89, 350, 354**
  superlative (7) 239
aller
  imperative (F) 376
  passé composé (3) 94
  passé simple (F) 388
  present (1) 21
  present subjunctive (6) 200
  with infinitive (**futur proche**)
    (1) 21
après que (10) 353
articles
  definite (F) 378
  indefinite (F) 378
  partitive (5) 162–163
avoir
  as auxiliary verb in **passé composé**
    (3) 90–91
  expressions with (1) (F) **20, 402**
  futur (7) 243
  imperative (F) 376
  passé composé (3) 94
  passé simple (F) 388
  present (1) 20
  present subjunctive (6) 200

C

ceci, cela, ce, and ça (6) 204–205
c'est (6) 205
  vs. il/elle est (F) 380
comparative
  of adjectives (7) 238–239
  of adverbs (7) 239
conditionnel
  formation and uses (8) 282–283
  past (10) 348–349
  uses of (10) 349
conjunctions
  with the **futur** (7) 243
  with the future perfect (10) 353
  with the subjunctive (7) 247

connaître
  present (F) 406
  vs. savoir (F) 406
contractions
  with à (1) 25
  with de (1) 25

D

de
  contractions with **lequel** (1) 25
  for possession (F) 382
  in passive voice (F) 412
  used after a negative (4) 131
  with expressions of quantity (5) 163
  with geographical names (8) 279
  with infinitives (8) 274–275, 402
  with partitives (5) 162–163
definite articles (F) 378
demonstrative adjectives (F) 386
demonstrative pronouns (6) 204–205
  ceci, cela, ce, and **ça** (6) 205
depuis with time expressions (F) 400
direct object pronouns (F) 390
disjunctive pronouns (F) 394
dont (9) 313

E

en
  uses (5) 167
  with present participle (8) 317
-er verbs
  conditionnel (8) 282
  futur (7) 242
  imperative (F) 376
  imparfait (F) 384
  passé composé (3) 90
  past subjunctive (7) 247
  present (F) 374
  present subjunctive (6) 200
  with spelling changes (1) 16–17
être
  as auxiliary verb in **passé composé**
    (3) 94–95
  futur (7) 243
  imperative (F) 376
  imparfait (F) 384
  in passive voice (F) 412
  passé simple (F) 388
  present (1) 20
  present subjunctive (6) 200
expressions
  of quantity (5) 163
  with **avoir** (1) 20
  with **faire** (1) 21

F

faire
  expressions with (1) 21
  futur (7) 243
  passé composé (3) 90
  present (1) 21
  present subjunctive (6) 200

faire causatif, formation and uses
  (F) 408
futur proche (**aller** + infinitive) (1)
    21
  negation (1) 21
futur simple
  dès que (7) 243
  quand (7) 243
  formation and uses (7) (10)
    242–243, 353
  with **si** (7) 243
  with conjunctions (7) 243
  vs. **future proche** (7) 242
future perfect
  formation and uses (10) 352–353
  negation (10) 352

G

geographical names
  gender (8) 278
  prepositions with (8) 279

I

if clauses (5) (8) 127, 356–357
il/elle est
  vs. c'est (F) 380
  with adjectives (F) 380
il y a with time expressions (F) 400
imparfait
  formation and uses (F) 384
  vs. **passé composé** (3) 98–99
imperative
  formation (2) (F) **53, 376**
  order of pronouns (5) 171
indefinite adjectives and pronouns
    (4) 131
indefinite articles (F) 378
indirect discourse vs. direct
    discourse (F) 410
indirect object pronouns (F) 390
infinitives
  uses (8) 274–275
  with impersonal constructions (F)
    380
  with prepositions (F) 402
interrogative words (1) 24
-ir verbs
  conditionnel (8) 282
  futur (7) 242
  imperative (F) 376
  imparfait (F) 384
  passé composé (3) **90, 94**
  past subjunctive (7) 247
  present tense of irregular verbs (4)
    134–135
  present tense of regular verbs (F)
    374
  present subjunctive (6) 202
irregular verbs
  aller (1) 20
  être (1) 20
  avoir (1) 20
  faire (1) 20

-oir verbs (8) 320
passé composé (3) 90

L

le, la l' (5) 162
lequel, laquelle, etc. (1) (9) 25, 313

M

-même(s) (F) 394

N

negation and negative expressions
(4) 130
future proche (1) 21
passé composé (3) (4) (10) (F) 95,
130–131, 352, 356, 376
nouns
formation of plural (F) 378
gender (F) 378

O

-oir verbs
irregular (8) 320–321
on (F) 412
où (9) 312

P

partitives (5) 162–163
with negative (4) 131
passé composé
placement of adverbs (3) 91
with avoir (3) 90–91
with être (3) 94–95
vs. imparfait (3) 98–99
passé récent (venir de + infinitive)
(4) 127, 135
passé simple, formation and uses
(F) 388
passive voice, formation and uses
(F) 412
past conditional, formation and uses
(F) 348–349
past infinitive (8) 275
past participles
agreement (3) (F) 90, 94, 352, 356,
392
irregular (3) 90, 94
regular (3) 90
used as adjectives (F) 398
used as prepositions (F) 398
past subjunctive (7) 247
pendant with time expressions (F)
400

plus-que-parfait (4) (F) 126–127,
349
si (4) 127
vs. other past tenses (4) 127
possessive adjectives (F) 382
possessive pronouns (F) 396
prepositions
of location (5) 166
with geographical names (8) 279
with infinitives (F) 402
present participles, formation and
uses (9) 316–317
tout en (9) 317
present tense
regular verbs (F) 384
irregular verbs (F) 444–447
spelling-change verbs (1) 16–17
pronouns
demonstrative (6) 206–207
direct object (F) 390
disjunctive (F) 394
en (5) 167
indefinite (4) 131
indirect object (F) 390
interrogative (1) 25
on (F) 412
order of (5) (10) 170–171, 352,
356, 376, 394
possessive (F) 396
reflexive (2) 52
relative (9) 312–313
subject (F) 394
y (5) 166

R

-re verbs
conditionnel (8) 282
futur (7) 242
imparfait (F) 384
imperative (F) 376
passé composé (3) 90
past subjunctive (7) 247
present tense of irregular verbs (6)
210–211
present tense of regular verbs (F)
384
present subjunctive (6) 202
reflexive and reciprocal verbs
future perfect (10) 352
imperative (2) 53
passé composé (3) 95
past conditional (10) 366
past subjunctive (7) 248
present (2) 52, 53
reciprocal (2) 53, 93
relative pronouns (9) 312–313
rendre with adjectives (F) 408

S

savoir
present (9) (F) 321, 406
vs. connaître (F) 406
si clauses (4) (8) 127, 356–357
spelling-change verbs
conditionnel (8) 282
futur (7) 242
imparfait (F) 384
present tense (1) 16–17
present subjunctive (7) 202
subject pronouns (F) 394
subjunctive
after indefinite antecedents (F)
404
in superlative statements (F) 404
present (6) 202
past (7) 247
vs. infinitive (7) (8) 247, 275
with conjunctions (7) 247
with expressions of doubt (7) 246
with expressions of emotion (6)
203
with expressions of will (6) 203
with impersonal expressions (6)
203
superlative
of adjectives (7) 238–239
of adverbs (7) 239

U

un (5) 162
une (5) 162
une fois que (10) 353

V

venir de + *infinitive* (4) 127, 135
verbs
irregular -ir (4) 134
reflexive (2) 52
reciprocal (2) 53
verbs followed by
à + *infinitive* (8) (F) 274, 402
an infinitive (8) (F) 274–275
de + *infinitive* (8) (F) 274–275,
402

Y

y
uses (5) 166

Le monde francophone

LE GROENLAND

L'OCÉAN ARCTIQUE

LE CANADA

Le Québec

LES ÉTATS-UNIS

Saint-Pierre-et-Miquelon (*France*)

L'OCÉAN ATLANTIQUE

La Louisiane

LE MEXIQUE

LE BELIZE

CUBA

HAÏTI

Les Antilles françaises

LA JAMAÏQUE

LE GUYANA

LE GUATEMALA

LE SALVADOR

LE HONDURAS

LE NICARAGUA

LE COSTA RICA

LE PANAMÁ

LE VENEZUELA

LE SURINAME

La Guyane française

L'OCÉAN PACIFIQUE

LA COLOMBIE

L'ÉQUATEUR

LE PÉROU

Wallis-et-Futuna

TUVALU

KIRIBATI

VANUATU

LES SAMOA

La Polynésie française

LE BRÉSIL

FIDJI

TONGA

LA BOLIVIE

La Nouvelle-Calédonie

LE PARAGUAY

LE CHILI

L'ARGENTINE

L'URUGUAY

LA NOUVELLE-ZÉLANDE

Pays et régions francophones

0   3,000 miles
0   3,000 kilomètres

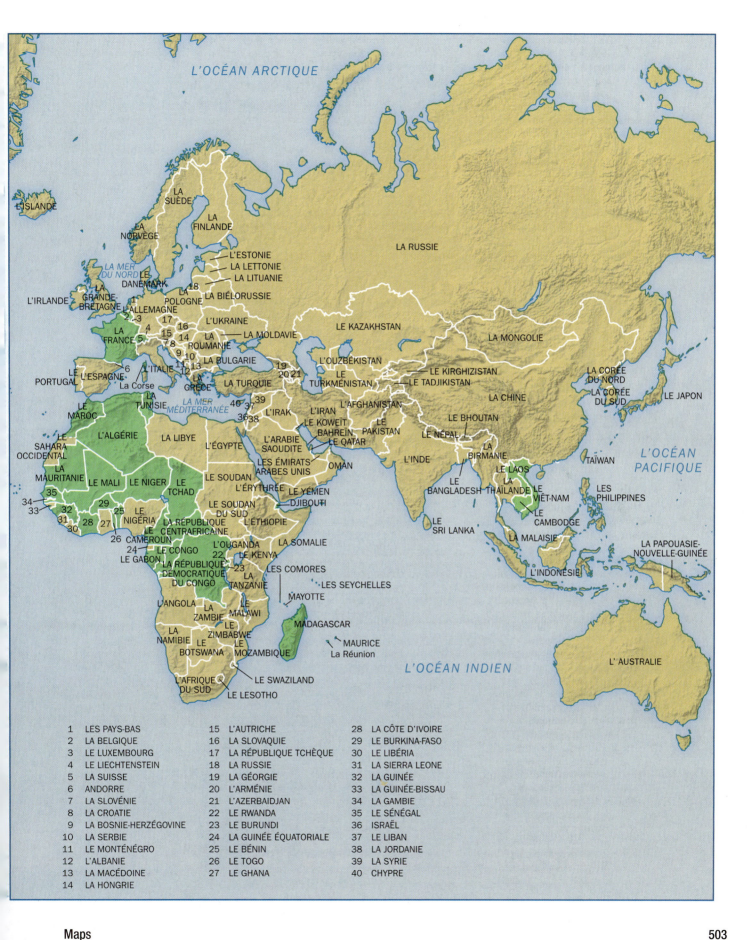

L'OCÉAN ARCTIQUE

L'ISLANDE

LA SUÈDE

LA NORVÈGE

LA FINLANDE

L'ESTONIE

LA MER DU NORD

LE DANEMARK

L'IRLANDE

LA GRANDE-BRETAGNE

L'ALLEMAGNE

LA LETTONIE

LA LITUANIE

18 LA POLOGNE

LA BIÉLORUSSIE

LA RUSSIE

2 3
4 17 16
5 15 14
7 8
9 10
11 13
12

L'UKRAINE

LA MOLDAVIE

LA FRANCE

L'AUTRICHE

LA ROUMANIE

LA BULGARIE

LE KAZAKHSTAN

LA MONGOLIE

LA CORÉE DU NORD

LA CORÉE DU SUD

LE JAPON

LE PORTUGAL

L'ESPAGNE

L'ITALIE

La Corse

LA GRÈCE

LA TURQUIE

19 20 21

L'OUZBÉKISTAN

LE TURKMÉNISTAN

LE KIRGHIZISTAN

LE TADJIKISTAN

LA CHINE

LA TUNISIE

LA MER MÉDITERRANÉE

40 37 39
36 38

L'IRAK

L'IRAN

L'AFGHANISTAN

LE MAROC

LE SAHARA OCCIDENTAL

L'ALGÉRIE

LA LIBYE

L'ÉGYPTE

L'ARABIE SAOUDITE

LE KOWEÏT

BAHREÏN

LE QATAR

LE PAKISTAN

LE NÉPAL

LE BHOUTAN

LA BIRMANIE

L'INDE

TAÏWAN

L'OCÉAN PACIFIQUE

LA MAURITANIE

LE MALI

LE NIGER

LE TCHAD

LE SOUDAN

LES ÉMIRATS ARABES UNIS

OMAN

L'ÉRYTHRÉE

LE YÉMEN

DJIBOUTI

LE BANGLADESH

LE LAOS

LA THAÏLANDE

LE VIÊT-NAM

LES PHILIPPINES

35
34
33
32
29
25
31
28 27
30
26

LE NIGÉRIA

LE CAMEROUN

LA RÉPUBLIQUE CENTRAFRICAINE

LE SOUDAN DU SUD

L'ÉTHIOPIE

LE SRI LANKA

LE CAMBODGE

24

LE CONGO

L'OUGANDA

22

LE KENYA

LA SOMALIE

LA MALAISIE

LE GABON

LA RÉPUBLIQUE DÉMOCRATIQUE DU CONGO

23

LE RWANDA

LA TANZANIE

LES COMORES

LES SEYCHELLES

LA PAPOUASIE-NOUVELLE-GUINÉE

L'INDONÉSIE

L'ANGOLA

LA ZAMBIE

LE MALAWI

MAYOTTE

MADAGASCAR

LA NAMIBIE

LE ZIMBABWE

MAURICE

La Réunion

LE BOTSWANA

LE MOZAMBIQUE

L'OCÉAN INDIEN

L'AUSTRALIE

L'AFRIQUE DU SUD

LE SWAZILAND

LE LESOTHO

1	LES PAYS-BAS	15	L'AUTRICHE	28	LA CÔTE D'IVOIRE
2	LA BELGIQUE	16	LA SLOVAQUIE	29	LE BURKINA-FASO
3	LE LUXEMBOURG	17	LA RÉPUBLIQUE TCHÈQUE	30	LE LIBÉRIA
4	LE LIECHTENSTEIN	18	LA RUSSIE	31	LA SIERRA LEONE
5	LA SUISSE	19	LA GÉORGIE	32	LA GUINÉE
6	ANDORRE	20	L'ARMÉNIE	33	LA GUINÉE-BISSAU
7	LA SLOVÉNIE	21	L'AZERBAIDJAN	34	LA GAMBIE
8	LA CROATIE	22	LE RWANDA	35	LE SÉNÉGAL
9	LA BOSNIE-HERZÉGOVINE	23	LE BURUNDI	36	ISRAËL
10	LA SERBIE	24	LA GUINÉE ÉQUATORIALE	37	LE LIBAN
11	LE MONTÉNÉGRO	25	LE BÉNIN	38	LA JORDANIE
12	L'ALBANIE	26	LE TOGO	39	LA SYRIE
13	LA MACÉDOINE	27	LE GHANA	40	CHYPRE
14	LA HONGRIE				

L'Amérique du Nord et du Sud

L'OCÉAN ARCTIQUE

LE GROENLAND

L'Alaska

Le Yukon

Les Territoires du Nord-Ouest

Le Nunavut

La Colombie-Britannique

LE CANADA

L'Alberta

La Saskatchewan

Le Manitoba

L'Ontario

Le Québec

Le Nouveau-Brunswick

Terre-Neuve-et-Labrador

Saint-Pierre-et-Miquelon (France)

La Nouvelle-Écosse

L'Île-du-Prince-Édouard

Québec
Montréal
Ottawa

LES ÉTATS-UNIS

Washington

La Louisiane

L'OCÉAN PACIFIQUE

L'OCÉAN ATLANTIQUE

LE MEXIQUE

LA JAMAÏQUE

LE BELIZE

HAÏTI

CUBA

Les Antilles françaises

Mexico

Belmopan
Tegucigalpa

Guatemala

LE HONDURAS

LE GUATEMALA

San Salvador

LE NICARAGUA

Managua

Caracas

LE SALVADOR

Panamá

LE VENEZUELA

Georgetown

Paramaribo

LE COSTA RICA

Bogotá

Cayenne

LE PANAMÁ

LA COLOMBIE

La Guyane française

Quito

L'ÉQUATEUR

LE GUYANA

LE SURINAME

LE PÉROU

LE BRÉSIL

Lima

Brasília

LA BOLIVIE

La Paz

Sucre

LE PARAGUAY

LE CHILI

Asunción

L'ARGENTINE

Santiago

L'URUGUAY

Buenos Aires

Montevideo

Régions francophones

0   2,000 miles
0   2,000 kilomètres

PORTO RICO

LA RÉPUBLIQUE DOMINICAINE

HAÏTI

Port-au-Prince

San Juan

Saint-Domingue

La Guadeloupe

LA MER DES ANTILLES

Pointe-à-Pitre

DOMINIQUE

Fort-de-France

La Martinique

SAINTE-LUCIE

0   500 miles
0   500 kilomètres

504

La France

L'Europe

LA MER DE BARENTS

LA MER DE NORVÈGE

L'ISLANDE
Reykjavik

Pays francophones

LA SUÈDE

LA FINLANDE

LA RUSSIE

Helsinki

LA NORVÈGE

Oslo

Stockholm

Tallinn
L'ESTONIE

Moscou

LA MER DU NORD

LE DANEMARK

LA MER BALTIQUE

Riga
LA LETTONIE

Copenhague

LA RUSSIE

Vilnius
LA LITUANIE

Minsk

Dublin
L'IRLANDE

LES PAYS-BAYS

LA BIÉLORUSSIE

LA GRANDE BRETAGNE

Berlin

Varsovie

Kiev

Londres

La Haye

L'ALLEMAGNE

LA POLOGNE

L'UKRAINE

Bruxelles
LA BELGIQUE

L'OCÉAN ATLANTIQUE

Paris

Luxembourg

Prague

LA RÉPUBLIQUE TCHÈQUE

LA SLOVAQUIE

LA MOLDAVIE

LE LUXEMBOURG

LE LIECHTENSTEIN

Bratislava
Vienne

Budapest

Chisinau

Berne

L'AUTRICHE

LA HONGRIE

LA ROUMANIE

LA MER NOIRE

LA SUISSE

LA FRANCE

Ljubljana
LA SLOVÉNIE

Zagreb

Belgrade

Bucarest

LA CROATIE

LA BOSNIE-HERZÉGOVINE

LA SERBIE

Monte Carlo

Sarajevo

LA BULGARIE

LE PORTUGAL

ANDORRE

Andorre-la-Vieille

MONACO

L'ITALIE

Podgorica

Sofia

LE MONTÉNÉGRO

Skopje

Madrid

La Corse

Rome

Tirana

LA MACÉDOINE

LA TURQUIE

Lisbonne

L'ESPAGNE

L'ALBANIE

LA GRÈCE

La Sardaigne

La Sicile

Athènes

Nicosie

CHYPRE

MALTE

La Valette

LE MAROC

LA TUNISIE

LA MER MÉDITERRANÉE

L'ALGÉRIE

LA LIBYE

L'ÉGYPTE

0   500 miles
0   500 kilomètres

L'Afrique

LA FRANCE

LE PORTUGAL   L'ESPAGNE

L'ITALIE

LA GRÈCE

LA TURQUIE

LA MER MÉDITERRANÉE

Alger • Tunis
LA TUNISIE

Rabat •
LE MAROC

Tripoli •

LA SYRIE
LE LIBAN
ISRAËL
LA JORDANIE

L'IRAK
L'IRAN
LE KOWEÏT
BAHREÏN
LES ÉMIRATS
ARABES UNIS
OMAN

L'ALGÉRIE

LA LIBYE

Le Caire •
L'ÉGYPTE

L'ARABIE
SAOUDITE
LE QATAR

OMAN

LE SAHARA
OCCIDENTAL

LA MAURITANIE

Nouakchott •

LE SÉNÉGAL
Dakar •
LA GAMBIE
Bissau •
LA GUINÉE-BISSAU
Conakry •
LA GUINÉE
Freetown •
LA SIERRA
LEONE
LE LIBÉRIA
Monrovia •

LE MALI

Bamako •
LE BURKINA-FASO
Ouagadougou •
Niamey •

LE NIGER

LE TCHAD

Khartoum •

Asmara •
L'ÉRYTHRÉE
LE YÉMEN

LE SOUDAN

Djibouti •
DJIBOUTI

LE SOUDAN
DU SUD

Addis-Abeba •
L'ÉTHIOPIE

LA SOMALIE

LE GHANA
Yamoussoukro •
LA CÔTE
D'IVOIRE
Lomé •
Accra •
LE TOGO

LE BÉNIN
Porto-Novo •
Abuja •
LE NIGÉRIA

N'Djamena •

LA RÉPUBLIQUE
CENTRAFRICAINE

Bangui •

LE CAMEROUN
Yaoundé •

L'OUGANDA
Kampala •
LE KENYA

Muqdisho •

LA GUINÉE
ÉQUATORIALE

LE GABON
Libreville •
LE CONGO
Brazzaville •
Kinshasa •

LE RWANDA
Kigali •
LA RÉPUBLIQUE
DÉMOCRATIQUE
DU CONGO
Bujumbura •
LE BURUNDI

Nairobi •

LES SEYCHELLES

LA TANZANIE
Dar es-Salaam •

LES COMORES

MAYOTTE

L'OCÉAN ATLANTIQUE

Luanda •

L'ANGOLA

LA ZAMBIE
Lusaka •

Lilongwe •
LE MALAWI

MADAGASCAR

Antananarivo •

Harare •
LE ZIMBABWE

LE MOZAMBIQUE

MAURICE
La Réunion

LA NAMIBIE

LE BOTSWANA
Windhoek •
Gabarone •
Pretoria •

Maputo •
Mbabane •
LE SWAZILAND

L'OCÉAN INDIEN

Maseru •
L'AFRIQUE
DU SUD
LE LESOTHO

Pays francophones

0   1,000 miles
0   1,000 kilomètres

L'Asie et l'Océanie

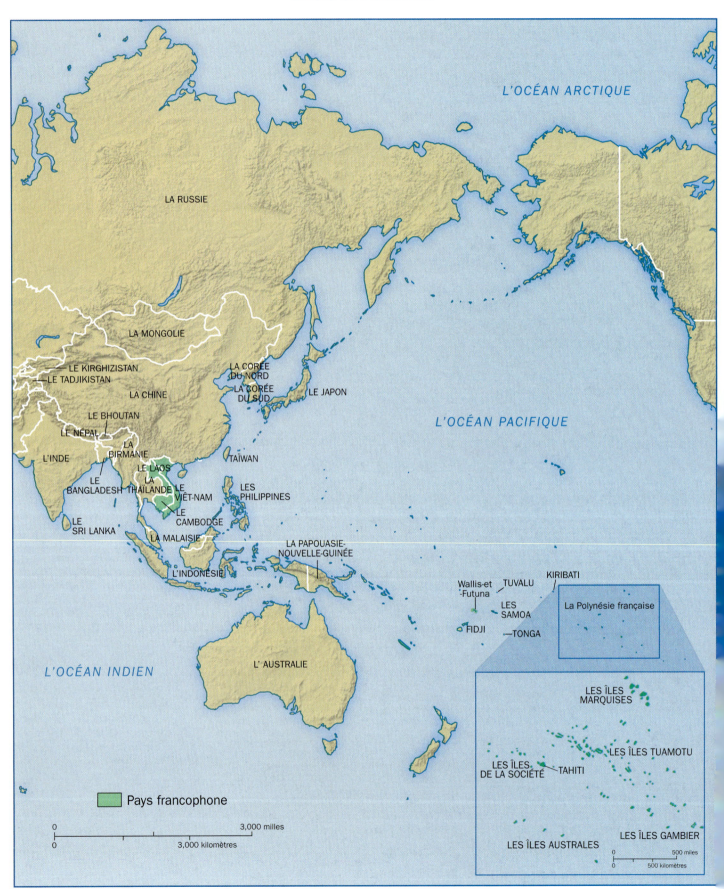

L'OCÉAN ARCTIQUE

LA RUSSIE

LA MONGOLIE

LE KIRGHIZISTAN
LE TADJIKISTAN

LA CHINE

LA CORÉE DU NORD
LA CORÉE DU SUD

LE JAPON

L'OCÉAN PACIFIQUE

LE BHOUTAN
LE NÉPAL
L'INDE
LA BIRMANIE
LE LAOS
LA THAÏLANDE
LE VIÊT-NAM
LE BANGLADESH
LE CAMBODGE
TAÏWAN
LES PHILIPPINES
LE SRI LANKA
LA MALAISIE
L'INDONÉSIE

LA PAPOUASIE-NOUVELLE-GUINÉE

Wallis-et-Futuna
TUVALU
KIRIBATI
LES SAMOA
FIDJI
TONGA

La Polynésie française

L'OCÉAN INDIEN

L'AUSTRALIE

LES ÎLES MARQUISES

LES ÎLES TUAMOTU

LES ÎLES DE LA SOCIÉTÉ
TAHITI

LES ÎLES AUSTRALES

LES ÎLES GAMBIER

Pays francophone

0   3,000 milles
0   3,000 kilomètres

0   500 miles
0   500 kilomètres

Every effort has been made to trace the copyright holders of the works published herein. If proper copyright acknowledgment has not been made, please contact the publisher and we will correct the information in future printings.

Photography and Art Credits

Cover: Brian Jannsen/AGE Fotostock.

Master Art: Jessica Beets.

IM FM
IM-4: Azat Ayupov/iStockphoto; **IM-14:** Drew Myers/Corbis/Getty Images; **IM-15:** Asiseeit/iStockphoto; **IM-16:** Wavebreak/iStockphoto.

Lesson 1
2: Jacob Wackerhausen/iStockphoto; **4:** (tl) Corbis RF; (tr) Corbis RF; (m) Anne Loubet; (bl) Markus Moellenberg/Getty Images; (br) Pascal Pernix; **12:** GYI NSEA/iStockphoto; **12–13:** Masterfile; **13:** (tl) Bettmann/Getty Images; (tr) Stefano Bianchetti/Getty Images; (bl) Jeff Mitchell/Reuters; (br) Ethan Miller/Getty Images; **14:** Scott Olson/Getty Images; **16:** (t) Cathy Yeulet/123RF; (tm) Anne Loubet; (bm) Pascal Pernix; (b) Ian Shaw/Cephas Picture Library; **17:** (t) Radius Images/Alamy; (m) Anne Loubet; (b) Pascal Pernix; **19:** Anne Loubet; **20:** OneClearVision/iStockphoto; **21:** (t) Anne Loubet; (b) Pascal Pernix; **22:** David H. Wells/Getty Images; **23:** (t) Anne Loubet; (ml) Vstock, LLC/Photolibrary; (mr) Anne Loubet; (bl) Anne Loubet; (br) Pascal Pernix; **24:** Pascal Pernix; **27:** (tl) Jessica Beets; (tr) Directphoto.org/Alamy; (bl) Anne Loubet; (br) Anne Loubet; **30:** Lee Celano/Reuters; **31:** Chris Graythen/Getty Images; **32:** Duncan/Alamy; **33:** Mary Evans Picture Library/Alamy; **34:** Hélène Desplechin/Getty Images.

Lesson 2
38: Tupungato/Shutterstock; **40:** (tl) Pascal Pernix; (tm) Anne Loubet; (tr) Digital Vision/Alamy; (bl) Janet Dracksdorf; (bm) Rossy Llano; (br) Stockbyte/Getty Images; **47:** Pascal Pernix; **48:** (l) Bloodua/123RF; (r) Janet Dracksdorf; **48–49:** CSP_ventdusud/AGE Fotostock; **49:** (tl) Russel Mountford/Getty Images; (tr) Picture Contact BV/Alamy; (bl) Chad Ehlers/Alamy; (br) David C. Tomlinson/Getty Images; **50:** Janet Dracksdorf; **51:** (l) Yann Arthus-Bertrand/Getty Images; (r) Raphael Gaillarde/Getty Images; **52:** (l) Erin Patrice O'Brien/Media Bakery; (r) Goodshot/Corbis; **58:** Hans Peter Merten/Getty Images; **59:** (tl) Radius Images/Alamy; (tr) Andrzej Gorzkowski/Alamy; (bl) Phovoir/Alamy; (br) George Simhoni/Masterfile; **66:** WorldPix/Alamy; **67:** Amel Pain/Reuters; **68:** Gail Mooney/Getty Images; **69:** Ulf Andersen/Getty Images; **70:** Chip Somodevilla/Getty Images; **73:** Ariana Cubillos/AP Images.

Lesson 3
76: Vertigo3D/iStockphoto; **78:** (tl) Bet_Noire/iStockphoto; (tm) VHL; (tr) E.J. Baumeister Jr./Alamy; (m) Urbancow/iStockphoto; (b) Ali Burafi; **85:** Sablin/Fotolia; **86:** (l) Bettmann/Getty Images; (r) Bettmann/Getty Images; **86–87:** Mike Blake/Reuters; **87:** (tl) AGE Fotostock/SuperStock; (tr) Megapress/Alamy; (bl) Marcel Pelletier/iStockphoto; (br) Rudy Sulgan/Getty Images; **88:** Design Pics/Alamy; **90:** Wavebreakmedia Ltd/Deposit Photos; **91:** (l) Anne Loubet; (r) Jenny Hill/iStockphoto; **94:** (l) Anne Loubet; (r) Anne Loubet; **95:** (t) David Young-Wolff/PhotoEdit; (b) Buzzshotz/Alamy; **97:** Aiok/Shutterstock; **98:** (t) Pascal Pernix; (b) Pascal Pernix; **99:** Sharon Dominick/iStockphoto; **101:** Anne Loubet; **102:** Martín Bernetti; **104:** Shamil Zhumatov/Reuters; **106:** Sergei Ilnitsky/EPA/Newscom; **107:** WireImage/Getty Images; **109:** (full pg/background) Sergey Nivens/Shutterstock; (foreground) Lobur Alexey Ivanovich/Shutterstock.

Lesson 4
112: Antoine Gyori/Getty Images; **114:** (t) David Muscroft/Purestock/SuperStock; (b) Greg Vignal/Alamy; **122:** Patrick Eden/Alamy; **122–123:** Jon Arnold Images/DanitaDelimont; **123:** (tl) Mtcurado/iStockphoto/Getty Images; (tr) David Sanger Photography/Alamy; (bl) Photononstop/SuperStock; (br) Réunion des Musées Nationaux/Art Resource, NY; **124:** Joel Rogers/Joel Rogers Photography; **125:** (l) Courtesy of the Guadeloupe Tourist Board; (r) Courtesy of Lena Blou; **127:** Anne Loubet; **129:** (t) Trevor Smithers ARPS/Alamy; (b) Thierry Tronnel/Sygma/Getty Images; **136:** Martín Bernetti; **137:** (l) Jon Arnold Images Ltd/Alamy; (r) Robert Harding Picture Library Ltd/Alamy; **140:** Ariana Cubillos/AP Images; **142:** Don Hebert/Getty Images; **143:** Stocksnapper/Shutterstock; **144:** Interfoto/Alamy.

Lesson 5
148: Franknreporter/iStockphoto; **150:** (tl) PYMCA/Getty Images; (tr) Martín Bernetti; (bl) Chris Lowe/Photolibrary; (bm) Tom Grill/Corbis; (br) Pascal Pernix; **158:** Africa/Fotolia; **158–159:** George Clerk/iStockphoto; **159:** (tl) Dave Montreuil/Shutterstock; (tr) Nik Wheeler/Getty Images; (bl) Martin Harvey/Getty Images; (br) Hansgeel/Deposit Photos; **160:** Thomas Dutour/123RF; **162:** Anne Loubet; **163:** Anne Loubet; **165:** Rossy Llano; **166:** Anne Loubet; **167:** Anne Loubet; **174:** Charles O. Cecil/Alamy; **176:** Foto24/Getty Images; **178:** INA/Getty Images; **179:** Courtesy of Ghislaine Sathoud; **180–181:** Patrick Robert/Sygma/Getty Images; **182:** Edward Parker/Alamy.

Text Credits

70   Laferrière, Dany, "Tout bouge autour de moi," *Le Nouvel Observateur*.

108 99 Francs by Frederic Beigbeder © 2000, Grasset & Fasquelle, Paris.

180 © Ghislaine Sathoud. Site Lire Les Femmes Africaines.

218 By permission of Olivier Charneux.

256 © Editions Denoel, 1998.

292 R. Goscinny et J-J. Sempe, extrait de "Le football", Le Petit Nicolas, IMAV éditions 2013.

330 "Les tribulations d'une caissière" by Anna Sam © Editions Stock 2008.

366 Baobab, Jean-Baptiste Tati-Loutard, in LES RACINES CONGOLAISES, précédé de La vie poétique, series « Poètes des cinq continents », © L'Harmattan (Fonds Oswald), 1978.

Film Credits

8   Courtesy of L'Agence du court metrage and Année Zéro.

44   Courtesy of La Bôite.

82   Courtesy of FACTEUR 7.

118 Courtesy of Hugo Chesnard/produced by Takami Productions.

154 Courtesy of CineEthique.

192 By permission of Nassim Amaouche.

230 Courtesy of L'Agence du court metrage and Antiprod.

266 Courtesy of Luna Productions.

304 Courtesy of Premium Films.

340 "L'homme qui plantait des arbres" by Jean Giono Editions Gallimard ©1983/By permission of Canadian Broadcasting Corporation.

Television Credits

15   Courtesy of CDH.

89   Courtesy of Editions Apaches.

161 Courtesy of Oxfam Magasins du Monde.

237 Courtesy of PL, THOMAS BERNARDI/AFPTV/AFP.

311 Courtesy of Oui Marketing.